A REFORMA TRABALHISTA
O Impacto nas Relações de Trabalho

CAROLINA TUPINAMBÁ
FÁBIO RODRIGUES GOMES
Coordenadores

A REFORMA TRABALHISTA
O Impacto nas Relações de Trabalho

Belo Horizonte

Fórum
CONHECIMENTO JURÍDICO

2018

© 2018 Editora Fórum Ltda.

É proibida a reprodução total ou parcial desta obra, por qualquer meio eletrônico, inclusive por processos xerográficos, sem autorização expressa do Editor.

Conselho Editorial

Adilson Abreu Dallari
Alécia Paolucci Nogueira Bicalho
Alexandre Coutinho Pagliarini
André Ramos Tavares
Carlos Ayres Britto
Carlos Mário da Silva Velloso
Cármen Lúcia Antunes Rocha
Cesar Augusto Guimarães Pereira
Clovis Beznos
Cristiana Fortini
Dinorá Adelaide Musetti Grotti
Diogo de Figueiredo Moreira Neto
Egon Bockmann Moreira
Emerson Gabardo
Fabrício Motta
Fernando Rossi
Flávio Henrique Unes Pereira

Floriano de Azevedo Marques Neto
Gustavo Justino de Oliveira
Inês Virgínia Prado Soares
Jorge Ulisses Jacoby Fernandes
Juarez Freitas
Luciano Ferraz
Lúcio Delfino
Marcia Carla Pereira Ribeiro
Márcio Cammarosano
Marcos Ehrhardt Jr.
Maria Sylvia Zanella Di Pietro
Ney José de Freitas
Oswaldo Othon de Pontes Saraiva Filho
Paulo Modesto
Romeu Felipe Bacellar Filho
Sérgio Guerra
Walber de Moura Agra

Luís Cláudio Rodrigues Ferreira
Presidente e Editor

Coordenação editorial: Leonardo Eustáquio Siqueira Araújo

Av. Afonso Pena, 2770 – 15º andar – Savassi – CEP 30130-012
Belo Horizonte – Minas Gerais – Tel.: (31) 2121.4900 / 2121.4949
www.editoraforum.com.br – editoraforum@editoraforum.com.br

R281   A reforma trabalhista: o impacto nas relações de trabalho / Carolina Tupinambá; Fábio Rodrigues Gomes (Coord.). – Belo Horizonte : Fórum, 2018.
458p.

ISBN: 978-85-450-0441-7

1. Direito Trabalhista. 2. Direito Processual Trabalhista. 3. Economia. I. Tupinambá, Carolina. II. Gomes, Fábio Rodrigues. III. Título.

CDD 342.6
CDU 349.2

Informação bibliográfica deste livro, conforme a NBR 6023:2002 da Associação Brasileira de Normas Técnicas (ABNT):

TUPINAMBÁ, Carolina; GOMES, Fábio Rodrigues (Coord.). A reforma trabalhista: o impacto nas relações de trabalho. Belo Horizonte: Fórum, 2018. 458p. ISBN 978-85-450-0441-7.

SUMÁRIO

APRESENTAÇÃO 15

CAPÍTULO 1
O INCIDENTE DE DESCONSIDERAÇÃO DA PERSONALIDADE JURÍDICA NO PROCESSO DO TRABALHO À LUZ DO CPC DE 2015 E DA LEI Nº 13.467/2017

Alexandre Agra Belmonte 17

1	Desconsideração da personalidade jurídica	17
2	Teorias da desconsideração	19
3	Código Civil	21
4	Teoria adotada pelo Código Civil	23
5	Código de Defesa do Consumidor (Lei nº 8.078/90)	23
6	Lei do meio ambiente	24
7	O Projeto de Código Comercial	24
8	A Teoria da Desconsideração nas relações de trabalho	24
9	A natureza da responsabilidade dos sócios quanto aos créditos trabalhistas na desconsideração	26
10	Sociedades anônimas, empresas sem fins lucrativos e sócio retirante	26
11	Do incidente de desconsideração da personalidade jurídica no novo CPC e sua compatibilidade com o processo trabalhista	28
12	Conclusões	32
	Referências	33

CAPÍTULO 2
REFORMA TRABALHISTA E TRABALHO INTERMITENTE

Aloysio Correa da Veiga 35

1	Generalidades	35
2	Direito português	37
3	Direito italiano	40

4	Precariedade. Longas jornadas	47
5	Considerações finais	48
	Referências	49

CAPÍTULO 3
A REFORMA TRABALHISTA (LEI Nº 13.467/2017) E A DESCONS-TITUCIONALIZAÇÃO DO ACESSO À JUSTIÇA DO TRABALHO: BREVES COMENTÁRIOS SOBRE ALGUNS INSTITUTOS DE DIREITO PROCESSUAL DO TRABALHO

Carlos Henrique Bezerra Leite		51
1	Introdução	51
2	Restrição à liberdade produz jurisprudência: redução dos tribunais trabalhistas à ultrapassada figura do "juiz boca da lei"	52
3	Transformação da Justiça do Trabalho em órgão homologador de lides simuladas	54
4	Retirada de receitas do FGTS e redução do princípio de proteção processual dos trabalhadores	56
5	Favorecimento do grande litigante na justiça do trabalho em relação ao pagamento de custas processuais	57
6	Necessidade de comprovação da hipossuficiência econô-mica: redução do direito fundamental de acesso à justiça	58
7	Beneficiário da justiça gratuita responde pelo pagamento de honorários periciais: redução do direito fundamental de acesso à justiça	63
8	Obrigatoriedade de pedido líquido em quaisquer ações trabalhistas viola o direito fundamental de acesso à justiça	64
9	Conclusão	66
	Referências	66

CAPÍTULO 4
O PROCESSO DO TRABALHO EM CIFRAS

Carolina Tupinambá		69
1	Como vinha sendo a vida: um convite ao abuso, com absoluta ausência de riscos para aventureiros	69
2	Como será daqui para frente: responsabilidade, análise de riscos e previsibilidade	71
2.1	A gratuidade da assistência jurídica	71
2.2	O custeio da prova pericial	80

2.3	O regime de pagamento das custas	83
2.4	O depósito recursal	87
2.5	Os honorários advocatícios	94
2.6	A inicial líquida	102
	Referências	103

CAPÍTULO 5
A DIGNIDADE DO TRABALHADOR E AS NOVAS FORMAS DE EXPLORAÇÃO DO TRABALHO HUMANO: A RELAÇÃO UBER E MOTORISTA "PARCEIRO"

Daniel Queiroz Pereira, Raiza Moreira Delate ... 105

1	Introdução	105
2	A flexibilização das relações de trabalho a partir da globalização	107
3	O papel da UBER na era da flexibilização das relações de trabalho	109
4	A estrutura da Uber	111
5	Um breve panorama do reconhecimento das relações de emprego envolvendo a Uber e os motoristas "parceiros" no exterior	116
6	Os elementos essenciais da relação de emprego e o vínculo entre a Uber e o motorista "parceiro" no ordenamento pátrio	119
7	Conclusão	130
	Referências	133

CAPÍTULO 6
A DISPENSA COLETIVA NA LEI Nº 13.467/2017 DA REFORMA TRABALHISTA

Enoque Ribeiro dos Santos ... 137

1	Introdução	137
2	A dispensa coletiva no Brasil até o advento da novel reforma trabalhista	137
3	A dispensa coletiva nos países da União Europeia	140
4	Alteração na dispensa coletiva com o advento da nova CLT (Lei nº 13.467/2017)	142
5	Conclusão	144
	Referências	144

CAPÍTULO 7
A TERCEIRIZAÇÃO NA REFORMA TRABALHISTA: A "LEGALIZAÇÃO" DA INTERMEDIAÇÃO DE MÃO DE OBRA

Fábio Goulart Villela 147

1	Introdução	147
2	A Lei nº 13.429/2017: a tentativa legislativa fracassada	149
3	A Lei nº 13.467/2017: a liberação da terceirização sem limites	152
4	Conclusão	158
	Referências	159

CAPÍTULO 8
O NOVO DIREITO DO TRABALHO

Fábio Rodrigues Gomes 161

1	Introdução	161
2	As velhas premissas do Direito do Trabalho	163
2.1	Solução tradicional para um caso paradigmático	176
3	As novas premissas do Direito do Trabalho	177
3.1	Pequeno excurso sobre o art. 442-B da CLT	198
3.2	Solução alternativa para o caso paradigmático	205
4	Conclusão	207
	Referências	210

CAPÍTULO 9
SUCESSÃO DE EMPREGADORES: DIVERGÊNCIAS E IMPLICAÇÕES DO TEMA NOS PROCESSOS DE FALÊNCIA E RECUPERAÇÃO DE EMPRESA

Flávia Pereira Guimarães 215

1	Aspectos materiais da sucessão trabalhista	216
1.1	Conceito e evolução histórica do instituto	216
1.2	Requisitos gerais da sucessão	219
1.3	Hipóteses de exclusão da sucessão	221
1.3.1	Empregado doméstico	221
1.3.2	Concessão de serviço público	222
1.3.3	Cartórios extrajudiciais	223
1.4	Os créditos trabalhistas na Lei nº 11.101/2005	224
2	Aspectos processuais da sucessão trabalhista	228
2.1	Sucessão de empregadores como modalidade de sucessão processual	228
2.2	Momento processual de incidência da sucessão	229

2.3	Responsabilidade do sucessor e posição jurídica do sucedido	230
2.4	A desconsideração da personalidade jurídica como meio processual de responsabilização de terceiros	233
3	A desconsideração da personalidade jurídica e o arrematante na falência e recuperação judicial	238
3.1	Aplicação do incidente no processo do trabalho	238
3.2	A responsabilização do arrematante nos casos de fraude à sucessão e formação de grupo econômico	241
4	Conclusão	244
	Referências	245

CAPÍTULO 10
A REFORMA TRABALHISTA DE 2017 E O TST

Ivan Alemão 247

1	A questão do aumento das condenações trabalhistas	247
2	A conjuntura política radicalizada da época da Reforma	251
3	As novas regras contrárias às súmulas do TST	257
3.1	Prescrição	260
3.2	Jornada	261
3.3	Equiparação salarial	264
3.4	Gratificação de função	264
3.5	Ultratividade	265
3.6	Honorários advocatícios	265
3.7	Contestação na ausência do preposto	266
4	A técnica da negociação individual e o enfraquecimento da negociação coletiva	267
	Referências	269

CAPÍTULO 11
APORTES PARA CONTEXTUALIZAÇÃO DA REFORMA TRABALHISTA: ANÁLISE PANORÂMICA DAS CAUSAS, FUNDAMENTOS E ALGUMAS CONSEQUÊNCIAS DA LEI Nº 13.467/2017

Ivan Simões Garcia 271

1	Introdução	271
2	Principais causas da reforma	275
2.1	Causas mediatas	275
2.2	Causas imediatas	285

3	Consequências da reforma	291
3.1	Consequências jurídicas e metajurídicas	291
4	Conclusão	297
	Referências	298

CAPÍTULO 12
RECURSO DE REVISTA E TRANSCENDÊNCIA

José Alberto Couto Maciel 301

1	Resumo da evolução histórica do recurso de revista até a transcendência	301
2	Destinação do recurso de revista	307
3	Controle difuso	307
4	Sujeição a dois juízos	307
5	Restrições da revista quanto à alçada, ao rito sumaríssimo e à execução	308
6	Efeitos do recurso de revista	308
7	Da transcendência	308

CAPÍTULO 13
A TECNOLOGIA, O TELETRABALHO E A REFORMA TRABALHISTA

Jouberto de Quadros Pessoa Cavalcante 313

1	Introdução	313
2	Conceitos de tecnologia e de telemática	313
3	O fenômeno do teletrabalho	315
4	Vantagens e desvantagens econômicas e jurídicas do teletrabalho	318
5	Modalidades	319
6	Natureza jurídica	320
7	Aspectos jurídicos do teletrabalho e a Reforma Trabalhista	323
7.1	Morfologia do contrato de trabalho e do teletrabalho	324
7.2	O negociado sobre o legislado	324
7.3	Cláusulas contratuais específicas	324
7.4	Aquisição e manutenção de equipamentos e da infraestrutura	325
7.5	Reversibilidade das cláusulas de prestação do trabalho em teletrabalho	326
7.6	Jornada de trabalho	326

7.7	Saúde do trabalhador e intervalo especial	328
	Referências	330

CAPÍTULO 14
A TERCEIRIZAÇÃO NA REFORMA TRABALHISTA DE 2017

Luciano Martinez 331

1	Introdução: terceirização, a "fórmula mágica" para a concentração de esforços na operação e fiscalização do processo produtivo final	331
2	Definição: terceirização, quarteirização e terceirização em cadeia. Quem é quem?	332
2.1	Da visão clássica à concepção da legislação brasileira pós-Lei nº 13.467, de 2017	333
2.2	Para além da terceirização: a "quarteirização" e a "terceirização em cadeia"	335
3	Atividade-fim e atividade-meio: os fins justificam os meios?	337
4	Modelos de subcontratação mediante terceirização: do padrão tradicional à concepção sistemista	337
4.1	Modelo tradicional de subcontratação	337
4.1.1	Terceirização para contratação de trabalhadores	338
4.1.2	Terceirização para contratação de serviços	341
4.2	Modelo sistemista ou de fornecimento global	347
5	O inadimplemento das obrigações trabalhistas por parte da empresa prestadora dos serviços e a assunção da responsabilidade	348
6	Sujeitos responsáveis: entidades privadas e entes públicos	349
7	Natureza da responsabilidade: solidária ou subsidiária?	352
8	A (in)comunicabilidade de condutas e de responsabilidades	354
9	Conclusão: até que ponto vale a pena terceirizar?	355
	Referências	358

CAPÍTULO 15
A REFORMA TRABALHISTA: LINHAS GERAIS E AS NOVAS REGRAS DE DURAÇÃO DE TRABALHO

Priscila Mathias de Morais Fichtner 359

1	Introdução	359
2	Atualização da CLT	360
3	Desburocratização e simplificação	362

4	Calibragem do princípio da proteção do empregado	365
5	Fortalecimento da negociação coletiva	370
6	Estabelecimento de algumas regras processuais do trabalho	374
7	Conclusão	376
	Referências	377

CAPÍTULO 16
MENSAGEM SUBLIMINAR DO LEGISLADOR AOS TRIBUNAIS DO TRABALHO: INTERPRETEM DIREITO!
Renato Rodrigues Gomes 379

1	Introdução	379
2	Análise da constitucionalidade do §2º, do art. 8º, da CLT	380
3	O significado da proibição legal imposta aos Tribunais do Trabalho	381
4	Argumento da dissociação	382
5	Crítica à súmula nº 331, III, do TST	385
6	Conclusão	386
	Referências	387

CAPÍTULO 17
REFORMA TRABALHISTA E TRABALHO INTERMITENTE: LIMITES CONFORME O DIREITO COMPARADO (BRASIL & ITÁLIA)
Roberta de Oliveira Souza 389

1	Introdução	389
2	Por que reforma?	390
3	O trabalho intermitente no Brasil	392
4	O trabalho intermitente na Itália	395
5	Contraponto entre a regulamentação do trabalho intermitente no Brasil e na Itália	399
6	Conclusão	401
	Referências	402

CAPÍTULO 18
NOVAS FORMAS DE CONTRATAÇÃO NA LEI Nº 13.467/17 E INTERPRETAÇÃO SISTEMÁTICO-CONSTITUCIONAL: O TELETRABALHO EM FOCO
Roberta Ferme Sivolella 405

1	Introdução	405
2	Uma questão de interpretação e garantia fundamental	407
3	"Velhos" preceitos, novos contratos	409
4	Conclusão	413
	Referências	414

CAPÍTULO 19
REFORMA TRABALHISTA: UMA CARTOGRAFIA DAS DISCUSSÕES EQUIVOCADAS, ESQUECIDAS E FRUSTRANTES

Roberto Fragale Filho, José Francisco Siqueira Neto		415
	Referências	428

CAPÍTULO 20
A TARIFAÇÃO DOS DANOS EXTRAPATRIMONIAIS E A SEGURANÇA JURÍDICA

Victor Tainah F. Dietzold		429
1	Introdução	429
2	Conceitos	429
3	Cenário jurisprudencial atual e a insegurança jurídica	430
4	O novo texto legal (Lei nº 13.467/2017)	432
5	A inconstitucionalidade sustentada por grande parte da comunidade jurídica	433
6	Avaliação e composição do dano extrapatrimonial à luz da jurisprudência do STJ e do art. 489 do novo CPC	437
7	Conclusões	439
	Referências	439

CAPÍTULO 21
A PREVALÊNCIA DO NEGOCIADO COLETIVAMENTE SOBRE O LEGISLADO

Vólia Bomfim Cassar		441
	Outros casos	451
	Referências	454

SOBRE OS AUTORES		455

APRESENTAÇÃO

A Reforma Trabalhista chegou, e em alta velocidade. Aprovada em pouco mais de três meses, a Lei nº 13.467/2017 trouxe mudanças estruturais para o Direito do Trabalho e, também, para o Direito Processual do Trabalho. Não é por acaso, portanto, que, antes mesmo de entrar em vigor, inúmeros debates estejam sendo travados em torno do significado e da extensão deste novo marco normativo.

Por isso, consideramos que uma boa maneira de apresentar este debate é através de uma coletânea, pois nela o leitor encontrará diversas opiniões a respeito de algumas das mais de cem alterações positivadas na CLT. O objetivo desta obra não é o de apresentar uma sinfonia afinada ao redor da mesma opinião monotônica. Longe disso, trata-se de um livro plural, em que as dissonâncias hermenêuticas não foram evitadas, mas até mesmo estimuladas, a fim de proporcionar ao estudioso uma visão abrangente das dúvidas e incertezas geradas pela nova lei.

Reconstruções principiológicas, reformulações metodológicas, revisão dos filtros de acesso à Justiça do Trabalho, enfim, não é exagero afirmar – e vale a pena repetir – que não se tratam somente de alterações pontuais de redação. Com a Lei nº 13.467/17, o modo de se compreender e de se aplicar o direito e o processo do trabalho sofreu uma guinada drástica. Se para o bem ou para o mal, ainda não há dados empíricos para se mensurar. Visões catastrofistas ou otimistas são apenas isso, visões. Desprovidos de bolas de cristal, todos estão na expectativa sobre o que o futuro nos reserva. E, desta maneira, nada melhor do que acompanhar e participar da troca de ideias sobre esta mudança histórica de um dos mais importantes ramos jurídicos do nosso país.

Boa leitura!

CAPÍTULO 1

O INCIDENTE DE DESCONSIDERAÇÃO DA PERSONALIDADE JURÍDICA NO PROCESSO DO TRABALHO À LUZ DO CPC DE 2015 E DA LEI Nº 13.467/2017

Alexandre Agra Belmonte

1 Desconsideração da personalidade jurídica

O ordenamento reconhece a existência autônoma da pessoa jurídica, atribuindo-lhe personalidade para atuar em nome próprio. Até mesmo algumas entidades juridicamente despersonalizadas, a exemplo dos condomínios residenciais e comerciais, recebem tratamento diferenciado das pessoas que o integram.

A existência autônoma da pessoa jurídica tem por fim dar-lhes autonomia, em relação aos seus integrantes, para a prática e os efeitos de seus atos. Pelo que os direitos e deveres deles decorrentes não se confundem com aqueles titularizados pelas pessoas naturais que a formam. Significa isto dizer que, em regra, quem responde pelos atos praticados pela pessoa jurídica é ela própria, inclusive no campo patrimonial.

Ocorre que a atuação da pessoa jurídica e o uso do seu patrimônio estão comprometidos com o objeto que retrata a sua razão de existir, retratada nos seus atos constitutivos. Ela não pode ser utilizada para a realização de interesses estranhos ao seu objeto social; para atender interesses puramente particulares dos sócios; ou ainda, para mascarar o uso da personalidade autônoma como fachada para obstaculizar a responsabilidade pessoal por atos simulados ou fraudulentos dos sócios, destinados a livrar o alcance dos seus patrimônios pessoais.

Como meio de reação ao desvio de função do instituto da pessoa jurídica, o Direito desenvolveu, em vários países, teorias destinadas a, pontualmente, diante de atos abusivos ou exorbitantes, simulados ou fraudulentos praticados pelos sócios por meio da pessoa jurídica, penetrar em sua composição societária e, descartando a personalidade autônoma da entidade, responsabilizar diretamente os sócios: a *Disregard of Legal Entity Theory* (teoria inglesa do descarte ou desconsideração da personalidade legal), a *Abus de la Noction de Personnalité Sociale ou Disregard Doctrine* (teoria jurisprudencial francesa do abuso da noção de personalidade da sociedade ou do descarte ou desconsideração), *La Teoria de la Penetración* (teoria espanhola da penetração nos sócios da pessoa jurídica), *Desestimación de la Personalidad Societaria* (teoria argentina da rejeição da personalidade societária), *Superamento della personalità giuridica* (teoria italiana da superação da personalidade da pessoa jurídica), *Durchgriff der Juristichen Person* (teoria alemã da penetração na pessoa jurídica) e a *Lifting the Corporate Veil Theory* ou *Disregard doctrine* (teoria americana do levantamento do véu corporativo ou da desconsideração).

O Código Civil de 1916, no entanto, embora o art. 20 atribuísse personalidade autônoma à pessoa jurídica, o art. 21, III, previa apenas a sua dissolução motivada pela prática de atos opostos aos seus fins ou nocivos ao bem público e não, de forma mais singela, a simples desconsideração da personalidade, quando o intuito fosse o de alcançar os bens particulares dos sócios.

As teorias estrangeiras, acima destacadas, terminaram, no entanto, sendo absorvidas pela jurisprudência brasileira que, a partir do citado art. 21, III, do diploma Bevilaqua, elasteceu o alcance legislativo para, pontualmente, permitir a desconsideração da personalidade da pessoa jurídica em variadas hipóteses, como má utilização por fraude ou desvio de finalidade, confusão de patrimônios, irregularidade de funcionamento, encerramento das atividades sem baixa, insuficiência patrimonial com sócios solventes e transferência de participação societária para testas de ferro.

Diante da indefinição legislativa e dos casos pontuais decididos pela jurisprudência nas mais variadas direções, resolveu então o legislador intervir, procurando dar diretrizes únicas às possibilidades de desconsideração, conforme a matéria tutelada. Assim o fez em 1990, por meio do Código de Defesa do Consumidor para as relações consumeristas (art. 5º, da Lei nº 8.078/90) e em 1998, por meio do art. 4º da Lei nº 9.605/98 para as relações ambientais.

Finalmente, o atual Código Civil, de 2002, com vigência a partir de 11 de janeiro de 2003, veio a regular as hipóteses de desconsideração como regra geral (art. 50), excetuadas as relações especiais, entre elas, as acima mencionadas.

Ocorre que em reação à Teoria da Desconsideração da Personalidade Jurídica, sócios passaram a esconder os seus patrimônios pessoais nas pessoas jurídicas, buscando evitar que fossem alcançados. Para esses casos, a doutrina elaborou a Teoria da Desconsideração Inversa da Personalidade Jurídica, que agora tem previsão expressa no Código de Processo Civil de 2015, e que busca permitir a responsabilização direta das pessoas jurídicas pelos atos fraudulentos ou simulatórios de blindagem patrimonial praticados pelos sócios e, consequentemente, estranhos aos atos e objetivos societários.

Enfim, as teorias tradicional ou inversa da Desconsideração da Personalidade Jurídica não têm por objetivo anular a personalidade autônoma da pessoa jurídica. Pelo contrário, têm o propósito de proteger o instituto contra atos contrários à lei e à administração lesiva a terceiros. Pelo que a desconsideração pontual, para responsabilizar e alcançar bens dos sócios ou das pessoas jurídicas, é justificada apenas nos casos previstos em lei, em sua maioria decorrentes da prática de ações abusivas, fraudulentas ou simuladas.

Portanto, a desconsideração da personalidade pode ser definida como a desconsideração pontual da personalidade autônoma das pessoas jurídicas,[1] tanto para alcançar os bens dos sócios da pessoa jurídica nas hipóteses definidas em lei, quanto também para, inversamente, permitir o alcance dos bens que formalmente estão em nome da pessoa jurídica, mas que estão ali alocados pelos sócios por atos de blindagem ou ocultação do patrimônio pessoal.

2 Teorias da desconsideração

Duas são as teorias adotadas no direito brasileiro: a Teoria Maior da Desconsideração e a Teoria Menor da Desconsideração.[2]

---

[1] Ou, como diz Fredie Didier Júnior, "trata-se de uma técnica de suspensão episódica da eficácia do ato constitutivo da pessoa jurídica, de modo a buscar, no patrimônio dos sócios, bens que respondam pela dívida contraída". (DIDIER JÚNIOR, Fredie. *Curso de Direito Processual Civil*. 18. ed. Salvador: JusPodium, 2016. vol. 1, p. 545-525.

[2] COELHO, Fábio Ulhoa. *Curso de Direito Comercial*. 10. ed. São Paulo: Saraiva, 2007. vol. 2, p. 36-47.

A Teoria Maior da Desconsideração é a de *maior apli*cação pelo ordenamento, mas *com caracterização mais restrita das hipóteses* que ensejam a desconsideração, porque mais elaborada. Os pressupostos legais de caracterização são mais restritos, mas são os de maior frequência de ocorrência, pelo que tem maior amplitude de aplicação, daí a denominação utilizada. É tida como a mais elaborada.

Com efeito, condiciona o afastamento episódico da autonomia patrimonial das pessoas jurídicas à caracterização da manipulação abusiva do instituto.

A Teoria Menor da Desconsideração é a *de menor aplicação* pelo ordenamento, mas *de caracterização mais ampla em relação às hipóteses* que ensejam a desconsideração, não se limitando à caracterização da utilização abusiva da personalidade da pessoa jurídica. Ou seja, é menor em aplicação, porque incidente sobre relações jurídicas específicas, mas tem maior amplitude de caracterização. É tida como menos elaborada.

Embora, doutrinariamente, tenham sido absorvidas, as denominações utilizadas não primam pela sofisticação e mais confundem do que se autoexplicam.

Para José Affonso Dallegrave Netto, são três as teorias da desconsideração:

a) a primeira, subjetiva, admite o *disregard* somente nos casos de comprovação de abuso ou fraude por parte da entidade;
b) a segunda, finalística, calcada no art. 28, §5º, do CDC, presume o prejuízo do credor em ocorrendo dificuldade de execução; e,
c) a terceira, objetiva, indistintamente aplicável em prol do devedor ou do credor, se contenta com a separação patrimonial como forma de obstáculo a determinado interesse tutelado pelo direito.[3]

Tem razão o autor. São denominações mais coerentes. De qualquer sorte, a chamada "Teoria Menor da Desconsideração" autoriza o afastamento da personalidade autônoma da pessoa jurídica, para direcionamento ou alcance dos sócios componentes:

• de forma finalística, nas hipóteses em que se presume a imputação de responsabilidade dos sócios, não obstante, em

---

[3] DALLEGRAVE NETO, José Affonso; FREITAS, Ney José de. (Coord.). A execução dos bens dos sócios em face da Disregard Doctrine. *In: Execução trabalhista, estudos em homenagem ao Ministro João Orestes Dalazen*. São Paulo: LTr, 2002.

prejuízo do credor, a previsível dificuldade na execução do crédito junto à sociedade; e,

- de forma objetiva, bastando a simples insatisfação do crédito pela sociedade insolvente (sem ativos), independentemente de fraude ou abuso de forma.

3 Código Civil

O Código Civil de 2002 prevê, no art. 50, a desconsideração da personalidade autônoma da entidade em caso de abuso da personalidade jurídica caracterizado por desvio de finalidade e/ou confusão patrimonial.

A finalidade é a de alcançar o patrimônio pessoal dos integrantes da pessoa jurídica ou, inversamente, o patrimônio do sócio quando está em nome da pessoa jurídica.

Nos termos do art. 187, do referido Código, ocorre abuso quando o exercício de um direito excede, de forma manifesta, os limites impostos pelo seu fim econômico ou social, pela boa fé ou pelos costumes.

Logo, ocorre abuso da personalidade da pessoa jurídica ou dos sócios que a compõem, quando a entidade é utilizada fora dos limites impostos pelo seu fim econômico ou social, pela boa fé ou pelos costumes.

Mas não basta. Para efeito de desconsideração, a lei fala em abuso caracterizado por desvio de finalidade e/ou por confusão patrimonial.

Quanto à primeira hipótese, tem-se que a pessoa jurídica é constituída com finalidade específica: o cumprimento do seu objeto social, razão da sua existência autônoma. Pelo que ocorre o desvio de finalidade quando a pessoa jurídica passa, abusivamente, a servir como instrumento para a realização de finalidade social ou econômica distinta da prevista no seu objeto social.

Quanto à segunda hipótese, a lei se refere a um tipo específico de confusão: ilícita e de natureza objetiva.

Com efeito, nos termos do art. 381, do Código Civil, confusão é meio extintivo de uma obrigação, que ocorre quando as qualidades jurídicas de credor e devedor se confundem numa só pessoa, a exemplo de uma dívida entre empresas, vindo a devedora a ser incorporada à credora, que passa a ser credora e devedora dela mesma (confusão lícita, de natureza subjetiva).

Transposta essa noção para a confusão de que trata o art. 50 do Código Civil, de natureza objetiva, porque se refere à confusão promíscua e abusiva de patrimônios, aplica-se aos casos em que há dificuldade para se distinguir a quem pertence a titularidade do patrimônio, se ao sócio ou à pessoa jurídica.

Assim ocorre quando a sociedade paga dívidas do sócio, ou em que este recebe créditos daquela ou vice-versa, ou ainda em que o sócio atua em nome próprio como se fora a sociedade.

Também estão incluídos os casos em que a sociedade tem por fim ocultar a real titularidade dos bens, servindo como mera fachada do sócio ou de expediente para a obtenção formal da separação entre a pessoa do sócio e a da sociedade, para confundir e livrar a responsabilidade e o patrimônio do sócio ou da pessoa jurídica, conforme o caso.

Todavia, ainda que caracterizado o abuso por desvio de finalidade e/ou por confusão patrimonial, não é o bastante para a desconsideração. Há que se verificar ainda o descumprimento da obrigação por um ou pelos dois motivos.

Logo, para o Código Civil não basta o mero fato do inadimplemento. O pressuposto para a desconsideração é o inadimplemento da obrigação por desvio de finalidade e/ou confusão patrimonial, o que deve ser provado.

Há ainda uma última questão a ser considerada.

Diante do que estabelece o art. 988, no sentido de que enquanto não inscritos os atos constitutivos da sociedade, "os bens e dívidas sociais constituem patrimônio especial, do qual os sócios são titulares em comum" e do que estatui o art. 990, que "todos os sócios respondem solidária e ilimitadamente pelas obrigações sociais, excluído do benefício de ordem, previsto no art. 1024, aquele que contratou pela sociedade", há quem sustente que em relação às sociedades irregulares – que não obtêm autorização para funcionamento e às que encerram as suas atividades, sem baixa – os sócios também poderão ficar sujeitos à responsabilização direta, por desconsideração da personalidade da pessoa jurídica.

Na primeira hipótese, cuida-se de responsabilidade solidária, pela falta de criação de personalidade autônoma para a entidade, não sendo hipótese desconsiderar o que nunca existiu.

Na segunda hipótese, é evidente que o encerramento das atividades, sem baixa, ou mesmo a transferência das cotas para "testas-de-ferro", tem por fim subtrair responsabilidades, merecendo do ordenamento a reação contra a fraude, através da perseguição direta dos envolvidos na artimanha, mas com necessidade de desconsideração da personalidade que ainda existe.

Resta claro que o Código Civil parte da ideia de que a pessoa jurídica constituída como sociedade empresária destina-se à organização da atividade econômica que extrapola as possibilidades individuais dos sócios e o exercício de suas atividades, concretizadas a partir de personalidade jurídica própria, está inserida no direito de propriedade, que constitucionalmente deve cumprir a sua função social, pelo que a sua disfunção caracteriza abuso de personalidade.

4   Teoria adotada pelo Código Civil

Em face da exigência de pressupostos de caracterização mais restrita para efeito de afastamento episódico da personalidade autônoma, embora aplicável à maioria dos casos, o Código Civil adotou a Teoria Maior da Desconsideração, mais elaborada.

Somente o abuso da personalidade, por desvio de função e/ou confusão patrimonial, buscando o inadimplemento da obrigação social perante credores, autoriza a desconsideração (art. 50).

Já é possível antever que a Teoria Maior da desconsideração é aplicável às relações civis em geral e que a Teoria Menor da desconsideração incide em relações jurídicas específicas ou especiais.

5   Código de Defesa do Consumidor (Lei nº 8.078/90)

O §5º do art. 28 da Lei nº 8.078/90 prevê, para as relações de consumo, a desconsideração:

- em casos de abuso de direito;
- excesso de poder;
- infração da lei;
- fato ou ato ilícito ou violação dos estatutos ou contrato social; e,
- quando provocada por má administração, falência, estado de insolvência, encerramento ou inatividade da pessoa jurídica.

Logo, tem-se que o CDC adotou a Teoria Menor Finalística da Desconsideração, menos elaborada e com menor âmbito de aplicação.

Realmente, a sua aplicação é mais restrita, porque é específica para as relações de consumo. Mas tem maior amplitude de caracterização, por presumir a lei, pela hipossuficiência do consumidor em termos de prova e de imputação de responsabilidade, a dificuldade na execução em prejuízo do credor, se o sócio não puder ser diretamente alcançado pela via da desconsideração.

A Lei nº 12.529/2011 (do CADE) reproduz o art. 28, §5º, do CDC.

6 Lei do meio ambiente

O art. 4º da Lei nº 9.605/98 estatui que a desconsideração pode ser efetuada quando se verificar a personalidade jurídica como obstáculo à concretização de suas normas.

Vê-se, portanto, que adotou a Teoria Menor Objetiva.

Como é específica para as relações ambientais, a sua aplicação é mais restrita. Mas com maior amplitude para efeito de caracterização das hipóteses de desconsideração, por contentar-se com *o fato objetivo da simples insatisfação do crédito* pela pessoa jurídica, quando o sócio goza de solvabilidade.

7 O Projeto de Código Comercial

O art. 129 do Projeto de Código Comercial prevê que a simples insuficiência de bens não autoriza a desconsideração.

No mesmo sentido, a PL nº 3401/2008, da Câmara dos Deputados, que ainda impõe procedimentos prévios à decretação da desconsideração, entre eles que não pode ser concedida de ofício, devendo ser precedida de decisão fundamentada e deve admitir contraditório e ampla defesa.

8 A Teoria da Desconsideração nas relações de trabalho

Despersonalização do ente empregador e desconsideração de sua personalidade jurídica não se confundem.

A despersonalização da empresa, enquanto entidade empregadora, está prevista no art. 2º, da CLT e, com base nela, qualquer modificação do tomador dos serviços na relação empregatícia não altera os direitos adquiridos pelo trabalhador durante a vigência do contrato de trabalho em face do anterior titular da empresa. São exemplos as hipóteses dos artigos 10 e 448 da CLT e a responsabilização subsidiária do tomador final de serviços pela utilização terceirizada do trabalho em proveito daquele.

Na desconsideração da personalidade, a finalidade é episódica e a de subsidiariamente responsabilizar os seus sócios pelos atos, pelas dívidas da pessoa jurídica ou, inversamente, alcançar os bens que estão formalmente em nome da pessoa jurídica, ali alocados em virtude de atos de blindagem patrimonial praticados pelos sócios.

Na vigência do Código Civil de 1916, a Teoria da Desconsideração era aplicada, na área trabalhista, dentro dos "espaços" que a lei admitia: em se cuidando de certas pessoas jurídicas que somente existiam de fato ou se tornavam irregulares e nenhum bem era encontrado em seu nome ou, em existindo, era insuficiente, costumava-se responsabilizar pessoalmente os sócios, como também dar-se nenhuma importância às alterações contratuais de última hora, por meio das quais ficava evidenciada a nomeação de "testas-de-ferro" como novos sócios e com assunção do ativo e passivo sociais, com o objetivo de frustrar a execução trabalhista.

Com o advento do Código do Consumidor, onde está expresso que:

> O juiz poderá desconsiderar a personalidade jurídica da sociedade quando, em detrimento do consumidor, houver abuso de direito, excesso de poder, infração da lei, fato ou ato ilícito ou violação dos estatutos ou contrato social. A desconsideração também será efetivada quando houver falência, estado de insolvência, encerramento ou inatividade da pessoa jurídica, provocados por má administração,

(§5º do art. 28), passou-se com base nele a ampliar, na seara trabalhista, o rol de hipóteses de desconsideração. Afinal, o CDC também é orientado pelo princípio da hipossuficiência ou fragilidade de uma das partes da relação jurídica.

Ocorre que, comparativamente ao CDC, de 1990, o novo Código Civil, de 2002, portanto, posterior, restringiu, como visto, as hipóteses de desconsideração da personalidade própria da pessoa jurídica, admitindo o alcance do patrimônio pessoal de seus integrantes.

No entanto, apesar do rol limitativo do novo Código Civil, ficou claro que, tal como o CDC e as relações ambientais, as relações trabalhistas têm princípios e contornos específicos, a afastar a limitação imposta pela lei comum às situações em geral, nas quais as trabalhistas não se amoldam. Daí que, embora muitos não percebam com exatidão, a jurisprudência trabalhista terminou por consolidar-se na aplicação da Teoria Menor Objetiva, proposta na Lei nº 9.605/98 (Lei do Meio Ambiente) para a desconsideração. Isso porque se contenta com o mero fato do inadimplemento, da inexistência de bens sociais penhoráveis e da solvabilidade do sócio, para autorizá-la, não importando se ocorreu ou não abuso de personalidade (Código Civil) ou se há presunção de dificuldade na execução (CDC).

A justificativa para a opção é que varia em relação ao motivo que orienta a solução: a aplicação analógica ocorre em razão da hipossuficiência do trabalhador, da natureza alimentar do crédito do trabalhador e da premência no seu recebimento.

Para a desconsideração inversa, pensamos que deve ser adotada a Teoria Maior do art. 50, do CC, por se tratar, especificamente, de desvio de finalidade (abrigar, fraudulentamente, bens particulares de sócios) e/ou confusão patrimonial entre os bens do sócio e da sociedade.

Enfim, por meio da desconsideração, os bens dos sócios da entidade respondem pelos créditos trabalhistas, se verificada a insuficiência patrimonial social, e os bens da sociedade respondem pelos créditos trabalhistas, se verificada a blindagem.

9 A natureza da responsabilidade dos sócios quanto aos créditos trabalhistas na desconsideração

Os bens dos sócios da entidade cuja personalidade foi desconsiderada respondem pelos créditos trabalhistas nos casos previstos em lei.

O art. 1024, do CC, determina a execução principal nos bens da sociedade e a sucessiva nos bens dos sócios. No mesmo sentido, o art. 795, *caput* e §1º, do NCPC.

Assim, a responsabilidade dos sócios nos casos de desconsideração da personalidade, subsidiária, podendo alegar, com respaldo na lei, o benefício de ordem (§1º do art. 795, do NCPC).

10 Sociedades anônimas, empresas sem fins lucrativos e sócio retirante

Em se cuidando de sociedades anônimas abertas, em que o capital social é fracionado em partículas de igual valor (ações) e comercializado em bolsa de valores, a não ser nas hipóteses de sociedade de fato ou irregulares, bem como de má-gestão e dolo por parte dos diretores, a Lei nº 6.404/76 proíbe a responsabilização pessoal imediata dos dirigentes detentores da maioria do capital social, sendo que a insuficiência de bens destinados a garantir o cumprimento das obrigações sociais dá ensejo à execução universal.

Como os sócios gestores e os administradores dessas empresas são responsáveis, subsidiária e ilimitadamente pelos atos ilícitos praticados, tanto os de má gestão, quanto os contrários ao previsto no contrato social ou estatuto, em não sendo localizados bens passíveis de despertar interesse em hasta pública e demonstrada a má gestão do

Administrador, pelo descaso na satisfação dos créditos trabalhistas, tem-se que o sócio diretor pode ser responsabilizado pelas dívidas trabalhistas da sociedade.

Nas sociedades anônimas fechadas, o tratamento dado pela Justiça do Trabalho tem sido o mesmo das sociedades limitadas: a desconsideração, se verificada insuficiência patrimonial social, com sócios solventes.

Quanto ao sócio meramente investidor, a presunção relativa é a de que não responde pelos atos da sociedade. Mas se ficar comprovada a gestão factual ou a sua culpa na insolvência da empresa, responderá.

Tem sido excluído de responsabilidade o sócio minoritário, com capital insignificante e que não participou em nenhum momento da gestão da empresa. De igual sorte, o sócio minoritário empregado.

Nas empresas sem fins lucrativos, o sócio tem sido responsabilizado em casos de má-gestão.

Finalmente, os arts. 1003, parágrafo único, 1032 e 1146, do CCB/2002.

O art. 1003, parágrafo único do CCB, dispõe que:

> Na cessão total ou parcial de cotas, a responsabilidade do sócio retirante permanece até 2 anos depois de averbada a modificação do contrato social, respondendo o cedente solidariamente com o cessionário, perante a sociedade e terceiros, pelas obrigações societárias.

O art. 1032, do CC, dispõe que a retirada, exclusão ou morte do sócio, não o exime, ou a seus herdeiros, da responsabilidade pelas obrigações sociais anteriores, até 2 anos após averbada a resolução da sociedade.

Quanto ao art. 1146, do CC, estatui que:

> O adquirente do estabelecimento responde pelo pagamento dos débitos anteriores à transferência, desde que regularmente contabilizados, continuando o devedor primitivo solidariamente obrigado pelo prazo de um ano, a partir, quanto aos créditos vencidos, da publicação, e, quanto aos outros, da data do vencimento.

Os artigos 1003 e 1146 estabelecem, respectivamente, prazos de um a dois anos para efeito de considerar a responsabilidade do sócio pelos débitos anteriores à cessão parcial ou total de cotas da sociedade para outrem ou transferência do próprio negócio.

Contudo, não estabelecem prazo em relação: a) ao sócio que ingressa no lugar do retirante ou aos que permanecem; e, b) ao adquirente do negócio transferido.

No caso do art. 1003 (cessão de cotas, com manutenção da sociedade), o sócio cedente responde solidariamente com o cessionário perante a sociedade e terceiros pelos atos praticados ao tempo em que era sócio, sendo que o retirante durante dois anos da averbação.

O art. 1032 cuida dos efeitos da resolução da sociedade, estabelecendo que tanto ela ocorrendo pela retirada do sócio, sua exclusão do sócio ou morte, ele ou os seus herdeiros respondem pelas obrigações sociais reclamadas no prazo de dois anos da averbação.

O art. 1146 cuida dos efeitos da transferência do estabelecimento, estatuindo que no relacionamento entre adquirente e cedente, este responde pelo pagamento dos débitos anteriores à transferência, desde que regularmente contabilizados, e o devedor primitivo permanece solidariamente obrigado por tais débitos, desde que reclamados no prazo de um ano.

A CLT tem norma própria, no sentido de que a transferência do estabelecimento não afeta os direitos já adquiridos pelos trabalhadores anteriormente ao negócio, mas não estabelece prazo para a responsabilidade do sócio retirante.

Nos termos do art. 81, §1º da Lei nº 11.101/2005, o referido artigo é aplicável ao sócio que tenha se retirado voluntariamente ou que tenha sido excluído da sociedade há mais de dois anos quanto às dívidas existentes na data do arquivamento da alteração do contrato.

11 Do incidente de desconsideração da personalidade jurídica no novo CPC e sua compatibilidade com o processo trabalhista

Nos termos do artigo 15, do novo CPC, "na ausência de normas que regulamentem processos eleitorais, trabalhistas ou administrativos, as disposições deste Código lhes serão aplicadas supletiva e subsidiariamente".

Inicialmente, cabe esclarecer que o legislador não utilizou as palavras subsidiária e supletiva como sinônimas, até porque não o são.

Aplicação supletiva supõe suplemento ou complemento de norma existente, ou seja, aplica-se a lei processual comum quando útil, necessária ou conveniente para complementar a lei trabalhista. Já a aplicação subsidiária supõe ajuda, auxílio, para efeito de integração, em virtude de total omissão, desde que compatível com os princípios e sistematicamente com as regras do processo do trabalho.

Pretendesse o legislador a substituição da norma do processo comum pela trabalhista, teria sido taxativo, utilizando termos como "substitui" ou "se sobrepõe", o que não ocorreu.

A única diferença entre o texto da CLT, contido no art. 769 e o texto do CPC é que agora ficou claro que é possível não apenas a aplicação subsidiária da norma do processo comum para os casos de total omissão ou lacuna, mas também nos casos em que não há omissão, mas é útil, necessária ou conveniente, para efeito de aprimoramento ou aplicação da norma processual trabalhista, a complementação com a norma processual comum.

Assim, existindo omissão na legislação processual trabalhista sobre a Ação de Consignação em Pagamento, é possível suprir a lacuna, por aplicação subsidiária, porque ela é compatível com o processo do trabalho.

Contrariamente, o art. 523 §1º, do CPC de 2015 é inaplicável de forma supletiva, não porque inexiste omissão a respeito no processo do trabalho (o que poderia levar à aplicação supletiva), mas pelo fato de que com ele é incompatível, eis que a solução dada ao tema por norma do processo do trabalho é outra, específica e diferente da constante no processo comum, que lhe confere outra diretriz.

De igual sorte, os arts. 459 e 219, do NCPC: respectivamente, a possibilidade de formulação direta de perguntas pelas partes colide com norma específica da CLT, art. 820, em sentido oposto, e o critério previsto no art. 775, da CLT, e justificado pela celeridade e simplicidade do processo trabalhista, colide com a contagem de prazos processuais apenas em dias úteis.

Havendo omissão na CLT sobre o Incidente de Desconsideração da Personalidade Jurídica, previsto nos artigos 133 a 137 do NCPC e sendo compatível com os princípios do contraditório e da ampla defesa, é subsidiariamente aplicável ao processo do trabalho, exceto quanto às normas que colidirem com as características e soluções do processo do trabalho, a exemplo da inaplicabilidade do recurso de agravo de instrumento em relação à decisão proferida no incidente de desconsideração no curso do processo.

O novel art. 855-A, introduzido na CLT pela Lei nº 13.467, de 13 de julho de 2017, dispõe que: "Aplica-se ao processo do trabalho o incidente de desconsideração da personalidade jurídica previsto nos arts. 133 a 137 da Lei nº 13.105, de 16 de março de 2015 - Código de Processo Civil".

O art. 6º da Instrução Normativa nº 39, do TST, de 15 de março de 2016 já esclarecia que "Aplica-se ao Processo do Trabalho o incidente de desconsideração da personalidade jurídica regulado no Código de

Processo Civil (arts. 133 a 137), assegurada a iniciativa também do juiz do trabalho na fase de execução (CLT, art. 878)".

O incidente de desconsideração tem por fim criar condições para a apuração das razões pelas quais a parte pretende ver desconsiderada a personalidade, para a responsabilização:

- do sócio, pelos atos praticados pela pessoa jurídica; e,
- da pessoa jurídica, pelos atos praticados pelo sócio.

Logo, trata-se de intervenção provocada de terceiros no processo em que litigam as partes originárias. E nessa condição está capitulada no novo CPC.

Já preocupavam o jurisdicionado e a jurisprudência a falta de normas estabelecendo um procedimento para a desconsideração, compreendendo a legitimidade da iniciativa, momento da arguição, forma de estabelecimento do contraditório, realização de provas, necessidade de decisão fundamentada e recurso. O problema foi resolvido pelo atual CPC, que agora prevê procedimento específico para possibilitar, com suspensão do processo, para permitir regular instrução, a apreciação do pedido de desconsideração.

Legitimados são a parte, inclusive o Ministério Público nessa condição, e o próprio Ministério Público, como fiscal da lei, pelo que não pode ser determinada de ofício pelo juiz.

Todavia, no processo do trabalho o incidente é cabível de ofício na fase de execução, com base no art. 878, da CLT. Nesse sentido, o art. 6º da Instrução Normativa nº 39, do TST, de 15 de março de 2016.

O incidente de desconsideração é cabível em todas as fases do processo de conhecimento, no cumprimento de sentença e na execução fundada em título executivo extrajudicial. Mas o requerimento deve demonstrar o preenchimento dos pressupostos legais específicos previstos em norma de direito material para o exame da pretendida desconsideração da personalidade.

Se a desconsideração for pedida na inicial, o incidente é dispensado. Basta citar o sócio ou a pessoa jurídica, porque quando responderem à citação, poderão apresentar contestação e provas sobre o tema.

Em momento ulterior, o juiz deverá citar o sócio ou a pessoa jurídica para pronunciar-se a respeito, em 15 dias, requerendo as provas que entender cabíveis.

O processo fica suspenso para a instrução (se necessária) e julgamento do incidente, por meio de decisão fundamentada.

Conforme §2º do art. 6º da IN do TST nº 39, de 15 de março de 2016, "a instauração do incidente suspenderá o processo, sem prejuízo de concessão da tutela de urgência de natureza cautelar de que trata o art. 301 do CPC".

A referida norma foi praticamente reproduzida no §2º do novel art. 855-A, da CLT: "A instauração do incidente suspenderá o processo, sem prejuízo de concessão da tutela de urgência de natureza cautelar de que trata o art. 301 da Lei nº 13.105, de 16 de março de 2015 (Código de Processo Civil)".

O prazo de 15 (quinze) dias para manifestação do sócio ou da pessoa jurídica e a suspensão do processo para resolução do incidente justificam-se diante dos princípios do contraditório e da segurança das relações jurídicas, que devem harmonizar-se com os princípios da simplicidade e da celeridade que informam o processo do trabalho. Os dois últimos não podem tornar os demais ineficazes.

A decisão do incidente é interlocutória, cabendo, no processo comum, recurso de agravo de instrumento (art. 1015, IV, CPC).

Ocorre que no processo do trabalho, o agravo de instrumento trabalhista tem normatividade específica, para aplicação em caso de trancamento injustificado de recurso, pelo que não há omissão e assim não cabe aplicação subsidiária da norma do processo comum, que o prevê para rediscutir decisão interlocutória. Também não cabe aplicação supletiva, porque a sua admissão para o reexame de decisões interlocutórias ofenderia a dinâmica do processo trabalhista, consubstanciada no princípio da irrecorribilidade dessas decisões antes da decisão definitiva, insculpido no §1º do art. 893, da CLT.

Logo, a recorribilidade quanto ao incidente se dará quando da sentença de conhecimento, por meio de recurso ordinário ou, na execução, por meio de agravo de petição.

Se o incidente ocorrer na fase de execução, como haverá suspensão do processo para a respectiva resolução, a defesa prescinde de prévia penhora ou depósito e, consequentemente, de Embargos à Execução. E, nos termos da Instrução Normativa nº 39/2016, do TST, no recurso de Agravo de Petição, inexiste necessidade de depósito recursal para o reexame da decisão.

Pelo novel Código de Processo Civil, se proferida, no tribunal, pelo relator da decisão caberá agravo interno (art. 932, VI c/c 136).

A norma é compatível com o processo do trabalho. Salvo melhor juízo, no Regional o Relator assim poderá proceder diante de fato novo, superveniente à sentença de 1º grau ou em reexame da decisão que indeferiu a formação do incidente. Em instância extraordinária, de exame de violação da lei e/ou de divergência jurisprudencial, o Relator assim poderá proceder somente em reexame da decisão de 2º grau, cabendo agravo da decisão para julgamento pela Turma ou pela SDI. De qualquer sorte, nos termos do novel art. 855-A, introduzido na CLT pela Lei nº 13.467, de 13 de julho de 2017:

§1º Da decisão interlocutória que acolher ou rejeitar o incidente:
I - na fase de cognição, não cabe recurso de imediato, na forma do §1º do art. 893 desta Consolidação;
II - na fase de execução, cabe agravo de petição, independentemente de garantia do juízo;
III - cabe agravo interno se proferida pelo relator em incidente instaurado originariamente no tribunal.

Acolhido o pedido de desconsideração, a alienação ou a oneração de bens, havida em fraude à execução, será ineficaz em relação ao exequente (art. 137, NCPC).

Em termos de responsabilidade patrimonial, estão sujeitos à execução os bens do responsável, nos casos de desconsideração da personalidade jurídica (art. 790, VII, CPC), ou seja, subsidiariamente os dos sócios da pessoa jurídica cuja personalidade foi desconsiderada ou os da pessoa jurídica, cuja personalidade dos sócios foi inversamente desconsiderada, se verificada, num e noutro caso, a insuficiência patrimonial do sócio ou da sociedade.

12 Conclusões

Despersonalização do ente empregador e desconsideração de sua personalidade jurídica não se confundem.

A despersonalização da empresa, enquanto entidade empregadora, está prevista no art. 2º, da CLT, em razão do princípio da continuidade da relação de emprego em virtude de sucessão (arts. 10 e 448, da CLT).

Na desconsideração da personalidade, a finalidade é episódica e subsidiariamente, responsabilizar os seus sócios pelos atos e dívidas da pessoa jurídica ou, inversamente, subsidiariamente alcançar os bens que estão formalmente em nome da pessoa jurídica, ali alocados em virtude de atos de blindagem patrimonial praticados pelos sócios.

Na Justiça Comum prevalece a Teoria Maior da Desconsideração, que aplica a Menor somente nas relações de consumo, ambientais e outras de natureza especial que a exijam.

Na Justiça do Trabalho, prevalece a Teoria Menor Objetiva de Desconsideração, eis que contenta-se, diante da natureza alimentar do crédito trabalhista e da premência do trabalhador no recebimento, com o mero fato do inadimplemento, da inexistência de bens sociais penhoráveis e da solvabilidade do sócio, para autorizar a desconsideração, não importando se ocorreu ou não abuso de personalidade.

Para o regular manejo do incidente de desconsideração é necessária a compreensão das hipóteses ensejadoras, previstas no direito material.

O Incidente de Desconsideração previsto no NCPC como intervenção provocada de terceiros e que, exceto na fase de execução, não pode ser determinado de ofício, é aplicável em qualquer fase do processo do trabalho.

Para a desconsideração, exige-se decisão fundamentada, após contraditório e regular instrução, se necessária, com suspensão do processo para o desiderato.

Na Justiça Comum, a decisão cabe agravo de instrumento, mas na Justiça do Trabalho, dependendo da fase, de conhecimento ou de execução, a decisão será reapreciada em Recurso Ordinário ou Agravo de Petição (neste último caso, independentemente de garantia do juízo), em razão do princípio da irrecorribilidade imediata das decisões interlocutórias, cabendo agravo interno para exame pela Turma, se proferida a decisão pelo Relator, no Tribunal.

Referências

BUENO, Casso Scarpinella. *Novo Código de Processo Civil Anotado.* 2. ed. São Paulo: Saraiva, 2016.

COELHO, Fábio Ulhoa. *Curso de Direito Comercial.* 10. ed. São Paulo: Saraiva, 2007. vol. 2.

DALLEGRAVE NETO, José Affonso; FREITAS, Ney José de. (Coord.). A execução dos bens dos sócios em face da Disregard Doctrine. *In: Execução trabalhista, estudos em homenagem ao Ministro João Orestes Dalazen.* São Paulo: LTr, 2002.

DIDIER JÚNIOR, Fredie. *Curso de Direito Processual Civil.* 18. ed. Salvador: JusPodium, 2016. vol. 1.

Informação bibliográfica deste texto, conforme a NBR 6023:2002 da Associação Brasileira de Normas Técnicas (ABNT):

BELMONTE, Alexandre Agra. O incidente de desconsideração da personalidade jurídica no processo do trabalho à luz do CPC de 2015 e da Lei nº 13.467/2017. In: TUPINAMBÁ, Carolina; GOMES, Fábio Rodrigues (Coord.). *A reforma trabalhista*: o impacto nas relações de trabalho. Belo Horizonte: Fórum, 2018. p. 17-33. ISBN 978-85-450-0441-7.

CAPÍTULO 2

REFORMA TRABALHISTA E TRABALHO INTERMITENTE

Aloysio Correa da Veiga

1 Generalidades

A reforma trabalhista, ou de modernização trabalhista, sancionada pelo Presidente da República em 13.07.2017, Lei nº 13.467/2017, altera, dentre outros, os artigos 443, 452-A e 611-A da CLT, a fim de instituir e regulamentar o trabalho intermitente.[1]

O trabalho intermitente surge, pois, para suprir lacuna legislativa justificadora da contratação de mão de obra extraordinária em certas épocas do ano, como em:

> Feriados prolongados, férias, fim de ano. Nesses períodos, a empresa hoteleira precisa de mais trabalhadores do que em outros, como garçons, cozinheiros, arrumadoras, faxineiras, etc. Também pode ser usado no comércio na época de Natal, quando é necessário um número maior de trabalhadores.[2]

---

[1] A matéria foi apresentada pelo Poder Executivo e na Casa iniciadora tramitou como Projeto de Lei nº 6.787, de 2016. A proposição, conhecida como modernização trabalhista ou reforma trabalhista, modifica dispositivos da Consolidação das Leis do Trabalho (CLT), Lei nº 6.019, de 03 de janeiro de 1974, Lei nº 8.036, de 11 de maio de 1990, e Lei nº 8.212, de 24 de julho de 1991. A proposição visa, precipuamente, estimular a negociação coletiva, atualizar os mecanismos de combate à informalidade, e regulamentar o art. 11 da Carta Magna, que disciplina a representação dos trabalhadores nas empresas, além de atualizar a Lei nº 6.019, de 03 de janeiro de 1974. O PL nº 6.787, de 2016, foi aprovado na Câmara dos Deputados em 26 de abril de 2017. Até 23 de junho de 2017, no Senado Federal, o Projeto passou pela Comissão de Assuntos Econômicos, Comissão de Assuntos Sociais e a Comissão de Constituição, Justiça e Cidadania, e sofreu algumas modificações em seu projeto original.

[2] MARTINS, Sérgio Pinto. *Flexibilização das condições de trabalho*. São Paulo: Atlas, 2015. p. 87-88.

O contrato intermitente é um contrato escrito, subordinado, não exclusivo, de duração indeterminada, caracterizado pela alternância de períodos trabalhados e períodos não trabalhados e que comporta um determinado número de cláusulas obrigatórias.[3]

É da essência do contrato de trabalho intermitente a subordinação e a alternância de períodos trabalhados e períodos não trabalhados.

O trabalho intermitente é uma forma de regulamentar a prestação de serviço, como contrato de trabalho subordinado, descontínuo, que se caracteriza pela alternância de períodos de prestação de serviços e de inatividade, determinados em horas, dias ou meses, independentemente do tipo de atividade exercida pelo empregado e o fim social perseguido pelo empregador.

Conclui-se, ainda, que o trabalhador intermitente não poderá receber, pelo período trabalhado, tratamento econômico e normativo menos favorável do que aquele dispensado aos demais empregados no exercício da mesma função, ressalvada a proporcionalidade temporal do trabalho.

O contrato de trabalho intermitente poderá ser objeto de convenção ou de acordo coletivo de trabalho, quanto aos demais aspectos não regulamentados pela lei.

A remuneração em trabalho intermitente é devida apenas quando o trabalhador for efetivamente chamado para trabalhar. Como não há exclusividade na prestação laboral, durante o período de inatividade, o trabalhador poderá ou não prestar serviços autônomos, ou para outros empregadores, dependendo das condições previstas no seu contrato de trabalho.

Enfim, o contrato de intermitência não se aplica aos aeronautas, regidos por legislação própria.

Por ocasião do Projeto de Lei nº 3.785/2012 afirmava-se que o trabalho intermitente era uma exigência do mundo moderno e do mundo empresarial cuja lacuna legislativa demandava intervenção imediata do legislador:

> Ele deve propor soluções para essas transformações sociais, que muitas vezes aprisionam tanto os trabalhadores quanto as empresas, prejudicando o desenvolvimento do país e o aperfeiçoamento das relações humanas [e que] existem atividades econômicas hoje que não demandam manter um número de empregados o tempo todo, e por outro lado, há

---

[3] CID, Clarissa Felipe. Contrato de trabalho intermitente e a precarização do direito do trabalho. *Revista Fórum Justiça do Trabalho*, n. 398, 2017, p. 57-66.

atividades que carecem de mão de obra em determinados horários ou períodos descontínuos.[4]

Depreende-se da justificativa que o projeto de lei estaria na:

Trilha de estudos e levantamentos técnicos, dentre eles, o do ilustre advogado, Dr. Amauri Mascaro Nascimento. A intenção é, utilizando-se do direito comparado italiano e português, regulamentar uma das figuras de contrato atípico, denominada nesses países de 'trabalho intermitente'.[5]

Para melhor compreender *a mens legis*, por ocasião desse projeto de lei, cumpre fazer uma breve incursão no direito português e no direito italiano, fontes de inspiração do legislador brasileiro, a fim de compreender a *mens legis* e analisar os efeitos futuros dessa forma de contrato no Brasil.

2 Direito português

No direito trabalhista português, o trabalho intermitente está previsto nos artigos 157 a 160 do Código do Trabalho, *in verbis*:

Trabalho intermitente
Artigo 157. Admissibilidade de trabalho intermitente

---

[4] Justificava do PL nº 3.785/2012: O mundo do trabalho moderno ganhou feições, exigências, necessidades e circunstâncias que carecem de regulamentos próprios para proteger o trabalhador e a empresa. Não são raros os casos em que as pessoas têm interesse de trabalhar apenas parte da semana ou do dia, para ter mais tempo para si, sua família, ou mesmo para outros ganhos financeiros, ou em preparação intelectual e profissional. Por outro lado, existem atividades econômicas hoje que não demandam manter um número de empregados o tempo todo, e por outro lado, há atividades que carecem de mão de obra em determinados horários ou períodos descontínuos. E parece ser obrigação do legislador buscar formas sérias e corretas de soluções para essas transformações sociais, que muitas vezes aprisionam tanto os trabalhadores quanto as empresas, prejudicando o desenvolvimento do país e o aperfeiçoamento das relações humanas. A proposição que ora trazemos à apreciação de todos está na trilha de estudos e levantamentos técnicos, dentre eles o do ilustre advogado, Dr. Amauri Mascaro Nascimento. A intenção é, utilizando-se do direito comparado italiano e português, regulamentar uma das figuras de contrato atípico, denominada nesses países de 'trabalho intermitente'. A finalidade é assegurar a validade dos contratos de trabalho atípicos, nos quais as empresas do setor econômico, especialmente hotéis, restaurantes e bares, se obrigariam a remunerar seus trabalhadores somente quando estes fossem convocados a trabalhar. Comprometem-se, ainda, a efetuar o pagamento apenas mediante a efetiva contraprestação do trabalho, a exemplo de outros países.

[5] Justificativa apresentada por ocasião do Projeto de Lei (PL) nº 3.785/2012 de autoria do Deputado Laércio Oliveira - PR/SE.

1 - Em empresa que exerça atividade com descontinuidade ou intensidade variável, as partes podem acordar que a prestação de trabalho seja intercalada por um ou mais períodos de inatividade.

2 - O contrato de trabalho intermitente não pode ser celebrado a termo resolutivo ou em regime de trabalho temporário.

[...]

3 - A antecedência a que se refere o nº 1 não deve ser inferior a 20 dias.

4 - Constitui contra ordenação grave a violação do disposto no número anterior.

[...]

Artigo 160. Direitos do trabalhador

1 - Durante o período de inatividade, o trabalhador tem direito a compensação retributiva em valor estabelecido em instrumento de regulamentação coletiva de trabalho ou, na sua falta, de 20% da retribuição base, a pagar pelo empregador com periodicidade igual à da retribuição.

2 - Os subsídios de férias e de Natal são calculados com base na média dos valores de retribuições e compensações retributivas auferidas nos últimos 12 meses, ou no período de duração do contrato se esta for inferior.

3 - Durante o período de inatividade, o trabalhador pode exercer outra atividade.

4 - Durante o período de inatividade, mantêm-se os direitos, os deveres e as garantias das partes que não pressuponham a efetiva prestação de trabalho.

5 - Constitui contraordenação grave a violação do disposto nos nºs 1 ou 2.

Da leitura dos referidos dispositivos conclui-se que o trabalho intermitente caracteriza-se pela atividade profissional exercida com descontinuidade ou intensidade variável, e no qual as partes podem acordar que a prestação de trabalho seja intercalada por um ou mais períodos de inatividade. Por exemplo, o contrato "fundado no carácter sazonal da atividade em questão ou nos contratos de trabalho temporário e de trabalho por tempo indeterminado para cedência temporária".[6]

Na Lei portuguesa, o trabalho intermitente tem as seguintes características:

a) Trata-se de contrato por prazo indeterminado, pois o legislador proibiu a celebração a termo resolutivo ou em regime de trabalho temporário.

---

[6] ALMEIDA, Tatiana Guerra. O novo regime jurídico do trabalho intermitente. *In*: CARVALHO, Catarina de Oliveira; GOMES, Júlio Vieira. (Coord.). *Direito do trabalho + crise = crise do direito do trabalho? Actas do congresso de direito do trabalho? Escola de Direito do Porto da Universidade Católica Portuguesa.* Coimbra: Coimbra Editora, 2011. p. 345-358.

b) refere-se *à* "atividade descontínua ou de intensidade variável da empresa. Com isso pretende-se salientar a circunstância de se tratar de atividade onde:

  i *Pela sua própria natureza, existirão períodos relativamente alargados de inactividade (sazonalidade da actividade em si mesma);*

  ii *Ou em que a intensidade da actividade é variável em curvas temporais relativamente amplas ou longas (sazonalidade das matérias primas ou do mercado de colocação do bem ou serviço em questão).*

c) Prestação de trabalho intercalada por um ou mais períodos de inactividade: ou seja, entre períodos de actividade ou de prestação (tempos de trabalho) e períodos de inactividade (tempos de não trabalho) a sua outra característica específica".[7]

Quanto aos períodos limites de tempo de trabalho e de não trabalho estabeleceu o legislador português (art. 159-2) que "a prestação

---

[7] Naturalmente, é ainda demasiado cedo para balanços quanto ao modo como as alterações agora introduzidas farão o seu caminho em termos aplicativos. Contudo, um dado não pode deixar de se fazer notar: o regime do trabalho intermitente - de acordo, aliás, com a lógica subjacente à secção do Código onde se enquadra - oferece-se com um novo modelo de contratação laboral que aposta, por via da tutela de interesses que antes se reconduziam a modalidades transitórias ou precárias de contratação, na recondução de tais hipóteses a uma relação laboral estável. Parece assim apostar-se na sua virtual potencialidade para atrair mais relações contratuais para a esfera tutelar específica da regulação laboral. [...] Dir-se-ia, por outras palavras, que o alargamento da laboralidade se faz também aqui a expensas do alargamento das modalidades de contratação - de acordo com a lógica de que mais uma (modalidade de) contratação laboral tenderá a corresponder a uma maior abrangência de tutela laboral. Resta saber, contudo, e por um lado, se não há aqui - à semelhança do que se verifica noutros domínios da nova disciplina laboral - uma espécie de efeito perverso das alterações agora introduzidas, isto **é,** e especificamente neste domínio, se o apelo ao recurso a esta nova modalidade de contratação, a ser bem sucedida, não tende para a ampliação de uma segmentação ainda mais acentuada do mercado de trabalho, situação que explicitamente se pretende combater. Ora, quando os dados estatísticos dos últimos anos demonstram justamente uma tendência para uma cada vez maior segmentação do mercado de trabalho, não é sem alguma surpresa, em particular na actual conjuntura económica, que se constata que é nesse exacto sentido que aposta de alargamento da esfera de tutela juslaboral se pretende fazer. Pode afirmar-se, é certo, que se há figura onde esse perigo é mais reduzido será justamente no âmbito do trabalho intermitente, que se apresenta justamente como um modelo de estabilização de uma relação laboral que, pela natureza dos interesses presentes, tende para a instabilidade. Tudo dependerá do modo como o regime for aplicado, se é que, com verdade, terá aptidão para concorrer com os tradicionalmente mais apetecíveis modelos transitórios de contratação laboral – tantas vezes utilizados, aliás, para além da lógica própria dos interesses que visam tutelar [...]. (ALMEIDA, Tatiana Guerra. O novo regime jurídico do trabalho intermitente. *In:* CARVALHO, Catarina de Oliveira; GOMES, Júlio Vieira. (Coord.). *Direito do trabalho + crise = crise do direito do trabalho? Actas do congresso de direito do trabalho? Escola de Direito do Porto da Universidade Católica Portuguesa.* Coimbra: Coimbra Editora, 2011. p. 345-358.).

de trabalho não pode ser inferior a seis meses a tempo completo, por ano, dos quais pelo menos quatro meses devem ser consecutivos".

3 Direito italiano

No direito italiano o trabalho intermitente é tratado pelo *Decreto Legislativo 10 settembre 2003, nº 276, arts. 33 a 37, verbis:*

Titolo V-TIPOLOGIE CONTRATTUALI A ORARIO RIDOTTO, MODULATO O FLESSIBILE
Capo I-Lavoro intermittente
Art. 33. Definizione e tipologie
1. Il contratto di lavoro intermittente é il contratto mediante il quale un lavoratore si pone a disposizione di un datore di lavoro che ne può utilizzare la prestazione lavorativa nei limiti di cui all'articolo 34.
2. Il contratto di lavoro intermittente può essere stipulato anche a tempo determinato.
[...]
Art. 36. Indennità di disponibilità
1. Nel contratto di lavoro intermittente é stabilita la misura della indennità mensile di disponibilità, divisibile in quote orarie, corrisposta al lavoratore per i periodi nei quali il lavoratore stesso garantisce la disponibilità al datore di lavoro in attesa di utilizzazione. La misura di detta indennità e' stabilita dai contratti collettivi e comunque non e' inferiore alla misura prevista, ovvero aggiornata periodicamente, con decreto del Ministro del lavoro e delle politiche sociali, sentite le associazioni dei datori e dei prestatori di lavoro comparativamente più rappresentative sul piano nazionale.
2. Sulla indennità di disponibilità di cui al comma 1 i contributi sono versati per il loro effettivo ammontare, anche in deroga alla vigente normativa in materia di minimale contributivo.
3. L'indennità di disponibilità e' esclusa dal computo di ogni istituto di legge o di contratto collettivo.
4. In caso di malattia o di altro evento che renda temporaneamente impossibile rispondere alla chiamata, il lavoratore é tenuto a informare tempestivamente il datore di lavoro, specificando la durata dell'impedimento. Nel periodo di temporanea indisponibilità non matura il diritto alla indennità di disponibilità.
5. Ove il lavoratore non provveda all'adempimento di cui al comma che precede, perde il diritto alla indennità di disponibilità per un periodo di quindici giorni, salva diversa previsione del contratto individuale.
6. Le disposizioni di cui ai commi da 1 a 5 si applicano soltanto nei casi in cui il lavoratore si obbliga contrattualmente a rispondere alla chiamata del datore di lavoro. In tal caso, il rifiuto ingiustificato di rispondere alla chiamata può comportare la risoluzione del contratto, la

restituzione della quota di indennità di disponibilità riferita al periodo successivo all'ingiustificato rifiuto, nonché un congruo risarcimento del danno nella misura fissata dai contratti collettivi o, in mancanza, dal contratto di lavoro.

7. Con decreto del Ministro del lavoro e delle politiche sociali, di concerto con il Ministro dell'economia e delle finanze, é stabilita la misura della retribuzione convenzionale in riferimento alla quale i lavoratori assunti ai sensi dell'articolo 33 possono versare la differenza contributiva per i periodi in cui abbiano percepito una retribuzione inferiore rispetto a quella convenzionale ovvero abbiano usufruito della indennità di disponibilità fino a concorrenza della medesima misura.

Dos artigos citados infere-se que trabalho intermitente é o contrato de trabalho escrito, estipulado por prazo determinado ou indeterminado, segundo o qual o trabalhador põe à disposição de um empregador sua força de trabalho.

Trata-se de um trabalho descontínuo ou irregular (ininterrupto), previsto em negociação coletiva nacional ou territorial, e por períodos predeterminados durante a semana, o mês ou o ano (por exemplo, no período de férias, Páscoa, Natal, etc.).

Exceções à negociação coletiva são previstas aos trabalhadores com menos de 25 anos de idade ou com mais de 45 anos, quando se encontram fora do ciclo produtivo, ou inscritos na *liste di mobilitá o di collocamento,* bem como pensionistas.

Os trabalhadores intermitentes têm os mesmos direitos dos outros trabalhadores (a tempo completo).

A retribuição pecuniária é proporcional à efetiva prestação de trabalho, tanto no que diz respeito à remuneração, quanto no tocante a férias e a outros direitos assistenciais.

Durante o período de disponibilidade, o trabalhador intermitente não é titular de qualquer direito reconhecido aos outros trabalhadores subordinados, nem se beneficia de qualquer outra gratificação além da *indennità di disponibilità.*

A título de curiosidade, *no direito do trabalho francês*[8] tem-se que o trabalho intermitente se caracteriza pela alternância entre períodos trabalhados e não trabalhados.

O Código do Trabalho francês estabelece que:

---

[8] MINISTÈRE DU TRAVAIL. *Le contrat de travail intermitente.* Disponível em: <http://travail-emploi.gouv.fr/droit-du-travail/contrats-et-carriere/contrats-de-travail/types-de-contrats/article/le-contrat-de-travail-intermittent>. Acesso em: 19 de jun. 2017.

> Article L3123-33: Des contrats de travail intermittent peuvent être conclus dans les entreprises couvertes par une convention ou par un accord d'entreprise ou d'établissement ou, à défaut, par une convention ou un accord de branche étendu qui le prévoit.
>
> [...]
>
> Article L3123-36: Le salarié titulaire d'un contrat de travail intermittent bénéficie des droits reconnus aux salariés à temps complet, sous réserve, en ce qui concerne les droits conventionnels mentionnés à l'article L. 3123-38, de modalités spécifiques prévues par la convention ou l'accord collectif de travail étendu ou par une convention ou un accord d'entreprise ou d'établissement.
>
> Pour la détermination des droits liés à l'ancienneté, les périodes non travaillées sont prises en compte en totalité.

O trabalho intermitente caracterizado pela alternância entre períodos trabalhados e não trabalhados é concluído sob certas condições, em setores que conhecem importantes flutuações de atividade (como, por exemplo, atividades no setor artístico - espetáculos, teatro - ritmo escolar, ciclos sazonais, turismo, etc.).

O trabalho intermitente deve ser previsto em acordo coletivo (o empregador não pode, por iniciativa própria, propor trabalho intermitente ao empregado) e deve ser objeto de um contrato escrito e por prazo indeterminado. O acordo coletivo prevê quais são as atividades que podem ser consideradas intermitentes.

O trabalhador em trabalho intermitente se beneficia dos mesmos direitos que os outros empregados.

Algumas disposições relativas ao trabalho intermitente são de ordem pública como, por exemplo, dispositivos que tratam sobre o princípio da igualdade de direitos entre trabalhador intermitente e trabalhador a tempo completo, ou acerca do tempo de trabalho anual.

Ao que parece, a iniciativa e a inspiração do legislador brasileiro para adoção do trabalho intermitente, acompanhando a modernidade das relações sociais, como ocorre nas legislações comparadas, se limitou tão somente a trazer para o direito interno parte da inspiração portuguesa e italiana. É que, tanto no direito português, quanto no direito italiano, os períodos de inatividade do trabalho intermitente ou são remunerados, ou são indenizados, coisa que não ocorre no novel sistema legislativo brasileiro.

Da leitura do direito estrangeiro conclui-se que o legislador português e italiano, diante da crise econômica e do desemprego que assolou os dois países nesse século XXI, fez a opção de flexibilizar - e porque não ousar afirmar - tornar precárias as relações de trabalho diante do imperativo econômico.

As graves consequências dessa opção do legislador português e italiano no mercado de trabalho e na sociedade desses países não foram, todavia, mencionadas na justificação do projeto em comento, a saber: o enfraquecimento da representação sindical, a transferência do risco da atividade econômica ao empregado, a precarização do trabalho e a redução dos salários em razão da mão de obra abundante.

Essas consequências, com certeza, se verificarão igualmente no Brasil, na medida em que o trabalho intermitente foi aprovado nos moldes propostos pelo legislador.

Conclui-se, pois, que trabalho intermitente é o trabalho subordinado, não contínuo, e que se caracteriza pela alternância de períodos de prestação de serviços e de inatividade, determinados em horas, dias ou meses, independentemente do tipo de atividade do empregado e do empregador.

O contrato de intermitência não se aplica aos aeronautas que são regidos por legislação própria.

O período de inatividade não é tempo à disposição do empregador. O trabalhador pode, pois, prestar serviços a outros contratantes.

São requisitos indispensáveis do contrato de intermitência:

a) forma escrita: contrato de trabalho intermitente deve ser celebrado por escrito.

b) remuneração: cujo valor da hora de trabalho não pode ser inferior ao valor horário do salário mínimo ou àquele devido aos demais empregados do estabelecimento que exerçam a mesma função em contrato intermitente ou não.

O empregado será convocado pelo empregador por qualquer meio de comunicação eficaz, com, pelo menos, três dias corridos de antecedência, para a prestação de serviços, informando-lhe qual será a jornada a ser cumprida.

Recebida a convocação, o empregado terá o prazo de um dia útil para responder ao chamado.

O silêncio do empregado implica presunção de sua recusa.

Aceita a oferta para o comparecimento ao trabalho, a parte que descumprir o acordado, sem justo motivo, pagará à outra parte, no prazo de trinta dias, multa de 50% (cinquenta por cento) da remuneração que seria devida, permitida a compensação em igual prazo.

Ao final de cada período de prestação de serviço, o empregado receberá o pagamento (com recibo de pagamento discriminado) imediato das seguintes parcelas: remuneração, férias proporcionais com acréscimo de um terço, décimo terceiro salário proporcional, repouso semanal remunerado e adicionais legais.

Cumpre ao empregador efetuar o recolhimento da contribuição previdenciária e o depósito do Fundo de Garantia do Tempo de Serviço, na forma da lei, com base nos valores pagos no período mensal, e fornecer ao empregado o comprovante do cumprimento dessas obrigações.

A cada doze meses, o empregado adquire direito a um mês de férias, podendo ser usufruídas nos doze meses subsequentes. Não se depreende da leitura dos artigos 443 e 452-A (supra), a garantia de remuneração no período de gozo de férias (artigos 452-A, §9º).

A adoção do trabalho intermitente, como não poderia deixar de ser, provocou e provoca grande discussão. Basta ver o debate ocorrido no Senado Federal, em 20 de junho de 2017, quando o parecer do Senador Romero Jucá, apresentado na Comissão de Assuntos Sociais do Senado Federal, foi rejeitado.

Nele afirmava-se que:

> O trabalho prestado nessa modalidade contratual [contrato intermitente] será descontínuo, para que possa atender a demandas específicas de determinados setores, a exemplo daqueles de bares e restaurantes ou de turismo. Aqui, também, é necessário desconstruir alguns mitos que se criaram em torno do Projeto, especialmente no que importa aos riscos para o trabalhador. Primeiro, o empregado deverá ser convocado para a prestação do serviço com, pelo menos, três dias de antecedência, garantindo-se ao empregado um dia útil para aceitar ou não a oferta, sendo que a recusa não descaracteriza o contrato. Segundo, e não menos importante, tem-se dito que o empregado terá que pagar multa se não comparecer e que isso seria, por si só, um absurdo. Todavia, cumpre, por honestidade, esclarecer que, aceita a proposta, há previsão de multa para ambas as partes, em caso de descumprimento, sem justo motivo, permitida a compensação. Não há nada de draconiano na medida, lembrando que a ausência injustificada ao trabalho no contrato indeterminado também gera uma penalidade financeira, com o desconto do dia não trabalhado. Aqui se trata, portanto, de estabelecer normas que garantam a execução e o pagamento dos contratos, balizando-se no princípio da boa-fé entre as partes. Outrossim, será devido o pagamento imediato, junto com a remuneração, das parcelas relativas às férias proporcionais com acréscimo de um terço, décimo terceiro proporcional, repouso semanal remunerado e demais adicionais legais devidos.

O Parecer do Senador Paulo Paim, aprovado pela Comissão de Assuntos Sociais, substituiu o Parecer (rejeitado) do Senador Romero Jucá.

Dentre vários argumentos contrários ao contrato de trabalho intermitente e apresentados pelo Senador Paulo Paim, vale citar os seguintes:

> Essa modalidade de contrato - também conhecida como 'jornada zero hora' - é uma forma de legitimar o 'bico' como uma das opções de trabalho formal, porém, com menores custos para o empregador. Estabelece um vínculo de trabalho que permite à empresa pagar somente as horas de efetivo serviço, deixando o trabalhador sempre à disposição, 'resolvendo' um problema de fluxo de trabalho dos empregadores e impondo aos trabalhadores condições precarizadas de trabalho e vida. A principal justificativa apresentada pelo relator do projeto substitutivo da Reforma Trabalhista foi que 'o Brasil mudou desde 1943, quando a CLT foi criada. É preciso modernizar as relações de trabalho no Brasil, com novas modalidades de contratação que incluam novas formas de trabalho atuais'. Entretanto, uma real modernização das relações de trabalho deveria ter como pressuposto a eliminação das formas precárias e arcaicas de trabalho ainda persistentes no Brasil, em pleno século XXI, e não a ampliação dessas práticas. Com o argumento de que 'os direitos estão restritos a um grupo de trabalhadores privilegiados, e, com a reforma, os trabalhadores informais e em subempregos - cuja realidade de vida não se encaixa na forma rígida que é a atual CLT - também serão cobertos pela CLT', o relator ampliou e criou formas precárias de trabalho, garantindo suposta segurança jurídica para as empresas, em detrimento da proteção ao trabalhador". Ademais, 'no trabalho intermitente, o empregado não terá direito a um período de férias remuneradas, pois elas serão pagas diluídas ao término de cada período de serviço'.[9]

Enfim, conforme o citado Parecer do Senador Paulo Paim, os dados econômicos do trabalho intermitente no Reino Unido (denominado *Zero hour contract*) testemunham não se tratar de contrato de trabalho eficaz contra o desemprego e a crise econômica.

Na verdade, "a adoção desse tipo de contrato, e de outros contratos que também não asseguram proteção trabalhista plena aos trabalhadores, está muito relacionada à recessão e à necessidade das empresas de reduzirem seus custos".[10] Acrescente-se ainda que os trabalhadores sujeitos a contratos de zero hora ganham, em média, 38% menos por hora trabalhada que os demais trabalhadores.

---

[9] Parecer do Senador Paulo Paim.
[10] Parecer do Senador Paulo Paim.

Segundo o Trades Union Congress britânico (TUC), as empresas usam esse tipo de contrato para manter salários baixos e para evadir o cumprimento de obrigações trabalhistas. Para os trabalhadores, no entanto, só há perdas, com as raras exceções daquelas pessoas que realmente só querem fazer bicos ocasionais para complementar renda ou para trabalhadores muito qualificados que querem uma jornada flexível. Perdas não apenas econômicas, mas também em termos de proteção trabalhista e de qualidade de vida, pois esses trabalhadores não conseguem planejar seu tempo e seus gastos. Vivem em situação de permanente incerteza. No Reino Unido, o crescimento desse tipo de trabalho, bem como de outros tipos de trabalho não regulares, como o trabalho a tempo parcial, o trabalho terceirizado e o trabalho autônomo, está vinculado a uma crescente precarização do mercado de trabalho (o TUC chama de underemployment - subemprego) e à redução dos rendimentos.[11]

Em 28 de junho de 2017, a Comissão de Constituição e Justiça (CCJ) aprovou o projeto da reforma trabalhista em questão (PLC nº 38/2017), bem como um requerimento de urgência para a votação da matéria no Plenário do Senado.

De tudo que se diz, ressalta-se que trabalho intermitente é aquele que o empregado trabalha quando convocado, ou seja, quando há necessidade de seu trabalho. Há uma alternância de períodos de atividade do empregado com períodos de inatividade: "o trabalho irá ocorrer em um ou alguns dias da semana, em algumas semanas, em alguns dias do mês ou do ano. Fala-se em trabalho fixo descontínuo e em trabalhadores por chamada".[12]

Consequentemente, o trabalhador só receberá remuneração pelas horas efetivamente laboradas, o que implica em inconstância, insegurança quanto a seus planos e projetos pessoais e profissionais, além da redução dos direitos sociais dos trabalhadores.

Ainda que o empregado possa trabalhar para diversos empregadores e, em tese, programar tempo para a vida pessoal, questiona-se se esta suposta liberdade e autonomia, bem como a possibilidade de trabalhar em vários empregos, não o conduzirá à exaustão física e mental, em razão de longas jornadas laborais, sem olvidar a expectativa (e a incerteza) gerada na espera do "chamado" do empregador,[13] assim como eventuais consequências físicas e mentais.

---

[11] Parecer do Senador Paulo Paim.

[12] MARTINS, Sérgio Pinto. *Flexibilização das condições de trabalho*. São Paulo: Atlas, 2015. p. 87-88.

[13] CID, Clarissa Felipe. Contrato de trabalho intermitente e a precarização do direito do trabalho. *Revista Fórum Justiça do Trabalho*, n. 398, 2017, p. 57-66.

4 Precariedade. Longas jornadas

O trabalho intermite incita a precariedade das relações laborais, primeiramente porque a descontinuidade de períodos de trabalho fere o princípio da primazia da continuidade do contrato de trabalho.[14]

A intermitência caracteriza-se por uma relação em que há períodos de trabalho e inatividade, de descontinuidade e de intensidade variável da atividade econômica.

Para o trabalhador, a descontinuidade no trabalho representa a imprevisibilidade, a instabilidade: isto é, a impossibilidade de programar o futuro. Impossibilidade também de fazer face às despesas do quotidiano, pois o empregado não sabe qual será a sua remuneração mensal, além da alteração dos ritmos de vida (alteração nos horários de trabalho, alternância de tempo de trabalho e não trabalho).

As normas constitucionais legais, tratados e convenções internacionais[15] protegem o limite da jornada como forma de resguardar a saúde e o bem-estar dos trabalhadores. Sobretudo porque jornadas excessivas podem revelar-se "danosas à eficiência econômica e à boa condição física e moral dos trabalhadores, além de serem incompatíveis com a democracia política".[16]

O relatório realizado pela Organização Mundial do Trabalho (OIT) em 2009, 'Duração do trabalho em todo mundo: tendências de jornadas de trabalho, legislação e políticas numa perspectiva global comparada', afirma que muitos trabalhadores em países em desenvolvimento (o Brasil é considerado um deles) acabam sujeitando-se a trabalhos precários para que em um futuro consigam um contrato de trabalho pleno: [...] É frequente, porém, que jornadas curtas não sejam bem vistas por esses trabalhadores, em razão das desvantagens associadas com o trabalho em tempo parcial (p. ex., quanto a salários, promoção e treinamento) e não causa surpresa que exista uma quantidade considerável de trabalhadores em tempo parcial que gostaria de ter um emprego de tempo integral. Em contrapartida, nos países em desenvolvimento, as jornadas curtas tendem a ser encaradas, majoritariamente, como

---

[14] SOARES, Rodrigo Chagas. Caminhando da jornada móvel e variável para o trabalho intermitente. *Revista Magister de Direito do Trabalho*, n. 54, maio-junho/2013. p. 215.

[15] Cf. Convenção nº 1, 30, 47 da OIT sobre o tempo de trabalho 1, 30, 47 (tempo de trabalho) 14, 106 (repouso hebdomadário), 171 (trabalho noturno), 175 (trabalho a tempo parcial); Declaração Universal dos Direitos Humanos (art. 24); o Pacto Internacional dos Direitos Econômico, Social e Cultural (art. 7º); Carta dos Direitos Fundamentais da União Europeia (art. 31), e o Protocolo de San Salvador (art. 7º), dentre outros.

[16] CID, Clarissa Felipe. Contrato de trabalho intermitente e a precarização do direito do trabalho. *Revista Fórum Justiça do Trabalho*, n. 398, 2017, p. 57-66.

problemáticas, já que o entendimento comum é que a maioria desses trabalhadores pertence à categoria do 'subemprego relacionado com o tempo', também conhecido como 'subemprego invisível'.[17]

Quanto à alegada liberdade para trabalhar nos horários e dias que lhe convém, creio que, no quotidiano, isso será quase impossível, pois o trabalhador intermitente dificilmente conseguirá assumir compromissos de trabalho com outro empregador quando deve estar disponível para responder às solicitações (imprevisíveis) do empregador nos períodos de inatividade.

Por tais razões, é preciso garantir que o trabalho intermitente não favoreça a precarização das relações de trabalho e acabe por permitir longas jornadas de espera (por trabalho) e de trabalho.

5 Considerações finais

> *Que sa conscience et sa vertu reluisent em son parler,*
> *et n'ayent que la raison pour guide.*
> Michel de Montaigne[18]

O contrato intermitente visa, em teoria, proteger pessoas (estudantes, jovens, mulheres, idosos, etc.) que se encontram excluídas do mercado de trabalho formal. Seria uma solução às demandas empresariais e dos trabalhadores para a modernização das relações de trabalho.

Todavia, na verdade, trata-se de:

> Contrato que intimida os trabalhadores a aceitarem as circunstâncias, visto que, pela lógica atual, é melhor ter um emprego e ganhar algo do que estar desempregado. De acordo Zygmunt Bauman: [...] Ameaçar com o desemprego ou recusar o emprego permite conquistar ou manter o domínio com um gasto de energia, tempo e dinheiro muito inferior ao exigido para controlar e vigiar de maneira invasiva. A ameaça do desemprego desloca o ônus da prova para parte adversa, ou seja, para os dominados.[19]

---

[17] CID, Clarissa Felipe. Contrato de trabalho intermitente e a precarização do direito do trabalho. *Revista Fórum Justiça do Trabalho*, n. 398, 2017, p. 57-66.

[18] MONTAIGNE, de Michel. *Extrait de «Essais»*. Disponível em: <http://www.philo5.com/Mes%20lectures/Montaigne_Essais123.htm#_1_CD1_10>. Acesso em: 27 de jun. 2017.

[19] CID, Clarissa Felipe. Contrato de trabalho intermitente e a precarização do direito do trabalho. *Revista Fórum Justiça do Trabalho*, n. 398, 2017, p. 57-66.

Na verdade,

Os projetos de lei procuram inserir pessoas naturalmente discriminadas pelo mercado de trabalho. Mas, em realidade, tornam precárias para idosos e mulheres as relações trabalhistas - especialmente para as mulheres que acumulam atividades domésticas com o trabalho remunerado [...]. O que se vê, portanto, é a diminuição dos direitos trabalhistas, associada a outras formas de flexibilização da relação de emprego, por exemplo, a terceirização. No relatório da OIT sobre a jornada, a terceirização, cumulada com o trabalho intermitente, sedimenta uma jornada de trabalho superior a 72 horas semanais, algo vedado pela ordem internacional, que sugere 40 horas semanais.[20]

O contrato de trabalho intermitente transfere o risco da atividade econômica ao empregado, pois nesse tipo de contrato o trabalhador apenas recebe remuneração se e quando trabalhar, além de permitir às empresas mão de obra sempre disponível sem nenhum custo adicional.[21]

Há, dentre os estudiosos do direito do trabalho, aqueles que abominam, simplesmente, a possibilidade de adoção, como norma legal do trabalho intermitente, ao definir que o trabalho intermitente revela-se uma forma de subemprego, encoraja a precariedade no trabalho e a incerteza da prestação laboral. Nem tanto nem tampouco, o debate aperfeiçoará a regra de existir ou não o instituto do trabalho intermitente.

No contexto da globalização, de crise econômica, política, ética e moral no Brasil a indecisão prudente é a única certeza que advém da reforma trabalhista: não se vislumbram direções claras para atender aos problemas da sociedade salarial, nem a tão esperada metamorfose da questão social.

Tomara que os defensores da reforma trabalhista, como nos foi apresentada, estejam certos de que ela seja o vetor da superação da crise econômica existente, com o êxito e a multiplicação da atividade empresarial a propiciar o encontro do pleno emprego.

Referências

ALMEIDA, Tatiana Guerra. O novo regime jurídico do trabalho intermitente. *In*: CARVALHO, Catarina de Oliveira; GOMES, Júlio Vieira. (Coord.). *Direito do trabalho +*

---

[20] CID, Clarissa Felipe. Contrato de trabalho intermitente e a precarização do direito do trabalho. *Revista Fórum Justiça do Trabalho*, n. 398, 2017, p. 57-66.

[21] SOARES, Rodrigo Chagas. Caminhando da jornada móvel e variável para o trabalho intermitente. *Revista Magister de Direito do Trabalho*, n. 54, maio-junho/2013. p. 215.

crise = crise do direito do trabalho? Actas do congresso de direito do trabalho? Escola de Direito do Porto da Universidade Católica Portuguesa. Coimbra: Coimbra Editora, 2011.

CID, Clarissa Felipe. Contrato de trabalho intermitente e a precarização do direito do trabalho. *Revista Fórum Justiça do Trabalho*, n. 398, 2017, p. 57-66.

MARTINS, Sérgio Pinto. *Flexibilização das condições de trabalho.* São Paulo: Atlas, 2015.

MINISTÈRE DU TRAVAIL. *Le contrat de travail intermitente.* Disponível em: <http://travail--emploi.gouv.fr/droit-du-travail/contrats-et-carriere/contrats-de-travail/types-de-contrats/article/le-contrat-de-travail-intermittent>. Acesso em: 19 de jun. 2017.

MONTAIGNE, de Michel. *Extrait de «Essais».* Disponível em: <http://www.philo5.com/Mes%20lectures/Montaigne_Essais123.htm#_1_CD1_10>. Acesso em: 27 de jun. 2017.

SOARES, Rodrigo Chagas. Caminhando da jornada móvel e variável para o trabalho intermitente. *Revista Magister de Direito do Trabalho*, n. 54, maio-junho/2013. p. 215.

Informação bibliográfica deste texto, conforme a NBR 6023:2002 da Associação Brasileira de Normas Técnicas (ABNT):

VEIGA, Aloysio Correa da. Reforma trabalhista e trabalho intermitente. In: TUPINAMBÁ, Carolina; GOMES, Fábio Rodrigues (Coord.). *A reforma trabalhista*: o impacto nas relações de trabalho. Belo Horizonte: Fórum, 2018. p. 35-50. ISBN 978-85-450-0441-7.

CAPÍTULO 3

A REFORMA TRABALHISTA (LEI Nº 13.467/2017) E A DESCONSTITUCIONALIZAÇÃO DO ACESSO À JUSTIÇA DO TRABALHO: BREVES COMENTÁRIOS SOBRE ALGUNS INSTITUTOS DE DIREITO PROCESSUAL DO TRABALHO

Carlos Henrique Bezerra Leite

1 Introdução

Pressionado pela grave crise econômica, pela recessão e pela onda de desemprego crescente, o Presidente (interino) da República, Michel Temer, invocando a necessidade de modernizar a legislação trabalhista como meio de promover crescimento econômico e gerar novos empregos, editou, em 22 de dezembro de 2016, e encaminhou ao Congresso Nacional o Projeto de Lei nº 6.787, que institui – na linguagem política do Governo – a chamada minirreforma trabalhista.

Em sua redação original, o referido PL nº 6.787/2016 alterava a CLT em apenas seis artigos da parte de direito material e um artigo da parte processual, a saber: o artigo 775, que institui a contagem de prazos processuais em dias úteis.

Tramitando pela Câmara dos Deputados, o Relator, Deputado Federal Rogério Marinho, do PSDB/RE, modificou substancialmente o PL nº 6.787, que passou a ser numerado como Projeto de Lei da Câmara nº 38/2017, contendo mais de 91 (noventa e um) artigos, além de inúmeros parágrafos, incisos e alíneas, totalizando mais de 220 alterações no texto, tanto da parte material, quanto da parte processual da CLT.

O PL nº 38/2017 tramitou em tempo recorde na Câmara e no Senado Federal, tendo sido sancionado na íntegra pelo Presidente da República Michel Temer e convertido na Lei nº 13.467, de 13 de julho de 2017, publicada no DOU de 14 de julho de 2017, cujo artigo prevê que ela entrará em vigor 120 dias após a data de sua publicação, ou seja, no dia 15.11.2017.

Sem embargo do elevado déficit democrático da forma como foi encaminhado e como tramitou no Congresso Nacional, diferentemente do que se deu, por exemplo, com o projeto de lei que culminou no Código de Processo Civil de 2015, optamos por tecer, neste singelo artigo, breves comentários sobre os dispositivos da Lei nº 13.467/2017 que alteram a parte processual da CLT com enfoque específico para aqueles que poderão impactar, direta ou indiretamente, o direito fundamental de acesso dos trabalhadores à Justiça do Trabalho.

2 Restrição à liberdade produz jurisprudência: redução dos tribunais trabalhistas à ultrapassada figura do "juiz boca da lei"

Art. 8º [...]
§2º Súmulas e outros enunciados de jurisprudência editados pelo Tribunal Superior do Trabalho e pelos Tribunais Regionais do Trabalho não poderão restringir direitos legalmente previstos nem criar obrigações que não estejam previstas em lei.
§3º No exame de convenção coletiva ou acordo coletivo de trabalho, a Justiça do Trabalho analisará exclusivamente a conformidade dos elementos essenciais do negócio jurídico, respeitado o disposto no art. 104 da Lei nº 10.406, de 10 de janeiro de 2002 (Código Civil), e balizará sua atuação pelo princípio da intervenção mínima na autonomia da vontade coletiva. (NR)

Esses novos dispositivos (§§2º e 3º do art. 8º da CLT), embora integrem a parte material introdutória da CLT, acabam atingindo o direito processual do trabalho, porquanto violam os princípios que asseguram o amplo acesso dos trabalhadores à Justiça, já que uma lei não pode impedir a qualquer órgão do Poder Judiciário brasileiro apreciar e julgar ação que veicule lesão ou ameaça a qualquer direito (CF, art. 5º, XXXV).

Além disso, a lei não é o único elemento de criação de direitos. A jurisprudência também é fonte do direito como, aliás, prevê expressamente o *caput* do artigo 8º da CLT.

Na verdade, em direção oposta ao neoconstitucionalismo (ou neopositivismo), que enaltece a força normativa da Constituição e adota o primado dos princípios e dos direitos fundamentais, a Lei nº 13.467/2017 restringe a função interpretativa dos Tribunais e Juízes do Trabalho, como se infere da leitura dos novos §§2º e 3º do art. 8º da CLT, os quais revelam a verdadeira *mens legislatoris*: desconstitucionalizar o Direito do Trabalho e o Direito Processual do Trabalho e introduzir o chamado modelo da supremacia do negociado sobre o legislado.

Entretanto, esse mesmo legislador (praticamente os mesmos Deputados Federais e Senadores) que aprovou o Código de Processo Civil de 2015, cujos arts. 1º e 8º reconhecem a constitucionalização do Direito Processual Civil, enaltecendo como dever do juiz, ao interpretar e aplicar o ordenamento jurídico, observar a supremacia dos "valores e normas fundamentais estabelecidos na Constituição", restringiu, com a Lei nº 13.467/2017, o papel dos magistrados trabalhistas, pois estes, na dicção dos novos §§2º e 3º do art. 8º da CLT, deverão apenas aplicar o que dispõe a lei. É dizer, a nova lei transforma juízes do trabalho em meros "servos da lei", tal como ocorria no Estado Liberal.

Esses novos dispositivos (§§2º e 3º do art. 8º da CLT) são inconstitucionais, por violarem os princípios que asseguram o amplo acesso à Justiça, pois nenhuma lei pode impedir a qualquer órgão do Poder Judiciário brasileiro apreciar e julgar ação que veicule lesão ou ameaça a qualquer direito, bem como os princípios de autonomia e independência do Poder Judiciário, na medida em que os juízes, no Estado Democrático de Direito – e no modelo constitucional de processo – têm a garantia (e o dever) de interpretar a lei e todos os dispositivos que compõem o ordenamento jurídico conforme os valores e as normas da Constituição, cabendo-lhes, ainda, nessa perspectiva, atender aos fins sociais e às exigências do bem comum, resguardando e promovendo a dignidade da pessoa humana e observando a proporcionalidade, a razoabilidade, a legalidade, a publicidade e a eficiência, como se infere dos arts. 1º e 8º do CPC de 2015, os quais devem ser aplicados ao processo do trabalho por força do art. 15, do mesmo Código, e do art. 769, da CLT.

Em rigor, os novos §§2º e 3º da CLT violam os princípios da autonomia e da independência dos Juízes e dos Tribunais do Trabalho como órgãos do Poder Judiciário, pois os submetem à condição de meros aplicadores da lei ("juiz boca da lei").

Vê-se, claramente, que o tratamento legislativo dado aos magistrados do trabalho configuram autêntica *capitis diminutio* em relação aos demais magistrados do Poder Judiciário, deixando evidenciados o preconceito e a discriminação contra os membros da Justiça Especializada.

Aliás, é fato público e notório amplamente noticiado na grande mídia que parcela considerável de deputados e senadores defende a própria extinção da Justiça do Trabalho.

3 Transformação da Justiça do Trabalho em órgão homologador de lides simuladas

Art. 652. Compete às Varas do Trabalho:

[...]

f) decidir quanto à homologação de acordo extrajudicial em matéria de competência da Justiça do Trabalho.

Art. 855-B. O processo de homologação de acordo extrajudicial terá início por petição conjunta, sendo obrigatória a representação das partes por advogado.

§1º As partes não poderão ser representadas por advogado comum.

§2º Faculta-se ao trabalhador ser assistido pelo advogado do sindicato de sua categoria.

Art. 855-C. O disposto neste Capítulo não prejudica o prazo estabelecido no §6º do Art. 477 desta Consolidação e não afasta a aplicação da multa prevista no §8º art. 477 desta Consolidação.

Art. 855-D. No prazo de quinze dias, a contar da distribuição da petição, o juiz analisará o acordo, designará audiência se entender necessário e proferirá sentença.

Art. 855-E. A petição de homologação de acordo extrajudicial suspende o prazo prescricional da ação quanto aos direitos nela especificados.

Parágrafo único. O prazo prescricional voltará a fluir no dia útil seguinte ao do trânsito em julgado da decisão que negar a homologação do acordo.

Por força da alínea *f* do art. 652 da CLT, acrescentado pela Lei nº 13.467/2017, as Varas do Trabalho, ou melhor, os juízos trabalhistas de primeira instância, passaram a ter competência para: "decidir quanto à homologação de acordo extrajudicial em matéria de competência da Justiça do Trabalho".

Explicitando o procedimento de homologação de acordo extrajudicial, o art. 855-B da CLT dispõe que ele "terá início por petição conjunta, sendo obrigatória a representação por advogado", sendo facultada a ambas as partes serem "representadas por advogado comum", podendo o trabalhador ser "assistido pelo advogado de sua categoria".

Vê-se, pois, que o procedimento de homologação de acordo extrajudicial não permite o *jus postulandi* (CLT, art. 791), pois as partes devem estar obrigatoriamente representadas por advogado.

Não nos parece razoável a possibilidade de que as partes (empregado e empregador) possam ser representadas por advogado comum, pois o empregado é a parte vulnerável na desigual relação de direito material de trabalho e o acordo entabulado, na verdade, caracteriza autêntica renúncia de direitos, mormente em situações de desemprego estrutural como a que vivemos atualmente.

De toda a sorte, pensamos que o Juiz do Trabalho deve ter a máxima cautela para "decidir quanto à homologação de acordo extrajudicial" (CLT, art. 652, f), sob pena de se tornar o principal protagonista do desmonte do sistema de proteção jurídica dos direitos humanos dos trabalhadores brasileiros.

Exatamente por isso, deve o magistrado observar o disposto no art. 855-D da CLT, segundo o qual: "No prazo de quinze dias a contar da distribuição da petição, o juiz analisará o acordo, designará audiência se entender necessário e proferirá sentença".

Vale dizer, é imprescindível a oitiva das partes em audiência, para que ratifiquem perante o Juiz os termos do acordo extrajudicial, evitando-se, assim, eventuais fraudes ou lides simuladas.

Do contrário, a Justiça do Trabalho se transformará em mero órgão cartorário homologador de rescisões de contratos de trabalho em substituição aos sindicatos e aos órgãos do Ministério do Trabalho, Ministério Público, Defensoria Pública ou Juiz de Paz, como previam os §§1º e 3º do art. 477 da CLT, revogados expressamente pelo art. 5º, I, j, da Lei nº 13.467/2017.

É importante assinalar que o procedimento de homologação de acordo extrajudicial não prejudica o prazo estabelecido no §6º e não afasta a aplicação da multa prevista no §8º, ambos do art. 477 da CLT, que não foram revogados pela Lei nº 13.467/2017.

De acordo com o art. 855-E e seu parágrafo único, da CLT, "a petição de homologação de acordo extrajudicial suspende o prazo prescricional da pretensão deduzida na ação", voltando "a fluir no dia útil seguinte ao do trânsito em julgado da decisão que negar a homologação do acordo".

Como o art. 855-D fala em "sentença" e o parágrafo único do art. 855-E utiliza o termo "decisão", certamente surgirão discussões sobre: a) a natureza jurídica do ato que homologa ou rejeita a homologação do acordo extrajudicial; b) a possibilidade ou não de interposição de recurso contra tal decisão; c) a possibilidade ou não de ajuizamento de ação rescisória; d) a impetração de mandado de segurança contra a decisão que homologa ou rejeita, total ou parcialmente, a homologação do acordo extrajudicial.

A nosso ver, o ato que homologa ou rejeita a homologação de acordo extrajudicial tem natureza jurídica de decisão judicial irrecorrível em procedimento de jurisdição voluntária, sendo, portanto, irrecorrível (salvo para a Previdência Social quanto às contribuições que lhe forem devidas) e não impugnável por mandado de segurança.

Por interpretação analógica do art. 831, parágrafo único, da CLT, e da Súmula 259 do TST, somente por ação rescisória poderá ser desconstituída a decisão que se referem os arts. 855-D e 855-E, parágrafo único, da CLT.

É claro que do ato judicial em comento caberão embargos de declaração nas hipóteses do art. 897-A da CLT e arts. 1.022 a 1.026 do CPC/2015.

4   Retirada de receitas do FGTS e redução do princípio de proteção processual dos trabalhadores

> Art. 899 [...]
> §4º O depósito recursal será feito em conta vinculada ao juízo e corrigido com os mesmos índices da poupança.
> §5º (Revogado).
> [...]
> §9º O valor do depósito recursal será reduzido pela metade para entidades sem fins lucrativos, empregadores domésticos, microempreendedores individuais, microempresas e empresas de pequeno porte.
> §10 São isentos do depósito recursal os beneficiários da justiça gratuita, as entidades filantrópicas e as empresas em recuperação judicial.
> §11 O depósito recursal poderá ser substituído por fiança bancária ou seguro garantia judicial. (NR)

A Lei nº 13.467/2017 alterou a redação do art. 899 da CLT, dando nova redação ao seu §4º, tendo revogado expressamente o §5º e acrescentado os §§9º, 10 e 11.

Assim, com as novas regras impostas pela Lei nº 13.467/2017:

a) o depósito recursal deixou de ser feito na conta vinculada do FGTS e passou a ser realizado em conta vinculada do juízo e corrigido pelos mesmos índices da poupança, o que redundará em redução da receita do FGTS;

b) o valor do depósito recursal será reduzido pela metade para entidades sem fins lucrativos, empregadores domésticos, microempreendedores individuais, microempresas e empresas de pequeno porte;

c) são isentos do depósito recursal os beneficiários da justiça gratuita, as entidades filantrópicas e as empresas em recuperação judicial;

d) o depósito recursal poderá ser substituído por fiança bancária ou seguro garantia judicial.

A nova redação dada pela Lei nº 13.467/2017 aos §§4º e 11 do art. 899 da CLT coloca em risco existencial o princípio da proteção processual ao trabalhador, na medida em que o depósito recursal, além de não mais ser feito em conta vinculada do FGTS do trabalhador, e sim em conta vinculada ao juízo e corrigido pelos mesmos índices da caderneta de poupança, também poderá ser substituído por fiança bancária ou seguro garantia judicial. Fica, assim, superado o entendimento constante da Súmula 426 do TST.

Com isso, torna-se possível exigir do trabalhador esse novo "depósito recursal" quando sucumbente em obrigação pecuniária quando pretender interpor recurso ordinário, recurso de revista, embargos de divergência, recurso extraordinário ou agravo de instrumento para destrancar tais recursos. Logo, haverá redução do princípio de proteção processual ao trabalhador.

5 Favorecimento do grande litigante na justiça do trabalho em relação ao pagamento de custas processuais

Art. 789
Nos dissídios individuais e nos dissídios coletivos do trabalho, nas ações e procedimentos de competência da Justiça do Trabalho, bem como nas demandas propostas perante a Justiça Estadual, no exercício da jurisdição trabalhista, as custas relativas ao processo de conhecimento incidirão à base de 2% (dois por cento), observado o mínimo de R$10,64 (dez reais e sessenta e quatro centavos) e o máximo de quatro vezes o limite máximo dos benefícios do Regime Geral de Previdência Social, e serão calculadas:
[...] (NR)

A fixação do valor máximo das custas beneficia, indubitavelmente, os grandes litigantes causadores de macrolesões aos direitos sociais dos trabalhadores e que figuram como réus em reclamatórias plúrimas ou em ações civis públicas, pois é sabido que nessas demandas há, via de regra, condenações em quantias vultosas.

Nessa ordem, o estabelecimento do valor máximo do pagamento das custas, que é espécie do gênero tributo, na modalidade de taxa, viola o princípio da igualdade, pois confere tratamento diferenciado em benefício justamente do litigante habitual e contumaz violador dos direitos fundamentais sociais dos trabalhadores.

6 Necessidade de comprovação da hipossuficiência econômica: redução do direito fundamental de acesso à justiça

Art. 790 [...]

§3º É facultado aos juízes, órgãos julgadores e presidentes dos tribunais do trabalho de qualquer instância conceder, a requerimento ou de ofício, o benefício da justiça gratuita, inclusive quanto a traslados e instrumentos, àqueles que perceberem salário igual ou inferior a 40% (quarenta por cento) do limite máximo dos benefícios do Regime Geral de Previdência Social.

§4º O benefício da justiça gratuita será concedido à parte que comprovar insuficiência de recursos para o pagamento das custas do processo. (NR)

Os §§3º e 4º do art. 790 e o art. 790-B, *caput* e §4º, da CLT (redação dada pela Lei nº 13.467/2017) dificultam o acesso à Justiça do Trabalho, pois não permitem a concessão do benefício da justiça gratuita aos trabalhadores que percebam salário superior a 40% (quarenta por cento) do limite máximo dos benefícios do Regime Geral de Previdência Social ou que não consigam comprovar a insuficiência de recursos para custear as despesas do processo, sendo certo que mesmo se obtiver o benefício da gratuidade da justiça, o trabalhador poderá ser responsabilizado pelo pagamento de honorários periciais.

Nos termos do art. 14 da Lei nº 5.584, de 26 de junho de 1970, na Justiça do Trabalho, a Assistência Judiciária a que se refere a Lei nº 1.060, de 5 de fevereiro de 1950, será prestada pelo Sindicato da categoria profissional a que pertencer o trabalhador.

O §1º do art. 14 da Lei nº 5.584 estabelece que a assistência judiciária é devida a todo trabalhador que perceber salário igual ou inferior ao dobro do salário mínimo legal, ficando, porém, assegurado idêntico direito ao trabalhador de maior salário, uma vez provado que sua situação econômica não lhe permita demandar, sem prejuízo do sustento próprio ou de sua família.

A Lei nº 10.288, de 20 de setembro de 2001, revogou, tácita e parcialmente, o §1º do art. 14 da Lei nº 5.584/1970, ao acrescentar o §10 ao art. 789 da CLT, nos seguintes termos:

O sindicato da categoria profissional prestará *assistência judiciária gratuita* ao trabalhador desempregado ou que perceber *salário inferior a cinco salários mínimos* ou que declare, sob responsabilidade, não possuir, em razão dos encargos próprios e familiares, condições econômicas de prover à demanda. (grifos nossos)

Demonstrando desconhecimento do ordenamento jurídico, o legislador editou a Lei nº 10.537, de 28 de agosto de 2002, que, dando nova redação ao art. 789 da CLT, simplesmente suprimiu o §10. Além disso, a Lei nº 10.537 acrescentou o §3º ao art. 790, facultando aos juízes conceder o *benefício da justiça gratuita* "àqueles que perceberem salário igual ou inferior ao dobro do mínimo legal, ou declararem, sob as penas da lei, que não estão em condições de pagar as custas do processo sem prejuízo do sustento próprio ou de sua família".

Por força da Lei nº 13.467/2017, o §3º do art. 790 da CLT passou a ter a seguinte redação:

É facultado aos juízes, órgãos julgadores e presidentes dos tribunais do trabalho de qualquer instância conceder, a requerimento ou de ofício, o benefício da justiça gratuita, inclusive quanto a traslados e instrumentos, àqueles que perceberem salário igual ou inferior a 40% (quarenta por cento) do limite máximo dos benefícios do Regime Geral de Previdência Social.

Diante dessa confusão legislativa, indaga-se: Será que a assistência judiciária na Justiça do Trabalho constitui "monopólio" das entidades sindicais dos trabalhadores?[1]

Primeiramente, parece-nos importante distinguir *assistência judiciária gratuita* de *benefício da justiça gratuita*, porquanto, a nosso ver, a assistência judiciária, nos domínios do processo do trabalho, continua sendo monopólio das entidades sindicais, pois a Lei nº 10.288/2001 apenas derrogou (revogação parcial) o art. 14 da Lei nº 5.584/70, mesmo porque o seu art. 18 prescreve que a "assistência judiciária, nos termos da presente lei, será prestada ao trabalhador ainda que não seja associado do respectivo sindicato". Na assistência judiciária, portanto, temos o *assistente* (sindicato) e o *assistido* (trabalhador), cabendo ao primeiro oferecer serviços jurídicos em juízo ao segundo.

---

[1] Autores há, não obstante, que sustentam que o art. 5º, LXXIV, da CF teria "revogado" o art. 14 da Lei nº 5.584/1970. Nesse sentido: MARTINS, Sérgio Pinto. *Direito processual do trabalho*. 21. ed. São Paulo: Atlas, 2004.

A assistência judiciária gratuita abrange o benefício da justiça gratuita e talvez por isso tenha surgido a confusão a respeito destes dois institutos.

Com efeito, o benefício da justiça gratuita, que é regulado pelo art. 790, §3º, da CLT, pode ser concedido, a requerimento da parte ou de ofício, por qualquer juiz de qualquer instância a qualquer trabalhador, independentemente de ser ele patrocinado por advogado ou sindicato, que litigue na Justiça do Trabalho, desde que perceba salário igual ou inferior a 40% (quarenta por cento) do limite máximo dos benefícios do Regime Geral de Previdência Social. Nesse sentido:

> JUSTIÇA GRATUITA. ISENÇÃO DO PAGAMENTO DE CUSTAS. Nos termos do artigo 790-A da CLT, são isentos do pagamento de custas os beneficiários da justiça gratuita, aí incluídos aqueles que litigam sob o pálio da assistência judiciária sindical (Lei nº 5.584/70, art. 14) ou aqueles que tenham obtido o benefício da gratuidade (CLT, art. 790, §3º). Estando o autor assistido por advogado particular, não está presente a hipótese que ensejaria ao juízo deferir-lhe o benefício da assistência judiciária gratuita. Entretanto, havendo declaração de hipossuficiência financeira, possível o deferimento da justiça gratuita. (TRT 17ª R., 0019900-54.2011.5.17.0011, 3ª T., Rel. Des. Carlos Henrique Bezerra Leite, DEJT 4-8-2011).

O benefício da justiça gratuita, que "será concedido à parte que comprovar insuficiência de recursos" (CLT, art. 790, §4º), implicaria a isenção do pagamento de despesas processuais, abrangendo as custas, os emolumentos, os honorários advocatícios e periciais, como se vê do seguinte julgado:

> HONORÁRIOS PERICIAIS. A teor do disposto no art. 790-B da CLT, o ônus pelo pagamento dos honorários periciais é da parte sucumbente no objeto da perícia, salvo se beneficiária de justiça gratuita. Constatada a insalubridade e tendo sido deferida a gratuidade da justiça, deve o perito habilitar-se para receber seus honorários na forma do disposto no art. 158 da Consolidação dos Provimentos deste Regional. (TRT 17ª R., RO 0003200-32.2009.5.17.0121, 2ª Turma, Rel. Des. Carlos Henrique Bezerra Leite, DEJT 3-3-2011).

Ocorre que nos termos do art. 790-B, §4º, da CLT (com Redação dada pela Lei nº 13.467/2017):

> Art. 790-B. A responsabilidade pelo pagamento dos honorários periciais é da parte sucumbente na pretensão objeto da perícia, ainda que beneficiária da justiça gratuita.

[...] §4º Somente no caso em que o beneficiário da justiça gratuita não tenha obtido em juízo créditos capazes de suportar a despesa referida no *caput*, ainda que em outro processo, a União responderá pelo encargo.

Outra diferença era que na assistência judiciária, em caso de procedência total ou parcial da demanda, caberão honorários advocatícios de sucumbência reversíveis ao sindicato assistente (Lei nº 5.584/70, art. 16), o que não ocorria na hipótese de benefício da justiça gratuita. Entretanto, por força do art. 791-A da CLT (com redação dada pela Lei nº 13.467/2017), os honorários advocatícios passaram a ser devidos em qualquer ação na Justiça do Trabalho, sendo certo que:

> Vencido o beneficiário da justiça gratuita, desde que não tenha obtido em juízo, ainda que em outro processo, créditos capazes de suportar a despesa, as obrigações decorrentes de sua sucumbência ficarão sob condição suspensiva de exigibilidade e somente poderão ser executadas se, nos dois anos subsequentes ao trânsito em julgado da decisão que as certificou, o credor demonstrar que deixou de existir a situação de insuficiência de recursos que justificou a concessão de gratuidade, extinguindo-se, passado esse prazo, tais obrigações do beneficiário. (CLT, art. 791-A, §4º).

A jurisprudência vem admitindo a distinção entre o benefício da justiça gratuita e a assistência judiciária, como se vê dos seguintes arestos:

> MANDADO DE SEGURANÇA. JUSTIÇA GRATUITA E ASSISTÊNCIA JUDICIÁRIA. A assistência judiciária é fornecida pelo Estado, possibilitando o acesso aos serviços profissionais do advogado e dos demais auxiliares da Justiça, inclusive peritos, seja mediante a Defensoria Pública ou da designação de um profissional liberal pelo Juiz. No âmbito da Justiça do Trabalho, ela se dá através dos sindicatos de classe (art. 789, §10, da CLT). Já a Justiça gratuita, instituto de direito processual, consiste na isenção de todas as despesas inerentes à demanda. Estará presente sempre que concedida a assistência judiciária, porém não é dela dependente, podendo ser concedida ainda que a parte disponha de advogado particular. (TRT 2ª R., MS 12749.2002.000.02.00-9, SDI, Rel. Juíza Sônia Maria Prince Franzini. j. 1.4.2004, Publ. 14.5.2004).
> JUSTIÇA GRATUITA. ISENÇÃO, DE OFÍCIO, DE RECOLHIMENTO DE CUSTAS. Nos termos do art. 790-A da CLT são isentos do pagamento de custas os beneficiários da justiça gratuita, aí incluídos aqueles que litigam sob o pálio da assistência judiciária sindical (Lei nº 5.584/70, art. 14) ou aqueles que tenham obtido o benefício da gratuidade (CLT, art. 790, §3º). Estando o autor assistido por advogado particular, não está presente a hipótese que ensejaria ao juízo deferir-lhe o benefício da assistência judiciária gratuita. Entretanto, tendo declarado sua

hipossuficiência financeira, possível o deferimento da justiça gratuita de ofício. (TRT 17ª R., 0015800-11.2010.5.17.0005, 3ª T., Rel. Des. Carlos Henrique Bezerra Leite, DEJT 18.10.2011). ASSISTÊNCIA JUDICIÁRIA GRATUITA E BENEFÍCIO DA JUSTIÇA GRATUITA. DISTINÇÃO. No Processo do Trabalho, a assistência judiciária gratuita não se confunde com a simples isenção de custas. Os beneficiários da assistência judiciária gratuita são os que preenchem os requisitos da Lei nº 5.584/70: assistência por Sindicato de Classe e percepção de remuneração igual ou menor que o dobro do salário mínimo ou impossibilidade de demandar sem prejuízo do sustento próprio ou da família; enquanto o benefício da gratuidade da justiça, que é regulado pelo art. 790, §3º, da CLT, implica apenas isenção do pagamento de despesas processuais. Assim, se o autor está assistido por advogado particular, mas declara, na exordial, que não pode arcar com as custas do processo sem prejuízo de sua manutenção e de sua família, faz jus ao benefício da justiça gratuita [...]. (TRT 17ª R., RO 0084100-93.2008.5.17.0005, 2ª T., Rel. Des. Carlos Henrique Bezerra Leite, DEJT 31.8.2010).

A prova da situação de precariedade econômica pode ser feita mediante simples declaração, na própria petição inicial ou em documento a ela anexado, consoante previsão do §1º do art. 4º da Lei nº 1.060/50 (Redação dada pela Lei nº 7.510/86). Nesse sentido, a SDI-1 do TST editou a OJ nº 304, *in verbis*:

HONORÁRIOS ADVOCATÍCIOS. ASSISTÊNCIA JUDICIÁRIA. DECLARAÇÃO DE POBREZA. COMPROVAÇÃO. Atendidos os requisitos da Lei nº 5.584/70 (art. 14, §2º), para a concessão da assistência judiciária, basta a simples afirmação do declarante ou de seu advogado, na petição inicial, para considerar configurada a sua situação econômica (art. 4º, §1º, da Lei nº 7.510/86, que deu nova redação à Lei nº 1.060/50).[2]

Essa OJ 304 da SBDI-1 do TST foi cancelada em decorrência da sua aglutinação ao item I da Súmula nº 463 do TST que, por sua vez, dispõe:

ASSISTÊNCIA JUDICIÁRIA GRATUITA. COMPROVAÇÃO (conversão da Orientação Jurisprudencial nº 304 da SBDI1, com alterações decorrentes do CPC de 2015) - Res. nº 219/2017, republicada em razão de erro material – DEJT divulgado em 12, 13 e 14.07.2017 I – A partir de 26.06.2017, para a concessão da assistência judiciária gratuita à pessoa natural, basta a declaração de hipossuficiência econômica firmada pela parte ou por seu advogado, desde que munido de procuração com

---

[2] Há erro de remissão na parte final desta OJ, pois o art. 4º, §1º, é da Lei nº 1.060/50, com redação dada pela Lei nº 7.510/86.

poderes específicos para esse fim (art. 105 do CPC de 2015); II – No caso de pessoa jurídica, não basta a mera declaração: é necessária a demonstração cabal de impossibilidade de a parte arcar com as despesas do processo.

Como se extrai desse verbete sumular, a simples declaração de hipossuficiência econômica firmada pessoalmente pelo próprio trabalhador ou por seu advogado com procuração com poderes especiais para firmar tal declaração são condições suficientes para a obtenção do benefício processual, sendo, pois, presumida a prova da situação de precariedade econômica.

Ocorre que o novel §4º do art. 790 da CLT, com a redação dada pela Lei nº 13.467/2017, dispõe que o "benefício da justiça gratuita será concedido à parte que comprovar insuficiência de recursos para o pagamento das custas do processo". Vale dizer, pela literalidade do novo preceito, não bastará simples declaração, pois a parte só obterá o benefício da justiça gratuita se provar que recebe remuneração mensal igual ou inferior a quarenta por cento do teto dos benefícios do regime geral da Previdência Social (CLT, art. 790, §3º).

Essa exigência de comprovação do estado de hipossuficiência econômica constitui violação ao princípio da vedação do retrocesso social e obstáculo direito/princípio fundamental do acesso à Justiça (do Trabalho) para o trabalhador, especialmente aqueles mais pobres, analfabetos ou de baixa qualificação profissional.

7 Beneficiário da justiça gratuita responde pelo pagamento de honorários periciais: redução do direito fundamental de acesso à justiça

Art. 790-B. A responsabilidade pelo pagamento dos honorários periciais é da parte sucumbente na pretensão objeto da perícia, ainda que beneficiária da justiça gratuita.

§1º Ao fixar o valor dos honorários periciais, o juízo deverá respeitar o limite máximo estabelecido pelo Conselho Superior da Justiça do Trabalho.

§2º O juízo poderá deferir parcelamento dos honorários periciais.

§3º O juízo não poderá exigir adiantamento de valores para realização de perícias.

§4º Somente no caso em que o beneficiário da justiça gratuita não tenha obtido em juízo créditos capazes de suportar a despesa referida no *caput*, ainda que em outro processo, a União responderá pelo encargo. (NR)

Esses dispositivos, a par de estabelecerem redução do direito fundamental de acesso dos trabalhadores com hipossuficiência econômica, além de desestimularem os pedidos concernentes à tutela do meio ambiente do trabalho, pois nessas demandas há, muitas vezes, obrigatoriedade de produção de prova pericial (CLT, art. 195, §2º).

De tal arte, se o reclamante formular na ação dez pedidos que não demandem perícia e um que exija a prova pericial, *v.g.* adicional de insalubridade, havendo indeferimento deste último pedido será o reclamante condenado a pagar os honorários periciais, ainda que beneficiário da justiça gratuita. Nesse caso, se ele obteve o benefício da justiça gratuita, mas se os demais créditos decorrentes da ação (ou em outros processos judiciais) forem superiores ao valor devido a título de honorários periciais, o trabalhador sucumbente no pedido objeto da perícia será responsável pelo pagamento dessa despesa processual.

Em outras palavras, a União somente arcará com o pagamento dos honorários periciais se o sucumbente no pedido que ensejou a prova pericial for beneficiário da justiça gratuita e não obtiver em juízo créditos capazes de suportar essa verba pericial.

Há, portanto, necessidade de alteração parcial do entendimento adotado pela Súmula nº 457 do TST.

8 Obrigatoriedade de pedido líquido em quaisquer ações trabalhistas viola o direito fundamental de acesso à justiça

De acordo com a literalidade do §1º do art. 840 da CLT, com nova redação dada pela Lei nº 13.467/2017, a petição inicial escrita nos dissídios individuais deverá conter:

a) a designação do presidente da Vara, ou do juiz de Direito, a quem for dirigida;
b) a qualificação do reclamante e do reclamado;
c) uma breve exposição dos fatos de que resulte o dissídio;
d) o pedido, que deverá ser certo, determinado e com indicação de seu valor;
e) a data; e
f) a assinatura do reclamante ou de seu representante.

Foram, assim, por força da Lei nº 13.467/2017, instituídos novos requisitos da petição inicial da reclamação trabalhista no tocante ao pedido, o qual deverá ser: I – certo; II – determinado; III – com indicação de seu valor (líquido).

Ocorre que o novel §3º do art. 840 da CLT (com redação dada pela Lei nº 13.467/2017), aplicável ao procedimento comum, passou a dispor que os pedidos que não atenderem ao disposto no §1º (ou seja, se o autor não formular pedido certo, determinado e com indicação de seu valor), os pedidos "serão julgados extintos sem resolução do mérito".

Assim, a diferença básica entre o §2º do art. 852-B e o §3º do art. 840 da CLT reside no procedimento:

a) no *procedimento sumaríssimo*, haverá extinção do processo (arquivamento da reclamação) e condenação do autor ao pagamento das custas sobre o valor da causa);

b) no *procedimento comum ordinário* (ou sumário), haverá extinção do(s) pedido(os) sem resolução do mérito, continuando a tramitação do processo em relação aos demais pedidos.

Parece-nos que esses dispositivos devem ser interpretados conforme a Constituição, de modo a se afastar a interpretação que implique obstáculo do direito fundamental de acesso da parte ao Poder Judiciário, especialmente à Justiça do Trabalho tem razão da sua notória função social e onde há o *jus postulandi* (CLT, art. 791).

Especificamente, em relação ao novel §3º do art. 840 da CLT, indaga-se: e se a petição inicial tiver apenas um pedido não líquido? Neste caso, penso que o juiz deverá interpretar essa regra conforme a Constituição (CF, art. 5º, XXXV), de modo a considerar que a liquidez do pedido é faculdade do autor, e não obrigação. Trata-se de interpretação analógica dada pelo STF ao art. 625-D da CLT, que foi interpretado conforme a Constituição no sentido de ser faculdade do autor a submissão da demanda à CCP (STF ADI nº 2.139-7), de modo que qualquer juiz ou tribunal pode/deve, incidentalmente, interpretar o §3º do art. 840 da CLT conforme a CF para assegurar ao autor o pleno exercício do seu direito fundamental de acesso à justiça.

Ainda que assim não fosse, parece-nos que se o juiz deverá, caso interprete literalmente o §3º do art. 840 da CLT, evitar a decisão surpresa, ou seja, antes de extinguir o processo ou o pedido sem resolução do mérito, deverá dar oportunidade à parte para sanar eventual defeito, falha ou irregularidade na petição inicial.

O novel §3º do art. 840 da CLT, com redação dada pela Lei nº 13.467/2017, dispõe que se a petição inicial não contiver pedido certo, determinado e com indicação de seu valor, implicará a extinção dos pedidos sem resolução do mérito. E se a petição inicial tiver apenas um pedido sem aqueles requisitos, especialmente se o pedido não for líquido? Penso que o juiz deverá interpretar o §3º do art. 840 da CLT conforme a Constituição (CF, art. 5º, XXXV), de modo a considerar que a liquidez do pedido é faculdade do autor, e não obrigação. Trata-se de situação semelhante à obrigatoriedade de passagem pela Comissão de Conciliação Prévia, como consta do art. 625-D da CLT, que foi interpretado conforme a Constituição no sentido de ser faculdade do autor a submissão da demanda à CCP (STF ADI nº 2.139-7).

9 Conclusão

Optamos por fazer, neste artigo, breves comentários a alguns dispositivos acrescentados ou modificados da CLT que estão mais diretamente vinculados ao direito/princípio do acesso à Justiça do Trabalho e que tendem a reduzir (ou a eliminar) o seu reconhecido papel de órgão especializado na promoção da prestação jurisdicional célere e justa.

É factível afirmar, portanto, que a parte processual da chamada Reforma Trabalhista, instituída pela Lei nº 13.467/2017 altera diversos dispositivos da CLT sem se preocupar com a efetividade do direito fundamental de acesso à Justiça do Trabalho e os princípios fundamentais da cidadania, da dignidade da pessoa humana, do valor social do trabalho e do valor social da livre iniciativa, o que nos autoriza concluir, nesses breves comentários, que a nova lei aponta no sentido da desconstitucionalização do direito processual do trabalho.

Nesse sentido, alertamos os juízes e os tribunais trabalhistas para que estejam atentos para a adequada interpretação e aplicação dos novos dispositivos da CLT e não lhes pode faltar coragem e determinação para adotarem as técnicas da hermenêutica constitucional concretizadora dos direitos e das garantias fundamentais, especialmente dos cidadãos trabalhadores mais vulneráveis e hipossuficientes econômicos que têm na Justiça do Trabalho a última trincheira para reivindicarem ou resgatarem os seus direitos lesados ou ameaçados de lesão.

Referências

BUENO, Cassio Scarpinella. *Manual de direito processual civil*. São Paulo: Saraiva, 2015.

LEITE, Carlos Henrique Bezerra. *Curso de direito processual do trabalho*. 16. ed. São Paulo: Saraiva, 2018 (no prelo).

MARTINS, Sérgio Pinto. *Direito processual do trabalho*. 21. ed. São Paulo: Atlas, 2004.

Informação bibliográfica deste texto, conforme a NBR 6023:2002 da Associação Brasileira de Normas Técnicas (ABNT):

LEITE, Carlos Henrique Bezerra. A reforma trabalhista (Lei nº 13.467/2017) e a desconstitucionalização do acesso à justiça do trabalho: breves comentários sobre alguns institutos de direito processual do trabalho. In: TUPINAMBÁ, Carolina; GOMES, Fábio Rodrigues (Coord.). *A reforma trabalhista*: o impacto nas relações de trabalho. Belo Horizonte: Fórum, 2018. p. 51-67. ISBN 978-85-450-0441-7.

CAPÍTULO 4

O PROCESSO DO TRABALHO EM CIFRAS

Carolina Tupinambá

1 Como vinha sendo a vida: um convite ao abuso, com absoluta ausência de riscos para aventureiros

Estamos todos acostumados com um processo do trabalho gratuito para os trabalhadores.

São diversas as características que evidenciam a falta de intimidade do processo do trabalho com riscos de sucumbência comuns nas demais instâncias ou ramos de jurisdição.

Sem constar no rol dos requisitos da petição inicial consubstanciado no artigo 840, §1º, da CLT, por exemplo, a indicação do valor da causa nas demandas trabalhistas, atualmente, repercute apenas sobre a escolha do rito procedimental e o eventual excepcionalíssimo recolhimento de custas pelo autor, ao final.

Nesse compasso, a parte autora que, via de regra, costuma ser o ex-empregado ou o prestador de serviços, indica um valor ao seu bel prazer, sem qualquer compromisso com os pedidos. Tanto é assim que, em geral, o valor da causa indicado pela parte não configura nem base nem teto para a liquidação da decisão, podendo a execução ser de cem mil, ainda que o valor atribuído à causa tenha sido dez mil ou vice-versa.[1]

---

[1] Em sentido oposto e uma espécie de prenúncio dos novos tempos, interessantíssima a decisão que limitou a condenação do valor da causa atribuído pelo Autor: JT condena reclamante em litigância de má-fé por assédio processual e abuso de direito constitucional de ação. O juiz do Trabalho Marcel Lopes Machado, da 1ª vara de Uberlândia/MG, condenou um reclamante em litigância de má-fé por assédio processual e abuso de direito constitucional de ação.

Nesse cenário, sendo certo ser absolutamente inexpressiva a condenação do autor em custas processuais, uma vez restrita aos casos de improcedência total, já que a condenação em custas *pro rata* restringe-se às hipóteses da Instrução Normativa 27 do TST,[2] abre-se espaço para a designação de valores verdadeiramente estratosféricos como forma de se amedrontar o réu, ameaçá-lo ou, simplesmente, impressioná-lo.

Para piorar o quadro "terrorista", empresas sem estoque expressivo de ações, ou mesmo que tenham apenas "aquela" ação, ao contratarem um advogado, em geral, têm os honorários previamente cobrados sobre um percentual do valor da causa ou até um valor fixo mensal. Daí a indicação exagerada e impune do valor da causa pode também importar, logo na largada, no superfaturamento dos honorários advocatícios pela prestação de assistência jurídica à empresa.

Por isso, a seu ver, "há necessidade de atuação jurisdicional contrária ao demandismo assolado, absurdo e exacerbado que sobrecarrega o Poder Judiciário, através de pedidos infindáveis".

Confira-se trecho da decisão da 1ª Vara do Trabalho de Uberlândia. Autos nº 01744-2010-044-03-00-3. LITIGÂNCIA DE MÁ-FÉ E ASSÉDIO PROCESSUAL. ABUSO DO DIREITO CONSTITUCIONAL DE AÇÃO. DEVER DE COIBIÇÃO. VALOR DA CAUSA. CUMULAÇÃO OBJETIVA DE 45 PEDIDOS DE CONTEÚDO PECUNIÁRIO. ART. 269/CPC. ART. 2º DA LEI Nº 5.584/70. DESVIO DA FINALIDADE SOCIAL DO PROCESSO COMO INSTRUMENTO ÉTICO DE EFETIVAÇÃO DOS DIREITOS DA CIDADANIA. Analisado o rol dos 42 pedidos de conteúdo pecuniário de f. 06/08, bem como, o rol dos 03 pedidos de conteúdo pecuniário de f. 419, que totalizam 45 pedidos pecuniários é indevida a pretensão do reclamante de atribuição do valor da causa em R$20.000,00/R$21.000,00, procedimento verificado com frequência nas reclamações individuais nesta 1ª Vara do Trabalho. Os valores individuais de cada pedido formulado pelo reclamante ultrapassam o valor atribuído à causa, o que contraria o art. 259, II/CPC, porquanto esta última corresponderá ao valor global da somatória dos pedidos formulados em razão da cumulação objetiva. O processo não é um jogo de espertezas, mas sim, instrumento ético de efetivação dos direitos da cidadania (STJ. 4ª T. Rel. Min. Sálvio de Figueiredo. RESP. 56.906-DF. DJU 02.03.1998), com a prévia necessidade de atuação ética das partes no processo, aqui compreendida como os princípios básicos que determinam a moralidade dos atos humanos (fim último, lei moral, consciência, virtudes), com objetivo último e sempre de pacificação do conflito social que se encontra momentaneamente abalado, porquanto as normas procedimentais são dotadas de natureza pública, e, portanto, caráter cogente e imperativo, de conhecimento de ofício do Magistrado e que não se sujeitam à manifestação ou arbítrio das partes. [...] Disponível em: <http://www.migalhas.com.br/ >. Acesso em: 13 abr. 2017.

2   INSTRUÇÃO NORMATIVA Nº 27 de 2005 - Dispõe sobre normas procedimentais aplicáveis ao processo do trabalho em decorrência da ampliação da competência da Justiça do Trabalho pela Emenda Constitucional nº45/2004.

[...] Art.3º Aplicam-se quanto às custas as disposições da Consolidação das Leis do Trabalho.

§1º As custas serão pagas pelo vencido, após o trânsito em julgado da decisão.

§2º Na hipótese de interposição de recurso, as custas deverão ser pagas e comprovado seu recolhimento no prazo recursal (artigos 789, 789 - A, 790 e 790 - A da CLT).

§3º Salvo nas lides decorrentes da relação de emprego, é aplicável o princípio da sucumbência recíproca, relativamente às custas.

Basta que os autores se apresentem como pobres e a presunção é essa mesmo. Assim, para o autor que quiser se arvorar haverá gratuidade de justiça. Uma justiça a custo zero. Quem resistirá à tentação de litigar? Melhor: de tentar a sorte?

Sucumbência também não existe. De qualquer modo, a empresa terá o gasto de custear seu advogado particular. Ainda que ganhe tudo no processo! Em outras palavras, as empresas ficam absolutamente reféns de demandas que podem não ter a menor razão de ser.

Circunstâncias múltiplas, de fato, ilustram um quadro, até certo ponto, difícil de se acreditar, composto pelos seguintes fatores: completa falta de critério para a indicação do valor da causa; impunidade ou inexistência de qualquer sanção pela indicação de valor não correspondente com o somatório dos pedidos; prática arraigada de não se condenar o autor ao pagamento de custas processuais pelo valor indicado à causa; atrofiamento das formas de impugnação do valor indicado; gratuidade livre para apenas um dos polos; não cabimento de honorários e inexistência de custas *pro rata*.

O processo laboral vinha sendo presa fácil de arbítrio e aventuras processuais com risco zero para quaisquer tipos de apostas. Com o advento da Lei nº 13.467/17 o ônus financeiro do processo do trabalho irá mudar substancialmente.

2 Como será daqui para frente: responsabilidade, análise de riscos e previsibilidade

A partir de novembro de 2017, o cenário será outro. Doravante, passa-se a expor as mudanças do processo do trabalho na ampla perspectiva de seus custos, em múltiplos aspectos tocados pela Lei nº 13.467/17.

2.1 A gratuidade da assistência jurídica

Dispõe o inciso LXXIV, do artigo 5º da Constituição Federal, que "o Estado prestará assistência jurídica integral e gratuita aos que comprovarem insuficiência de recursos".[3] O comando estampado no texto magno não se dirige apenas a isenções de pagamento de taxas,

---

[3] [...] Diferentemente da assistência judiciária prevista na constituição anterior, a assistência jurídica tem conceito mais abrangente e abarca a consultoria e a atividade jurídica extrajudicial em geral. Agora, portanto, o Estado promoverá a assistência aos necessitados no que perdoe a aspectos legais, prestando informações sobre comportamentos a serem seguidos diante de problemas jurídicos, e, ainda, propondo ações e defendendo o necessitado nas ações em face dele propostas. (NERY JR, Nelson. *Princípios do processo civil na Constituição Federal*. 8. ed., ed. rev. ampl. São Paulo: Revista dos Tribunais, 2001. p. 77).

custas e despesas processuais. A letra da Lei, outrossim, expressamente trata de outro tema: o da "assistência jurídica integral e gratuita" aos que, dela necessitando, a requererem. Em verdade, o legislador constituinte disciplinou determinação para que o Estado garanta assistência jurídica integral e gratuita a quem necessitar, o que sempre esteve longe de ser realidade no processo do trabalho.

Pela Carta, o Estado deveria oferecer, para todos quantos precisarem, também o aconselhamento relativo ao comportamento que a pessoa deva ter diante do texto legal, de quais atitudes tomar, que caminhos seguir, assinar ou não um contrato, firmar uma quitação, notificar alguém, etc., podendo chegar, obviamente, à ação judicial já encampada e patrocinada totalmente pelo Estado.

Assim, a assistência prometida na Constituição configura entrega direta de serviço público, com prestação de serviço completo, o que exige do Estado aparelhamento específico. No campo da Justiça do Trabalho, antes ou depois da reforma, a promessa jamais foi vivenciada.

A gratuidade da própria justiça,[4] por sua vez, toca aos custos da ação judicial sendo especialmente relevante, aqui e alhures, no que diz respeito à viabilização dos conflitos entre Capital e trabalho.

Mauro Cappelletti dá conta de que a assistência judiciária gratuita, em muitos países, por exemplo, na França, da forma como arquitetada pelo sistema, acaba por apresentar resultados desastrosos. No sistema francês, incumbe, sobretudo, a jovens praticantes e estagiários, o "dever honorífico" de prestar assistência gratuita, o que, segundo o autor, acaba por representar um tirocínio das partes não abastadas, usadas como cobaias para o treinamento profissional dos jovens.

No mesmo estudo, revela-se que em outros países, como na Itália, por exemplo, as estatísticas demonstraram que o benefício do patrocínio gratuito seria conferido, em média, a não mais de 1% das partes, portanto, quantitativa e qualitativamente insuficiente. Todavia, porém, conforme leciona Mauro Cappelletti:

> [...] os eventos mais significativos para o seu desenvolvimento só aconteceram no pós Guerra, na Inglaterra com os *Legal Aid Acts* de 1949, e nos anos sucessivos, na Holanda, em 1956, na França em 1972 com a lei sobre *aide judiciaire*, na Itália, mas limitadamente, os procedimentos em matéria trabalhista, de 1973. [...] Um modelo diferente se desenvolveu também nos Estados Unidos a partir de 1965, que apesar de limitar-se a

---

4 No ordenamento brasileiro, o inciso LXXIV do artigo 5º da Constituição Federal regula a assistência jurídica integral gratuita, enquanto a Lei nº 1060/50, nos artigos 1º ao 4º, versa sobre a assistência judiciária relativa à isenção de taxas, custas e despesas processuais. A primeira é gênero da qual a segunda é espécie.

compensar os advogados dos não abastados, decidiu instituir um corpo especial de advogados às expensas do Estado (*"salaried staff lawyers"*) com o dever principal de defender os não abastados.[5]

Em Portugal,[6] no processo laboral, o patrocínio de causas de trabalhadores resta garantido pelo Ministério Público. Os sindicatos organizados, outrossim, costumam dispor de serviços jurídicos gratuitos para os associados.

Em 1917, a revolucionária Constituição Mexicana, primeira a reconhecer os direitos sociais, trabalhistas e previdenciários como direitos humanos fundamentais, também teria sido a precursora em garantir expressamente o direito à justiça gratuita e a proibição de custas judiciais.[7]

No plano da legislação ordinária, na Argentina, é possível perceber nítido e explícito direcionamento da benesse da gratuidade para o trabalhador, conforme artigo 20 da Lei de contrato de trabalho, Lei nº 20.744/1976,[8] bem como no artigo 41 da Lei nº 18.345/1969, referente à Justiça Nacional do Trabalho, e no artigo 22 da Lei nº 11.653, que disciplina o procedimento laboral na Província de Buenos Aires.[9]

Todavia, a aplicação do chamado *"beneficio de litigar sin gastos"* também poderá, excepcionalmente, alcançar o empregador que se encontre impossibilitado de arcar com as despesas do processo sem prejuízo de seu sustento pessoal ou familiar, de acordo com os artigos 78 e 79 do Código de Processo Civil e Comercial da Nação.[10]

---

[5] CAPPELLETTI, Mauro. Texto: O acesso à Justiça e a função do jurista em nossa época. *Revista de Processo*, ano 16, n. 61, p. 144, 148-156. São Paulo, Janeiro-Março de 1991.

[6] O artigo 20 da Constituição da República Portuguesa, incluído no capítulo dedicado aos Direitos e Deveres Fundamentais, estabelece o direito de todos os cidadãos à informação e à proteção jurídica, e ainda o acesso aos tribunais para defesa dos seus direitos, mesmo que não disponham de meios econômicos.

[7] Art. 17. Ninguém pode ser preso por dívidas de caráter puramente civil. Ninguém poderá fazer justiça por si mesmo nem exercer violência para reclamar seu direito. Os tribunais estarão prontos para ministrar justiça nos prazos e termos que fixe a lei; seu serviço será gratuito, ficando, em consequência, proibidas as custas judiciais. (COMPARATO, Fábio Konder. *A afirmação histórica dos direitos humanos*. 4. ed., rev. e ampl. São Paulo: Saraiva, 2005. p. 188).

[8] Cuja redação é a seguinte: "El trabajador o sus derechos habientes gozarán del beneficio de la gratuidad en los procedimientos judiciales o administrativos derivados de la aplicación de esta ley, estatutos profesionales o convenciones colectivas de trabajo. Su vivienda no podrá ser afectada al pago de costas en caso alguno.
En cuanto de los antecedentes del proceso resultase pluspetición inexcusable, las costas deberán ser soportadas solidariamente entre la parte y el profesional actuante".

[9] GARBELLINI, Alex Duboc *et al*. A gratuidade da justiça no processo do trabalho. *Revista LTr*, vol. 70, n. 10. São Paulo, outubro de 2006.

[10] "Artículo 78. Procedencia - Los que carecieren de recursos podrán solicitar antes de presentar la demanda o en qualquier estado del proceso, la concesión del beneficio de litigar sin

Na Justiça do Trabalho de nosso país, classicamente, tanto a justiça gratuita, quanto a assistência judiciária estiveram reguladas pela Lei nº 5.584 de 1970, que atribuía aos sindicatos de trabalhadores o encargo de ministrar a assistência judiciária gratuita aos necessitados.

Ademais, segundo a mencionada legislação, (i) as diretorias dos sindicatos também podem indicar acadêmicos de direito para exercer a função; (ii) os honorários do advogado pagos pelo vencido devem reverter em favor do sindicato assistente; e (iii) não havendo sindicato da categoria profissional do trabalhador, o encargo da assistência gratuita passa aos promotores públicos ou defensores públicos.

Nesse contexto, originariamente, de acordo com a referida norma, a justiça gratuita seria devida a todo aquele que recebesse salário igual ou inferior ao dobro do mínimo legal, ficando assegurado igual benefício ao trabalhador de maior salário, uma vez provado que a sua situação econômica não lhe permitisse demandar sem prejuízo do sustento próprio ou de sua família.

Com o advento da Lei nº 7.510/1986, o disposto no §2º do artigo 14 da Lei nº 5.584/1970 perdeu a vigência, não sendo mais necessário, a partir de então, que o pedido de concessão da justiça gratuita estivesse acompanhado de atestado de pobreza passado por autoridade pública, bastando para tanto a declaração do empregado.[11]

Posteriormente, a Lei nº 10.288, de 2001, alargou ainda mais o grupo de destinatários da gratuidade, elevando a média salarial para o benefício. Acrescentou ao artigo 789, da CLT, o §10, com o seguinte teor:

---

gastos, con arreglo a las disposiciones contenidas en este capítulo. No obstará a la concesión del beneficio la circunstancia de tener el peticionario lo indispensable para procurarse su subsistencia, cualquiera fuere el origen de sus recursos.

Artículo 79. Requisitos de la solicitud. La solicitud contendrá:

1) La mención de los hechos en que se fundare, de la necesidad de reclamar o defender judicialmente derechos propios o del cónyuge o de hijos menores, así como la indicación del proceso que se ha de iniciar en el que se deba intervenir.

2) El ofrecimiento de la prueba tendiente a demostrar la imposibilidad de obtener recurso. Deberá acompañarse el interrogatorio de los testigos y su declaración en los términos de los artículos 440 primera parte, 441 y 443, firmada por ellos.

3) En la oportunidad prevista en el artículo 80 el litigante contrario o quien haya de serlo, y el organismo de determinación y recaudación de la tasa de justicia, podrán solicitar la citación de los testigos para corroborar su declaración". Disponível em: <http://www.legislaw.com.ar/>. Acesso em: 25 set. 2017.

11 A Lei nº 7.510, de 4 de julho de 1986, dispõe: "Artigo 4º A parte gozará dos benefícios da assistência judiciária, mediante simples afirmação, na própria petição inicial, de que não está em condições de pagar as custas do processo e os honorários de advogado, sem prejuízo próprio ou de sua família.

§1º Presume-se pobre, até prova em contrário, quem afirmar essa condição nos termos desta lei, sob pena de pagamento até o décuplo das custas judiciais.

§2º A impugnação do direito à assistência judiciária não suspende o curso do processo e será feita em autos apartados.

O sindicato da categoria profissional prestará assistência judiciária gratuita ao trabalhador desempregado ou que perceber salário inferior a 5 (cinco) salários mínimos ou que declare, sob responsabilidade, não possuir, em razão dos encargos próprios e familiares, condições econômicas de prover a demanda.

Mais tarde, a Lei nº 10.537/2002 reescreveu o dispositivo celetista acima referido sendo certo que, simplesmente, não repetiu a regra contida no §10 supratranscrito, deixando em aberto, pelo menos em tese, o órgão responsável pela prestação da assistência gratuita.

Com isso, a matéria pertinente à assistência judiciária teria ficado sem regulamento específico na Justiça do Trabalho, já que é impossível se considerar o fenômeno da repristinação, tendo a penúltima lei, ao regular inteiramente a matéria no artigo 789 da CLT, revogado as disposições anteriores a respeito, conforme previsão expressa da Lei de Introdução às Normas do Direito Brasileiro.

Não havendo previsão expressa em lei de índole trabalhista, a matéria da assistência jurídica gratuita no processo trabalhista passou a ser regulamentada pela tradicional Lei nº 1.060/1950, que nenhuma ligação faz, por óbvio, à assistência sindical, não mais havendo sentido, ou pelo menos autorização legal, para se supor que o sindicato seja o exclusivo órgão responsável pela prestação de assistência gratuita no processo do trabalho.

Com relação propriamente às custas,[12] o §3º, do artigo 790, cuja redação também fora conferida pela Lei nº 10.537/2002, atribuía ao juiz a possibilidade de conferir a todos, partes ou não, os benefícios da gratuidade, sem qualquer vinculação à assistência sindical, nos seguintes termos:

> É facultado aos juízes, órgãos julgadores e presidentes dos tribunais do trabalho de qualquer instância conceder, a requerimento ou de ofício, o benefício da justiça gratuita, inclusive quanto a traslado e instrumentos, àqueles que perceberem salário igual ou inferior ao dobro do mínimo legal, ou declararem, sob as penas da lei, que não estão em condições de pagar as custas do processo sem prejuízo do sustento próprio ou de sua família.

A isenção de pagamento de custas, ou a gratuidade concedida pela CLT alcança as instituições estatais no dispositivo seguinte:

---

[12] Sobre o tema: Instrução Normativa nº 20/2002 - Dispõe sobre os procedimentos para o recolhimento de custas e emolumentos devidos à União no âmbito da Justiça do Trabalho. [...]
As custas serão satisfeitas pelo vencido, após o trânsito em julgado da decisão. Em caso de recurso, a parte deverá recolher as custas e comprovar o seu pagamento no prazo recursal.

Artigo 790-A. São isentos do pagamento de custas, além dos beneficiários de justiça gratuita:
I – a União, os Estados, o Distrito Federal, os Municípios e respectivas autarquias e fundações públicas federais, estaduais ou municipais que não explorem atividade econômica;
II – o Ministério Público do Trabalho.
Parágrafo único. A isenção prevista neste artigo não alcança as entidades fiscalizadoras do exercício profissional, nem exime as pessoas jurídicas referidas no inciso I da obrigação de reembolsar as despesas judiciais realizadas pela parte vencedora.

A jurisprudência sumulada[13] inclui, ainda, no rol de beneficiários da gratuidade de justiça a massa falida:

Súmula nº 86 do TST
DESERÇÃO. MASSA FALIDA. EMPRESA EM LIQUIDAÇÃO EXTRAJUDICIAL. Não ocorre deserção de recurso da massa falida por falta de pagamento de custas ou de depósito do valor da condenação. Esse privilégio, todavia, não se aplica à empresa em liquidação extrajudicial.

Sobre o tema, é imprescindível registrar a verdadeira aversão percebida nos tribunais trabalhistas[14] quando instados a concederem gratuidade de justiça ou designarem assistência jurídica gratuita a empresários ou pessoas jurídicas.[15] [16]

---

[13] Súmula nº 170 do TST - SOCIEDADE DE ECONOMIA MISTA. CUSTAS. Os privilégios e isenções no foro da Justiça do Trabalho não abrangem as sociedades de economia mista, ainda que gozassem desses benefícios anteriormente ao Decreto-Lei nº 779, de 21.08.1969.

[14] Nesse sentido, o TRT da 2ª Região, inclusive, editou Súmula infirmando entendimento pela não aplicação em favor do empregador o benefício da justiça gratuita (Súmula 6, TRT 2ª R.).

[15] Veja decisão mais antiga do TST: Agravo de instrumento em recurso ordinário. Deserção do recurso ordinário em ação rescisória. Benefícios da justiça gratuita. Pessoa jurídica. À pessoa jurídica, é inaplicável o benefício da justiça gratuita, previsto na Lei nº 1.060/50, regido, no âmbito desta Justiça Especializada, pelo disposto no artigo 14 da Lei nº 5.584/1970, dirigido ao hipossuficiente, que não tem condições de arcar com os custos de movimentação do processo, sem prejuízo do sustento próprio e de sua família. E, muito embora nos deparemos com algumas decisões admitindo a possibilidade de deferimento de assistência judiciária à pessoa jurídica, para tanto se exige a demonstração cabal da impossibilidade da empresa arcar com as despesas do processo, o que incorreu na hipótese, dado que a declaração acostada aos autos, por si só, não tem esse condão. Agravo de instrumento não provido. (TST, SDI-II, AIRO 1671/2003-000-03-40, Min. Renato de Lacerda Paiva, j. 04.04.2004, DJ 20.04.2006).

[16] Quanto às pessoas físicas empregadoras, o TRT da 17ª Região editou a Súmula 16: ASSISTÊNCIA JUDICIÁRIA GRATUITA AO EMPREGADOR PESSOA FÍSICA. DESERÇÃO. Conceder-se-á o benefício da assistência judiciária gratuita ao empregador pessoa física que declarar, sob as penas da lei, não possuir recursos para o pagamento das custas e do depósito recursal, sem prejuízo do sustento próprio ou de sua família. Inteligência do art. 5º, LXXIV, da Constituição Federal e do art. 3º, I e VII, da Lei nº 1.060, de 5 de fevereiro de 1950.

Antecedendo a atual lei que implementou a reforma trabalhista, com a entrada em vigor do Código de Processo Civil de 2015, aplicado de forma subsidiária e supletiva na Justiça do Trabalho, o Tribunal Superior do Trabalho adaptou algumas súmulas e orientações jurisprudenciais, como por exemplo, a OJ nº 304 da SDI-1. Sua redação original rezava que:

> atendidos os requisitos da Lei nº 5.584/70 (art. 14, §2º), para a concessão da assistência judiciária, basta a simples afirmação do declarante ou de seu advogado, na petição inicial, para se considerar configurada a sua situação econômica (art. 4º, §1º, da Lei nº 7.510/86, que deu nova redação à Lei nº 1.060/50).

O Código de Processo Civil de 2015 instituiu em seu artigo 105 nova regra:

> A procuração geral para o foro, outorgada por instrumento público ou particular assinado pela parte, habilita o advogado a praticar todos os atos do processo, exceto receber citação, confessar, reconhecer a procedência do pedido, transigir, desistir, renunciar ao direito sobre o qual se funda a ação, receber, dar quitação, firmar compromisso e assinar declaração de hipossuficiência econômica, que devem constar de cláusula específica.

Assim, o pedido do benefício da Justiça gratuita passou ao menos a dever constar expressamente na procuração outorgada com cláusula que lhe permitisse declarar a hipossuficiência econômica, o que levou a conversão da antiga OJ 304 na Súmula 463 do TST, passando ao seguinte conteúdo:

> ASSISTÊNCIA JUDICIÁRIA GRATUITA. COMPROVAÇÃO
> I – A partir de 26.06.2017, para a concessão da assistência judiciária gratuita à pessoa natural, basta a declaração de hipossuficiência econômica firmada pela parte ou por seu advogado, desde que munido de procuração com poderes específicos para esse fim (art. 105 do CPC de 2015);
> II – No caso de pessoa jurídica, não basta a mera declaração: é necessária a demonstração cabal de impossibilidade de a parte arcar com as despesas do processo.

A partir da atualização da jurisprudência, ao menos, restou incólume de dúvidas que a pessoa jurídica possa ser beneficiária da gratuidade, todavia lhe sendo exigida prova cabal de sua impossibilidade de arcar com o pagamento das despesas do processo.

O processo do trabalho seguia com a arraigada lógica de "dois pesos e duas medidas", presente em diversos institutos: para pessoas físicas, bastaria a declaração; para as jurídicas, mister prova e "cabal" para se auferir gratuidade.

De todo modo, outro obstáculo era presente: ainda que reconhecida a gratuidade de justiça ao réu empregador, com isenção do pagamento das custas processuais, controversa a extensão do benefício em relação a eventual depósito recursal. Isso porque o artigo 3º, inciso VII da Lei nº 1.060 de 1950, antes da vigência da Lei do Código de Processo Civil de 2015, assegurava aos litigantes que não possuíssem condições de arcar com o ônus das custas e despesas processuais, desde que comprovada a condição de hipossuficiência, as seguintes isenções, dentre outras: "dos depósitos previstos em lei para interposição de recurso, ajuizamento de ação e demais atos processuais inerentes ao exercício da ampla defesa e do contraditório".

O artigo 98, §1º do novo Código de Processo Civil que o sucedeu, manteve redação praticamente idêntica:

> Art. 98. A pessoa natural ou jurídica, brasileira ou estrangeira, com insuficiência de recursos para pagar as custas, as despesas processuais e os honorários advocatícios tem direito à gratuidade da justiça, na forma da lei.
> §1º A gratuidade da justiça compreende:
> VIII - os depósitos previstos em lei para interposição de recurso, para propositura de ação e para a prática de outros atos processuais inerentes ao exercício da ampla defesa e do contraditório;

Ocorre que o depósito recursal trabalhista, em sendo pressuposto processual e não taxa recursal, não poderia ser objeto da assistência judiciária segundo jurisprudência do Tribunal Superior do Trabalho. Confira-se:

> TST - AGRAVO DE INSTRUMENTO EM RECURSO DE REVISTA AIRR 202455320155040007
> Data de publicação: 05.05.2017
> Ementa: AGRAVO DE INSTRUMENTO EM RECURSO DE REVISTA INTERPOSTO NA VIGÊNCIA DA LEI Nº 13.015/2014. BENEFÍCIO DA JUSTIÇA GRATUITA. EMPREGADOR. DEPÓSITO RECURSAL. DESERÇÃO. Esta Corte pacificou entendimento no sentido de que a concessão da gratuidade da justiça não alcança o depósito recursal. Assim, detectada a ausência do depósito recursal relativo ao recurso de revista e ao agravo de instrumento, deve ser mantida a deserção declarada (Item I da Súmula nº 128/TST). Precedentes. Agravo de instrumento não provido.

TST - RECURSO DE REVISTA RR 212049720155040015
Data de publicação: 05.05.2017
Ementa: RECURSO DE REVISTA. JUSTIÇA GRATUITA. EMPREGADOR. IMPOSSIBILIDADE DE EXTENSÃO AO DEPÓSITO RECURSAL. O benefício da justiça gratuita, nos termos do artigo 3º da Lei nº 1.060/1950, limita-se às despesas processuais, não alcançando, portanto, o depósito recursal correspondente à garantia do juízo. Não efetuado o depósito recursal pela parte ré, impõe-se ratificar o não conhecimento do recurso ordinário por deserto. Precedentes. Recurso de revista não conhecido.

Anote-se ainda sobre o tema, que o Código de Processo Civil de 2015, outrossim, passou a permitir que o pedido de justiça gratuita fosse formulado na petição inicial,[17] na contestação, na petição para ingresso de terceiro no processo e, sobretudo, em grau recursal. Feito o pedido nas razões recursais, interessante notar que sua apreciação resta a cargo do relator e não do juízo *a quo*. Frise-se, neste particular, a atual redação conferida à Orientação Jurisprudencial nº 269 da SBDI-1 do TST:

OJ-SDI1-269 JUSTIÇA GRATUITA. REQUERIMENTO DE ISENÇÃO DE DESPESAS PROCESSUAIS. MOMENTO OPORTUNO (inserido item II em decorrência do CPC de 2015) – Res. 219/2017, DEJT divulgado em 28, 29 e 30.06.2017.
I – O benefício da justiça gratuita pode ser requerido em qualquer tempo ou grau de jurisdição, desde que, na fase recursal, seja o requerimento formulado no prazo alusivo ao recurso;
II – Indeferido o requerimento de justiça gratuita formulado na fase recursal, cumpre ao relator fixar prazo para que o recorrente efetue o preparo (art. 99, §7º, do CPC de 2015).

Finalmente, a recente Lei nº 13.467/2017 alterou a redação da CLT para dispor o seguinte acerca da matéria:

Art. 790. Nas Varas do Trabalho, nos Juízos de Direito, nos Tribunais e no Tribunal Superior do Trabalho, a forma de pagamento das custas e emolumentos obedecerá às instruções que serão expedidas pelo Tribunal Superior do Trabalho.
§1º Tratando-se de empregado que não tenha obtido o benefício da justiça gratuita, ou isenção de custas, o sindicato que houver intervindo no processo responderá solidariamente pelo pagamento das custas devidas.
§2º No caso de não pagamento das custas, far-se-á execução da respectiva importância, segundo o procedimento estabelecido no Capítulo V deste Título.

---

[17] Art. 99. O pedido de gratuidade da justiça *pode ser formulado* na petição inicial, na contestação, na petição para ingresso de terceiro no processo ou *em recurso.*

§3º É facultado aos juízes, órgãos julgadores e presidentes dos tribunais do trabalho de qualquer instância conceder, a requerimento ou de ofício, o benefício da justiça gratuita, inclusive quanto a traslados e instrumentos, àqueles que perceberem salário igual ou inferior a 40% (quarenta por cento) do limite máximo dos benefícios do Regime Geral de Previdência Social.

§4º O benefício da justiça gratuita será concedido à parte que comprovar insuficiência de recursos para o pagamento das custas do processo. (NR)

Assim, para se obter a gratuidade de justiça doravante:

- Para pessoas físicas, somente terão direito à gratuidade aqueles que efetivamente perceberem salário igual ou inferior a 40% (quarenta por cento) do limite máximo dos benefícios do Regime Geral de Previdência Social, o que corresponde a exatos R$2.212,52 (sendo o teto previdenciário equivalente a R$5.531,31 desde 1º de janeiro de 2017);
- A parte, pessoa física ou jurídica, que, em tese, tenha direito à gratuidade terá o ônus de comprovar insuficiência de recursos para o pagamento das custas do processo, não sendo suficiente mera declaração pelo advogado com poderes específicos.

2.2 O custeio da prova pericial

Os honorários periciais são despesas que devem ser pagas pela parte sucumbente no pedido que demandou a realização do trabalho do perito. Assim, por exemplo, se o autor formular na ação cinco pedidos que não demandem perícia e apenas um que exija a prova pericial, havendo indeferimento somente deste último, será o reclamante condenado a pagar os honorários periciais, a menos que seja beneficiário de gratuidade, caso em que os honorários periciais vinham sendo pagos pela União. Nesse sentido é a Súmula nº 457 do TST:

HONORÁRIOS PERICIAIS. BENEFICIÁRIO DA JUSTIÇA GRATUITA. RESPONSABILIDADE DA UNIÃO PELO PAGAMENTO. RESOLUÇÃO Nº 66/2010 DO CSJT. OBSERVÂNCIA. A União é responsável pelo pagamento dos honorários de perito quando a parte sucumbente no objeto da perícia for beneficiária da assistência judiciária gratuita, observado o procedimento disposto nos arts. 1º, 2º e 5º da Resolução nº 66/2010 do Conselho Superior da Justiça do Trabalho – CSJT.

A exigência de depósito prévio dos honorários periciais é ilegal consoante dispõe a OJ nº 98 da SBDI-2. Tal verbete, no entanto, só é aplicável nas ações oriundas da relação de emprego ou relação de trabalho avulso, ou seja, nos termos do parágrafo único do artigo 6º da IN nº 27/2005 do TST, sendo, portanto, possível haver depósito prévio de honorários periciais nas ações transferidas para a competência da Justiça do Trabalho por força da EC nº 45/2004.

Quanto aos honorários do assistente técnico, o TST editou a Súmula nº 341, reconhecendo a voluntariedade dessa despesa, nos seguintes termos:

> HONORÁRIOS DO ASSISTENTE TÉCNICO. A indicação do perito assistente é faculdade da parte, a qual deve responder pelos respectivos honorários, ainda que vencedora no objeto da perícia.

Sobre o custeio dos honorários periciais, a Lei nº 3.467/17 alterou a CLT que passou a dispor o seguinte sobre a matéria:

> Art. 790-B. A responsabilidade pelo pagamento dos honorários periciais é da parte sucumbente na pretensão objeto da perícia, ainda que beneficiária da justiça gratuita.
>
> §1º Ao fixar o valor dos honorários periciais, o juízo deverá respeitar o limite máximo estabelecido pelo Conselho Superior da Justiça do Trabalho.
>
> §2º O juízo poderá deferir parcelamento dos honorários periciais.
>
> §3º O juízo não poderá exigir adiantamento de valores para realização de perícias.
>
> §4º Somente no caso em que o beneficiário da justiça gratuita não tenha obtido em juízo créditos capazes de suportar a despesa referida no *caput*, ainda que em outro processo, a União responderá pelo encargo. (NR).

Contra tal dispositivo foi ajuizada a Ação Direta de Inconstitucionalidade (ADI) nº 5766, que se encontra sob a relatoria do Ministro Luís Roberto Barroso, na qual defende a Procuradoria Geral da República que o referido dispositivo, juntamente com o §4º; o artigo 791-A, §4º e o artigo 844, §2º, reformados na CLT, seriam materialmente inconstitucionais.

O artigo 790-B *caput* e §4º violariam a Constituição por autorizarem o uso de créditos trabalhistas auferidos em qualquer processo para pagamento de honorários periciais e advocatícios de sucumbência, mesmo quando o sucumbente seja beneficiário de gratuidade da justiça.

Entende o Ministério Público que os créditos trabalhistas, por terem natureza alimentar e, portanto, integrarem ao mínimo existencial, não poderiam ser alcançados para pagamento de honorários e custas de outro processo. A imposição legal, portanto, subtrairia do beneficiário recursos econômicos indispensáveis a sua subsistência e de sua família, com violação à garantia fundamental da gratuidade judiciária anunciada no artigo 5º, LXXIV, da Constituição.

Ao longo dos fundamentos da ADI nº 5766, a Procuradoria argumenta, inclusive, que, com a reforma, estar-se-ia inaugurando cenário de maior restrição à gratuidade judiciária na Justiça do Trabalho do que na Justiça Comum. Isso porque, por exemplo, no artigo 791-A, §4º da CLT a própria suspensão de exigibilidade dos honorários advocatícios de sucumbência ficaria sujeita à inexistência de créditos trabalhistas auferidos em qualquer outro processo, previsão essa que não existiria na Justiça Comum.

É dizer, o Código de Processo Civil de 2015 não imputa responsabilidade ao beneficiário da justiça gratuita nem condiciona novo acesso à justiça ao pagamento das custas do processo anterior. Tal disparidade violaria o princípio da isonomia e da paridade de armas, portanto. Ademais, outros direitos sociais, tais quais os constantes do artigo 6º da Carta, versam igualmente sobre prestações materiais básicas inerentes ao mínimo existencial, sendo passíveis de defesa na Justiça Comum então com mais amplo acesso que a Justiça do Trabalho. Tal quadro representaria violação da isonomia tutelar entre os direitos fundamentais sociais da Constituição.

O *Parquet* sustenta, ademais, que os dispositivos atacados representariam violação aos princípios constitucionais da isonomia (artigo 5º, *caput*), da ampla defesa (artigo 5º, LV), do devido processo legal (artigo 5º, LIV) da inafastabilidade da jurisdição (artigo 5º, XXXV), todos previstos na Constituição Federal, além dos princípios da proporcionalidade e da proibição de excesso. Impor o pagamento de honorários periciais de sucumbência também para os beneficiários de justiça gratuita seria, simplesmente, desconsiderar a condição de insuficiência de recursos que justificou o benefício.[18]

A justificativa dada à alteração do artigo 790-B, §4º da CLT, no que tange a imputação de pagamento de honorários periciais ao beneficiário da gratuidade de justiça, teria por objetivo "inibir o ajuizamento de demandas trabalhistas baseadas em direitos ou fatos inexistentes", a fim de obter "imediata redução de custos vinculados à Justiça do Trabalho", segundo a exposição de motivos da respectiva Lei.

A Ação Direta de Inconstitucionalidade 5766 preconiza, nesse contexto, desvio de finalidade na norma, uma vez padecerem os

---

[18] O mesmo argumento, inclusive, é sustentado na ADI em relação à alteração do parágrafo 4º do artigo 791-A, da CLT, que traz idêntica lógica de utilização de créditos trabalhistas, só que para pagamento de honorários advocatícios de sucumbência.

fundamentos de *déficit* de legitimidade constitucional, a pretexto de perseguir resultado econômico passível de alcance por meios alternativos, restringindo radicalmente o direito fundamental dos cidadãos pobres.

Assim, a medida seria inadequada, pois não se prestaria a inibir custos judiciários com demandas trabalhistas infundadas. O instituto da litigância de má fé já teria tal objetivo. Seria a nova regra, igualmente, desnecessária, ante a existência de meios menos gravosos a direitos fundamentais e igualmente eficazes para obter o resultado pretendido.

Nesse cenário, o Ministério Público denunciou o "forte caráter discriminatório" da norma, ao sacrificar mais intensamente os trabalhadores pobres, violando o princípio de solidariedade social que se infere do artigo 3º, I e III, da Constituição.

A reforma, neste aspecto, traz pontos positivos e negativos.

A fixação do valor dos honorários periciais respeitando o limite máximo estabelecido pelo Conselho Superior da Justiça do Trabalho parece-nos bastante positiva, desde que a regra não seja de todo inflexível, podendo, em casos excepcionais, diante da complexidade subjetiva e objetiva da causa e galgado ônus argumentativo, precificar-se o serviço de forma isolada fora dos limites consolidados.

Outra mudança interessante é a possibilidade expressa de parcelamento do pagamento dos honorários. Igualmente deverão ser analisadas as características das partes, bem como o perfil da demanda, para que não se comprometa, sem razão, a celeridade processual.

A vedação genérica sobre eventual exigência de pagamento antecipado é absolutamente salutar. Havendo eventuais gastos a serem procedidos para a realização da investigação pericial, o profissional deverá peticionar explicando a característica da causa e postulando adiantamento parcial que viabilize a realização do procedimento.

Finalmente, o condicionamento da liberação de pagamento de honorários ao beneficiário da justiça gratuita à hipótese de não haver obtido em juízo créditos capazes de suportar a despesa, ainda que em outro processo, de fato, parece-nos inadequada, pelas mesmas razões sustentadas na Ação Direta de Inconstitucionalidade e acima expostas. O dispositivo, de fato, é incoerente, desarrazoado e desproporcional.

2.3 O regime de pagamento das custas

Em linhas gerais, a nova lei inaugura o seguinte regime para o pagamento das custas pelas partes litigantes:

- As custas relativas ao processo de conhecimento incidirão à base de 2% (dois por cento);
- O valor das custas deve observar o mínimo de R$10,64 e o máximo de quatro vezes o limite máximo dos benefícios do Regime Geral de Previdência Social, ou seja, R$22.125,24;
- Na hipótese de ausência do reclamante, este será condenado ao pagamento das custas no percentual de 2% sobre o valor da causa, ainda que beneficiário da justiça gratuita, salvo se comprovar, no prazo de quinze dias, que a ausência tenha ocorrido por motivo legalmente justificável;
- O pagamento das custas é condição para a propositura de nova demanda pelo mesmo autor cuja ação anterior tenha sido arquivada por sua ausência.

Na ADI nº 5766 a Procuradoria defendeu que o propósito punitivo do artigo 844, §2º, da CLT[19] assumiria caráter de desvio da finalidade legislativa, pois na justificativa do relatório do projeto de lei que desencadeou a Reforma Trabalhista, o referido dispositivo teria como objetivo "desestimular a litigância descompromissada".

Para o Ministério Público, a condenação em custas como condição para novo ajuizamento de demanda originariamente arquivada é forma de sanção processual de natureza punitiva ao comportamento negligente do demandante. Contudo, a medida não se legitimaria, visto não haver taxatividade da conduta como passível de sanção processual, além de ser a punição de intensidade incompatível com a conduta que se pretende reprimir, a ponto de aniquilar a garantia constitucional de assistência judiciária gratuita, consequência incompatível com o princípio da proporcionalidade.

Ainda segundo os fundamentos da Ação Direta, a exigência do pagamento de custas para aforar nova demanda trabalhista seria um obstáculo definitivo a novo acesso, medida desproporcionalmente gravosa à garantia da inafastabilidade da jurisdição e ao princípio da isonomia, pois a ausência do demandante mais humilde traria uma

---

[19] Art. 844. O não comparecimento do reclamante à audiência importa o arquivamento da reclamação, e o não comparecimento do reclamado importa revelia, além de confissão quanto à matéria de fato.
[...]
§2º Na hipótese de ausência do reclamante, este será condenado ao pagamento das custas calculadas na forma do art. 789 desta Consolidação, ainda que beneficiário da justiça gratuita, salvo se comprovar, no prazo de quinze dias, que a ausência ocorreu por motivo legalmente justificável.
§3º O pagamento das custas a que se refere o §2º é condição.

consequência muito mais penosa a ele do que ao trabalhador com mais recursos econômicos.

Em suma, a imposição aos beneficiários de justiça gratuita de pagamento das despesas processuais de sucumbência colidiria com o artigo 5º, LXXIV, da CF,[20] visto não afastar a condição de pobreza que justificou o benefício. Desse modo, o dispositivo violaria o pleno acesso à justiça, direito fundamental com previsão no artigo 8º do Pacto São José da Costa Rica.

A referida Ação Direta de Inconstitucionalidade traz paradigma no direito estrangeiro. Segundo relatado, no Reino Unido, em 2013, *The Employment Tribunals and the Employment Appeal Tribunal Fees Order* passou a prever taxas para demandas trabalhistas. A Suprema Corte do Reino Unido declarou ilegal a norma, por violação da garantia de acesso à Justiça. Na referida norma, as custas seriam reembolsáveis em caso de êxito, mas a Corte entendeu que esse direito não poderia ficar restrito aos que possuíssem habilidade de trazer a juízo pretensões vitoriosas. Alhures, a taxação do serviço judiciário não fora eficaz para desestimular demandas infundadas, tendo apenas reduzido o acesso à justiça das pessoas com menores rendimentos.

Tudo na vida tem riscos. O custo zero sempre foi convidativo para demandas irresponsáveis e aventuras processuais.

Os relatórios do Conselho Nacional de Justiça e do Conselho Superior da Justiça do Trabalho apontam o valor de R$4.742,13 como despesa da Justiça do Trabalho, em relação a cada caso novo.[21] Fora todas as dificuldades estruturais que são bem conhecidas.

Nesse contexto vale destacar o verdadeiro caso de um empregado que ajuizou demanda relatando que em complemento ao uniforme que a empresa concedia, a Ré exigia o uso de sapato social, preto, não ressarcindo ao empregado da despesa de tal sapato. Postulou o reclamante o ressarcimento de despesas na compra de aproximadamente dois pares de sapatos sociais por ano, o equivalente a dez pares de sapatos em razão do tempo trabalhado.

---

[20] Constituição Federal, Art. 5º: Todos são iguais perante a lei, sem distinção de qualquer natureza, garantindo-se aos brasileiros e aos estrangeiros residentes no País a inviolabilidade do direito à vida, à liberdade, à igualdade, à segurança e à propriedade, nos termos seguintes: LXXIV - o Estado prestará assistência jurídica integral e gratuita aos que comprovarem insuficiência de recursos;

[21] RELATÓRIO GERAL DA JUSTIÇA DO TRABALHO. *Relatório Analítico*. 2016. Disponível em: <http://www.tst.jus.br/documents/10157/aca78b88-b57c-2562-6c09-85a037d2878e>. Acesso em: 25 set. 2017.

O Tribunal Regional do Trabalho do Rio Grande do Sul, 4ª Região, considerou que, sendo o empregado obrigado a utilizar sapatos pretos em suas atividades, não poderia o empregado ter seu salário comprometido com a compra de determinado modelo de sapato, se não desejasse usá-lo. Entendeu o Tribunal que o profissional comprovou seu prejuízo por meio de prova testemunhal, e acrescentou que o valor de cento e vinte reais atenderia à vida útil de um sapato utilizado todos os dias para o trabalho.

A empresa, no processo RR 20353-37.2014.5.04.0001, argumentou no Tribunal Superior do Trabalho que não foi comprovada a exigência de tipo específico de sapato como parte do uniforme, não sendo devida, portanto, a indenização, mas o relator entendeu que ficou demonstrada a oneração do trabalhador em favor da empregadora, sendo devida a indenização. Perceba-se a energia gasta desde a Vara do Trabalho ao TST.

São milhares de demandas que ingressam anualmente na justiça do Trabalho e alguém precisa pagar essa conta. A necessidade de comprovar dificuldade financeira para se auferir os benefícios da gratuidade de justiça é mais do que natural. Imaginar que a simples afirmação de insuficiência econômica faça garantir gratuidade ao autor do processo trabalhista significa (i) discriminação arbitrária dos litigantes, (ii) gestão ineficiente do erário público e da estrutura judiciária, e, pior, (iii) estímulo à litigância.

A garantia de gratuidade não significa acesso à justiça, mas estímulo à litigiosidade desenfreada. Isso porque o autor, tendo ou não direito, poderá demandar à vontade, independentemente do que venha a resultar. Se ganhar, ótimo. Se perder, pelo menos tentou a sorte. Em contrapartida, sempre haverá o custo econômico do demandado. Claro. Como já asseveramos, o réu, ainda que vencedor, sempre perderá, no mínimo, o custo do advogado responsável por sua defesa em juízo.

Reafirma-se: a limitação da gratuidade para autores e réus procedida pela reforma merece ser aplaudida, portanto.

Igualmente a limitação das custas ao máximo de quatro vezes o limite máximo dos benefícios do Regime Geral de Previdência Social, o que torna o processo mais seguro e previsível.

Todavia, errou na mão o legislador quando determinou que seja o autor condenado ao pagamento das custas no percentual de 2% sobre o valor da causa, ainda que beneficiário da justiça gratuita. Ora, ou bem se é beneficiário da gratuidade ou não se tem esse direito. Não se pode é reconhecer o direito à gratuidade e depois se voltar atrás. De fato, não andou bem o legislador, ainda que tenha permitido a justificativa da falta como hipótese de liberação do pagamento das custas.

A questão é que o sujeito não pode ter o direito à gratuidade reconhecido e depois ser alvo de "vingança" judicial porque não compareceu à audiência inicial. Não faz sentido!

O pagamento das custas como condição para a propositura de nova demanda pelo mesmo autor cuja ação anterior tenha sido arquivada por sua ausência parece eficaz e razoável, desde que, seguindo a lógica do raciocínio acima desenvolvido, este autor não seja beneficiário da justiça gratuita.

2.4 O depósito recursal

O depósito recursal ilustra pressuposto de admissibilidade dos recursos trabalhistas destinado a garantir o cumprimento da decisão favorável ao trabalhador.[22] Foi criado pelo Decreto-Lei nº 75, de 21 de novembro de 1966, que alterou o artigo 899, §1º, da CLT. Inicialmente, seu limite máximo era abalizado pelo salário mínimo, posteriormente substituído pelo valor de referência.

Sua exigência, embora não explícita, limitou-se ao empregador, circunstância que se infere, sem dificuldade, na superada determinação de efetivar-se em conta vinculada do empregado.[23]

Ao que se pode imaginar, esse pressuposto recursal teria sido criado e impulsionado por boas intenções, quais sejam, as de apressar o ocaso do processo, desestimular recursos procrastinatórios, assegurar o cumprimento da obrigação, facilitar a correção monetária dos débitos trabalhistas, dentre outras.

O depósito recursal abrange praticamente todos os recursos trabalhistas e, ainda, a fase de execução, fazendo com que uma sentença desfavorável em primeira instância tenha grande impacto financeiro

---

[22] O depósito do valor da condenação não constitui condição de admissibilidade para os recursos: (i) de revisão; (ii) de embargos de declaração; (iii) de agravo regimental; (iv) de agravo interno; (v) ordinário - em ações coletivas (CLT, 895; Lei nº 8.177/91,40, §3º; TST-IN nº 3/93, V); (vi) de embargos infringentes (CLT, 894); e (vii) de embargos de divergência (CPC, 508).

[23] *Súmula nº 128 do TST* - DEPÓSITO RECURSAL. I - É ônus da parte recorrente efetuar o depósito legal, integralmente, em relação a cada novo recurso interposto, sob pena de deserção. *Atingido o valor da condenação, nenhum depósito mais é exigido para qualquer recurso.* II - Garantido o juízo, na fase executória, a exigência de depósito para recorrer de qualquer decisão viola os incisos II e LV do art. 5º da CRFB/1988. Havendo, porém, elevação do valor do débito, exige-se a complementação da garantia do juízo. III - Havendo condenação solidária de duas ou mais empresas, o depósito recursal efetuado por uma delas aproveita as demais, quando a empresa que efetuou o depósito não pleiteia sua exclusão da lide. (grifos ausentes no original).

em relação às empresas.[24] Isso porque o valor do referido depósito, cuja natureza jurídica é a garantia do juízo, alcança dois possíveis tetos. Um seria o próprio valor total da condenação, uma vez que a parte não poderia, por óbvio, ser obrigada a garantir um pagamento maior que o constante da obrigação; o outro teto diz respeito a valores arbitrados pelo Tribunal Superior do Trabalho, que variam dependendo do tipo de recurso.

A Instrução Normativa nº 03 editada pelo Tribunal Superior do Trabalho regulamenta o referido requisito de admissibilidade recursal estabelecendo que (i) o depósito não tem natureza jurídica de taxa de recurso, mas de garantia do juízo recursal, que pressupõe decisão condenatória ou executória de obrigação de pagamento em pecúnia, com valor líquido ou arbitrado; (ii) para o recurso de agravo de instrumento, o valor corresponderá a 50% (cinquenta por cento) do valor do depósito do recurso ao qual se pretende destrancar; (iii) depositado o valor total da condenação, nenhum depósito será exigido nos recursos das decisões posteriores, salvo se o valor da condenação vier a ser ampliado; (iv) se o valor constante do primeiro depósito, efetuado no limite legal, restar inferior ao da condenação, será devida a complementação de depósito em recurso posterior, observado o valor nominal remanescente da condenação e/ou os limites legais para cada novo recurso; (v) havendo acréscimo ou redução da condenação em grau recursal, o juízo prolator da decisão arbitrará novo valor à condenação, quer para a exigibilidade de depósito ou complementação do já depositado, para o caso de recurso subsequente, quer para liberação do valor excedente decorrente da redução da condenação; (vi) nos dissídios individuais singulares o depósito será efetivado pelo recorrente, mediante a utilização das guias correspondentes, na conta do empregado no FGTS, ou fora dela, desde que feito na sede do juízo e permaneça à disposição deste, mediante guia de depósito judicial extraída pela Secretaria Judiciária; (vii) nas reclamatórias plúrimas e nas em que houver substituição processual,

---

[24] E para aqueles que não acreditam que a coisa ainda possa piorar... PL-1084/2007, CLT 899. "Os recursos serão interpostos por simples petição versando sobre as questões de fato e de direito, sendo recebidos somente se forem delimitados, pelo recorrente, os valores devidos de cada parcela, inclusive os valores controversos. Terão efeito meramente devolutivo e se processarão em autos apartados, cumprindo ao recorrente instruir o pedido, com cópias das peças processuais pertinentes, permitida a execução provisória até o julgamento de impugnações. §1º O recurso ordinário só será admitido com a garantia de 30% (trinta por cento) do valor do crédito em dinheiro, exigindo-se o depósito integral no caso de condenação cujo valor seja de até vinte salários mínimos regionais, elevando-se esta exigência para quarenta salários mínimos regionais, para a interposição de recurso extraordinário. §2º O juiz determinará de imediato a liberação dos valores incontroversos ao reclamante".

será arbitrado o valor total da condenação, para o atendimento da exigência legal do depósito recursal, em conformidade com as alíneas anteriores, mediante guia de depósito judicial extraída pela Secretaria Judiciária do órgão em que se encontra o processo; (viii) não será exigido depósito dos entes de direito público externo e das pessoas de direito público contempladas no Decreto-Lei nº 779, de 21.8.1969, assim como da massa falida e da herança jacente. Mais adiante apontaremos pontos da norma que restaram superados.

A exigência do depósito recursal sempre foi ilegítima e desproporcional por diversas razões que passam a ser elencadas.

Primeiramente, a inflexível exigência transcende para além do cenário "empregado pobre *versus* empregador rico", paradigma absolutamente superado no processo trabalhista. É que (i) o atual processo do trabalho comporta outros conflitos que não apenas empregado *versus* empregador; (ii) para os litigantes mais habituais, que, de fato, costumam ser as empresas mais ricas, o depósito recursal pouco impacto causa e acaba por integrar a dinâmica da administração de contencioso quantitativamente considerável; e (iii) para litigantes eventuais, pequenas e microempresas, o pressuposto recursal é assustador e insuperável, o que representa a ruína do processo do trabalho enquanto instrumento de efetivação da justiça, aos olhos destes sujeitos.

Em segundo lugar, a evolução da compreensão dos meios de acesso a direitos e a construção de um sistema garantístico não se coadunam com a perversa exigência de ter que garantir a condenação imposta ainda em primeiro grau de jurisdição.

A exigência, nesse contexto, fere (i) a garantia de acesso à justiça, porquanto, para muitos e plurais litigantes inviabiliza o amadurecimento da prestação jurisdicional, impedindo o duplo grau de jurisdição bem como, psicologicamente, distancia a sensação de justiça dos sujeitos que não possam arcar com tão altos custos; (ii) a garantia de imparcialidade, uma vez que representa entrave pesado e imposto a apenas uma das partes, que, sem chances de defesa, é tomada aprioristicamente como "vilã"; (iii) a garantia de participação, já que impede que o contraditório seja exaurido satisfatoriamente por uma das partes, que se vê abruptamente afastada das possibilidades de influir no processo em construção de uma decisão amadurecida.

Em terceiro plano, não se dispensa registrar que a exigência em tese do depósito prévio, outrossim, não se coaduna com a necessidade de um juiz trabalhista verdadeiramente envolvido com a otimização da ordem social. Nesse particular, a exigência vinha sendo direcionada a todos, indistintamente, sem quaisquer possibilidades de ponderação e valoração de interesses. Quem não pudesse atender ao pressuposto, invariavelmente, estaria fora da continuidade do processo. Afora as precárias isenções até então existentes,[25] o juiz trabalhista simplesmente não estaria autorizado a livrar qualquer sujeito da obrigação.

As pouquíssimas empresas que conseguem o benefício da gratuidade de justiça, como pontuado anteriormente, não estariam necessariamente dispensadas de fazer frente ao depósito. Isso porque, segundo a obtusa construção jurisprudencial a respeito, a gratuidade de justiça apenas liberaria o sujeito do recolhimento das taxas judiciárias, mas não da própria condenação e muito menos de sua antecipação, que ilustra a natureza da exigência.[26]

De qualquer modo, a exigência do depósito recursal, atentados seus pretensos fins, sempre se mostrou, ainda, desproporcional. Não é adequada, uma vez que incapaz de coibir de forma eficiente os recursos protelatórios, e também de garantir a efetividade dos processos. É que, para o litigante habitual, como consignamos, a exigência é inofensiva e as grandes empresas costumam operar destaques em suas contabilidades

---

[25] São dispensados do depósito do valor atribuído ou arbitrado à condenação, como requisito à admissibilidade do recurso: (i) a União, os Estados, o Distrito Federal, os Municípios, as autarquias e as fundações públicas que não explorem atividade econômica (Decreto-Lei nº 779/69); (ii) os entes de direito público externo (TST-IN nº 3/93, X); (iii) a massa falida (TST-IN nº 3/93, X; Súmula TST nº 86); (iv) a herança jacente (TST-IN nº 3/93, X); (v) a Empresa de Correios e Telégrafos e o Hospital de Clínicas de Porto Alegre. Embora sejam empresas públicas, gozam das mesmas prerrogativas da Fazenda Pública, por força, respectivamente, do Decreto-Lei nº 509/69 e da Lei nº 5.604/70; (vi) os conselhos de fiscalização profissional. Tais entidades se constituem, regra geral, como autarquias corporativas, ou seja, entes de cooperação não pertencentes direta ou indiretamente à Administração Pública (v. g., CRM, CREA). Segundo entendimento do STF, os conselhos de fiscalização profissional são entes autárquicos dotados de personalidade jurídica de direito público (STF-ADIn nº 1. 717/DF) que não exploram atividade econômica e desempenham função delegada pelo poder público, razão pela qual gozam das mesmas prerrogativas da Fazenda Pública. Por outro lado, não gozam da dispensa do depósito recursal: (i) as pessoas jurídicas de direito público, autarquias e fundações públicas que exploram atividade econômica, como é o caso, por exemplo, de autarquia bancária, uma vez que estão excluídas do Decreto-Lei nº 779/69; (ii) as empresas públicas e as sociedades de economia mista (Súmula TST nº 170), uma vez que, embora integrem a Administração Pública indireta, sujeitam-se ao regime jurídico próprio das empresas privadas (CRFB, 173, §1º, II); (iii) as pessoas jurídicas que tiveram decretada a intervenção ou a liquidação extrajudicial (Súmula TST nº 86).

[26] De todo modo, poderá a empresa "arriscar", requerendo o benefício da gratuidade em oportunidade recursal. Em termos práticos, caso a empresa faça constar seu pedido de gratuidade no ato da interposição do recurso não estará obrigada a proceder integralmente com o imediato pagamento e recolhimento do preparo recursal como tocaremos mais adiante. Afinal, o Tribunal Regional do Trabalho poderá conceder a gratuidade ao empregador restando ele desobrigado ao pagamento do "preparo", que, em tese, compreende tanto o depósito recursal, quanto as custas processuais, consoante se infere OJ nº 269 da SBDI-1, do C. TST. A interpretação é razoável, não obstante julgados recentes do TST consignarem que a isenção diga respeito apenas às custas.

a título de passivo destinado a fazer frente aos depósitos recursais exigidos na Justiça do Trabalho. Em suma, a exigência é naturalmente administrada nas grandes corporações. Não é necessária, já que outros meios seriam capazes de obter o suposto benefício. A exigência sequer é garantia de efetividade, mas uma pequena chance de melhora.

Nesse aspecto, poderia ser substituída pela sucumbência recursal com efeitos equivalentes ou mais eficientes. Por fim, a exigência não atende à proporcionalidade em sentido estrito, porquanto a relação custo-benefício não se mostra justificável. É que, se menosprezar garantias processuais fundamentais, como sói ser o acesso à justiça, o tratamento isonômico e o contraditório, a pretexto de se tentar otimizar a efetividade processual, não se mostra uma opção inteligente.

A Reforma minimiza as críticas acima concatenadas. Antes mesmo da Lei nº 13.467/17, o cenário começara a dar sinais de conscientização.

Com a entrada em vigor do Código de Processo Civil de 2015, o Pleno do Tribunal Superior do Trabalho, em abril de 2017, promoveu a revisão de algumas súmulas e orientações jurisprudenciais por força da necessária adequação aos dispositivos do novel regulamento.

Nesse contexto, uma das mais relevantes alterações diz respeito propriamente à dilação do prazo para fins de pagamento do depósito recursal pelas empresas.

O *caput* do artigo 10 da Instrução Normativa nº 39/2016 do TST, que regulamentou a aplicabilidade ao processo trabalhista das normas do parágrafo único do artigo 932, §§1º a 4º do artigo 938 e §§2º e 7º do artigo 1.007, todos do Código de Processo Civil de 2015 já consignava que:

> Art. 10. Aplicam-se ao Processo do Trabalho as normas do parágrafo único do art. 932 do CPC, §§1º a 4º do art. 938 e §§2º e 7º do art. 1007. Parágrafo único. A insuficiência no valor do preparo do recurso, no Processo do Trabalho, para os efeitos do §2º do art. 1007 do CPC, concerne unicamente às custas processuais, não ao depósito recursal.

Todavia, com a revisão promovida pelo TST[27] foi conferida nova redação à Orientação Jurisprudencial nº 140 da Subseção I da Seção Especializada em Dissídios Individuais (SBDI-1) que passou a permitir que a complementação do valor fosse estendida também ao depósito recursal.

---

[27] Na mesma sessão, o TST revogou o parágrafo único do artigo 10 da Instrução Normativa nº 39/2016, na exata dicção da Resolução 218, de 17 de abril de 2017.

Desse modo, antes do recurso não ser conhecido por deserção, terá a empresa a oportunidade de complementar e comprovar o valor integral do depósito recursal, no prazo de 5 (cinco) dias, a ser concedido pelo Juiz e/ou pelo relator do apelo no tribunal, confira-se:

> OJ-SDI1-140 DEPÓSITO RECURSAL E CUSTAS PROCESSUAIS. RECOLHIMENTO INSUFICIENTE. DESERÇÃO (nova redação em decorrência do CPC de 2015) - Res. 217/2017, DEJT divulgado em 20, 24 e 25.04.2017.
> Em caso de recolhimento insuficiente das custas processuais ou do depósito recursal, somente haverá deserção do recurso se, concedido o prazo de 5 (cinco) dias previsto no §2º do art. 1.007 do CPC de 2015, o recorrente não complementar e comprovar o valor devido.

Repare-se que a nova redação não manteve a antiga expressão representativa da "diferença ínfima", constante do texto anterior da Orientação Jurisprudencial, o que impõe a conclusão de que a diferença em relação ao *quantum* devido não precise sequer ser ínfima.

Foi um grande passo em prol da mitigação da formalidade processual, ou da chamada de "jurisprudência defensiva", prestigiando-se o princípio da primazia do exame do mérito.

Ainda no que tange ao depósito recursal, o Código de Processo Civil de 2015 inaugurou outra questão instigante. É que, como se sabe, o Código adotou a teoria dos capítulos de sentença, possibilitando o fracionamento do julgamento do mérito. Dispõem os artigos 355 e 356, por exemplo, possibilidade de julgamento antecipado do mérito e do julgamento antecipado parcial do mérito, respectivamente. O Tribunal Superior do Trabalho admitiu expressamente a referida lógica no processo do trabalho, conforme disposto no artigo 5º da Instrução Normativa nº 39/2016.

Pois bem. Não havendo dúvidas sobre a possibilidade de ser aplicado ao processo do trabalho o instituto do julgamento antecipado parcial do mérito, eventual recurso cabível será o ordinário nos termos da mesma Instrução Normativa.

Nessa hipótese sendo arbitrado o valor pecuniário da pretensão julgada de forma destacada, será ônus da parte recorrente efetuar o depósito recursal em relação a cada novo recurso interposto. Atingido o valor da condenação ou o limite previsto por ato do Presidente do Tribunal Superior do Trabalho, consoante inciso VI da Instrução Normativa nº 03/1993, não será devido nenhum depósito a mais, a não ser em caso de novo recurso para instância superior, se não garantida a condenação.

Com a Lei nº 13.467/17, a redação do artigo 899 restou modernizada:

Art. 899. Os recursos serão interpostos por simples petição e terão efeito meramente devolutivo, salvo as exceções previstas neste Título, permitida a execução provisória até a penhora.

§1º Sendo a condenação de valor até 10 (dez) vezes o salário-mínimo regional, nos dissídios individuais, só será admitido o recurso inclusive o extraordinário, mediante prévio depósito da respectiva importância. Transitada em julgado a decisão recorrida, ordenar-se-á o levantamento imediato da importância de depósito, em favor da parte vencedora, por simples despacho do juiz.

§2º Tratando-se de condenação de valor indeterminado, o depósito corresponderá ao que for arbitrado, para efeito de custas, pela Junta ou Juízo de Direito, até o limite de 10 (dez) vezes o salário-mínimo da região.

§3º (Revogado)

§4º O depósito recursal será feito em conta vinculada ao juízo e corrigido com os mesmos índices da poupança.

§5º (Revogado).

§6º Quando o valor da condenação, ou o arbitrado para fins de custas, exceder o limite de 10 (dez) vezes o salário-mínimo da região, o depósito para fins de recursos será limitado a este valor.

§7º No ato de interposição do agravo de instrumento, o depósito recursal corresponderá a 50% (cinquenta por cento) do valor do depósito do recurso ao qual se pretende destrancar.

§8º Quando o agravo de instrumento tem a finalidade de destrancar recurso de revista que se insurge contra decisão que contraria a jurisprudência uniforme do Tribunal Superior do Trabalho, consubstanciada nas suas súmulas ou em orientação jurisprudencial, não haverá obrigatoriedade de se efetuar o depósito referido no §7º deste artigo.

§9º O valor do depósito recursal será reduzido pela metade para entidades sem fins lucrativos, empregadores domésticos, microempreendedores individuais, microempresas e empresas de pequeno porte.

§10 São isentos do depósito recursal os beneficiários da justiça gratuita, as entidades filantrópicas e as empresas em recuperação judicial.

§11 O depósito recursal poderá ser substituído por fiança bancária ou seguro garantia judicial. (NR)

As novidades são múltiplas e altamente positivas, aproximando o instituto da vivência de garantias processuais que se mostravam distantes:

- Pessoas físicas ou jurídicas beneficiárias da justiça gratuita, finalmente ficam isentas do depósito recursal;
- Igualmente, as entidades filantrópicas e as empresas em recuperação judicial ficam isentas do depósito recursal;

- Passa a ser facultativa a substituição do depósito recursal por fiança bancária ou seguro de garantia judicial;
- O valor do depósito recursal será reduzido pela metade para entidades sem fins lucrativos, empregadores domésticos, microempreendedores individuais, microempresas e empresas de pequeno porte; e, finalmente,
- O depósito recursal passa a ser feito em conta vinculada ao juízo e não mais ao FGTS vinculado ao empregado tal qual previsto na IN nº 3, devendo ser corrigido com os mesmos índices da poupança.

2.5 Os honorários advocatícios

O artigo 791 da CLT estabelece que tanto empregado, quanto empregador podem defender os seus interesses pessoalmente, perante a Justiça do Trabalho, dispensado o acompanhamento de advogado. Aparentemente, o conteúdo do referido dispositivo seria decorrência da intentada simplicidade da postulação na seara laboral e de uma bem-intencionada busca pelo mais amplo acesso à justiça.

Em abril de 2010, o Tribunal Superior do Trabalho editou o enunciado nº 425 de jurisprudência sumulada consolidando que:

> o *jus postulandi* das partes, estabelecido no art. 791 da CLT, limita-se às Varas do Trabalho e aos Tribunais Regionais do Trabalho, não alcançando a ação rescisória, a ação cautelar, o mandado de segurança e os recursos de competência do Tribunal Superior do Trabalho.

De todo modo, a lógica do artigo 791 impactava toda a sistemática do processo laboral. A saber: não havendo a necessidade de contratação de serviços advocatícios, também não haveria sentido a condenação ao pagamento de seus honorários. Ou seja, se é faculdade da parte contratar, ou não, o patrono que advogará em sua causa, ela só contrataria patrono se quisesse, e daí não poderia se ver condenada, salvas raras exceções,[28] a pagar os honorários do advogado da outra parte.

---

[28] A exemplo, OJ SDI 1 do TST nº 421. HONORÁRIOS ADVOCATÍCIOS. AÇÃO DE INDENIZAÇÃO POR DANOS MORAIS E MATERIAIS DECORRENTES DE ACIDENTE DE TRABALHO OU DE DOENÇA PROFISSIONAL. AJUIZAMENTO PERANTE A JUSTIÇA COMUM ANTES DA PROMULGAÇÃO DA EMENDA CONSTITUCIONAL Nº 45/2004. POSTERIOR REMESSA DOS AUTOS À JUSTIÇA DO TRABALHO. ART. 20 DO CPC. INCIDÊNCIA. (DEJT divulgado em 01, 04 e 05.02.2013) A condenação em honorários advocatícios nos autos de ação de indenização por danos morais e materiais decorrentes de acidente de trabalho ou de doença profissional, remetida à Justiça do Trabalho após

Não existindo honorários de sucumbência, ou os advogados trabalhistas dos (des)empregados ficavam fadados a prestar serviços gratuitos, ou, ao final da causa, subtraiam 20 a 30% da condenação que favorecesse seu cliente e que, em geral, consubstancia verba de caráter alimentar devida em razão de créditos trabalhistas. Em outras palavras, o foco da proteção era justamente quem "pagava o pato", como se diria no popular.

O tema vinha suscitando controvérsias. Tanto que afetado pelo Tribunal Superior do Trabalho a ser solucionado via técnica de resolução de recursos de revista repetitivos. A Corte fixou a seguinte questão a ser submetida a julgamento:

> Possibilidade de deferimento de honorários advocatícios em reclamações trabalhistas típicas - portanto envolvendo trabalhadores e empregados, sem a observância de todos os requisitos constantes no art. 14, *caput* e §§1º e 2º, Lei nº 5.584/70, tal como hoje previsto nas Súmulas nºs 219 e 329 do Tribunal Superior do Trabalho, em face do disposto no art. 5º, inciso LXXIV, da Constituição Federal de 1988, segundo o qual 'o Estado prestará assistência jurídica integral e gratuita aos que comprovem insuficiência de recursos', inclusive a título de indenização por perdas e danos, nos termos dos arts. 389 e 404 do Código Civil.

Em resumo, a prática da Justiça do Trabalho a respeito da ausência de condenação em honorários advocatícios sempre foi derivação da capacidade postulatória das partes, isenta da contratação obrigatória de causídico. Ora, "se contratou foi porque quis" e, portanto, deve-se pagar o preço da regalia, do luxo desnecessário. Este, basicamente, é o entendimento das principais súmulas trabalhistas sobre o tema.[29]

---

ajuizamento na Justiça comum, antes da vigência da Emenda Constitucional nº 45/2004, decorre da mera sucumbência, nos termos do art. 20 do CPC, não se sujeitando aos requisitos da Lei nº 5.584/1970.

[29] Súmula nº 329 do TST. HONORÁRIOS ADVOCATÍCIOS. ART. 133 DA CRFB/1988 - Mesmo após a promulgação da CRFB/1988, permanece válido o entendimento consubstanciado na Súmula nº 219 do Tribunal Superior do Trabalho.
Súmula nº 219 do TST HONORÁRIOS ADVOCATÍCIOS. HIPÓTESE DE CABIMENTO.
I - Na Justiça do Trabalho, a condenação ao pagamento de honorários advocatícios, nunca superiores a 15% (quinze por cento), não decorre pura e simplesmente da sucumbência, devendo a parte estar assistida por sindicato da categoria profissional e comprovar a percepção de salário inferior ao dobro do salário mínimo ou encontrar-se em situação econômica que não lhe permita demandar sem prejuízo do próprio sustento ou da respectiva família.
II - É incabível a condenação ao pagamento de honorários advocatícios em ação rescisória no processo trabalhista, salvo se preenchidos os requisitos da Lei nº 5.584/1970.
OJ SDI - 1 nº 348. HONORÁRIOS ADVOCATÍCIOS. BASE DE CÁLCULO. VALOR LÍQUIDO. LEI Nº 1.060, DE 05.02.1950 - Os honorários advocatícios, arbitrados nos termos do art. 11, §1º,

Com isso, o advogado ou tirava do bolo do cliente ou trabalhava por altruísmo. O resultado é que o trabalhador que optasse por ter um advogado, caso vencesse a ação, receberia seu crédito, mas teria que repassar um percentual para o seu advogado.

O cabimento do *jus postulandi* no Processo Trabalhista diversas vezes foi questionado.[30] Com o advento da Constituição Federal, em 1988, a disposição do artigo 133, no sentido de que o advogado é indispensável à administração da justiça, pôs em xeque a possibilidade de se postular perante o Poder Judiciário sem se estar representado por advogado. O estatuto da OAB também faz alusão à função do advogado como um prestador de serviços públicos, privativos dos profissionais inscritos na OAB.[31]

Com efeito, a questão da dispensa do advogado não é respondida de modo uniforme. Assim, diversas vozes[32] se manifestam em desacordo

---

da Lei nº 1.060, de 05.02.1950, devem incidir sobre o valor líquido da condenação, apurado na fase de liquidação de sentença, sem a dedução dos descontos fiscais e previdenciários. OJ SDI - 1 nº 305. HONORÁRIOS ADVOCATÍCIOS. REQUISITOS. JUSTIÇA DO TRABALHO - Na Justiça do Trabalho, o deferimento de honorários advocatícios sujeita-se à constatação da ocorrência concomitante de dois requisitos: o benefício da justiça gratuita e a assistência por sindicato.
OJ SDI - 1 nº 304. HONORÁRIOS ADVOCATÍCIOS. ASSISTÊNCIA JUDICIÁRIA. DECLARAÇÃO DE POBREZA. COMPROVAÇÃO - Atendidos os requisitos da Lei nº 5.584/70 (art. 14, §2º), para a concessão da assistência judiciária, basta a simples afirmação do declarante ou de seu advogado, na petição inicial, para se considerar configurada a sua situação econômica (art. 4º, §1º, da Lei nº 7.510/86, que deu nova redação à Lei nº 1.060/50).

30 "O juiz trabalhista Antônio Carlos Faciolo Chedid (Codificação do Processo do Trabalho e o 'Jus Postulandi', invocado por Moema Baptista, Anais, p. 507) analisou a questão no VI Encontro Baiano de Advogados Trabalhistas, em 1989, na Bahia: 'Em uma nação subdesenvolvida como a nossa, com desigualdades sociais sendo eternizadas, não há maior violação de igualdade processual, do contraditório e da ampla defesa do que a permissão nefasta de que os menos favorecidos pela sorte se digladiem, judicialmente, uns ao abrigo de defesa técnica, outros não. Dentro dessa visão, por demais conhecida nos meios forenses, é que o constituinte coibiu, em boa hora, que as partes leigas usem o *jus postulandi*". (GOMES, Gilberto. Indispensabilidade do advogado em processo trabalhista. *Revista da OAB - Conselho Federal*, vol. 21, n. 56. Rio de Janeiro, p. 168.).

31 Sobre o tema, Celso Braga expõe: "por outro lado, o Estatuto da Advocacia não teve o propósito de regular inteiramente todas as hipóteses de patrocínio, mas, tão somente, de regulamentar o exercício da profissão de advogado e de fixar as atribuições da Ordem dos Advogados do Brasil. Não sendo uma lei específica sobre o patrocínio, não pode ter revogado outras que prevejam, excepcionalmente, modalidades de patrocínio facultativo". [...] Assim, também no nosso sentir, enquanto não sobrevier norma federal dispondo em sentido contrário, a subsistência do art. 791 da CLT, que é federal, revela-se incompatível com a nova ordem constitucional e, até mesmo, em relação à Lei de nº 8.906/94, ainda que adeptos ao sentimento de absoluta e irrestrita indispensabilidade do advogado perante qualquer pleito judicial". (ROMA, Celso Braga Golçalvez. *O "jus postulandi" da parte e o advogado na Justiça do Trabalho*. 1. ed. Rio de Janeiro: Editora Forense, 2000. p. 116).

32 Para Adilson Bassalho: "[...] a figura do advogado é indispensável à administração da justiça" a teor do estabelecido pelo art. 133 da Constituição de 05.10.1988, o que quer dizer que essa

com o decidido pelo Supremo Tribunal Federal na Ação Direta de Inconstitucionalidade 1.127,[33] proposta pela Associação dos Magistrados do Brasil – AMB, que atestou a constitucionalidade do *jus postulandi*, dentre outras searas, no âmbito juslaboralista, depois da vigência da Constituição de 1988.

A bem da verdade, a realidade dos tribunais laborais sempre se revelou diferente da teoria jurídica.[34] Em suma, na prática, nada

---

nova Carta trouxe à baila, uma vez mais, a questão aqui tratada. E o fez para encerrá-la, definitivamente, porque "indispensável", significa imprescindível, inafastável, inarredável, inseparável, irrevogável. Ou seja, com a promulgação da nova Constituição da República, deixou de ter vigência, claramente, o art. 791 da CLT, que previa o *jus postulandi* das partes, no processo do trabalho. (PEREIRA, Adilson Bassalho. *O fim do "jus postulandi" das partes, na Justiça do Trabalho. A importância do advogado para o direito, a justiça e a sociedade.* Rio de Janeiro: Forense, 2000. p. 13).

[33] "EMENTA: AÇÃO DIRETA DE INCONSTITUCIONALIDADE. LEI Nº 8.906, DE 4 DE JULHO DE 1994. ESTATUTO DA ADVOCACIA E A ORDEM DOS ADVOGADOS DO BRASIL. DISPOSITIVOS IMPUGNADOS PELA AMB. PREJUDICADO O PEDIDO QUANTO À EXPRESSÃO "JUIZADOS ESPECIAIS", EM RAZÃO DA SUPERVENIÊNCIA DA LEI Nº 9.099/1995. AÇÃO DIRETA CONHECIDA EM PARTE E, NESSA PARTE, JULGADA PARCIALMENTE PROCEDENTE. I - O advogado é indispensável à administração da Justiça. Sua presença, contudo, pode ser dispensada em certos atos jurisdicionais. II - A imunidade profissional é indispensável para que o advogado possa exercer condigna e amplamente seu múnus público. III - A inviolabilidade do escritório ou do local de trabalho é consectário da inviolabilidade assegurada ao advogado no exercício profissional. IV - A presença de representante da OAB em caso de prisão em flagrante de advogado constitui garantia da inviolabilidade da atuação profissional. A cominação de nulidade da prisão, caso não se faça a comunicação, configura sanção para tornar efetiva a norma. V - A prisão do advogado em sala de Estado Maior é garantia suficiente para que fique provisoriamente detido em condições compatíveis com o seu múnus público. VI - A administração de estabelecimentos prisionais e congêneres constitui uma prerrogativa indelegável do Estado. VII - A sustentação oral pelo advogado, após o voto do Relator, afronta o devido processo legal, além de poder causar tumulto processual, uma vez que o contraditório se estabelece entre as partes. VIII - A imunidade profissional do advogado não compreende o desacato, pois conflita com a autoridade do magistrado na condução da atividade jurisdicional. IX - O múnus constitucional exercido pelo advogado justifica a garantia de somente ser preso em flagrante e na hipótese de crime inafiançável. X - O controle das salas especiais para advogados é prerrogativa da Administração forense. XI - A incompatibilidade com o exercício da advocacia não alcança os juízes eleitorais e seus suplentes, em face da composição da Justiça eleitoral estabelecida na Constituição. XII - A requisição de cópias de peças e documentos a qualquer tribunal, magistrado, cartório ou órgão da Administração Pública direta, indireta ou fundacional pelos Presidentes do Conselho da OAB e das Subseções deve ser motivada, compatível com as finalidades da lei e precedida, ainda, do recolhimento dos respectivos custos, não sendo possível a requisição de documentos cobertos pelo sigilo. XIII - Ação direta de inconstitucionalidade julgada parcialmente procedente". ADI Nº 1127 / DF - DISTRITO FEDERAL. STF. Órgão Pleno. Relator Ministro Marco Aurélio. Julgamento: 17.05.2006.

[34] Sobre o tema, confiram-se as decisões: "*Jus postulandi* - Doméstico. A parte que ingressa com ação trabalhista desacompanhada de advogado faz uso do *jus postulandi*, não se podendo exigir do leigo, principalmente quando se trata de doméstico, que saiba requerer em juízo em igualdade de condições com um bacharel em direito. Assim, ao recorrer à Justiça do Trabalho dentro dos 30 dias que se seguiram à sua presença no Juízo Arbitral, o empregado

obstante a previsão legal, os Tribunais Regionais do Trabalho jamais tenham demonstrado unidade na aceitação da prerrogativa, afirmando alguns deles que a atuação da parte em juízo sem advogado violaria o princípio igualitário, já que, em geral, as empresas comparecem em juízo com advogados preparados tecnicamente, conhecedores de questões processuais, enquanto o trabalhador, via de regra, não tem condições de, sozinho, bem defender seu direito judicialmente. Logo, rechaçam a possibilidade de que o empregado, principalmente ele, postule pessoalmente, entendendo indispensável a presença do advogado.

Para a empresa, também não costuma ser interessante não ter advogado. A própria ordem de tomada dos depoimentos seria questionada sem a presença de um advogado. É que, quando o reclamante está prestando depoimento pessoal, o preposto deve ficar do lado de fora da sala de audiências. Sem advogado, do lado da empresa ninguém mais restaria para acompanhar o depoimento da parte contrária, o que feriria de morte o princípio do contraditório.

O que se tem observado na prática é que, quando uma das partes se apresenta em juízo sem advogado, o magistrado trabalhista (i) ou adia a audiência para que a parte constitua um advogado; (ii) ou solicita que algum advogado que esteja presente na sala de audiências funcione como advogado dativo, "convite" em geral aceito com muita má vontade, apenas em consideração à boa convivência com o magistrado solicitante; (iii) ou direciona a parte para seu sindicato, que deve prestar-lhe assistência jurídica gratuita.

Outrora, alguns magistrados costumavam direcionar as partes sem advogados para o Ministério Público do Trabalho, que se recusava a prestar assistência jurídica, alegando corretamente não constar a referida função no rol dos deveres e prerrogativas institucionais.

Em suma, no dia a dia dos fóruns, dificilmente a parte exercerá o *jus postulandi* no processo trabalhista.

---

demonstra a sua irresignação com o acordo celebrado naquele juízo, embora sem saber expressá-la corretamente, dada a ausência de conhecimento das técnicas processuais. Todavia, esse desconhecimento não invalida a sua pretensão, mormente quando demonstrado à saciedade, que o acordo celebrado no juízo arbitral não atende às expectativas da empregada e foi imposto pelo empregador". (TRT-5ª Reg., RO 00736-2001-193-00-2, Ac. 11.773/03, La T., j. 10.07.2003, ReI. juiz Valtércio de Oliveira, DJT 18.08.2003).

"Representação processual - Recurso ordinário - *Jus postulandi* - O art. 791 da CLT, parte final, estabelece que tanto o empregado, quanto o empregador poderão acompanhar as reclamações até o fim, assim considerado a instância ordinária. O não conhecimento do Recurso Ordinário subscrito por um dos proprietários da Reclamada ofende o mencionado dispositivo legal. Recurso de Revista provido". (TST - RR 351913, 3ª T., reI. Min. Carlos Alberto Reis de Paula, DJU 09.06.2000. p. 349).

Após a edição da EC nº 45/2004, que ampliou a competência material da Justiça do Trabalho para processar e julgar qualquer ação envolvendo relação de trabalho, o Tribunal Superior do Trabalho, mediante a Resolução nº 126/2005, editou a Instrução Normativa nº 27/2005, dispondo sobre inúmeras normas procedimentais aplicáveis ao processo do trabalho, estabelecendo no artigo 5º que, "exceto nas lides decorrentes da relação de emprego, os honorários advocatícios são devidos pela mera sucumbência". A Instrução nada disciplinou quanto à obrigatoriedade ou não de constituição de advogado.

Tendo a Justiça do Trabalho suas raízes no âmbito administrativo, a capacidade postulatória das partes, de certa forma, foi herdada dessa fase, estando em completa discrepância com a realidade que ora se apresenta.

Outra não foi a conclusão a que chegou o I Ciclo de Estudos à Constituição, realizado pela Associação dos Magistrados da Justiça do Trabalho da 2ª Região - Amatra, pelo qual se definiu que: "em face do artigo 133 da CRFB/1988, é indispensável a presença e a atuação de advogados às audiências e nos processos em curso (aprovada por maioria de votos)".

O que nitidamente observa-se é que, em vez de se facilitar a prestação jurisdicional e o acesso à justiça, nos termos em que previsto e vivenciado, o *jus postulandi* tem importado em verdadeiro limitador de tal direito fundamental.

Nesse sentido, vários autores fazem referência ao fato de que, atualmente, o processo do trabalho é orientado por princípios e normas que o leigo jamais teria condições de interpretar e aplicar com propriedade na defesa de seus interesses. Assim, Mozart Victor Russomano comenta que:

> O direito processual do trabalho está subordinado aos princípios e aos postulados modulares de toda ciência jurídica, que fogem à compreensão dos leigos. É um ramo do direito positivo com regras abundantes e que demandam análise de hermeneuta, por mais simples que queiram ser. O resultado disso tudo é que a parte que comparece sem procurador, nos feitos trabalhistas, recai em uma inferioridade processual assombrosa.[35]

De todo modo, a possibilidade de uma parte contratar defensor e a outra não, restando tecnicamente indefesa, deve ser rechaçada

---

[35] Comentários à consolidação das leis do trabalho. (RUSSOMANO, Mozart Victor. *Comentários à CLT*. 14. ed. Rio de Janeiro: Editora Forense, 1992. p. 867-868).

a qualquer preço, a ponto de ser legítimo, inclusive, que o juiz opte pela extinção do processo se a parte advertida insistir em litigar sem assistência. Uma possível solução, máxime para causas inauguradas entre sujeitos que não vinculados a sindicatos, seria a utilização dos escritórios modelo das universidades.

A despeito de todo esse desconforto, a Lei nº 13.467/17 manteve incólume o *jus postulandi* como regra geral, exigindo a representação do advogado na hipótese da ação de homologação de acordo extrajudicial.[36]

Noutro giro, a Lei nº 13.467/17 rompeu a lógica do não cabimento dos honorários, passando a dispor o seguinte a CLT:

> Art. 791-A. Ao advogado, ainda que atue em causa própria, serão devidos honorários de sucumbência, fixados entre o mínimo de 5% (cinco por cento) e o máximo de 15% (quinze por cento) sobre o valor que resultar da liquidação da sentença, do proveito econômico obtido ou, não sendo possível mensurá-lo, sobre o valor atualizado da causa.
> §1º Os honorários são devidos também nas ações contra a Fazenda Pública e nas ações em que a parte estiver assistida ou substituída pelo sindicato de sua categoria.
> §2º Ao fixar os honorários, o juízo observará:
> I - o grau de zelo do profissional;
> II - o lugar de prestação do serviço;
> III - a natureza e a importância da causa;
> IV - o trabalho realizado pelo advogado e o tempo exigido para o seu serviço.
> §3º Na hipótese de procedência parcial, o juízo arbitrará honorários de sucumbência recíproca, vedada a compensação entre os honorários.
> §4º Vencido o beneficiário da justiça gratuita, desde que não tenha obtido em juízo, ainda que em outro processo, créditos capazes de suportar a despesa, as obrigações decorrentes de sua sucumbência ficarão sob condição suspensiva de exigibilidade e somente poderão ser executadas se, nos dois anos subsequentes ao trânsito em julgado da decisão que as certificou, o credor demonstrar que deixou de existir a situação de insuficiência de recursos que justificou a concessão de gratuidade, extinguindo-se, passado esse prazo, tais obrigações do beneficiário.
> §5º São devidos honorários de sucumbência na reconvenção.

O dispositivo tem seu mérito na medida em que finalmente prevê honorários de sucumbência no processo do trabalho, aproximando-o

---

[36] Art. 855-B. O processo de homologação de acordo extrajudicial terá início por petição conjunta, sendo obrigatória a representação das partes por advogado.
§1º As partes não poderão ser representadas por advogado comum.
§2º Faculta-se ao trabalhador ser assistido pelo advogado do sindicato de sua categoria.

da realidade, trazendo risco para o autor que deverá refletir antes de ingressar com a ação judicial, possibilitando a remuneração equitativa dos profissionais, dentre outras vantagens. Todavia, a nova regra não se harmoniza com o artigo 85[37] do CPC que estabelece fixação de honorários entre 10 e 20%. Não há justificativa para a fixação de honorários a menor para os advogados trabalhistas.

---

[37] Confira-se:
Art. 85. A sentença condenará o vencido a pagar honorários ao advogado do vencedor.
§1º São devidos honorários advocatícios na reconvenção, no cumprimento de sentença, provisório ou definitivo, na execução, resistida ou não, e nos recursos interpostos, cumulativamente.
§2º Os honorários serão fixados entre o mínimo de dez e o máximo de vinte por cento sobre o valor da condenação, do proveito econômico obtido ou, não sendo possível mensurá-lo, sobre o valor atualizado da causa, atendidos:
I - o grau de zelo do profissional;
II - o lugar de prestação do serviço;
III - a natureza e a importância da causa;
IV - o trabalho realizado pelo advogado e o tempo exigido para o seu serviço.
[...]
§8º Nas causas em que for inestimável ou irrisório o proveito econômico ou, ainda, quando o valor da causa for muito baixo, o juiz fixará o valor dos honorários por apreciação equitativa, observando o disposto nos incisos do §2º.
§9º Na ação de indenização por ato ilícito contra pessoa, o percentual de honorários incidirá sobre a soma das prestações vencidas acrescida de 12 (doze) prestações vincendas.
§10 Nos casos de perda do objeto, os honorários serão devidos por quem deu causa ao processo.
§11 O tribunal, ao julgar recurso, majorará os honorários fixados anteriormente levando em conta o trabalho adicional realizado em grau recursal, observando, conforme o caso, o disposto nos §§2º a 6º, sendo vedado ao tribunal, no cômputo geral da fixação de honorários devidos ao advogado do vencedor, ultrapassar os respectivos limites estabelecidos nos §§2º e 3º para a fase de conhecimento.
§12 Os honorários referidos no §11 são cumuláveis com multas e outras sanções processuais, inclusive as previstas no art. 77.
§13 As verbas de sucumbência arbitradas em embargos à execução rejeitados ou julgados improcedentes e em fase de cumprimento de sentença serão acrescidas no valor do débito principal, para todos os efeitos legais.
§14 Os honorários constituem direito do advogado e têm natureza alimentar, com os mesmos privilégios dos créditos oriundos da legislação do trabalho, sendo vedada a compensação em caso de sucumbência parcial.
§15 O advogado pode requerer que o pagamento dos honorários que lhe caibam seja efetuado em favor da sociedade de advogados que integra na qualidade de sócio, aplicando-se à hipótese o disposto no §14.
§16 Quando os honorários forem fixados em quantia certa, os juros moratórios incidirão a partir da data do trânsito em julgado da decisão.
§17 Os honorários serão devidos quando o advogado atuar em causa própria.
§18 Caso a decisão transitada em julgado seja omissa quanto ao direito aos honorários ou ao seu valor, é cabível ação autônoma para sua definição e cobrança.
§19 Os advogados públicos perceberão honorários de sucumbência, nos termos da lei.
Art. 86. Se cada litigante for, em parte, vencedor e vencido, serão proporcionalmente distribuídas entre eles as despesas.

Com relação à ideia de se pagar honorários com créditos estranhos à demanda originada, tal qual consignado no §4º e atacado na ADI nº 5766, fato é que essa lógica não é uma novidade.

O enunciado da súmula nº 306 do STJ, editada no ano de 2004, reza que "os honorários advocatícios devem ser compensados quando houver sucumbência recíproca, assegurado o direito autônomo do advogado à execução do saldo sem excluir a legitimidade da própria parte".

Tal enunciado tem como referencial normativo do antigo artigo 21, do CPC de 1973, segundo o qual "se cada litigante for em parte vencedor e vencido, serão recíproca e proporcionalmente distribuídos e compensados entre eles os honorários e as despesas", conjugado com o artigo 23 da Lei nº 8.906/94, de acordo com o qual

> os honorários incluídos na condenação, por arbitramento ou sucumbência, pertencem ao advogado, tendo este direito autônomo para executar a sentença nesta parte, podendo requerer que o precatório, quando necessário, seja expedido em seu favor.

A exigibilidade dos honorários sob condição suspensiva parece adequada, assim como o prazo de dois anos e a busca de crédito para pagamento em outra demanda, se não por todos os argumentos desenvolvidos ao longo deste trabalho, pela natureza alimentar dos honorários.

2.6 A inicial líquida

Finalmente, encerrando o rol de novidades quanto ao novo ônus financeiro do processo, impende comentar a novel necessidade de compromisso com o valor da causa como somatório dos pedidos líquidos aduzidos.

Os requisitos da petição inicial trabalhista já eram disciplinados antes da Reforma no artigo 840, da CLT, e continuam o sendo, permanecendo a admissão da apresentação da reclamatória tanto verbal, quanto escrita. Houve, contudo, significativa e importante alteração na norma:

> Art. 840 - A reclamação poderá ser escrita ou verbal.
> §1º Sendo escrita, a reclamação deverá conter a designação do juízo, a qualificação das partes, a breve exposição dos fatos de que resulte o dissídio, o pedido, que deverá ser certo, determinado e com indicação de seu valor, a data e a assinatura do reclamante ou de seu representante.

Antes da nova redação, o parágrafo em exame fazia alusão exclusivamente à necessidade do pedido, mas não fazia qualquer referência à certeza ou determinação, muito menos à indicação de valores.

O pedido deve ser antes de tudo expresso, além de especificado e individualizado na petição inicial. O Código de Processo Civil de 2015 passou a estabelecer, de forma categórica, que o pedido deva ser certo (art. 322) e determinado (art. 324).

Doravante, deverá estar liquidado, tal qual exigência inaugurada com o advento do procedimento sumaríssimo, em 2000.

Logicamente, aplicar-se-ão ao processo do trabalho as exceções que autorizam pedidos genéricos na forma do artigo 324, do CPC.

Por outro lado, será possível, ainda, exigir-se liminarmente da empresa documentação indispensável para liquidação dos pedidos. Medidas cautelares ou mesmo a utilização da ação de exigir contas (art. 550 do CPC) podem ser alternativas viáveis para se perquirir modo de cálculo de determinada verba que se pretenda postular.

Fato é que a exigência de formulação de pedidos determinados quanto ao seu valor, assim como todas as demais inovações superficialmente apresentadas, implicarão a reinvenção da prática processual trabalhista, inaugurando um processo mais refletido e responsável, com cifras mais aderentes à vida real.

Referências

CAPPELLETTI, Mauro. Texto: O acesso à Justiça e a função do jurista em nossa época. *Revista de Processo*, ano 16, n. 61, p. 144, 148-156. São Paulo, Janeiro-Março de 1991.

COMPARATO, Fábio Konder. *A afirmação histórica dos direitos humanos*. 4. ed., rev. e ampl. São Paulo: Saraiva, 2005.

GARBELLINI, Alex Duboc *et al*. A gratuidade da Justiça no Processo do Trabalho. *Revista LTr*, vol. 70, n. 10. São Paulo, outubro de 2006.

GOMES, Gilberto. Indispensabilidade do advogado em processo trabalhista. *Revista da OAB - Conselho Federal*, vol. 21, n. 56. Rio de Janeiro, p. 168.

NERY JR, Nelson. *Princípios do processo civil na Constituição Federal*. 8. ed., ed. rev. ampl. São Paulo: Revista dos Tribunais, 2001.

PEREIRA, Adilson Bassalho. *O Fim do "jus postulandi" das partes, na Justiça do Trabalho. A importância do advogado para o direito, a justiça e a sociedade*. Rio de Janeiro: Forense, 2000.

RELATÓRIO GERAL DA JUSTIÇA DO TRABALHO. *Relatório Analítico*. 2016. Disponível em: <http://www.tst.jus.br/documents/10157/aca78b88-b57c-2562-6c09-85a037d2878e>. Acesso em: 25 set. 2017.

ROMA, Celso Braga Golçalvez. *O "jus postulandi" da parte e o advogado na Justiça do Trabalho*. 1. ed. Rio de Janeiro: Editora Forense, 2000.

RUSSOMANO, Mozart Victor. *Comentários à CLT*. 14. ed. Rio de Janeiro: Editora Forense, 1992.

Informação bibliográfica deste texto, conforme a NBR 6023:2002 da Associação Brasileira de Normas Técnicas (ABNT):

TUPINAMBÁ, Carolina. O processo do trabalho em cifras. In: TUPINAMBÁ, Carolina; GOMES, Fábio Rodrigues (Coord.). *A reforma trabalhista*: o impacto nas relações de trabalho. Belo Horizonte: Fórum, 2018. p. 69-104. ISBN 978-85-450-0441-7.

CAPÍTULO 5

A DIGNIDADE DO TRABALHADOR E AS NOVAS FORMAS DE EXPLORAÇÃO DO TRABALHO HUMANO: A RELAÇÃO UBER E MOTORISTA "PARCEIRO"

Daniel Queiroz Pereira
Raiza Moreira Delate

1 Introdução

O Brasil, decerto, vive uma época de mudanças, a implementação das tecnologias nas relações cotidianas é cada vez mais frequente, e o Direito, como reflexo das relações sociais e suas mazelas, acaba atingido por tais tecnologias em seus ramos - como é o caso do Direito do Trabalho.

Desta forma, urge uma análise das mudanças enfrentadas pela sociedade em razão do avanço tecnológico, para certificarmo-nos de que os princípios e direitos fundamentais continuem a ser observados nestas relações.

Ricardo Tenório Cavalcante, em sua tese de doutorado reproduzida, em 2008, no livro "Jurisdição, Direitos Sociais e Proteção do Trabalhador: a efetividade do Direito Material e Processual do Trabalho desde a teoria dos princípios", já atentava para o fato de que:

> É nessa onda de intermináveis vicissitudes, na crista da qual está o discurso de redução da carga protetiva do trabalhador, que se impõe uma reflexão sobre a atuação do Poder Judiciário diante da teoria dos direitos fundamentais e diante mesmo da democracia constitucional brasileira.[1]

---

[1] CAVALCANTE, Ricardo Tenório. *Jurisdição, direitos sociais e proteção do trabalhador:* a efetividade do direito material e processual do trabalho desde a teoria dos princípios. Porto Alegre: Livraria do Advogado, 2008. p. 24.

Hoje, em 2017, nos deparamos com a declaração do atual presidente da Câmara dos Deputados, Rodrigo Maia, afirmando que, para ele, a Justiça do Trabalho não deveria nem existir,[2] o que reforçou a disposição da casa em reformar o Direito do Trabalho para esvaziá-lo no que se refere às conquistas históricas dos trabalhadores, conforme se depreende do texto da Lei nº 13.467, de 13 de julho de 2017, que alterou diversos dispositivos da Consolidação das Leis do Trabalho – CLT e entrará em vigor após decorridos cento e vinte dias de sua publicação oficial.

Neste passo, fica evidente a urgência de os intérpretes do Direito empenharem-se na construção de raciocínios que acompanhem as evoluções sociais, com a finalidade da preservação do Estado de Direito como garantidor dos Direitos Sociais.

Assim, este trabalho visa o estudo de recente relação jurídica, qual seja a estabelecida entre a empresa UBER e os motoristas a ela vinculados, relação esta com definição ainda problemática, e que atualmente levanta debates por diversos estados do país, tendo dado origem a algumas ações na Justiça do Trabalho. No estado de São Paulo, por exemplo, os motoristas vêm pleiteando a rescisão do contrato com a empresa UBER com o pagamento de horas extras, décimo terceiro salário e férias.

Mais além, o objetivo deste artigo reside em analisar o respeito à dignidade deste trabalhador, construindo o raciocínio final a partir das definições atinentes ao Direito do Trabalho e, respectivamente, à natureza do serviço e à relação entre a empresa e o motorista.

Saliente-se que a proposta não é a de adentrar no mérito a respeito da legalidade ou não do transporte privado urbano, e sim, analisar o contexto da situação sob a ótica do trabalhador.

Para alcançar tal desiderato, serão expostas algumas premissas referentes à flexibilização das relações de trabalho, bem como as definições no que tange à empresa UBER e, na sequência, será analisada a relação entre ela e o motorista da plataforma, sob o prisma dos requisitos caracterizadores da relação de emprego.

---

[2] AMARAL, Iracema. *Presidente da Câmara diz que Justiça do Trabalho "nem deveria existir"*. A declaração de Rodrigo Maia aconteceu ao defender as Reformas Trabalhista e da Previdência, ambas em tramitação na Casa. Disponível em: <http://www.em.com.br/app/noticia/politica/2017/03/09/interna_politica,852838/presidente-da-camara- diz-que-justica-do-trabalho-nem-deveria-existir.shtml>. Acesso em: 10 mar. 2017.

2 A flexibilização das relações de trabalho a partir da globalização

O Direito do Trabalho surgiu em decorrência da necessidade de interferência do Estado nas relações entre empregador e empregado, de forma a estabelecer um mínimo de equidade, tendo em vista as desigualdades jurídicas e econômicas existentes entre eles.

Assim, as primeiras normas criadas refletiam o cunho fortemente intervencionista do Estado em tais relações, o que foi essencial para o desenvolvimento de condições mínimas de trabalho. Como ilustração deste período, no Brasil, podemos citar a Constituição de 1934, que incorporou em seu texto os direitos consagrados na legislação trabalhista, tais como jornada de oito horas de trabalho, férias e descanso semanal remunerados, proteção ao trabalho do menor e da mulher, dentre outros. O então presidente, Getúlio Dornelles Vargas, a partir da década de 30, começou a regulamentar algumas das demandas da classe trabalhadora, decorrentes de décadas de exploração, culminando tal processo na promulgação da CLT, aprovada pelo Decreto-Lei nº 5.452, de 1º de maio de 1943.

Todavia, durante as décadas de 80 e 90, com o fenômeno da globalização, houve uma reavaliação de tal política, que levou à reflexão acerca do caráter extremamente intervencionista que vinha se impondo perante as relações trabalhistas. Começou-se a debater acerca das consequências que direitos rígidos podem trazer para o mercado de trabalho. Como destacado pelos autores Vicente Paulo e Marcelo Alexandrino:

> [...] a inaudita expansão das relações comerciais entre os países, o livre e rápido trânsito internacional de capitais, bens e serviços, característicos do que se convencionou denominar globalização, passou a possibilitar uma competição direta e acirrada entre as empresas de quase todos os países. Para serem bem-sucedidas nessa competição, é evidente que elementos como produtividade e despesas de produção são essenciais. Relativamente às despesas de produção, avulta em importância o custo da mão de obra. É muito difícil uma empresa conseguir um preço final competitivo para seus produtos, caso necessite pagar bons salários e ainda uma infinidade de pesadas contribuições para benefícios trabalhistas e previdenciários, enquanto outras empresas, localizadas, por exemplo, na China, pagam salários irrisórios e têm muitos menores custos indiretos relativos a seus empregos.[3]

---

[3] PAULO, Vicente; ALEXANDRINO, Marcelo. *Manual de Direito do Trabalho*. 17. ed. Rio de Janeiro: Forense; São Paulo: Método, 2013. p. 07.

E ainda complementam:

> O resultado dessa realidade é a inexorável constatação de que não adianta criar-se um sistema trabalhista utópico, em que sejam previstos maravilhosos benefícios aos empregados, fora da realidade mundial, se, com isso, resultar impossibilitada a competitividade das empresas do país em que houver sido adotado tal sistema descompassado da realidade.[4]

Conforme asseverou Arnaldo Süssekind na conferência de abertura do Fórum Internacional sobre Flexibilização no Direito do Trabalho, ocorrida em 7 de abril de 2003,[5] o fenômeno da globalização desencadeou uma concorrência mundial que passou a exigir maior produtividade por parte das empresas, bem como a melhor qualidade dos seus produtos, além da redução dos custos para favorecer essa concorrência.

Após a Primeira Guerra Mundial, a produção das grandes empresas se dava desde a matéria prima até o comércio e o transporte; todavia, com a globalização, a dinâmica mudou, passando de uma estrutura vertical, para horizontal - as empresas passaram a adotar estratégias visando maior produtividade e menor custo de seus produtos. Assim, os empresários passaram a concentrar seus esforços no desenvolvimento da atividade fim, deixando a cargo de outras empresas (subcontratação) os demais segmentos da produção, dando espaço, assim, para a terceirização.

Não há dúvidas de que a globalização e o desenvolvimento de novas tecnologias trouxe uma revolução às nossas sociedades no âmbito das relações de trabalho, seja extinguindo e criando novos postos, seja aprimorando-os. Porém, é incontestável que, a partir de todos estes fenômenos, houve certa redução de direitos e condições contratuais de trabalho. Neste contexto, as empresas viram-se obrigadas a se adequar à nova realidade capitalista e à ordem de consume e a flexibilização das normas do Direito do Trabalho visa assegurar a elas sua sobrevivência. Já no que diz respeito aos trabalhadores, a flexibilização surge como saída para o desemprego elevado, respeitando, todavia, direitos mínimos.

Insta salientar que, nas lições de Sérgio Pinto Martins, a flexibilização difere da chamada desregulamentação, uma vez que esta se

---

[4] PAULO, *loc. cit.*

[5] Arnaldo Süssekind repudia flexibilização selvagem. *Revista Consultor Jurídico*, 2003. Disponível em: <http://www.conjur.com.br/2003-abr-07/arnaldo_sussekind_repudia_flexibilizacao_selvagem?pagina=6>. Acesso em: 25 mar.2017.

caracteriza como uma forma mais radical de flexibilização, na qual o Estado retira do trabalhador toda proteção a ele conferida, o que inclui os direitos mínimos. Assim, permite-se aos empresários regularem todas as condições, obrigações e direitos decorrentes da relação entre empregador e empregado.[6]

No que tange ao Direito do Trabalho, um acirrado debate vem sendo travado entre os defensores do Estado social e dos adeptos do liberalismo, pois os primeiros defendem a intervenção estatal nas relações de trabalho para garantir a preservação dos princípios formadores da justiça social e da dignidade humana, podendo ampliar tais direitos através de negociações coletivas.

Em contrapartida, os neoliberais pregam a não interferência do Estado nas relações de emprego, o que significa que o Estado deveria, sempre que possível, desregulamentar o Direito do Trabalho, permitindo que as condições e as regras de emprego sejam ditadas basicamente pelas leis do mercado. É em meio a este cenário de novas tecnologias e de inovação dos postos de trabalho e relações de emprego, que surge a figura do motorista da Uber.

3   O papel da UBER na era da flexibilização das relações de trabalho

O juiz Márcio Toledo Gonçalves, da 33ª Vara do Trabalho de Belo Horizonte, primeiro do país a reconhecer o vínculo empregatício entre Uber e motorista, criou um termo para denominar esta nova forma de relação – *uberização*.[7]

Para o magistrado, tal fenômeno é resultado de uma nova forma de organização do trabalho, resultante dos avanços da tecnologia. Por tal motivo, é importante analisar-se as relações advindas dessa evolução tecnológica, para compreender os desdobramentos, dentro das relações de trabalho, do uso das tecnologias disruptivas. Para tanto, o juiz sentenciante elabora um contexto histórico, que merece ser transcrito a seguir:

---

[6]   MARTINS, Sérgio Pinto. *Flexibilização das condições de trabalho*. 2. ed. São Paulo: Ed. Atlas, 2002.

[7]   BRASIL. Tribunal Regional do Trabalho (3ª Região). RTOrd 0011359-34.2016.5.03.0112. Autor: Rodrigo Leonardo Silva Ferreira. Réu: Uber do Brasil Tecnologia Ltda. Juiz: Márcio Toledo Gonçalves. Belo Horizonte, 13 de fevereiro de 2017. p. 9-10. Disponível em: <https://pje.trt3. jus.br/consultaprocessual/pages/consultas/ListaProcessos.seam?numero_unic=0011359-34.2016.5.03.0112&cid=10499>. Acesso em: 24 abr. 2017.

A princípio, é importante uma rápida contextualização histórica deste novo fenômeno. Na denominada sociedade urbana industrial, podemos identificar a existência de três formas de organização do trabalho: a primeira foi criada pelo empresário norte-americano Henry Ford, em 1914, o chamado fordismo, que representou a organização do trabalho em um sistema baseado numa linha de montagem em grandes plantas industriais. Havia ali certa homogeneização das reivindicações dos trabalhadores, porque eles passavam a se encontrar sob o mesmo chão de fábrica, submetidos às mesmas condições de trabalho. A partir da década de 1960, com o esgotamento do modelo fordista, disseminou-se um novo sistema de organização dos meios de produção denominado toyotismo. O sistema Toyota de produção, que também tinha como referência a montagem de um automóvel, quebrou o paradigma da produção em massa, de modo a fragmentar o processo produtivo, reunindo assim diferentes contratos de trabalho no mesmo empreendimento, além de diferentes empresas especializadas nessa parcialização da produção. Havia uma prevalência da heterogeneidade na regulamentação das condições de trabalho dada a distinção feita entre os trabalhadores diretamente contratados por uma montadora e os contratados pelas demais empresas que prestavam serviços conexos ou periféricos, tais como vigilância, limpeza e constituição de peças utilizadas na montagem do veículo. Como desdobramento dessa segunda fase, em meados dos anos de 1970, por causa da Crise do Petróleo de 1973 e de outras tantas razões próprias das dinâmicas cíclicas do capitalismo, iniciou-se uma grave crise econômica, propiciando a propagação da terceirização irrestrita tanto na indústria, como no setor de serviços. Agora, estamos diante de um novo modelo de organização do trabalho.[8]

Pontua o magistrado que o fenômeno da *"uberização"* surgiu na segunda década do século XXI, e que apesar de, por ora, ocupar o seguimento dos transportes, a mesma forma de relação tende a se estender para diversos outros setores da atividade econômica. Justifica, ainda, o emprego do termo em função de a empresa consistir no "arquétipo desse atual modelo, firmado na tentativa de autonomização dos contratos de trabalho e na utilização de inovações disruptivas nas formas de produção".[9]

Ressalta que o trabalho humano nasceu e, ao longo da história, se desenvolveu sob a égide do desenvolvimento da tecnologia, sendo esta, inclusive, uma das marcas do capitalismo.

---

[8] BRASIL. Tribunal Regional do Trabalho (3ª Região). RTOrd 0011359-34.2016.5.03.0112. Autor: Rodrigo Leonardo Silva Ferreira. Réu: Uber do Brasil Tecnologia Ltda. Juiz: Márcio Toledo Gonçalves. Belo Horizonte, 13 de fevereiro de 2017. p. 10. Disponível em: <https://pje.trt3.jus.br/consultaprocessual/pages/consultas/ListaProcessos.seam?numero_unic=0011359-34.2016.5.03.0112&cid=10499>. Acesso em: 24 abr. 2017.

[9] BRASIL, *loc. cit.*

Todavia, mister se faz perceber que, com o processo de evolução tecnológica do capitalismo, existe um modo de extração do valor da força de trabalho, ao passo que o Direito do Trabalho é fundamental na busca por normas construtoras de direitos, bem como na preservação do respeito às garantias do trabalhador. Nas palavras do magistrado, a importância deste ramo se dá na

> mediação no âmbito do capitalismo e que tem como objetivo constituir uma regulação do mercado de trabalho de forma a preservar um 'patamar civilizatório mínimo' por meio da aplicação de princípios, direitos fundamentais e estruturas normativas que visam manter a dignidade do trabalhador.[10]

Na esteira do raciocínio construído pelo magistrado Márcio Toledo Gonçalves, este artigo objetiva buscar o entendimento desta nova forma de exploração de capital, que acaba por protagonizar a criação de novas relações de trabalho, não existentes a décadas atrás. Em suas palavras, "qualquer processo econômico que possua, em sua essência material, extração e apropriação do labor que produz mercadorias e serviços, atrairá a aplicação deste conjunto normativo, sob risco de, em não o fazendo, precipitar-se em retrocesso civilizatório".[11]

Assim, é necessário que o Direito do Trabalho se atualize para dar resposta às demandas advindas do implemento de novas tecnologias, sob pena de ofensa à dignidade do trabalhador no século atual e, para tanto, faz-se necessário compreendê-las sob os prismas operacional e jurídico.

4   A estrutura da Uber

A Uber é uma empresa multinacional norte-americana, que se caracteriza como prestadora de serviços eletrônicos na área de transporte urbano privado, baseada em tecnologia disruptiva[12] em rede, através do E-hailing,[13] por meio do qual se pode requisitar um táxi através de um dispositivo eletrônico, como um smartphone, por exemplo.

---

[10]   BRASIL, *loc. cit.*

[11]   BRASIL, *loc. cit.*

[12]   Tecnologia disruptive ou inovação disruptive consiste em termo utilizado para descrever a inovação tecnológica, produto, ou serviço, que utiliza uma estratégia "disruptiva", em vez de evolutiva, para superar uma tecnologia existente dominante no mercado.

[13]   E-haling consiste no processo de requisitar um carro, táxi, limousine ou outra forma de transporte para buscar o passageiro através de um computador ou dispositivo móvel.

O serviço de transporte possui algumas categorias, que podem ser escolhidas conforme deseja o usuário, a seguir:

UberX: é o principal serviço da Uber – possui tarifa econômica e grande disponibilidade de carros.

Uber Black: é o serviço Premium da Uber, que conta apenas com carros de luxo nas cores prata ou preta, possuindo valor de tarifa mais alto.

UberPET: é um serviço projetado para locomoção de animais de estimação, que possui valor de tarifa alterada.

UberBag: se destina a atender clientes que tenham bagagens ou objetos em grande quantidade a serem transportados.

UberBike: serviço destinado ao transporte de bicicletas.

UberEats: mais novo serviço da Uber, que se destina à entrega de comida.

Nos termos e condições do serviço Uber, constantes de seu sítio oficial, os serviços são assim definidos:

> Os Serviços integram uma plataforma de tecnologia que permite aos(às) usuários(as) de aplicativos móveis ou sítios de Internet da Uber, fornecidos como parte dos Serviços (cada qual um *"Aplicativo"*), providenciar e programar Serviços de transporte e/ou logística e/ou compra de certos bens com terceiros provedores independentes desses serviços, inclusive terceiros fornecedores independentes de transporte, terceiros fornecedores independentes de logística e terceiros fornecedores independentes de bens, mediante contrato com a Uber ou determinadas afiliadas da Uber (*"Prestadores Terceiros"*). A menos que diversamente acordado pela Uber em contrato escrito em separado firmado com você, os serviços são disponibilizados para seu uso pessoal e não comercial. VOCÊ RECONHECE QUE A UBER NÃO É FORNECEDORA DE BENS, NÃO PRESTA SERVIÇOS DE TRANSPORTE OU LOGÍSTICA, NEM FUNCIONA COMO TRANSPORTADORA, E QUE TODOS ESSES SERVIÇOS DE TRANSPORTE OU LOGÍSTICA SÃO PRESTADOS POR PRESTADORES TERCEIROS INDEPENDENTES QUE NÃO SÃO EMPREGADOS(AS) E NEM REPRESENTANTES DA UBER, NEM DE QUALQUER DE SUAS AFILIADAS.[14]

A empresa sustenta, portanto, que inexiste relação de trabalho entre os motoristas, denominados "parceiros" e a Uber. A rigor, alega que é ela (empresa) que presta serviços aos motoristas, oferecendo a eles o uso da plataforma e do aplicativo, de modo a fomentar a atividade desses

---

[14] UBER DO BRASIL TECNOLOGIA LTDA. *Termos e condições.* 2017. Disponível em: <https://www.uber.com/pt-BR/legal/terms/br/>. Acesso em: 04 abr. 2017.

mesmos motoristas na prestação do serviço de transporte diretamente aos passageiros. O contrato entre o motorista e a Uber tende a mostrar que a empresa fornece serviços de tecnologia e não de transporte. Nesse sentido, o juízo da 37ª Vara do Trabalho de Belo Horizonte, nos autos da Reclamação Trabalhista de nº 0011863-62.2016.5.03.0137, entendeu que não há relação empregatícia entre a Uber e os motoristas da respectiva plataforma, sob o seguinte fundamento:

> Segundo se infere dos arts. 2º e 3º da CLT, os pressupostos para a caracterização da relação de emprego são a pessoalidade, a subordinação jurídica, a onerosidade e a não eventualidade na prestação dos serviços. Apenas o somatório de todos esses pressupostos tem por consequência a caracterização do vínculo de emprego.
> No caso, o conjunto probatório produzido revela a ausência de subordinação do reclamante para com as reclamadas, o que inviabiliza o pretendido reconhecimento do vínculo empregatício. De fato, a subordinação jurídica consiste "na situação jurídica derivada do contrato de trabalho, pela qual o empregado compromete-se a acolher o poder de direção empresarial no modo de realização de sua prestação de serviço"[15] ou seja, a subordinação jurídica se refere ao dever que o empregado tem de acatar as ordens dadas pelo empregador no que diz respeito ao modo da prestação dos serviços. Não se confunde com a subordinação jurídica a mera existência de obrigações contratuais entre as partes - o que é comum em todo tipo de contrato -, sendo, na verdade, fundamental que o próprio modo da prestação de serviços seja dirigido pela outra parte para que esteja configurada a subordinação a que se refere o art. 3º, *caput*, da CLT.[16]

Conforme exposto pelo magistrado, a empresa não dava ordens, tão somente exibia vídeos institucionais instruindo acerca do melhor modo de tratar o cliente para que os motoristas recebessem melhores avaliações dos próprios clientes. Mais além, a possibilidade reconhecida ao motorista de desligar o aplicativo na hora que desejar e escolher o horário para trabalhar, para o juiz, são outros elementos que demonstram não haver relação de emprego. Por fim, afirma que qualquer contrato prevê deveres de ambas as partes e a existência de uma regra a ser cumprida não configura a relação automaticamente como de emprego.

---

[15] DELGADO, Maurício Godinho. *Curso de Direito do Trabalho*. 14. ed. São Paulo: LTr, 2015. p. 311.

[16] BRASIL. Tribunal Regional do Trabalho (3ª Região). RTOrd 0011863-62.2016.5.03.0137. Autor: A.S.N. Réu: Uber do Brasil Tecnologia Ltda. Juiz: Filipe de Souza Sickert. Belo Horizonte, 30 de janeiro de 2017. Disponível em: <http://www.migalhas.com.br/arquivos/2017/2/art20170202-11.pdf>. Acesso em: 10 abr. 2017.

O principal argumento contrário à existência do vínculo entre o motorista e a Uber é o de que aquele tem total liberdade quanto a sua jornada de trabalho, que é absolutamente flexível. O motorista da plataforma pode trabalhar quando e o quanto desejar. Essa característica é um traço marcante da autonomia da prestação do trabalho.

A empresa afirma que não presta serviços de transporte, não funciona como transportadora, nem opera como agente para o transporte de passageiro, conforme se infere dos seus próprios Termos e Condições.

A todo o tempo alega que, na verdade, é ela que presta serviços aos motoristas "parceiros", sendo estes, usuários da plataforma disponibilizada. Porém, o ponto auge de tal questão é o atinente à subordinação - para a Uber, os motoristas são profissionais autônomos sem nenhuma exclusividade. Nas ações trabalhistas, a defesa da Uber argumenta que presta serviço aos motoristas, consistente em, por meio de uma plataforma digital, incrementar a capacidade de eles angariarem passageiros. Mais além, reforça que os motoristas dirigem quando querem, tendo como única exigência para a manutenção da parceria "a constante promoção de experiências positivas para os usuários". De igual forma, os motoristas possuem completa autonomia para o estabelecimento dos dias e horários nos quais pretendem se conectar ao aplicativo para atender aos usuários que buscam o serviço de transporte individual privado.

Por fim, a Uber alega que, ao ser selecionado como motorista parceiro, este concorda livremente com as condições que lhe são ofere-cidas para a utilização da plataforma, bem como esclarece que é o próprio motorista quem remunera a empresa pela utilização do aplicativo.

Todavia, como explicitado anteriormente, ao se analisar a questão, constata-se exatamente o oposto: que a Uber oferece o transporte de passageiros, sendo o aplicativo um instrumento ao bom funcionamento do serviço por estes contratado. Para tanto, cabe colacionar um trecho da sentença proferida pelo Juízo da 13ª Vara do Trabalho de São Paulo, que reconheceu o vínculo empregatício entre o autor (motorista) e a Uber:

> [...] recorde-se que o modelo capitalista de sociedade se ampara em uma célula fundamental: a *forma mercadoria*. Daí a referência ao *produto* sentido amplo, que abrange a noção de serviço oferecido no mercado. Em linhas gerais, o capital é investido na produção de mercadorias, e a circulação destas gera a extração de um excedente; parte do excedente é reinvestida na produção (daí a reprodução do modelo), e outra parte é acumulada pelo capitalista na forma de lucro. É dessa forma básica que são derivadas as relações sociais capitalistas. No que mais importa no

caso concreto, para compreender a natureza da relação jurídica de que se trata, a questão é indicar qual é a mercadoria de que a ré extrai o seu excedente econômico. E a resposta deve ser enunciada de maneira clara: *a mercadoria da ré é o serviço de transporte*. Nenhuma dúvida me ocorre quanto a isso. Não é por outra razão que é da ré (e não do motorista) o poder fundamental de quantificar o valor na circulação da mercadoria. É *a ré que fixa o preço do serviço de transporte que o passageiro irá pagar*. Note-se que a tese da ré (de que a mercadoria da empresa não é o transporte, mas sim o próprio aplicativo) implicaria a noção de que o seu excedente seria gerado a partir da operação de fornecimento da plataforma aos supostos clientes motoristas. Ou seja, deveria haver um *valor fixo*, uma mensalidade, por exemplo, paga pelos motoristas em razão do uso da plataforma. Mas isso não ocorre: o *valor que cabe* à *empresa* é *extraído do serviço de transporte* prestado ao consumidor passageiro. Logo, como o excedente do capitalista é extraído na circulação da sua mercadoria, conclui-se com segurança que a mercadoria com que a ré atua não é o aplicativo, e sim, o serviço de transporte.[17]

Nesse sentido, a fixação do valor das corridas é feita pela empresa e não pelo motorista, o que corrobora a conclusão de que se a relação jurídica fosse apenas entre passageiro e motorista, haveria uma negociação entre estas duas pessoas acerca do valor a ser recebido. Pelo contrário, o motorista da Uber sequer sabe o valor do serviço por ele prestado, só tomando conhecimento do valor cobrado quando a corrida é encerrada.

Ante o exposto, não há como se concluir de forma diversa. A empresa Uber atua na prestação de serviços de transporte por meio de uma plataforma que visa captar clientes e, para isto, usa a mão de obra de motoristas cadastrados.

De igual forma, conforme salientado pelo magistrado Eduardo Rockenbach Pires, na sentença proferida pelo Juízo da 13ª Vara do Trabalho de São Paulo, parcialmente transcrita acima, a Uber atua em diversos países além do Brasil e decisões oriundas do Estado da Califórnia e do Reino Unido demonstram que o entendimento estrangeiro tem sido no sentido de que a empresa atua na exploração de serviços de transporte.

---

[17] BRASIL. Tribunal Regional do Trabalho (2ª Região). RTOrd 1001492-33.2016.5.02.0013. Autor: Fernando dos Santos Teodoro. Réu: Uber do Brasil Tecnologia Ltda., Uber International B.V., Uber International Holding B.V. Juiz: Eduardo Rockenbach Pires. São Paulo, 11 de abril de 2017. p. 7. Disponível em: <http://www.migalhas.com.br/arquivos/2017/2/art20170202-11.pdf>. Acesso em: 15 mai. 2017.

5 Um breve panorama do reconhecimento das relações de emprego envolvendo a Uber e os motoristas "parceiros" no exterior

A Comissão do Trabalho da Califórnia (EUA), após uma petição ajuizada por Bárbara Ann Berwick, anunciou, em 17.06.16, uma decisão que afirma que a mesma é empregada da empresa Uber e não apenas prestadora de serviços autônoma.

Na decisão, a Comissão afirmou que por estar "envolvida em todos os aspectos da operação" a relação entre Bárbara e a empresa configura vínculo empregatício. A comissária do trabalho Stephanie Barrett rejeitou o argumento de a Uber se classificar como empresa de tecnologia de economia partilhada e decidiu que a motorista tinha direito à indenização.

Da mesma forma como ocorre nas ações correntes no Brasil, a Uber alegou à Comissão que seus motoristas são prestadores de serviços, serviços estes que, na verdade, constituem uma plataforma de tecnologia neutra, a qual conecta o motorista ao usuário (passageiro), servindo como ponte entre estes dois. Que, além disso, os motoristas vinculados ao aplicativo podem utilizá-lo quando e por quanto tempo julgarem necessários. Mais além, a empresa afirmou também que o "parceiro Uber" pode ficar desconectado da plataforma por até 180 (cento e oitenta) dias, quando ocorre a inativação da conta, que pode ser reativada posteriormente por solicitação via e-mail ou física, conforme trecho a seguir:

> Product Manager Brian Tolkin testified that Defendant Uber is a technological platform, a smart phone application that private vehicle drivers ("Transportation Providers") and passengers use to facilitate private transactions. Defendant Uber provides administrative support to the two parties: the passengers and the Transportation Providers. The Transportation Provider uses the application whenever she wishes to notify passengers that she is available to transport them. The passenger signs on to the application and requests a ride. When the Transportation Provider accepts the request, the model of the car and Picture of the Transportation Provider appears on the passenger's device, so that the passenger can identify her hide.
> Defendants argued that they do not exert any control over the hours Plaintiff worked. There is no minimum number of required trips. However, if a Transportation Provider is inactive for 180 days, the smart phone application expires and will remain inactive until the Transportation Provider applies in person or by email to reactivate

it. A Transportation Provider is required to obtain a permit to carry passengers for a fee from the California Public Utilities Commission.[18]

No mesmo sentido das ações trabalhistas que reconheceram o vínculo empregatício, a Comissão do Trabalho da Califórnia concluiu que a empresa controla as ferramentas que os motoristas usam, monitorando-os por meio de classificação em estrelas, classificação esta que, se abaixo de 4,6 pode resultar em encerramento do acesso ao aplicativo. Mais além, afirma que o motorista não possui autonomia para definir o valor das corridas, algo que é estipulado pela própria Uber. Também neste particular, merece ser colacionado trecho da decisão proferida pela Comissão:

> Defendants control the tools the drivers use; for example, drivers must register their cars with Defendants, and none of their cars can be more than ten years old. Defendants refer to "industry standards" with respect to drivers' cars, however, it is unclear to what industry, other than the "taxi" industry, Defendants are referring. Defendants monitor the Transportation Drivers' approval ratings and terminate their access to the application if the rating falls below a specific level. (4.6 stars). [...]
> The passengers pay Defendants a set price for the trip, and Defendants, in turn, pay their drivers a non-negotiable service fee. If a passenger cancels a trip request after the driver has accepted it, and the driver has appeared at the pick-up location, the driver is not guaranteed a cancellation fee. Defendants alone have the discretion to negotiate this fee with the passenger. Defendants discourage drivers from accepting tips because it would be counterproductive do Defendants' advertising and marketing strategy.[19]

Não só na Califórnia, EUA, foi proferida decisão neste sentido. O *Employment Tribunals*, Tribunal do Reino Unido, em uma ação proposta por motoristas da Uber contra a controladora sediada na Holanda e outras duas que operam no Reino Unido - Uber London Ltd e Uber Brittania Ltd, reconheceu que os motoristas devem ser considerados empregados e não autônomos.

Da mesma forma como feita aqui no Brasil, o referido Tribunal analisou preliminarmente o negócio da Uber, tendo em vista o argumento

---

[18] UBER TECHNOLOGIES, INC., A. DELAWARE CORPORATION VS. BARBARA BERWICK. p. 4-5. Disponível em: <http://digitalcommons.law.scu.edu/cgi/viewcontent.cgi?article=1988&context=historical>. Acesso em: 15 mai. 2017.

[19] UBER TECHNOLOGIES, *loc. cit.*

amplamente divulgado pela empresa, o de que apenas presta serviços de tecnologia.

No início de sua fundamentação, o Tribunal advertiu que qualquer organização (i) que gerencie uma empresa em cujo "coração" está a função de transportar pessoas em veículos motorizados, (ii) que opere em parte por meio de companhia que procura se desviar das responsabilidades "reguladas" aplicáveis aos transportadores privados – ou seja, os *PHV – Private Hire Vehicle – operators* – , mas (iii) que exija dos motoristas e passageiros que concordem, por meio de contrato, que ela não provê o serviço de transporte e (iv) recorra, em seus documentos e cláusulas contratuais, a ficções, linguagem torcida (*twisted language*) e novas terminologias (*brand new terminology*) merece certo grau de ceticismo.[20]

Para justificar a existência da relação de trabalho entre os motoristas e a Uber, o Tribunal levantou as seguintes características da relação: (i) a Uber entrevista e recruta os motoristas; (ii) a Uber controla as informações essenciais, como o sobrenome do passageiro, informações de contato e destinação pretendida, ocultando tais informações do motorista; (iii) a Uber exige que motoristas aceitem e/ou não cancelem viagens, assegurando a eficácia desta exigência por meio da desconexão dos motoristas que violarem tais obrigações; (iv) a Uber determina uma rota padrão a ser seguida pelo motorista; (v) a Uber fixa a tarifa e o motorista não poder negociar tal valor com o passageiro; (vi) a Uber impõe inúmeras condições aos motoristas, a exemplo, a escolha de quais veículos são aceitáveis para a prestação do serviço, e ainda instruem os motoristas sobre como fazer o seu trabalho, controlando-os na execução deste; (vii) a Uber sujeita seus motoristas a determinados parâmetros que ensejam procedimentos gerenciais ou disciplinares, por meio do sistema chamado *rating*; (viii) a Uber determina descontos quando lhe convém, muitas vezes sequer envolvendo o motorista cuja remuneração será afetada; (ix) a Uber aceita o risco da perda; (x) a Uber detém as queixas dos motoristas e dos passageiros; e (xi) a Uber se reserva ao poder de alterar, unilateralmente, os termos contratuais em relação aos motoristas.[21]

---

[20] FRAZÃO, Ana. *A decisão do Reino Unido sobre os motoristas da Uber. O que ela nos ensina?* Disponível em: <https://jota.info/colunas/constituicao-empresa-e-mercado/decisao-reino-unido-sobre-os-motoristas-da-uber-o-que-temos-aprender-com-ela-01112016>. Acesso em: 21 mai.2017.

[21] FRAZÃO, *loc cit.*

Segundo a referida decisão, seria absurdo imaginar a Uber como cliente do motorista, uma vez que: "[...] if there is a contract with Uber, it is self-evidently not a contract under which Uber is a client or customer of a business carried on by the driver. We have already explained why we regard that notion as absurd". Assim, todos os fatos aqui mencionados serviram para embasar a decisão de que o contrato não é estabelecido entre passageiro e motorista, mas entre este e a empresa, no qual por meio de compensação, o "parceiro uber" torna-se disponível para transportar passageiros.

Dessa maneira, pode-se dizer que, levando em consideração a primazia da realidade, o *Employment Tribunals* entendeu que o verdadeiro acordo entre as partes estaria localizado no campo das relações de trabalho dependente.

Nas palavras de Ana Frazão,

> No exemplo mencionado, analisando todas as circunstâncias de fato, entendeu o Tribunal britânico que a situação jurídica criada pelos instrumentos contratuais era mera ficção, totalmente descolada da realidade, motivo pelo qual é esta que deveria prevalecer. Tal lição parece muito pertinente à realidade brasileira atual, em que, na ânsia de flexibilização das relações trabalhistas, tem-se buscado afastar ou mesmo negar o princípio da realidade, ainda que por meio de subterfúgios legislativos.[22]

Com base no esposado acima, passa-se à análise dos requisitos caracterizadores de tal relação, considerando, sobretudo, o Princípio da Primazia da Realidade, no âmbito do ordenamento pátrio.

6 Os elementos essenciais da relação de emprego e o vínculo entre a Uber e o motorista "parceiro" no ordenamento pátrio

O artigo 442 da Consolidação das Leis do Trabalho dispõe que "contrato individual de trabalho é o acordo tácito ou expresso, correspondente à relação de emprego". Em que pese ao longo da CLT haver menção às expressões "contrato de trabalho" e "relação de emprego", pela leitura do dispositivo retro, contata-se que a CLT equiparou o contrato à relação de emprego.

Abrindo mão da distinção feita pela doutrina a respeito de tais termos e adotando-se a Teoria Contratualista Moderna, a relação de

---

[22] FRAZÃO, *loc cit.*

emprego possui natureza contratual – a vontade das partes de pactuar faz surgir a relação empregatícia. Do exposto, temos como requisitos caracterizadores da relação de emprego os seguintes: prestação de serviços por pessoa física, pessoalidade, não eventualidade, onerosidade e subordinação.

Nas lições de Carlos Henrique Bezerra Leite, na obra *Curso de Direito do Trabalho*, percebe-se que:

> É bem de ver que os arts. 2º e 3º da CLT fornecem os seguintes critérios (ou elementos essenciais) para a caracterização da relação de emprego: pessoalidade, não eventualidade, subordinação hierárquica ou jurídica e onerosidade. Destaca-se, desde logo, que a existência da relação empregatícia exige a presença conjunta de todos os elementos essenciais. Noutro falar, a ausência de pelo menos um deles descaracteriza a relação empregatícia.[23]

A pessoalidade é identificada porque a pessoa do empregado é elemento determinante da contratação, não podendo este, via de regra, ser substituído na prestação laboral. Isto significa que a relação de emprego é marcada pela natureza *intuitu personae* do trabalhador face o empregador, de forma que aquele só poderá se fazer substituir por outro em caráter esporádico e com aquiescência deste.

Outro requisito essencial é a não eventualidade na prestação dos serviços, que significa, resumidamente, a expectativa de que o trabalhador faça seu trabalho de forma repetida no que tange às atividades permanentes do tomador e esteja fixado juridicamente a este. Algumas teorias tentam explicar este requisito, não havendo um consenso na doutrina. Contudo, na esteira de Maurício Godinho Delgado, "o trabalhador não eventual é aquele que trabalha de forma repetida, nas atividades permanentes do tomador, e a este fixado juridicamente".[24]

Quanto ao requisito da onerosidade, este significa que o contrato entre empregado e empregador é bilateral, devendo o primeiro fornecer sua força de trabalho, enquanto que o segundo deve remunerá-lo pelos serviços prestados.

Por fim, a subordinação, requisito mais importante para a caracterização da relação de emprego, advém da sujeição do empregado aos comandos do empregador, o qual assumiu os riscos do empreendimento.

---

[23] LEITE, Carlos Henrique Bezerra. *Curso de Direito do Trabalho*. 7. ed. São Paulo: Saraiva, 2016. p. 150.

[24] DELGADO, Maurício Godinho. *Curso de Direito do Trabalho*. 9. ed. São Paulo: LTr, 2010. p. 273.

Neste ponto, Alice Monteiro de Barros afirma que:

> Esse poder de comando do empregador não precisa ser exercido de forma constante, tampouco se torna necessária a vigilância técnica contínua dos trabalhos efetuados, mesmo porque, em relação aos trabalhadores intelectuais, ela é difícil de ocorrer. O importante é que haja a possibilidade de o empregador dar ordens, comandar, dirigir e fiscalizar a atividade do empregado. Em linhas gerais, o que interessa é a possibilidade que assiste ao empregador de intervir na atividade do empregado. Por isso, nem sempre a subordinação jurídica se manifesta pela submissão a horário ou pelo controle direto do cumprimento de ordens.[25]

Faz-se necessário, contudo, ressaltar que surgiu no Brasil a ideia de alargar o sentido da relação de emprego pela ampliação do conceito de subordinação. Maurício Godinho Delgado, tratando desta questão, afirma: "estrutural é, pois, a subordinação que se manifesta pela inserção do trabalhador na dinâmica do tomador de serviços, independentemente de receber (ou não) suas ordens diretas, mas acolhendo, estruturalmente, sua dinâmica de organização e funcionamento".[26]

É ainda digno de nota que o contrato de trabalho ostenta como elementos essenciais os mesmos necessários aos demais contratos do direito comum, quais sejam: a) agente capaz, b) objeto lícito e possível, determinado ou determinável e c) forma escrita e não defesa em lei. Todos estes elementos em conformidade com o Código Civil de 2002, conforme previsão do seu art. 104 e incisos.

Nesse sentido, é possível se concluir que, para estar completa a relação de emprego, é necessária a reunião dos elementos fáticos e dos elementos essenciais. Mais além, a ausência de um dos elementos essenciais, conforme artigo *supra*, torna o contrato nulo. A doutrina[27] exemplifica tal comando com a situação do traficante de tóxicos – o sujeito que trafica maconha, por exemplo, mesmo que exerça tal atividade com a presença de todos os elementos fáticos caracterizadores da relação de emprego, por desempenhar atividade cujo objeto é ilícito, não pode pleitear direitos oriundos de um contrato de trabalho.

---

[25] BARROS, Alice Monteiro de. *Curso de Direito do Trabalho*. 6. ed. São Paulo: LTr, 2010. p. 268.

[26] DELGADO, Maurício Godinho. Direitos fundamentais na relação de trabalho. *Revista do Ministério Público do Trabalho*, n. 31, mar. 2006, p. 46.

[27] SARAIVA, Renato. *Direito do Trabalho para concursos públicos*. 10. ed. Rio de Janeiro: Forense; São Paulo: Método, 2009. p. 81-82.

Por fim, como um adendo, na esteira das lições de Renato Saraiva,[28] cabe ressaltar que a Emenda Constitucional nº 45/2004 inovou e atribuiu à Justiça do Trabalho a competência para processar e julgar qualquer relação de trabalho e não só de relação de emprego (nova redação do art. 114 da Constituição da República de 1988). Assim, um pedreiro, pintor, marceneiro ou qualquer outro profissional autônomo que não receber pelos serviços prestados, mesmo não sendo empregado do tomador de serviços, em função da ausência de subordinação, ajuizará eventual demanda perante a Justiça laboral. Logo, o Poder Judiciário Trabalhista passa a ter competência para análise de todos os conflitos decorrentes da relação de trabalho em sentido amplo.

Apresentados estes pressupostos, insta salientar que no que tange à relação existente entre a Uber e o motorista "parceiro", é evidente o caráter *intuitu personae* da relação jurídica entre este último e a plataforma, tendo em vista, principalmente, o fato de que não é permitido ao motorista ceder sua conta do aplicativo para que outra pessoa não cadastrada ou previamente autorizada realize as viagens em seu lugar.

Nesse sentido, foi exarada sentença pelo Juízo da 33ª Vara do Trabalho de Belo Horizonte, nos autos de nº 0011359-34.2016.5.03.0112, que será utilizada para analisar os pressupostos da relação de emprego *in casu*, dado o seu pioneirismo ao enfocar o vínculo entre a Uber e o motorista "parceiro". No que tange ao requisito da pessoalidade, a referida decisão ressalta que o depoimento de uma testemunha é absolutamente revelador quanto à presença desse pressuposto, ao demonstrar que a reclamada exige prévio cadastro pessoal de cada um dos pretensos motoristas, ocasião em que devem ser enviados diversos documentos pessoais necessários para a aprovação em seu quadro, tais como certificado de habilitação para exercer a função de condutor remunerado, atestado de bons antecedentes e certidões "nada consta".[29]

O depoente revelou ainda que à época de sua contratação foi, inclusive, submetido à entrevista pessoal. O depoimento de Saadi Alves de Aquino nos autos do Inquérito Civil (IC) 001417.2016.01.000/6, constante da referida decisão, consistiu na declaração de que "na condição de coordenador de operações, acompanhava a contratação

---

[28] *Ibidem*, p. 46.

[29] BRASIL. Tribunal Regional do Trabalho (3ª Região). RTOrd 0011359-34.2016.5.03.0112. Autor: Rodrigo Leonardo Silva Ferreira. Réu: Uber do Brasil Tecnologia Ltda. Juiz: Márcio Toledo Gonçalves. Belo Horizonte, 13 de fevereiro de 2017. Disponível em: <https://pje.trt3. jus.br/consultaprocessual/pages/consultas/ListaProcessos.seam?numero_unic=0011359-34.2016.5.03.0112&cid=10499>. Acesso em: 24 abr. 2017.

dos motoristas na cidade do Rio de Janeiro, processo que consistia em apresentação de documentos, testes psicológicos e análise de antecedentes por empresa terceirizada". Isto conduziu o Magistrado sentenciante à conclusão de que a empresa Uber escolhia minunciosamente quem poderia integrar ou não os seus quadros, o que reforça a presença do requisito de pessoalidade na relação.

Além disso, de acordo com o regulamento constante do sítio eletrônico da Uber:

> Os termos e as condições da Uber não permitem o compartilhamento das contas dos motoristas parceiros. O uso da sua conta por outro motorista se constitui como um sério problema de segurança. Se soubermos que um motorista não corresponde ao perfil do motorista parceiro exibido pelo aplicativo do passageiro, a conta será suspensa imediatamente e ficará pendente para investigação.[30]

Quanto a isto, cabe transcrever o que afirmou o Magistrado sentenciante quanto à proibição de se substituir um motorista por outro:

Esse tópico merece atenção especial para que não seja confundida a infungibilidade da prestação de serviços no que tange ao trabalhador com a possibilidade de compartilhamento de veículos cadastrados no sistema eletrônico da Uber.

O automóvel registrado por cada motorista em sua conta é apenas uma ferramenta de trabalho que, por sua própria natureza, não tem relação alguma de dependência com os elementos fático-jurídicos do vínculo de emprego. Assim, a permissão dada ao proprietário do veículo de vincular terceiros para dirigi-lo é absolutamente irrelevante, tratando-se apenas de uma expressão do poder diretivo daquele que organiza, controla e regulamenta a prestação dos serviços.[31]

Destarte, resta mais do que claro que a Uber mantém vínculo personalíssimo com cada motorista que integra a plataforma, independentemente de este ser ou não proprietário do veículo cadastrado.

Neste passo, resta também evidente a presença da onerosidade no contrato firmado entre a empresa e o motorista, uma vez que é a Uber quem o remunera. É certo que a referida plataforma se utiliza do

---

[30] Disponível em: <https://help.uber.com/h/1d93388d-cf19-408f-9c41-43dbdd34d44/>. Acesso em: 12 mai. 2017.

[31] BRASIL. Tribunal Regional do Trabalho (3ª Região). RTOrd 0011359-34.2016.5.03.0112. Autor: Rodrigo Leonardo Silva Ferreira. Réu: Uber do Brasil Tecnologia Ltda. Juiz: Márcio Toledo Gonçalves. Belo Horizonte, 13 de fevereiro de 2017. Disponível em: <https://pje.trt3. jus.br/consultaprocessual/pages/consultas/ListaProcessos.seam?numero_unic=0011359-34.2016.5.03.0112&cid=10499>. Acesso em: 24 abr. 2017.

argumento de que os motoristas são remunerados pelo contratante do serviço, sendo o papel daquela apenas o de repassar os valores devidos.

Todavia, a teor do que dispõe o Princípio da Primazia da Realidade, tal argumento cai por terra, pois as constantes afirmativas da Uber não correspondem à realidade dos fatos. Mais uma vez, o Magistrado sentenciante dos autos de nº 0011359-34.2016.5.03.0112 asseverou ser preciso analisar os depoimentos das testemunhas do processo, afirmando que a prova constante dos autos evidenciava que a ré (Uber) conduzia, de forma exclusiva, toda a política de pagamento do serviço prestado, o que abrange a definição do preço por quilometragem rodada e tempo de viagem, as formas de pagamento, as promoções e os descontos para os usuários.

É exatamente esta situação que é visualizada na realidade do motorista, que não pode dizer ser autônomo. Este não tem sequer a possibilidade de gerência do negócio, o que não ocorreria caso fosse ele o responsável por remunerar a plataforma.

Além do mais, conforme depoimentos dos referidos autos, aos "parceiros Uber", como são denominados, eram oferecidos prêmios caso alcançassem condições previamente estipuladas, conforme trecho transcrito abaixo do depoimento do Sr. Saadi Alves de Aquino, ex-coordenador de operações da Uber, nos autos do IC 001417.2016.01.000/6:

> [...] que próximo ao Carnaval, por exemplo, o motorista ativado que completasse 50 viagens em 3 meses ganharia R$1.000,00 (mil reais); [...] que no dia do protesto do taxista, no início de 2016, a empresa investigada já sabia que faltariam motoristas na cidade, então programou uma promoção especial para o motorista que consiste em cumprir alguns requisitos, por exemplo, ficar online 8 ou mais horas, completar 10 ou mais viagens e ter uma média de nota acima de 4,7 e, então, o motorista ganharia 50% a mais de todas as viagens completadas nesse período e com esse padrão [...].[32]

O Magistrado Márcio Toledo Gonçalves destacou, ainda, que do sítio eletrônico da plataforma consta que, independentemente de a viagem ser gratuita ao usuário, o motorista será remunerado, caracterizando a onerosidade ínsita a esta relação.[33]

---

[32] BRASIL, *loc. cit.*

[33] "Alguns usuários possuem descontos ou promoções, e este valor é descontado também das viagens em dinheiro, por isso o valor pode ser reduzido ou até R$0. Não se preocupe, estes descontos são custos da Uber e você receberá normalmente o valor da viagem em seu extrato". UBER. *Pagamento de Viagens em Dinheiro.* Disponível em: <https://www.uber.com/pt-BR/drive/resources/pagamentos-em-dinheiro/>. Acesso em: 11 de fev. de 2017.

Conforme abordado anteriormente, o doutrinador Maurício Godinho Delgado, em sua obra *Curso de Direito do Trabalho*, sistematiza os principais conceitos e teorias acerca da não eventualidade, quais sejam: a teoria do evento, dos fins do empreendimento e da fixação jurídica ao tomador de serviços.

Na sentença retro mencionada, o Magistrado conclui que o contexto fático probatório delineado nos autos, aponta para a hipótese de aplicação ao caso da teoria dos fins do empreendimento combinada com a teoria da eventualidade.

Conforme extraído da sentença dos autos de nº 0011359-34.2016.5.03.0112, em depoimento ao Ministério Público do Trabalho, a testemunha Saadi Alves de Aquino, ex-coordenador de operações da empresa Uber, nos autos do IC 001417.2016.01.000/6, declarou que:

> [...] se o motorista ficar mais de um mês sem pegar qualquer viagem, o motorista seria inativo; que seria fácil voltar a ficar ativo, se fosse à empresa e manifestasse interesse; que eram enviados e-mails, como os casos dos sticks acima citados, para que o motorista "ficasse com medo" e voltasse a se ativar na plataforma; que como gestor tinha por meta incentivar os motoristas a estarem ativos [...].
>
> [...] que recebeu um e-mail, que não se lembra a data, dizendo que se não fizesse pelo menos uma viagem no prazo de uma semana, seria excluído da plataforma, mas não houve exclusão [...].

Consoante depoimento acima, a não eventualidade não apenas se faz presente para caracterizar a natureza do trabalho desenvolvido pelos motoristas, como também é algo exigido pela Uber.

No que tange a Teoria dos Fins do Empreendimento, também resta a relação em questão caracterizada como não eventual, uma vez que assim o consagra o trabalhador chamado a desenvolver serviços-fim da empresa. Decorre deste ponto uma grande celeuma, a respeito do que a plataforma afirma ser e do que ela representa na prática. A Uber, como já mencionado anteriormente, se designa como plataforma tecnológica e não como prestadora de serviço de transportes, o que não corresponde com a prática, levando em consideração o Princípio da Primazia da Realidade.

Fato é que apesar de o CNPJ – Cadastro Nacional de Pessoa Jurídica – e o contrato social da empresa embasarem a tese de que esta explora tão somente plataforma tecnológica, a Uber não faz apenas a ponte motorista-passageiro. Na relação em questão é firmado um contrato no qual o usuário requer da empresa determinada viagem, que é solicitada pelo aplicativo desta; seguido a isto, é escolhido o condutor de forma unilateral, destinado à realização do serviço, o que evidencia o fornecimento de serviço de transporte.

A sentença mencionada, neste tópico, assim dispõe:

> A doutrina define o contrato de transporte de pessoas da seguinte maneira: "[...] é o negócio por meio do qual uma parte - o transportador - se obriga, mediante retribuição, a transportar outrem, o transportado ou passageiro, e sua bagagem, de um lugar para outro".[34]

E completa:

> Tanto é que já há julgados responsabilizando a empresa por vícios na prestação de serviços decorrentes de erros do motorista na condução do veículo, podendo ser citado, à guisa de exemplo, o processo nº 0801635-32.2016.8.10.0013 tramitado no 8º Juizado Especial Cível e das Relações de Consumo de São Luís/MA. Não poderia ser diferente diante da nítida relação de consumo entre ela e os usuários do aplicativo.

Encerrando o debate acerca da existência do requisito não eventualidade na relação entre Uber e motorista, conclui-se que não há dúvidas de que ainda que a empresa atue no desenvolvimento de tecnologias, não há como se afastar o fato de que ela desempenha serviço de transporte urbano, utilizando-se da mão de obra de seus "parceiros".

Por fim, o último e mais delicado requisito da relação de emprego, o que gera maior discussão acerca da relação entre Uber e motorista, a subordinação.

Levando em conta os argumentos trazidos em tópico anterior, quando da definição dos requisitos inerentes à caracterização da relação de emprego, bem como o raciocínio desenvolvido pela sentença proferida pelo Juízo da 33ª Vara da Justiça do Trabalho da 3ª Região, pode-se dizer, com firmeza, que os motoristas vinculados à plataforma são submissos às ordens de seu empregador.

Não se vê aqui a presença de uma subordinação clássica, e é por isso fundamental o desenvolvimento do Direito do Trabalho no sentido de acompanhar as mudanças tecnológicas inerentes à prestação de serviços, que trouxeram figuras nunca antes vistas, mas que necessitam de regulamentação, sob pena de ofensa à dignidade do trabalhador.

Logo, é evidente que a ordens sobre o modo de desenvolver a prestação dos serviços, o controle contínuo do motorista, a aplicação

---

[34] GUIMARÃES, Paulo Jorge Scartezzini. *Dos contratos de hospedagem, de transporte de passageiros e de turismo*. São Paulo: Saraiva, 2007. p. 84-8.

de sanções disciplinares nos casos de ocorrência de comportamentos que a Uber julgue inadequados e a obrigatoriedade de observância das regras por ela estipuladas caracterizam a subordinação.

Ainda consoante depoimento da testemunha Charles Soares Figueiredo, a empresa realiza verdadeiro treinamento de pessoal:

> [...] que nessa oportunidade passaram por orientações de como tratar o cliente, como abrir a porta, como ter água e bala dentro do carro, que são obrigatórios, que teriam que manter a água gelada e estarem sempre de terno e gravata, guarda-chuva no porta malas; que o uso de terno e gravata era só para Uber Black, que também foi passado que o ar condicionado sempre deveria estar ligado, o carro limpo e lavado e o motorista sempre bem apresentado [...].[35]

Nos autos do IC 001417.2016.01.000/6, colacionados na referida sentença, Iris Morena Sousa e Freund, ex-gerente de marketing da Uber do Brasil Tecnologia LTDA., declarou que:

> [...] na época em que a depoente trabalhou, os interessados tinham que comparecer na sede da Uber para receber treinamento de cerca de duas ou três horas, oportunidade na qual eram repassadas informações relativas à forma de utilização do aplicativo, à forma como os motoristas poderiam se comportar e como deveriam se vestir; que aqueles motoristas que recebiam avaliação baixa eram convocados para refazer o treinamento sob pena de serem excluídos do aplicativo [...].[36]

De igual modo, o depoimento de Saadi Mendes de Aquino reforça a caracterização da subordinação:

> [...] (a Uber) mantém o padrão de atendimento pela avaliação do cliente e por recomendações de estilo: os melhores motoristas geralmente (e ai se listavam o que a empresa entende por um bom padrão de atendimento ao cliente, como ter balas e água disponíveis, usar trajes sociais, volume do som e uma rádio neutra, deixar o ar condicionado ligado, perguntar se o passageiro tem um caminho de preferência ou prefere a navegação, abrir a porta do carro e não falar muito com o passageiro) [...].[37]

---

[35] BRASIL. Tribunal Regional do Trabalho (3ª Região). RTOrd 0011359-34.2016.5.03.0112. Autor: Rodrigo Leonardo Silva Ferreira. Réu: Uber do Brasil Tecnologia Ltda. Juiz: Márcio Toledo Gonçalves. Belo Horizonte, 13 de fevereiro de 2017. Disponível em: <https://pje.trt3.jus.br/consultaprocessual/pages/consultas/ListaProcessos.seam?numero_unic=0011359-34.2016.5.03.0112&cid=10499>. Acesso em: 24 abr. 2017.

[36] BRASIL, *loc. cit.*

[37] BRASIL, *loc. cit.*

Mais além, os depoimentos de Charles Soares Figueiredo e Saadi Alves de Aquino, respectivamente, são precisos em demonstrar o controle exercido pela Uber sobre os motoristas, controle este passível de resultar em penalidades, conforme a seguir:

> [...] que se o motorista recusar de 5 a 6 corridas seria bloqueado por algumas horas; que quando se refere à recusa de viagem, quer dizer que o aplicativo acionou noticiando uma corrida para o motorista, mas o mesmo não a aceitou [...].

> [...] que também havia a hipótese de um bloqueio temporário ("gancho") que ocorria quando o motorista não aceitava mais do que 80% das viagens e esses ganchos eram progressivos, ou seja, 10 minutos, 2 horas e até 12 horas off-line, ou seja, bloqueado; que esse gancho era automático do sistema e não passava por qualquer avaliação humana [...].[38]

Ora, com tais relatos, o argumento de que os motoristas têm flexibilidade e independência para fazer seus horários e prestar seus serviços da forma como bem desejam cai por terra ao analisar a realidade dos mesmos, que em caso de não seguirem as regras previamente determinadas sofrem punições. Neste ponto, cumpre destacar que a atenção às "recomendações" é obrigatória para que o motorista consiga boas avaliações e, assim, possa permanecer vinculado à plataforma.

E é o avanço tecnológico da sociedade em rede o responsável por criar a inédita técnica de vigilância da força de trabalho, que não se dá mais necessariamente com a intervenção humana.

A realidade é que o controle das regras e dos padrões de atendimento durante a prestação de serviços ocorre por meio das avaliações sob a forma de notas e reclamações feitas pelos consumidores do serviço oferecido. A Uber impõe diversos regramentos, cujo não cumprimento pode resultar em bloqueio do motorista e até mesmo na sua exclusão da plataforma, ficando este, portanto, sujeito ao "controle" que é feito pelos usuários do serviço, que, na verdade, mascara o controle que também é realizado pela empresa.

Contudo, o que se percebe é que:

> Afinal, já não é mais necessário o controle dentro da fábrica, tampouco a subordinação a agentes específicos ou a uma jornada rígida. Muito mais eficaz e repressor é o controle difuso, realizado por todos e por ninguém. Neste novo paradigma, os controladores, agora, estão espalhados pela

---

[38] BRASIL, *loc. cit.*

multidão de usuários e, ao mesmo tempo, se escondem em algoritmos que definem se o motorista deve ou não ser punido, deve ou não ser "descartado".[39]

No que tange à percepção econômica do motorista do aplicativo Uber, este também não detém domínio sobre a estipulação de preços, ou seja, não possui domínio sobre a atividade econômica, em tese, desenvolvida por ele.

Assim, é subordinado porque oferece prestação laboral que é indispensável aos fins da atividade desenvolvida pela Uber, não podendo organizar-se da forma que entenda mais apropriada, tampouco receber o que verdadeiramente corresponde aos frutos de seu trabalho. Isto ocorre porque sua força de trabalho pertence à organização produtiva da empresa, que exige porcentagem entre 20% e 25% sobre o faturamento bruto alcançado, restando ao "parceiro" as despesas com combustível, manutenção, depreciação do veículo, multas, avarias, lavagem, água e impostos, conforme bem asseverado na sentença retro mencionada.

Além do mais, consoante depoimento do ex-gerente geral da Uber do Brasil Tecnologia LTDA., a maneira como o cálculo das tarifas é elaborado, demonstra a estipulação dos salários dos motoristas, conforme a seguir:

[...] que o salário mínimo era calculado por hora, com base em 44 horas semanais; que a remuneração do motorista era calculada entre 1.2 e 1.4 salários mínimos, descontando todos os custos [...] (depoimento prestado nos autos do IC 001417.2016.01.000/6 - id 07b4d62).[40]

Neste sentido, é inolvidável a presença da subordinação na relação aqui tratada e, por isso, cumpre transcrever o artigo 6º da Consolidação das Leis do Trabalho, a seguir:

Art. 6º Não se distingue entre o trabalho realizado no estabelecimento do empregador, o executado no domicílio do empregado e o realizado à distância, desde que estejam caracterizados os pressupostos da relação de emprego.
Parágrafo único. Os meios telemáticos e informatizados de comando, controle e supervisão se equiparam, para fins de subordinação jurídica, aos meios pessoais e diretos de comando, controle e supervisão do trabalho alheio.

---

[39] BRASIL, *loc. cit.*
[40] BRASIL, *loc. cit.*

Assim, na esteira do entendimento do Magistrado acima mencionado, temos a equiparação dos meios telemáticos e informatizados de supervisão aos meios pessoais e diretos de comando, o que demonstra a importância da evolução do Direito do Trabalho na busca pelo alcance da proteção ao maior número de trabalhadores possível. A Lei nº 13.467, de 13 de julho de 2017, que entrará em vigor cento e vinte dias a contar de sua publicação oficial, alterou a CLT e introduziu definição expressa acerca do teletrabalho, ao prever em seu art. 75-B, que "considera-se teletrabalho a prestação de serviços preponderantemente fora das dependências do empregador, com a utilização de tecnologias de informação e de comunicação que, por sua natureza, não se constituam como trabalho externo".

Traçando um breve paralelo quanto ao assunto, o Código de Trabalho Português, no artigo 223, assim define o teletrabalho: "Para efeitos deste Código, considera-se teletrabalho a prestação laboral realizada com subordinação jurídica, habitualmente fora da empresa do empregador, e através do recurso a tecnologias de informação e de comunicação".

Isto posto, observa-se que Portugal considera como modalidade de trabalho subordinado o teletrabalho, conceito este que, aliado à disposição do parágrafo único do artigo 6º e ao artigo 75-B da CLT, este último ainda em período de *vacatio legis*, evidencia que não foge à subordinação a fiscalização realizada pela Uber sobre seu motorista.

7 Conclusão

De todos os pontos levantados neste breve artigo, pode-se observar que se encontram em choque alguns princípios do Direito, quais sejam: o da livre iniciativa e o da dignidade da pessoa humana. Isto porque de um lado temos o argumento da importância das transformações promovidas pelas tecnologias disruptivas na efetivação da livre iniciativa, de outro, temos a preocupação de garantir ao trabalhador seus direitos, evitando a exploração desenfreada da mão de obra.

O princípio da livre iniciativa assegura o livre exercício de qualquer atividade econômica a qualquer pessoa, independentemente de autorização dos órgãos públicos, salvo se previsto em lei tal exigência. Tal princípio impulsiona, no âmbito da atividade econômica, a norma geral de que aos particulares é lícito fazer tudo que não seja proibido em lei.[41]

---

[41] MOURA, Cid Capobiango Soares de; SALES, Ana Carolina de. *Serviço de transporte da Uber tem respaldo na liberdade de profissão.* Disponível em: <http://www.conjur.com.br/2017-jan-08/servico-transporte-uber-base-liberdade-profissao>. Acesso em: 08 jun. 2017.

Assim, tendo em vista a ausência de lei que impeça o funcionamento das atividades desenvolvidas pela empresa Uber, esta pode atuar de forma livre, cumprindo com o princípio da livre iniciativa. Contudo, quando se passa ao cumprimento da valorização do trabalho humano, princípio este atrelado à livre iniciativa, vemos o vão em que se encontra localizado o motorista, que possui diversos direitos trabalhistas subtraídos, tendo sua mão de obra explorada de forma desproporcional.

Nas palavras dos autores Vicente Paulo e Marcelo Alexandrino:

> O art. 170, em seu *caput*, estatui que a nossa ordem econômica é "fundada na valorização do trabalho humano e na livre-iniciativa", e sua finalidade é "assegurar a todos existência digna, conforme os ditames da justiça social". Essas disposições, que são as mais gerais acerca da ordem econômica, revelam nitidamente o caráter compromissário de nossa Carta Política. Em vez de assumir como um dado inelutável a consagrada cisão entre "capital e trabalho", o histórico antagonismo entre "empresário e trabalhador", o texto constitucional procura transmitir uma ideia de integração, de harmonia, de sorte que assegura a livre-iniciativa (portanto, a apropriação privada dos meios de produção, a liberdade de empresa), mas determina que o resultado dos empreendimentos privados deve ser a concretização da justiça social, o que exige, entre outras coisas, a valorização do trabalho humano.[42]

De todos os fatores de produção, portanto, o trabalho humano deve ser aquele colocado em primeiro lugar. O empreendedorismo é um valor consagrado, desde que valorize o trabalho humano e contribua para assegurar a todos uma existência digna.

Nesse sentido, a indagação: O trabalho desempenhado pelo motorista da Uber cumpre com o consagrado pela Constituição? Ora, conjugando os Princípios do Direito do Trabalho, tais como o da Proteção, o da Irrenunciabilidade dos Direitos Trabalhistas e o da Primazia da Realidade, com o preceito constitucional que garante a dignidade da pessoa humana, não se pode chegar a uma conclusão diversa da de que o não reconhecimento da relação entre tais partes como relação empregatícia, fere os ditames da justiça social.

O artigo 6º da Constituição da República Federativa do Brasil traz um rol dos direitos sociais que visam possibilitar melhores condições

---

[42] PAULO, Vicente; ALEXANDRINO, Marcelo. *Direito constitucional descomplicado*. 9. ed. São Paulo: Método, 2012, p.1020.

aos mais fracos, bem como tentar equalizar as situações socialmente desiguais.

Somado a isto, o Princípio da Dignidade da Pessoa Humana, que irradia seu comando para todo o ordenamento jurídico, não permite que tal relação não seja reconhecida como de emprego.

Conceituando o referido princípio, afirma Ingo Sarlet que:

> [...] por dignidade da pessoa humana a qualidade intrínseca e distintiva de cada ser humano que o faz merecedor do mesmo respeito e consideração por parte do Estado e da comunidade, implicando, neste sentido, um complexo de direitos e deveres fundamentais que assegurem a pessoa tanto contra todo e qualquer ato de cunho degradante e desumano, como venham a lhe garantir as condições existenciais mínimas para uma vida saudável, além de propiciar e promover sua participação ativa e corresponsável nos destinos da própria existência e da vida em comunhão com os demais seres humanos [...].[43]

Ainda sobre a Dignidade da Pessoa Humana, Gustavo Tepedino afirma:

> Com efeito, a escolha da dignidade da pessoa humana como fundamento da República, associada ao objetivo fundamental de erradicação da pobreza e da marginalização, e de redução das desigualdades sociais, juntamente com a previsão do §2º do art. 5º no sentido da não exclusão de quaisquer direitos e garantiras, mesmo que não expressos, desde que decorrentes dos princípios adotados pelo texto maior, configuram uma verdadeira cláusula geral de tutela e promoção da pessoa humana, tomada como valor máximo pelo ordenamento [...].[44]

Logo, fere a dignidade do trabalhador submeter-se a uma jornada exaustiva todos os dias, o que inclui feriados, finais de semana e madrugadas, que se abstenha de momentos de lazer e em família, que se submeta a condições nada favoráveis, sem direito a férias e décimo terceiro salário, sem qualquer previsão de que ao final do mês terá reunido os esforços necessários ao sustento seu e de sua família, uma vez que não sabe o valor que ganhará todo mês. Tudo isso somado aos custos do "empreendimento", no qual o sujeito adquire carro, custeia a manutenção de pneus, revisão do veículo e demais gastos constantes dos Termos e Condições por ele assinados de forma impositiva.

---

[43] SARLET, Ingo Wolfgang. *Dignidade da pessoa humana e direitos fundamentais na Constituição Federal de 1988.* 9. ed. rev. atual. Porto Alegre: Livraria do Advogado, 2011, p. 73.

[44] TEPEDINO, Gustavo. *Temas de Direito Civil.* Rio de Janeiro: Renovar, 1999. p. 48.

Desta forma, deve-se estar atento à atualidade do Direito do Trabalho, uma vez que qualquer processo econômico que possua, em sua essência material, extração e apropriação do labor que produz mercadorias e serviços, como ocorre na relação entre a Uber e os motoristas "parceiros", atrairá a aplicação deste conjunto normativo, sob o risco de, em não o fazendo, precipitar-se em retrocesso civilizatório.[45]

Deve-se, portanto,

> [...] combater as relações de trabalho disfarçadas [...] que escondam o verdadeiro status legal, notando que uma relação de trabalho disfarçada ocorre quando o empregador trata um indivíduo diferentemente de como trataria um empregado, de maneira a esconder o verdadeiro status legal dele ou dela como um empregado, e estas situações podem surgir onde acordos contratuais possuem o efeito de privar trabalhadores de sua devida proteção [...].[46]

Isto posto, constata-se que a positivação do princípio da dignidade da pessoa humana demonstra a preocupação do Estado com o povo, tornando-o preceito fundamental que alcança todos os ramos do Direito, o que inclui o trabalhista.

Referências

AMARAL, Iracema. *Presidente da Câmara diz que Justiça do Trabalho "nem deveria existir"*. Disponível em: <http://www.em.com.br/app/noticia/politica/2017/03/09/interna_politica, 852838/presidente-da-camara-diz-que-justica-do-trabalho-nem-deveria-existir.shtml>. Acesso em: 10 mar. 2017.

Arnaldo Süssekind repudia flexibilização selvagem. *Revista Consultor Jurídico*, 2003. Disponível em: <https://www.conjur.com.br/2003-abr-07/arnaldo_sussekind_repudia_flexibilizacao_selvagem?pagina=6>. Acesso em: 25 mar. 2017.

BARROS, Alice Monteiro de. *Curso de direito do trabalho*. 6. ed. São Paulo: LTr, 2010.

BRASIL. Tribunal Regional do Trabalho (3ª Região). RTOrd 0011359-34.2016.5.03.0112. Autor: Rodrigo Leonardo Silva Ferreira. Réu: Uber do Brasil Tecnologia Ltda. Juiz: Márcio Toledo Gonçalves. Belo Horizonte, 13 de fevereiro de 2017. Disponível em: <https://pje.

---

[45] BRASIL. Tribunal Regional do Trabalho (2ª Região). RTOrd 1001492-33.2016.5.02.0013. Autor: Fernando dos Santos Teodoro. Réu: Uber do Brasil Tecnologia Ltda., Uber International B.V., Uber International Holding B.V. Juiz: Eduardo Rockenbach Pires. São Paulo, 11 abr. 2017. p. 51. Disponível em: <http://www.migalhas.com.br/arquivos/2017/2/art20170202-11.pdf>. Acesso em: 15 mai. 2017.

[46] LEGISTRAB. *Recomendação OIT nº 198 relativa à relação de trabalho*. Disponível em: <http://www.legistrab.com.br/recomendacao-oit-198-relativa-a-relacao-de-trabalho/>. Acesso em: 08 jun. 2017.

trt3.jus.br/consultaprocessual/pages/consultas/ListaProcessos.seam?numero_unic=-0011359-34.2016.5.03.0112&cid=10499>. Acesso em: 24 abr. 2017.

BRASIL. Tribunal Regional do Trabalho (3ª Região). RTOrd 0011863-62.2016.5.03.0137. Autor: A.S.N.. Réu: Uber do Brasil Tecnologia Ltda. Juiz: Filipe de Souza Sickert. Belo Horizonte, 30 de janeiro de 2017. Disponível em: <http://www.migalhas.com.br/arquivos/2017/2/art20170202-11.pdf>. Acesso em: 10 abr. 2017.

BRASIL. Tribunal Regional do Trabalho (2ª Região). RTOrd 1001492-33.2016.5.02.0013. Autor: Fernando dos Santos Teodoro. Réu: Uber do Brasil Tecnologia Ltda., Uber International B.V., Uber International Holding B.V. Juiz: Eduardo Rockenbach Pires. São Paulo, 11 de abril de 2017. Disponível em: <http://www.migalhas.com.br/arquivos/2017/2/art20170202-11.pdf>. Acesso em: 15 mai. 2017.

CAVALCANTE, Ricardo Tenório. *Jurisdição, direitos sociais e proteção do trabalhador:* a efetividade do Direito material e processual do trabalho desde a teoria dos princípios. Porto Alegre: Livraria do Advogado, 2008.

DELGADO, Maurício Godinho. *Curso de direito do trabalho.* 14. ed. São Paulo: LTr, 2015.

DELGADO, Maurício Godinho. *Curso de direito do trabalho.* 9. ed. São Paulo: LTr, 2010.

DELGADO, Maurício Godinho. Direitos fundamentais na relação de trabalho. *Revista do Ministério Público do Trabalho,* n. 31, mar. 2006, p. 46.

FRAZÃO, Ana. *A decisão do Reino Unido sobre os motoristas da Uber. O que ela nos ensina?* Disponível em: <https://jota.info/colunas/constituicao-empresa-e-mercado/decisao-reino-unido-sobre-os-motoristas-da-uber-o-que-temos-aprender-com-ela-01112016>. Acesso em: 21 mai. 2017.

GUIMARÃES, Paulo Jorge Scartezzini. *Dos contratos de hospedagem, de transporte de passageiros e de turismo.* São Paulo: Saraiva, 2007.

LEGISTRAB. *Recomendação OIT nº 198 relativa à relação de trabalho.* Disponível em: <http://www.legistrab.com.br/recomendacao-oit-198-relativa-a-relacao-de-trabalho/>. Acesso em: 08 jun. 2017.

LEITE, Carlos Henrique Bezerra. *Curso de direito do trabalho.* 7. ed. São Paulo: Saraiva, 2016.

MARTINS, Sérgio Pinto. *Flexibilização das condições de trabalho.* 2. ed. São Paulo: Ed. Atlas, 2002.

MOURA, Cid Capobiango Soares de; SALES, Ana Carolina de. *Serviço de transporte da Uber tem respaldo na liberdade de profissão.* Disponível em: <http://www.conjur.com.br/2017-jan-08/servico-transporte-uber-base-liberdade-profissao>. Acesso em: 08 jun. 2017.

PAULO, Vicente; ALEXANDRINO, Marcelo. *Manual de direito do trabalho.* 17. ed. Rio de Janeiro: Forense; São Paulo: Método, 2013.

PAULO, Vicente; ALEXANDRINO, Marcelo. *Direito constitucional descomplicado.* 9. ed. São Paulo: Método, 2012.

SARAIVA, Renato. *Direito do trabalho para concursos públicos.* 10. ed. Rio de Janeiro: Forense; São Paulo: Método, 2009.

SARLET, Ingo Wolfgang. *Dignidade da pessoa humana e direitos fundamentais na Constituição Federal de 1988.* 9. ed. rev. atual. Porto Alegre: Livraria do Advogado, 2011.

TEPEDINO, Gustavo. *Temas de Direito Civil*. Rio de Janeiro: Renovar, 1999.

UBER DO BRASIL TECNOLOGIA LTDA. *Termos e condições*. 2017. Disponível em: <https://www.uber.com/pt-BR/legal/terms/br/>. Acesso em: 04 abr. 2017.

UBER TECHNOLOGIES, INC., A. DELAWARE CORPORATION VS. BÁRBARA BERWICK. p. 4-5. Disponível em: <http://digitalcommons.law.scu.edu/cgi/viewcontent.cgi?article=1988&context=historical>. Acesso em: 15 mai. 2017.

UBER. *Pagamento de Viagens em Dinheiro*. Disponível em: <https://www.uber.com/pt-BR/drive/resources/pagamentos-em-dinheiro/>. Acesso em: 11 de fev. de 2017.

Informação bibliográfica deste texto, conforme a NBR 6023:2002 da Associação Brasileira de Normas Técnicas (ABNT):

PEREIRA, Daniel Queiroz; DELATE, Raiza Moreira. A dignidade do trabalhador e as novas formas de exploração do trabalho humano: a relação uber e motorista "parceiro". In: TUPINAMBÁ, Carolina; GOMES, Fábio Rodrigues (Coord.). *A reforma trabalhista*: o impacto nas relações de trabalho. Belo Horizonte: Fórum, 2018. p. 105-135. ISBN 978-85-450-0441-7.

CAPÍTULO 6

A DISPENSA COLETIVA NA LEI Nº 13.467/2017 DA REFORMA TRABALHISTA

Enoque Ribeiro dos Santos

1 Introdução

A reforma trabalhista, objeto da Lei nº 13.467/2017, recentemente promulgada pelo Presidente da República, promoveu sensíveis alterações na CLT, e em várias situações, como ocorreu no objeto deste artigo, que trata da dispensa coletiva de trabalhadores pelos empregadores, de forma frontalmente prejudicial aos direitos dos trabalhadores e em colisão com a legislação mais moderna dos países de economia avançada.

2 A dispensa coletiva no Brasil até o advento da novel reforma trabalhista

Antes de avançarmos no assunto, é importante ressaltar a diferença fundamental entre a dispensa individual e a dispensa coletiva.

A dispensa individual é instituto do Direito Individual do Trabalho, e é a que tem mais incidência em nosso país. O Brasil, no tópico, adota a doutrina do *employment at will*, que vigora também nos Estados Unidos da América.

Por esta doutrina não existe qualquer óbice à dispensa do trabalhador, mesmo sem motivação. Prevalece algo semelhante à "denúncia vazia" que vige nos contratos de locação, pois não existe qualquer necessidade de fundamentação ou motivação na dispensa individual, bastando o pagamento dos consectários legais, entre eles a multa de 40% dos depósitos do FGTS.

Este tipo de dispensa do trabalhador remanesce ou nos remete aos tempos medievais ou semiprimitivos, já que totalmente divorciada dos princípios e dos direitos fundamentais insculpidos na Constituição Federal de 1988, entre eles, o da dignidade da pessoa humana, fundamento de validade do Estado Democrático de Direito (art. 1º, III), os fundamentos da soberania, cidadania, valores sociais do trabalho e da livre iniciativa, o pluralismo político, bem como os objetivos fundamentais do Estado, em seu art. 3º, de I - construir uma sociedade livre, justa e solidária; II - garantir o desenvolvimento nacional; III – erradicar a pobreza e a marginalização e reduzir as desigualdades sociais; IV – promover o bem de todos, sem preconceitos de origem, raça, sexo, cor, idade e quaisquer outras formas de discriminação.

Entre os direitos fundamentais elencados no art. 5º da Constituição Federal prevalecem a regra de que ninguém será submetido a tratamento desumano ou degradante (inciso III); a regra que declara invioláveis a intimidade, a vida privada, a honra e a imagem das pessoas, assegurado o direito de indenização pelo dano material ou moral decorrentes de sua violação (inciso X); as regras de que ninguém será processado nem sentenciado senão pela autoridade competente, e de que ninguém será privado da liberdade ou de seus bens sem o devido processo legal (incisos LIII e LIV).

Isto sem esquecer ainda dos preceitos constitucionais do art. 170 (da ordem econômica), do art. 193 (da ordem social) e dos arts. 200 e 225 (meio ambiente, inclusive o laboral).

Além desta normativa constitucional, a Constituição Federal em seu art. 7º, I, estabelece: "I – relação de empregado protegida contra despedida[1] arbitrária ou sem justa causa, nos termos de lei[2] complementar, que preverá indenização compensatória, dentre outros direitos".

---

[1] Na maioria dos países da União Europeia, para cumprir a Diretiva nº 85/98/CE, de 1998, na dispensa individual, os empresários devem obedecer a um procedimento jurídico de despedimento, com ampla defesa e contraditório assegurados aos empregados, de forma a dignificar a pessoa humana, e em não incorrer em despedimento ilícito, nas palavras de Júlio Gomes, para quem "teremos substituído a Inquisição medieval pelo empregador moderno e permitiremos, em homenagem ao interesse da empresa, o controlo por uma entidade privada dos vícios e das virtudes de boa parte dos cidadãos que são maioritariamente trabalhadores subordinados". (GOMES, Júlio. *Direito do Trabalho*. Lisboa: Almedina, 2011. p. 972.).

[2] Em Portugal, de acordo com João Leal Amado, o regime jurídico de despedimento, com fulcro na tutela da segurança no emprego, vem assentado há vários anos no conhecido tripé: 1. Em primeiro lugar, na exigência de motivação do despedimento, sendo desde logo proibidos os despedimentos sem justa causa ou por motivos políticos ou ideológicos; 2. Em segundo lugar, na processualização ou procedimentalização do despedimento, sendo que a inexistência ou a nulidade do processo/procedimento disciplinar determinam a ilicitude do despedimento que, apesar disso, tenha sido proferido pela entidade empregadora; 3.

Observa-se que apesar da disposição constitucional protetiva do emprego, a novidade jurídica que surge com a Lei da Reforma Trabalhista nos afasta, ainda mais, do necessário alinhamento aos países mais avançados democraticamente na defesa dos direitos e das garantias relacionados à proteção contra a dispensa[3] arbitrária ou imotivada do trabalhador.

Já a dispensa coletiva é um instituto do Direito Coletivo do Trabalho que possui princípios, normas, institutos e instituições totalmente diversas do Direito Individual do Trabalho. Vige neste ramo do Direito, como objeto, os direitos difusos, coletivos e individuais homogêneos, e os direitos mais elevados da dignidade humana.

A presença do interesse público primário de toda a sociedade impõe a este ramo do Direito uma proteção especial, com a efetiva e necessária participação dos legitimados ou autores ideológicos, entre eles, o Ministério Público do Trabalho, neste desiderato, como gestor do microssistema de tutela coletiva e dos instrumentos de que dispõe para proteger os direitos sociais e indisponíveis dos trabalhadores.

Daí, importante tal diferenciação entre os institutos.

No Brasil não existe legislação própria no que respeita a dispensa coletiva de trabalhadores pelas empresas, e por longo tempo esta matéria remanesceu em um verdadeiro limbo jurídico, numa verdadeira "terra de ninguém", até que a matéria foi regulamentada por decisão do Colendo Tribunal Superior do Trabalho.

O caso paradigmático foi o da EMBRAER, em 2009, no qual o Colendo Tribunal Superior do Trabalho fixou a tese de que a negociação coletiva é imprescindível[4] para a dispensa em massa de trabalhadores.

Em terceiro lugar, na técnica sancionatória do despedimento *contra legem*, designadamente através da aquisição da ideia de invalidade do despedimento, implicando, entre outras consequências, o direito à reintegração do trabalhador ilicitamente despedido. (AMADO, João Leal. *Contrato de trabalho*. Lisboa: Almedina, 2016. p. 320.).

[3] Mesmo na dispensa individual, exige-se além do procedimento prévio, com ampla defesa e contraditório, um parecer da estrutura representativa dos trabalhadores, ou seja, após a conclusão das diligências probatórias, o empregador apresenta cópia integral do processo à comissão de trabalhadores, que poderá, no prazo de cinco dias úteis, fazer juntar ao processo o seu parecer fundamentado (art. 356, 5º do Código do Trabalho Português). A exigência de motivação do despedimento patronal em Portugal encontra guarida no art. 4º da Convenção nº 158 da OIT, de 1982, aprovada pela ratificação da Resolução da Assembleia da República nº 55/94, de 27 de agosto.

[4] Vejamos decisão do Colendo Tribunal Superior do Trabalho (TST) neste sentido: RECURSO ORDINÁRIO EM DISSÍDIO COLETIVO. DISPENSAS TRABALHISTAS COLETIVAS. MATÉRIA DE DIREITO COLETIVO. IMPERATIVA INTERVENIÊNCIA SINDICAL. RESTRIÇÕES JURÍDICAS ÀS DISPENSAS COLETIVAS. ORDEM CONSTITUCIONAL E INFRACONSTITUCIONAL DEMOCRÁTICA EXISTENTE DESDE 1988. A sociedade produzida pelo sistema capitalista é, essencialmente, uma sociedade de massas. A lógica de

Em outras palavras, não pode haver dispensa coletiva que não seja precedida de negociação coletiva. Estabeleceu-se, desta forma, uma linha divisória para os casos futuros.

3   A dispensa coletiva nos países da União Europeia

Em Portugal, nos termos do art. 359, nº 1, do Código do Trabalho:

---

funcionamento do sistema econômico-social induz a concentração e a centralização não apenas de riquezas, mas também de comunidades, dinâmicas socioeconômicas e de problemas destas resultantes. A massificação das dinâmicas e dos problemas das pessoas e grupos sociais nas comunidades humanas, hoje, impacta de modo frontal a estrutura e o funcionamento operacional do próprio Direito. Parte significativa dos danos mais relevantes na presente sociedade e das correspondentes pretensões jurídicas tem natureza massiva. O caráter massivo de tais danos e pretensões obriga o Direito a se adequar, deslocando-se da matriz individualista de enfoque, compreensão e enfrentamento dos problemas a que tradicionalmente perfilou-se. A construção de uma matriz jurídica adequada à massividade dos danos e pretensões característicos de uma sociedade contemporânea - sem prejuízo da preservação da matriz individualista, apta a tratar os danos e pretensões de natureza estritamente atomizada - é, talvez, o desafio mais moderno proposto ao universo jurídico, e é sob esse aspecto que a questão aqui proposta será analisada. As dispensas coletivas realizadas de maneira maciça e avassaladora, somente seriam juridicamente possíveis em um campo normativo hiperindividualista, sem qualquer regulamentação social, instigador da existência de mercado hobbesiano na vida econômica, inclusive entre empresas e trabalhadores, tal como, por exemplo, respaldado por Carta Constitucional como a de 1891, já há mais de um século superada no país. Na vigência da Constituição de 1988, das convenções internacionais da OIT ratificadas pelo Brasil relativas a direitos humanos e, por consequência, direitos trabalhistas, e em face da leitura atualizada da legislação infraconstitucional do país, é inevitável concluir-se pela presença de um Estado Democrático de Direito no Brasil, de um regime de império da norma jurídica (e não do poder incontrastável privado), de uma sociedade civilizada, de uma cultura de bem-estar social e respeito à dignidade dos seres humanos, tudo repelindo, imperativamente, dispensas massivas de pessoas, abalando empresa, cidade e toda uma importante região. Em consequência, fica fixada, por interpretação da ordem jurídica, a premissa de que "a negociação coletiva é imprescindível para a dispensa em massa de trabalhadores". DISPENSAS COLETIVAS TRABALHISTAS. EFEITOS JURÍDICOS. A ordem constitucional e infraconstitucional democrática brasileira, desde a Constituição de 1988 e diplomas internacionais ratificados (Convenções OIT nº 11, 87, 98, 135, 141 e 151, ilustrativamente), não permite o manejo meramente unilateral e potestativista das dispensas trabalhistas coletivas, por se tratar de ato/fato coletivo, inerente ao Direito Coletivo do Trabalho, e não Direito Individual, exigindo, por consequência, a participação do(s) respectivo(s) sindicato(s) profissional(is) obreiro(s). Regras e princípios constitucionais que determinam o respeito à dignidade da pessoa humana (art. 1º, III, CF), a valorização do trabalho e especialmente do emprego (arts. 1º, IV, 6º e 170, VIII, CF), a subordinação da propriedade à sua função socioambiental (arts. 5º, XXIII e 170, III, CF) e a intervenção sindical nas questões coletivas trabalhistas (art. 8º, III e VI, CF), tudo impõe que se reconheça distinção normativa entre as dispensas meramente tópicas e individuais e as dispensas massivas, coletivas, as quais são social, econômica, familiar e comunitariamente impactantes. Nesta linha, seria inválida a dispensa coletiva enquanto não negociada com o sindicato de trabalhadores, espontaneamente ou no plano do processo judicial coletivo. A d. Maioria, contudo, decidiu apenas fixar a premissa, para casos futuros, de que "a negociação coletiva é imprescindível para a dispensa em massa de trabalhadores", observados os fundamentos supra. Recurso ordinário a que se dá provimento parcial. (Processo: ED-RODC - 30900-12.2009.5.15.0000 Data de Julgamento: 10.08.2009, Relator Ministro: Mauricio Godinho Delgado, Seção Especializada em Dissídios Coletivos, Data de Publicação: DEJT 04.09.2009). (Grifo nosso).

Considera-se despedimento coletivo a cessação de contratos de trabalho promovida pelo empregador e operada simultânea ou sucessivamente no período de três meses, abrangendo, pelo menos, dois ou cinco trabalhadores, conforme se trate, respectivamente de microempresa ou de pequena empresa, por um lado, ou de média ou grande empresa, por outro, sempre que aquela ocorrência dê lugar a encerramento de uma ou várias secções ou estrutura equivalente ou a redução do número de trabalhadores e seja determinada por motivos de mercado, estruturais ou tecnológicos.

No que se refere aos motivos de mercado, estruturais ou tecnológicos, o item 2 do mesmo artigo informa que trata-se de motivos definidos em moldes bastante amplos e indeterminados, que revelam a especial vocação do despedimento coletivo para fazer face a situações de crise da empresa que impliquem a reestruturação ou o redimensionamento desta, bem como a respectiva orientação estratégica no mercado.

Observa-se, destarte, que o despedimento coletivo visto aos olhos dos países membros da União Europeia como um mecanismo de resposta a situações de crise empresarial, de forma a garantir a viabilidade econômica e financeira da empresa, ou ainda como um instrumento utilizado para prevenir a crise empresarial de sorte a assegurar que a empresa permaneça saudável e viva.

De acordo com João Leal Amado,[5] em Portugal, para promover o despedimento coletivo, as empresas devem observar um procedimento distinto das dispensas individuais. Assegura o autor que "o empregador que pretenda promover um despedimento coletivo deve comunicar esta intenção à estrutura representativa dos trabalhadores, nos termos do art. 360 do Código de Trabalho, seguindo-se uma fase de informações e negociação 'com vista a um acordo sobre a dimensão e os efeitos das medidas a aplicar e, bem assim, de outras medidas que reduzam o número de trabalhadores a despedir' (art. 361 do mesmo Código de Trabalho), negociação esta em que participará o serviço competente do ministério responsável pela área laboral (art. 362)".[6]

---

[5] AMADO, João Leal. *Contrato de trabalho*. Lisboa: Almedina, 2016. p. 326-327.

[6] AMADO, João Leal. *Contrato de trabalho*. Lisboa: Almedina, 2016. p. 326-327. Importante destacar que Portugal, após constatar por meio dos dados estatísticos disponíveis que as microempresas representavam mais de 80% de seu tecido empresarial, nelas laborando quase 30% da mão de obra assalariada naquele país, desenvolveu uma classificação tipológica das empresas laborais, promovendo uma espécie de dimensionamento do Direito do Trabalho, de forma a construir regimes laborais diversificados e adaptados à dimensão da empresa na qual o trabalho é prestado. O próprio Código do Trabalho Português, no art. 91, distingue vários tipos de empresas laborais tendo em vista seu critério ocupacional, ou seja, o número de trabalhadores empregados. Assim, o Código do Trabalho Português procede à

4 Alteração na dispensa coletiva com o advento da nova CLT (Lei nº 13.467/2017)

Não obstante, agora o art. 477-A, da nova CLT, nos apresenta a seguinte redação:

> Art. 477-A. As dispensas imotivadas individuais, plúrimas ou coletivas equiparam-se para todos os fins, não havendo necessidade de autorização prévia de entidade sindical ou de celebração de convenção coletiva ou acordo coletivo de trabalho para sua efetivação.

A redação do novo artigo equipara, para todos os fins, as dispensas individuais, plúrimas e coletivas, ignorando a diferente natureza jurídica destes institutos, como já mencionado, além de afastar a necessidade de prévia negociação coletiva ou participação sindical do evento de qualquer tipo de dispensas, o que não apenas precariza e fragiliza as relações de emprego, como também não veda expressamente eventuais arbitrariedades do patronado.

Para além de atropelar a decisão judicial paradigmática do Colendo TST, o novel artigo 477-A da nova CLT também colide com a legislação correlata mais moderna dos países membros da União Europeia, como podemos inferir da Diretiva nº 98/59/CE do Conselho da União Europeia, de 20 de julho de 1998, que assim dispõe:

> Artigo 1º
> 1. Para efeitos da aplicação da presente directiva:
> a) Entende-se por "despedimentos colectivos" os despedimentos efectuados por um empregador, por um ou vários motivos não inerentes à pessoa dos trabalhadores, quando o número de despedimentos abranger, segundo a escolha efectuada pelos Estados-membros:
> i) ou, num período de 30 dias: - no mínimo 10 trabalhadores, nos estabelecimentos que empreguem habitualmente mais de 20 e menos de 100, - no mínimo 10% do número dos trabalhadores, nos estabelecimentos que empreguem habitualmente no mínimo 100 e menos de 300

---

seguinte classificação tipológica: microempresa (a que emprega menos de 10 trabalhadores); pequena empresa (a que emprega de 10 a menos de 50 trabalhadores); média empresa (a que emprega de 50 a menos de 250 trabalhadores) e grande empresa (a que emprega 250 ou mais trabalhadores). Procurando minorar as previsíveis dificuldades práticas suscitadas pela aplicação desta classificação, o nº 2 do art. 100 esclarece que o número de trabalhadores será calculado com recurso à média do ano civil antecedente, salvo no ano de início da atividade, caso em que a determinação do número de trabalhadores se reporta ao dia da ocorrência do facto que determina o respectivo regime (nº 3 do mesmo artigo).

trabalhadores, - no mínimo 30 trabalhadores, nos estabelecimentos que empreguem habitualmente no mínimo 300;

ii) ou, num período de 90 dias, no mínimo 20 trabalhadores, qualquer que seja o número de trabalhadores habitualmente empregados nos estabelecimentos em questão;

b) Entende-se por «representantes dos trabalhadores» os representantes dos trabalhadores previstos pela legislação ou pela prática dos Estados-membros.

Para o cálculo do número de despedimentos previsto no primeiro parágrafo, alínea 'a' são equiparadas a despedimentos as cessações do contrato de trabalho por iniciativa do empregador por um ou vários motivos não inerentes à pessoa do trabalhador desde que o número de despedimentos seja, pelo menos, de cinco.

Artigo 2º

1. Sempre que tenciona efectuar despedimentos colectivos, a entidade patronal é obrigada a consultar em tempo útil os representantes dos trabalhadores, com o objectivo de chegar a um acordo.

2. As consultas incidirão, pelo menos, sobre as possibilidades de evitar ou de reduzir os despedimentos colectivos, bem como sobre os meios de atenuar as suas consequências recorrendo a medidas sociais de acompanhamento destinadas, nomeadamente, a auxiliar a reintegração ou a reconversão dos trabalhadores despedidos.

Os Estados-membros podem prever que os representantes dos trabalhadores possam recorrer a peritos, nos termos das legislações e/ou práticas nacionais.

3. Para que os representantes dos trabalhadores possam formular propostas construtivas, o empregador deve, em tempo útil, no decurso das consultas:

a) Facultar-lhes todas as informações necessárias; e

b) Comunicar-lhes, sempre por escrito:

i) os motivos do despedimento previsto;

ii) o número e as categorias dos trabalhadores a despedir;

iii) o número e as categorias dos trabalhadores habitualmente empregados;

iv) o período durante o qual se pretende efectuar os despedimentos;

v) os critérios a utilizar na selecção dos trabalhadores a despedir, na medida em que as leis e/ou práticas nacionais deem essa competência ao empregador;

vi) o método previsto para o cálculo de qualquer eventual indemnização de despedimento que não a que decorre das leis e/ou práticas nacionais.

O empregador deve remeter cópia à autoridade pública competente pelo menos dos elementos da comunicação escrita previstos nas subalíneas i a v da alínea b.

João Leal Amado, no que respeita à doutrina do *employment at*-will, informa que:

Representa, sem dúvida, o grau máximo de flexibilidade laboral (flexibilidade contratual de saída). Tem, porém, o inconveniente de abrir as portas ao arbítrio patronal, instituindo a precariedade como traço indelével de toda e qualquer relação de trabalho – e assim legitimando o chamado "precariado". Com efeito, admitir o despedimento por livre decisão do empregador, sem qualquer motivo ponderoso e comprovável a justificá-lo, seria, em retas contas, sujeitar os trabalhadores à arbitrariedade ou à perseguição individual. Acresce que aquela doutrina do *employment-at-will* é claramente violadora da Convenção nº 158 da OIT, ratificada pelo nosso país nos anos noventa, bem como da Carta dos Direitos Fundamentais da União Europeia, cujo art. 30 estabelece que todos os trabalhadores têm direito a proteção contra os despedimentos sem justa causa.[7]

Em Portugal, a única exceção está relaciona às microempresas, cujas exigências procedimentais são dispensadas pela lei, requerendo apenas que o trabalhador seja informado do respectivo encerramento com uma determinada antecedência, conforme enuncia o art. 346, número 4, do Código do Trabalho Português.

5 Conclusão

No momento atual, não apenas de sedimentação da quarta dimensão dos direitos humanos, entre eles, o direito de informação, de democracia, de pluralidade, e surgimento da quinta dimensão de direitos fundamentais, relacionada aos avanços da cibernética e da informática, o Brasil, ao sancionar a Lei nº 13.467/2017, que em seu art. 477-A coloca no mesmo patamar institutos tão diversos e regidos por regimes jurídicos díspares – a dispensa individual, a plúrima e a coletiva – não apenas se afasta dos sistemas modernos de tutela da segurança no emprego vigentes nos países de economia avançada, como se posta em sentido diametralmente oposto.

Referências

AMADO, João Leal. *Contrato de trabalho*. Lisboa: Almedina, 2016.

GOMES, Júlio. *Direito do Trabalho*. Lisboa: Almedina, 2011.

---

[7] AMADO, João Leal. *Contrato de trabalho*. Lisboa: Almedina, 2016. p. 295.

Informação bibliográfica deste texto, conforme a NBR 6023:2002 da Associação Brasileira de Normas Técnicas (ABNT):

SANTOS, Enoque Ribeiro dos. A dispensa coletiva na Lei nº 13.467/2017 da reforma trabalhista. In: TUPINAMBÁ, Carolina; GOMES, Fábio Rodrigues (Coord.). *A reforma trabalhista*: o impacto nas relações de trabalho. Belo Horizonte: Fórum, 2018. p. 137-145. ISBN 978-85-450-0441-7.

CAPÍTULO 7

A TERCEIRIZAÇÃO NA REFORMA TRABALHISTA: A "LEGALIZAÇÃO" DA INTERMEDIAÇÃO DE MÃO DE OBRA

Fábio Goulart Villela

1 Introdução

As relações de trabalho, assim como os demais aspectos que envolvem o processo produtivo, sofrem constantes transformações em decorrência do momento histórico, social e econômico vivenciado pela sociedade e das inovações impostas pelas necessidades crescentes que marcam um mercado cada vez mais globalizado, competitivo e exigente.

A expressão "terceirização", construído pela ciência da Administração, é resultante de neologismo oriundo da palavra "terceiro", sendo utilizada para indicar o fenômeno pelo qual o trabalhador é inserido no processo produtivo da empresa tomadora dos serviços, sem que haja vinculação empregatícia a esta, a qual se preserva com a entidade ou empresa intermediária.[1] Trata-se de instituto que enfatiza a descentralização empresarial de atividades a outrem, um terceiro à empresa.[2]

A ideia original é possibilitar que a empresa tomadora possa focar todos os seus esforços e atenção no desenvolvimento de sua atividade central (atividade-fim), transferindo para a empresa contratada a execução

---

[1] VILLELA, Fábio Goulart. *Manual de Direito do Trabalho*. 2. ed. Rio de Janeiro: Elsevier, 2012. p. 206.

[2] DELGADO, Maurício Godinho. *Curso de Direito do Trabalho*. 15. ed. São Paulo: LTr, 2016. p. 487.

das atividades acessórias ou complementares (atividades-meio), em relação às quais a prestadora dos serviços é detentora de *know-how* específico e diferenciado.[3]

Infelizmente, ao longo do tempo, verificamos que a terceirização, adotada em larga escala pelo setor econômico, vem sendo praticada como mecanismo de diminuição dos custos da produção, através da precarização das relações de trabalho, a fim de aumentar o potencial de competitividade da empresa tomadora dos serviços – e, consequentemente, a sua margem de lucro – em detrimento da dignidade da pessoa humana e do valor social do trabalho, erigidos a fundamentos da República Federativa do Brasil, como Estado Democrático de Direito (artigo 1º, III e IV, da CF/88).

A ausência de uma lei específica regulamentadora da terceirização de serviços, além de acarretar insegurança jurídica acerca de seus efetivos limites, possibilitou a sua utilização desvirtuada, em afronta às normas de proteção ao trabalho.

Frise-se, no entanto, que pior do que a perpetuação da omissão do legislador acerca desta temática é a elaboração de uma normatização que autoriza a adoção generalizada da intermediação de mão de obra, ultrapassando os limites já sedimentados pela jurisprudência consolidada na Súmula nº 331 do TST.

Neste contexto, assistimos, recentemente, à edição da Lei nº 13.467/2017, que instituiu a chamada "reforma trabalhista", promovendo alterações na Lei nº 6.019/74, que disciplina o trabalho temporário, de modo a autorizar a terceirização de quaisquer atividades da empresa, inclusive a sua principal, colocando em xeque conceitos estruturantes do Direito do Trabalho.

Sob o infundado pretexto de aumento da taxa de empregabilidade e de modernização das relações de trabalho, promove-se, em verdade, a sua efetiva precarização. Registre-se que a Organização Internacional do Trabalho, a partir do estudo de dados e estatísticas de 63 países, dos últimos 20 anos, concluiu que a diminuição da proteção legal conferida

---

[3] Cf. BARROS, Alice Monteiro de. *Curso de Direito do Trabalho*. 5. ed. São Paulo: LTr, 2009. p. 452: "O fenômeno da terceirização consiste em transferir para outrem as atividades consideradas secundárias, ou seja, de suporte, atendo-se a empresa à sua atividade principal. Assim, a empresa se concentra na sua atividade-fim, transferindo as atividades-meio". Cf. MARTINS, Sérgio Pinto. *A Terceirização e o Direito do Trabalho*. 3. ed. São Paulo: Malheiros, 1997. p. 22: "O objetivo principal da terceirização não é apenas a redução de custos, mas também trazer maior agilidade, flexibilidade e competitividade à empresa. Esta pretende com a terceirização a transformação de seus custos fixos em variáveis, possibilitando o melhor aproveitamento do processo produtivo, com a transferência de numerário para aplicação em tecnologia ou no desenvolvimento, e também em novos produtos".

aos trabalhadores não estimula a criação de empregos e não é capaz de reduzir a taxa de desemprego.[4]

Embora o momento reivindicasse a consolidação das conquistas e a ampliação dos mecanismos de satisfação dos direitos da classe obreira, buscando a instituição de um patamar normativo que confira ao trabalhador terceirizado um tratamento isonômico ao atribuído ao empregado efetivo da empresa tomadora, verificamos a edição de uma legislação que autoriza a terceirização desenfreada e sem limites, contribuindo, em muito, para a degradação do meio ambiente laboral e do próprio trabalhador terceirizado.

A partir deste marco regulatório, a terceirização, que deveria ser de serviços, passará a ser sinônimo de intermediação de mão de obra, permitindo-se a existência de empresas sem quaisquer empregados registrados (já que todos podem ser terceirizados), independentemente da natureza da atividade desenvolvida e da modalidade de serviço a ser prestado. É sobre este tema que nos propomos a analisar.

2 A Lei nº 13.429/2017: a tentativa legislativa fracassada

Podemos afirmar que o advento da Lei nº 13.429, de 31 de março de 2017, que alterou disposições da Lei nº 6.019/74 e dispôs sobre as relações de trabalho na empresa de prestação de serviços a terceiros, foi uma tentativa fracassada de afastamento das diretrizes estabelecidas à terceirização de serviços na Súmula nº 331 do TST.[5]

Não foram poucas as vozes que proclamaram a liberação generalizada da terceirização a partir da publicação da referida lei. Os debates legislativos, amplamente divulgados pela mídia, também deixavam subentender que a ideia central seria autorizar a terceirização nas atividades-fim das empresas, como se esta prática fosse o remédio adequado para a ampliação de postos de trabalho e uma solução para a retomada do crescimento econômico.

---

[4]   INTERNATIONAL LABOUR ORGANIZATION. *World employment and social outlook*. Geneva: ILO, 2015. p. 15.

[5]   De acordo o posicionamento contido no item I da Súmula nº 331 do TST, é ilegal a contratação de trabalhadores por empresa interposta, formando-se o vínculo diretamente com o tomador dos serviços, salvo no caso de trabalho temporário (Lei nº 6.019, de 03.01.1974). Por sua vez, o entendimento consubstanciado no item II do mesmo verbete sumular estabelece que não forma vínculo de emprego com o tomador a contratação de serviços de vigilância (Lei nº 7.102, de 20.06.1983) e de conservação e limpeza, bem como a de serviços especializados ligados à atividade-meio do tomador, desde que inexistente a pessoalidade e a subordinação direta.

Buscou-se, assim, uma regulamentação da terceirização no âmbito da Lei nº 6.019/74, que disciplina o trabalho temporário. No entanto, o que não foi considerado é que o trabalho temporário e a terceirização são institutos diversos,[6] os quais se aplicam e se justificam em contextos distintos.

É certo que nestas duas figuras jurídicas acarreta-se a formação de uma relação trilateral. No trabalho temporário, o trabalhador é inserido, provisoriamente, no processo produtivo da empresa tomadora dos serviços, mas a sua vinculação jurídica opera-se com a empresa de trabalho temporário. Da mesma forma, na terceirização, os serviços prestados pelo trabalhador terceirizado inserem-se na dinâmica empresarial da contratante, mantendo-se a vinculação do trabalhador com a empresa prestadora de serviços.[7]

Contudo, enquanto o trabalho temporário é uma modalidade de intermediação de mão de obra, a terceirização tem por objeto a prestação de serviços. Melhor explicitando: no trabalho temporário, o que se pretende é a contratação provisória da mão de obra, em razão de situações transitórias que a justificam; na terceirização, não se almeja a contratação de mão de obra, mas de serviços (pelo menos, assim deveria ser).[8]

Em razão do seu caráter excepcional e de sua temporariedade, o trabalho temporário configura uma exceção à regra da vedação à

---

[6] Ressalte-se a existência de entendimento doutrinário no sentido de que o trabalho temporário se traduz numa modalidade de terceirização. Cf. CASSAR, Vólia Bomfim. *Direito do Trabalho.* 6. ed. Niterói: Impetus, 2012. p. 515: "É possível terceirizar serviços ligados à atividade-fim do tomador; como, por exemplo, para substituição de pessoal regular e permanente ou para acréscimo extraordinário de serviço, na forma prevista na Lei nº 6.019/74. Desta forma, se o engenheiro chefe da empresa de engenharia saiu de férias, outro engenheiro poderá ser terceirizado, através de uma empresa que forneça mão de obra temporária, para substituir o titular durante suas férias, por exemplo".

[7] Cf. DELGADO, Maurício Godinho. *Curso de Direito do Trabalho.* 15. ed. São Paulo: LTr, 2016. p. 487: "A terceirização provoca uma relação trilateral em face da contratação de força de trabalho no mercado capitalista: o obreiro, prestador de serviços, que realiza suas atividades materiais e intelectuais junto à empresa tomadora de serviços; a empresa terceirizante, que contrata esse obreiro, firmando com ele os vínculos jurídicos trabalhistas pertinentes; a empresa tomadora de serviços, que recebe a prestação de labor, mas não assume a posição clássica de empregadora desse trabalhador envolvido".

[8] Cf. BRITO FILHO, José Cláudio Monteiro de. *Trabalho decente:* Análise jurídica da exploração do trabalho: Trabalho escravo e outras formas de trabalho indigno. 3. ed. São Paulo: LTr, 2013. p. 129: "Aliás, nessa fórmula pode-se vislumbrar a principal diferença entre a locação de mão de obra e a terceirização. Enquanto na primeira a contratação leva em consideração o trabalhador em si, necessário para o exercício de determinado trabalho, na segunda, o que se pretende é que a empresa prestadora, por seus próprios empregados, preste serviço determinado".

intermediação de mão de obra, o que justifica a ressalva prevista no entendimento contido no item I da Súmula nº 331 do TST.

Saliente-se, ainda, que, por óbvio, em se tratando de intermediação de mão de obra excepcionalmente admitida pela ordem jurídica, os serviços prestados por estes trabalhadores temporários podem estar relacionados a quaisquer atividades da empresa tomadora, sejam atividades-meio ou atividades-fim.[9]

Assim, a Lei nº 13.429/2017, ao estabelecer que o contrato de trabalho temporário pode versar sobre o desenvolvimento de atividades-meio e atividades-fim a serem executadas na empresa tomadora de serviços,[10] não trouxe qualquer inovação neste sentido. Isto porque jamais houve óbice ao trabalho temporário para a prestação de serviços inerentes à atividade-fim da empresa tomadora, desde que configuradas as hipóteses transitórias previstas no artigo 2º da Lei nº 6.019/74.[11]

Por sua vez, o legislador não repetiu esta mesma norma quando se referiu às empresas prestadoras de serviços a terceiros, destacando apenas a inexistência de vínculo empregatício entre os trabalhadores ou sócios destas empresas, qualquer que seja o seu ramo, e a respectiva contratante,[12] o que nunca se questionou no âmbito das terceirizações lícitas ou regulares, em que não há o trabalho pessoal e subordinado do trabalhador terceirizado para a tomadora; ou seja, quando inexistente a intermediação ilícita de mão de obra.[13]

Ademais, conforme disposto no §1º do artigo 4º-A da Lei nº 6.019/74, inserido pela Lei nº 13.429/2017, a empresa prestadora de serviços contrata, remunera e dirige o trabalho realizado por seus trabalhadores. Logo, parte-se da premissa de que estamos diante de uma terceirização sem vícios, em que o trabalhador terceirizado é, de

---

[9] Cf. GARCIA, Gustavo Filipe Barbosa. *Curso de Direito do Trabalho*. 5. ed. Rio de Janeiro: Forense, 2011. p. 351: "*Atividade-meio* é aquela de mero suporte, que não integra o núcleo, ou seja, a essência, das atividades empresariais do tomador, sendo *atividade-fim*, portanto, aquela que a compõe".

[10] Artigo 9º, §3º, da Lei nº 6.019/74, com redação dada pela Lei nº 13.429/2017.

[11] A Lei nº 13.429/2017 atribuiu nova redação ao artigo 2º da Lei nº 6.019/74: "Trabalho temporário é aquele prestado por pessoa física contratada por uma empresa de trabalho temporário que a coloca à disposição de uma empresa tomadora de serviços, para atender à necessidade de substituição transitória de pessoal permanente ou à demanda complementar de serviços".

[12] Artigo 4º-A, §2º, da Lei nº 6.019/74, com redação dada pela Lei nº 13.429/2017.

[13] Verificada a pessoalidade e a subordinação jurídica do trabalhador terceirizado com a empresa tomadora dos serviços, configura-se fraude às normas de proteção do trabalho, devendo ser reconhecido o vínculo de emprego diretamente com a contratante, nos termos dos artigos 2º, 3º e 9º da CLT.

fato, empregado da empresa prestadora de serviços, embora os serviços sejam prestados em favor da contratante.[14]

Desta forma, as alterações introduzidas pela Lei nº 13.429/2017 não autorizaram, em momento algum, a inobservância dos limites à terceirização de serviços estipulados na Súmula nº 331 do TST. Pelo contrário, acabaram reforçando a vedação à prática da intermediação de mão de obra.

Diante deste contexto, era necessária uma nova e derradeira investida: a "reforma trabalhista" instituída pela Lei nº 13.467/2017.

3   A Lei nº 13.467/2017: a liberação da terceirização sem limites

Para que não houvesse qualquer margem para discussão acerca da possibilidade de terceirização das atividades-fim das empresas, a Lei nº 13.467/2017 alterou a redação do artigo 4º-A da Lei nº 6.019/74 (inserido pela Lei nº 13.429/2017), esclarecendo que a prestação de serviços a terceiros deve ser considerada como a transferência feita pela contratante da execução de quaisquer de suas atividades, inclusive sua atividade principal, à pessoa jurídica de direito privado prestadora de serviços que possua capacidade econômica compatível com a sua execução.

E o legislador não parou por aí. Também foi introduzido o artigo 4º-C, assegurando aos empregados da empresa prestadora de serviços, quando e enquanto os serviços, que podem ser de qualquer uma das atividades da contratante, forem executados nas dependências da tomadora, as mesmas condições: I - relativas a(à): a) alimentação garantida aos empregados da contratante, quando oferecida em refeitórios; b) direito de utilizar os serviços de transporte; c) atendimento médico ou ambulatorial existente nas dependências da contratante ou local por ela designado; d) treinamento adequado, fornecido pela contratada, quando a atividade o exigir; e II - sanitárias, de medidas de proteção à saúde e de segurança no trabalho e de instalações adequadas à prestação do serviço.

Como se não fosse suficiente, promoveu-se, ainda, a modificação da redação dada ao artigo 5º-A da Lei nº 6.019/74, conceituando

---

[14]   A novidade veiculada no referido artigo é que a empresa prestadora de serviços também está autorizada a subcontratar outras empresas para realização desses serviços, atribuindo respaldo normativo para a nefasta prática da "quarteirização"; ou seja, a empresa prestadora de serviços pode contratar trabalhadores de uma outra empresa para prestar os serviços contratados pela tomadora (contratante). Trata-se do auge da prática precarizante.

contratante como sendo a pessoa física ou jurídica que celebra contrato com empresa de prestação de serviços relacionados a quaisquer de suas atividades, inclusive sua atividade principal.

A partir de uma rápida análise destas disposições legais, percebe-se, claramente, que se autoriza, sem qualquer pudor, a locação de mão de obra, como se o trabalhador terceirizado fosse uma mercadoria ou artigo de comércio. É a coisificação do ser humano no âmbito das relações de trabalho.[15]

Libera-se, deste modo, a criação de empresas sem empregados, ou ainda a convivência no mesmo ambiente de trabalho de trabalhadores que desempenham as mesmas funções, mas recebem tratamentos distintos, em flagrante ofensa ao princípio isonômico, o que tentou ser camuflado com o limitado rol de direitos assegurados pelo artigo 4º-C.[16]

Tanto isso é verdade que a norma do §1º do mesmo artigo 4º-C dispõe que contratante e contratada poderão estabelecer, se assim entenderem, que os empregados da contratada farão jus a salário equivalente ao pago aos empregados da contratante, além de outros direitos não previstos no referido artigo.

Logo, se as empresas contratantes assim não entenderem, teremos trabalhadores desempenhando as mesmas atribuições, com remunerações diversas, o que sequer acontece com o trabalhador temporário.[17]

Ademais, ao se permitir a prática da terceirização em quaisquer atividades da empresa contratante, inclusive a sua principal, inevitavelmente haverá trabalhadores a ela subordinados, mas cujo vínculo empregatício se manterá com a empresa prestadora de serviços.[18]

---

[15] Cf. BRITO FILHO, José Cláudio Monteiro de. *Trabalho decente*: Análise jurídica da exploração do trabalho: Trabalho escravo e outras formas de trabalho indigno. 3. ed. São Paulo: LTr, 2013. p. 130: "O problema é que a terceirização precariza o trabalho, além de ser atividade propícia às fraudes. Começando com a precarização, verifica-se, em primeiro lugar, que o trabalhador das empresas prestadoras normalmente tem direitos a menor, em comparação com os empregados das prestadoras. É que, além de, via de regra, ser a empresa terceira de menor porte, seu enquadramento sindical usualmente é distinto do da tomadora. Além do mais, o contrato que as empresas prestadoras mantêm com as tomadoras também é precário, o que ocasiona instabilidade no contrato que mantêm com seus empregados, além de uma alta rotatividade de mão de obra".

[16] Cf. BARROS, Alice Monteiro de. *Curso de Direito do Trabalho*. 5. ed. São Paulo: LTr, 2009. p. 453: "Entre os malefícios da terceirização em atividade-fim das empresas encontram-se a violação ao princípio da isonomia, a impossibilidade de acesso ao quadro de carreira da empresa usuária dos serviços terceirizados, além do esfacelamento da categoria profissional".

[17] O artigo 12, alínea "a", da Lei nº 6.019/74 assegura ao trabalhador temporário remuneração equivalente à percebida pelos empregados de mesma categoria da empresa tomadora ou cliente. Trata-se do salário equitativo.

[18] De acordo com a Nota Técnica nº 7, de 09.05.2017, da Secretaria de Relações Institucionais do Ministério Público do Trabalho, a terceirização da atividade-fim é inconstitucional, pois

Sabe-se que a partir do momento em que uma pessoa física presta serviços pessoais e não eventuais a um tomador, com onerosidade e mediante subordinação jurídica, configura-se a relação de emprego e o surgimento simultâneo das figuras do empregado e do empregador.[19] E a este último são impostos todos os riscos inerentes à atividade econômica e ao custo relativo ao trabalho contratado, que não podem ser transferidos a terceiro. Trata-se da alteridade que é uma característica ínsita ao empregador, dando concretude ao princípio da *ajenidad*.

Ao invés de consolidar a vedação à prática da terceirização como mecanismo de intermediação de mão de obra subordinada – como o fez a disposição do artigo 5º da Lei nº 12.690/2012 em relação às cooperativas de trabalho – possibilita-se a contratação de trabalho pessoal e subordinado por meio de empresa interposta, em inequívoca afronta aos artigos 2º e 3º da CLT.[20]

Autorizar a intermediação de mão de obra é afastar a figura do empregado e atentar contra toda legislação protetiva que consiste na essência do Direito do Trabalho. E o que fazer com o conceito de subordinação jurídica?[21] De que forma poderá ser explicado o fato de dois trabalhadores prestarem os mesmos serviços a uma mesma empresa, mas estarem vinculados juridicamente a empregadores distintos, recebendo um tratamento normativo diferenciado?

Indaga-se também como proceder ao enquadramento sindical destes trabalhadores terceirizados. Levar-se-á em conta a atividade

---

a norma do artigo 7º, I, da CF/88 pressupõe a relação direta entre o trabalhador e o tomador dos seus serviços, que se apropria do fruto do trabalho.

[19] Cf. DELGADO, Maurício Godinho. *Curso de Direito do Trabalho*. 15. ed. São Paulo: LTr, 2016. p. 379: "O que distingue a relação de emprego, o contrato de emprego, o empregado, de outras figuras sociojurídicas próximas, repita-se, é o *modo de concretização dessa obrigação de fazer*. A prestação laborativa há de se realizar, pela pessoa física, pessoalmente, subordinadamente, com não eventualidade e sob intuito oneroso. Excetuado, portanto, o elemento fático-jurídico pessoa física, todos os demais pressupostos referem-se ao *processo (modus operandi) de realização da prestação laborativa*".

[20] Conforme consta na Nota Técnica nº 4, de 23.01.2017, da Secretaria de Relações Institucionais do Ministério Público do Trabalho, ao permitir a transferência das atividades inerentes à empresa, de forma ampla e permanente, subverte-se a própria finalidade conceitual da terceirização oferecida pela ciência da Administração, que reside na subcontratação de atividades acessórias para permitir a priorização da empresa em sua atividade principal. Desvirtua-se a figura da terceirização, que passa a ser utilizada como mera locação de mão de obra, acarretando precarização do emprego, bem como redução e sonegação de direitos trabalhistas e fiscais.

[21] A subordinação é jurídica, pois consiste em uma situação jurídica assimétrica ao exercício do poder diretivo do empregador. Não é a pessoa do empregado que se encontra subordinada ao seu empregador, mas o modo como se executa o trabalho contratado. Não há sujeição da pessoa, mas subordinação na prestação dos serviços, os quais são dirigidos e supervisionados pela empresa empregadora.

preponderante da contratante ou da empresa prestadora? Neste último caso, de que modo se justificará a existência de trabalhadores que exerçam idênticas atribuições em favor de uma mesma empresa, porém integrarão categorias profissionais distintas pelo fato de estarem vinculadas juridicamente a empresas diversas?

Cumpre reiterar que a terceirização deve ter por objetivo a contratação de serviços e não a locação de mão de obra. Para o tomador, não deve importar a pessoa de quem está efetivamente prestando os serviços terceirizados, mas a atividade empresarial contratada, sendo irrelevante qualquer substituição de trabalhadores por parte da empresa prestadora. Destarte, a empresa tomadora contrata o serviço, e não determinado trabalhador.[22]

Por outro lado, a restrição para recontratação dos empregados dispensados, por um período não inferior a 18 meses,[23] não obsta, por certo, que a empresa dispense os seus empregados e os substitua por outros, contratados como pessoa jurídica ("pejotização"), ou ainda, como empregados de empresa terceirizada, percebendo remunerações mais baixas e sem as vantagens asseguradas aos empregados da contratante. Assim, a limitação é somente para a contratação do mesmo trabalhador, mas não inviabiliza a transformação da vaga de trabalho em um posto "pejotizado" ou terceirizado.[24]

Outro aspecto que deve ser considerado é que a precarização das condições de trabalho resultante da terceirização põe em risco a saúde e a segurança destes trabalhadores. Se é certo que é dever das empresas cumprir e fazer cumprir as normas da medicina e de segurança do trabalho,[25] a maior vítima de acidentes de trabalho no Brasil são os trabalhadores terceirizados.

---

[22] GARCIA, Gustavo Filipe Barbosa. *Curso de Direito do Trabalho*. 5. ed. Rio de Janeiro: Forense, 2011. p. 354.

[23] De acordo com o artigo 5º-C da Lei nº 6.019/74, não pode figurar como contratada, nos termos do art. 4º-A, a pessoa jurídica cujos titulares ou sócios tenham, nos últimos dezoito meses, prestado serviços à contratante na qualidade de empregado ou trabalhador sem vínculo empregatício, exceto se os referidos titulares ou sócios forem aposentados. Por sua vez, dispõe o artigo 5º-D que o empregado que for demitido não poderá prestar serviços para esta mesma empresa na qualidade de empregado de empresa prestadora de serviços antes do decurso de prazo de dezoito meses, contados a partir da demissão do empregado.

[24] Neste sentido, a Nota Técnica nº 7, de 9.05.2017 da Secretaria de Relações Institucionais do Ministério Público do Trabalho.

[25] Nos moldes do artigo 157, inciso I, da CLT, cabe às empresas cumprir e fazer cumprir as normas de segurança e medicina do trabalho.

Destaque-se que no ano de 2015, o país registrou 612.632 acidentes, segundo dados do Instituto Nacional do Seguro Social (INSS), com 2.502 mortes.[26]

Entre as conclusões de um estudo elaborado pelo DIEESE, destacam-se o nível de terceirização do setor elétrico, na casa dos 58,3% da força de trabalho, e o resultado obtido com a apuração das taxas de mortalidade em virtude de acidente de trabalho, as quais se mostraram substancialmente mais elevadas entre os terceirizados do que as apuradas para o segmento próprio. Deste modo, o resultado permitiu aferir que existe maior risco de morte associado ao segmento terceirizado da força de trabalho.[27]

Segundo uma pesquisa realizada pela Central Única dos Trabalhadores (CUT), quatro em cada cinco acidentes de trabalho, incluindo os que abrangem óbito, envolvem empregados terceirizados. Outro levantamento, realizado pela Fundação Comitê de Gestão Empresarial (COGE), revela que o total de trabalhadores terceirizados afastados por acidentes é quase o dobro do total registrado entre empregados contratados diretamente.[28]

Saliente-se, ainda, que não obstante o fato de a Lei nº 13.429/2017 ter preservado a responsabilidade subsidiária da contratante pelas obrigações trabalhistas referentes ao período em que ocorrer a prestação de serviços (artigo 5º-A, §5º, da Lei nº 6.019/74),[29] no que disser respeito aos danos decorrentes de acidentes de trabalho, as empresas prestadoras

---

[26] REDE BRASIL ATUAL (RBA). *Terceirização tende a aumentar número de acidentes de trabalho, diz MPT.* 2017. Disponível em: <http://www.redebrasilatual.com.br/trabalho/2017/04/terceirizacao-tende-a-aumentar-numero-de-acidentes-de-trabalho-diz-mpt>. Acesso em: 23 ago. 2017.

[27] DIEESE. *Terceirização e morte no trabalho*: Um olhar sobre o setor elétrico brasileiro. São Paulo: DIEESE, 2010. Disponível em: <https://www.dieese.org.br/estudosepesquisas/2010/estPesq50TercerizacaoEletrico.pdf>. Acesso em: 23 ago. 2017.

[28] MINISTÉRIO PÚBLICO DO TRABALHO DA PARAÍBA. *Terceirizados sofrem mais acidentes no trabalho.* Disponível em: <http://www.prt13.mpt.mp.br/2-uncategorised/139-terceirizados-sofrem-mais-acidentes-no-trabalho>. Acesso em: 23 ago. 2017.

[29] Optou-se pela manutenção da responsabilidade subsidiária prevista no posicionamento cristalizado na Súmula nº 331, itens IV a VI, do TST, que foi construído com base nas teorias da culpa *in eligendo* e da culpa *in vigilando*, as quais eram disciplinadas pelos artigos 1.521 a 1.523 do Código Civil anterior. Todavia, a partir do advento do novo Código Civil, é certo que a responsabilidade por ato de terceiro é objetiva e solidária, tendo como fato gerador o próprio risco inerente à atividade exercida pelo tomador, com esteio nos comandos previstos nos artigos 932, inciso III, 933 e 942. Deste modo, a empresa tomadora dos serviços terceirizados deveria responder solidariamente pela quitação das verbas e encargos trabalhistas e previdenciários, além dos eventuais danos causados aos trabalhadores terceirizados decorrentes da relação de trabalho. Cf. BARROS, Alice Monteiro de. *Curso de Direito do Trabalho.* 5. ed. São Paulo: LTr, 2009. p. 457: "Mais conveniente teria sido a edição de lei atribuindo ao tomador dos serviços a responsabilidade solidária de todas as empresas

e tomadoras devem responder solidariamente, com fundamento nos artigos 932, inciso III, 933 e 942, *caput*, e parágrafo único, do Código Civil.[30]

O artigo 942 do Código Civil estabelece a solidariedade na reparação dos danos dos autores, coautores e das pessoas designadas no artigo 932, valendo tal preceito para o acidente ocorrido por culpa do empregador ou pela atividade de risco acentuado, fundamento esse sempre invocado nos julgamentos para estender a solidariedade passiva ao tomador dos serviços.[31] Neste mesmo sentido, a jurisprudência do Tribunal Superior do Trabalho:

AGRAVO DE INSTRUMENTO DA PETRÓLEO BRASILEIRO S.A.- PETROBRÁS - INDENIZAÇÃO POR DANOS MORAIS E MATERIAIS DECORRENTES DE ACIDENTE DE TRABALHO - EMPREGADO TERCEIRIZADO - RESPONSABILIDADE SOLIDÁRIA DA EMPRESA TOMADORA DE SERVIÇOS - ENTE PÚBLICO. A exegese dos arts. 927, *caput*, e 942 do Código Civil autoriza a conclusão de que, demonstrada a culpa das empresas envolvidas no contrato de terceirização de serviços, estas devem responder solidariamente pela reparação civil dos danos sofridos pelo trabalhador em decorrência de acidente de trabalho. Não há dúvidas de que a empresa tomadora de serviços, no caso de terceirização, tem o dever de cautela, seja na eleição da empresa prestadora de serviços, seja na fiscalização de suas atividades, eis que elege e celebra contrato com terceiro que intermedia, em seu proveito, a mão de obra necessária ao desenvolvimento de suas atividades econômicas. No caso concreto, a recorrente era tomadora de serviços do reclamante, que lhe prestava serviços mediante empresa interposta (a primeira-reclamada), nas suas dependências, quando sofreu acidente de trabalho fatal. Porque configurada a culpa de ambas as reclamadas pelo dano suportado pelo reclamante, já que foi constatada pelo Tribunal Regional a inobservância pelas rés das medidas de segurança necessárias à execução dos serviços, emerge a coparticipação da segunda-reclamada no infortúnio que vitimou o trabalhador, a autorizar a sua responsabilização solidária. Precedentes. Agravo de instrumento desprovido.

---

integrantes da cadeia produtiva, para assegurar ao obreiro maior garantia, à semelhança do Estatuto dos Trabalhadores da Espanha [...]".

[30] Este também é o entendimento contido no Enunciado nº 44 da 1ª Jornada de Direito Material e Processual na Justiça do Trabalho (23.11.2007): "RESPONSABILIDADE CIVIL. ACIDENTE DO TRABALHO. TERCEIRIZAÇÃO. SOLIDARIEDADE. Em caso de terceirização de serviços, o tomador e o prestador respondem solidariamente pelos danos causados à saúde dos trabalhadores. Inteligência dos artigos 932, III, 933 e 942, parágrafo único, do Código Civil e da Norma Regulamentadora 4 (Portaria nº 3.214/77 do Ministério do Trabalho)".

[31] OLIVEIRA, Sebastião Geraldo de. *Indenizações por acidente do trabalho ou doença ocupacional*. 8. ed. São Paulo: LTr, 2014. p. 107.

(TST-AIRR-72200-07.2006.5.01.0207, 7ª Turma, Rel. Min. Luiz Philippe Vieira de Mello Filho, julgado em 11.06.2014, publicado no DEJT de 13.06.2014).

Renove-se que a norma contida no artigo 157, inciso I, da CLT impõe às empresas (e não apenas ao empregador) o dever de cumprir e fazer cumprir as normas de saúde e de segurança do trabalho, sendo certo, ainda, que o artigo 17 da Convenção nº 155 da Organização Internacional do Trabalho – OIT dispõe que sempre que duas ou mais empresas desenvolverem simultaneamente atividades num mesmo local de trabalho, as mesmas terão o dever de colaborar na aplicação das medidas previstas na referida Convenção, que tem por objeto a saúde e a segurança dos trabalhadores.

Deste modo, na terceirização, a empresa prestadora e a contratante têm o mesmo dever de manutenção da higidez do meio ambiente de trabalho, respondendo solidariamente pelos danos causados em razão de acidentes laborais.

Portanto, pode-se afirmar que deve prevalecer a regra da responsabilidade objetiva da empresa tomadora quanto aos empregados da fornecedora, com base nos artigos 932, inciso III, e 933, do Código Civil, em relação aos acidentes causados aos empregados da empresa terceirizada, que nada mais é do que preposta da contratante.

4 Conclusão

A partir da análise crítica acima desenvolvida, concluímos que a Lei nº 13.467/2017, instituidora da chamada "reforma trabalhista", não atendeu às expectativas de edição de uma legislação que venha a impedir a precarização das relações de trabalho e a promover uma ampliação do patamar civilizatório de direitos dos trabalhadores terceirizados.

O trabalho é a atividade humana diretamente relacionada com a própria vida, pois assegura a sobrevivência do indivíduo, garantindo a sua dignidade. Trata-se de direito social fundamental, cuja reivindicação é essencial, fazendo parte de todas as declarações de direito contemporâneas.[32]

Por isso, a Declaração Universal dos Direitos Humanos, em seu art. 23.1, indica o trabalho como direito fundamental, ao dispor que: "Todo

---

[32] COSTA, Sandra Morais de Brito. *Dignidade humana e pessoa com deficiência*: aspectos legais trabalhistas. São Paulo: LTr, 2008. p. 37.

homem tem direito ao trabalho, à livre escolha do emprego, a condições justas e favoráveis ao trabalho e à proteção contra o desemprego".[33]

Assegurar o direito ao trabalho é atribuir concretude à dignidade, como uma qualidade intrínseca a todo ser humano. É possibilitar o acesso do cidadão a instrumento indispensável à sua subsistência, à sua identificação no seio social, assim como à realização de seus sonhos e desejos.

Desta forma, o direito social ao trabalho não legitima qualquer modalidade de labor humano, mas apenas os que não se configurem como aviltantes à dignidade humana, com estrita observância isonômica do patamar mínimo civilizatório de direitos previamente consignados na ordem jurídica.[34]

Mostra-se imperiosa a elaboração de um diploma normativo que faça com que os terceirizados deixem de ser tratados como uma subcategoria de trabalhadores e passem a gozar dos mesmos direitos e garantias dispensados aos empregados em geral, como forma de se dar efetividade ao princípio da igualdade nas relações de trabalho.

Referências

AMADO, João Leal. *Contrato de Trabalho*. 4. ed. Coimbra: Coimbra Editora, 2014.

BARROS, Alice Monteiro de. *Curso de Direito do Trabalho*. 5. ed. São Paulo: LTr, 2009.

BRITO FILHO, José Cláudio Monteiro de. *Trabalho Decente*: Análise jurídica da exploração do trabalho: Trabalho escravo e outras formas de trabalho indigno. 3. ed. São Paulo: LTr, 2013.

CASSAR, Vólia Bomfim. *Direito do Trabalho*. 6. ed. Niterói: Impetus, 2012.

COSTA, Sandra Morais de Brito. *Dignidade humana e pessoa com deficiência*: Aspectos legais trabalhistas. São Paulo: LTr, 2008.

DELGADO, Maurício Godinho. *Curso de Direito do Trabalho*. 15. ed. São Paulo: LTr, 2016.

---

[33] UNESCO. *Declaração Universal dos Direitos Humanos*: resolução nº 217 A (III) da Assembleia Geral das Nações Unidas (ONU), de 10 de dezembro de 1948. Disponível em <http://unesdoc.unesco.org/images/0013/001394/139423por.pdf>. Acesso em: 23 ago. 2017.

[34] Cf. AMADO, João Leal. *Contrato de Trabalho*. 4. ed. Coimbra: Coimbra Editora, 2014. p. 228: "O trabalhador não é apenas um ser laborioso e produtivo, alguém que se dedica a cumprir escrupulosamente as múltiplas obrigações emergentes do contrato de trabalho, vendendo as suas energias laborais com o fito de obter um determinado rendimento patrimonial; antes e mais do que trabalhador, ele é uma pessoa e um cidadão, ainda que, ao celebrar e executar o contrato de trabalho, ele fique colocado sob a autoridade e a direcção de outrem, inserindo-se no respectivo âmbito da organização".

DIEESE. *Terceirização e morte no trabalho*: Um olhar sobre o setor elétrico brasileiro. São Paulo: DIEESE, 2010. Disponível em: <https://www.dieese.org.br/estudosepesquisas/2010/estPesq50TercerizacaoEletrico.pdf>. Acesso em: 23 ago. 2017.

GARCIA, Gustavo Filipe Barbosa. *Curso de Direito do Trabalho*. 5. ed. Rio de Janeiro: Forense, 2011.

INTERNATIONAL LABOUR ORGANIZATION. *World employment and social outlook*. Geneva: ILO, 2015.

MARTINS, Sergio Pinto. *A Terceirização e o Direito do Trabalho*. 3. ed. São Paulo: Malheiros, 1997.

MINISTÉRIO PÚBLICO DO TRABALHO DA PARAÍBA. *Terceirizados sofrem mais acidentes no trabalho*. Disponível em: <http://www.prt13.mpt.mp.br/2-uncategorised/139-terceirizados-sofrem-mais-acidentes-no-trabalho>. Acesso em: 23 ago. 2017.

NOTA TÉCNICA Nº 4, de 23.01.2017, da Secretaria de Relações Institucionais do Ministério Público do Trabalho.

NOTA TÉCNICA Nº 7, de 09.05.2017, da Secretaria de Relações Institucionais do Ministério Público do Trabalho.

OLIVEIRA, Sebastião Geraldo de. *Indenizações por acidente do trabalho ou doença ocupacional*. 8. ed. São Paulo: LTr, 2014.

REDE BRASIL ATUAL (RBA). *Terceirização tende a aumentar número de acidentes de trabalho, diz MPT*. 2017. Disponível em: <http://www.redebrasilatual.com.br/trabalho/2017/04/terceirizacao-tende-a-aumentar-numero-de-acidentes-de-trabalho-diz-mpt>. Acesso em: 23 ago. 2017.

UNESCO. *Declaração Universal dos Direitos Humanos*: resolução nº 217 A (III) da Assembleia Geral das Nações Unidas (ONU), de 10 de dezembro de 1948. Disponível em <http://unesdoc.unesco.org/images/0013/001394/139423por.pdf>. Acesso em: 23 ago. 2017.

VILLELA, Fábio Goulart. *Manual de Direito do Trabalho*. 2. ed. Rio de Janeiro: Elsevier, 2012.

Informação bibliográfica deste texto, conforme a NBR 6023:2002 da Associação Brasileira de Normas Técnicas (ABNT):

VILLELA, Fábio Goulart. A terceirização na reforma trabalhista: a "legalização" da intermediação de mão de obra. In: TUPINAMBÁ, Carolina; GOMES, Fábio Rodrigues (Coord.). *A reforma trabalhista*: o impacto nas relações de trabalho. Belo Horizonte: Fórum, 2018. p. 147-160. ISBN 978-85-450-0441-7.

CAPÍTULO 8

O NOVO DIREITO DO TRABALHO

Fábio Rodrigues Gomes

1 Introdução

A novidade sempre provoca reações desencontradas. Para uns, causa desconforto, negação, sensações de perda, angústia e incerteza. Para outros, é um bálsamo: reanima, instiga e produz sensações de ânimo e frescor. Mas como isso é possível? Como sentimentos tão díspares convivem de maneira tão próxima, se vindos todos do mesmo fato (*in casu*, da Lei nº 13.467/17)?

Você, caro leitor, como se sente a respeito da Reforma Trabalhista? Estupefato ou embevecido? Choro e ranger de dentes ou música para os seus ouvidos?

Veja bem. Questionar-se sobre o seu estado de espírito é o primeiro passo para desenvolver sua inteligência emocional. As etapas seguintes são descobrir a causa para, depois (e talvez), conquistar o autocontrole. Eis aí as tarefas a que poucos se entregam, sendo menos ainda os que dela conseguem se desincumbir.[1] As paixões nos serviram por milênios, ajudando-nos a sobreviver, a evoluir e a nos tornar o que somos hoje. E durante todo esse processo, ora fomos levados a temperá-las com uma dose de razão, ora fomos tentados a deixá-las correrem soltas, *in natura*, sem limites.[2]

---

[1] Sobre o tema, Cf. GOLEMAN, Daniel. *Inteligência emocional – a teoria revolucionária que redefine o que é ser inteligente*. Trad. Fabiano Morais. Rio de Janeiro: Ed. Objetiva, 1995.

[2] HARARI, Yuval Noah. *Homo Deus. Uma breve história do amanhã*. Trad. Paulo Geiger. São Paulo: Cia. das Letras, 2015.

Atualmente, já se sabe que razão e emoção não são antagônicas ou passíveis de serem isoladas. Ao contrário, razão sem emoção é diagnosticada como uma psicopatia, da mesma forma que a emoção em estado puro é um risco à sanidade mental.[3] Recorrerei a um exemplo famoso, para tornar mais palpável estas divagações iniciais. Falo do dilema do bonde.[4] Imagine que um bonde está fora de controle e no seu caminho há cinco pessoas amarradas aos trilhos. Na sua frente está a alavanca que, se puxada, permitirá ao bonde alterar sua trajetória, evitando a matança. Entretanto, no caminho alternativo encontra-se uma única pessoa também amarrada aos trilhos. Você puxa ou não a alavanca?

Se, de um lado, adotarmos um ponto de vista moral, o dilema é insolúvel. Matar uma pessoa ou matar cinco dá no mesmo, pois a vida humana é sempre valiosa, independentemente da sua quantidade. Se, de outra parte, adotarmos um raciocínio utilitarista, fará mais sentido puxar a alavanca, pois perder uma vida humana será menos traumático do que perder cinco. Mas a realidade nunca é completamente neutra e nós nunca fomos, somos ou seremos completamente frios e calculistas, por mais que nos esforcemos. E um dos motivos é a emoção que compõe – inexoravelmente – o nosso modo de pensar. Imagine que aquela pessoa sozinha, amarrada ao trilho alternativo, fosse a sua mãe. Acredito que muito provavelmente você sacrificaria as outras cinco para salvá-la. A tortuosa missão de sofisticar este exemplo é infinita e, para o que me proponho, o que disse já me basta.

Sabedores de que raciocinamos e sentimos ao mesmo tempo, às vezes enfatizando mais um dado objetivo e em outras mais uma emoção em ebulição, acaso desejemos analisar a Lei nº 13.467/17, é fundamental que façamos uma autoanálise para (1) identificar o que estamos sentindo; (2) descobrir por que estamos nos sentindo assim; e (3) tentar controlar nossas emoções. Talvez, com isso, consigamos evitar que elas nos conduzam para falsas premissas e/ou para falsas conclusões. Esta é outra evidência psicológica muito realçada nos dias de hoje. Daniel Kahneman, psicólogo vencedor do prêmio Nobel de Economia, não me deixa mentir.

---

[3] DAMÁSIO, António. *O mistério da consciência: do corpo e das emoções ao conhecimento em si*. São Paulo: Cia. das Letras, 1999; e DAMÁSIO, António. *O erro de descartes: emoção, razão e cérebro humano*. São Paulo: Cia. das Letras, 1994.

[4] Por todos, Cf. FOOT, Philippa. *The problem of abortion and the doctrine of the double effect in virtues and vices*. Oxford: Basil Blackwell, 1978.

Em seu badalado livro "Thinking, fast and slow", ele demonstrou que o nosso cérebro possui dois sistemas de raciocínio.[5] O primeiro, automatizado, a partir do qual agimos intuitivamente com base em nossas emoções, em nosso aprendizado, em nossas habilidades inatas e também naquelas adquiridas através dos nossos hábitos. O segundo, mais lento e analítico, registra a informação e a decompõe, de maneira a extrair as possíveis consequências, opções e estratégias de ação para que, ao final, possamos decidir o que fazer. Você já deve estar se perguntado: Onde ele quer chegar? Este artigo não é sobre a Reforma Trabalhista? Estou comprando gato por lebre?

Posso lhe assegurar que não. Só aparentemente este intróito é inusitado ou fora de lugar. O que quis dizer com tudo isso é que muitos de nós, ao nos depararmos com a Lei nº 13.467/17, deixamos as emoções no comando e, com base nos nossos velhos hábitos, nas lições colhidas nos antigos manuais de Direito do Trabalho, nas nossas impressões e intuições mais primevas (até mesmo aquelas profundamente enraizadas em nosso inconsciente), criamos uma polarização, à moda do tudo ou nada: ou a repudiamos veementemente ou a congratulamos entusiasticamente. Suponho que é daí, deste vício de origem psicológico, que surgem os "achismos" para todos os gostos, tanto os catastrofistas, quanto os excessivamente otimistas.

Neste ensaio, buscarei identificar e refrear minhas emoções, raciocinar com vagar e, é claro, fugir das previsões arbitrárias sobre o futuro do Direito do Trabalho. No entanto, uma coisa é certa e eu já posso afirmar, sem medo de errar: estamos diante de um novo Direito do Trabalho.

2 As velhas premissas do Direito do Trabalho

Tornando curta uma longa história, podemos resumir o velho Direito do Trabalho em três premissas:

(I) O Direito do Trabalho deve ser inflexível. Salvo raríssimas exceções – topicamente positivadas no art. 7º, VI, XIII e XIV da CF/88 – a jurisprudência e a doutrina especializadas não simpatizavam nem um pouco com a negociação contratual.[6]

---

[5] KAHNEMAN, Daniel. *Thinking, fast and slow*. New York: Farrar, Straus and Giroux, 2011.

[6] Por todos, Cf. DELGADO, Maurício Godinho. *Curso de Direito do Trabalho*. 14. ed. São Paulo: LTr, 2015.

Para as tratativas individuais, além do enorme desestímulo promovido pelo art. 468 da CLT,[7] via de regra costumava-se usar conceitos indeterminados, obscuros por natureza. Deste modo, eles funcionavam como uma carta em branco para que o advogado, o procurador, o juiz e o professor escrevessem o que bem entendessem. E as duas noções mais difundidas, presentes em onze de cada dez manuais de Direito do Trabalho, são as de hipossuficiência e indisponibilidade de direitos.

Comecemos pela primeira. A velha ideia de hipossuficiência talhada por Cesarino Júnior é conhecida de todos que já estudaram Direito do Trabalho no Brasil.[8] Geralmente era associada ao indivíduo fraco economicamente, ao vulnerável, necessitado de recursos para sobreviver, ou melhor dizendo, ao que não dispõe dos meios suficientes à satisfação de suas necessidades básicas, daquelas sobre as quais não podemos transigir, sob pena de morte certa.[9] Comer, dormir e abrigar-se são exemplos corriqueiros destas constantes antropológicas. O núcleo do conceito está, portanto, na diminuta capacidade econômico-financeira da pessoa. Se está bem financeiramente, não é hipossuficiente; se está mal, bem-vindo ao conceito.

Dito isso, volto de mãos dadas com este conceito para utilizá-lo no contrato de trabalho. As pedras de toque aqui são duas: a real liberdade de decisão e a qualidade da informação.

Asseverar, com certeza absoluta, que o empregado não detém liberdade decisória e/ou que está desinformado sobre a decisão a ser tomada é uma impossibilidade fática. Do mesmo modo que afirmar o contrário também o é. Por isso, neste campo de investigação trabalha-se com a presunção razoável. Razoabilidade, aqui, no sentido aristotélico de equidade, daquilo que normalmente acontece em nosso cotidiano.[10]

As perguntas subjacentes são as seguintes:

---

[7] "Nos contratos individuais de trabalho só é lícita a alteração das respectivas condições por mútuo consentimento e, ainda assim, desde que não resultem, direta ou indiretamente, prejuízos ao empregado, sob pena de nulidade da cláusula infringente desta garantia".

[8] Cf. INSTITUTO CESARINO JÚNIOR. *O princípio da proteção de Cesarino Junior a Arion Romita*, n. 33, Ano 2009. Disponível em: <http://www.institutocesarinojunior.org.br/revista33-2009.pdf>. Acesso em: 07 set. 2017.

[9] Para uma conceituação das necessidades básicas como aquelas que devem ser satisfeitas para a sobrevivência do indivíduo, independentemente de sua vontade, Cf. NINO, Carlos Santiago. *Autonomia y necessidades básicas*. Doxa n. 7, 1990.

[10] ÁVILA, Humberto. *Teoria dos princípios*: da definição à aplicação dos princípios jurídicos. 8. ed. São Paulo: Malheiros, 2008. p. 152-155.

(i) É razoável aceitar a ideia de o empregado comprometido em sua capacidade decisória antes ou durante a vigência do contrato?

(ii) É razoável aceitar a ideia de o empregado plenamente capaz de decidir as suas pendências com o empregador após o término do contrato?

No primeiro caso, não se exige muito esforço discursivo para convencer o brasileiro que o empregado regular, aquele fora do topo da pirâmide hierárquica da empresa, não está livre, leve e solto para abrir mão de resolver seus problemas no Judiciário. O temor reverencial, a dependência econômica, o receio do desemprego, enfim, há fortes indícios de uma "coação" pairando no ar, intoxicando, ainda que inconscientemente, a liberdade individual em toda a sua extensão. No mais das vezes, para qualquer empregado normal seria uma operação de altíssimo risco opor-se às cláusulas impostas unilateralmente pelo empregador, geralmente quem as apresenta no contrato de adesão. Além de mostrar-se como um encrenqueiro, ele estaria pondo em perigo o seu sustento e de seus familiares. Valendo-me de uma categoria do Direito Constitucional, o seu mínimo existencial[11] – aquilo que precisa para suprir suas necessidades básicas e a de seus familiares – estaria comprometido por uma dispensa imediata ou iminente.[12]

Já na segunda situação, o desate do nó jurídico passa justamente pela ruptura contratual. Este procedimento talvez amenize ou, muito provavelmente, retire do trabalhador os constrangimentos porventura existentes. Digo talvez porque, como salientado antes, estamos falando de presunções razoáveis. Neste sentido, o que existiu – se existiu de fato – provavelmente deixou de existir ou, quando muito, deixou de influir primariamente na decisão a ser tomada. Ora, não se deve perder de vista que pior que poderia acontecer já aconteceu.

Portanto, daí em diante, escolher o método de solução das sequelas derivadas de um rompimento truncado está dentro do âmbito de liberdade decisório do indivíduo.[13] Desde que não haja vício de

---

[11] Sobre o mínimo existencial, Cf., por todos, TORRES, Ricardo Lobo. *O direito ao mínimo existencial*. Rio de Janeiro: Renovar, 2009.

[12] Para uma análise da proibição do gênero dispensa arbitrária e da permissão forte de uma de suas espécies, a dispensa sem justa causa, Cf. GOMES, Fábio Rodrigues. *O direito fundamental ao trabalho*: perspectivas histórica, filosófica e dogmático-analítica. Rio de Janeiro: Lumen Juris, 2008.

[13] Cf. GOMES, Fábio Rodrigues. *Direitos fundamentais dos trabalhadores*: critérios de identificação e aplicação prática. São Paulo: LTr, 2013. p. 119 e ss.

consentimento, o ex-empregado está plenamente apto a conversar e a combinar, de comum acordo com o empresário, qual o melhor mecanismo institucional para apararem suas arestas. Já antecipando um pouquinho do novo Direito do Trabalho, o cardápio ao qual os empregados e empregadores serão apresentados contém arbitragem, plano de demissão incentivada, distrato, acordo extrajudicial ou Justiça do Trabalho.[14] Qual escolher? Eles que decidam.

Caso contrário, estaríamos partindo esta pessoa ao meio com um machado ideológico completamente cego para a realidade. Reflita comigo. Na sua esfera privada, o empregado pode casar-se, comprar ou financiar um imóvel, responsabilizar-se pela educação de seus filhos ou ser punido pela prática de um crime. Apenas em um fragmento de sua vida, o profissional sofreria uma *capitis diminutio*.[15]

Tal como um experimento de laboratório, o todo é ignorado e isola-se, em tese, apenas o pedacinho laboral, como se tudo o mais com ele não se misturasse. Dentro deste tubo de ensaio fictício, adiciona-se a ideologia segundo a qual é indispensável o monopólio do Estado-Juiz para decidir pelo empregado dispensado. O que ele deve ou não deve fazer? Chame o Juiz. Uma cisão artificial de sua autonomia da vontade sem o menor respaldo no mundo de hoje, complexo e plural. Ao menos não se vê isso em quantidade o bastante para gerar uma presunção razoável de que vá se repetir com habitualidade.

Aliás, este desapreço pela autonomia não se restringe à esfera individual do hipossuficiente "em abstrato". Ele também se projeta para o exercício da autonomia coletiva. Pois não são poucos os casos em que árduas e demoradas negociações entre sindicatos e empresários são descartadas pelo Judiciário, sob o argumento de que violam normas de proteção à saúde e segurança do trabalhador. Ou seja, mesmo que os trabalhadores reúnam-se em grupo e, de forma livre e informada, venham a customizar as suas condições de trabalho com o empregador, correm o risco de tomarem um "puxão de orelha" do Estado-Juiz. É enorme a chance de serem advertidos e relembrados de que continuam a ser hipossuficientes tutelados e que, como tal, não estão habilitados a dispor dos seus direitos. Decidir sozinho o seu próprio destino? Nem pensar. A rigor, nem em grupo a decisão estará permitida.

---

[14] Arts. 477-B, 484-A, 507-A e 855-B da CLT, de acordo com a redação da Lei nº 13.467/17.

[15] Em sentido semelhante, Cf. MENDONÇA, José Vicente Santos de. *De boas intenções e maus resultados*. Disponível em: <http://jota.info/de-boas-intencoes-e-maus-resultados>. Acesso em: 05 nov. 2016.

Definitivamente, a jurisprudência trabalhista não é afeita a liberar os sindicatos a construir as suas próprias normas. As tratativas em grupo – apesar de realizadas entre sujeitos com semelhante poder de barganha – sempre foram controladas bem de perto pela Justiça do Trabalho e, nos últimos tempos, com bastante intensidade.

Para ilustrar o que estou dizendo, vale mencionar o RR nº 1928-03.2010.5.06.024, publicado em 20.02.2014 e cujo relator foi o Ministro Lélio Bentes Corrêa.

Nesta decisão, o TST invalidou instrumento normativo que excluía o direito à contagem das horas *in itinere* em troca da concessão de outras vantagens aos trabalhadores, tais como fornecimento de cestas básicas durante a entressafra, seguro de vida e acidentes de trabalho, além do obrigatório e sem custo para os empregados, pagamento do abono anual aos trabalhadores com ganho mensal superior a dois salários-mínimos, pagamento do salário-família além do limite legal, fornecimento de repositor energético e adoção de tabela progressiva de produção além da prevista na Convenção Coletiva. Os Ministros componentes da Seção de Dissídios Individuais I – com exceção apenas do Ministro Ives Gandra da Silva Martins Filho – deliberaram que a supressão da contagem das horas de deslocamento entre a residência e o trabalho violava "os preceitos constitucionais asseguratórios de condições mínimas de proteção ao trabalho". Daí porque esta decisão não encontraria respaldo no art. 7º, XXVI da CF/88. Disseram, ainda, que o art. 58, §2º da CLT é norma de ordem pública, prescrevendo direito indisponível à vontade das partes. Mas indisponível por quê? Esta é a pergunta que não quer calar.

Portanto, nada melhor do que me aproveitar desta linha de raciocínio e falar um pouco sobre a tão propalada indisponibilidade de direitos.

No velho Direito do Trabalho, costuma-se afirmar de olhos fechados a indisponibilidade dos direitos dos trabalhadores.[16] Embora não se apresente um critério seguro e objetivo sobre quais devem ser assim classificados, a crença generalizada é a de que o empregado está em desvantagem econômica, desconhece a integral dimensão dos seus direitos, corre o risco de ser coagido a renunciá-los e de que há normas trabalhistas de ordem pública, tais como os arts. 9º, 444 e 468 da CLT, que o protegem de si mesmo.[17] Neste sentido, em 29.05.2009,

---

[16] Cf. DELGADO, Maurício Godinho. *Curso de direito do trabalho*. 14. ed. São Paulo: LTr, 2015. p. 204-205 e 218-223.

[17] DELGADO, *loc cit.*

no julgamento do RR nº 795/2006-028-05-00.8, de relatoria do Ministro Alberto Luiz Bresciani de Fontan Pereira, foi dito que:

> A vocação protetiva que dá suporte às normas trabalhistas e ao processo que as instrumentaliza, a imanente indisponibilidade desses direitos e a garantia constitucional de acesso a ramo judiciário especializado erigem sólido anteparo à utilização da arbitragem no Direito Individual do Trabalho.

Novamente uma idealização sem dados empíricos que a escorem. Para que se tenha ideia de como o "sólido anteparo" esfarela-se rapidamente diante da primeira brisa de outono, menciono as transações realizadas aos borbotões na Justiça do Trabalho. Basta adentrar em quaisquer das salas de audiência espalhadas por este país continental para que partes, advogados e juízes sejam "flagrados" negociando valores para pôr termo ao conflito. A difamação, a agressão física, o assédio moral gerador de síndrome de *bornout*, o acidente que acarreta grave e definitiva deficiência física ou um grotesco dano estético, a discriminação racial, todas são questões aptas a serem discutidas, sopesadas e, se tudo correr bem, encerradas através da conciliação. Um acordo que, via de regra, se efetiva com o pagamento de valores em pecúnia e que possui cláusula de quitação geral quanto ao extinto contrato de trabalho.[18]

Sendo assim, pergunto eu: Que indisponibilidade é essa? E a conversão da solução em dinheiro? Há ou não há uma patrimonialização inexorável nessa história?

Quando formos abordar este assunto, logo de pronto devemos respirar fundo e contar até dez. Trata-se de um tema que há muito merece uma reflexão menos apaixonada dos doutrinadores trabalhistas.

Já tive a chance de expor as minhas impressões e de tentar afastar algumas pré-compreensões profundamente enraizadas no imaginário teórico e jurisprudencial brasileiro.[19] Por razões de tempo e espaço, peço licença aos mais interessados e sugiro a leitura daquilo que já escrevi mais detidamente em outra ocasião. Todavia, algumas breves considerações devem ser transportadas para cá, pois servirão de luz no fim deste extenso túnel em direção à legitimação do novo Direito do Trabalho.

---

[18] Esta previsão encontra guarida na OJ nº 132 da SDI-2 do TST.

[19] GOMES, Fábio Rodrigues. *Direitos fundamentais dos trabalhadores:* critérios de identificação e aplicação prática. São Paulo: LTr, 2013. p. 405-428.

O que significa dispor de um direito? Significa que o seu titular pode consentir em um certo grau de enfraquecimento de sua posição jurídica, a fim de permitir que alguém atue de uma forma tal que não o faria, se o consentimento não existisse.[20]

Cuida-se, na quase totalidade dos casos, de uma autorrestrição temporária e circunstancial.[21] Imagine, por exemplo, um transplante de coração ou uma exposição pública no Big Brother Brasil. Nestas situações há a permissão do titular do direito (à integridade física ou à privacidade) para que alguém (o cirurgião ou a rede de televisão) aja de maneira tal que não poderia fazê-lo, se a autorização não existisse. Se quiserem ampliar a imaginação, pensem na luta de boxe, na partida de futebol, nos filmes pornográficos, nas redes sociais da internet e em toda uma infinita gama de exemplos capazes de evidenciar o óbvio: a disponibilidade de direitos fundamentais é extremamente corriqueira no mundo contemporâneo.

A dúvida a ser dirimida é outra. Para conjugarmos direitos fundamentais e autorrestrição, o problema a ser dirimido gira em torno dos limites impostos à disponibilização. Até onde pode o titular do direito enfraquecer sua própria posição jurídica?

A resposta é cartesiana: até o ponto em que a sua liberdade de escolha esteja correndo o risco de desaparecer. Se o indivíduo, ao decidir disponibilizar seu direito, atinge em cheio a sua própria capacidade de decisão, aquela linha tênue entre o paternalismo e a intervenção sadia é por ele atravessada. Outro exemplo vem bem a calhar. Pense na hipótese de o candidato ao emprego aceitar receber menos de um salário mínimo. Certamente que esta decisão estará maculada naquilo que ela possui de mais fundamental: a liberdade de escolha.[22] Nenhum ser humano premido pelas necessidades básicas ou fisiológicas é verdadeiramente livre.[23] Decidir com o estômago não é a descrição mais acurada de decidir com sabedoria.

Sejamos redundantes: a liberdade de decidir livremente é o núcleo essencial da disponibilidade dos direitos fundamentais pelo seu titular. Munido de uma mínima cobertura econômica capaz de suprir

---

[20] *Ibidem*, p. 407.

[21] Exceção digna de nota (e que dá o que falar) é a eutanásia, pois esta é uma disponibilidade de natureza permanente.

[22] Cf. GOMES, Fábio Rodrigues. *Direitos fundamentais dos trabalhadores*: critérios de identificação e aplicação prática. São Paulo: LTr, 2013. p. 60 e ss, onde encaro este problema valendo-me da análise econômica do direito e, mais especificamente, da teoria dos jogos.

[23] Para esta instigante discussão filosófica e de outras tão ou mais desafiadoras, Cf. SANDEL, Michael. *Justiça – o que é fazer a coisa certa*. 6. ed. Rio de Janeiro: Civilização Brasileira, 2012.

suas necessidades básicas, bem informado sobre o que está em jogo e sobre suas alternativas de ação e colocando-se imune à pressão, ameaça ou de coisa que o valha, o indivíduo estará pronto para decidir sobre o tempo, o modo e as condições em que aceitará dispor dos direitos que lhe pertencem. Repito: direitos que pertencem a ele! E não ao Estado-Juiz, adepto do perfeccionismo moral, e que almeja ser mais realista do que o rei, arrogando-se a prerrogativa de saber melhor do que o próprio sujeito, aquilo que é bom para a sua vida.

Como frisei antes, é a qualidade do consentimento que deverá nortear a fiscalização judicial do que foi flexibilizado/disponibilizado, individual ou coletivamente. Por vezes, a suposta hipossuficiência existe de fato (em concreto) e compromete a liberdade indispensável à validação da renúncia ou transação. Em outras circunstâncias, a alegada hipossuficiência não passa de uma quimera, fruto de ideologias teimosas, que embotam o olhar de quem não quer ver a realidade.

Entretanto, era esta última opção que representava o primeiro pilar de sustentação do velho Direito do Trabalho. A despeito de todas as fragilidades axiológicas, normativas, lógicas e sociológicas apontadas, a ideia de inflexibilidade quase absoluta era irmã siamesa da indisponibilidade também petrificada, a qual, por sua vez, estava ancorada em uma hipossuficiência em abstrato, cantada em prosa e verso, por décadas, nos manuais brasileiros.

Agora, vejamos a segunda premissa do velho Direito do Trabalho.

(II) O Estado brasileiro possui o dever de intervenção máxima nas relações de emprego. Segundo a interpretação de muitos estudiosos, o *caput* do art. 7º da CF/88 impõe ao Estado a obrigação constitucional de sempre ampliar o leque de direitos trabalhistas. Dizendo de outro modo: o Estado brasileiro está proibido de retroceder ou de deixar que retrocedam.[24]

Perceba que, tradicionalmente, o Direito do Trabalho no Brasil decorreu da interferência oficial nas relações privadas. No livro "Cidadania no Brasil", o professor José Murilo de Carvalho relembra o fato de a nossa sucessão histórica de direitos não ter obedecido ao movimento linear catalogado pelo inglês Thomas Marshall.[25]

---

[24] Neste sentido, Cf. MELO, Geraldo Magela. A vedação ao retrocesso e o direito do trabalho: the seal backtracking and labor law. *Revista do Tribunal Regional do Trabalho da 3ª Região*, Belo Horizonte, v. 52, n. 82, p. 65-74, ju/dez. 2010.

[25] CARVALHO, José Murilo de. *Cidadania no Brasil. O longo caminho.* 3. ed. Rio de Janeiro: Civilização Brasileira, 2002. p. 9-10.

Aqui, nos trópicos, não partimos dos direitos individuais e políticos, para depois construirmos os direitos sociais e, em sequência, os metaindividuais. Não, em *terra brasilis*, os direitos individuais sempre foram maltratados e pouco valorizados, transferindo-se o protagonismo para os direitos sociais.[26] Seja durante os longos invernos ditatoriais, seja durante os pequenos soluços democráticos de verão, os direitos sociais, e, mais especificamente, os direitos dos trabalhadores foram benesses concedidas pela vontade férrea do Estado. E como o hábito fez, sim, o monge, acabou-se por internalizar cada vez mais fundo aquela crença cega na hipossuficiência em abstrato. Os empregados, ainda que sindicalizados, não seriam capazes de construir o seu próprio destino, tornando-se dependentes da intervenção estatal. Pior, acreditou-se piamente que os direitos e as garantias trabalhistas só deveriam avançar em uma via de mão única, sempre adiante, ainda que não existisse fonte de custeio ou de ela estar em vias de se esgotar.

Mas o ponto a ser frisado não é a ideia em si. Por mais discutível que ela seja, o fato é que não ficou restrita ao mundo dos livros. Parafraseando o antigo decano de Harvard e precursor da *sociological jurisprudence*, Roscoe Pound, esta ideia ganhou vida e tornou-se *law in action* com a sua implementação prática pela Justiça do Trabalho. Neste sentido, o melhor exemplo jurisprudencial desta crença de que os direitos dos trabalhadores deveriam somente se expandir e jamais retroceder pode ser vislumbrado, didaticamente, na modulação sofrida pela Súmula nº 277 do TST.

A sua redação original data de 03.03.1988. Nela, afirmava-se que "as condições de trabalho alcançadas por força de sentença normativa vigoram no prazo assinado, não integrando, de forma definitiva, os contratos". Posteriormente, em 25.11.2009, o seu enunciado foi alterado, para constar:

> I – As condições de trabalho alcançadas por força de sentença normativa, convenção ou acordos coletivos vigoram no prazo assinado, não integrando de forma definitiva, os contratos individuais de trabalho;
> II – Ressalva-se da regra do enunciado no item I, o período compreendido entre 23.12.1992 e 28.07.1995, em que vigorou a Lei nº 8.542, revogada pela Medida Provisória nº 1.709, convertida na Lei nº 10.192, de 14.02.2001.

E o que dizia a Lei nº 8.542/92? Ela cuidava da "política nacional de salários" e, no seu art. 1, §1º, prescrevia que "as cláusulas dos acordos,

---

[26] *Ibidem*, p. 11-12.

convenções e contratos coletivos de trabalho integram os contratos individuais de trabalho e somente poderão ser reduzidas ou suprimidas por posterior acordo, convenção ou contrato coletivo de trabalho". Ou seja, durante cerca de dois anos e meio vigorou uma exceção expressa à proibição contida no §3º do art. 614 da CLT.[27] E, por decorrência lógica, excepcionou-se, também, o entendimento sufragado na Súmula nº 277 do TST. Com a revogação desta exceção legal, tudo voltou como antes no quartel de Abrantes.

Até que, repentinamente, nova mudança aconteceu. Enfatizo o repentino porque ela se deu sem que houvesse precedente. O TST não sinalizou, através de um conjunto de decisões convergentes ao longo do tempo, estar em vias de alterar o seu entendimento colegiado.[28] E, como eu disse, a alteração aconteceu, foi brutal e sem aviso prévio. Assim, a partir de 27.09.2012, a Súmula nº 277 passou a dispor que "as cláusulas normativas dos acordos ou convenções coletivas integram os contratos individuais de trabalho e somente poderão ser modificadas ou suprimidas mediante negociação coletiva de trabalho". Trocando em miúdos: depois desta guinada de 180º, mesmo quando expirada a vigência das normas coletivas, suas prescrições manteriam plena eficácia jurídica, até que norma coletiva posterior ocupasse o seu lugar.

Decretou-se, de uma hora para outra, o fim do vazio normativo. Repristinou-se a Lei nº 8.542/92 através de uma canetada judicial. Antes, se o empregador e o sindicato não chegassem a um bom termo depois de encerrada a vigência de uma convenção coletiva, nada acontecia, salvo se, por comum acordo, ajuizassem dissídio coletivo na busca de uma sentença normativa. Sob o ponto de vista da categoria, existia um vácuo enquanto as partes não decidissem retornar à mesa de negociação. Agora, se ambos não chegassem a um bom termo, o acordo anterior teria a sua vigência estendida *ad eternum*, salvo se, por mútuo acordo, ajuizassem dissídio coletivo na busca de uma sentença normativa.

A rigor, operou-se um deslocamento do poder de pressão. Antes, em um contexto econômico mais difícil, a faca e o queijo estavam na

---

[27] "Não será permitido estipular duração de Convenção ou Acordo superior a 2 (dois) anos".

[28] De acordo com o art. 165 do Regimento Interno do TST, a edição de súmulas deve atender aos seguintes pressupostos: "I – três acórdãos da Subseção Especializada em Dissídios Individuais, reveladores de unanimidade sobre a tese, desde que presentes aos julgamentos pelo menos 2/3 (dois terços) dos membros efetivos do órgão; II – cinco acórdãos da Subseção Especializada em Dissídios Individuais, prolatados por maioria simples, desde que presentes aos julgamentos pelo menos 2/3 (dois terços) dos membros efetivos do órgão; III – quinze acórdãos de cinco Turmas do Tribunal, sendo três de cada, prolatados por unanimidade; ou IV – dois acórdãos de cada uma das Turmas do Tribunal, prolatados por maioria simples".

mão do empresário, que poderia preferir deixar caducar os adendos coletivos e, simplesmente, não renová-los ou substituí-los. Os empregados ficariam apenas com os seus direitos legais e constitucionais. Agora, em circunstâncias adversas, a batuta estava com os sindicatos. Neste cenário, manteriam o que já tinham e ficariam em silêncio. O empresário poderia se esgoelar, argumentar que estava sem recursos, à beira da falência, mas se os empregados quisessem, fariam cara de paisagem e o obrigariam a manter o pagamento das prendas coletivas negociadas na época de bonança. Ele que se virasse nos trinta.

Esta dança das cadeiras do poder negocial pode e deve realizar-se ao longo do tempo. É salutar que, ora um lado possua maior ascendência (por exemplo, em períodos de pleno emprego), ora o outro possa dar as cartas (como no caso referido, de crise). O problema aqui não é esse. A celeuma ocorreu porque o TST (i) tomou a iniciativa de transferir este poder de um lado para o outro (ii) sem precedentes que respaldassem a nova redação da Súmula (tendo sido "fruto de debates") e (iii) com base numa interpretação para lá de duvidosa do art. 114, §2º da CF/88.[29] Do início ao fim deste processo, verificou-se o atropelo da competência privativa do Congresso de legislar sobre Direito do Trabalho[30] e, o mais alarmante, por meio de um intervencionismo judicial altamente questionável.[31]

Por fim, vejamos a terceira premissa do velho Direito do Trabalho.

(III) O princípio nº 1 do Direito do Trabalho é o da proteção do trabalhador. Trata-se de uma máxima difundida no Brasil a partir da obra do professor uruguaio Américo Plá Rodriguez e repetida por praticamente 100% dos nossos manuais.[32] Nas suas palavras: "O princípio da proteção se refere ao critério fundamental que orienta o Direito do Trabalho, pois este, ao invés de inspirar-se num propósito de

---

[29] A defesa desta mudança radical da Súmula nº 277 do TST foi feita pelos Ministros Augusto César Leite de Carvalho, Kátia Magalhães Arruda e Maurício Godinho Delgado no artigo "A Súmula 277 e a defesa da Constituição". Disponível em: <http://www.veritae.com.br/artigos/arquivos/artigo%20-%20274.pdf>. Acesso em: 07 set. 2017.

[30] Art. 22, I da CF/88: "Compete privativamente à União legislar sobre: I – direito civil, comercial, penal, processual, eleitoral, agrário, marítimo, aeronáutico, espacial e do trabalho".

[31] Cf. Neste sentido crítico, CARMO, Júlio Bernardo. A Súmula nº 277 e a ofensa ao princípio da legalidade. *Revista do Tribunal Regional do Trabalho da 3ª Região*, Belo Horizonte, v. 55, n. 85, p. 75-84, jan./jun.2012.

[32] Por todos, DELGADO, Maurício Godinho. *Curso de direito do trabalho*. 14. ed. São Paulo: LTr, 2015. p. 200-202.

igualdade, responde ao objetivo de estabelecer um amparo preferencial a uma das partes: o trabalhador".[33]

Não se discute que há um distúrbio de origem na relação de emprego: a sua assimetria congênita. Se alguém propõe trabalho em troca do salário necessário à sua sobrevivência, por certo que esta pessoa está em situação muito mais precária do que aquela outra que tem o dinheiro para oferecer. Que esta desigualdade material já levou a explorações dantescas (algumas delas encontradas, ainda hoje, em nosso país),[34] ninguém duvida. Difícil achar alguém quem discorde desta realidade. Logo, é compreensível que, ao se pensar em Direito do Trabalho – isso desde o seu alvorecer (quando se construía a sua autonomia epistemológica) – essa nota distintiva seja sublinhada, negritada e escrita em caixa alta. Desde sempre, e para além de nossas fronteiras, o princípio da proteção do trabalhador foi lido como o outro lado da moeda deste ramo do conhecimento jurídico. Um não existe sem o outro.[35]

Todavia, no mundo contemporâneo, da modernidade líquida de Zygmunt Bauman,[36] a velocidade dos fatos e da troca de informações, a crescente complexidade social e a sua inerente diversidade, nuances, verdades e pós-verdades fizeram com que esta dicotomia forte/fraco, implícita ao Direito do Trabalho, deixasse de ser tão simples assim. Há ocasiões em que este binômio se torna tão sutil que fica quase impossível saber onde está a urgência da proteção. Proteger quem e por quê? Pensem, por exemplo, no trabalhador que dispõe de conhecimento rarefeito no mercado (um neurocirurgião ou um engenheiro mecatrônico). Geralmente, ele é senhor de si, bem remunerado e com múltiplas oportunidades de inserção no mercado. Estaria ele precisando de proteção? Ah – dirão – mas você está indicando uma anomalia, e não a regra do dia a dia. Pode ser, reconheço. Mas e o caso do trabalho que, por ser muito penoso e estressante, não é procurado e/ou convive com uma alta rotatividade, especialmente em momentos de prosperidade econômica (aqui no Rio de Janeiro, podemos exemplificar com os

---

[33] RODRIGUEZ, Américo Plá. *Princípios de direito do trabalho*. Trad. Wagner D. Giglio. 3. ed. São Paulo: LTr, 2000. p. 83.

[34] MINISTÉRIO DO TRABALHO E EMPREGO. *Dados sobre trabalho escravo no Brasil*. Disponível em: <http://reporterbrasil.org.br/dados/trabalhoescravo/>. Acesso em: 08 set. 2017.

[35] Neste sentido. Cf. DRAY, Guilherme Machado. *O princípio da proteção do trabalhador*. São Paulo: LTr, 2015. p. 50-51.

[36] BAUMAN, Zygmunt. *Modernidade líquida*. Trad. Plínio Dentzien. Rio de Janeiro: Zahar, 2001.

motoristas de ônibus).[37] Em situações desta natureza, a balança começa a pesar mais em favor dos trabalhadores. Ainda há assimetria? Certamente, mas não no mesmo patamar encontrado em outras profissões ou em outros segmentos do mercado. E este é o ponto.

Na medida em que o princípio da proteção do trabalhador se transforma em um mandamento sacrossanto, em uma verdade absoluta e, assim, imune a questionamentos – entenda-se ponderações, flexibilizações, disponibilidades e negociações – quando esta diretriz normativa se descola da vida como ela é, com suas incertezas, probabilidades, vicissitudes e idiossincrasias, ela deixa de servir ao seu propósito inicial: orientar, prospectivamente, a construção de soluções para os possíveis conflitos entre os trabalhadores e empresários.[38]

A determinação – no sentido deôntico da palavra – de o Estado intervir ao máximo numa relação privada, protegendo de maneira inflexível o hipossuficiente abstrato, precisa ser recalibrada. Do contrário, se continuarmos de costas para o que efetivamente ocorre em um mercado de trabalho plural e complexo como o brasileiro, esta paradoxal absolutização de um princípio acabará por nos conduzir a um caminho sem retorno, fomentando um estado de coisas oposto ao que se imaginou.[39] Como tudo na vida, este excesso de proteção do trabalhador acabará por desprotegê-lo, levando-o para o desemprego, o subemprego e a informalidade.

Milhões de trabalhadores brasileiros estão à margem da lei.[40] Será que o fato de o velho Direito do Trabalho utilizar a ideia romântica e

---

[37] Veja esta notícia de 14.05.2013: O GLOBO. *Déficit de motoristas de ônibus no Rio leva empresas a contratarem profissionais com pouca prática.* Disponível em: <https://oglobo.globo.com/rio/deficit-de-motoristas-de-onibus-no-rio-leva-empresas-contratarem-profissionais-com-pouca-pratica-8380654>. Acesso em: 08 set. 2017.

[38] Sobre a natureza prospectiva dos princípios, cf. ÁVILA, Humberto. *Teoria dos princípios:* da definição à aplicação dos princípios jurídicos. 8. ed. São Paulo: Malheiros, 2008. p. 71-73.

[39] Cf. ALEXY, Robert. *Teoria dos direitos fundamentais.* Trad. Virgílio Afonso da Silva. São Paulo: Malheiros, 2008. p. 111, onde o autor da teoria da norma mais adotada atualmente no Brasil, afirma que: "Se existem princípios absolutos, então, a definição de princípios deve ser modificada, pois se um princípio tem precedência em relação a todos os outros em casos de colisão [...] isso significa que sua realização não conhece nenhum limite jurídico, apenas limites fáticos. Diante disso, o teorema da colisão não seria aplicável. [...] ou os princípios absolutos não são compatíveis com direitos individuais, ou os direitos individuais que sejam fundamentados pelos princípios absolutos não podem ser garantidos a mais de um sujeito de direito".

[40] Em números absolutos, mais de 5 milhões de pessoas estão atuando nos chamados subempregos, mais de 13 milhões estão desempregadas e mais de 32 milhões trabalham sem qualquer respaldo legal, na informalidade. Cf. IBGE. *Total de desempregados cresce e atinge 14,2 milhões.* Disponível em: <http://agenciabrasil.ebc.com.br/economia/noticia/2017-04/ibge-total-de-desempregados-cresce-e-atinge-142-milhoes>. Acesso em: 08 set. 2017.

abstrata do indivíduo sempre fragilizado tem alguma culpa no cartório? Será que essa falta de sincronia entre o que se acredita inocentemente e o que ocorre no mundo real afeta a qualidade das nossas leis? Mais do que isso: será que a crença de que o trabalhador é sempre um pobre coitado, sempre uma pessoa pronta a ser usada, mastigada e cuspida fora, sem dó nem piedade, influencia a qualidade da nossa jurisprudência? E, na mão contrária, será que estas decisões também partem da premissa do empresário velhaco, maquiavélico e com sangue nos olhos, insensível ao semelhante e disposto a tudo para lucrar a qualquer preço?[41]

A bem de ver, as duas premissas anteriores do velho Direito do Trabalho acabam por se entrelaçar com esta terceira. Elas são uma coisa só, separadas unicamente para facilitar a análise crítica; um movimento retórico, partidário do dito bélico: dividir para conquistar. Rigidez na última potência, hipossuficiência em abstrato, indisponibilidade total de direitos (sem qualquer critério objetivo) e intervenção máxima do Estado, em suas faces executiva, legislativa e judiciária. São todos pilares convergentes para a mesma e única noção: a de um princípio que determina a otimização de um estado de coisas irreal, voltado para a proteção unilateral, expansiva e absoluta de um trabalhador fictício.

Por essas e outras que o Professor Arion Sayão Romita já dizia que o princípio da proteção estava em xeque.[42]

2.1 Solução tradicional para um caso paradigmático

Para permitir uma melhor comparação entre o velho e o novo Direito do Trabalho, vou narrar uma história que tem surgido na Justiça do Trabalho com considerável frequência.

Um ator famoso (ou um famoso jornalista) ajuíza uma demanda trabalhista em face de uma Rede de Televisão. Argumenta que foi contratado como autônomo e, posteriormente, como pessoa jurídica. Sua remuneração girou na casa dos R$50.000,00 por mês. Obedecia às ordens da diretoria da empresa e possuía jornada pré-definida pelo tomador. Depois de dez anos de sucessivas contratações, não houve mais

---

[41] O detalhe interessante é que, de acordo com pesquisa feita pelo SEBRAE a partir dos dados colhidos no Cadastro Geral de Empregados e Desempregados (CAGED) do Ministério do Trabalho e Emprego, cerca de 70% dos empregos formais do Brasil são oferecidos por micro e pequenas empresas, ou seja, pessoas que normalmente estão ali, ombro a ombro com seus empregados, trabalhando tanto ou mais do que eles. Cf. ESTADÃO. *Pequenas empresas respondem por 70% dos empregos.* Set. 2017. Disponível em: <http://economia.estadao.com.br/noticias/geral,pequena-empresa-responde-por-70-dos-empregos,70001963654>. Acesso em: 08 set. 2017.

[42] ROMITA, Arion Sayão. *O princípio da proteção em xeque.* São Paulo: LTr, 2003. p. 21-38.

renovação. Pleiteia o reconhecimento do vínculo jurídico empregatício com unicidade contratual e o pagamento dos consectários legais. A Rede de Televisão contra-argumenta que o ator (ou o jornalista) aceitou a contratação como autônomo desde o início, que nunca lhe prometeu vínculo de emprego, que a pessoa jurídica do trabalhador existia antes de lhe prestar serviços e que ainda existe nos dias de hoje. Declarou, ainda, que o autor nunca lhe pediu a mudança de regime jurídico e que sempre se mostrou satisfeito com a sua situação.

Pois bem. Imagine você que estes fatos são incontroversos. Logo, na ausência de dúvida sobre o que aconteceu, caberia apenas a decisão final: há ou não há vínculo de emprego a ser reconhecido entre as partes?

A resposta tradicional é um algoritmo bem conhecido. Vamos alimentando os requisitos do art. 3º da CLT: onerosidade (R$50.000,00/mês), não eventualidade (trabalho contínuo por dez anos), pessoalidade (uma celebridade que, obviamente, não se podia fazer substituir) e subordinação jurídica (obedecia às escalações, as jornadas eram definidas pelo contratante e atendia aos comandos da diretoria). E rapidamente está montada a solução prêt-à-porter: procedente o pedido principal de reconhecimento de vínculo de emprego com a unicidade contratual e também os acessórios legais decorrentes. Por baixo, a liquidação de um processo deste calibre ultrapassa os R$10.000.000,00. Não, eu não errei os zeros. Escreverei por extenso: ultrapassa os dez milhões de reais.

Dito isso, convido-o a pensar fora da caixa e pergunto: esta solução satisfaz o seu sentimento de justiça? Ou a inflexibilidade legal, somada à falsa hipossuficiência e à indisponibilidade ilusória, propiciaram uma intervenção estatal indevida e, o que é pior, protegeu quem não precisava de proteção?

Guarde esta ideia, pois daqui a pouco voltarei a ela.

3   As novas premissas do Direito do Trabalho

Karl Popper diferenciava o princípio da racionalidade como atitude pessoal.

O primeiro deve ser compreendido como o princípio da ação apropriada à situação.[43] Não se trata de uma afirmação empírica ou psicológica, no sentido de o ser humano sempre agir racionalmente.[44]

---

[43]   POPPER, Karl Raimund, Sir. *Textos escolhidos*. Org. David Miller. Trad. Vera Ribeiro. Rio de Janeiro: Contraponto: Ed. PUC-Rio, 2010. p. 350.

[44]   *Ibidem*, p. 351.

Até porque, como mencionei na introdução deste ensaio (e você já deve ter testemunhado isso na sua vida pessoal) nem sempre isso acontece. Então, para que serviria esta máxima da razão humana? Ela nos serve de uma aproximação da verdade, de um postulado metodológico, de uma verdade *a priori* que podemos e devemos utilizar na análise de modelos teóricos que nos permitam entender o que ocorre na sociedade.[45] A premissa da racionalidade é apenas e tão somente uma hipótese testável e não uma teoria explicativa da realidade.

A racionalidade como atitude seria outra coisa. De acordo com Popper, esta seria a adoção de uma postura racional, ou seja, a disposição de corrigir suas próprias convicções e, na sua forma mais desenvolvida, a "disposição de discutir criticamente as próprias crenças e de corrigi-las à luz das discussões críticas com outras pessoas".[46] Esta abertura, contudo, não se dá simplesmente por meio de debates sobre teses. Ao contrário, somente por meio da verificação em concreto é que se poderá constatar os nossos erros de raciocínio, a fim de que possamos corrigi-los. E, neste ponto, Karl Popper faz uma distinção fundamental entre o que considera ser uma pessoa racional e outra, irracional. A primeira não possui convicções incorrigíveis: ela sempre mostra disposição para corrigir as suas crenças.[47] Com relutância? Provavelmente. Mas, ainda assim, estará pronto para "corrigir suas concepções sob a pressão dos acontecimentos, das opiniões sustentadas por terceiros e dos argumentos críticos".[48] Já a segunda, ao mostrar-se "engajada", mantém as suas opiniões rígidas, resistentes a qualquer mudança, a qualquer correção. Nas suas palavras: "como não pode estar na posse da verdade plena (ninguém está), resiste à correção racional até mesmo de convicções absurdamente equivocadas. E continua a resistir, mesmo que a correção delas seja amplamente aceita durante sua vida".[49]

Voltemos para o nosso tema. Havia uma racionalidade implícita ao velho Direito do Trabalho. Ela foi construída ao longo dos séculos e se originou de uma realidade palpável. Entretanto, esta hipótese ruiu, não existe mais. Não é mais viável, nos dias de hoje, defender a racionalidade de um modelo de Direito do Trabalho inflexível, calcado em uma hipossuficiência onipresente e numa indisponibilidade intransponível, que exige uma intervenção cada vez mais sufocante do Estado sobre a vida privada, sob o argumento de que se deve proteger o empregado,

---

[45] *Ibidem*, p. 352.
[46] *Ibidem*, p. 356.
[47] *Ibidem*, p. 356.
[48] *Ibidem*, p. 356.
[49] *Ibidem*, p. 356.

dando-lhe cada vez mais direitos a qualquer preço, mesmo que, ao fim e ao cabo, isso contribua para o seu desemprego ou subemprego e para jogá-lo na informalidade.

Portanto, a constatação empírica do nosso erro de raciocínio nos obriga a repensar o Direito do Trabalho como um todo. O que antes era aceitável racionalmente, legítimo, não é mais. E talvez seja a hora de dar uma chance ao novo modelo que nos foi posto pela Lei nº 13.467/17. Acredito ser possível nos apropriarmos do princípio metodológico da racionalidade como a premissa básica do novo Direito do Trabalho que se apresenta. Se ele será efetivamente racional na prática, só descobriremos quando o aplicarmos e medirmos as suas consequências, sempre com a atitude certa: aberta, crítica e reflexiva. Mas isso não nos impede de, ao menos em tese, dizer que há, sim, argumentos razoáveis para lastrear a validade desta hipótese inicial.

Para facilitar o nosso diálogo, discorrerei sobre o que penso serem as premissas do novo Direito do Trabalho, valendo-me das premissas do velho Direito do Trabalho como contraponto. Então, vamos a elas:

(I) O Direito do Trabalho deve ser superflexível. De agora em diante, o art. 7º, VI, XIII e XIV da CF/88 alterou sua polaridade: de exceção passou à regra geral.

Primeiro, porque, ao permitir a flexibilização do salário e da jornada de trabalho, a Constituição abriu uma janela de oportunidade para que os demais direitos também possam ser negociados. Ora, se o pagamento pelo trabalho (sem o qual haverá o risco da escravidão) e a limitação da quantidade de tempo à disposição para o trabalho (sem a qual – para o mais comum dos empregados – haverá o risco da exploração física e mental) podem ser modulados pelos próprios interessados, por que não permitir que esta transação também ocorra, por exemplo, com as férias, com a participação nos lucros ou com o FGTS? Ficariam sob observação apenas os direitos fundamentais materiais dos trabalhadores subordinados, na medida em que seriam o colchão de segurança da manutenção da sua autonomia da vontade, coletiva e individual. Por serem algo como as condições de possibilidade discursiva de Habermas, os direitos fundamentais especificamente desenhados para os empregados preservariam a sua capacidade de decidir livremente como, quanto e até quando limitar a sua própria vontade e/ou enfraquecer algumas de suas posições jurídicas.[50]

---

[50] Sobre os direitos fundamentais como condições de possibilidade discursiva para a construção legítima de um Estado Democrático e Constitucional de Direito, Cf. HABERMAS, Jürgen.

Esta maneira de interpretar os dispositivos constitucionais não é exatamente uma novidade. Trata-se de um *mix* de (i) identificação do núcleo essencial do Direito do Trabalho com o mínimo existencial extraído da Constituição de 1988,[51] com (ii) a utilização do conhecido argumento *a fortiori*.[52] Já havia precedente neste sentido, mas era voz minoritária.[53] Ocorre que o Parlamento contornou a opinião dominante na Justiça do Trabalho e impôs a sua: promover um Direito do Trabalho altamente flexível, a partir da confiança depositada na capacidade de decisão dos empregados.

Mas isso não é só. Outra ideia também posta de lado pela Reforma Trabalhista foi a de que esta flexibilização só poderia ser realizada coletivamente. Leia atentamente estes enunciados do art. 7º da CF/88:

> VI – irredutibilidade de salário, salvo o disposto em *convenção ou acordo coletivo*; XIV – jornada de seis horas para o trabalho realizado em turnos ininterruptos de revezamento, salvo *negociação coletiva*; XXVI – reconhecimento das *convenções e acordos coletivos de trabalho*.

Agora leia o inciso XIII do mesmo artigo: "duração do trabalho normal não superior a oito horas diárias e quarenta e quatro semanais, facultada a compensação de horários e a redução da jornada, mediante *acordo ou convenção coletiva de trabalho*".

Sendo bem direto: a mera análise sintática da redação normativa nos permite afirmar facilmente que o constituinte – ao enunciar *convenções e acordos coletivos* – reservou a flexibilização de salário (art. 7º, VI) e da jornada de seis horas de turnos ininterruptos de revezamento (art. 7º, XIV) para a negociação em grupo, através da deliberação coletiva. Entretanto, no tocante à duração normal do trabalho (art. 7º, XIII), ao enunciar *acordo e convenção coletiva*, autorizou o empregado, individualmente, a negociar, seja para compensar horários, seja para reduzi-los. Vejo nitidamente uma aposta na confiança da capacidade de decisão individual do empregado para a adequação de sua rotina de trabalho, de acordo com os seus interesses e os da empresa. E a razão me parece

---

Direito e democracia: entre facticidade e validade. 2. ed. Trad. Flávio Beno Siebeneichler. Rio de Janeiro: Tempo Brasileiro, 2003. vol. II, p. 221-247.

[51] GOMES, Fábio Rodrigues. *Direitos fundamentais dos trabalhadores:* critérios de identificação e aplicação prática. São Paulo: LTr, 2013. p. 137 e ss.

[52] Sobre esta maneira de argumentar, levando a efeito a máxima de quem pode o mais, pode o menos, Cf. PERELMAN, Chaïm. *Lógica jurídica:* nova retórica. São Paulo: Martins Fontes, 1998. p. 76-77.

[53] MARTINS FILHO, Ives Gandra. *Manual esquemático de direito e processo do trabalho.* 21. ed. São Paulo: Saraiva, 2013. p. 56-59.

singela: ninguém melhor do que o próprio trabalhador e o seu empregador para saberem a exata medida desta adequação.

Desta feita, toda a lógica subjacente à flexibilização mudou da água para o vinho. No velho Direito do Trabalho, ao empregado não era dada uma palavra sequer a respeito de sua própria vida laboral. Tudo o que decidisse, ainda que sem vícios de consentimento, seria precário. Ele teria o direito de se arrepender e voltar atrás, sob o argumento genérico e tendencialmente malicioso de "prejuízos direitos ou indiretos" sofridos em razão da alteração que ele mesmo havia negociado. O art. 468 da CLT o blindava das consequências de suas decisões, caso elas lhe parecessem ruins. A rigor, o antigo modelo tornava-o irresponsável em um segmento altamente importante de sua vida, autorizando-o a testar, não gostar e dizer: "não quero mais". Sem a exigência concomitante da exposição dos motivos relevantes que o levaram a esta desistência, havia o estímulo ao egoísmo e ao capricho pessoal. E do outro lado? Ora, o empregador que suportasse os custos desta mudança brusca e arbitrária de direção, pois a culpa seria sua. Afinal, quem o mandou negociar diretamente com um sujeito de direito que, apesar de plenamente capaz e imputável penalmente, era, sob a ótica trabalhista, uma pessoa para todo o sempre desprovida de liberdade?

Na verdade, os sinais de mudança desta primeira premissa do novo Direito do Trabalho surgiram antes da promulgação da Lei nº 13.467/17. Eles vieram do Supremo Tribunal Federal.

No julgamento do RE nº 590.415/SC, publicado em 29.05.2015 e cujo relator foi o Ministro Luis Roberto Barroso, o STF alterou uma trajetória jurisprudencial do TST que, de tão estável, já havia se tornado orientação jurisprudencial: a OJ nº 270 da SDI-1. Redigida em 27.09.2002, o seu texto dizia o seguinte: "A transação extrajudicial que importa rescisão contratual ante a adesão do empregado a plano de demissão voluntária implica quitação exclusivamente das parcelas e valores constantes do recibo".

Este é um exemplo perfeito do velho Direito do Trabalho. Basta a leitura dos precedentes que deram ensejo a esta OJ para constatarmos que cuidavam de casos nos quais o empregado havia aderido a um Plano de Demissão Voluntária homologado por acordo coletivo e contendo cláusula de quitação geral. Mais uma vez: o empregado, sem qualquer menção a erro, dolo, coação, lesão ou estado de necessidade, informou-se desta modalidade atípica de distrato oferecida pelo empregador e, contando com a concordância do sindicato, leu, refletiu e aderiu à proposta, recebendo valores bem superiores ao que receberia se houvesse sido dispensado sem justa causa. Embolsou o dinheiro e dias, meses ou até dois anos depois, ajuizou ação na Justiça do Trabalho, buscando o pagamento de outras parcelas que não estavam descritas no documento. O detalhe: neste documento, por ele livremente assinado, havia uma cláusula dando plena, geral e irrestrita quitação ao empregador, declarando expressamente que nada mais haveria a reclamar nem pleitear a qualquer título.

O que dizia o TST? Que estas situações, apesar de não serem exatamente uma rescisão contratual típica, deveria submeter-se ao art. 477, §2º da CLT.[54] Contudo, na medida em que o sindicato representante dos empregados havia chancelado o PDV, flexibilizou-se esta determinação legal, o que não era aceito até então. Daí porque considero o julgamento do RE nº 590.415/SC um marco histórico do novo Direito do Trabalho brasileiro, uma verdadeira certidão do seu nascimento ou, vá lá, ao menos a sua ultrassonografia jurisprudencial.

Ao longo de suas mais de vinte e oito páginas, o acórdão expressa claramente o principal vetor axiológico a nortear este novo momento: o da crença na autonomia da vontade. Mas não uma crença metafísica. E, sim, um pensar no empregado como uma pessoa dotada de inteligência, sensibilidade e capacidade de, sob condições normais de pressão e temperatura, decidir a sua própria vida.

Na decisão, reconheceu-se que a Constituição de 1988 inaugurou um modelo justrabalhista mais democrático e autônomo, exemplificando com as convenções e acordos coletivos, elevadas a instrumentos legítimos de prevenção e de autocomposição de conflitos. A participação do sindicato fortalece estes mecanismos pelos quais os empregados formulam as normas que regerão a sua própria vida. Este é o espírito sob o qual devemos interpretar as normas infraconstitucionais.

O STF acrescentou, ainda, que (i) na negociação coletiva não há a mesma assimetria de poder presente nas relações individuais de trabalho, que (ii) o princípio da lealdade da negociação coletiva deve nortear a interpretação do seu resultado (no sentido de que deve ele ser interpretado e cumprido com boa-fé e transparência) e que (iii) o princípio da adequação setorial negociada fomenta a prevalência de regras autônomas sobre as heterônomas (desde que não violem direitos fundamentais correspondentes a um patamar civilizatório mínimo). E, em seguida, o Ministro Barroso realçou a relevância do incentivo ao

---

[54] "O instrumento de rescisão ou recibo de quitação, qualquer que seja a causa ou forma de dissolução do contrato, deve ter especificada a natureza de cada parcela paga ao empregado e discriminado o seu valor, sendo válida a quitação, apenas, relativamente às mesmas parcelas".

diálogo, ao experimento do autogoverno e ao exercício da habilidade e do poder de influenciar a vida no trabalho e fora do trabalho. O contrário disso promove uma concepção paternalista que recusa aos empregados a possibilidade de tomarem as suas próprias decisões e de aprenderem com os próprios erros, atrofiando as suas capacidades cívicas e, por consequência, excluindo parcela considerável da população do debate público.

Tratar os empregados como cidadãos livres e iguais é um dever de ofício do Judiciário, assim como preservar um ambiente de confiança recíproca, pois essencial ao diálogo, à negociação e à prevenção de conflitos, afirmou o relator. Por isso, o cumprimento do acordado, de forma leal e transparente, é indispensável, até porque o reiterado descumprimento provoca descrédito dos instrumentos coletivos, majorando os seus custos de transação em prejuízo dos próprios trabalhadores. Neste contexto, os PDV's aprovados por meio de convenções e acordos coletivos desempenham uma importante função de minimizar os riscos e danos trabalhistas, especialmente em momentos de crise. De maneira que fazer tábua rasa do que foi combinado prejudica a seriedade destes ajustes, ao ponto de empresários não mais os adotarem ou, quando muito, reduzirem drasticamente os benefícios que neles são oferecidos.

Por fim, depois de afastar a ideia constante do acórdão do TST que uniformizou o entendimento sobre a matéria (no sentido de que "o empregado merece proteção, inclusive, contra a sua própria necessidade ou ganância)", o Ministro Luís Roberto Barroso asseverou que "não se pode tratar como absolutamente incapaz e inimputável para a vida civil toda uma categoria profissional, em detrimento do explícito reconhecimento constitucional de sua autonomia coletiva (art. 7º, XXVI, CF)", votando pela convalidação do ajuste como um todo.

Eis aí o embrião do novo Direito do Trabalho.

Tanto assim que, algum tempo depois, ele foi encampado pela Lei nº 13.467/17 que, ao criar o art. 477-B da CLT, preceituou:

> Plano de Demissão Voluntária ou Incentivada, para dispensa individual, plúrima ou coletiva, previsto em convenção coletiva ou acordo coletivo de trabalho, enseja quitação plena e irrevogável dos direitos decorrentes da relação empregatícia, salvo disposição em contrário estipulada entre as partes.

(II) O Estado brasileiro possui o dever de intervenção mínima nas relações de emprego. A melhor decisão possível deve ser a construída pelos próprios interessados, através do diálogo pautado no igual respeito, consideração e poder de barganha. Na mão inversa, a Justiça do Trabalho deve reconhecer sua limitada capacidade institucional para aferir os variados – e às vezes sofisticados – conteúdos das normas coletivas criadas pelos seus destinatários, devendo abandonar suas pré-compreensões de indisponibilidade absoluta de direitos e, principalmente, de desconfiança nos atores sociais envolvidos.

O paternalismo ilegítimo está com os dias contados. A escassez de recursos (ou a reserva do possível) bateu à porta de todo cidadão brasileiro. Os rombos estratosféricos no orçamento público, o descontrole dos gastos, a ineficiência gerencial e fiscalizatória, as oscilações do mercado de *commodities* – com destaque para o petróleo e o ferro – são exemplos de fatos em estado bruto, que pulverizaram o discurso político-jurídico do Estado eternamente provedor.[55] Não que se tenha abraçado de peito aberto a figura libertária do Estado mínimo. Mas certamente muitos acordaram para a dura e óbvia realidade ensinada por Milton Friedam há algumas décadas: "não existe almoço grátis".[56]

Neste contexto desértico, torna-se cada vez mais difícil argumentar em favor de uma vedação de retrocesso social *tout court*. Os brasileiros do ano de 2.587 não poderão alterar ou reduzir absolutamente nada do velho Direito do Trabalho? O modelo reinante na segunda metade do século XX no Brasil é o estado da arte jurídica? Nunca mais se atingirá este nível de perfeição normativa, a não ser que seja para o Estado intervir unilateralmente e ampliar a quantidade de direitos e garantias dos empregados? As normas prescritas na CLT – remendada a torto e a direito desde 1943 – devem ser lidas com intocáveis? Toda e qualquer inovação normativa infraconstitucional ou todo e qualquer detalhamento das normas constitucionais só devem ser autorizados se vierem para majorar direitos dos empregados?

Estas questões me lembraram o título de um filme B, do renomado Jean-Claude Van Damme, que passava na sessão da tarde e preenchia a minha saudosa ociosidade juvenil: "Retroceder nunca, render-se jamais".[57] Brincadeiras à parte, não me parece razoável interpretar o *caput* do art. 7º da CF/88 desta maneira. Ela estimula a gula normativa de um lado, independentemente da vontade e da situação

---

[55] Sobre o tema, vale a leitura de MENDONÇA, Eduardo Bastos Furtado de. *Constitucionalização das finanças públicas no Brasil:* devido processo orçamentário e democracia. Rio de Janeiro: Renovar, 2010.

[56] FRIEDAM, Milson. *There's no such thing as a free lunch:* essays on public policy. Open Court Publishing Company, 1977.

[57] ADORO CINEMA. *Retroceder nunca, render-se jamais.* Disponível em: <http://www.adorocinema.com/filmes/filme-3661/>. Acesso em: 09 set. 2017.

econômico-financeira do outro. Com isso, está-se isolando o Direito do Trabalho da realidade, o que não lhe faz bem. E, de igual modo, o isolamento também ocorre quando se pretende a regulamentação estatal e minuciosa de toda a realidade, pois, no mínimo, ou algo será esquecido, ou algo será desconhecido, ou algo será oneroso demais. Em todos os casos, o resultado será o mesmo: o descumprimento, o descrédito e o fim da eficácia social do direito.

Foi justamente esta espécie de camisa de força normativa que apareceu no velho Direito do Trabalho, com a reconfiguração da Súmula nº 277 do TST. E não foi outro o motivo da suspensão dos seus efeitos, através de liminar concedida pelo Ministro do STF, Gilmar Mendes, nos autos da ADPF nº 323.[58]

Ao sublinhar que "o principal fator positivo da ultratividade da norma coletiva seria evitar período de anomia jurídica entre o final da vigência da norma anterior e a superveniência da seguinte", o Ministro Gilmar destacou que:

> Tal argumentação ignora, todavia, o amplo plexo de garantias constitucionais e legais já asseguradas aos trabalhadores, independentemente de acordo ou convenção coletiva. Na inexistência destes, os empregados não ficam desamparados, pois têm diversos direitos essenciais resguardados.

Na visão do Ministro, tratou-se de uma "autêntica jurisprudência sentimental, seguida nos moldes semelhantes à adotada pelo bom juiz Magnaud". E foi além, dizendo que:

> É esse ativismo um tanto quanto *naif* que o TST parece pretender seguir na espécie. Também a Justiça do Trabalho não pode perder de vista a realidade e, a partir de visões próprias de mundo, focada a atingir determinado fim que entende nobre, atuar com o bom juiz Magnaud. Há limites que precisam ser observados no Estado democrático de direito e dos quais não se pode deliberadamente afastar para favorecer grupo específico.

Mas não foi apenas neste caso que o STF refreou o ativismo e a maximização intervencionista do velho Direito do Trabalho. Também o julgamento do RR nº 1928-03.2010.5.06.024 foi reformado, por meio do RE nº 895.759, publicado em 13.09.2016 e relatado pelo Ministro

---

[58] Cf. STF. *Medida cautelar na arguição de descumprimento de preceito fundamental 323 Distrito Federal*. Disponível em: <http://www.stf.jus.br/arquivo/cms/noticiaNoticiaStf/anexo/ADPF323.pdf>. Acesso em: 09 set. 2017.

Teori Zavascki.[59] No correr de sua fundamentação, o Ministro Teori afirmou claramente que o STF, já por ocasião do RE nº 590.415, havia declinado sua posição favorável a prestigiar a autonomia coletiva da vontade "como mecanismo pelo qual o trabalhador contribuirá para a formulação das normas que regerão sua própria vida, inclusive no trabalho". Desta forma, ainda que "o acordo coletivo de trabalho tenha afastado direito assegurado aos trabalhadores pela CLT, concedeu-lhe outras vantagens com vistas a compensar essa supressão", ressaltando, inclusive, o fato de não ter sido rechaçada, no processo, a validade da votação da assembleia geral que deliberou pela celebração do acordo coletivo.

Portanto, e após registrar que a Constituição admitiu que normas coletivas dispusessem sobre salário (art. 7º, VI) e jornada de trabalho (art. 7º, XIII e XIV), "inclusive reduzindo temporariamente remuneração e fixando jornada diversa da constitucionalmente estabelecida", o relator constatou não ter o acordo coletivo extrapolado os limites da razoabilidade, ao suprimir a contagem das horas *in itinere* em troca de outras vantagens, com base na válida manifestação de vontade da entidade sindical.

Vê, pois, que, mesmo antes da Lei nº 13.467/17, já estava aberto o caminho para o negociado prevalecer sobre o legislado. E foi exatamente isso – e um pouco mais – o que se positivou.

Começando pelo fim, saliento que o *caput* do art. 611-A da CLT explicitou a prevalência da convenção e do acordo coletivo sobre a lei formal. Ocorre que o Legislativo se adiantou e listou uma série de quinze incisos, nos quais apontou os assuntos sobre os quais os sindicatos terão permissão para negociar. Ou seja, acredito que para diminuir potenciais conflitos em juízo a respeito de rolos compressores de maiorias sindicais eventuais, o Parlamento optou por, ele mesmo, positivar o que poderá ser posto na mesa de discussão.

Para confirmar esta minha suspeita, veio em sequência o art. 611-B da CLT. Em um raro exercício de hermenêutica legislativa, o Congresso prescreveu o que não poderá ser negociado. Em trinta incisos, elencou o que constituirá objeto ilícito de convenção ou acordo coletivo, na hipótese de estes instrumentos virem a suprimi-los ou reduzi-los. A rigor, o art. 611-B da CLT esclareceu o que é considerado direito

---

[59] Cf. SUPREMO TRIBUNAL FEDERAL. *Acompanhamento processual*: RE 895759 - RECURSO EXTRAORDINÁRIO (Eletrônico). Disponível em: <http://www.stf.jus.br/portal/processo/verProcessoAndamento.asp?incidente=4794743>. Acesso em: 09 set. 2017.

materialmente fundamental pelos parlamentares, pois acabaram por reproduzir diversos dispositivos constitucionais positivados no art. 7º.[60]

Tivesse ficado só nisso, já haveria centenas de metros de pano para manga. Entretanto, o diálogo institucional prosseguiu e os legisladores passaram mais recados à Justiça do Trabalho.[61] De baixo para cima: (i) o §3º do art. 614 da CLT enfatizou a proibição de ultratividade e da duração de convenção ou acordo coletivo por mais de dois anos (sepultando o que já estava posto em coma pela ADPF nº 323); (ii) o parágrafo único do art. 611-B da CLT realizou uma interpretação redutora de sentido da expressão "normas de saúde, higiene e segurança do trabalho", para dela excluir as "regras de duração do trabalho e intervalo" como suas possibilidades semânticas; (iii) os parágrafos do art. 611-A da CLT trouxeram uma série de limitações à atuação judicial, dentre as quais destaco apenas os §§2º e 1º.

Ao manter a validade de normas coletivas desprovidas de indicação expressa de contrapartidas recíprocas, creio que os congressistas acabaram reforçando, de maneira até um tanto quanto redundante, a sua confiança na autonomia da vontade coletiva. Afinal, não é racional que o sindicato aceite abrir mão de benesses ou flexibilize direitos sem nada receber em troca. Atuar contra os seus próprios interesses, *rectius*, contra os interesses dos seus associados não é o comportamento normalmente esperado desta entidade. Logo, se o sindicato flexibilizou algo sem contrapartidas explícitas, presumiu o Parlamento que algum ganho obteve, ainda que não mencionado, ainda que implícito. Basta pensar, por exemplo, em um empresário prestes a fechar as portas e que, para evitar a bancarrota, põe as cartas na mesa e costura um acordo coletivo para fracionar o pagamento do 13º salário dos seus empregados, mas nada sendo escrito. Neste caso concreto, haverá invalidade?

Este é o segredo. O juiz não poderá trabalhar amparado naqueles conceitos do velho Direito do Trabalho. A etérea hipossuficiência e a indisponibilidade de tudo são coisas do passado. De agora em diante deverá analisar o varejo, a realidade e perceber qual a intenção efetiva por detrás destas costuras normativas. Claro que isso não colocará a salvo circunstâncias envolvendo fraude, erro, dolo e situações que tais,

---

[60] Sobre os critérios desenvolvidos por mim para a identificação dos direitos materialmente fundamentais positivados na Constituição de 1988, Cf. GOMES, Fábio Rodrigues. *Direitos fundamentais dos trabalhadores*: critérios de identificação e aplicação prática. São Paulo: LTr, 2013. p. 135 e ss.

[61] Sobre a importância do diálogo institucional no Estado Constitucional e Democrático de Direito, Cf. BRANDÃO, Rodrigo. *Supremacia judicial versus diálogos constitucionais*: a quem cabe a última palavra sobre o sentido da Constituição? Rio de Janeiro: Lumen Juris, 2012.

nas quais sejam desvendadas ilicitudes e/ou vícios de consentimento de parte a parte.

O §1º do art. 611-A da CLT, por sua vez, faz remissão ao §3º do art. 8º da CLT. E o que nos diz este dispositivo? Ele prescreve que:

> No exame de convenção ou acordo coletivo de trabalho, a Justiça do Trabalho analisará exclusivamente a conformidade dos elementos essenciais do negócio jurídico, respeitado o disposto no art. 104 da Lei nº 10.406, de 10 de janeiro de 2002, (Código Civil), e balizará sua atuação pelo princípio da intervenção mínima na autonomia da vontade coletiva.

Aproveito o ensejo para reproduzir também o §2º do mesmo art. 8º da CLT, no qual se prescreve que: "Súmulas e outros enunciados de jurisprudência editados pelo Tribunal Superior do Trabalho e pelos Tribunais Regionais do Trabalho não poderão restringir direitos legalmente previstos nem criar obrigações que não estejam previstas em lei". Vamos daqui e depois eu volto para lá.

Acredito que eu e você estejamos de acordo com a mensagem telegrafada a partir da Praça dos Três Poderes: juízes do trabalho, contenham-se! Mais do que a mera sugestão de uma postura minimalista, a ideia aqui foi – sem meias palavras – a de domesticar a Justiça do Trabalho, de cima a baixo. Como já expus antes, a Reforma Trabalhista possui um viés reativo. O STF já havia iniciado a mudança de rumos e, querendo ou não, passou o bastão para o Congresso Nacional, que acelerou o passo. Acontece que, em relação ao §2º do art. 8º da CLT, os legisladores tropeçaram nas suas próprias pernas.

Para início de conversa, não são os juízes os primeiros a pular a cerca e fugir da prisão formalista. Ir além do texto normativo é tarefa corriqueira dos advogados, que provocam o Judiciário e lhe apresentam teses nem sempre fiéis à estrita redação legal. Neste sentido, o professor italiano Riccardo Guastini nos ensina o óbvio: que o advogado é fiel aos interesses do cliente.[62] E diz mais:

> Os advogados "não dão como deduzida alguma obrigação (moral) de si mesmos ou de seus clientes no sentido de obedecer à lei enquanto tal [...] não se perguntam qual é o "verdadeiro" significado da lei ou qual teria sido a "verdadeira" intenção do legislador. Perguntam-se: como posso interpretar ou manipular as formulações normativas existentes em vista dos objetivos do meu cliente?".[63]

---

[62] GUASTINI, Riccardo. *Das fontes às normas*. Trad. Edson Bini. São Paulo: Ed. Quartier Latin, 2005. p. 144.

[63] GUASTINI, *loc cit.*

Pronto. Logo à queima-roupa, retiramos parte do fardo criativo dos ombros dos magistrados. Nem toda a culpa do universo está em nossa conta. Mas ainda que não houvesse essa dose de natureza humana na formulação das pretensões, existem outros obstáculos intransponíveis a esta intenção castradora. Qualquer teórico de meia pataca sabe muito bem que tentativas deste jaez são fruto de uma doce e anacrônica ilusão montesquiana. Em linhas gerais, desde a Revolução Francesa, o modelo do *civil law* mantém o controle sobre o juiz através da obrigação de motivar.[64] Mas não se restringe a isso. Há também a obrigação de conferir publicidade aos seus atos (expondo-o à crítica social) e, dentro de determinados limites, há a organização judiciária em instâncias recursais. E há, também, como não poderia deixar de ser, a sujeição do julgador à lei.[65] E aqui voltamos ao ponto.

Sujeitá-lo à lei não significa aprisioná-lo à linguagem da lei. Por encaixar-se como uma luva nesta falsa polêmica, peço permissão para transcrever a lição do professor Chaïm Perelman, segundo a qual:

> O fato de o juiz submeter-se à lei ressalta a primazia concedida ao poder legislativo na elaboração das regras de direito. Mas disso não resulta, de modo algum, um monopólio do legislativo na formação do direito. O juiz possui, a este respeito, um poder complementar indispensável que lhe permitirá adaptar a lei aos casos específicos. Se não lhe reconhecessem tal poder, ele não poderia, sem recorrer a ficções, desempenhar sua missão, que consiste no solucionamento de conflitos: a natureza das coisas obriga a conceder-lhe um poder criativo e normativo no domínio do direito.[66]

A rigor, esta trivialidade hermenêutica já havia sido denunciada bem antes de Perelman, por um dos mais notórios detratores do formalismo jurídico: Oliver Wendell Holmes Jr. Tido como um dos fundadores do realismo jurídico norte-americano, este ex-professor de Harvad e juiz da Suprema Corte dos EUA defendeu que o direito é a previsão do que as cortes farão de fato, e nada mais pretensioso do que isso.[67] Desafio você a encontrar visão mais cética do que esta, a respeito da

---

[64] PERELMAN, Chaïm. *Lógica jurídica:* nova retórica. São Paulo: Martins Fontes, 1998. p. 183-184 e 209-210.

[65] GUASTINI, Riccardo. *Das fontes às normas.* Trad. Edson Bini. São Paulo: Ed. Quartier Latin, 2005. p. 264-266.

[66] GUASTINI, Riccardo. *Das fontes às normas.* Trad. Edson Bini. São Paulo: Ed. Quartier Latin, 2005. p. 203.

[67] HOLMES JR. Oliver Wendell. *The path of law.* New York: Kaplan Publishing, 2006. p. 6.

importância do conceitos, teorias e demais rapapés academicistas na definição do que é o nosso direito de cada dia.

Para afastar esta verdadeira angústia interpretativa (pois poucos dormirão tranquilos, sabedores de que a solução dos seus problemas dependerá unicamente dos humores e pendores subjetivos do juiz da ocasião), o professor inglês Herbert Hart indicou um roteiro intermediário. Nem o nobre sonho formalista, nem o pesadelo realista.[68] No fim das contas, os juízes tendem a deixar o seu ego de lado e a seguir a opinião dominante nos casos fáceis (naqueles em que não há dúvida sobre a norma a ser aplicada ou o sentido que lhe deva atribuído). Apenas nos casos difíceis (naqueles em que há uma zona de penumbra, ou porque não há norma aplicável, ou porque os sentidos são múltiplos ou indecifráveis) é que ele fica livre para criar a solução normativa.[69] Ou seja, nem tanto ao mar (como na rigidez prevista no §2º do art. 8º da CLT), nem tanto à terra (na medida em que os *hard cases* seriam pontuais).

Ocorre que, por mais boa-vontade que se tenha com a teoria proposta pelo professor Hart, o olhar realista do mundo me impede de aceitá-la tranquilamente. Para quem já se aventurou pelos meandros da consciência e da linguagem[70] ou se aproximou da interdependência entre o direito e a linguagem,[71] acreditar na possibilidade de limitar, previamente, as escolhas futuras do julgador sobre o significado das palavras é querer transformá-lo em um autômato. Como isso ainda não aconteceu, penso que esta é mais uma das diversas crenças escondidas pela teoria do direito, disfarçadas de racionalidade. Lembra do Popper?

A atitude mais racional nesta situação é relembrar que, antes de tentar acorrentar o juiz nos casos fáceis e de libertá-lo nos casos difíceis, é preciso separar o joio do trigo. A pergunta agora é: quando estaremos diante de um caso fácil ou de um caso difícil? A resposta não veio?

---

[68] HART, Herbert. L. A. American Jurisprudence through English Eyes: the nightmare and the noble dream. In: *Essays in Jurisprudence and Philosophy*. New York: Oxford University Press, 1983. p. 123-144.

[69] HART, Herbert L.A. *O conceito de direito*. 3. ed. Trad. A. Ribeiro Mendes. Lisboa: Fundação Calouste Gulbekian, 1994. p. 137-168.

[70] Para quem tiver coragem, aconselho a leitura de SEARLE R. John. *Consciência e linguagem*. Trad. Plínio Junqueira Smith. São Paulo: Martins Fontes, 2010; e MARCONDES, Danilo. *Filosofia, linguagem e comunicação*. 4. ed. São Paulo: Cortez, 2001.

[71] Cf. WARAT, Luis Albert. *O direito e sua linguagem*. 2. ed. Porto Alegre: Sérgio Antônio Fabris Editor, 1995; STRUCHINER, Noel. *Direito e linguagem. Uma análise da textura aberta da linguagem e sua aplicação ao direito*. Rio de Janeiro: Renovar, 2002; e NOGUEIRA, Alécio Silveira. *Direito e linguagem*: o processo interpretativo jurídico sob uma perspectiva semiótica. Curitiba: Juruá Editora, 2013.

Então, reformularei a questão: Quem decidirá o que é um caso fácil ou um caso difícil? O juiz, ora bolas.[72] Reproduzindo Neil MacCormick:

> Algum tipo de discricionariedade está envolvido aqui. A única questão é saber se isso implica uma escolha judicial puramente subjetiva, ou um julgamento que envolve fatores, em princípio, objetivos. A melhor resposta parece ser a de que há fatores objetivos aqui, mas eles são necessariamente mediados pela subjetividade judicial. O processo aqui é de determinação, não de dedução.[73]

Logo, é uma miragem hermenêutica achar que esta distinção analítica será suficiente para evitar o que denunciou o realismo jurídico há mais de cem anos atrás: ao menos no Estado Democrático e Constitucional de Direito, as normas são (re)construídas, rematadas e finalizadas nos tribunais. É para lá que os *bad men* direcionam a sua atenção, a fim de traçar as suas estratégias de ação e reação.[74]

Portanto, o que posso dizer aos senhores congressistas é que o recado foi dado e, ao menos por mim, entendido. Mas, quanto à forma da mensagem, escorregaram em uma conhecida casca de banana hermenêutica. Os senhores não foram os primeiros e, provavelmente, não serão os últimos a serem malsucedidos nesta tentativa vã de calar os juízes por meio de expedientes positivistas reducionistas e irrealistas.

Sobre o §3º do art. 8º da CLT, o que posso dizer é que o Legislativo formulou outro tipo de advertência hermenêutica. Neste caso, não se buscou amordaçar o intérprete, impedindo-o de ser quem ele é, proibindo-o de ler, interpretar, refletir/sentir, escolher, opinar e justificar sua opinião.[75] Agora, o aviso foi o de que todo este processo de construção redacional e de reconstrução prática (de aplicação) da norma coletiva deve ser deixado a cargo exclusivo dos seus idealizadores, os quais são, simultaneamente, os seus destinatários.

Dúvidas de conteúdo devem permanecer à margem dos tribunais, os quais devem interferir o mínimo possível no exercício pleno e

---

[72] Neste exato sentido, afirmando o equívoco de Hart e também do argentino Genaro Carrió; (GUASTINI, Riccardo. *Das fontes às normas.* Trad. Edson Bini. São Paulo: Ed. Quartier Latin, 2005. p. 148-150).

[73] MACCORMICK, Neil. *Retórica e estado de direito.* Trad. Conrado Hübner Mendes. Rio de Janeiro, Elsevier, 2008. p. 322.

[74] HOLMES JR. Oliver Wendell. *The path of law.* New York: Kaplan Publishing, 2006. p. 4-7.

[75] Como já dizia Chaïm Perelman: "Espero que as páginas precedentes tenham posto em evidência o fato de que aquele que argumenta e procura exercer com seu discurso uma influência sobre seu auditório não pode evitar fazer escolhas". PERELMAN, Chaïm. *Lógica jurídica:* nova retórica. São Paulo: Martins Fontes, 1998. p. 165.

informado da autonomia coletiva. Mas é claro que sempre haverá a possibilidade de avaliação judicial, pois, como diz a própria lei, permite-se o questionamento dos elementos essenciais do negócio jurídico (agente capaz, objeto lícito e forma prescrita em lei). E o que é uma norma coletiva que viola desproporcionalmente um direito fundamental do empregado, se não uma norma que carrega consigo um objeto ilícito?

Como realismo jurídico pouco é bobagem, se o juiz quiser, alcançará rapidamente na prateleira alguma metodologia de aplicação normativa, apta a contrabalançar (ou a sopesar) o direito fundamental à autonomia coletiva com algum outro direito fundamental dos empregados que tenha sido restringido.[76] Algo que, se levado adiante, acarretará debates intermináveis, seja sobre a confiabilidade destes procedimentos discursivos, seja sobre os resultados obtidos com a sua implementação.[77]

Em suma: de um jeito ou de outro, se o juiz do trabalho quiser, continuará a maximizar a sua interferência. Caberá a ele escutar a recomendação passada pelo Parlamento – ao preceituar a intervenção mínima – e suavizar a sua desconfiança em relação às partes negociantes.

(III) O princípio nº 1 do Direito do Trabalho é o da proteção da autonomia do trabalhador. Patamar mínimo civilizatório. Esta foi a feliz expressão utilizada pelo Ministro Luis Roberto Barroso, no julgamento do RE nº 590.415/SC, para delimitar o piso normativo abaixo do qual o empregado, sozinho ou em grupo, não deve negociar. E o art. 611-B da CLT ajudou nesta empreitada, uma vez que listou diversos direitos trabalhistas que o Poder Legislativo considerou inegociáveis. Meio caminho andado.

A outra metade deverá ser percorrida pelos juízes, tendo em vista uma pequena alteração de perspectiva, mas cujo impacto pragmático no novo modelo de Direito do Trabalho será impressionante. Como já vinha se esboçando na jurisprudência do STF e veio a ser posteriormente sistematizado na Lei nº 13.467/17, o principal vetor normativo do renovado Direito do Trabalho, o que lhe dá sentido, é o princípio

---

[76] Sobre a famosa ponderação de princípios e o princípio da proporcionalidade desenvolvidos por Robert Alexy, Cf. ALEXY, Robert. *Teoria dos direitos fundamentais*. Trad. Virgílio Afonso da Silva. São Paulo: Malheiros, 2015. p. 116 e ss.

[77] Para uma crítica severa a estas técnicas de argumentação, Cf. CAMPOS, Ricardo (org.); MACEDO JÚNIOR, Ronaldo Porto; LOPES, José Reinaldo Lima (coord.). *Crítica da ponderação: método constitucional entre a dogmática jurídica e a teoria social*. São Paulo: Saraiva, 2016. Cf., também, o imperdível GRAU, Eros Roberto. *Por que tenho medo dos juízes (a interpretação/aplicação do direito e os princípios)*. 6. ed. São Paulo: Malheiros, 2013.

da proteção da autonomia do trabalhador. Esta é a cola normativa que agrega as diversas partes contidas na CLT e na Constituição de 1988. Notou a sutileza? Não devemos mais falar de princípio da proteção do trabalhador, daquele que pregava dever ser o empregado protegido de sua "própria ganância". Nesta nova fase do Direito do Trabalho brasileiro, o que deve ser guarnecida é a liberdade real do empregado, é a sua efetiva capacidade de decidir, livremente e informado, sobre os rumos de sua vida profissional, individual ou coletiva. O sinal vermelho se acenderá apenas e tão somente quando estiver em risco a sua própria aptidão para decidir livremente e com o conhecimento das circunstâncias que o cercam. E aí retornamos ao começo: patamar mínimo civilizatório ou mínimo existencial.

Sem querer ser ou parecer cabotino, este foi um dos cernes da minha tese de doutorado. Não me arrisco a abreviar o estudo longo e aprofundado que fiz sobre esta matéria. Mas, para não desperdiçá-lo, peço licença pela última vez para transcrever uma larga passagem do que publiquei:

> Pode ou não pode o empregado abrir mão de sua autonomia? Claro que pode, desde que a sua decisão seja, ela própria, autônoma. O importante é que ele mantenha o seu valor intrínseco, isto é, que ele mantenha a sua "individualidade". Se a autonomia pressupõe a capacidade de o ser humano criar escolhas e efetivá-las, seria um contrassenso menosprezá-lo porque emitiu sua vontade livre e consciente de reduzir seu poder de decisão. Pior do que isso, só mesmo impedi-lo de concretizar o seu plano de vida. Portanto, não façamos confusão. O fato de ele proceder assim não significa que esteja diminuindo o seu valor enquanto agente moral. Levantar essa bandeira é um equívoco. Não há nada mais falso e maniqueísta do que pensar desta maneira.[78]
> O importante é perceber se, em tal circunstância, a pessoa mantém sua identidade singular, a continuidade de seus processos mentais, memórias, intenções, a sua unidade individual e a separabilidade de sua perspectiva interna. Enfim: o importante é que reconheça em si mesmo aquela sua "distintividade individual". Se isso estiver garantido, a sua individualidade também estará em lugar seguro. O indivíduo que se autolimitou continuará percebendo a si mesmo como um ser humano livre e racional, merecedor de igual respeito e consideração.
> O grande embaraço, aqui, é impedir que fatores externos (a escassez de recursos, por exemplo) solapem a vontade do indivíduo, a ponto de ele entrar numa enrascada. Para que sua decisão de comprometer a sua

---

[78] GOMES, Fábio Rodrigues. *Direitos fundamentais dos trabalhadores*: critérios de identificação e aplicação prática. São Paulo: LTr, 2013. p. 135-137.

própria autonomia deva ser legitimamente autorizada – algo chamado por Nino de "princípio de dignidade humana" – todos devem analisar, com cuidado, se a espontaneidade da ação está prejudicada por fenômenos causais, que influenciem desigualmente os participantes/contratantes. Porque, quando isso acontece, devemos todos e, institucionalmente, deve o Estado intervir. Haverá um paternalismo, mas um paternalismo legitimado pelo princípio da inviolabilidade do indivíduo, segundo o qual está proibido de "imponer a los hombres", contra su voluntad, sacrificios y privaciones que no redunden en su próprio beneficio.

Já vimos esse filme. A vontade humana, quando desprovida de um mínimo de condições materiais, está a léguas de distância da verdadeira autonomia criativa. Daí porque a lembrança recorrente do imperativo categórico kantiano. Os indivíduos (potenciais empregados) que estão jogados no poço sem fundo da miséria, da ignorância, da doença, do desabrigo e do desespero famélico não poderão ser resgatados para o terreno firme da humanidade, enquanto não desfrutarem dos direitos morais que os habilite a estipular, eles próprios, os seus planos de vida. E aqueles outros (potenciais empregadores) que se aproveitam disso para se locupletar, que veem a degradação alheia como uma vantagem à ampliação de suas próprias metas, deverão ser impedidos o quanto antes por quem (ainda) detém força física e moral para tanto. Ou isso, ou estaremos coniventes com a coisificação do ser humano, alienado como um "meio" para realização de fins que lhe são estranhos.

Temos, portanto, que a autorrestrição da autonomia não é algo ruim *a priori*. Ao contrário, efetivá-la é uma decorrência lógica da própria valorização da autonomia, O problema está na construção das fronteiras normativas legitimadoras deste tipo especial de decisão. Sem estas linhas divisórias, corre-se o risco de uma autolimitação espontânea tornar-se uma limitação unilateral e arbitrária da autonomia de um pela autonomia do outro [...].

Com o paternalismo legítimo não restringimos a autonomia moral do indivíduo que almeja um emprego. Se ele quer se subordinar ao poder alheio, o Estado não tem nada a ver com isso. Os seus objetivos devem ser outros. De um lado, garantir a formulação institucional e a preservação efetiva dos direitos morais, vinculados à capacidade de cada um tomar suas próprias decisões.

[...] o Estado estará legitimado a intervir na decisão do indivíduo [...] Não para limitar sua autonomia, mas, sim, para favorecer a concretização das decisões que estabeleceu para si, em vista dos seus próprios interesses.

Dito isso, ao evoluirmos do princípio da proteção do trabalhador para o princípio da proteção da autonomia do trabalhador, penso que o nível da interlocução se altera, e muito.

Até onde o empregado, sozinho ou acompanhado por seus pares, pode negociar? Valendo-me de uma expressão do professor de Harvard, Michael Sandel, quais são os limites morais do mercado em relação aos direitos dos trabalhadores?[79] Quando devemos intervir para impedir a degradação do ser humano, ainda que seja o resultado de algo que ele próprio negociou? Qual o limite da lógica monetária e da mercantilização da vida? O ponto de combustão ocorrerá quando estressarem o mínimo existencial do empregado de tal modo que inviabilizem a sua liberdade decisória. Sempre que estiver em risco aquele patamar mínimo civilizatório necessário à manutenção de sua individualidade, à preservação do seu autorreconhecimento como alguém detentor de igual respeito e consideração, teremos ultrapassado a linha vermelha que separa a negociação permitida daquela proibida. Por quê? Em virtude da baixa qualidade de sua decisão.

Tenho consciência de que estou me repetindo, mas é por uma boa causa. O meu objetivo é ser o mais didático possível e, por isso, falo novamente: quem passa fome pensa com o estômago. Esta é uma presunção *hominis* e deve servir de escudo moral contra a disponibilização indevida de direitos materialmente fundamentais do trabalhador.

E, afinal de contas, onde mora este limite intransponível? Na minha tese eu ousei apontar quais direitos positivados nos arts. 7º a 11 da CF/88 seriam materialmente fundamentais e quais seriam apenas formalmente fundamentais.[80] Contudo, caso você esteja com pressa e precisando de uma resposta imediata, leia os incisos do art. 611-B da CLT, pois ali já estão identificados e blindados, em boa medida, os direitos fundamentais dos trabalhadores.

Mas isso não é só. Para se ter uma ideia do que entrevejo, a inconstitucionalidade do art. 468 da CLT é uma sequela inexorável da entrada em cena do novo Direito do Trabalho. Em um sistema normativo e antropocêntrico como o nosso, no qual a dignidade humana de matriz kantiana – centrada na autonomia da vontade[81] – é a mola-mestra, como sustentar um dispositivo outorgado em 1943, num contexto hostil à democracia, à liberdade sindical e às liberdades individuais? Como manter a compatibilidade substantiva entre um preceito cujo fio condutor é a desconsideração da vontade do empregado, sem qualquer menção à qualidade desta manifestação? Pior, como dizer que o art. 468 da CLT ainda é válido, se o que ele afere é simplesmente o prejuízo

---

[79] SANDEL, Michael. *What money can't buy*: the moral limits of markets. 1. ed. New York: Farrar, Straus and Giroux, 2012.

[80] GOMES, Fábio Rodrigues. *Direitos fundamentais dos trabalhadores*: critérios de identificação e aplicação prática. São Paulo: LTr, 2013. p. 137-157.

[81] Por todos, Cf. SARMENTO, Daniel. *Dignidade da pessoa humana*: conteúdo, trajetórias e metodologia. Belo Horizonte: Fórum, 2016.

"direto ou indireto" sofrido pelo empregado, sem ao menos dizer qual o critério para se constatar este prejuízo e, assim, entregando este conceito indeterminado de mão beijada para o preenchimento subjetivo e arbitrário de apenas uma das partes contratantes?

O art. 468 da CLT é o imperativo categórico do velho Direito do Trabalho, pois reflete, como nenhum outro, dois dos seus principais conceitos: a abstração irreal da hipossuficiência e a absolutização acrítica da indisponibilidade. Afrontoso à ideia de se considerar o empregado como um sujeito detentor de "maioridade cívica", este dispositivo retira violentamente a capacidade do indivíduo de decidir, de forma livre e informada, a sua vida profissional. Francamente, o empregado brasileiro é desrespeitado, infantilizado e tratado como alguém em relação a quem o Estado-Juiz deve ficar sempre de olho, seja para salvá-lo das consequências que ele próprio criou para si, seja para mimá-lo e deixá-lo se arrepender, simplesmente porque não quer mais aquilo que, até pouco tempo atrás, era o seu desejo livre e verdadeiro. Quanto ao desastroso estímulo à má-fé contratual e a mais absoluta falta de lealdade com o empregador, pouco preciso dizer.

Nulidade da modificação das regras do jogo? Depende apenas da qualidade da decisão. Foi tomada à base de erro, dolo, coação, lesão ou estado de necessidade? Então a resposta é sim. Dispôs de algum direito fundamental material que tenha comprometido a sua própria capacidade de decisão? Então a resposta é sim. Do contrário, o empregado traz agora, por presunção razoável, a sua *dignitas*, o seu prestígio pessoal de um indivíduo plenamente capaz, livre para escolher o que considera melhor para si, diante das informações e das oportunidades que lhe são postas. Se as coisas não saíram como esperado, paciência. Isso acontece em várias etapas da vida e em vários segmentos da vida. Ou alguém realmente acredita que irá se casar e ser feliz para sempre?

A Lei nº 13.467/17 bebe desta fonte normativa. Toda ela, do início ao fim, está lastreada na noção de proteção da autonomia do empregado. Uma autonomia que não deve ser apenas guarnecida, como também prestigiada e fomentada. Decidam, decidam livremente, a fim de que construam futuros promissores. Erros ocorrerão, sonhos serão frustrados, prognósticos falharão. Mas também acertos serão cada vez mais frequentes, os conflitos talvez diminuam, a sinceridade e a transparência serão a moeda de troca e, quiçá, este seja o gérmen de uma parceria entre dois sujeitos que, num mercado global altamente competitivo, têm tudo para atuar em sintonia. Já disse antes e não me importo de repetir: é na real autonomia decisória que está o centro de gravidade da Reforma Trabalhista.

Para não acharem que estou exagerando, verifiquem os artigos 442-B, 444, parágrafo único, 477, 484-A, 507-A e 507-B da CLT. Neles encontramos (i) o contrato de trabalho autônomo; (ii) a permissão para que empregados portadores de diploma de nível superior e que percebam salário mensal igual ou superior a duas vezes o limite máximo dos benefícios do Regime Geral da Previdência Social estipulem livremente (e diretamente) com o seu empregador tudo o que está contido no art. 611-A da CLT, prevalecendo esta negociação individual sobre a norma coletiva; (iii) a permissão para o distrato entre o empregado e o empregador, desburocratizando-se a extinção do vínculo jurídico-trabalhista; (iv) a permissão para que seja incluída cláusula compromissória de arbitragem nos contratos de empregados cuja remuneração seja superior a duas vezes o limite máximo dos benefícios do Regime Geral da Previdência Social; e (v) a autorização facultativa para que empregados e empregadores firmem termo de quitação anual de obrigações trabalhistas, com o detalhe da chancela sindical compulsória e de o termo só quitar as parcelas específicas que dele constar.

Diante destes singelos exemplos, o que se pode dizer? Eu digo que os parlamentares descartaram a visão preconceituosa, simplória e maniqueísta do empregado como sendo sempre o pobre coitado explorado e do empresário (mesmo o micro e o pequeno) como o vilão inescrupuloso de charuto e cartola. Também eles acreditaram que certas pessoas, com maior nível de instrução formal e cuja remuneração seja acima da média do mercado de trabalho brasileiro, detêm capacidade de decidir livremente os termos do contrato, ainda que seja para afastar, logo de início, a sua natureza jurídico-empregatícia. Na verdade, eles atualizaram a presunção pressuposta ao Direito do Trabalho. Abandonaram aquela antiga e puseram outra no lugar. Simples assim. Obviamente que, como toda inferência ou generalização extraída da experiência cotidiana, leva consigo os riscos da sobreinclusão ou da subinclusão. No entanto, sendo uma ferramenta indispensável para a atividade legislativa e jurisdicional, melhor uma que esteja mais próxima da realidade.[82]

Sei que são muitas as novidades e não são poucas as polêmicas e receios que elas acarretam. Todavia, comentarei apenas uma delas: a contida no art. 442-B da CLT. E vou utilizá-la justamente como uma solução alternativa, oferecida pelo novo Direito do Trabalho, ao caso

---

[82] Sobre os defeitos inevitáveis (mas aceitáveis) decorrentes da generalização normativa (por exemplo, colocar coisas demais ou coisas de menos), Cf., por todos, SCHAUER, Frederick. *Profiles, probabilities and stereotypes*. Cambridge: Harvard University Press, 2003.

paradigmático resolvido no item 2.1, sob a égide do velho Direito do Trabalho.

3.1 Pequeno excurso sobre o art. 442-B da CLT

Antes de esmiuçar o novo art. 442-B da CLT, gostaria de resgatar uma discussão muito parecida, ocorrida na década de 90 do século passado.

Em 1994, a Lei nº 8.949 inseriu um parágrafo único no art. 442 da CLT, prescrevendo que "qualquer que seja o ramo de atividade da sociedade cooperativa, não existe vínculo empregatício entre ela e seus associados, nem entre estes e os tomadores de serviços daquela".

Diante desta disposição, rios de tinta foram derramados para se discutir sobre a sua extensão normativa. Todas as cooperativas haviam ganhado passe-livre? As cooperativas "multi-tudo" – prestadoras de serviços que iam desde limpeza, carpintaria e vigilância até enfermagem e física quântica – estariam livres para atuar do jeito que quisessem, para quem quisessem, sem qualquer receio de sanção jurídica e, consequentemente, de condenação judicial?

Deve-se relembrar que este debate teve como pano de fundo as centenas ou, quiçá, milhares de cooperativas fraudulentas que pululavam por aí, com destaque especial para o Estado do Rio de Janeiro e seus vários Municípios. Mas por que fraudulentas? Porque serviam à tosca missão de intermediação de mão de obra. Arregimentavam um indivíduo pouco qualificado profissionalmente, pagavam-lhe um salário fixo (geralmente o salário mínimo), colocavam-no para trabalhar na atividade-fim de um tomador (por exemplo, frentista de posto de gasolina) e a mágica estava feita. De um lado, o tomador desenvolvia sua atividade econômica com pouquíssimos empregados formais e, de outro, o cooperado obedecia às ordens dos gerentes do tomador, podendo ser punido ou até mesmo dispensado por ele. E a cooperativa? O quê? Cooperativa? Já havia sumido do mapa faz tempo! Assembleias ordinárias, distribuição de sobras e dividendos, eleições de diretoria? Pura ficção para inglês ver.

Situações caricatas como esta (mas, infelizmente, frequentes em juízo), impediram os intérpretes de compreender o parágrafo único do art. 442 da CLT como uma norma válida? Não! Entretanto, reduziram o seu âmbito de incidência (e a sua eficácia jurídica) àqueles casos em que houvesse a constatação de uma cooperativa lícita, na forma da Lei nº 5.764/71 e, atualmente, da Lei nº 12.690/12.

Uma típica hipótese hermenêutica de redução semântica do enunciado normativo. Uma ideia lecionada magistralmente por Riccardo Guastini[83] e realizada corriqueiramente pelo Judiciário brasileiro, como o fez, por exemplo, o Supremo Tribunal Federal no julgamento da ADI nº 3.395-6/DF, ao declarar que a expressão genérica "relação de trabalho" não continha a sua espécie "relação de trabalho estatutária". O art. 114, I da CF/88 foi declarado inconstitucional? Por suposto que não. Mas o STF evidenciou que, na opinião da maioria dos seus Ministros, ele dizia mais do que realmente deveria dizer (o "realmente" aqui é destacado como referência à já mencionada escola realista do direito norte-americano e, não por acaso, ao voluntarismo judicial como seu lema).

Repito, pois: o reducionismo semântico é um movimento argumentativo useiro e vezeiro em nossa tradição jurisprudencial.

É claro que, à época, a terceirização da atividade-fim continuava severamente restringida pela Súmula nº 331 do TST, na sua versão prevista na Resolução nº 23/93. Mas e se não estivesse proibida? E se não houvesse esta proibição?

Para mim, a redução semântica ainda seria sustentável por uma razão muito singela: a fraude. Aquelas cooperativas de fachada foram concebidas dolosamente para driblar a lei. Maquiava-se uma relação jurídica de emprego (perfeitamente ajustada aos arts. 2º e 3º da CLT) para engendrar-se uma contratação simulada e menos onerosa para o tomador. E o pior: manipulavam a vontade dos cooperados, pois, via de regra, tratavam-se de pessoas com pouca instrução formal, zero de especialização (baixa qualificação profissional) e sujeitas a pequenos salários, mas, ainda assim, salários melhores do que nada. Ou seja, as vítimas eram pessoas com pouca ou nenhuma capacidade real de decisão. A rigor, eram migalhas distribuídas a quem estava desempregado, premido pelas necessidades básicas. Eram suficientes para ele sobreviver? Talvez. Mas certamente insuficientes para preservar a sua dignidade. Férias, repouso semanal remunerado, ambiente de trabalho saudável e seguro? Sonhos de uma noite do tórrido verão carioca.

Feitas estas divagações, retorno ao ponto.

O art. 442-B da CLT é inválido, rectius, é inconstitucional?

Respondo com outra pergunta: O art. 442, parágrafo único é inconstitucional?

---

[83] SCHAUER, Frederick. *Profiles, probabilities and stereotypes*. Cambridge: Harvard University Press, 2003. p. 34-43.

Ambos são constitucionais. O mais antigo, porque simplesmente acenava para o juiz temperar suas pré-compreensões e refrear opiniões açodadas: a cooperativa, tão somente por ser cooperativa, não deveria dar azo a fraudes. Daí porque as regulares não deveriam ser confundidas com relações de emprego, seja internamente (com os cooperados), seja externamente (com os tomadores). Já o mais novo segue pelo mesmo caminho: juízes do trabalho, não invalidem automaticamente contratos formalizados entre trabalhadores autônomos e os tomadores dos seus serviços. Os que forem lícitos não devem ser confundidos com a relação de emprego preceituada nos arts. 2º e 3º da CLT. Simples assim. Quer dizer, simples para mim, mas não para o Ministério Público do Trabalho.

Descontadas as alusões genéricas à "justiça social", "sociedade justa e solidária", "erradicar a pobreza", "reduzir desigualdades sociais", "existência digna", "função social da propriedade" e "busca do pleno emprego", o MPT trouxe, em sua Nota Técnica nº 8,[84] algumas assertivas bastante duvidosas, quando lidas com cuidado. São elas:

a) realização material de pessoas não pode ficar sujeita apenas à sua aptidão pessoal e devem ser impulsionadas por normas estatais que garantam um mínimo existencial civilizatório;
b) a relação de emprego é lastreada na subordinação e deve visar à proteção do economicamente hipossuficiente;
c) a relação de emprego é direito fundamental reconhecido constitucionalmente com base na desigualdade material das partes contratantes, devendo-se afastar a plena liberdade e garantir-se um conteúdo mínimo de segurança; e
d) a simples declaração de vontade das partes ou a mera formalização do contrato de trabalho autônomo não deve afastar a configuração da relação de emprego, desconsiderando a desigualdade material das partes que vicia esta vontade.

De fato, lidas em conjunto, estas afirmações misturam alhos com bugalhos de tal maneira, que, ao final, não se compreende muita coisa. Na primeira colocação, quando menciona a realização material das pessoas e a determinação de o Estado garantir-lhes um mínimo existencial, o MPT põe na mesa uma das discussões mais intrincadas da teoria dos direitos fundamentais, da filosofia do direito e da filosofia política.

---

[84] PROCURADORIA GERAL DO TRABALHO. *Nota técnica nº 8, de 26 de junho de 2017, da Secretaria de Relações Institucionais do Ministério Público (MPT)*. Disponível em: <https://portal.mpt.mp.br/wps/wcm/connect/portal_mpt/ce4b9848-f7e4-4737-8d81-6b3c6470e4ad/Nota+técnica+nº+8.2017.pdf?MOD=AJPERES>. Acesso em: 08 set. 2017.

No Brasil, por exemplo, os professores Ana Paula de Barcellos[85] e Ricardo Lobo Torres[86] já ofereceram algumas soluções para dissolver a dúvida a respeito de quais direitos devem compor a "cesta básica" de todo e qualquer ser humano, a fim de lhes resguardar igualdade de oportunidades na vida em sociedade. Mas, tal como sugeri nas entrelinhas, não se deve visar à igualdade de resultados (quando todos só poderiam chegar a um mesmo lugar, independentemente de quem fosse ou do que fizesse), e, sim, igualdade de oportunidades.[87] Para esta, pergunta-se: Até onde o Estado, ou melhor, o seu orçamento deve custear bens e serviços ao público, de modo que todos e cada um de nós carregue consigo as habilidades necessárias para buscar a sua felicidade? O que deve ser considerado indispensável para que todos e cada um de nós saia do mesmo ponto de partida, desfrute das mesmas (ou parecidas) condições iniciais de vida para, dada a largada, percorra o seu caminho e, até mesmo, possa competir com os demais? Educação fundamental, média, profissionalizante e superior para todo mundo? Ou apenas fundamental e média? Saúde pública universal ou segmentada apenas aos de baixa renda? Seguro-desemprego por quatro, oito ou dez meses? E por aí vai.

O ponto central é decidir, dentro de um contexto de escassez de recursos (da reserva do possível), como, onde, para quem e porque distribuir os recursos públicos desta ou daquela maneira. E ao transportarmos esta discussão para o Direito do Trabalho, a pergunta passa a ser como, onde, por que e para que o Estado deve intervir na relação de emprego. Voltamos ao debate de alguns parágrafos acima, sobre o patamar mínimo civilizatório que deve ser resguardado para a proteção da autonomia do trabalhador subordinado.

Contudo, há uma miudeza que complica ainda mais o nosso debate justrabalhista: a intervenção estatal não é para gastar o que arrecada através de suas próprias fontes de custeio. Ao contrário, é para saber até quando e como o Estado deve interferir em uma relação privada, retirando de um lado para entregar ao outro. Para o MPT, o Estado brasileiro petrificou do art. 7º ao art. 11 da CF/88. Logo, tudo o que está ali representa um modelo intocável de (re)distribuição de recursos entre empregado e empregador, salvo se houver mais (re)

---

[85] BARCELLOS, Ana Paula de. *A eficácia jurídica dos princípios constitucionais:* o princípio da dignidade da pessoa humana. Rio de Janeiro: Renovar, 2002.

[86] TORRES, Ricardo Lobo. *O direito ao mínimo existencial.* Rio de Janeiro: Renovar, 2009.

[87] Por todos, DRAY, Guilherme Machado. *O princípio da proteção do trabalhador.* São Paulo: LTr, 2015. p. 91-96.

distribuição unicamente em prol do primeiro. Nunca menos, sempre mais, mais, mais e mais até explodir... a economia, os empregos e os empregados. Não parecem demonstrar preocupação com a fonte de custeio. De onde vem o dinheiro para pagar essa conta? Repito: parecem não se importar.

E o que tem isso a ver com o contrato de trabalho autônomo? Este, como qualquer indivíduo, empregado ou não, sempre esteve abarcado pelas discussões em torno do mínimo existencial. Mais do mesmo, portanto. Todavia, veio o MPT e disse que o contrato de emprego é pautado pela subordinação e proteção do hipossuficiente.

Ora bem. Eu não divirjo – e acredito que quase ninguém neste país o faça – que a subordinação é o elemento central da relação de emprego. Não que sozinha resolva tudo (até porque o pintor eventual que você contratou para pintar as paredes da sua sala de estar deve obedecer às suas diretrizes sobre onde pintar e qual a cor utilizar), mas sem ela não há empregado. Certo é que a subordinação jurídica admite gradações, pois um cirurgião cardíaco, empregado de um renomado hospital, possui uma liberdade de ação muito maior do que o porteiro de um condomínio residencial. Mas, de novo, sem ela não há empregado. Estamos de acordo.

O que vai gerar o meu desacordo com o MPT está em outro lugar-comum do Direito do Trabalho: a noção de hipossuficiente.

Como também já vimos, a hipossuficiência sempre foi associada ao indivíduo fraco economicamente, ao vulnerável, necessitado de recursos para sobreviver ou, melhor dizendo, ao que não dispõe dos meios suficientes à satisfação de suas necessidades básicas. O núcleo do conceito está, portanto, na diminuta capacidade econômico-financeira da pessoa. E, aparentemente, o MPT valeu-se desta versão clássica no seu arrazoado, pois, em mais de uma ocasião, enfatizou a "desigualdade material" como característica marcante da relação de emprego, dizendo que a proteção constitucional era dirigida ao trabalhador subordinado "economicamente hipossuficiente" e que a "desigualdade material" vicia a manifestação de vontade da parte contratante.

Mas, se é assim, vejam a armadilha em que o MPT se meteu. Quando vincula a noção de subordinação a de relação de emprego e justifica a proteção dos empregados à sua desigualdade material em face do empregador, ele acabou por excluir os altos empregados (ou os empregados altamente qualificados) da incidência dos direitos constitucionais. Aqueles muito bem remunerados e com fácil colocação no mercado de trabalho tornaram-se párias trabalhistas. Sem qualquer má vontade, eu digo: do conjunto da obra extraída da nota técnica, conclui-se facilmente que só o empregado desprovido de recursos econômicos é titular dos direitos fundamentais positivados na Constituição de 1988. Ao fim e ao cabo, eles ressuscitaram o empoeirado binômio subordinação econômica (só faltou usar "dependência")!

Seguindo esta linha de raciocínio, aquele cirurgião cardíaco referido há pouco, enquanto empregado registrado, com CTPS "assinada", não faria jus às férias, salários e repousos semanais, como todo e qualquer empregado. Afinal, como justificar a cadeia argumentativa "hipossuficiência-subordinação-natureza jurídico-empregatícia-direitos fundamentais", se a sua remuneração ultrapassar, por exemplo, o subsídio de um Ministro do STF? Pois se não é hipossuficiente, não está subordinado; e se não está subordinado, não se insere em uma relação de emprego; e se não é empregado, fim da história. Um tiro no pé! Usaram uma premissa equivocada (de hipossuficiência como pressuposto de subordinação) para tentar defender "a relação de emprego como direito fundamental" e colheram como resultado situações em que a relação de emprego deixou de ser fundamental.

Os mais atentos já devem estar pensando: mas é só acertar a premissa. A subordinação característica do contrato de emprego não é a econômica, é a jurídica! Em consequência, a alta remuneração ou a inexistência de hipossuficiência do cirurgião cardíaco não mais seria relevante para a classificação do seu status. Caso fosse contratado com *pessoalidade* (não poderia se fazer substituir, ao menos sem a concordância expressa do hospital), *onerosidade* (muita, por sinal), *não eventualidade* (escala de 12x36 ou determinado número de plantões semanais) e *subordinação "jurídica"* (por exemplo, obediência às diretrizes do hospital, prestação de contas ao diretor do hospital e jornada de trabalho preestabelecida) *deveria ser* (linguagem normativa, tendo uma ordem como operador deôntico) *classificado como empregado*, na forma do art. 3º da CLT.

Então, art. 442-B da CLT, diga-me a que veio!

Como não se presumem palavras inúteis nas leis, ele veio por duas razões. Uma, eu mencionei acima e repito para quem estiver impaciente. Ele simplesmente acena para o juiz abrandar suas pré-compreensões e refrear opiniões açodadas. Ele brada em alto e bom som: juízes do trabalho, não invalidem automaticamente contratos formalizados entre trabalhadores autônomos e os tomadores do seu serviço. Os que forem lícitos não devem ser confundidos com a relação de emprego preceituada nos arts. 2º e 3º da CLT. Os que forem fraudulentos e contiverem os requisitos contidos nos arts. 2º e 3º da CLT devem ser declarados nulos e ter reconhecido o vínculo de emprego entre as partes.

O MPT usou de inúmeros contorcionismos discursivos para dizer algumas platitudes e defender outras tantas premissas do velho Direito do Trabalho. Enunciar valores morais travestidos de finalidades constitucionais, sem explicitá-los, é chover no molhado. Falar de mínimo existencial, também sem discorrer sobre seu significado e tentando moldá-lo a fórceps em tudo (do art. 7º ao art. 11 da CF/88), não me convence. Associar hipossuficiência à subordinação é um anacronismo perigoso. E dizer que a relação de emprego é um direito fundamental confunde mais do que esclarece, pois, ao mais desavisado, pode fazer crer que o Estado deve prover o pleno emprego, planejar e dirigir a economia, estatizar os meios de produção e trocar as cores da bandeira nacional para o vermelho rubro. O emprego em si, em uma sociedade baseada na livre iniciativa, justiça social e democracia, é uma faculdade, um merecimento ou, a depender do ponto de vista, uma oportunidade de vida digna, mas direito, data vênia, não é. Tecnicamente falando, direito a ser empregado pressupõe o dever de empregar. E o dever de empregar pressupõe uma norma ordenando que alguém empregue outrem. Esta norma não existe, implícita ou explicitamente, no ordenamento jurídico brasileiro. E, por derivação lógica, inexistem destinatários desta norma inexistente.

O art. 442-B da CLT é um dispositivo que ressalta a importância da autonomia da vontade individual. Ele é um holofote normativo que veio para iluminar uma realidade negada veementemente pelo MPT e por muitos defensores do velho Direito do Trabalho: existem pessoas que não querem ser empregadas e preferem ser contratadas como autônomas! E para essas pessoas, o contrato formalizado é válido e não deve ser associado, automaticamente, à fraude. Transformá-lo, na marra, em outra coisa é uma violência contra o legítimo exercício do direito fundamental à liberdade individual dos contratantes. Isso sem falar que, na maioria das vezes, incentiva uma deslealdade e uma má-fé desabrida! Nada mais nefasto do que combinar de um jeito e depois utilizar-se de um discurso paternalista para passar a borracha na realidade e dar o dito pelo não dito, apesar de ambos terem se acertado com liberdade, informação e plena consciência das consequências da decisão conjunta para as suas vidas profissional e empresarial.

Diferentemente do que se diz abstratamente em muitos livros, não custa repetir à exaustão a ideia diametralmente oposta, já mencionada em diversas passagens deste texto: nem todo trabalhador é hipossuficiente e decide sempre de modo viciado. E mais: nem todo trabalhador subordinado é hipossuficiente e decide sempre de modo viciado. E melhor: a hipossuficiência, quando existe, admite gradações.

A afirmativa do MPT, segundo a qual "a simples declaração de vontade das partes ou a mera formalização do contrato de trabalho autônomo não deve afastar a configuração da relação de emprego, desconsiderando a desigualdade material das partes que vicia esta vontade", é uma ode à desvalorização, em estado bruto, da autonomia de vontade das pessoas.

Como assim, e desde quando, a declaração de vontade de alguém admite os adjetivos "simples" ou "mera"? Tais colocações tratam todos os cidadãos brasileiros como imaturos, de A a Z, independentemente de suas circunstâncias pessoais. É puro e simples paternalismo ilegítimo. Por certo que a desigualdade material pode, no extremo, pulverizar a liberdade decisória. E não foi outra a situação vivenciada pelos cooperados das cooperativas multi-tudo. Mas pressupor que sempre haverá desigualdade material ou que, ainda sem ela, a vontade do trabalhador é sempre falaciosa, é virar-se de costas para o mundo real. E nada mais perigoso do que trancafiar-se em um mundo de fábulas, a despeito da realidade que bate à sua porta!

Para densificar um pouco mais o art. 442-B da CLT, resgatarei aquela história contada no item 2.1 deste artigo.

3.2 Solução alternativa para o caso paradigmático

Espero que você ainda se lembre do nosso caso paradigmático. Se não, volte rapidamente ao item 2.1, releia-o e venha de novo para cá. Pronto. Feito isso, renovo o convite: vamos pensar fora da caixa. Agora, diante do art. 442-B da CLT, é possível indagarmos que tipo de *animus contrahedi* aquele trabalhador manifestou. Para tentarmos construir uma resposta racionalmente aceitável, o mínimo que se espera é que contextualizemos melhor o problema.

Primeira e mais importante das contextualizações: Quem era o trabalhador? Era uma pessoa instruída, informada, bem-sucedida, com entrada no seu segmento do mercado de trabalho (e, às vezes, até em plena atividade quando da contratação), sem qualquer dificuldade financeira. Em suma, o oposto do conceito clássico de hipossuficiente.

Segunda e, não menos importante contextualização: Como se desenvolveu a relação jurídica formalizada entre as partes? Houve um contrato válido (agentes capazes, não era uma atividade ilícita e respeitou-se as formalidades eventualmente existentes), a remuneração ajustada era bem polpuda e sempre foi paga regularmente (e a exposição pública, derivada do seu trabalho para a TV, rendeu-lhe ainda outros fartos ganhos adicionais), tendo ocorrido a rescisão contratual exatamente na forma acertada por ambos.

Retorno à questão. Qual o tipo de *animus contrahedi* foi manifestado pelo trabalhador? O de ser um trabalhador autônomo e, depois, o de prestar serviços como pessoa jurídica. E, neste contexto, sua vontade deve ser considerada viciada? Você consegue vislumbrar algum vício de consentimento (erro, dolo, coação, estado de necessidade ou lesão) apto a entortar a sua decisão? Ou ela foi escorreita, lisa, de acordo com o direito?

Eu penso que o ajuste entre os dois foi válido e, no futuro próximo, estará de acordo com o art. 442-B da CLT.

Na verdade, eu julgo assim não é de hoje. Jamais atropelei a vontade real dos contratantes. Nunca fiz vista grossa para o que uma pessoa, em circunstâncias semelhantes às descritas, decidiu para si. Acredito que fazer o contrário é premiar a má-fé e a deslealdade contratual e permitir transformar o Judiciário em uma máquina do tempo, tornando o trabalhador autônomo imune às responsabilidades e consequências das suas próprias decisões. A sentença do juiz adquire ares de um verdadeiro bilhete premiado de loteria. Milhares de reais são auferidos ao longo do contrato livremente combinado e milhões de reais são embolsados depois que ele termina, simplesmente porque o juiz ficou cego, surdo e mudo para o exercício regular do direito fundamental de livre contratação.

Alguns ainda alegam a natureza impositiva das normas trabalhistas. Ora, o trabalhador não pode escolher. Se a sua realidade se encaixa no art. 3º da CLT, a força gravitacional deste dispositivo não lhe dá margem para contestações. Não penso assim. Antes de o juiz reescrever o passado, ele deve lembrar que este dispositivo não é um buraco negro que suga a tudo que está ao seu redor. A bem de ver, esta suposta impossibilidade jurídica advém da proteção da própria autonomia decisória do empregado necessitado, que estará comprometida pela sua urgência alimentar. Quando a necessidade não existe, o juiz não deve continuar a usar uma camisa de força amarrada pela figura abstrata e irreal do empregado-Chico Bento. Ele possui o dever de enxergar a vida como ela é e sentenciar, com todas as letras, que a intenção contratual do trabalhador não foi a de ser empregado. Ele quis ser autônomo e, depois, ele quis ser PJ. Liberdade e responsabilidade. Esta é a dupla dinâmica da filosofia do direito, muito bem explicada há séculos por John Stuart Mill[88] e, mais recentemente, por Michael Sandel.[89]

---

[88] MILL, John Stuart. *On liberty*. Mineola: Dover Publications, 2016.

[89] SANDEL, Michael. *Justiça – o que é fazer a coisa certa*. 6. ed. Rio de Janeiro: Civilização Brasileira, 2012.

Mas para aqueles que, consciente ou inconscientemente, resistem a dar este passo, aconselho-os a lerem o art. 150 do CC.[90] Dolo recíproco. Se a Rede de Televisão efetivou um contrato de trabalho autônomo para diminuir o custo trabalhista da mão de obra, o ator (ou o jornalista) aceitou esta forma de contratação porque também lhe beneficiava, seja sob o ponto de vista tributário, seja pelos sedutores ganhos diretos e indiretos que surgiriam a partir da assinatura do contrato. Não há santos nessa história. Se houve fraude, ela se deu numa via de mão dupla.

Assim, penso que o art. 442-B da CLT veio para reforçar estes entendimentos. Não é um dispositivo inconstitucional e, menos ainda, um artigo inútil. Ele é um alerta para o juiz e um holofote para a realidade.

A tão propalada primazia da realidade, na esteira do novo Direito do Trabalho brasileiro, adquire um sentido totalmente diferente.

4 Conclusão

Mudanças nas leis trabalhistas estão ocorrendo pelo mundo todo. Portugal, Alemanha, Espanha e Itália são exemplos da natureza intrinsecamente cambiante desta especial forma de regulação.[91] A França também, apesar de retardatária.[92] O motivo é óbvio: poucas coisas mudam tão rápido nesta nossa modernidade líquida quanto os modos e meios do trabalho humano. Dia sim, outro também, visionários proclamam o fim de metade das atividades profissionais conhecidas para daqui a cinquenta anos.[93] Até algoritmos aptos a realizar julgamentos estão em gestação.[94] Na medicina, o programa Watson, desenvolvido pela gigantesca IBM, auxilia médicos experientes no aprimoramento de seus diagnósticos, não havendo quem duvide que, no futuro próximo, ele será capaz de realizar suas próprias avaliações.[95] A inteli-

---

[90] "Se ambas as partes procederem com dolo, nenhuma pode alegá-lo para anular o negócio, ou reclamar indenização".

[91] MARTINEZ, Pedro Romano. *Direito do Trabalho*. 8. ed. Coimbra: Almedina, 2017. p. 125-127.

[92] EL PAÍS. *Reforma trabalhista é primeiro teste de Macron para mudar modelo social francês*. Disponível em: <https://brasil.elpais.com/brasil/2017/08/31/internacional/1504172887_983395.html>. Acesso em: 11 set. 2017.

[93] ESTADÃO. *A grande extinção de empregos*. Disponível em: <http://link.estadao.com.br/noticias/empresas,a-grande-extincao-de-empregos,70001909434>. Acesso em: 11 set. 2017.

[94] TECMUNDO. *Futuro da justiça? Estudo mostra que AI já é capaz de prever julgamentos*. Disponível em: <https://www.tecmundo.com.br/curiosidade/111109-futuro-justica-estudo-mostra-ai-capaz-prever-julgamentos.htm>. Acesso em: 11 set. 2017.

[95] Cf. IBM. *O que é Watson? Plataforma cognitiva? Inteligência artificial? Um robô?* Disponível em: <https://www.ibm.com/blogs/digital-transformation/br-pt/o-que-e-watson-plataforma-cognitiva-inteligencia-artificial-robo/>. Acesso em: 09 set. 2017.

gência artificial, a internet das coisas, as supervelocidades de conexão e a automatização estão cada vez mais presentes em nosso dia a dia, integrando-se de tal forma em nossas vidas que, às vezes, nem mesmo conseguimos percebê-las.[96]

Decerto que o direito, sendo fruto dos valores, da experiência, dos humores, da cultura, enfim, sendo um fenômeno axiológico, social e histórico, datado e geograficamente determinado, não fica imune a esse turbilhão pelo qual estamos passando. Isso sem falar das jabuticabas nacionais. Institucionalmente, o terremoto vem, por exemplo, dos impeachments, das ações penais em face de presidentes da república, da prisão de ex-presidentes da câmara dos deputados, de ministros do STF em confronto aberto e direto com procuradores gerais da república. Da economia, a turbulência foi precificada, com quase três anos de severa recessão, congelamento (quando não inadimplemento) de salários de servidores públicos, déficits orçamentários em progressão aritmética, milhões de desempregados, falências a granel e paralisação de investimentos mínimos em saúde, educação, saneamento, transporte e habitação. Da sociedade, chama a atenção a violência sem hora para chegar, com crimes tão brutais que fariam as tragédias gregas parecerem fábulas infantis de Esopo. De novo: em um contexto arrasa-quarteirão como esse, o direito certamente não fica e – arrisco-me a dizer – não deve mesmo ficar imune.

Adaptação, já dizia Darwin, é a chave do sucesso evolucionário. Tal como ocorre na biologia, o direito também deve evoluir, adaptar-se às novas circunstâncias. Ou isso, ou não dará conta do recado. Correrá o risco de virar letra morta ou, pior, de virar um zumbi normativo, um morto-vivo jurídico que degrada e bagunça as relações entre os vivos. O novo, neste sentido, pode servir como um instrumento capaz de ressuscitar o que estava moribundo.

Penso que ao menos uma chance deve ser dada ao novo Direito do Trabalho. Despir-se dos preconceitos arraigados, que entorpecem a razão e libertam os sentimentos mais viscerais, é dever de ofício de quem atua no cenário jurídico-trabalhista. Advogados, procuradores e, principalmente, os juízes do trabalho têm a obrigação de abrir a mente e aplicar o novo Direito do Trabalho positivado pela Lei nº 13.467/17. Devem, no mínimo, acordar para o fato de que o Parlamento decidiu assumir seu lugar de direito em um Estado Democrático: o de protagonista da

---

[96] UOL. *Como a conexão 5G mudará o mundo*. Disponível em: <https://tecnologia.uol.com.br/noticias/bbc/2014/12/07/como-a-conexao-5g-mudara-o-mundo.htm>. Acesso em: 11 set. 2017.

criação e inovação normativa. E que esta decisão legislativa possui um quê de reação ao intenso ativismo da Justiça do Trabalho. Mas quando digo Justiça do Trabalho não me refiro apenas aos juízes, desembargadores e ministros. Também os advogados e o ministério público devem vestir a carapuça, pois, além de ingressarem nas fileiras judiciais através do quinto constitucional, são eles que nos provocam e retiram o Judiciário da inércia, trazendo suas teses à discussão, muitas das quais com um viés altamente paternalista. Este estado de coisas foi frontalmente rejeitado pela Reforma Trabalhista. Este descolamento da realidade exauriu-se. O eixo do Direito do Trabalho se deslocou. Agora, o seu centro de gravidade é a autonomia da vontade, individual e coletiva, do empregado e do empregador. Ao invés de discutirmos o sexo dos anjos (se o empregado deve ser protegido de si mesmo, desconsiderando a sua decisão e tornando-o irresponsável pelas suas consequências), estamos impelidos a analisar o que verdadeiramente importa: a qualidade da sua manifestação, a qualidade da sua autonomia. A lealdade e a boa-fé, contratual e processual, agradecem.

O novo Direito do Trabalho é realista: ele leva a real intenção das partes a sério, descortinando o grau de informação, envolvimento e liberdade das decisões da dupla dinâmica empregado/empregador. O novo Direito do Trabalho é pragmático: ele molda os resultados normativos a partir da priorização da construção das regras do jogo pelos próprios interessados, presumindo – até prova em contrário – que eles estão habilitados a decidirem por si mesmos os rumos de suas vidas.

Obviamente que o estoque de conhecimento acumulado pelos especialistas do velho Direito do Trabalho continua aí e não deve ser desperdiçado. Não estamos apagando as páginas do passado. Estamos, sim, escrevendo as páginas do futuro. Antes, vivíamos fadados a reler incansavelmente o que foi, sem parar para ver e dizer que isso não tinha mais nada a ver com o que é. Precisou vir o Legislativo e falar o que poucos queriam ouvir: o rei estava nu há tempos. Estávamos cegos pela crença, pelo idealismo, pela ideologia. Recebemos uma sacudida normativa. É normal que fiquemos atordoados. Mas isso não nos deve impedir de, eliminado o assombro inicial, interpretar a Lei nº 13.467/17 com boa-vontade. Desarmar-se de controles de constitucionalidade e convencionalidade é uma boa medida, pois mostra algum respeito pela opinião alheia, no caso, da larga maioria parlamentar. Façamos um *mea culpa*. Vejamos onde pesamos a mão, onde erramos. Nada melhor do que um exame de consciência para clarearmos nossas ideias e equilibrarmos as nossas razões com as nossas emoções.

O novo Direito do Trabalho está aí, pronto para ser aplicado e testado no habermasiano mundo da vida.[97] O seu monitoramento, para realização de diagnósticos, de estatísticas e proposição de correções é o que de melhor poderão fazer os mais desconfiados. Coletem dados, analisem-nos com lógica, com coerência, com método, atentem para a realidade futura e comparem-na com a do passado. Sofistiquem o argumento e plantem os pés no chão, deixando de lado os sofismas e o romantismo ilusório. Façam isso, se quiserem criticar o porvir. Pois, do contrário, se insistirem em mais do mesmo discurso raivoso, abstrato e saudosista, a reação poderá vir ainda mais forte, e bem antes do que se imagina.

Referências

ADORO CINEMA. *Retroceder nunca, render-se jamais*. Disponível em: <http://www.adorocinema.com/filmes/filme-3661/>. Acesso em: 09 set. 2017.

ALEXY, Robert. *Teoria dos direitos fundamentais*. Trad. Virgílio Afonso da Silva. São Paulo: Malheiros, 2015.

ÁVILA, Humberto. *Teoria dos princípios*: da definição à aplicação dos princípios jurídicos. 8. ed. São Paulo: Malheiros, 2008.

BARCELLOS, Ana Paula de. *A eficácia jurídica dos princípios constitucionais*: o princípio da dignidade da pessoa humana. Rio de Janeiro: Renovar, 2002.

BAUMAN, Zygmunt. *Modernidade líquida*. Trad. Plínio Dentzien. Rio de Janeiro: Zahar, 2001.

BRANDÃO, Rodrigo. *Supremacia judicial versus diálogos constitucionais*: a quem cabe a última palavra sobre o sentido da Constituição? Rio de Janeiro: Lumen Juris, 2012.

CAMPOS, Ricardo (org.); MACEDO JÚNIOR, Ronaldo Porto; LOPES, José Reinaldo Lima (coord.). *Crítica da ponderação*: método constitucional entre a dogmática jurídica e a teoria social. São Paulo: Saraiva, 2016.

CARMO, Júlio Bernardo. A Súmula nº 277 e a ofensa ao princípio da legalidade. *Revista do Tribunal Regional do Trabalho da 3ª Região*, Belo Horizonte, v. 55, n. 85, p. 75-84, jan/jun.2012.

CARVALHO, José Murilo de. *Cidadania no Brasil. O longo caminho*. 3. ed. Rio de Janeiro: Civilização Brasileira, 2002.

DAMÁSIO, António. *O mistério da consciência*: do corpo e das emoções ao conhecimento em si. São Paulo: Cia. das Letras, 1999.

DAMÁSIO, António. *O erro de Descartes*: emoção, razão e cérebro humano. São Paulo: Cia. das Letras, 1994.

---

[97] Uma boa introdução à obra bem densa de Jürgen Habermas pode ser encontrada em REESE-SCHÄFFER, Walter. *Compreender habermas*. 3. ed. Petrópolis: Ed. Vozes, 2010.

DELGADO, Maurício Godinho. *Curso de Direito do Trabalho.* 14. ed. São Paulo: LTr, 2015.

DRAY, Guilherme Machado. *O princípio da proteção do trabalhador.* São Paulo: LTr, 2015.

EL PAÍS. *Reforma trabalhista é primeiro teste de Macron para mudar modelo social francês.* Disponível em: <https://brasil.elpais.com/brasil/2017/08/31/internacional/1504172887_983395.html>. Acesso em: 11 set. 2017.

ESTADÃO. *Pequenas empresas respondem por 70% dos empregos.* Set. 2017. Disponível em: <http://economia.estadao.com.br/noticias/geral,pequena-empresa-responde-por-70-dos-empregos,70001963654>. Acesso em: 08 set. 2017.

ESTADÃO. *A grande extinçao de empregos.* Disponível em: <http://link.estadao.com.br/noticias/empresas,a-grande-extincao-de-empregos,70001909434>. Acesso em: 11 set. 2017.

FOOT, Philippa. *The problem of abortion and the doctrine of the double effect in virtues and vices.* Oxford: Basil Blackwell, 1978.

GOLEMAN, Daniel. *Inteligência emocional – a teoria revolucionária que redefine o que é ser inteligente.* Trad. Fabiano Morais. Rio de Janeiro: Ed. Objetiva, 1995.

GOMES, Fábio Rodrigues. *O direito fundamental ao trabalho:* perspectivas histórica, filosófica e dogmático-analítica. Rio de Janeiro: Lumen Juris, 2008.

GOMES, Fábio Rodrigues. *Direitos fundamentais dos trabalhadores:* critérios de identificação e aplicação prática. São Paulo: LTr, 2013.

GRAU, Eros Roberto. *Por que tenho medo dos juízes (a interpretação/aplicação do direito e os princípios).* 6. ed. São Paulo: Malheiros, 2013.

GUASTINI, Riccardo. *Das fontes às normas.* Trad. Edson Bini. São Paulo: Ed. Quartier Latin, 2005.

HABERMAS, Jürgen. *Direito e democracia:* entre facticidade e validade. 2. ed. Trad. Flávio Beno Siebeneichler. Rio de Janeiro: Tempo Brasileiro, 2003. vol. II.

HARARI, Yuval Noah. *Homo Deus. Uma breve história do amanhã.* Trad. Paulo Geiger. São Paulo: Cia. das Letras, 2015.

HART, Herbert. L. A. American Jurisprudence through English Eyes: the nightmare and the noble dream. In: *Essays in Jurisprudence and Philosophy.* New York: Oxford University Press, 1983.

HART, Herbert L.A. *O conceito de direito.* 3. ed. Trad. A. Ribeiro Mendes. Lisboa: Fundação Calouste Gulbekian, 1994.

HOLMES JR. Oliver Wendell. *The path of law.* New York: Kaplan Publishing, 2006.

IBGE. *Total de desempregados cresce e atinge 14,2 milhões.* Disponível em: <http://agenciabrasil.ebc.com.br/economia/noticia/2017-04/ibge-total-de-desempregados-cresce-e-atinge-142-milhoes>. Acesso em: 08 set. 2017.

IBM. *O que é Watson? Plataforma cognitiva? Inteligência artificial? Um robô?* Disponível em: <https://www.ibm.com/blogs/digital-transformation/br-pt/o-que-e-watson-plataforma-cognitiva-inteligencia-artificial-robo/>. Acesso em: 09 set. 2017.

INSTITUTO CESARINO JÚNIOR. *O princípio da proteção de Cesarino Júnior a Arion Romita,* n. 33, Ano 2009. Disponível em: <http://www.institutocesarinojunior.org.br/revista33-2009.pdf>. Acesso em: 07 set. 2017.

KAHNEMAN, Daniel. *Thinking, fast and slow*. New York: Farrar, Straus and Giroux, 2011.

MACCORMICK, Neil. *Retórica e estado de direito*. Trad. Conrado Hübner Mendes. Rio de Janeiro, Elsevier, 2008.

MARCONDES, Danilo. *Filosofia, linguagem e comunicação*. 4. ed. São Paulo: Cortez, 2001.

MARTINEZ, Pedro Romano. *Direito do Trabalho*. 8. ed. Coimbra: Almedina, 2017.

MARTINS FILHO, Ives Gandra. *Manual esquemático de direito e processo do trabalho*. 21. ed. São Paulo: Saraiva, 2013.

MELO, Geraldo Magela. A vedação ao retrocesso e o Direito do Trabalho: the seal backtracking and labor law. *Revista do Tribunal Regional do Trabalho da 3ª Região*, Belo Horizonte, v. 52, n. 82, p. 65-74, jun./dez. 2010.

MENDONÇA, Eduardo Bastos Furtado de. *Constitucionalização das finanças públicas no Brasil:* devido processo orçamentário e democracia. Rio de Janeiro: Renovar, 2010.

MENDONÇA, José Vicente Santos de. *De boas intenções e maus resultados*. Disponível em: <http://jota.info/de-boas-intencoes-e-maus-resultados>. Acesso em: 05 nov. 2016.

MILL, John Stuart. *On liberty*. Mineola: Dover Publications, 2016.

MINISTÉRIO DO TRABALHO E EMPREGO. *Dados sobre trabalho escravo no Brasil*. Disponível em: <http://reporterbrasil.org.br/dados/trabalhoescravo/>. Acesso em: 08 set. 2017.

NINO, Carlos Santiago. *Autonomia y necessidades básicas*. Doxa n. 7, 1990.

NOGUEIRA, Alécio Silveira. *Direito e linguagem:* o processo interpretativo jurídico sob uma perspectiva semiótica. Curitiba: Juruá Editora, 2013.

O GLOBO. *Déficit de motoristas de ônibus no Rio leva empresas a contratarem profissionais com pouca prática*. Disponível em: <https://oglobo.globo.com/rio/deficit-de-motoristas-de-onibus-no-rio-leva-empresas-contratarem-profissionais-com-pouca-pratica-8380654>. Acesso em: 08 set. 2017.

PERELMAN, Chaïm. *Lógica jurídica:* nova retórica. São Paulo: Martins Fontes, 1998.

POPPER, Karl Raimund, Sir. *Textos escolhidos*. Org. David Miller. Trad. Vera Ribeiro. Rio de Janeiro: Contraponto: Ed. PUC-Rio, 2010.

PROCURADORIA GERAL DO TRABALHO. *Nota técnica nº 8, de 26 de junho de 2017, da secretaria de relações institucionais do ministério público (MPT)*. Disponível em: <https://portal.mpt.mp.br/wps/wcm/connect/portal_mpt/ce4b9848-f7e4-4737-8d81-6b3c6470e4ad/Nota+técnica+nº+8.2017.pdf?MOD=AJPERES>. Acesso em: 08 set. 2017.

REESE-SCHÄFFER, Walter. *Compreender habermas*. 3. ed. Petrópolis: Ed. Vozes, 2010.

RODRIGUEZ, Américo Plá. *Princípios de Direito do Trabalho*. Trad. Wagner D. Giglio. 3. ed. São Paulo: LTr, 2000.

ROMITA, Arion Sayão. *O princípio da proteção em xeque*. São Paulo: LTr, 2003.

SANDEL, Michael. *Justiça – o que é fazer a coisa certa*. 6. ed. Rio de Janeiro: Civilização Brasileira, 2012.

SANDEL, Michael. *What money can't buy:* the moral limits of markets. 1. ed. New York: Farrar, Straus and Giroux, 2012.

SARMENTO, Daniel. *Dignidade da pessoa humana:* conteúdo, trajetórias e metodologia. Belo Horizonte: Fórum, 2016.

SCHAUER, Frederick. *Profiles, probabilities and stereotypes.* Cambridge: Harvard University Press, 2003.

SEARLE R. John. *Consciência e linguagem.* Trad. Plínio Junqueira Smith. São Paulo: Martins Fontes, 2010.

STF. *Medida cautelar na arguição de descumprimento de preceito fundamental 323 distrito federal.* Disponível em: <http://www.stf.jus.br/arquivo/cms/noticiaNoticiaStf/anexo/ADPF323.pdf>. Acesso em: 09 set. 2017.

STRUCHINER, Noel. *Direito e linguagem. Uma análise da textura aberta da linguagem e sua aplicação ao direito.* Rio de Janeiro: Renovar, 2002.

SUPREMO TRIBUNAL FEDERAL. *Acompanhamento processual:* RE 895759 - RECURSO EXTRAORDINÁRIO (Eletrônico). Disponível em: <http://www.stf.jus.br/portal/processo/verProcessoAndamento.asp?incidente=4794743>. Acesso em: 09 set. 2017.

TECMUNDO. *Futuro da justiça? Estudo mostra que AI já é capaz de prever julgamentos.* Disponível em: <https://www.tecmundo.com.br/curiosidade/111109-futuro-justica-estudo-mostra-ai-capaz-prever-julgamentos.htm>. Acesso em: 11 set. 2017.

TORRES, Ricardo Lobo. *O direito ao mínimo existencial.* Rio de Janeiro: Renovar, 2009.

UOL. *Como a conexão 5G mudará o mundo.* Disponível em: <https://tecnologia.uol.com.br/noticias/bbc/2014/12/07/como-a-conexao-5g-mudara-o-mundo.htm>. Acesso em: 11 set. 2017.

WARAT, Luís Albert. *O direito e sua linguagem.* 2. ed. Porto Alegre: Sérgio Antônio Fabris Editor, 1995.

Informação bibliográfica deste texto, conforme a NBR 6023:2002 da Associação Brasileira de Normas Técnicas (ABNT):

GOMES, Fábio Rodrigues. O novo Direito do Trabalho. In: TUPINAMBÁ, Carolina; GOMES, Fábio Rodrigues (Coord.). *A reforma trabalhista*: o impacto nas relações de trabalho. Belo Horizonte: Fórum, 2018. p. 161-213. ISBN 978-85-450-0441-7.

CAPÍTULO 9

SUCESSÃO DE EMPREGADORES: DIVERGÊNCIAS E IMPLICAÇÕES DO TEMA NOS PROCESSOS DE FALÊNCIA E RECUPERAÇÃO DE EMPRESA

Flávia Pereira Guimarães

O presente trabalho visa à realização de uma abordagem do instituto da sucessão trabalhista, no que tange aos seus efeitos sobre o processo de falência e recuperação de empresa, a fim de verificar a incidência da sucessão nas hipóteses regidas pela Lei nº 11.101/2005. O instituto da sucessão trabalhista, também chamado de *sucessão de empregadores* ou *alteração subjetiva do contrato*,[1] consiste na modificação do sujeito passivo da relação empregatícia, notadamente, o empregador, que é definido no *caput* do art. 2º da Consolidação das Leis do Trabalho[2] como sendo a "empresa" que assume os riscos da atividade econômica e dirige a prestação de serviços do empregado.

A definição de empregador dada pela legislação celetista gera controvérsias no âmbito doutrinário, uma vez que é criticada por alguns sob o argumento de que a empresa não poderia titularizar direitos e obrigações em seu próprio nome pelo fato de ser um organismo despersonificado, consistente em um complexo de bens, materiais e imateriais, por meio do qual se opera a exploração de uma atividade produtiva com fins lucrativos.

---

[1] DELGADO, Maurício Godinho. *Curso de Direito do Trabalho*. 15. ed. São Paulo: LTr, 2016. p. 459.

[2] Art. 2º - Considera-se empregador a empresa, individual ou coletiva, que, assumindo os riscos da atividade econômica, admite, assalaria e dirige a prestação pessoal de serviço.

Todavia, é reconhecido que a escolha do termo "empresa" para referir-se à figura do empregador possui um aspecto funcional relevante, para fins de sucessão trabalhista, uma vez que dá ensejo à possibilidade da despersonalização da figura do empregador ao longo da relação de emprego, sem prejuízo da continuidade do contrato de trabalho entre o empregado e o sucessor do negócio.[3]

A despeito dos artigos 10 e 448 da CLT estabelecerem, como regra geral, que eventuais modificações na estrutura jurídica da empresa não prejudicarão direitos adquiridos pelos empregados, a nova Lei de Falências e Recuperação Judicial – Lei nº 11.101/2005 apresenta, enquanto legislação especial em matéria de falência e recuperação, uma exceção expressa à regra da sucessão no art. 141, II e §2º, além do art. 60, parágrafo único, em torno do qual gira uma discussão se haveria ou não a incidência do instituto sucessório no âmbito das alienações judiciais de bens do devedor em processo de recuperação judicial.

Não obstante a regulação dada pela CLT e pela LFRJ ao tema da sucessão, certo é que a recente aprovação do PLC nº 38/2017, intitulado como "Reforma Trabalhista" e convertido na Lei nº 13.467, de 13 de julho de 2017 (que passa a vigorar a partir de novembro deste ano) também produzirá efeitos e eventuais mudanças significativas no que tange ao instituto sucessório, notadamente no que diz respeito ao incidente de desconsideração da personalidade jurídica e à execução de dívidas trabalhistas de grupos econômicos, conforme se exporá com mais detalhes a seguir.

1 Aspectos materiais da sucessão trabalhista

1.1 Conceito e evolução histórica do instituto

Nas palavras de Maurício Godinho Delgado,[4] a sucessão trabalhista se traduz como o "instituto justrabalhista em virtude do qual se opera, no contexto da transferência de titularidade de empresa ou estabelecimento, uma completa transmissão de créditos e assunção de

---

[3] Neste sentido: "Ao enfatizar a empresa como empregador, a lei já indica que a alteração do titular da empresa não terá grande relevância na continuidade do contrato, dado que à ordem justrabalhista interessaria mais a continuidade da situação objetiva da prestação de trabalho empregatício ao empreendimento enfocado, independentemente da alteração de seu titular". DELGADO, Maurício Godinho. *Curso de Direito do Trabalho*. 15. ed. São Paulo: LTr, 2016. p. 444.

[4] DELGADO, Maurício Godinho. *Curso de Direito do Trabalho*. 15. ed. São Paulo: LTr, 2016. p. 459.

dívidas trabalhistas entre alienante e adquirente envolvidos". Destarte, o instituto, que tem como fundamento jurídico os artigos 10[5] e 448,[6] ambos da CLT, é inspirado em princípios de caráter protecionista, que visam garantir a maior efetividade das normas celetistas. Dentre estes princípios, destacam-se a continuidade do vínculo empregatício, a despersonalização do empregador e a intangibilidade contratual objetiva.[7]

A lei celetista, nos artigos 10 e 448, preceitua que alterações na estrutura jurídica da empresa não poderão afetar os direitos adquiridos ou os contratos de trabalho dos respectivos empregados. Não obstante o texto legal se refira ao termo "empresa", o que se tem entendido em doutrina[8] é que estas alterações não se referem ao organismo empresarial em si considerado, mas sim, à pessoa (física ou jurídica) que titulariza a empresa ou o estabelecimento.

De resto, o sentido e a extensão tradicionalmente imputados ao instituto da sucessão trabalhista pela doutrina e jurisprudência envolvem, basicamente, as hipóteses de: a) alterações formais na estrutura da pessoa jurídica tomadora de serviços e; b) a substituição do empregador por outra pessoa física ou jurídica, a qual o sucederá na titularidade passiva da relação de emprego. Os exemplos dados em doutrina[9] para estas alterações formais na estrutura da pessoa jurídica referem-se à eventual modificação do tipo societário que reveste o empreendimento, bem como os processos de fusão, incorporação e cisão societária. Neste contexto, pode-se citar, ainda, a mudança de firma individual para o modelo societário, e vice-versa.

Não obstante, a generalidade e a imprecisão do texto celetista, bem como as expressivas mudanças sofridas no mercado empresarial hodierno têm exigido uma nova interpretação dos arts. 10 e 448, da CLT, dando margem a um alargamento do sentido e da aplicação do instituto sucessório pela jurisprudência, nos últimos anos, a fim de promover sua adequação ao novo contexto empresarial. Como consequência, os

---

[5] Art. 10 - Qualquer alteração na estrutura jurídica da empresa não afetará os direitos adquiridos por seus empregados.

[6] Art. 448 - A mudança na propriedade ou na estrutura jurídica da empresa não afetará os contratos de trabalho dos respectivos empregados.

[7] GUEDES, Fernando Grass; SOUZA, Yasmin Lapolli Silveira de. A sucessão trabalhista nos cartórios extrajudiciais. *LTr*, vol. 78, n. 01, p. 86-98, jan. 2014, p. 87.

[8] DELGADO, Maurício Godinho. *Curso de Direito do Trabalho*. 15. ed. São Paulo: LTr, 2016. p. 459.

[9] DELGADO, Maurício Godinho. *Curso de Direito do Trabalho*. 15. ed. São Paulo: LTr, 2016. p. 460-461.

Tribunais têm admitido a incidência da sucessão em situações anteriormente não abarcadas pelo instituto.

Dessa forma, a principal mudança que se verifica no âmbito do fenômeno sucessório, ao longo deste processo evolutivo, se refere à exigência de continuidade da prestação de serviços para a verificação da sucessão trabalhista. Nesta esteira, era necessário que o empregado continuasse prestando seus serviços ao novo sucessor do negócio, com a preservação dos contratos anteriormente firmados com o antigo empregador. Porém, com a nova interpretação dada aos artigos 10 e 448 da legislação celetista, tem-se que a continuidade do contrato não mais configura requisito essencial para a incidência das normas veiculadas pelos referidos dispositivos legais, podendo ocorrer a sucessão ainda que não seja mantido o contrato de trabalho do antigo empregado com o novo empregador. Neste sentido, se manifesta Maurício Godinho Delgado, nos seguintes termos:

> Isto é, a sucessão pode se verificar sem que haja, necessariamente, a continuidade da prestação de serviços. Tal singularidade é que foi percebida nos últimos anos pela jurisprudência, ao examinar inúmeras situações novas criadas pelo mercado empresarial: nessas novas situações ocorriam mudanças significativas no âmbito da empresa, afetando significativamente (ainda que de modo indireto) os contratos de trabalho, sem que tivesse se mantido a prestação laborativa e a própria existência de tais contratos.[10]

Assim sendo, o aspecto principal da sucessão passou a ser a garantia de que alterações jurídicas de qualquer natureza, eventualmente ocorridas no âmbito interno ou externo da empresa, não serão capazes de afetar significativamente os contratos de trabalho existentes. Isto é o que está consagrado na Orientação Jurisprudencial nº 261 da SDI-1,[11] que trata da sucessão bancária, asseverando que a instituição financeira sucessora será plenamente responsável pelos débitos trabalhistas originados ao tempo da prestação de serviços ao sucedido, independentemente da manutenção do vínculo contratual do antigo empregado com a instituição sucessora.[12]

---

[10] *Ibidem*, p.461.

[11] OJ nº 261, da SDI-1, do TST: "Bancos. Sucessão Trabalhista. As obrigações trabalhistas, inclusive as contraídas à época em que os empregados trabalhavam para o banco sucedido, são de responsabilidade do sucessor, uma vez que a este foram transferidos os ativos, as agências, os direitos e os deveres contratuais, caracterizando típica sucessão trabalhista".

[12] Neste mesmo sentido: "[...] continuidade dos contratos de trabalho com a unidade econômica de produção e não com a pessoa natural que a explora. Este último requisito não

De igual modo, este entendimento encontrar-se-á de maneira expressa na legislação celetista, nos termos da nova redação do art. 448-A[13] da CLT, introduzido pela recém sancionada Lei nº 13.467, de 13 de julho de 2017, que passará a produzir seus efeitos a partir de novembro do corrente ano.

1.2 Requisitos gerais da sucessão

Tradicionalmente, admite-se que os requisitos para a ocorrência da sucessão trabalhista são: a) a mudança na estrutura jurídica ou na propriedade da empresa; b) a continuidade do ramo do negócio; c) a continuidade da prestação laborativa, com a manutenção dos antigos contratos de trabalho com o novo titular do negócio.[14] Porém, a nova interpretação extensiva dada pela jurisprudência ao instituto sucessório trouxe à tona a discussão sobre a exigência ou não da continuidade do contrato de trabalho para a ocorrência da sucessão.

Neste sentido, existem dois modelos para interpretação dos requisitos sucessórios: o modelo tradicional e o modelo extensivo.[15] Conforme adiantamos na seção anterior, de acordo com o modelo tradicional, é imprescindível que não haja solução de continuidade da prestação laborativa pelo obreiro, condição sem a qual não se operaria a sucessão. Por outro lado, de acordo com o mais recente modelo extensivo, para que ocorra a sucessão basta que se verifique a transferência do todo ou parte de unidade econômico-produtiva, de maneira que seja capaz de afetar significativamente antigos contratos de trabalho.

O primeiro aspecto relevante acerca do requisito da transferência da titularidade do todo ou de parte de estabelecimento ou empresa é

é imprescindível para que haja sucessão, pois poderá ocorrer que o empregador dispense seus empregados antes da transferência da empresa ou do estabelecimento, sem lhes pagar os direitos sociais. Nesse caso, a continuidade do contrato de trabalho foi obstada pelo sucedido, podendo o empregado reivindicar seus direitos do sucessor, pois, ao celebrar o ajuste, não se vinculou à pessoa física do titular da empresa, mas a esta última, que é o organismo duradouro". BARROS, Alice Monteiro de. *Curso de Direito do Trabalho*. 10. ed. São Paulo: LTr, 2016. p. 260.

[13] Art. 448-A: Caracterizada a sucessão empresarial ou de empregadores prevista nos arts. 10 e 448 desta Consolidação, as obrigações trabalhistas, inclusive as contraídas à época em que os empregados trabalhavam para a empresa sucedida, são de responsabilidade do sucessor. Parágrafo único: A empresa sucedida responderá solidariamente com a sucessora quando ficar comprovada fraude na transferência.

[14] BARROS, Alice Monteiro de. *Curso de Direito do Trabalho*. 10. ed. São Paulo: LTr, 2016. p. 259-260.

[15] DELGADO, Maurício Godinho. *Curso de Direito do Trabalho*. 15. ed. São Paulo: LTr, 2016. p. 462-463.

que, tanto para a vertente tradicional, quanto para a vertente extensiva, para que haja sucessão, deve haver a transferência de *unidades econômico-jurídicas*, que correspondem a universalidades. Isto significa dizer que a transferência de objetos singularmente considerados, como máquinas e equipamentos, não configura sucessão de empregadores, uma vez que não constituem universalidades de fato. No entanto, a transferência de parte de um estabelecimento poderá ensejar a sucessão, desde que configure unidade econômico-produtiva.[16]

No que tange ao título jurídico utilizado na transferência, Maurício Godinho Delgado salienta que

> [...] em princípio, indiferente à ordem justrabalhista a modalidade de título jurídico utilizada para o trespasse efetuado. Qualquer título jurídico hábil a operar transferência de universalidades no Direito brasileiro (logo, compra e venda, arrendamento, etc.) é compatível com a sucessão de empregadores.[17]

Quanto ao requisito da continuidade da prestação de serviços pelo obreiro ao novo titular da empresa, considera-se que não mais consiste em um requisito indispensável à incidência da sucessão, tendo em vista a recente interpretação jurisprudencial a respeito do tema. Porém, conforme salienta Maurício Godinho Delgado,[18] fato é que a presença deste requisito, ao lado do primeiro (transferência de unidade econômico-produtiva), torna inegável a incidência da sucessão trabalhista, inclusive nas hipóteses em que a transferência operada não seja apta a afetar significativamente as relações de trabalho em torno da empresa.

Por outro lado, a ausência de continuidade da prestação laboral acaba por exigir uma verificação mais acurada a respeito da transferência de unidade econômico-jurídica realizada, uma vez que será necessário que esta transferência se refira a uma parte significativa do ativo empresarial, de maneira que possa comprometer os direitos adquiridos decorrentes de contratos de trabalho anteriormente firmados. Caso o trespasse se refira a parcela insignificante ou que não seja apta a atingir, de nenhum modo, os direitos dos trabalhadores vinculados à empresa, não haverá sucessão.

---

[16] *Ibidem*, p. 463.
[17] *Ibidem*, p. 464.
[18] *Ibidem*, p. 466.

Porém, ressalte-se que a sucessão consiste na transferência da empresa ou do estabelecimento em que o sucessor dará continuidade à atividade empresarial anteriormente operada pelo seu predecessor. Sendo assim, não deve haver solução de continuidade entre o encerramento das atividades da sucedida e o início das atividades da sucessora, tendo em vista que a empresa permanece a mesma, somente havendo alteração quanto ao seu titular.

Além disso, só haverá sucessão trabalhista se houver a apropriação, pelo novo titular, dos recursos anteriormente utilizados pela sucedida para operar a empresa, a qual deverá funcionar no mesmo local e no mesmo ramo de atividades anterior. Do contrário, se o imóvel onde se encontra instalada a empresa foi desocupado mediante ação de despejo, após lapso considerável de tempo, com maquinário e quadro de empregados diversos dos originalmente utilizados pelo sucedido, não incidirá o instituto da sucessão,[19] uma vez que se tratará de novo organismo empresarial recém-formado, não correspondendo a uma continuação da organização produtiva originária.[20]

1.3 Hipóteses de exclusão da sucessão

Não obstante a incidência geral da regra da sucessão de empregadores, a qual se aplica a todos os tipos de relação de emprego, inclusive as relações empregatícias rurais (arts. 10 e 448, da CLT c/c art. 1º, *caput*, da Lei nº 5.889/1973), existem restrições pontuais feitas pela lei e pela jurisprudência ao instituto sucessório. Neste sentido, abordaremos algumas principais exceções à regra da sucessão, conforme passa a se expor a seguir:

1.3.1 Empregado doméstico

O art. 7º, "a", da CLT dispõe expressamente que as disposições constantes da referida legislação trabalhista não se aplicam à categoria dos empregados domésticos, motivo pelo qual esta classe de empregados não estaria abrangida pela incidência das normas veiculadas

---

[19] BARROS, Alice Monteiro de. *Curso de Direito do Trabalho*. 10. ed. São Paulo: LTr, 2016. p. 261.

[20] "Sucessão de empresas. A sucessão se consubstancia quando a nova pessoa jurídica ocupa o mesmo lugar, explora o mesmo ramo e se utiliza dos mesmos utensílios. Portanto, é caracterizada pelos elementos fáticos que conduziram a alteração na propriedade sucedida, independentemente da forma legal adotada, sendo que o patrimônio que guarnece o estabelecimento se constitui na garantia para os créditos trabalhistas". (TRT – 12, Ac. nº 2550/2000, Primeira Turma, Relator Des. Idemar Antônio Martini, public. em 21.03.2000).

nos arts. 10 e 448 da CLT. Porém, com a edição da Lei Complementar nº 150/2015, este argumento foi enfraquecido, em razão do disposto no art. 19, *caput*, da mencionada lei, que determina a aplicação supletiva da CLT aos contratos de trabalho doméstico.

Não obstante isso, para a aplicação subsidiária das normas celetistas referentes à sucessão de empregadores, é necessário que estas sejam compatíveis às peculiaridades das relações de trabalho de caráter doméstico. Conforme já dito anteriormente, o diploma celetista utiliza o conceito de *empresa* como forma de enfatizar a vinculação objetiva entre o empregado e a organização econômico-funcional, resultante da celebração do contrato de trabalho. Assim, o instituto da sucessão trabalhista pressupõe a integração do empregado na realidade empresarial, independentemente de qualquer ligação com a pessoa responsável por titularizar o empreendimento.

Com efeito, isto seria o extremo oposto do que ocorre na relação de trabalho doméstico, que se configura como um vínculo estritamente subjetivo, entre patrão e empregado. Tanto é assim que o fundamento da relação empregatícia doméstica consiste no elemento fiduciário (sentimento de confiança) que está presente na relação entre empregado e empregador. Em outras palavras, o trabalhador vincula-se à pessoa do empregador, e não ao âmbito residencial onde presta os seus serviços.[21]

Em suma, o que se verifica é que a característica impessoalidade do empregador, própria da figura sucessória, não estaria presente na relação de trabalho doméstico. Dessa forma, esta pessoalidade inerente à figura do empregador doméstico caracterizaria a incompatibilidade do instituto sucessório a este tipo de relação empregatícia, visto que o princípio da despersonalização da figura do empregador é um dos preceitos norteadores da sucessão trabalhista.[22]

1.3.2 Concessão de serviço público

Nos termos da Orientação Jurisprudencial nº 225, da SDI-1 do TST, estabelece-se a responsabilidade plena de uma segunda concessionária de serviço público, na condição de sucessora, pelas repercussões passadas,

---

[21] BARROS, Alice Monteiro de. *Curso de Direito do Trabalho*. 10. ed. São Paulo: LTr, 2016. p. 265.

[22] Nesta direção: "Nesse quadro contextual, a relativa pessoalidade que imantaria a figura do empregador no âmbito da relação empregatícia doméstica suprimiria a incidência de um dos princípios que fundamentam, doutrinariamente, o instituto da sucessão trabalhista ('princípio da despersonalização do empregador'), inviabilizando a extensão desse instituto a essa categoria específica de empregados". DELGADO, Maurício Godinho. *Curso de Direito do Trabalho*. 15. ed. São Paulo: LTr, 2016. p. 469. (Grifos no original).

presentes e futuras do contrato trabalhista extinto após a entrada em vigor do contrato de concessão, ressalvando-se a responsabilidade subsidiária da primeira concessionária quanto às obrigações trabalhistas contraídas no período anterior à concessão. Em contrapartida, a responsabilidade pelos débitos trabalhistas derivados de contratos empregatícios rescindidos antes da vigência da concessão será exclusivamente da primeira concessionária, exonerando-se completamente a sucessora.

Porém, chama-se a atenção para o fato de que o que caracteriza a sucessão trabalhista nestes casos é a utilização, pela segunda concessionária, de bens materiais de propriedade da antecessora para a prestação do serviço público concedido. A *contrario sensu*, a jurisprudência entende que caso a sucessora utilize-se de novos equipamentos, diversos dos que eram utilizados pela predecessora para a realização da atividade, estará excluída a incidência da sucessão.[23]

1.3.3 Cartórios extrajudiciais

Com base no disposto no art. 236 da Constituição da República de 1988 e na Lei nº 8.935/1994 (Lei dos Cartórios), tem-se entendido que aqui, assim como nas relações de trabalho doméstico, o vínculo empregatício seria essencialmente subjetivo, na medida em que se perfaz entre o empregado e uma pessoa natural, que consiste no titular da serventia.

Esta pessoalidade intrínseca à figura do empregador resta evidenciada na Lei nº 8.935/1994, porquanto dispõe que a delegação pública do serviço notarial é feita à própria pessoa física do titular do cartório, e não à entidade cartorária, enquanto pessoa jurídica autônoma (art. 3º da referida lei). Diante do exposto, Maurício Godinho Delgado[24] defende que a sucessão trabalhista terá aplicação limitada no âmbito dos cartórios extrajudiciais, porquanto ela só incidirá em

situações fático-jurídicas em que estejam presentes, concomitantemente, os dois elementos integrantes da sucessão trabalhista, ou seja, a transferência da titularidade da serventia e a continuidade da prestação de

---

[23] "SUCESSÃO TRABALHISTA. CONCESSÃO DE SERVIÇO PÚBLICO. No tocante ao entendimento jurisprudencial esposado na OJ nº 225 da SDI-1 do TST, convém frisar que a sucessão de concessionárias, por si só, não gera a sucessão. Todavia, quando ocorre a transferência de patrimônio entre a primeira e a segunda concessionárias configura-se a sucessão". (TRT-1, RO 00016143820125010302/RJ, Décima Turma, Relator Des. Célio Juacaba Cavalcante, julg. em 01.10.2014, public. em 21.10.2014).

[24] DELGADO, Maurício Godinho. *Curso de Direito do Trabalho*. 15. ed. São Paulo: LTr, 2016. p. 472.

serviços. Se não estiverem reunidos esses dois elementos (ou seja, se o antigo empregado não continuar laborando no cartório a partir da posse do novo titular), a relação de emprego anteriormente existente não se transfere para o novo titular da serventia, mantendo-se vinculada, para todos os efeitos jurídicos, ao real antigo empregador, ou seja, o precedente titular do cartório.

Assim sendo, não se aplica aos cartórios extrajudiciais, com razão, ao nosso entender, a interpretação extensiva construída pelos Tribunais a respeito do instituto sucessório, segundo a qual bastaria a modificação de titularidade da unidade econômico-jurídica, para a incidência dos arts. 10 e 448 da CLT, independentemente da preservação dos contratos de trabalho.

Se assim não o fosse, o fim teleológico pretendido pela exigência constitucional de aprovação em concurso público para o ingresso na atividade notarial e de registro restaria seriamente comprometido. A este respeito, a ocorrência da sucessão, sem que haja continuidade da prestação laborativa, implicaria na atribuição de ônus desproporcional e injustificável ao novo titular concursado, o qual já seria empossado com débitos trabalhistas pendentes, contraídos ao tempo da gestão anterior, enquanto que o antigo titular estaria plenamente exonerado de qualquer responsabilidade.

1.4 Os créditos trabalhistas na Lei nº 11.101/2005

A edição da Lei nº 11.101/2005 criou nova restrição à regra da sucessão, no que concerne às alienações de ativos empresariais na falência e na recuperação judicial. No tocante à nova Lei de Falências, a mesma foi responsável por uma inovadora regulamentação no âmbito do processo falimentar, além de introduzir ao ordenamento jurídico pátrio o mecanismo da recuperação judicial e extrajudicial da empresa que se encontra em situação de crise econômico-financeira remediável.

Neste sentido, o referido diploma falimentar promoveu avanço significativo em relação à legislação anterior acerca do tema, o Decreto-Lei nº 7.661/1945, considerando-se que este tinha como ponto central a relação jurídica entre o devedor e seus credores, visando exclusivamente à liquidação do ativo empresarial para a satisfação dos respectivos créditos,[25] sem maiores preocupações com a preservação e recuperação do organismo funcional da empresa.

---

[25] KOURY, Suzy Elizabeth Cavalcante. Recuperação de empresas e sucessão trabalhista. *LTr*, vol. 76, n. 09, p. 1084-1090, set. 2012, p. 1084.

Sob a égide do regime anterior, só o que havia à disposição do devedor insolvente era o benefício da concordata, pelo qual ele poderia obter condições mais favoráveis de pagamento dos créditos (tais como dilação de prazos e remissão de dívidas), na tentativa de evitar a decretação de falência (concordata preventiva) ou de suspender os efeitos dela decorrentes, caso o benefício fosse concedido já no curso do processo falimentar (concordata suspensiva).

Contudo, a Lei nº 11.101/2005 substitui o instituto da concordata pela recuperação judicial e extrajudicial, visando não somente a proteção e a satisfação dos direitos dos credores, como também a preservação da empresa, compreendida como organização econômica produtiva detentora de relevante função social. Nesta linha, o art. 47 da LFRJ descreve o instituto da recuperação judicial como sendo o mecanismo pelo qual se busca oferecer condições favoráveis à superação da crise econômico-financeira do devedor, com vistas à manutenção do organismo econômico-funcional, no intuito da preservação dos empregos por ele gerados e de gerar condições para o pagamento dos credores.

Entretanto, esta mudança de perspectiva produziu efeitos também no que tange à responsabilidade pelos créditos trabalhistas oriundos de contratos de trabalho firmados com o devedor em estado de falência ou em recuperação empresarial. Desta feita, antes da edição da Lei nº 11.101/2005, a responsabilidade pelos créditos trabalhistas no cenário de transferência de ativos empresariais era regulada de forma exclusiva pela CLT, nos arts. 10 e 448, que traduzem regra geral em termos de sucessão de empregadores, aplicando-se, a princípio, a todo e qualquer tipo de relação empregatícia. Assim, a transferência de unidade econômico-jurídica (empresa ou estabelecimento) do devedor falido a outro empresário ou sociedade empresária implicaria na ocorrência da sucessão de empregadores, com a imediata assunção das dívidas trabalhistas do alienante.[26]

Ocorre que o art. 141, II e §2º da LFRJ[27] excepcionou a incidência do instituto sucessório nos casos de alienação em hasta pública dos ativos do

---

[26] SILVA, Mayara Fraga da. O arrematante no processo de falência. *Saber Digital*, vol. 8, n. 1, p. 103-120, 2015, p. 107. Disponível em: <http://faa.edu.br/revistas/docs/saber_digital/2015/Saber_Digital_2015_07.pdf>. Acesso em: 05 jan. 2017.

[27] Art. 141 - Na alienação conjunta ou separada de ativos, inclusive da empresa ou de suas filiais, promovida sob qualquer das modalidades de que trata este artigo: II - o objeto da alienação estará livre de qualquer ônus e não haverá sucessão do arrematante nas obrigações do devedor, inclusive as de natureza tributária, as derivadas da legislação do trabalho e as decorrentes de acidentes de trabalho. §2º Empregados do devedor contratados pelo arrematante serão admitidos mediante novos contratos de trabalho e o arrematante não responde por obrigações decorrentes do contrato anterior.

devedor falido. O referido dispositivo preceitua que esta seria hipótese de aquisição originária de propriedade, na qual o objeto da alienação estará livre de quaisquer ônus anteriores, afastando expressamente a incidência da sucessão do adquirente nas obrigações trabalhistas do devedor. Como consequência, serão admitidos mediante novos contratos de trabalho, os antigos empregados do devedor falido contratados pelo arrematante, exonerando-se o adquirente de qualquer responsabilidade pelas obrigações decorrentes do contrato de trabalho anterior.

Que a exceção se aplica ao devedor falido, não se discute, visto que o inciso II e §2º do art. 141 estão previstos no capítulo específico acerca do processo falimentar. No que concerne aos empresários e às sociedades empresárias beneficiados por plano de recuperação extrajudicial, por outro lado, incidirá a sucessão trabalhista, visto que a não extensão da excludente sucessória resta claramente evidenciada na normativa falimentar, nos termos do art. 161, §1º, art. 163, §1º c/c art. 83, todos da Lei nº 11.101/2005.[28]

No entanto, há discussão quanto à extensão da referida vantagem empresarial às hipóteses de recuperação judicial. A princípio, tem-se que a excludente sucessória não abrangeria os processos de recuperação judicial, uma vez que nas disposições comuns à recuperação judicial e à falência (Capítulo II da LFRJ, arts. 5º ao 46), não há qualquer referência expressa a respeito da aplicação da vantagem preconizada no inciso II e §2º do art. 141 a ambos os casos. Nesta linha, enquanto restrição de direitos individuais e sociais trabalhistas tutelados pela ordem constitucional, entende-se que qualquer limitação à incidência do instituto sucessório deve ser prevista expressamente em lei, não sendo cabível uma interpretação extensiva no sentido de possibilitar maior abrangência da excetiva sucessória para além das hipóteses de falência para as quais fora especificamente prevista.[29]

Quanto ao parágrafo único do art. 60 da LFRJ, embora o referido dispositivo também excetue a ocorrência da sucessão do arrematante nas obrigações do devedor, cabe enfatizar que a norma se refere expressamente às obrigações de natureza tributária, sendo silente quanto às de natureza trabalhista. Além disso, o mencionado parágrafo único faz referência apenas ao §1º do art. 141, que trata das hipóteses de fraude

---

[28] DELGADO, Maurício Godinho. *Curso de Direito do Trabalho.* 15. ed. São Paulo: LTr, 2016. p. 470.

[29] *Ibidem,* p. 471.

à sucessão, não se reportando ao §2º do art. 141, este sim, fixador da exclusão do instituto sucessório.[30]

Não obstante o exposto acima, o Supremo Tribunal Federal, em 2009, estendeu a não incidência da sucessão trabalhista também aos casos de recuperação judicial da empresa, na ocasião do julgamento da ADI nº 3.934-2/DF[31] e do RE nº 583. 955-9/RJ,[32] com repercussão geral reconhecida. Nos referidos julgados, a Corte Suprema reconheceu a constitucionalidade do art. 141, II e do parágrafo único do art. 60, ambos da Lei nº 11.101/2005, bem como asseverou que o referido parágrafo único, muito embora não trate expressamente das obrigações trabalhistas, também a elas se refere quando exclui a ocorrência da sucessão, de maneira que o arrematante estaria exonerado de qualquer responsabilidade trabalhista relativamente ao período anterior à transferência.

Sendo assim, de acordo com o entendimento firmado pelo STF, a sucessão trabalhista não se impõe ao arrematante, nas hipóteses de alienação judicial da empresa ou de fundo empresarial nos processos de falência e de recuperação judicial. Porém, em que pese o prevalente posicionamento do STF acerca do assunto, cabe ressalvar, com a máxima vênia, que a extensão de tal restrição ao instituto da recuperação judicial pode dar azo ao enfraquecimento significativo das garantias de direitos individuais e sociais relevantes, tendo em vista o lugar de preponderância ocupado pelos créditos trabalhistas na ordem constitucional vigente.

Dessa forma, pode-se concluir, a partir dos princípios constitucionais da dignidade da pessoa humana, da justiça social, da prevalência

---

[30] *Ibidem*, p. 471.

[31] Em trecho do seu voto, o Ministro Relator Ricardo Lewandowski destaca: "Por essas razões, entendo que os arts. 60, parágrafo único, e 141, II, do texto legal em comento mostram-se constitucionalmente hígidos no aspecto em que estabelecem a inocorrência de sucessão dos créditos trabalhistas, particularmente porque o legislador ordinário, ao concebê-los, optou por dar concreção a determinados valores constitucionais, a saber, a livre iniciativa e a função social da propriedade – de cujas manifestações a empresa é uma das mais conspícuas – em detrimento de outros, com igual densidade axiológica, eis que os reputou mais adequados ao tratamento da matéria". (STF, ADI 3934/DF, Tribunal Pleno, Relator Min. Ricardo Lewandowski, julg. em 14.04.2009, public. em 22.04.2009).

[32] Trecho do voto do Ministro Relator Ricardo Lewandoski: "[...] anoto que não cabe ao STF, em recurso extraordinário interposto contra decisão prolatada em conflito de competência, em que se discute a exegese do art. 114, na redação que lhe deu a EC nº 45/2004, examinar se o art. 60 da Lei nº 11.101/2005 estabelece ou não a sucessão de créditos trabalhistas, por tratar-se de matéria totalmente estranha aos autos. Mas, ainda que assim não seja, observo que esta Corte, na ADI nº 3.934/DF, de minha relatoria, afirmou a constitucionalidade do referido dispositivo". (STF, RE 583955 RG/RJ, Tribunal Pleno, Relator Min. Ricardo Lewandowski, julg. em 28.05.2009, public. em 28.08.2009).

do valor-trabalho e da função social da propriedade,[33] que uma das pretensões da Lei Maior é reforçar as garantias do trabalhador, e um dos mecanismos utilizados pela lei para alcançar tal intuito é a sucessão de empregadores.

Por essa razão, nos processos de falência e recuperação judicial em que o devedor encontra-se em situação de crise econômico-financeira grave, pensamos que seria plenamente justificável uma ampliação das garantias do empregado, com a possibilidade de exigência dos créditos trabalhistas perante o novo titular da empresa ou do estabelecimento. Ademais, aqui também se aplicaria o conceito funcional de *empresa* utilizado no *caput* do art. 2º da CLT, partindo-se do princípio de que o vínculo empregatício se perfaz com a organização econômica e não com a pessoa do empregador, demonstrando, assim, a viabilidade e a razoabilidade da aplicação do instituto sucessório aos processos de recuperação judicial.

2 Aspectos processuais da sucessão trabalhista

2.1 Sucessão de empregadores como modalidade de sucessão processual

A alteração subjetiva do contrato, em decorrência da transferência de titularidade de empresa ou estabelecimento, consiste em hipótese de sucessão processual, a qual não se confunde com a substituição processual. Esta seria, segundo a doutrina majoritária, hipótese de legitimidade extraordinária, que consiste na "permissão legal para que alguém atue em juízo como parte (autor ou réu), em nome próprio, mas postulando direito de terceiro".[34]

Contrariamente, a sucessão processual, também chamada de sucessão *de partes*, envolve a retirada de uma das partes do processo e sua substituição por outra parte, que passará a figurar no polo ativo ou passivo da demanda. Quando se tratar de empregador pessoa jurídica, a sucessão processual ocorrerá em decorrência da mudança de titularidade da empresa ou de unidade jurídica de produção, que consiste na sucessão de empregadores.

---

[33] DELGADO, Maurício Godinho. *Curso de Direito do Trabalho*. 15. ed. São Paulo: LTr, 2016. p. 471.

[34] LEITE, Carlos Henrique Bezerra. *Curso de Direito Processual do Trabalho*. 14. ed. São Paulo: Saraiva, 2016. p. 436.

Considerando-se que o vínculo empregatício se refere à empresa (art. 2º, *caput*, da CLT) e não à pessoa do seu titular, estará legitimado a figurar no polo passivo de ação trabalhista, o empresário que estiver à frente da organização empresarial ao tempo do ajuizamento da demanda. Neste sentido, Carlos Henrique Bezerra Leite assevera:

> Assim, se a sucessão de empresas ocorrer antes do ajuizamento da ação trabalhista pelo empregado, a empresa sucessora será a legitimada passiva para a causa. Se a sucessão de empresas ocorrer no curso do processo, dá-se mera alteração da titularidade da ação, uma vez que a sucessora passa a responder integralmente pelos débitos trabalhistas. Trata-se, em ambos os casos, do instituto da despersonalização do proprietário da empresa, pois os contratos de trabalho vinculam-se ao empreendimento, à empresa, e não à figura do seu proprietário.[35]

Nesta seara, cabe relembrar a premissa de que a sucessão de empregadores consiste na transferência plena de direitos e obrigações de cunho trabalhista, inclusive aquelas contraídas ao tempo em que o trabalhador prestava serviços ao antigo titular da empresa. Dessa forma, ainda se houver dívidas empregatícias pendentes, relativas à gestão empresarial anterior, estas comporão o objeto da demanda trabalhista e serão exigidas diretamente do novo titular do empreendimento (sucessor), que possui a responsabilidade principal e, via de regra, exclusiva quanto aos direitos decorrentes do contrato de trabalho, desde a sua celebração.

2.2 Momento processual de incidência da sucessão

A sucessão trabalhista poderá ser reconhecida a qualquer tempo pelo juiz, seja na fase cognitiva, seja na fase executória, tendo em vista a *responsabilidade patrimonial* do sucessor. Segundo Mauro Schiavi,[36] a responsabilidade patrimonial pode ser definida como "um vínculo de direito processual, pelo qual os bens do devedor ficam sujeitos à execução e são destinados à satisfação do crédito do exequente". A responsabilidade patrimonial é uma figura do direito processual, disciplinada nos arts. 789 a 796 do CPC/2015. De acordo com o citado art. 789, o devedor responderá com seus bens presentes e futuros para o cumprimento das obrigações que titulariza.

---

[35] *Ibidem*, p. 603-604.

[36] SCHIAVI, Mauro. *Manual de Direito Processual do Trabalho*. 10. ed. São Paulo: LTr, 2016. p. 1070.

Assim, a sucessão trabalhista poderá ser reconhecida em qualquer fase do processo, podendo inclusive ser declarada de ofício pelo juiz, ainda na fase de conhecimento, devido ao caráter cogente dos artigos 10 e 448 da CLT.[37]

Quanto à execução dos bens do sucessor, no entanto, é preciso atentar-se para a perspectiva adotada pela Lei nº 13.467/2017 (Reforma Trabalhista), que confere nova redação ao art. 878 da CLT, passando a prever que "a execução será promovida pelas partes, permitida a execução de ofício pelo juiz ou pelo Presidente do Tribunal, apenas nos casos em que as partes não estiverem representadas por advogado".

2.3 Responsabilidade do sucessor e posição jurídica do sucedido

Como regra, a sucessão implica a imediata e automática transferência, por força de lei, do ativo e passivo empresarial ao novo titular da empresa ou estabelecimento, o que compreende o conjunto de obrigações trabalhistas passadas, presentes e futuras, derivadas do contrato empregatício. Disto se depreende que o instituto sucessório produz efeitos jurídicos plenos, no sentido de que o contrato de trabalho celebrado junto ao sucedido é transferido, com todas as suas implicações, ao sucessor, o qual se tornará plenamente responsável pelos valores devidos aos empregados.

É comum, em um contexto de transferência interempresarial, a estipulação de uma cláusula de não responsabilização em favor do adquirente, estabelecendo que o novo empregador apenas responderá pelos débitos trabalhistas originados após a efetivação da transferência, ficando as obrigações trabalhistas anteriores exclusivamente a cargo do antigo empregador (sucedido). Porém, considerando-se o caráter

---

[37] Neste mesmo sentido, já se manifestou o TST, conforme se confere no trecho do seguinte julgado: "A agravante sustenta temerária e abusiva a declaração, de ofício, de sucessão trabalhista, que a levou a se tornar parte no processo. Alega cerceamento de defesa e negativa de prestação jurisdicional, pois não há decisão fundamentada que legitime a sucessão trabalhista. Indica violação dos arts. 5º, II, LIV, LV, e LVI, 93, IX, e 133 da CF, 40 da Lei nº 40/6.830/80, 128 do CPC e 10, 448, 878 e 880 da CLT. [...] O Tribunal ratificou a decisão de primeiro grau ao reconhecer a sucessão de empregadores com base na prova dos autos, na execução, ressaltando que não houve cerceamento ao direito de defesa, uma vez que a empresa teve oportunidade e apresentou os embargos à execução observando-se a legislação aplicável à espécie. [...] Não se cogita de desrespeito ao princípio do contraditório e da ampla defesa e devido processo legal, haja vista as oportunidades que foram asseguradas a parte, de impugnar as decisões que lhe foram desfavoráveis, observadas as regras legais específicas, estando ilesos os incisos LIV e LV do art. 5º e 133 da Constituição da República". (TST, AIRR 1863007619965190060, Relator Min. Hugo Carlos Scheuermann, public. em 02.12.2013).

cogente e imperativo das normas jurídicas que regem o instituto da sucessão, prevalece o entendimento de que esta espécie de cláusula contratual não produz qualquer efeito no plano justrabalhista, razão pela qual não impede que o trabalhador possa exigir perante o sucessor os créditos empregatícios anteriores à transferência. Nas palavras de Maurício Godinho Delgado:

> Tais cláusulas restritivas da responsabilização trabalhista não têm qualquer valor para o Direito do Trabalho. Na medida em que o instituto sucessório é criado e regulado por normas jurídicas imperativas, torna-se irrelevante para o Direito do Trabalho a existência de cláusulas contratuais firmadas no âmbito dos empregadores envolvidos sustentando, por exemplo, que o alienante '[...] responderá por todos os débitos trabalhistas, até a data da transferência, sem responsabilização do adquirente'. À luz da CLT tais débitos transferem-se, sim, imperativamente ao adquirente.[38]

O referido autor continua, asseverando que tais cláusulas contratuais somente poderão produzir efeitos na esfera jurídica das relações civis e comerciais entre adquirente e alienante, no sentido de assegurar ao sucessor direito de regresso quanto a eventuais gastos despendidos com dívidas empregatícias anteriores à transferência.

Diante desse quadro, surge o questionamento a respeito da possibilidade de eventual responsabilização trabalhista quanto à pessoa do antigo empregador (sucedido). A princípio, a lei celetista, nos termos dos arts. 10 e 448, não preserva qualquer tipo de responsabilidade do sucedido quanto aos débitos de natureza trabalhista, referentes ao período contratual anterior à transferência, razão pela qual seria possível afirmar que o alienante estaria completamente exonerado de qualquer obrigação.

Não obstante, a doutrina e a jurisprudência vêm reconhecendo algumas hipóteses excepcionais que autorizariam a responsabilização subsidiária do sucedido. A primeira se refere à hipótese de fraude comprovada à sucessão, ou de incapacidade econômica do sucessor, que, com base no art. 9º, da CLT c/c art. 159, do Código Civil, daria

---

[38] DELGADO, Maurício Godinho. Sucessão trabalhista: a renovação interpretativa da velha lei em vista de fatos novos. *Revista do Tribunal Regional do Trabalho 3ª Região*, Belo Horizonte, vol. 29, n. 59, p. 85-98, 1999, p. 96. Disponível em: <http://as1.trt3.jus.br/bd-trt3/handle/11103/3733>. Acesso em: 03 jan. 2017. No mesmo sentido: "Assim, constata-se que, ao assumir a empresa, o sucessor passa a responder pelos débitos oriundos das relações trabalhistas, mesmo que tenha pactuado a exclusão de sua responsabilidade com seu predecessor, porquanto o empregado está vinculado à empresa, independentemente das alterações que ocorram na estrutura jurídica desta". GUEDES, Fernando Grass; SOUZA, Yasmin Lapolli Silveira de. A sucessão trabalhista nos cartórios extrajudiciais. *LTr*, vol. 78, n. 01, p. 86-98, jan. 2014, p. 88.

ensejo à possibilidade de responsabilização do sucedido,[39] a fim de evitar que tais situações jurídicas envolvendo a pessoa do empregador possam comprometer sobremaneira os direitos e as garantias inerentes ao contrato de trabalho.

Além disso, Maurício Godinho Delgado[40] sustenta que a jurisprudência, mais uma vez utilizando-se do caráter geral e impreciso dos textos dos artigos 10 e 448 da CLT, tem ampliado as hipóteses em que é possível responsabilizar subsidiariamente o antigo titular da empresa, inclusive nos casos em que a modificação ou a transferência empresarial operada propiciou o comprometimento das garantias dos trabalhadores. Nestes casos, não seria necessária a comprovação de fraude ou do estado de insolvência do sucessor, bastando que os contratos de trabalho tenham sido significativamente afetados pela operação que deu origem à sucessão.[41]

Em caráter minoritário na doutrina, há autores[42] que defendem a possibilidade de responsabilização solidária do empresário sucedido por além das hipóteses de responsabilização subsidiária. Para os que defendem este entendimento, facultar-se-ia ao empregado acionar diretamente a pessoa do sucedido, mediante o mecanismo processual civil de denunciação à lide (art. 70, III, CPC/1973 e art. 125, II, CPC/2015).[43]

---

[39] DONATO, Messias Pereira. *Curso de direito individual do trabalho*. 6. ed. São Paulo: LTr, 2008. p. 150.

[40] DELGADO, Maurício Godinho. Sucessão trabalhista: a renovação interpretativa da velha lei em vista de fatos novos. *Revista do Tribunal Regional do Trabalho 3ª Região*, Belo Horizonte, vol. 29, n. 59, p. 85-98, 1999, p. 97. Disponível em: <http://as1.trt3.jus.br/bd-trt3/handle/11103/3733>. Acesso em: 03 jan. 2017.

[41] "RECURSO DE REVISTA. SUCESSÃO TRABALHISTA. SUCESSOR REVEL. RESPONSABILIDADE SUBSIDIÁRIA DO SUCEDIDO. Conquanto, em regra, seja do sucessor a responsabilidade pelos débitos trabalhistas, não se pode perder de vista que os arts. 10 e 448 da CLT, a par de não atribuir expressamente responsabilidade quanto às obrigações trabalhistas na hipótese de sucessão, objetivaram remover qualquer obstáculo que pudesse impedir o empregado de receber seus direitos. Desse modo, o sucedido não está de todo desobrigado da responsabilidade de satisfação dos créditos trabalhistas sonegados antes da sucessão. [...] Aliás, a doutrina e a jurisprudência têm admitido a responsabilidade subsidiária do sucedido quando a transferência da titularidade do empreendimento possa afetar as garantias empresariais conferidas ao contrato de trabalho do reclamante. No caso vertente, verifica-se a necessidade de responsabilização subsidiária do sucedido" (TRT-10, RO 190201201410005/DF, Terceira Turma, Relator Des. José Leone Cordeiro Leite, julg. em 6.02.2013, public. em 22.03.2013).

[42] CARRION, Valentin. *Comentários à consolidação das leis do trabalho*: legislação complementar/jurisprudência. 37. ed. São Paulo: Saraiva, 2012. p. 89 *apud* GUEDES, Fernando Grass; SOUZA, Yasmin Lapolli Silveira de. A sucessão trabalhista nos cartórios extrajudiciais. *LTr*, vol. 78, n. 01, p. 86-98, jan. 2014, p. 88.

[43] Art. 125, do CPC/2015 - É admissível a denunciação da lide, promovida por qualquer das partes: II – àquele que estiver obrigado, por lei ou pelo contrato, a indenizar, em ação regressiva, o prejuízo de quem for vencido no processo.

Diante do exposto, é possível verificar que não há entendimento pacífico na doutrina quanto à possibilidade de responsabilização trabalhista do sucedido após a efetiva transferência da unidade jurídico-econômica de produção a um novo titular. Todavia, cabe ressaltar que a introdução do art. 448-A à legislação celetista, promovida pela Lei nº 13.467/2017, proporciona uma mudança de paradigma no que concerne a este tema.

Neste sentido, a redação do art. 448-A da CLT exclui qualquer possibilidade de responsabilização subsidiária do sucedido, uma vez que preconiza expressamente a responsabilidade única e exclusiva do sucessor pela totalidade das obrigações trabalhistas, inclusive as contraídas ao tempo da prestação de serviços ao antecessor. Dessa feita, só haveria uma hipótese de responsabilização solidária do alienante: nos casos de comprovada fraude à sucessão.

2.4 A desconsideração da personalidade jurídica como meio processual de responsabilização de terceiros

Dentre as novidades introduzidas pelo CPC de 2015, destaca-se a regulamentação do procedimento do nominado incidente de desconsideração da personalidade jurídica. Trata-se de modalidade de intervenção de terceiros que poderá ser provocada tanto na fase cognitiva, quanto na fase executória de processos que versem sobre sucessão trabalhista, inclusive no que tange aos casos de falência e recuperação judicial.

Baseado no paradigmático caso *Salomon v. A. Salomon & Co. Ltd.* (1897, Reino Unido), frequentemente abordado como o *leading case* da doutrina da autonomia da pessoa jurídica,[44] a teoria da desconsideração da personalidade jurídica surgiu como forma de supressão do privilégio da limitação da responsabilidade proporcionada por aquela doutrina. Neste sentido, Fredie Didier Jr. salienta que:

> Existem várias outras evidências históricas de que a desconsideração da personalidade jurídica surgiu como técnica para suspender episodicamente o privilégio da limitação da responsabilidade e não a personalidade jurídica. A limitação da responsabilidade tem suas origens vinculadas a critérios de conveniência econômica, não tendo relação alguma com o tema da personalidade jurídica. Isso assim o é

---

[44] DIDIER JR., Fredie. *Curso de Direito Processual Civil*: introdução ao Direito Processual Civil, parte geral e processo de conhecimento. 17. ed. Salvador: Ed. Jus Podivm, 2015. p. 514-515.

porque limitação da responsabilidade não é elemento constitutivo da personalidade jurídica.[45]

Assim, tem-se que o objetivo principal da *Disregard Doctrine*, como também é chamada a Teoria da Desconsideração, é suprimir, em alguns contextos previstos em lei, o privilégio da limitação de responsabilidade dos sócios, e não a personalidade jurídica em si considerada. A crítica principal contida no instituto é quanto à utilização da autonomia jurídica da sociedade como artifício nas mãos de sócios ou administradores, para fins de fraude contra credores.

Importa ressaltar que tal desconsideração não consiste na despersonificação definitiva da sociedade. Com isto, diz-se que os efeitos da constituição da personalidade jurídica, tais como a autonomia patrimonial e a aptidão para ser sujeito de diretos e obrigações, serão pontualmente desconsiderados, apenas no âmbito do processo em que o incidente for suscitado, preservando-se, por outro lado, a personalidade jurídica em todas as demais relações jurídicas firmadas pela sociedade.

Portanto, pode-se concluir que o instituto da desconsideração visa, desde a origem, preservar a integridade da doutrina da autonomia da pessoa jurídica, não permitindo que sua utilização seja desvirtuada tão somente para encobrir abusos ou excessos de poder por parte de administradores ou sócios. Neste sentido, destaque-se a doutrina de Sérgio Campinho:

> Não se nega, com sua aplicação, a autonomia de personalidade jurídica da sociedade; ao revés, reafirma-se o princípio. Somente não se a admite de modo absoluto e inflexível, como forma de abrigar a fraude e o abuso de direito. Não se nulifica a personalidade a qual apenas será episodicamente desconsiderada, isto é, no caso *sub judice* tão somente, permanecendo, destarte, válida e eficaz em relação a outros negócios da sociedade.[46]

Com base nos artigos 790, do CPC/2015 c/c art. 10 e 448, da CLT, art. 50 do CC[47] e art. 28 do CDC,[48] poderão ser chamados ao processo,

---

[45] *Ibidem*, p. 515-516.

[46] CAMPINHO, Sérgio. *O direito de empresa à luz do Código Civil*. 12. ed. Rio de Janeiro: Renovar, 2011. p. 74.

[47] Art. 50. Em caso de abuso da personalidade jurídica, caracterizado pelo desvio de finalidade, ou pela confusão patrimonial, pode o juiz decidir, a requerimento da parte, ou do Ministério Público, quando lhe couber intervir no processo, que os efeitos de certas e determinadas relações de obrigações sejam estendidos aos bens particulares dos administradores ou sócios da pessoa jurídica.

[48] Art. 28. O juiz poderá desconsiderar a personalidade jurídica da sociedade quando, em detrimento do consumidor, houver abuso de direito, excesso de poder, infração da lei, fato

através do incidente de desconsideração da personalidade, o sucessor da sociedade ré ou sociedades integrantes do mesmo grupo econômico, além de seus administradores e sócios, todas as vezes em que se verificar abuso de direito, prática de ato ilícito, infração de norma legal ou violação de estatuto ou contrato social por parte dos dirigentes societários.

Em resumo, pode-se dizer que a doutrina da desconsideração deveria ser aplicada "sempre que a separação entre a pessoa jurídica e o sócio fosse mera aparência, sendo a sociedade, *in casu*, utilizada como um meio para a efetivação de fraude ou abuso de direito".[49]

Desse modo, o incidente de desconsideração da personalidade, cujo procedimento é regulado nos artigos 133 a 137 do CPC/2015, consiste em importante mecanismo processual, o qual poderá ser utilizado para direcionar a execução trabalhista a terceiros que porventura não tenham figurado como partes originárias na fase de conhecimento do processo, como poderá ser o caso, por exemplo, do arrematante de ativos empresariais na falência e na recuperação judicial.

Assim, para garantir a efetividade do contraditório e do devido processo legal nos casos de direcionamento de atos executórios a pessoas (físicas ou jurídicas) que não integraram o processo de conhecimento e, portanto, não puderam participar ativamente da formação da decisão que lhes atribuiu responsabilidade, torna-se necessária a utilização de um mecanismo que possa assegurar a estes sujeitos uma oportunidade efetiva de defender-se em sede de execução.

Do ponto de vista processual, o referido incidente consiste em forma de intervenção forçada de terceiros, uma vez que o sócio ou o administrador (ou ainda, a sociedade, no caso de desconsideração inversa da personalidade) será chamado ao processo para compor o polo passivo da lide de forma definitiva ou transitória, a depender do resultado do mérito da demanda incidental. Desta sorte, uma vez suscitado pedido de desconsideração, somente após o julgamento deste

---

ou ato ilícito ou violação dos estatutos ou contrato social. A desconsideração também será efetivada quando houver falência, estado de insolvência, encerramento ou inatividade da pessoa jurídica, provocados por má administração. §1º (Vetado). §2º As sociedades integrantes dos grupos societários e as sociedades controladas são subsidiariamente responsáveis pelas obrigações decorrentes deste código. §3º As sociedades consorciadas são solidariamente responsáveis pelas obrigações decorrentes deste código. §4º As sociedades coligadas só responderão por culpa. §5º Também poderá ser desconsiderada a pessoa jurídica sempre que sua personalidade for, de alguma forma, obstáculo ao ressarcimento de prejuízos causados aos consumidores.

[49] TUPINAMBÁ, Carolina. *O incidente de desconsideração da personalidade da pessoa jurídica e a responsabilidade dos administradores no processo do trabalho*, "no prelo", p. 3.

estará definido o rol de demandados que comporão definitivamente o polo passivo da ação trabalhista principal.[50]

Com este objetivo é que foi criado o incidente de desconsideração, justamente como forma de restaurar o equilíbrio da relação processual, posto que o que se via antes era a apreensão de bens de terceiros chamados à execução, sem que estes tivessem qualquer oportunidade efetiva de afastar a responsabilidade patrimonial a eles imputada no pronunciamento judicial cognitivo, do qual não participaram ativamente.[51]

Dessa forma, visando garantir a efetividade do contraditório e da ampla defesa nestes casos, a Lei nº 13.467/2017 introduziu à CLT o art. 855-A,[52] que determina a aplicação do incidente de desconsideração da personalidade jurídica, previsto nos arts. 133 a 137 do CPC/2015,

---

[50] "Trata-se, na verdade, de um incidente processual que provoca uma intervenção forçada de terceiro (já que alguém estranho ao processo – o sócio ou a sociedade, conforme o caso) será citado e passará a ser parte no processo, ao menos até que seja resolvido o incidente. Caso se decida por não ser caso de desconsideração, aquele que foi citado por força do incidente será excluído do processo, encerrando-se assim sua participação. De outro lado, caso se decida pela desconsideração, o sujeito que ingressou no processo passará a ocupar a posição de demandado, em litisconsórcio com o demandado original. O incidente de desconsideração da personalidade jurídica, então, pode acarretar uma ampliação subjetiva da demanda, formando-se, por força do resultado nele produzido, um litisconsórcio passivo facultativo". CÂMARA, Alexandre Freitas. *O novo processo civil brasileiro*. 2. ed. São Paulo: Atlas, 2016. p. 114.

[51] Neste sentido: "Importante, ainda, é registrar que este incidente vem assegurar o pleno respeito ao contraditório e ao devido processo legal no que diz respeito à desconsideração da personalidade jurídica. É que sem a realização desse incidente o que se via era a apreensão de bens de sócios (ou da sociedade, no caso de desconsideração inversa) sem que fossem eles chamados a participar, em contraditório, do processo de formação da decisão que define sua responsabilidade patrimonial, o que contraria frontalmente o modelo constitucional de processo brasileiro, já que admite a produção de uma decisão que afeta diretamente os interesses de alguém sem que lhe seja assegurada a possibilidade de participar com influência na formação do aludido pronunciamento judicial (o que só seria admitido, em caráter absolutamente excepcional, nas hipóteses em que se profere decisão concessiva de tutela provisória, e mesmo assim somente nos casos nos quais não se pode aguardar pelo pronunciamento prévio do demandado). Ora, se ninguém será privado de seus bens sem o devido processo legal, então é absolutamente essencial que se permita àquele que está na iminência de ser privado de um bem que seja chamado a debater no processo se é ou não legítimo que seu patrimônio seja alcançado por força da desconsideração da personalidade jurídica". CÂMARA, Alexandre Freitas. *O novo processo civil brasileiro*. 2. ed. São Paulo: Atlas, 2016. p. 114.

[52] Art. 855-A: Aplica-se ao processo do trabalho o incidente de desconsideração da personalidade jurídica previsto nos arts. 133 a 137 da Lei nº 13.105, de 16 de março de 2015 – Código de Processo Civil. §1º Da decisão interlocutória que acolher ou rejeitar o incidente: I – na fase de cognição, não cabe recurso de imediato na forma do §1º do art. 893 desta Consolidação; II – na fase de execução, cabe agravo de petição, independentemente de garantia do juízo; III – cabe agravo interno se proferida pelo relator em incidente instaurado originariamente no tribunal. §2º A instauração do incidente suspenderá o processo, sem prejuízo de concessão da tutela de urgência de natureza cautelar de que trata o art. 301 da Lei nº 13.105, de 16 de março de 2015. (Código de Processo Civil).

no âmbito do Processo do Trabalho. Com isto, para que se proceda à execução de bens de terceiros que não figuraram no polo passivo de processo cognitivo, o juiz do trabalho deverá aplicar o procedimento próprio regulado pelo diploma processualista civil, a fim de garantir o prévio exercício do direito de defesa por parte dos executados.

Quanto aos pressupostos para a desconsideração da personalidade, ressalte-se que cabe à lei material estabelecer os requisitos para que tal ocorra, restando à lei processual somente delimitar um procedimento que assegure o respeito ao contraditório e à ampla defesa nestes casos. Assim, no que concerne, por exemplo, às causas reguladas pelo Código Civil, o que se exige para que ocorra a desconsideração é o abuso no manuseio da personalidade jurídica, na forma de desvio de finalidade ou de confusão patrimonial (art. 50, CC).

De outro modo, no que tange especificamente às causas de natureza trabalhista, os requisitos genéricos para a desconsideração da pessoa jurídica do empregador consistem em: a) existência de personalidade jurídica, obtida através do assentamento público de estatuto ou contrato social junto ao órgão competente (art. 45 c/c art. 985, ambos do CC);[53] b) a inadimplência da sociedade, verificada pela insuficiência patrimonial para satisfazer os créditos sociais ou por grave crise econômico-financeira; c) o benefício de ordem, sendo imperativo que se busque, antes de tudo, no patrimônio da sociedade devedora, os recursos para o pagamento dos débitos trabalhistas discutidos, somente passando-se ao patrimônio de sócios ou administradores (ou de sociedade sucessora) no caso de insuficiência patrimonial da primeira.

Por fim, o incidente da desconsideração da personalidade jurídica, no âmbito do Processo do Trabalho, consiste em importante ferramenta para fins de reforçar as garantias do credor trabalhista, mediante a responsabilização de sujeitos que possuem alguma relação comercial direta com o devedor originário do crédito (o empregador).

Considerando-se o escopo visado pelo instituto, de facilitar a satisfação do crédito trabalhista, o Tribunal Superior do Trabalho tem se utilizado da Teoria Menor da Desconsideração[54] para fins de acolhi-

---

[53] Art. 45. Começa a existência legal das pessoas jurídicas de direito privado com a inscrição do ato constitutivo no respectivo registro, precedida, quando necessário, de autorização ou aprovação do Poder Executivo, averbando-se no registro todas as alterações por que passar o ato constitutivo.
Art. 985. A sociedade adquire personalidade jurídica com a inscrição, no registro próprio e na forma da lei, dos seus atos constitutivos (arts. 45 e 1.150).

[54] A Teoria Menor da desconsideração considera que a insuficiência patrimonial do devedor seria o bastante para superar a autonomia jurídica da sociedade empregadora e responsabilizar

mento da superação da personalidade jurídica, dispensando-se que o trabalhador prove a prática de atos irregulares ou fraudulentos na administração da sociedade devedora, cabendo-lhe provar somente o vínculo societário ou comercial entre esta e aquele a quem se pretende executar (que pode ser o sócio, administrador, ou a sociedade sucessora).[55]

3 A desconsideração da personalidade jurídica e o arrematante na falência e recuperação judicial

3.1 Aplicação do incidente no processo do trabalho

Embora esteja regulado no CPC/2015, nos arts. 133 a 137, o entendimento que vige é que o procedimento do incidente de desconsideração da personalidade jurídica poderá ser aplicado a todos os tipos de processo, inclusive ao processo falimentar[56] e trabalhista.[57]

Com o objetivo de delimitar mais precisamente quais normas do Código de Processo Civil teriam aplicação subsidiária ao Processo do Trabalho, o TST editou a Instrução Normativa nº 39, cujo art. 6º não só garante a aplicação do incidente da desconsideração no âmbito processual justrabalhista, como também garante a instauração de ofício pelo juiz do Trabalho.[58]

---

diretamente os sócios e dirigentes do empreendimento, independentemente da demonstração de fraude ou abuso de direito. Por outro lado, para a Teoria Maior da desconsideração, o pressuposto essencial para a superação da pessoa jurídica seria o abuso da personalidade, caracterizado pelo desvio de finalidade ou pela confusão patrimonial.

[55] "RESPONSABILIDADE SOLIDÁRIA – SÓCIO COTISTA – TEORIA DA DESCONSIDERAÇÃO DA PESSOA JURÍDICA – ENCERRAMENTO DAS ATIVIDADES DA SOCIEDADE SEM QUITAÇÃO DO PASSIVO LABORAL. Em sede de Direito do Trabalho, em que os créditos trabalhistas não podem ficar a descoberto, vem-se abrindo uma exceção ao princípio da responsabilidade limitada do sócio, ao se aplicar a teoria da desconsideração da personalidade jurídica (disregard of legal entity) para que o empregado possa, verificando a insuficiência do patrimônio societário, sujeitar à execução os bens dos sócios individualmente considerados, porém solidária e ilimitadamente, até o pagamento integral dos créditos dos empregados, visando impedir a consumação de fraudes e abusos de direito cometidos pela sociedade". (TST, ROAR 545348, Subseção II Especializada em Dissídios Individuais (SBDI 2), Relator Min. Ronaldo Lopes Leal, julg. em 27.03.2001, public. Em 14.05.2001).

[56] Enunciado nº 247 do Fórum Permanente de Direito Processual Civil - FPDPC (art. 133) Aplica-se o incidente de desconsideração da personalidade jurídica no processo falimentar.

[57] Art. 15 do CPC/2015 - Na ausência de normas que regulem processos eleitorais, trabalhistas ou administrativos, as disposições deste Código lhes serão aplicadas supletiva e subsidiariamente.

[58] Art. 6º da Instrução Normativa nº 39, do TST - Aplica-se ao Processo do Trabalho o incidente de desconsideração da personalidade jurídica regulado no Código de Processo Civil (arts. 133 a 137), assegurada a iniciativa também do juiz do trabalho na fase de execução (CLT, art. 878). §1º Da decisão interlocutória que acolher ou rejeitar o incidente: I – na fase de

Apesar disso, não há entendimento pacífico em sede doutrinária, porquanto há aqueles que insurgem-se quanto à inadequação do incidente às normas processuais trabalhistas. Em resumo, aqueles que defendem a inaplicabilidade do incidente ao Processo do Trabalho afirmam que haveria uma burocratização desnecessária e, consequentemente, comprometimento da celeridade e efetividade, pois não seria mais possível o direcionamento de plano dos atos executivos de constrição ao patrimônio dos sócios ou administradores (ou da sociedade sucessora). Neste sentido, para Carlos Henrique Bezerra Leite:

> No processo do trabalho, portanto, a desconsideração da personalidade jurídica da empresa executada com o objetivo de responsabilizar os sócios pelas obrigações reconhecidas na decisão exequenda ocorre, em regra, na fase de execução, sendo certo que o juiz do trabalho, por força do art. 878 da CLT, poderá promover, de ofício, a execução, independentemente de requerimento das partes. Ora, se a execução trabalhista pode ser promovida de ofício pelo próprio juiz do trabalho, então se pode inferir que na seara justrabalhista não há necessidade de instauração de um incidente processual ou de requerimento da parte, bastando o juiz constatar, no caso concreto, a inexistência de bens da empresa executada (ou se estes forem insuficientes) para garantir o cumprimento da obrigação contida no título exequendo e determinar, de ofício, a penhora dos bens dos sócios. Assim, verificada, *in concreto*, a insuficiência de patrimônio da empresa executada, o juiz, por simples despacho, ordena o redirecionamento da execução para atingir os bens dos sócios, que têm responsabilidade ilimitada e solidária, até o pagamento integral dos créditos empregatícios.[59]

Porém, tal posicionamento não merece prosperar. A regulamentação do incidente pelo CPC/2015 tão somente visa estabelecer um procedimento padrão para a desconsideração da personalidade jurídica, como forma de prevenir quaisquer possíveis alegações de nulidade processual devido ao cerceamento do direito de defesa do novo sujeito citado no processo. Além disso, a normatização do incidente não altera em nada os pressupostos necessários à desconsideração da pessoa jurídica (previstos na lei material), bem como permanece a

---

cognição, não cabe recurso de imediato, na forma do art. 893, §1º da CLT; II – na fase de execução, cabe agravo de petição, independentemente de garantia do juízo; III – cabe agravo interno se proferida pelo Relator, em incidente instaurado originariamente no tribunal (CPC, art. 932, inciso VI). §2º A instauração do incidente suspenderá o processo, sem prejuízo de concessão da tutela de urgência de natureza cautelar de que trata o art. 301 do CPC.

[59] LEITE, Carlos Henrique Bezerra. *Curso de Direito Processual do Trabalho*. 14. ed. São Paulo: Saraiva, 2016. p. 640-641.

legitimidade dos atos judiciais de constrição do patrimônio de terceiros envolvidos.[60] Assim, não haveria entraves à incidência dos arts. 133 a 137, do CPC/2015, para fins de superação da personalidade jurídica nas execuções trabalhistas.

Nesta esteira, na tentativa de dissipar as divergências no que tange à possibilidade de aplicação do incidente de desconsideração à seara trabalhista, a Corregedoria-Geral da Justiça do Trabalho editou a Recomendação nº 01/2016,[61] direcionada a orientar os Tribunais Regionais do Trabalho a aplicar o procedimento previsto no Código de Processo Civil, nos termos da Instrução Normativa nº 39 do TST, todas as vezes em que houver a necessidade de desconsiderar-se a personalidade jurídica para garantir os créditos trabalhistas.

Por fim, ressalte-se que a aplicação do incidente na seara justrabalhista passará a ser imperativa, sendo veiculada por comando normativo previsto no novo art. 855-A, inserido na ordem jurídica celetista mediante a Lei nº 13.467/2017.

Dessa forma, verifica-se que não há qualquer incompatibilidade entre o incidente de desconsideração da personalidade jurídica e o

---

[60] Neste sentido, vide TUPINAMBÁ, Carolina. *O incidente de desconsideração da personalidade da pessoa jurídica e a responsabilidade dos administradores no processo do trabalho*, "no prelo", p. 7.

[61] RECOMENDAÇÃO CGJT Nº 01/2016, de 24.06.2016 - O MINISTRO CORREGEDOR-GERAL DA JUSTIÇA DO TRABALHO, no uso das atribuições legais e regimentais, CONSIDERANDO o disposto no artigo 6º da Instrução Normativa nº 39/2016 do Tribunal Superior do Trabalho, segundo o qual "aplica-se ao Processo do Trabalho o incidente de desconsideração da personalidade jurídica regulado no Código de Processo Civil (arts. 133 a 137), assegurada a iniciativa também do juiz do trabalho na fase de execução (CLT, art. 878)", CONSIDERANDO que o procedimento para instauração e processamento do incidente de desconsideração da personalidade jurídica encontra-se regulado no Código de Processo Civil (arts. 133 a 137) e na referida Instrução Normativa, CONSIDERANDO o disposto no Ato nº 05/CGJT, de 29 de março de 2016, que revogou os artigos 78 e 79 da Consolidação dos Provimentos da Corregedoria-Geral da Justiça do Trabalho, que tratavam dos procedimentos a serem adotados pelos Tribunais Regionais ao aplicarem a teoria da desconsideração da personalidade jurídica, CONSIDERANDO que vários Tribunais Regionais do Trabalho ainda possuem atos internos ou provimentos em vigor tratando dos procedimentos a serem adotados na aplicação da teoria da desconsideração da personalidade jurídica de modo contrário aos regulados pelo Novo Código de Processo Civil e pela Instrução Normativa nº 39/2016 do Tribunal Superior do Trabalho, RESOLVE: RECOMENDAR aos Tribunais Regionais do Trabalho a revogação dos dispositivos contidos em seus atos internos ou provimentos que tratem dos procedimentos a serem adotados na aplicação da teoria da desconsideração da personalidade jurídica de modo contrário aos regulados pelo Novo Código de Processo Civil e pela Instrução Normativa nº 39/2016 do Tribunal Superior do Trabalho. Publique-se. Dê-se ciência ao Ministro Presidente do Tribunal Superior do Trabalho, aos Desembargadores Presidentes e Corregedores dos Tribunais Regionais do Trabalho, mediante ofício, do inteiro teor desta Recomendação. Ministro Renato De Lacerda Paiva. Corregedor-Geral da Justiça do Trabalho. Disponível em: <http://www.trtsp.jus.br/geral/tribunal2/TST/Recomendacoes/Rec_01_16.html>. Acesso em: 26 jan. 2017.

Processo do Trabalho, restando demonstrada a inexistência de quaisquer prejuízos aos princípios da celeridade e eficiência da Justiça. Além disso, a regulação do incidente visa garantir a segurança jurídica e o devido processo legal, razão pela qual se impõe a sua aplicação no âmbito das execuções.

3.2 A responsabilização do arrematante nos casos de fraude à sucessão e formação de grupo econômico

Conforme explicitado anteriormente, o arrematante de ativos empresariais, considerados isoladamente ou em conjunto, não responderá pelas dívidas trabalhistas contraídas ao tempo da prestação do serviço ao antigo titular da empresa, qual seja, o falido ou o empresário em recuperação judicial. Isto é, trata-se de exceção à regra da sucessão trabalhista prevista nos arts. 10 e 448, da CLT, com o escopo de proteger não somente a empresa, mas também a pessoa que dará continuidade à atividade empresária.

Em relação à recuperação extrajudicial, restou demonstrado não haver qualquer amparo legal que justifique a aplicação das exceções previstas no art. 60, parágrafo único, ou no art. 141, II, da Lei nº 11.101/2005, razão pela qual se concluiu ser perfeitamente cabível a sucessão trabalhista do arrematante de ativos e bens da empresa.

Em contrapartida, a lei e a jurisprudência do STF adotam outro entendimento no tocante às hipóteses de falência e recuperação judicial, garantindo ao adquirente assumir a posse e a propriedade de ativos empresariais sem que possa ser responsabilizado por dívidas trabalhistas não quitadas pelo antigo proprietário. Com isto, o legislador procura garantir condições favoráveis à preservação não só da empresa, como também do novo empresário que a adquiriu.

Contudo, ao mesmo tempo em que, por um lado, a Lei nº 11.101/2005 prestigia o princípio da preservação da empresa, por outro lado, ela desprestigia a proteção ao crédito trabalhista, pois diminui as garantias do empregado ao impossibilitá-lo de acionar diretamente o sucessor do empreendimento. Nesta linha, o incidente de desconsideração da personalidade jurídica surge como uma relevante ferramenta do trabalhador, que poderá invocá-lo para fins de atingir o patrimônio do arrematante nos casos permitidos pela lei e pela jurisprudência, isto é, nas hipóteses de fraude à sucessão e de existência de grupo econômico.

Primeiramente, o §1º do art. 141 da LFRJ ressalva o disposto no inciso II do mesmo artigo, reconhecendo a ocorrência da sucessão trabalhista do arrematante quando este for: I – sócio da sociedade falida, ou sociedade controlada pelo falido; II – parente, em linha reta ou colateral até o quarto grau, consanguíneo ou afim, do falido ou de sócio da sociedade falida; ou III – identificado como agente do falido com o objetivo de fraudar a sucessão.

Neste sentido, destaque-se o entendimento de Suzy Elizabeth Cavalcante Koury:

> Note-se que o §1º do dispositivo ora analisado permite a responsabilização do arrematante quando for sócio da sociedade falida, ou sociedade controlada pela falida, parente, em linha reta ou colateral até o 4º (quarto) grau, consanguíneo ou afim, do falido ou de sócio da sociedade falida, e identificado como agente do falido com o objetivo de fraudar a execução. Trata-se, sem qualquer dúvida, de aplicação da teoria da desconsideração da personalidade jurídica (*disregard doctrine*), prevista no art. 50 do Código Civil, a fim de impedir que interpostas pessoas ou sociedades integrantes de mesmo grupo "adquiram", por preço inferior ao de mercado, os bens da empresa, quando, na verdade, correspondem à mesma pessoa da falida.[62]

Desta feita, ressalte-se que o referido §1º do art. 141 também se aplica à recuperação judicial, por força de previsão expressa na parte final do parágrafo único do art. 60 da lei. Assim, aplicar-se-á a teoria da desconsideração da personalidade jurídica, a fim de garantir a sucessão do arrematante nas obrigações trabalhistas do empresário em processo de recuperação judicial, nas seguintes hipóteses:

> a) quando ele for sócio da sociedade em recuperação ou de sociedade controlada por esta; b) quando ele for parente, em linha reta ou colateral até o 4º (quarto) grau, consanguíneo ou afim, da empresa em recuperação judicial ou de sócio de sociedade em recuperação judicial; ou c) quando o arrematante foi identificado como agente da empresa em recuperação com o objetivo de fraudar a sucessão trabalhista.[63]

No que tange aos grupos econômicos, são várias as situações nas quais sociedades, que apesar de se constituírem em pessoas jurídicas autônomas e distintas no plano formal, realizam a permuta de bens entre si e possuem o mesmo corpo societário, além de explorar o mesmo objeto social. Nestes casos, é comum a ocorrência de confusão

---

[62] KOURY, Suzy Elizabeth Cavalcante. Recuperação de empresas e sucessão trabalhista. *LTr*, vol. 76, n. 09, p. 1084-1090, set. 2012, p. 1088.

[63] SAAD, José Eduardo Duarte. Recuperação judicial da empresa e os créditos trabalhistas. *LTr*, vol. 70, n. 09, p. 1057-1070, set. 2006, p. 1065.

patrimonial entre as pessoas jurídicas envolvidas, bem como a exploração dos serviços dos mesmos empregados, que geralmente atuam ou já atuaram em todas as sociedades participantes do grupo. Dessa forma, o Superior Tribunal de Justiça tem adotado a teoria da desconsideração para reconhecer a responsabilidade solidária das sociedades que compõem o mesmo grupo econômico, inclusive na seara falimentar.[64]

Sendo assim, em um contexto em que uma sociedade adquire unidades produtivas de outra sociedade falida ou em recuperação judicial, integrante do mesmo grupo econômico, dando continuidade às atividades empresariais desenvolvidas, a desconsideração da personalidade jurídica pode ser utilizada como importante meio para atingir o patrimônio da sucessora e garantir sua responsabilidade pelos créditos trabalhistas não adimplidos pela antecessora.

Porém, vale ressaltar que, no âmbito da atual Reforma Trabalhista vivida pela legislação brasileira, é provável que haja mudanças significativas no que tange ao tema da formação de grupos econômicos. Nesta linha, o art. 2º, §3º, da CLT (introduzido pela Lei nº 13.467/2017) passará a estabelecer que "não caracteriza grupo econômico a mera identidade de sócios, sendo necessárias, para a configuração do grupo, a demonstração do interesse integrado, a efetiva comunhão de interesses e a atuação conjunta das empresas dele integrantes". Isto significará um aumento do ônus da prova do trabalhador que, para postular a responsabilidade solidária das demais sociedades empresárias integrantes do grupo tomador de serviços, precisará demonstrar, além da identidade do

---

[64] "PROCESSO CIVIL. RECURSO ORDINÁRIO EM MANDADO DE SEGURANÇA. FALÊNCIA. SOCIEDADES DISTINTAS NO PLANO FORMAL. CONFUSÃO PATRIMONIAL PERANTE CREDORES. DESCONSIDERAÇÃO DA PERSONALIDADE JURÍDICA DA FALIDA EM PROCESSO FALIMENTAR. EXTENSÃO DO DECRETO FALENCIAL A OUTRA SOCIEDADE. POSSIBILIDADE. TERCEIROS ALCANÇADOS PELOS EFEITOS DA FALÊNCIA. LEGITIMIDADE RECURSAL. Caracterizada a confusão patrimonial entre sociedades formalmente distintas, é legítima a desconsideração da personalidade jurídica da falida para que os efeitos do decreto falencial alcancem as demais sociedades envolvidas. - Impedir a desconsideração da personalidade jurídica nesta hipótese implicaria prestigiar a fraude à lei ou contra credores. - A aplicação da teoria da desconsideração da personalidade jurídica dispensa a propositura de ação autônoma para tal. Verificados os pressupostos de sua incidência, poderá o Juiz, incidentemente no próprio processo de execução (singular ou coletiva), levantar o véu da personalidade jurídica para que o ato de expropriação atinja terceiros envolvidos, de forma a impedir a concretização de fraude à lei ou contra terceiros. - Os terceiros alcançados pela desconsideração da personalidade jurídica da falida estão legitimados a interpor, perante o próprio juízo falimentar, os recursos tidos por cabíveis, visando a defesa de seus direitos. Recurso ordinário em mandado de segurança a que se nega provimento". (STJ, RMS 16105/GO, Terceira Turma, Relator Min. Nancy Andrighi, julg. em 19.08.2033, public. em 22.09.2003).

objeto social e do quadro societário, a articulação efetiva dos interesses das respectivas empresas.

4 Conclusão

O presente trabalho buscou analisar o fenômeno da sucessão trabalhista, a partir de fontes jurisprudenciais e doutrinárias, perquirindo a falência e a recuperação judicial e extrajudicial. Dessa sorte, verificou-se que a chegada da Lei nº 11.101/2005 importou em relevantes modificações ao tema, ao passo que o diploma falimentar anterior, o Decreto-Lei nº 7.661/1945, nada previa em relação à sucessão trabalhista. Objetivando prestigiar a preservação da empresa, enquanto atividade produtiva geradora de riquezas e empregos, a Lei nº 11.101/2005 excepcionou a regra da sucessão ao prever expressamente que, nas alienações judiciais ocorridas no bojo do processo falimentar e de recuperação judicial, os bens alienados ingressarão no patrimônio do arrematante livres de qualquer ônus ou afetação aos contratos trabalhistas firmados com o devedor primitivo.

Contudo, existem mecanismos processuais, tais como o incidente de desconsideração da personalidade jurídica, que tem por objetivo permitir a inclusão no processo de terceiros que possuam algum tipo de relação comercial com o alienante, para fins de torná-lo igualmente responsável pelo cumprimento da obrigação pleiteada. Este seria justamente o caso do arrematante de ativos da massa falida ou sociedade em recuperação, que poderá ser chamado a compor o polo passivo de demandas trabalhistas em litisconsórcio com o devedor principal, nas ações em que se postula o pagamento de valores contratuais referentes ao período trabalhado para o antigo titular do empreendimento.

Além disso, poderá também ser reconhecida a responsabilidade trabalhista do adquirente de ativos empresariais nos contextos de fraude à sucessão (existência de vício na arrematação, quando o arrematante age como verdadeiro agente da sociedade falida ou em recuperação judicial, com o objetivo de fraudar a sucessão) ou de existência de grupo econômico formado pelo antigo e o atual titular da empresa (neste caso, haverá responsabilidade solidária do arrematante. Nesta linha, o patrimônio do grupo é que será considerado para o pagamento das dívidas trabalhistas).

Assim, não obstante os Tribunais pátrios se mostrem atualmente refratários ao reconhecimento da responsabilidade do arrematante pelas dívidas trabalhistas anteriores à transferência interempresarial, em razão do disposto no art. 141, II e §2º e art. 60, parágrafo único, ambos da LFRJ, é imperativo constatar que existem hipóteses em que se mostra perfeitamente razoável, e até mesmo imperiosa, a responsabilização do sucessor do negócio, sem que isto implique em violação à lei ou a entendimento jurisprudencial vinculativo do Supremo Tribunal Federal.

Porém, no que tange aos grupos econômicos, verifica-se um aumento significativo do ônus processual do trabalhador, a partir das alterações no texto da CLT ocasionadas pela Reforma Trabalhista, tendo em vista a exigência de demonstração de efetiva articulação de interesses entre as sociedades integrantes do grupo para a sua caracterização. Isto poderá prejudicar o objetivo principal da responsabilização solidária que se atribui às pessoas jurídicas formadoras da organização econômica, que consiste em facilitar e garantir, acima de tudo, a contraprestação devida ao trabalhador pela força de trabalho empenhada por ele durante determinado período de tempo.

Neste contexto, são as hipóteses de fraude à sucessão e caracterização de grupo econômico merecedoras de maior atenção do magistrado na ocasião da análise do caso concreto, tendo sempre em vista a lei e os princípios constitucionais envolvidos, a fim de realizar a justiça social e a satisfação dos direitos trabalhistas, no âmbito das relações materiais e processuais de trabalho.

Referências

BARROS, Alice Monteiro de. *Curso de direito do trabalho*. 10. ed. São Paulo: LTr, 2016.

CÂMARA, Alexandre Freitas. *O novo processo civil brasileiro*. 2. ed. São Paulo: Atlas, 2016.

CAMPINHO, Sérgio. *O direito de empresa à luz do código civil*. 12. ed. Rio de Janeiro: Renovar, 2011.

CARRION, Valentin. *Comentários à consolidação das leis do trabalho*: legislação complementar/jurisprudência. 37. ed. São Paulo: Saraiva, 2012. *Apud* GUEDES, Fernando Grass; SOUZA, Yasmin Lapolli Silveira de. A sucessão trabalhista nos cartórios extrajudiciais. *LTr*, vol. 78, n. 01, p. 86-98, jan. 2014.

DELGADO, Maurício Godinho. *Curso de direito do trabalho*. 15. ed. São Paulo: LTr, 2016.

DELGADO, Maurício Godinho. Sucessão trabalhista: a renovação interpretativa da velha lei em vista de fatos novos. *Revista do Tribunal Regional do Trabalho 3ª Região*, Belo Horizonte, vol. 29, n. 59, p. 85-98, 1999. Disponível em: <http://as1.trt3.jus.br/bd-trt3/handle/11103/3733>. Acesso em: 03 jan. 2017.

DIDIER JR., Fredie. *Curso de direito processual civil*: introdução ao direito processual civil, parte geral e processo de conhecimento. 17. ed. Salvador: Ed. Jus Podivm, 2015.

DONATO, Messias Pereira. *Curso de direito individual do trabalho*. 6. ed. São Paulo: LTr, 2008.

GUEDES, Fernando Grass; SOUZA, Yasmin Lapolli Silveira de. A sucessão trabalhista nos cartórios extrajudiciais. *LTr*, vol. 78, n. 01, p. 86-98, jan. 2014.

KOURY, Suzy Elizabeth Cavalcante. Recuperação de empresas e sucessão trabalhista. *LTr*, vol. 76, n. 09, p. 1084-1090, set. 2012.

LEITE, Carlos Henrique Bezerra. *Curso de Direito Processual do Trabalho*. 14. ed. São Paulo: Saraiva, 2016.

SAAD, José Eduardo Duarte. Recuperação judicial da empresa e os créditos trabalhistas. *LTr*, vol. 70, n. 09, p. 1057-1070, set. 2006.

SCHIAVI, Mauro. *Manual de Direito Processual do Trabalho*. 10. ed. São Paulo: LTr, 2016.

SILVA, Mayara Fraga da. O arrematante no processo de falência. *Saber Digital*, vol. 8, n. 1, p. 103-120, 2015. Disponível em: <http://faa.edu.br/revistas/docs/saber_digital/2015/Saber_Digital_2015_07.pdf>. Acesso em: 05 jan. 2017.

TRIBUNAL SUPERIOR DO TRABALHO. *Recomendação CGJT nº 01/2016*. Disponível em: <http://www.trtsp.jus.br/geral/tribunal2/TST/Recomendacoes/Rec_01_16.html>. Acesso em: 26 jan. 2017.

TUPINAMBÁ, Carolina. *O incidente de desconsideração da personalidade da pessoa jurídica e a responsabilidade dos administradores no processo do trabalho*, "no prelo".

Informação bibliográfica deste texto, conforme a NBR 6023:2002 da Associação Brasileira de Normas Técnicas (ABNT):

GUIMARÃES, Flávia Pereira. Sucessão de empregadores: divergências e implicações do tema nos processos de falência e recuperação de empresa. In: TUPINAMBÁ, Carolina; GOMES, Fábio Rodrigues (Coord.). *A reforma trabalhista*: o impacto nas relações de trabalho. Belo Horizonte: Fórum, 2018. p. 215-246. ISBN 978-85-450-0441-7.

CAPÍTULO 10

A REFORMA TRABALHISTA DE 2017 E O TST

Ivan Alemão

1 A questão do aumento das condenações trabalhistas

Este artigo foi escrito antes da vigência da lei que oficializou a Reforma Trabalhista, o que ocorrerá 120 dias após a sua promulgação, em 13 de julho de 2017. Independentemente do que venha a acontecer em meio a esse clima tão politicamente instável dos dias de hoje, é possível afirmar que essa Reforma reflete o conflito entre duas instituições sobre os rumos a serem dados às relações de trabalho no Brasil. Mesmo com eventuais novas mudanças legais, o rastro deixado por esse embate já marcou um capítulo da história do Direito do Trabalho no país.

A Revolução de 1930 implicou uma reforma da máquina administrativa para que o Estado pudesse intervir nas relações de trabalho urbano. E de forma mais centralizada, com a criação do Ministério do Trabalho e das Juntas de Conciliação e Julgamento, além da reestruturação dos sindicatos. O ano de 1943, marcado pela criação da CLT, tornou-se um símbolo nitidamente ideológico para o Direito do Trabalho, com a disseminação da regulamentação das relações de trabalho para todos os trabalhadores e a expansão de suas instituições afins. O ano de 1966 foi o da criação da Lei do FGTS e da unificação da Previdência Social, extinguindo-se o corporativismo tradicional e dando-se início ao processo de flexibilização contratual. Em 1988, a nova Constituição respondeu aos anseios dos sindicatos, consolidando sua independência em relação ao Estado e o aumento de seu poder de representação, inclusive quanto à negociação coletiva.

E a Reforma Trabalhista de 2017, o que significa? Trata-se de uma desconstrução de todo esse movimento? Certamente, num pequeno artigo como este e ainda num momento historicamente precoce, quando os fatos novos ainda gritam não deixando os anteriores dormir, é possível tecer uma breve avaliação.

Um dado perceptível na chamada Reforma Trabalhista de 2017, ou seja, a Lei nº 13.467, de 13 de julho de 2017 (ex-PL nº 6.787/16, da Câmara dos Deputados, ou ex-PLC nº 38/17, do Senado), é a possibilidade de interferência do legislador na atuação da Justiça do Trabalho. Mais precisamente, na atuação de seu órgão máximo, o Tribunal Superior do Trabalho (TST). O primeiro grande sintoma desse cenário foi a redução do orçamento destinado à Justiça do Trabalho para o ano de 2016.[1] Em lugar de se propor o fim da Justiça do Trabalho ou do TST, como na tentativa de reforma ocorrida na década de 1990, a intenção da Reforma de 2017 foi a de encolher substancialmente a importância da Justiça do Trabalho enquanto instituição, atacando, mais diretamente, a sua produção jurisprudencial.

A Reforma atual mexeu com os julgamentos da Justiça do Trabalho em seu aspecto mais espiritual e, concretamente, com o *valor das condenações*. Lembro que a Reforma de 2004 (EC nº 45) havia ampliado o campo de julgamentos da Justiça do Trabalho, inclusive consolidando e elevando a arrecadação de valores a favor da Previdência Social e da Receita Federal, o que foi bom para as instituições públicas, mas não para quem sofre a condenação.[2]

A Reforma atual visa acabar com uma preocupação não tanto com a *quantidade* de processos, como muitos argumentam, e sim com o *valor das condenações*, que, sem dúvida, aumentou. Por outro lado, os trabalhadores não obtiveram ganhos significativos nos últimos dois anos, chegando mesmo a ter seu poder de compra reduzido, em virtude do desemprego dilatado.[3]

---

[1] Trecho da Nota Pública de 02.02.2016 do COLEPRECOR – COLÉGIO DE PRESIDENTES E CORREGEDORES DOS TRIBUNAIS REGIONAIS DO TRABALHO: "Não obstante a Justiça do Trabalho reconheça as atuais crises econômica, política e social pelas quais a Nação hoje atravessa e, ao final, concorde que todos os órgãos da União devam contribuir para que tal estágio seja superado o mais breve possível, este ramo Especializado da Justiça não pode suportar indicados cortes que superam R$880 milhões, sendo, para os Regionais Trabalhistas, 29% de todo o montante solicitado para apreciação de causas, além do cancelamento de 90% dos recursos para investimento, sob pena de precarização dos seus serviços prestados a toda a população jurisdicional, além de evidente sucateamento das instalações".

[2] Em 2016, a Justiça do Trabalho arrecadou para a Previdência Social R$2.496.108.993,10; de Imposto de Renda, o valor foi de R$403.951.434,68; e de custas, foi de R$292.275.960,64, além de emolumentos e multas, segundo dados do Relatório Geral da Justiça do Trabalho.

[3] Segundo dados da Pesquisa Nacional de Amostra por Domicílios (Pnad), do IBGE, divulgados no dia 29 de julho de 2016, o rendimento médio real habitual do trabalhador brasileiro caiu 4,2% no segundo trimestre de 2016, em comparação com o mesmo período de 2016. O

É bom lembrar que as condenações judiciais possuem "efeito retardatário". O que se cobrou em 2016 correspondeu às dívidas contraídas em anos anteriores, quando o país estava com índices de crescimento, de aumento de empregos e de salários. A dívida trabalhista surgiu em época de bonança, mas foi cobrada em época de crise. Há, assim, aspectos estruturais que podem vir a justificar o gargalo verificado em 2016 na Justiça do Trabalho, já que os passos dados pelo Poder Judiciário não são iguais aos da política e da economia.

Segundo o Relatório Geral da Justiça do Trabalho[4] de 2016, foram *pagos* aos reclamantes, em todo o país, R\$24.358.563.331,43. Decorrentes de acordo foram pagos R\$9.028.726.058,84 (37%); decorrentes de execução, R\$12.871.673.916,33 (52,8%); e decorrentes de pagamentos espontâneos, R\$2.458.163.356,26 (10%).

Já no Relatório de 2008 constava que foram pagos aos reclamantes R\$10.006.897.356,68. No Relatório de 2010, conforme descrito em sua apresentação, observou-se "o expressivo crescimento de 10,3% nos valores pagos aos reclamantes em cotejo com o ano de 2009. Com efeito, no ano findo, a atuação da Justiça do Trabalho ensejou a quitação de débitos trabalhistas na ordem de R\$11,2 bilhões".

Esses são valores que foram efetivamente *pagos*, sendo que inexistem dados sobre tudo que foi *cobrado*, que certamente seria maior. A mera publicação da *sentença* condenatória não impede que o devedor crie mecanismos para não ser executado. A Reforma Trabalhista enfraqueceu a execução da sentença com a supressão da iniciativa própria do juiz (de ofício) em praticar os atos executórios, limitando esta aos casos em que as partes não estiverem representadas por advogados.

O aumento de demissões explica em parte o aumento de reclamações, assim como o aumento da inflação pode justificar em parte o aumento do valor das condenações. Porém, enquanto esses fatores oscilam com o tempo, o crescimento de ações e de condenações seguiu seu curso de maneira linear.

É bem verdade que existe, também, a tendência de os juízes do trabalho protegerem o trabalhador e interpretarem as leis de uma forma mais favorável a ele. Mas a própria instituição também tem incentivado o aumento da quantidade de reclamações e de condenações, como

---

desemprego subiu para 11,3% no trimestre encerrado em junho de 2016, em comparação com o mesmo trimestre do ano anterior.

4 Utilizamos neste texto os relatórios gerais da Justiça do Trabalho elaborados pela Coordenadoria de Estatística e Pesquisa do TST, que são facilmente encontrados no site do TST.

se por meio desses índices altos buscasse reafirmar a importância da Justiça do Trabalho no meio social. A defesa do *acesso à justiça* acaba se igualando a uma grande quantidade de demandas, muito embora esse índice possa provar o contrário.

É perceptível que as decisões mais divulgadas pelos órgãos de comunicação dos tribunais do trabalho são as que condenam e não as que absolvem. Algumas notícias divulgadas para o público em geral dão destaque a condenações que envolvem valores vultosos, transmitindo por vezes entendimentos minoritários que podem ser interpretados pela população como oficiais. As técnicas de propaganda veiculadas nos sites dos tribunais de alguma forma colaboram para atrair reclamantes com expectativas de angariar valores elevados.

Aqui não se trata apenas de questão doutrinária, de formação do juiz do trabalho. Há ainda outra questão, mais estrutural, decorrente do fato de as reclamações serem postuladas pelos empregados, salvo raríssimas exceções, o que naturalmente leva o empregador a ser condenado. Na realidade, este possui mecanismos de autotutela que o dispensam de ter que recorrer à Justiça do Trabalho, fruto do seu poder punitivo e de seu direito de retenção/compensação de créditos que deve ao empregado.

Nesse contexto relatado até agora, é natural que tenha aumentado a própria jurisprudência a favor do trabalhador. É o caso, por exemplo, da condenação sobre intervalos, que quase não havia. A interpretação da inversão do ônus da prova a favor do empregado, principalmente no que tange às horas extras, também fez crescer a quantidade de condenações. As indenizações de dano moral, que inexistiam, podem chegar a valores imprevisíveis. Cresceram os pedidos de acúmulo de função, o que também era raro e ocorria apenas em casos de quadro de carreira. Facilitou-se a anulação de cláusulas coletivas, o que antes inexistia, até porque muito raramente elas eram prejudiciais aos trabalhadores, o que foi modificado com o aumento da flexibilização.

Não se pode dizer que em nosso país, nos últimos anos, os empregados passaram a trabalhar mais nos intervalos, a sofrer mais moralmente, a acumular mais funções, e os sindicatos a serem mais pelegos. Trata-se, sim, de um maior esforço da Justiça do Trabalho em condenar os empregadores, e certamente com a forte colaboração dos escritórios de advocacia, que, quando defendem os empregados, recebem um percentual sobre o valor da condenação, normalmente de 30% sobre o valor bruto recebido pelo empregado.

A Justiça do Trabalho, internamente, e os escritórios de advocacia evoluíram técnicas de produção em cadeia, e com pedidos repetidos.

Até mesmo o processo de negociação para acordos passou a ser tratado nos tribunais por centros especializados. Tal procedimento produtivista acabou por favorecer parcelas da população geralmente já demitidas, não chegando a elevar o nível salarial ou o poder de barganha dos trabalhadores da ativa frente a seus atuais empregadores, mas movimentando um capital sem direção certa. É provável até que, com o valor recebido nas condenações, grande parte dos reclamantes procure pagar suas dívidas, e os que possuem algum nível de profissionalismo tentem abrir um pequeno negócio.

Embora a lei seja a fonte da jurisprudência, é possível interpretá-la de forma mais favorável ao empregado. Minha impressão é a de que muito do que a Reforma Trabalhista de 2017 alterou na lei vai de encontro ao entendimento do TST, principalmente no que diz respeito às súmulas.

Numa época em que os precedentes vinculantes dos tribunais vinham ganhando importância, no sentido de conter principalmente os juízes de primeira instância em prol de um pacto de segurança jurídica, para pôr fim à era do ativismo judicial e do livre convencimento do juiz, a liberdade do TST para criar precedentes veio a ser questionada pelo legislador.

2   A conjuntura política radicalizada da época da Reforma

A Reforma Trabalhista de 2017 não teve o intuito de atingir diretamente o *status* das relações de trabalho, nem a relação entre capital e trabalho, nem tampouco quebrar o *mito da CLT*. A Reforma veio principalmente no sentido de alterar certos artigos da CLT, aproveitando o seu respaldo simbólico. Não foi criado um "novo código", como ocorreu há pouco tempo com o Código do Processo Civil (CPC). Enquanto nesse caso as propostas saíram principalmente do campo acadêmico e conceitual, por meio de uma comissão de juristas, a Reforma Trabalhista possui um texto que é fruto do amálgama de vários projetos. É sintomático que enquanto a Reforma do CPC foi simbolizada por meio do ministro do Supremo Tribunal Federal (STF) Luiz Fux, a Reforma Trabalhista teve como principal porta-voz um político, o ministro do Trabalho Ronaldo Nogueira de Oliveira.

Os projetos aglutinados possuem temas bem distintos, que atendiam aos reclamos principalmente de empresários, inclusive de pequenos empresários e até de microempresários. Mas, também, pontualmente, de outros setores, como as entidades de advogados, que tinham o projeto de adotar os honorários advocatícios de sucumbência na Justiça do Trabalho, as entidades sindicais, com o maior reconhecimento da negociação coletiva – temas estes que também conflitavam com o entendimento do TST. É bom deixar claro, contudo, que o atendimento desses reclamos não significa que os advogados e os sindicalistas tenham saído vitoriosos quando se avaliam os efeitos da Reforma num contexto maior. Ao contrário: para os sindicalistas pode haver perda de poder devido ao aumento da negociação individual e perda de arrecadação financeira; e para os advogados trabalhistas pode haver redução do valor das condenações judiciais.

Mas a Reforma também "contou", se não com apoio direto, pelo menos com a indiferença de grande parte da população de média e baixa renda que não é empregada: autônomos em geral, profissionais liberais, estatutários e até parte de setores assalariados desempregados ou informais. Embora não exista uma pesquisa precisa sobre tais dados, não é difícil constatar que não houve resistência significativa dessa camada da população.

A reação popular contra a Reforma Trabalhista foi sendo paulatinamente testada por seus defensores. Cito dois exemplos de teste. Primeiro, a enorme ampliação de temas no PL nº 6.787/16, ainda na Câmara. Segundo, a aprovação pelo Senado de um antigo projeto de lei já aprovado na Câmara e engavetado, dando origem à Lei nº 13.429, de 31 de março de 2017, sobre trabalho temporário e terceirização. Embora, em meu entender, essa lei não tenha alterado muita coisa, recebeu por parte da imprensa grande destaque, configurando o fim do entendimento do TST sobre atividade-meio e atividade-fim no trabalho terceirizado. Ou seja, já estava caracterizada uma derrota do entendimento do TST, pelo menos em relação à sua Súmula nº 331. É certo que esse embate com o TST foi precedido de outro, com o STF,[5] o que o tornou mais complexo.

A crise econômica e política conjuntural às vésperas da aprovação da Reforma Trabalhista – marcada por mudanças não ortodoxas de presidente da República e do presidente da Câmara – ajudou na radicalização de ambos os lados. Os opositores da Reforma procuraram obstruir sucessivamente todas as votações sobre temas trabalhistas, não havendo espaço para discussões técnicas nem para acordos, diferentemente do

---

[5] Sobre este conflito do TST com o STF, ver artigo escrito por este autor em parceria com Diogo Menchise: Terceirização – atualização do tema e indefinições. *Revista do TRT 1ª Região – ISSN 2178-5651*, RJ, vol. 25, n. 56, jul/dez 2014, p. 79-91.

que ocorreu, por exemplo, durante a Assembleia Constituinte de 1988, quando o chamado "Centrão" também era forte.

No caso da Reforma Trabalhista, opiniões independentes às duas correntes que litigavam, ou mesmo opiniões mais flexíveis, praticamente sucumbiram. Sem margem para concessões, o projeto foi aprovado às pressas no Senado, da forma como saiu da Câmara, para evitar seu retorno a esta Casa. O campo de negociação residiu muito mais dentro do próprio bloco que apoiou o projeto, chegando a se cogitar a edição de medida provisória com alguns reparos, principalmente para atender aos sindicalistas favoráveis à Reforma, mas que não concordavam com o fim da contribuição sindical compulsória.

Portanto, prevaleceu uma lei fruto de um projeto com pouco aprofundamento técnico, mais confiante nas regras de mercado do que no intervencionismo estatal. Acredito que desde a Reforma da década de 1960 o setor liberal não conseguia tanta vitória no meio trabalhista, sendo que naquela época havia uma espécie de revolução política. Agora, o que há é radicalização política.

Os opositores da Reforma, embora discursando a favor dos trabalhadores, defendiam o *status quo*, mas sem apresentar um projeto alternativo. Essa postura já havia sido adotada no projeto da terceirização (nº 4.339/04), aprovado na Câmara em maio de 2015 e que ainda se encontrava no Senado para votação, mas que, com a Reforma Trabalhista, ficou muito prejudicado.

A falta de novas propostas legiferantes por parte dos contrários à Reforma enfraqueceu a possibilidade de negociação. O que foi transmitido para a população é que: de um lado, havia os que estavam apresentando uma solução para o país e o desemprego, mesmo com remédio amargo; e, de outro, os que queriam manter o que existia, ou seja, a crise. Em resumo, não houve espaço político para negociações de ordem técnica, para atenuar as distorções e o impacto das mudanças sobre os trabalhadores.

Já num contexto mais estrutural, é visível a diminuição de empregados com vínculos trabalhistas tradicionais nas grandes empresas, em detrimento de outras opções, o que é fruto de incentivos fiscais ou de financiamento, como a criação do MEI (Micro Empresário Individual), da EIRLI (Empresa Individual de Responsabilidade Limitada, sociedade de um só sócio), de franquias e de outras modalidades que incentivam a criação de pequenas empresas. Além, claro, das próprias mudanças estruturais no mundo do trabalho, como a descentralidade do trabalho fabril.

A falta de opção dos trabalhadores demitidos que receberam indenizações trabalhistas e dos aposentados que têm que continuar trabalhando por necessidade incentiva deslocamentos da força de trabalho para o setor de serviços. Também aumenta a incidência de atividades de trabalho à distância, que não ocorrem dentro dos estabelecimentos e que vão além do teletrabalho, abrangendo outros casos, como o do trabalhador que se comunica à distância com o consumidor, como o da Uber. Ou seja, atividades que ficam na fronteira entre o trabalho formal, subordinado, e o trabalho mais flexível e indefinido. É certo que a Reforma tem como um de seus principais pontos o *trabalho intermitente*, que, se não é suscetível a criar mais empregos, incentiva a formalidade, reduzindo estatisticamente o índice de desemprego brasileiro e aumentando o recolhimento tributário e previdenciário.

O setor do *pequeno empreendedor*, que ainda é capaz de contratar alguns empregados regidos pela CLT, é tratado pela Justiça do Trabalho com os mesmos entendimentos jurisprudenciais aplicados às grandes empresas, como um banco ou uma estatal. Embora a legislação não seja tão uniforme quanto pareça, é certo que as decisões dos tribunais regionais e, principalmente, do TST, acabam por formar sua jurisprudência a partir de ações em que os réus são grandes empresas. Isso porque os recursos dependem de depósitos, pagamento de custas e atuação de advogados em graus superiores ao da Justiça do Trabalho, tendo o TST sede em Brasília. São as grandes empresas que normalmente conseguem ter estrutura financeira para recorrer às diversas instâncias, sem falar no STF e no Superior Tribunal de Justiça (STJ), neste, quando se trata de conflitos de competência.

Segundo dados do Relatório Geral da Justiça do Trabalho, os seguintes quantitativos de processos foram recebidos na Justiça do Trabalho, respectivamente:

2011-2015
1ª instância 11.966.662
2ª instância 3.995.173
TST 1.350.831
2016
1ª instância 2.756.214
2ª instância 957.518
TST 243.447

Grosso modo, pode-se dizer que os tribunais regionais recebem a terça parte dos processos da primeira instância, e o TST recebe apenas em torno de 10%. Mas, se formos analisar os recursos mais importantes, como o *recurso ordinário* da Vara para o Tribunal Regional do Trabalho

(TRT), o montante em 2016 foi de 621.096, e o *recurso de revista* para o TST foi de 24.658. Nesses casos, o percentual de acesso à instância superior reduz bastante, principalmente para o TST. Ou seja, o recurso de revista se resume a quase 1% da totalidade dos processos recebidos pela Justiça do Trabalho.

Os percentuais divulgados no Relatório Geral da Justiça do Trabalho englobam outros recursos. É o caso do agravo de instrumento, dentro do mesmo processo, que não aprecia o mérito da reclamação, gerando um percentual bem maior. Por exemplo, no Relatório de 2016, o chamado *índice de recorribilidade* aparece como sendo de 60% da Vara para os TRTs, na fase de conhecimento, e de 38% dos TRTs para o TST na mesma fase. Por esse critério, pode parecer que a quantidade de processos aumenta nos graus superiores como uma árvore com galhos. Esses dados não estão errados, mas não respondem exatamente ao trajeto da apreciação do *mérito do pedido* da ação a partir do ajuizamento da ação. Ou seja, em quantos degraus o mérito do pedido foi apreciado, se ficou no primeiro (vara), no segundo (TRT) ou no terceiro (TST). Isso sem considerar os inúmeros agravos de instrumentos sem sucesso.

O Relatório Geral, ao dividir setores econômicos em "indústria", "serviços diversos" e "comércio", dá pouca margem para a definição dos setores que mais recorrem. No entanto, o Relatório de 2016 apresenta um *ranking* dos 20 maiores litigantes do TST, na seguinte ordem: Petrobrás (11.297 processos); União (10.478); Banco do Brasil (10.433); CEF (10.198); Correios (6.087); banco Santander (3.706); Funcef (3.537); Petros (3.191); Previ (2.887); Fazenda Pública de São Paulo (2.861); Brasil Foods BRF (2.345); Vale (2.118); Telemar (1.938); Oi (1.852); JBS (1.695); HSBC (1.531); Telefônica (1.531).

Esse quadro deixa claro que os setores estatais e bancários são os mais atendidos pelo TST. As fundações deixaram de ser da competência da Justiça do Trabalho desde 2013 (RE nº 586.456), por decisão do STF.

Dessa forma, é notório que a jurisprudência do TST é construída a partir do paradigma das grandes empresas e basicamente sobre matéria de direito, fruto da via estreita do recurso de revista. As Orientações Jurisprudenciais *Transitórias* demonstram isso com clareza, pois muitas delas são dirigidas exclusivamente a determinadas empresas. Sem falar as diversas súmulas e outros precedentes especificamente dirigidos a certas categorias, como a dos bancários. Não vemos, por exemplo, súmulas diretas sobre categorias que absorvem a maior parte dos trabalhadores, como a da construção civil. É provável que a súmula do TST que mais favoreceu os mais necessitados é a que trata da terceirização, já que engloba quase todos os setores da economia. Por isso tem grande significado o enfraquecimento dessa súmula, de número 331.

Nas lides das grandes empresas julgam-se, além das disposições legais, aquelas com base em normas de natureza exclusivamente contratual, geralmente com base em princípios isonômicos ou com base em incorporação definitiva de vantagens (Súmula nº 51). Os reclamantes contra empresas sólidas não estão muito preocupados com o tempo do processo, pois sabem que vão receber, podendo dedicar mais tempo para levar a matéria de direito ao TST. Um exemplo foi a enorme discussão em torno da definição do divisor bancário para cálculo de horas extras: se 150 ou 180, para os que trabalham em regime de seis horas; se 200 ou 220 para os de oito horas. Os processos ficaram suspensos por quase um ano em função da decisão liminar do TST (IRR 849-83.2013.5.03.0138), e até onde tenho conhecimento nenhum reclamante solicitou desistência do referido pedido para dar celeridade aos demais pleitos.

Já aqueles que litigam contra empresas menores, que não sobrevivem à tramitação normal do processo, normalmente preferem deixar de tentar ganhar algum direito via recurso ao TST para acelerar a execução do que já ganhou na primeira ou segunda instância.

As grandes empresas, como os bancos, estatais e as concessionárias quando condenadas em valores altos, podem acabar repassando parte desses valores para os consumidores ou contribuintes. Algumas se relacionam com o consumidor por meio de monopólio e contrato de adesão. Já o pequeno empresário, ao sofrer uma condenação nos moldes da jurisprudência utilizada para as grandes empresas, corre o sério risco de quebrar, o que também incentiva a informalidade e a fraude.

Outro elemento adicional nesse quadro é que nas condenações contra as grandes empresas, principalmente as estatais, o reclamante ainda se encontra trabalhando, mas no caso das empresas de menor porte, as conquistas judiciais são para os já afastados. Para esses reclamantes, a jurisprudência acaba sendo muito mais em volume de dinheiro global do que de aumento salarial ou benefício para quem está trabalhando, e que poderia corresponder a uma melhoria de condições de trabalho com reflexos positivos para a coletividade.

Por sua vez, os escritórios de advocacia naturalmente postulam o máximo de possibilidades de aumento de condenação, usando jurisprudências favoráveis, muitas delas criadas para grandes empresas. Na Justiça do Trabalho, a tentativa de acordos é voltada para um valor global em dinheiro. Mesmo as sentenças acabam se transformando em liquidação financeira voltada para um valor econômico global, que não se estende aos demais empregados da ativa. Para estes, a expectativa é a de que quando for demitido também possa buscar o máximo possível de condenação, o que cria um círculo vicioso que não fortalece a coletividade.

Com o enfraquecimento dos dissídios coletivos (Emenda n° 45/04), os sindicatos atuam na Justiça do Trabalho basicamente com reclamações individuais e nos moldes dos escritórios de advocacia, inclusive estes são contratados por aqueles para dar assistência aos trabalhadores.

Se o dissídio coletivo era a marca singular da Justiça do Trabalho desde a sua criação, com a excepcional possibilidade de o Poder Judiciário criar direitos para quem estava trabalhando, a elaboração de precedentes jurisprudenciais nos moldes civilistas são voltados para ações individuais. A negociação coletiva cede lugar aos acordos individuais em massa, como vêm sendo incentivados, com destaque para valores econômicos e não para a criação de normas. Também a tendência do Ministério Público do Trabalho tem sido a de pedir altas condenações de indenização de dano moral coletivo a favor do Fundo de Amparo ao Trabalhador (FAT), não gerando com essa verba um benefício direto aos trabalhadores da ativa do réu, que podem até ser indiretamente prejudicados com a quebra da empresa.

3   As novas regras contrárias às súmulas do TST

O processo de valorização de súmulas e de outros precedentes se intensificou com a alteração da CLT pela Lei n° 13.015, de 21 de junho de 2014. Essa lei é oriunda de um projeto enviado pelo Órgão Especial do TST ao Congresso, conforme Resolução Administrativa n° 1.454, de 24 de maio de 2011, durante a gestão do ministro João Oreste Dalazen, quando a relação entre o Congresso e aquele Tribunal era mais amistosa. O ponto central dessa alteração foi valorizar e regulamentar o procedimento de uniformização de jurisprudência com o objetivo de criar súmulas e teses prevalecentes, o que foi complementado com atos administrativos do TST que obrigavam os órgãos colegiados a seguirem-nas, sob o risco de os autos retornarem ao órgão que prolatou o acórdão para serem *rejulgados*. Esse mecanismo, considerado inovador, correspondeu aos novos §§3°, 4°, 5° e 6° do art. 896 da CLT, agora revogados integralmente pela Reforma Trabalhista.

Essa Reforma da CLT de 2014 havia levado os Tribunais Regionais a alterar seus respectivos regimentos internos sobre uniformização de jurisprudência, o que antes era um dispositivo pouco usado. Essa adequação de regulamentação já sofrera certo impasse com o Novo

CPC (Lei nº 13.105, de 16 de março de 2015), editado logo depois, que revogou seus próprios artigos sobre uniformização de jurisprudência, remetendo o tema para ser tratado por meio de regimentos internos. O NCPC veio com outros mecanismos de controle jurisprudencial mais sofisticados (como o Incidente de Resolução de Demandas Repetitivas – IRDR), que levaram os Tribunais a mudar novamente seus regimentos internos, inclusive por orientação do TST.

Mas, como dito, esse procedimento de uniformização criado pelo TST, agora, com a Reforma, sai de cenário. É interessante observar que essa linha adotada pelo TST, que antecedeu o NCPC, recebeu elogios e críticas de engessamento da jurisprudência. Eu mesmo escrevi dois artigos críticos,[6] destacando a novidade do *rejulgamento*, que forçava um novo julgamento, sem que tivesse havido nulidade recursal da primeira decisão, por confrontar um precedente. Isso, certamente, torna o processo mais complicado e moroso, além de ter conotação punitiva para o julgador (disciplina judiciária).

A Reforma Trabalhista de 2017, além de quebrar esse procedimento de uniformização criado pelo TST, também criou regras específicas para dificultar a criação e a alteração de súmulas na Justiça do Trabalho, conforme nova regra inserta no art. 702, letra "f", §§3º e 4º. Inclusive, este artigo cria a possibilidade de seus efeitos serem apenas futuros, evitando-se surpresas condenatórias com retroatividade. Estabelece

> que sessões de julgamento sobre estabelecimento ou alteração de súmulas e outros enunciados de jurisprudência deverão ser públicas, divulgadas com, no mínimo, trinta dias de antecedência, e deverão possibilitar a sustentação oral pelo Procurador-Geral do Trabalho, pelo Conselho Federal da Ordem dos Advogados do Brasil, pelo Advogado-Geral da União e por confederações sindicais ou entidades de classe de âmbito nacional.

A regra é estendida aos tribunais regionais (§4º).

Quanto ao conteúdo das súmulas, a Reforma Trabalhista o limitou. O novo §2º do art. 8º da CLT estabelece:

> Súmulas e outros enunciados de jurisprudência editados pelo Tribunal Superior do Trabalho e pelos Tribunais Regionais do Trabalho *não*

---

[6] Uniformização de jurisprudência e consequências na Justiça do Trabalho após a Lei nº 13.015/14 e o ato nº 491/14 DO TST. *Revista LTr*, março 2015, ano 79, p. 79-03/316 a 79-03-323, ISSN 1516-9154; *Revista Justiça do Trabalho, ISSN 0103-5487*, ano 32, n. 376, abril 2015; p. 32-4746. O novo CPCP, a Justiça do Trabalho e a segurança jurídica. Suplemento Trabalhista da LTr 101/16, ano 52, p. 577-584, SP, *Revista MATRA1* – novembro 2016, ano XXI, n. 54.

poderão restringir direitos legalmente previstos nem criar obrigações que não estejam previstas em lei. (Grifos nossos)

Trata-se de um preceito a respeito do qual, *a princípio*, ninguém é contra. Pois os precedentes num sistema positivista de origem lusitana como o nosso, em que a produção de normas é centralizada no Poder Legislativo, visam apenas interpretar as leis. A propósito, nesse sistema, a segurança jurídica é justamente aquela baseada na lei, e sua legitimidade depende de o sistema político ser democrático. A exceção ocorre quando a própria lei permite a aplicação da equidade, quando de sua omissão. Outra exceção marcante de criatividade judicial prevista em lei foi a estabelecida no poder normativo da Justiça do Trabalho, já neutralizado desde a publicação da EC nº 45/04.

No âmbito do direito individual, até a década de 1980 a Justiça do Trabalho contou com os prejulgados, que tinham força vinculante. Na década de 1990 houve a tendência a reduzir a capacidade criativa da Justiça do Trabalho, até mesmo no âmbito do poder normativo, para não se deferir nada muito além do reajuste salarial e do que se fixou nos seus precedentes normativos. A EC nº 45/04 reduziu o acesso ao poder normativo, mas no âmbito geral do Poder Judiciário criou as súmulas vinculantes, inicialmente para o STF. Mas logo foram surgindo outras modalidades de decisões vinculantes no próprio STF e depois nos demais tribunais superiores, até se chegar às instâncias intermediárias.

Se, inicialmente, o objetivo das decisões vinculantes era reduzir a quantidade de recursos, com o tempo elas foram sendo direcionadas para a uniformização jurisprudencial sobre órgãos subordinados hierarquicamente e até mesmo sobre a máquina administrativa pública, no sentido de incentivar a segurança jurídica para o mercado e os cidadãos. Especificamente na Justiça do Trabalho essa tendência foi além, a fim de incentivar também a disciplina judiciária.

Na década de 1980, os antigos prejulgados da CLT foram transformados em *súmulas* do TST (também chamadas de enunciados); na década de 1990, foram criadas as *orientações jurisprudenciais*; já na década de 2010, começaram a ser criadas as súmulas dos tribunais regionais.[7] Um corpo paralelo de precedentes foi se sedimentando ao lado da legislação do trabalho. Mas foi a partir da Lei nº 13.015, de 21

---

[7] Não incluí nesse rol os *precedentes normativos* que, efetivamente, tinham a intenção de criar normas pelo poder normativo.

de junho de 2014, que se delineou uma política mais clara de uniformização jurisprudencial na Justiça do Trabalho. Com ela surgiram as *teses prevalecentes*.

Até o advento dessa lei, esse corpo jurisprudencial vinculava apenas o próprio tribunal que o criou, com escopo de rejeitar de plano os recursos com teses contrárias. Serviam de orientação jurídica não vinculante, ajudando a complementar, sobretudo, temas pouco regulamentados por lei. Mas era comum um magistrado do órgão em questão não seguir uma súmula de cujo processo de criação ele participara, mesmo que tivesse votado contra. Com a nova regra passou a existir uma espécie de centralismo democrático, não exatamente contra a pessoa do magistrado, mas contra o acórdão rebelde.

Devo lembrar que a mera edição dos precedentes em geral, mesmo que não criem expressamente "um direito" em seu sentido material, podem provocar uma série de novas ações ou, da mesma forma, desincentivar outras ações. Também regras processuais ou burocráticas podem facilitar o resultado de uma ação.

Os precedentes podem ser *positivos*, quando deferem postulações, e *negativos*, quando os negam. Por uma simples leitura dos precedentes do TST é possível perceber que há maior tendência de as súmulas serem positivas, embora nem sempre exista uma *criação clara de normas*. A título de exemplo: nº 6, I (exige homologação de plano de cargos); nº 90, II (hora extra quando há desencontro do horário do transporte com o horário de trabalho); nº 291 (indenização em caso de supressão de horas extras); nº 372 (incorporação de gratificação de função concedida por mais de dez anos); nº 377 (obrigatoriedade de o preposto ser empregado); nº 440 (presunção de despedida discriminatória para casos de doenças graves que suscitam estigma ou preconceito); nº 450 (férias em dobro em caso de *pagamento* fora do prazo).

A liberdade de o Poder Judiciário criar normas é um tema polêmico, provavelmente desde que ele foi criado, devendo continuar assim. Todavia, a Reforma Trabalhista de 2017 é clara em sua pretensão de tentar limitar de forma geral essa liberdade do TST. Prova disso é que diversos dispositivos de lei procuraram confrontar as súmulas. Em alguns casos esse confronto foi direto, pelo que passo a citá-los.

3.1 Prescrição

Adianto logo que uma súmula foi adotada pelo neolegislador, a de nº 294, que trata da prescrição de ações com pedido de *prestações sucessivas* decorrente de alteração contratual. Foi criado o §2º do art. 11

da CLT com essa regra. O fato de esta súmula ser contra o reclamante é significativo.

Ainda tratando-se de prescrição, a Reforma por meio do noviço art. 11-A da CLT e seus §§1º e 2º, acaba com o entendimento da Súmula nº 114 do TST, segundo a qual "é inaplicável na Justiça do Trabalho a prescrição intercorrente". Pela Reforma, a prescrição intercorrente é contada a partir do momento em que o exequente deixar de cumprir determinação judicial, podendo ser declarada de ofício. De quebra, indiretamente, firma-se que a prescrição no processo de trabalho pode ser declarada de ofício aos moldes do CPC, ou seja, também na fase de conhecimento, tema polêmico na Justiça do Trabalho.[8]

Ainda no campo da prescrição, temos a quebra da Orientação Jurisprudencial (OJ) nº 392 da Subseção Especializada em Dissídios Individuais – SDI-1 do TST, que considerava que protesto judicial era medida aplicável no processo do trabalho para interromper a contagem da prescrição. O novato §3º do art. 11 da CLT estabelece que "somente ocorrerá pelo ajuizamento de reclamação trabalhista".

3.2 Jornada

O entendimento do TST sobre jornada, a começar pela *in tinere,* foi atingida significativamente. Resta lembrar que ela é criação desse Tribunal, por meio da Súmula nº 90. Mais tarde, em 2001, ela passou a fazer parte da CLT (§2º do art. 58). Essa súmula, no entanto, foi se expandindo, chegando mesmo a ter cinco incisos e a criar a regra do inciso II, que trata da jornada *in itinere* mesmo quando o empregador não fornece transporte, mas com fulcro em horários de transportes. O novo §2º do art. 58 da CLT acabou com essa regra.

A Súmula nº 366 do TST vinha considerando como horas extras a totalidade do tempo que o trabalhador excede dentro da empresa, "não importando as atividades desenvolvidas pelo empregado ao longo do tempo residual (troca de uniforme, lanche, higiene pessoal, etc.)". O novo §2º do art. 4º da CLT não chega a conflitar completamente com essa súmula, mas muda de direção a interpretação da regra de extensão da permanência do empregado na empresa fora do período de trabalho registrado. Não é hora extra quando, por "conta própria", o empregado permanece no recinto por motivo de alimentação, higiene pessoal, troca de uniforme ou roupa, quando não houve obrigatoriedade,

---

[8] A Súmula nº 50 do TST-RJ tem entendimento contrário: "A pronúncia de ofício da prescrição, prevista no artigo 219, §5º, do CPC, é incompatível com os princípios que norteiam o Processo do Trabalho".

entre outras situações. O critério de "por conta própria" do empregado não é muito definido quando se presume que há "necessidade" de se praticar determinada ação.

Ainda sobre jornada de trabalho, outro tema importante de alteração envolveu o banco de horas. O TST vinha disciplinando a questão por meio da Súmula nº 85, que acabou tendo cinco incisos, sendo que o último provocou uma virada geral de entendimento. Afirma-se nesse inciso V que as disposições até então previstas na referida súmula não se aplicam à modalidade de "banco de horas", que somente pode ser instituída por meio de negociação coletiva. Aqui, o TST definiu duas regras: dividiu o sistema de mera compensação do banco de horas, o que a lei não distinguia. Assim, definiu que a compensação seria feita individualmente dentro da semana, e o banco de horas por meio de negociação coletiva, pois a expressão "acordo" do §2º do art. 59 dava margem à discussão sobre se tratava de acordo individual ou coletivo.

A nova redação do art. 59 da CLT, por meio dos §§5º e 6º, define que o banco de horas pode ser "pactuado por acordo *individual* escrito, desde que a compensação ocorra no período máximo de seis meses". Ou seja, não se exige mais negociação coletiva para a sua implantação. E define que é "lícito o regime de compensação de jornada estabelecido por acordo individual, tácito ou escrito, para a compensação no mesmo mês". Nesse caso, a lei muda a própria lei, que exigia acordo escrito para *qualquer* prorrogação de jornada (antigo *caput* do art. 59).

Também o inciso IV da Súmula nº 85 é abalado com o novo parágrafo único do art. 59-B da CLT. Ou seja, pode haver horas extras habituais em regime de compensação.

O intervalo é outro tema de grande conflito. Já existiam os precedentes das leis de 2012 e 2015 que criaram a regra do §5º do art. 71, contra o entendimento da antiga OJ nº 342 da SDI-1 do TST, que não admitia supressão de intervalos por meio de negociação coletiva. Agora, a possibilidade de flexibilizar os intervalos foi mais ampla.

A tônica da discussão é sobre o fato de o intervalo ser direito indisponível em face de sua necessidade física, ou meramente econômica. Esse tema também é complexo em decorrência do tipo de atividade exercida pelo trabalhador, se braçal ou intelectual, as condições de trabalho e a tecnologia que avança para a comunicação à distância. Mas não resta dúvida de que pelo menos os trabalhadores em geral dependem do intervalo para manter as condições mínimas de saúde. Nesse ponto, a Reforma afeta em muito os trabalhadores.

A Súmula nº 437 do TST, no momento da Reforma, possuía três incisos, sendo que o inciso II, redigido com base na antiga OJ nº 342, estabelecia que é inválida cláusula de acordo ou convenção coletiva de trabalho contemplando a supressão ou a redução do intervalo intrajornada, porque este constitui medida de higiene, saúde e segurança do trabalho, garantido por norma de ordem pública (art. 71 da CLT e art. 7º, XXII, da CF/1988), infenso à negociação coletiva.

Contrário a esse entendimento, o novo parágrafo único do art. 611-A da CLT estabelece que as "regras sobre duração do trabalho e intervalos não são consideradas como normas de saúde, higiene e segurança do trabalho para os fins do disposto neste artigo". É bem verdade que esse artigo trata especificamente de negociação coletiva, mas tal preceito é, por natureza, indivisível e universal.

Outra questão polêmica sobre intervalos é seu pagamento quando suprimido *parcialmente*. O inciso I da Súmula nº 437 estabelece que

a não concessão ou a *concessão parcial* do intervalo intrajornada mínimo, para repouso e alimentação, a empregados urbanos e rurais, implica o pagamento total do período correspondente, e não apenas daquele suprimido, com acréscimo de, no mínimo, 50% sobre o valor da remuneração da hora normal de trabalho (art. 71 da CLT), sem prejuízo do cômputo da efetiva jornada de labor para efeito de remuneração.

O novo §4º art. 71 do CLT, contrariamente, estabelece que

a não concessão ou a *concessão parcial* do intervalo intrajornada mínimo, para repouso e alimentação, a empregados urbanos e rurais, implica o pagamento, de natureza *indenizatória, apenas do período suprimido,* com acréscimo de 50% (cinquenta por cento) sobre o valor da remuneração da hora normal de trabalho.

Foram quebrados dois importantes entendimentos do TST, que deram margem a infindáveis reclamações trabalhistas: o de que a concessão *parcial* do intervalo equivale a um pagamento integral; e o de que a natureza jurídica do pagamento da parcela de 50% para o caso da irregularidade do intervalo é *salarial*. O inciso III da Súmula nº 437 estabelecia que "possui natureza salarial a parcela prevista no art. 71, §4º, da CLT". A Reforma passou a dar natureza indenizatória a esta parcela.

Concordo com a nova regra, e acho que o TST deu uma interpretação sobre os intervalos que gerou uma grande confusão. Uma coisa é a hora extra trabalhada no período despendido do intervalo, que sempre foi considerada hora extra, já que o empregado trabalha além das oito horas. Outra coisa é a mera irregularidade, quando, por exemplo, o empregado trabalhava oito horas ininterruptas e não havia horas extras. A Lei nº 8.923/94, de que trata a Súmula nº 437 do TST e que criou o §4º do art. 71 da CLT, veio no sentido de revogar a antiga Súmula nº 88 do TST, que entendia que "o desrespeito ao intervalo mínimo entre dois turnos de trabalho, sem importar em excesso na jornada efetivamente trabalhada, não dá direito a qualquer ressarcimento ao obreiro, por tratar-se apenas de infração sujeita a penalidade administrativa".

O resultado da interpretação do TST é que tanto faz o empregado ter intervalo de 50 minutos ou nenhum que ganha uma "hora extra", quando na verdade ele teria direito a dois institutos: 50 minutos de hora extra e mais a parcela do §4º do art. 71, esta sim com natureza indenizatória por se tratar de compensação pela irregularidade.

A jornada de 12 × 36 poderá ser feita individualmente na forma do novo art. 59-A na CLT, quebrando o entendimento da Súmula nº 444 do TST, que só considerava válida essa jornada quando "prevista em lei ou ajustada exclusivamente mediante acordo coletivo de trabalho ou convenção coletiva de trabalho".

3.3 Equiparação salarial

A equiparação salarial é outro tema que o TST vinha interpretando paulatinamente. A Súmula nº 6 do TST tinha nada menos que dez incisos. A nova lei alterou a lei anterior (art. 461), restringindo as condições para seu deferimento. Quanto ao ataque ao entendimento do TST, foi abalada a sistemática do que foi chamado de "cadeia de equiparações", principalmente oriundas de equiparação com o empregado que ganhou a equiparação judicialmente. Esse passibilidade era aplicada amplamente com a antiga Súmula nº 120, até mesmo quando a ação do paradigma havia sido conquistada por meio de revelia. O próprio TST já vinha restringindo a possibilidade de equiparação por cadeia. O tema na época da Reforma era tratado no inciso VI da Súmula nº 6, sendo criadas as figuras de paradigma imediato e paradigma remoto.

O novo §5º do art. 461 da CLT veda a indicação de paradigmas remotos, ainda que o paradigma contemporâneo tenha obtido a vantagem em ação judicial própria.

3.4 Gratificação de função

A história da incorporação definitiva da gratificação de função à remuneração do empregado que a recebeu por mais de dez anos sempre foi um tema turbulento. É um direito tipicamente criado pelo TST.

A antiga Súmula nº 209 do TST, criada em 12 de setembro de 1985 e logo cancelada logo depois, em 3 de dezembro de 1985 (o que já demonstra sua natureza polêmica), tratava dessa regra com o nome de "cargo em comissão". Essa regra foi ressuscitada com a OJ nº 45, de 1996, transformada depois no atual inciso I da Súmula nº 372 do TST. Um pouco diferente da antiga Súmula nº 209, a nova redação permite a supressão por justo motivo.

O novato §2º do art. 468 da CLT estabelece que a alteração de que trata o §1º do art. 468, "com ou sem justo motivo, não assegura ao empregado o direito à manutenção do pagamento da gratificação correspondente, que não será incorporada, independentemente do tempo de exercício da respectiva função".

3.5   Ultratividade

A ultratividade da vigência das normas coletivas é outro tema polêmico que teve reviravoltas jurisprudenciais, bastando estudar o histórico da Súmula nº 277 do TST. Criada inicialmente para limitar as sentenças normativas, foi depois expandida para limitar as convenções e os acordos coletivos.

Numa guinada de 360 graus, em parte justificada pela impossibilidade de se garantir a manutenção da data-base das convenções coletivas desde o advento da EC nº 45/04, em 2012, o TST estabeleceu que: "As cláusulas normativas dos acordos coletivos ou convenções coletivas integram os contratos individuais de trabalho e somente poderão ser modificadas ou suprimidas mediante negociação coletiva de trabalho". É bem verdade que havia uma liminar deferida pelo STF em 2016, suspendendo os processos que versam sobre a ultratividade (Medida Cautelar na Arguição de Descumprimento de Preceito Fundamental nº 33).

O novo §3º do art. 614 da CLT contrariamente à atual redação da Súmula 277 do TST, determina que "não será permitido estipular duração de convenção coletiva ou acordo coletivo de trabalho superior a dois anos, sendo vedada a ultratividade".

3.6   Honorários advocatícios

A Constituição de 1988 elevou à norma maior o princípio de que "o advogado é indispensável à administração da justiça" (art. 133). Passou-se, então, a adotar, de forma ampla, a aplicação dos honorários advocatícios da Justiça do Trabalho, sendo desconsiderada por muitos juízes a Súmula nº 219 do TST, que limitava o pagamento quando o empregado assistido "por sindicato da categoria profissional comprovar a percepção de salário inferior ao dobro do mínimo legal, ou encontrar-se em situação econômica que não lhe permita demandar sem prejuízo do próprio sustento ou da respectiva família".

Mas, logo o TST reafirmou a manutenção da Súmula nº 219, sendo inclusive criada outra, de nº 329, para dizer que "mesmo após a promulgação da CF/1988, permanece válido o entendimento consubstanciado na Súmula nº 219 do Tribunal Superior do Trabalho".

O novo art. 791-A fixa os honorários advocatícios de sucumbência no percentual de 5% a 15% sobre o valor da condenação ou o valor da causa. Porém, diferentemente das decisões que até então deferiam honorários advocatícios nas reclamações trabalhistas, ainda que não seguindo o entendimento da Súmula nº 219, não eram *contra* o reclamante. Na forma do §3º do art. 791-A da CLT, "na hipótese de procedência parcial, o juízo arbitrará honorários de sucumbência recíproca, vedada a compensação entre os honorários".

Os honorários de sucumbência contra o trabalhador sempre representaram um impasse nas discussões, inclusive entre seus próprios defensores. Trata-se de uma desvantagem para o reclamante sucumbente, além de que o beneficiário, nesse caso, não será seu próprio advogado, mas o da empresa.

Certamente isso é um grande problema, ainda mais quando a Justiça do Trabalho pretende proteger o trabalhador em relação às despesas processuais. A grande maioria das decisões judiciais é de parcial procedência, fruto da enorme quantidade de pedidos que hoje em dia constam das petições iniciais. O §4º do art. 791-A cria um atenuante, quando o reclamante é beneficiário de gratuidade da justiça, permitindo a execução apenas após dois anos do trânsito em julgado, salvo se "obtido em juízo, ainda que em outro processo, créditos capazes de suportar a despesa".

É provável que essa regra venha a incentivar a redução de pedidos sem muita chance de vitória, reduzindo também o valor da causa.

3.7 Contestação na ausência do preposto

A Súmula nº 122 do TST estabelece que "a reclamada, ausente à audiência em que deveria apresentar defesa, é revel, ainda que presente seu advogado munido de procuração", salvo por problema de saúde comprovado.

Esse entendimento decorria de uma interpretação feita pelo TST do *caput* do art. 844 da CLT que fixava que o "não comparecimento do reclamado importa revelia, além de confissão quanto à matéria de fato". Tratava-se de uma redação bem antiga e de quando o advogado era dispensável *de fato* na Justiça do Trabalho.

Principalmente após a Carta de 1988, que reafirmou em plano maior que o advogado é indispensável à administração da Justiça, sempre achei exagerada essa interpretação do TST. Ainda mais que a defesa do advogado, ou a "contestação", nem sempre trata só de matéria fática, mas também de preliminares e prescrição, entre outros temas prejudiciais em que o advogado tem o dever profissional de alegar.

O *caput* do art. 844 continua com a redação antiga, porém foi introduzido o §5º, que estabelece "ainda que ausente o reclamado, presente o advogado na audiência, serão aceitos a contestação e os documentos eventualmente apresentados". (NR)

Não só permitiu-se a peça contestação quando da ausência do preposto, mas também os documentos. Em tais casos serão avaliadas as provas, como já ocorre nas chamadas audiências fracionadas, já tratadas pela Súmula nº 74 do TST. Agora, sim, revelia ocorre quando inexiste contestação, e confissão ficta quando a parte não comparece para prestar depoimento.

Outra súmula atingida foi a que exigia que o preposto fosse empregado (Súmula nº 377). O novo §3º do art. 841 foi expresso em afirmar que o preposto não precisa ser empregado. Sem dúvida, era uma regra que não tinha respaldo legal, pois causava condenações injustas.

4 A técnica da negociação individual e o enfraquecimento da negociação coletiva

É perceptível que a forma técnica encontrada pela Reforma Trabalhista de 2017 para atenuar a atuação da Justiça do Trabalho foi a da *negociação direta entre empregados e empregadores*. Ou seja, prevalece a lei de mercado sobre a lei, reduzindo o peso de imperatividade desta e, em muitos casos, até sobre a negociação coletiva. O *negociado sobre o legislado* dessa Reforma não é exatamente o defendido na década de 1990, quando os sindicatos saíam com maior poder. Até mesmo essas entidades, tão fortalecidas na época da Constituinte de 1988, agora vêm sendo atingidas de forma inédita.

Vivemos, portanto, uma tendência civilista no Direito do Trabalho. A Reforma chegou mesmo a introduzir na CLT (§3º do art. 8º) a citação explícita do art. 104 do Código Civil, que trata da validade do negócio jurídico. A convenção coletiva é entendida como um negócio jurídico sob a ótica civilista, para não deixar nenhuma dúvida de que há certo retorno histórico. Lembro que as relações individuais de trabalho antigamente eram regidas pelo Código Civil, mas as convenções coletivas nunca foram regidas por tal diploma, já que as normas civilistas eram totalmente contrárias a qualquer negócio coletivo em que um ente pudesse ser representado por outro sem sua autorização, e ainda sem direito de renúncia por parte do representado na negociação. O instituto da manifestação de vontade coletiva de natureza privada nunca foi admitido pelas regras civilistas. Tanto é que a regra da representação coletiva começou quando os sindicatos eram considerados portadores de função pública. Só com a Constituição de 1988 é que eles realmente conseguiram autonomia do Estado e ganharam definitivamente natureza jurídica de direito privado.

No novo modelo, o sindicato ganhou força com suas normas negociadas, mas, por outro lado, seu campo foi minado com as possibilidades de negociação individuais. Inclusive não está muito clara a possibilidade de a negociação coletiva proibir as negociações individuais; já que estas estão garantidas por lei enquanto norma de direito individual. O direito à negociação individual passou a ser uma norma de ordem pública? A preponderância do direito coletivo sobre o individual provavelmente será rediscutida no âmbito jurídico. Esses são temas ainda a serem desenvolvidos pela jurisprudência.

Entendo, portanto, que os sindicatos obtiveram ganhos e perdas com a Reforma Trabalhista, além da perda econômica, que tornou a contribuição sindical optativa, o que vale dizer que o "imposto" sindical acabou. As vantagens dos sindicatos referem-se às novas regras contrárias à liberdade da Justiça do Trabalho para anular ou interpretar suas cláusulas normativas. Parto aqui de um critério objetivo de que age contra o sindicato tudo aquilo que lhe tira poder, reduz sua arrecadação financeira e diminui seu campo de exclusividade de negociação. O *negociado sobre o legislado* sempre foi o símbolo maior do poder sindical. Algumas condições de trabalho que dependiam de negociação com o sindicato foram revogadas. É significativa a exclusão da negociação coletiva sobre temas tão importantes como jornada de trabalho, embora, como dito, muita coisa era fruto do entendimento do TST. No âmbito meramente legal, por exemplo, a revogação da exclusividade de negociação coletiva sobre a jornada *in itinere*, que existia no §3° do art. 58 incluído na CLT em 2006, para as microempresas e empresas de pequeno porte.

A negociação individual prevalece sobre a coletiva no ato da contratação de "empregado portador de diploma de nível superior e que perceba salário mensal igual ou superior a duas vezes o limite máximo dos benefícios do Regime Geral de Previdência Social", conforme novo parágrafo único do art. 444 da CLT. O que equivale, na época da Reforma, a R$11.062,62. Trata-se de uma inovação bem significativa e que certamente atingirá trabalhadores de grandes empresas, onde predominam os sindicatos mais poderosos.

Tais fatos, até aqui relatados, demonstram que a técnica de negociação individual foi bem utilizada para reduzir a quantidade de condenações, e até de negociações coletivas. Acredito que, entre todas as regras de negociação individual, as duas mais importantes são a que permite a extinção do contrato de trabalho por acordo e a que permite sucessivos acordos extrajudiciais nos sindicatos.

Concluindo, podemos dizer que os acordos individuais e os coletivos criaram a possibilidade de reduzir o potencial da Justiça do Trabalho em volume de condenações. A estrutura institucional desse Poder Judiciário foi mantida, mas sua jurisprudência perdeu frente ao mercado e aos sindicatos, embora estes também tenham sofrido com a Reforma. Também os advogados trabalhistas ganharam com os honorários de sucumbência, mas perderam com o volume de condenações. Urge um novo recorte de defesa dos trabalhadores a ser construído por esses atores.

Referências

ALEMÃO, Ivan. O novo CPCP, a Justiça do Trabalho e a segurança jurídica. Suplemento Trabalhista da LTr 101/16, ano 52, p. 577-584, SP, *Revista MATRA1* – novembro 2016, ano XXI, n. 54.

_____. Uniformização de jurisprudência e consequências na Justiça do Trabalho após a Lei nº 13.015/14 e o ato nº 491/14 DO TST. *Revista LTr*, março 2015, ano 79, p.79-03/316 a 79-03-323, ISSN 1516-9154.

_____. Uniformização de jurisprudência e consequências na Justiça do Trabalho após a Lei nº 13.015/14 e o ato nº 491/14 DO TST. *Revista Justiça do Trabalho, ISSN 0103-5487*, ano 32, n. 376, abril 2015; p. 32-4746.

ALEMÃO, Ivan; MENCHISE, Diogo. Terceirização – atualização do tema e indefinições. *Revista do TRT 1ª Região – ISSN 2178-5651*, RJ, vol. 25, n. 56, jul/dez 2014, p. 79-91.

Informação bibliográfica deste texto, conforme a NBR 6023:2002 da Associação Brasileira de Normas Técnicas (ABNT):

ALEMÃO, Ivan. A Reforma Trabalhista de 2017 e o TST. In: TUPINAMBÁ, Carolina; GOMES, Fábio Rodrigues (Coord.). *A reforma trabalhista*: o impacto nas relações de trabalho. Belo Horizonte: Fórum, 2018. p. 247-269. ISBN 978-85-450-0441-7.

CAPÍTULO 11

APORTES PARA CONTEXTUALIZAÇÃO DA REFORMA TRABALHISTA: ANÁLISE PANORÂMICA DAS CAUSAS, FUNDAMENTOS E ALGUMAS CONSEQUÊNCIAS DA LEI Nº 13.467/2017[1]

Ivan Simões Garcia

1 Introdução

Este artigo tem dois objetivos primordiais: O principal, apresentar de forma breve e panorâmica o conjunto de transformações sócio--históricas no capitalismo mundial e brasileiro que contextualizam a reforma trabalhista promovida pelas Leis nº 13.429/2017 e nº 13.467/2017, servindo-lhes de causa explicativa. O secundário, apresentar, a partir das determinações daquela visão panorâmica, algumas das mais importantes tendências sociais e jurídicas para empregados e empregadores, culminando com uma incipiente verificação da compatibilidade constitucional dos diplomas legais, em seu aspecto mais sistêmico.

O processo de reforma trabalhista no Brasil consiste numa longa marcha que se protrai desde o cume da regulação trabalhista, simbolizada pela edição da CLT, em 1943.

Fruto de uma composição de forças sociais regidas pela batuta habilidosa de Getúlio Vargas, a lei trabalhista sempre foi mais a

---

[1] Este trabalho faz parte dos resultados parciais da pesquisa desenvolvida sobre o processo de Reforma Trabalhista no Grupo de Pesquisa Institucional "Trabalho, Capitalismo e Direitos Fundamentais", cadastrado no CNPq e vinculado ao Programa de Pós-graduação em Direito da UERJ, em sua Linha de Pesquisa "Direito do Trabalho e Direito Previdenciário".

justaposição de regulações contraditórias de distintos períodos do que propriamente um corpo legislativo harmonioso.

Mesmo um maestro sagaz como Vargas terminou por experimentar a incompreensão raivosa de boa parte do patronato industrial, ávido por destruir o concerto, ainda que a música tocada fosse uma ode a esse mesmo grupo – o empresariado fabril. Registre-se que a música, inadvertidamente aprazia e inebriava a grande maioria dos trabalhadores. Alguns tantos até dançavam e revoltaram-se quando o triste maestro, pressionado, se matou.

O fato é que a CLT e a regulação trabalhista brasileira, embora formulada para fazer crescer e fortalecer a fração de classe dos industriários, e nada obstante o fato dos governos de Getúlio terem alçado essa fração ao proscênio das classes dominantes, a visão integracionista do corporativismo Comteano, cunhada por Júlio de Castilhos, não foi assimilada pelas nossas elites, tendo sido identificada desde sempre como uma excessiva concessão aos trabalhadores.

Daí a tarefa permanente de demolir a legislação trabalhista de que se incumbiu nossas elites.

Embora afogados no formalismo legal que culminou na CLT, os trabalhadores incorporaram o substrato simbólico, representado por seus direitos, na mesma proporção em que esses direitos vieram sendo insistentemente descumpridos pelos patrões,[2] geralmente porque em sua visão de patriarcal-patrimonialista,[3] a empresa nada mais era do que a extensão do espaço privado de sua casa, e nem o Estado, nem ninguém deveria nela se imiscuir.[4]

---

[2] Cf. FRENCH, John David. *Afogados em Leis:* a CLT e a cultura política dos trabalhadores brasileiros. Trad. Paulo Fontes. São Paulo: Fundação Perseu Abramo, 2001.

[3] Para uma boa noção do conceito de patriarcado, leia-se por todos FREYRE, Gilberto. *Casa Grande e Senzala:* formação da família brasileira sob o regime da economia patriarcal. 48. ed. rev. São Paulo: Global, 2003. Uma visão mais plural acerca do Estado patrimonial e do patrimonialismo como modelo de organização social FAORO, Raymundo. *Os donos do poder:* formação do patronato político brasileiro. Rio de Janeiro: Globo, 1975; SCHWARTZMAN, Simon. *Bases do autoritarismo brasileiro.* 4. ed. Rio de Janeiro: Publit Soluções Editoriais, 2007. Para evitar quaisquer distorções neoliberais que levem à demonização do Estado e à divinização do mercado, convém cotejar obras como a de SOUZA, Jessé. *A ralé brasileira:* quem é e como vive. 2. ed. Belo Horizonte: Editora UFMG, 2016. Por todos, a mais completa análise da estrutura do nosso país se encontra em RIBEIRO, Darcy. *O povo brasileiro:* a formação e o sentido do Brasil. 2. ed. São Paulo: Companhia das Letras, 1995.

[4] Pelo óbvio nos referimos aqui a um traço cultural objetivamente entranhado no pensamento das classes proprietárias dos meios de produção, mas que vem sendo impulsionado por frações hegemônicas das classes dominantes: outrora o grande capital industrial, hoje o grande capital financeiro. Ainda que se observem tais traços culturais espraiados por todos os níveis do empresariado, a responsabilidade maior pela reprodução desse sistema não pode recair sobre os ombros do médio, pequeno e micro empresariado.

Assistimos aqui ao casamento das relações de acumulação do capitalismo com a organização social patrimonialista, ou seja, nosso capitalismo de compadrio.

Para os trabalhadores, a lei, que nunca teve o condão de afastá-los efetivamente da pobreza material, acabou por ser muitas vezes idealizada, até mesmo adquirindo desde um sentido fetichizado e quimérico, como objeto de sua crença num futuro salvífico, até um sentido prático de horizonte que instrumentaliza a organização e a mobilização dos trabalhadores em lutar para transformar a legislação de um ideal imaginário em uma realidade futura possível.[5]

De toda forma, ressaltamos que a legislação trabalhista revela as contradições do contexto social no qual está inserida. A correlação de forças entre os atores políticos representantes dos interesses do capital e do trabalho constrói o Direito do Trabalho. Se este se assume como conquista pelo reconhecimento de direitos que afirmam as classes trabalhadoras como sujeitos que devem ser dignificados, por outro lado também é instrumento de dominação de classe que permite a reprodução do capital ao anestesiar a capacidade de mobilização dos trabalhadores.

Como saldo, a história desses 74 anos de CLT[6] é uma história de poucos avanços e muitos retrocessos.[7] Mas, alguns saltos para trás são mais sintomáticos. Elejamos, pelo exemplo representativo, a fratura da coluna vertebral do Direito do Trabalho com o esvaziamento do sistema estabilitário decenal e o fim da efetividade do direito humano ao trabalho[8] com o FGTS (Lei nº 7.102/1966).

---

[5] FRENCH, John David. *Afogados em Leis:* a CLT e a cultura política dos trabalhadores brasileiros. Trad. Paulo Fontes. São Paulo: Fundação Perseu Abramo, 2001. p. 10-11.

[6] Na realidade, o processo de reivindicações e conquistas das classes trabalhadoras data do começo do século XX. Já o processo de produção normativa trabalhista ganha ritmo a partir de 1930, com os Decretos do Governo Provisório de Vargas, com as Leis do período constitucional de 1934 a 1937, com os Decretos-Lei do Estado Novo e com toda a produção de direito pretoriano da assessoria jurídica do Ministério do Trabalho, Indústria e Comércio, especialmente da lavra de Oliveira Vianna.

[7] Uma breve mirada sobre a evolução histórica da CLT e de suas alterações afasta por completo a retórica dos defensores da reforma de que a legislação trabalhista é velha porque data de 1943. Menos de 20% do seu texto permanece com redação original, o que indica esse caudaloso processo de transformação.

[8] Cf. dentre outros, a Declaração da Filadélfia (OIT, 1944) em seu inciso III: "A Conferência reconhece a obrigação solene de a Organização Internacional do Trabalho secundar a execução, entre as diferentes nações do mundo, de programas próprios à realização: a) do pleno emprego e da elevação do nível de vida; b) do emprego dos trabalhadores em ocupações nas quais tenham a satisfação de aplicar toda a sua habilidade e os seus conhecimentos e de contribuir da melhor forma para o bem-estar comum [...]". Também o Artigo 23, I da Declaração Universal dos Direitos Humanos (ONU, 1948): "Todo ser humano tem direito

Em diversos outros momentos, o patronato empresarial, organizado através de instituições como FEBRABAN, CNI e CNC[9] voltaram à carga. Em meados da década de 1990, por exemplo, uma intensa campanha pela "flexibilização" dos direitos e pelo "fim da Era Vargas" representaram o esforço para privatizar as relações de trabalho (com sua completa exclusão da esfera pública) e o enfraquecimento do poder coletivo dos trabalhadores.

Tal desiderato se materializou, dentre outros, pelo estabelecimento do contrato provisório e do banco de horas (ambos instituídos pela Lei nº 9.601/1998),[10] e ainda, no final do segundo governo de Fernando Henrique Cardoso, com destacada atuação do então Ministro do Trabalho, Francisco Dornelles, pelo Projeto de Lei nº 5.483/01, que admitia nova redação ao art. 618 da CLT, fazendo prevalecer o negociado sobre o legislado, ressalvados os direitos constitucionais. O projeto, aprovado na Câmara, foi retirado de tramitação pelo governo Lula em 2002.

A deturpação fraudulenta do conceito de cooperativa, com a inserção do parágrafo único do artigo 442 da CLT, e a disseminação da terceirização e do trabalho temporário prenunciaram o estágio atual de precarização para aqueles que tentam escapar da miséria do desemprego.

Paulatinamente, as transformações descritas brevemente no contexto histórico contemporâneo vão dissipando a crença corporativista[11] ou reformista de que o Estado pode domesticar o capital. De que a lei poderia estabelecer um limite à atuação do capital.

Isso tem feito com que dentre as oscilações de olhares dos trabalhadores a lei ora fosse vista como farsa, ora como esperança, no entanto, a desefetivação dos direitos trazidos pela novel reforma evanescerá aceleradamente a crença na lei ao percebê-la vilipendiando

---

ao trabalho, à livre escolha de emprego, a condições justas e favoráveis de trabalho e à proteção contra o desemprego".

[9] Federação Brasileira de Bancos, fundada em 1967; Confederação Nacional da Indústria, fundada em 1938 como metamorfose da Confederação Industrial do Brasil, fundada em 1933, pela junção das 4 Federações Industriais (FIESP, FIEMG, FIERGS e FIRJAN); Confederação Nacional do Comércio de Bens, Serviços e Turismo, fundada em 1945.

[10] No caso do banco de horas, como o Congresso alterou o prazo de compensação estabelecido no projeto de lei, o Presidente Fernando Henrique Cardoso editou Medida Provisória dias após a publicação da Lei, reeditando-a 41 vezes até que em 2001 caísse no limbo inconstitucional, dando vigência ao artigo 59 da CLT por 16 anos.

[11] Referimo-nos a todo o conjunto de escolas de pensamento social e filosófico que a partir da segunda metade do século XIX aparecem como parte da reação antiliberal e anti-individualista, reconhecendo uma concepção orgânica do Estado e da sociedade, abrangendo tanto os corporativismos de Estado, de cunho mais hierarquizado (por vezes autoritário), quanto os corporativismos de associação, de viés pluralista e democrático.

seus direitos e indignificando sua pessoa, seja como ser singular, seja como ser coletivo.

A nova reforma trabalhista em seu bojo catalisa esse processo histórico de demolição dos aspectos legais em que se identificam conquistas dos trabalhadores, restando analisar aqui por quais razões principais tal empresa é feita pelo patronato e patriarcado brasileiros.

2 Principais causas da reforma

As elites nacionais historicamente se identificam como sendo um corpo que na defesa de seus interesses imediatos nunca se preocuparam com o desenvolvimento econômico e social consistente e, especialmente inserindo o Brasil de forma subordinada na divisão internacional do trabalho.

Analisamos aqui o contexto de transformações globais que vem afetando o mundo do trabalho e sua regulação.

2.1 Causas mediatas

O capitalismo atual enfrenta de distintas formas uma crise estrutural que foi iniciada nos anos 1970. A experiência do acirramento das crises do modo de produção capitalista, que tornam a ampliar sua frequência e profundidade levou a uma queda na capacidade sistêmica de acumulação de capital.[12]

Analisando o capitalismo central, afirma Harvey:

---

[12] Declinando a tendência dos altos níveis alcançados nos 30 anos do pós-segunda guerra, período designado de "Era de Ouro" do capitalismo, apogeu do fordismo e do keynesianismo, os traços mais evidentes da crise nos países do capitalismo central foram: 1. Queda da taxa de lucro pelo aumento do preço da força de trabalho conquistado pelas lutas dos movimentos sociais e sindicais desde o pós-45, mas particularmente nos anos 60; 2. Esgotamento do padrão de produção fordista-taylorista, tanto pela incapacidade crescente de reabsorção de mão de obra (dadas as transformações tecnológicas), quanto pela falta de resposta à retração do consumo (decorrente do desemprego estrutural que se iniciava a partir dos anos 70); 3. Hipertrofia da esfera financeira, especialmente especulativa, como consequência da incapacidade dos setores produtivos de proporcionarem taxa de lucro desejada; 4. Aceleração dos movimentos de concentração de capitais, através de fusões e incorporações de empresas monopolistas e oligopolistas; 5. Necessidade de retração dos gastos públicos e disfunção dos mecanismos do Estado de bem-estar social diante do financiamento do capital privado; 6. Tendência generalizada de redução do Estado com as privatizações, desregulamentações e flexibilizações do processo produtivo e da compra da força de trabalho. Cf. ANTUNES, Ricardo. *Os sentidos do trabalho:* ensaio sobre a afirmação e a negação do trabalho. São Paulo: Boitempo, 2009. p. 31-32.

De modo mais geral, o período de 1965 a 1973 tornou cada vez mais evidente a incapacidade do fordismo e do keynesianismo de conter as contradições inerentes ao capitalismo. Na superfície, essas dificuldades podem ser melhor apreendidas por uma palavra: rigidez. Havia problemas com a rigidez dos investimentos de capital fixo de larga escala e de longo prazo em sistemas de produção em massa que impediam muita flexibilidade de planejamento e presumiam crescimento estável em mercados de consumo invariantes. Havia problemas de rigidez nos mercados, na alocação e nos contratos de trabalho (especialmente no chamado setor "monopolista"). E toda tentativa de superar esses problemas de rigidez encontrava a força aparentemente invencível do poder profundamente entrincheirado da classe trabalhadora - o que explica as ondas de greve e os problemas trabalhistas do período 1968-1972 [...]. O único instrumento de resposta flexível estava na política monetária, na capacidade de imprimir moeda em qualquer montante que parecesse necessário para manter a economia estável. E, assim, começou a onda inflacionária que acabaria por afundar a expansão do pós-guerra.[13]

A tentativa de frear a inflação ascendente em 1973 se desdobrou numa crise mundial nos mercados imobiliários e no acirramento da concorrência bancária, diante das dificuldades nas instituições financeiras.

Acresce a isso os dois choques do petróleo (em 1973, pela decisão da OPEP de aumentar os preços do petróleo e os efeitos da guerra do Yom Kippur e, em 1979, com as restrições na venda pelo Irã, após a revolução islâmica), aumentando o custo dos insumos de energia, levando à busca de novas estruturas tecnológica e organizacional, e ao aprofundamento dos mercados financeiros com a reciclagem dos petrodólares excedentes.

As grandes corporações, com elevada capacidade excedente ociosa, intensificaram a competição, sendo obrigadas a racionalizar, reestruturar os métodos de gestão da mão de obra e intensificar o controle do trabalho (subjugando ou cooptando o poder sindical).

A mudança tecnológica trazida pela informática, telemática e robótica e o aperfeiçoamento da automação levaram tanto à adaptação da produção em série, numa sociedade de consumo em massa para busca de uma produção mais customizada e sob demanda de novas linhas de produtos e nichos de mercado, quanto à dispersão geográfica da produção, em cadeias produtivas que facilitassem o controle e o

---

[13] HARVEY, David. *A condição pós-moderna:* uma pesquisa sobre as origens da mudança cultural. Trad. Adail Ubirajara Sobral e Maria Stela Gonçalves. São Paulo: Loyola, 1993. p. 135.

custo do trabalho, além de formas mais ágeis de incorporações, fusões e medidas para acelerar o tempo de giro do capital. Segundo Harvey,

essa transformação pôs em movimento um conjunto de processos que solaparam o compromisso fordista [...]. No espaço social criado por todas essas oscilações e incertezas, uma série de novas experiências nos domínios da organização industrial e da vida social e política começou a tomar forma [...]. A acumulação flexível, como vou chamá-la, é marcada por um confronto direto com a rigidez do fordismo. Ela se apoia na flexibilidade dos processos de trabalho, dos mercados de trabalho, dos produtos e padrões de consumo. Caracteriza-se pelo surgimento de setores de produção inteiramente novos, novas maneiras de fornecimento de serviços financeiros, novos mercados e, sobretudo, taxas altamente intensificadas de inovação comercial, tecnológica e organizacional. A acumulação flexível envolve rápidas mudanças dos padrões do desenvolvimento desigual, tanto entre setores como entre regiões geográficas [...]. Ela também envolve um novo movimento que chamarei de "compressão do espaço-tempo" no mundo capitalista - os horizontes temporais da tomada de decisões privada e pública se estreitaram, enquanto a comunicação via satélite e a queda dos custos de transporte possibilitaram, cada vez mais, a difusão imediata dessas decisões num espaço cada vez mais amplo e variegado.[14]

Assim, para superar os efeitos da crise estrutural do final da década de 1970, o sistema capitalista encetou (i) um processo de reestruturação produtiva que vem transformando a morfologia do trabalho, mas que se dá, (ii) sob o comando do capital financeiro, que por um lado enfeixa e controla o mundo da produção (de bens e serviços), e por outro lado amplia os aparatos especulativos com o capital fictício, e, finalmente, (iii) por meio dos mecanismos pragmáticos da política/ideologia neoliberal.

Através desse conjunto de transformações, o capitalismo como sistema que busca recuperar seus níveis de acumulação trata de ampliar o controle e a exploração[15] do trabalho, seja ampliando de maneira sistêmica o desemprego, seja solapando a organização sindical com a descentralização e a desterritorialização da produção, seja ainda disseminando um imaginário de individualismo possessivo, concorrencial,

---

[14] HARVEY, David. *A Condição Pós-moderna:* Uma pesquisa sobre as origens da mudança cultural. Trad. Adail Ubirajara Sobral e Maria Stela Gonçalves. São Paulo: Loyola, 1993. p. 140.

[15] Termo tomado aqui sob a estrita acepção econômica, de extração crescente de mais-valia, sem, portanto, qualquer conotação moral.

com o qual se manipula o medo e se obtém a submissão voluntária aos novos imperativos do "mercado de trabalho", cada vez mais volatilizado, competitivo, precarizado e inseguro.

Experimentamos um processo global de expansão das forças políticas de direita, em seus diversos matizes, processo esse que acompanha a expansão da financeirização da economia. O capital financeiro não pode prescindir nem eliminar o trabalho em escala global, mas, se aproveitando da correlação de forças favorável, tem se empenhado em destroçar as legislações trabalhistas em todas as partes do mundo, aniquilando as conquistas das forças trabalhadoras no contexto do Estado de Bem-estar Social.

O capitalismo, em sua nova fase de acumulação flexível, vem promovendo uma verdadeira guerra contra o trabalho humano. Investindo tanto em ciência e tecnologia, quanto em reorganização da força de trabalho em novas morfologias, o capital ampliou a sua supremacia sobre a classe trabalhadora e manteve os seus índices de lucratividade nos patamares mais altos possíveis.

A terceirização e a flexibilização da legislação trabalhista fazem parte do mesmo movimento de precarização da atividade do trabalhador (aumento na intensidade dos processos de trabalho) e enfraquecimento da consciência operária.

No contexto de crise estrutural, a superprodução do capital se diversifica como superprodução não só de mercadoria e produção, mas também sob a forma dinheiro. Nesse contexto, o volume de capital excede a capacidade que tem de se apropriar de mais-valor, especialmente quando o capital assume a forma de capital fictício.

Como resposta ao espaço de valorização da massa de capital superproduzida, o capitalismo vem apresentando o caminho único de aumentar as formas de *superexploração*[16] do trabalho no mundo inteiro, porém, gravando ainda mais as condições de dependência.

---

[16] Marx não trata da categoria da "superexploração. Para ele exploração é a ampliação do tempo de trabalho excedente (no qual o capital se apropria do mais-valor) em relação ao tempo de trabalho necessário para reprodução da força de trabalho (tempo no qual o trabalhador produz valor médio equivalente ao seu salário. Disso Marx tratou quando definiu o grau de exploração, ou taxa de mais-valor: "[...] o mais-valor está para o capital variável como o mais-trabalho está para o trabalho necessário, ou, em outras palavras, que a taxa de mais valor = mais-trabalho/trabalho necessário. Ambas as proporções expressam a mesma relação de modo diferente [...] a taxa de mais-valor é, assim, a expressão exata do grau de exploração da força de trabalho pelo capital ou do trabalhador pelo capitalista". In: MARX, Karl. *O Capital:* crítica da economia política. Livro 1: O processo de produção do capital. Trad. Rubens Enderle. São Paulo: Boitempo, 2013. p. 294.
Em outros termos, no processo de exploração, ou seja, extração de mais-valia, o capitalista não paga ao trabalhador um salário inferior ao valor de sua força de trabalho, mas que, jus-

Esses arranjos de emprego flexíveis não criam por si mesmos uma insatisfação trabalhista forte, visto que a flexibilidade pode, às vezes, ser mutuamente benéfica. Mas os efeitos agregados, quando se consideram a cobertura de seguro, os direitos de pensão, os níveis salariais e a segurança no emprego, de modo algum parecem positivos do ponto de vista da população trabalhadora como um todo. A mudança mais radical tem seguido a direção do aumento da subcontratação ou do trabalho temporário - em vez do trabalho em tempo parcial. Isso segue um padrão há muito estabelecido no Japão, onde, mesmo no fordismo, a subcontratação de pequenas empresas agia como protetor das grandes corporações do custo das flutuações do mercado. A atual tendência dos mercados de trabalho é reduzir o número de trabalhadores "centrais" e empregar cada vez mais uma força de trabalho que entra facilmente e é demitida sem custos quando as coisas ficam ruins.[17]

Analisemos, pois, a situação de países – como o Brasil – situados na periferia do sistema capitalista, que, na lógica global de acumulação de capital, tem boa parte da produção de valores apropriada pelos países do centro.

A forma histórica que a superexploração da força de trabalho assume hoje está relacionada com a lógica de valorização financeira. A transferência de valor se dá, inicialmente, por meio das trocas comerciais desiguais entre países com maior (centro) e menor (periferia) desenvolvimento e produtividade, onde o valor produzido neste último será realizado no primeiro e em favor dele. Além disso, se verifica também a transferência de valor por meio do capital externo, seja produtivo (sob a forma de remessa de lucros e dividendos), seja especulativo, que se movimentam a cada segundo em busca de melhores taxas de juros.[18]

Tomemos por "superexploração" a categoria que aparece na Teoria da Dependência de Rui Mauro Marini para tratar das especificidades do funcionamento do capitalismo em países dependentes como consequência compensatória pela transferência de valor.

> O que aparece claramente, portanto, é que as nações desfavorecidas pela troca desigual não buscam tanto corrigir o desequilíbrio entre os preços e o valor de suas mercadorias exportadas (o que implicaria um esforço

---

tamente ao pagar o valor da força de trabalho (troca de equivalentes), o capitalista adquire o direito de se apropriar e consumir seu valor de uso, *o próprio trabalho*, isto é, a determinação da jornada de trabalho para além do que é necessário para produzir um valor equivalente ao salário (valor da força de trabalho), propiciando um mais-trabalho e mais-valia.

[17] HARVEY, David. *A condição pós-moderna*: uma pesquisa sobre as origens da mudança cultural. Trad. Adail Ubirajara Sobral e Maria Stela Gonçalves. São Paulo: Loyola, 1993. p. 144.

[18] MARINI, Rui Mauro. *Dialética da dependência*. Petrópolis: Vozes, 2000. *passim*.

redobrado para aumentar a capacidade produtiva do trabalho), mas procuram compensar a perda de renda gerada pelo comércio internacional por meio do recurso de uma maior exploração do trabalhador.[19]

Marini aduz que modo como é operada a superexploração é por meio do aumento da intensidade do trabalho,[20] pelo prolongamento das jornadas de trabalho e/ou pela simples "sub-remuneração" dos trabalhadores. E acrescenta que "esses mecanismos (que ademais podem se apresentar e normalmente se apresentam, de forma combinada) significam que o trabalho é remunerado abaixo de seu valor e correspondem, portanto, a uma superexploração do trabalho".[21]

Constata-se que o conteúdo efetivo da globalização é dado, não pela mundialização das trocas, e pela ampliação da concorrência, mas pela mundialização das operações do capital, em suas formas tanto industrial quanto financeira. A monopolização do capital se amplia na metamorfose que alia a reestruturação produtiva com a aceleração dos fluxos de capital financeiro.

O que peculiarmente caracteriza a dependência de países periféricos como o Brasil não é apenas a superexploração, mas a articulação das formas de transferência de valor. Nas economias dependentes, uma massa crescente de mais-valor, embora seja ali produzida, não será ali acumulada, e essa falta de apropriação do valor leva, estruturalmente, à superexploração do trabalho como única forma de crescimento econômico.[22]

Em outras palavras, de acordo com Carcanholo:

> Configura-se, assim, uma espécie de "capitalismo incompleto" na periferia (aquilo que Marini chamou de "capitalismo *sui generis*"), justamente porque parte do excedente gerado nestes países é enviada para o centro – na forma de lucros, juros, patentes, royalties, deterioração dos termos de troca, dentre outras –, não sendo, portanto, realizada internamente.

---

[19] MARINI, Rui Mauro. *Dialética da dependência*. Petrópolis: Vozes, 2000. p. 153.

[20] São formas de ampliar a taxa de mais-valor: nem sempre a utilização (de qualquer um) desses recursos para ampliar o grau de exploração significa superexploração, e nem sempre a superexploração precisa se expressar exatamente dessa forma. Cf. CARCANHOLO, Marcelo. Uma teoria da superexploração da força de trabalho em Marx? Um Marx que nem ele mesmo tinha percebido. *Revista da Sociedade Brasileira de Economia Política*, n. 44, junho 2016 – setembro 2016.

[21] MARINI, Rui Mauro. *Dialética da dependência*. Petrópolis: Vozes, 2000. p. 157.

[22] Há, entretanto, condicionantes conjunturais da dependência que podem trazer resultados econômicos positivos a curto e médio prazos. É o caso da atração de dólares por meio das exportações ou do endividamento externo com baixas taxas de juros em ciclos de liquidez favoráveis (o que ocorreu entre 2003 e 2010).

Então, os mecanismos de transferência de valor provocam, digamos assim, uma interrupção da acumulação interna de capital nos países dependentes que precisa ser completada e, para tanto, mais excedente precisa ser gerado. E esta expropriação de valor só pode ser compensada e incrementada no próprio plano da produção – justamente através da superexploração – e não no nível das relações de mercado, por meio de desenvolvimento da capacidade produtiva.[23]

Destacam-se, ademais, o modo peculiar como a financeirização se insere nos países periféricos e a maneira como os setores capitalistas terminam por superexplorar seus trabalhadores.

Segundo a concepção neoliberal, quanto mais integrada uma economia no mercado internacional, maiores serão suas perspectivas de desenvolvimento, cuja única forma é a abertura externa.[24]

A Globalização experimentada tem sido, a rigor, o movimento de mundialização do capital. E nada é mais seletivo que um investimento ou um investimento financeiro que procura rentabilidade máxima. É por isso que a globalização não tem nada a ver com um processo de integração mundial que seria um portador de uma repartição menos desigual das riquezas. Nascida da liberalização e da desregulamentação, a mundialização liberou, ao contrário, todas as tendências à polarização e à desigualdade que haviam sido contidas, com dificuldades, no decorrer da fase do Estado de Bem-estar Social.[25]

Na prática, o que tem se realizado no Brasil não é uma simples abertura comercial e financeira, orientadas por políticas econômicas vantajosas para o país (como a tônica nas exportações), mas uma liberalização comercial calcada no desmantelamento da proteção e controle governamentais, pautada pelas importações, e numa liberalização financeira abrindo descontroladamente o país para transações de entrada, saída e conversibilidade de moedas.

Como consequência do acirramento da concorrência interbancária levou à queda do sistema *Bretton Woods*,[26] e, nos anos 1980, à ampliação do processo de desregulamentação e a liberalização de

---

[23] CARCANHOLO, Marcelo Dias. A superexploração do trabalho em economias periféricas dependentes. *Rev. Katál*, Florianópolis, v. 12, n. 2, p. 216-225 jul./dez. 2009.

[24] Para tanto, deve-se garantir o desmantelo do *Welfare State*, e ampliar o controle social, reprimindo os conflitos daí resultantes, mesmo que recorrendo a saídas autoritárias. Veja-se por todos: MISES, Ludwig von. *Liberalismo segundo a tradição clássica*. Trad. Haydn Coutinho Pimenta. Rio de Janeiro: Ed. José Olympio; Instituto Liberal, 1987. p. 53.

[25] CHESNAIS, François. Mundialização: o capital financeiro no comando. In: Les Temps Modernes, 607, 2000. Tradução de Ruy Braga. *Revista Outubro*, n. 5, fevereiro de 2001.

[26] Acordo realizado na Conferência monetária e financeira das Nações Unidas (1944), que estabelecia o padrão-ouro para lastrear as trocas comerciais com sistema de taxas de câmbio fixas. Com efeito, com sua dissolução em 1971, o mercado cambial e de juros se

fluxos internacionais de capitais e à securitização das dívidas públicas, primeiro envolvendo os países do primeiro mundo (de 1979 a 1985) e depois envolvendo as economias emergentes (até meados da década de 1990).[27]

O triunfo do fetichismo financeiro provocou um salto do fetichismo inerente à mercadoria.

No Brasil, o processo de liberalização financeira está umbilicalmente ligado ao processo de crescimento da dívida pública que gerou uma vertiginosa evolução da indústria de fundos de investimento.

> Com as altas taxas de juros oferecidas pelos títulos públicos federais, ocorreu uma reestruturação dos ativos das instituições financeiras, de forma que cresceu a parcela decorrente de títulos e valores mobiliários nas carteiras dessas instituições.
> [...] A montagem e a execução da abertura comercial e financeira, aliadas à sobrevalorização cambial, criaram armadilhas e restrições que impediram o crescimento econômico do país.[28]

A extrema dependência dos capitais externos (muito instáveis e suscetíveis a choques) levou a que os ganhos com a contenção inflacionária com um superávit das contas públicas, ainda que apenas no conceito primário, definiram uma vulnerabilidade responsável por um limite intransponível ao crescimento econômico.[29]

A outra vertente de causas da reforma que se processa no Brasil decorre da assim chamada reestruturação produtiva. Um conjunto de transformações nos métodos de produção e organização produtiva, como resultado da absorção de novas técnicas e das inovações tecnológicas que ocasionaram um imenso movimento de descentralização da fábrica fordista-taylorista.[30]

---

volatilizaram, surgindo um mercado de derivativos sobre moedas, que termina por crescer exponencialmente na década de 1990.

[27] Cf. CHESNAIS, François (org.). *A mundialização financeira:* gênese, custos e riscos. São Paulo: Ed. Xamã, *passim*, 1998.

[28] CARCANHOLO, Marcelo Dias. *A vulnerabilidade econômica do Brasil.* Aparecida, SP: Ideias & Letras, 2005. p. 128.

[29] Observe-se que o Brasil só pode ser transformado numa "plataforma de valorização financeira" a partir dos anos 1990, porque possuía uma economia industrial estruturada, que produzia renda e riqueza das quais se poderia extrair valor. A implementação desse papel no circuito da acumulação financeira vem cobrando um alto custo de exclusão social.

[30] Produção realizada em grandes unidades fabris (açambarcando quase todas as etapas do processo de produção e circulação de mercadorias), em série, voltada para o consumo em massa. No interior das fábricas, a organização dos trabalhadores era verticalizada, atuando de forma fragmentada, repetitiva, baixissimamente qualificada, cadenciada pelo ritmo do cronômetro taylorista, e da linha de montagem fordista, desumanizava o trabalhador, convertendo-o

[...] essas técnicas de organização de empresa haviam servido desde sempre para que os grandes grupos repassassem às empresas subcontratadas os acasos da conjuntura e impusessem, a seus assalariados, o peso da precariedade contratual, associada a níveis de salários bastante baixos. Todos os grandes grupos adotaram essas técnicas, e suas operações com o exterior (principalmente com os países menos fortes) frequentemente serviram de campo de experimentação antes que se implantasse o sistema no país de origem.[31]

Os antigos padrões de produção e circulação do capital vêm sendo substituídos por novos, designados de modelo de acumulação flexível, toyotista (modelo japonês) ou pós-fordista.[32] Dentre as inúmeras transformações impulsionadas pela crise (intensificando a concorrência intercapitalista das empresas monopolistas) e pelo processo de inovação tecnológica, elenca-se o enxugamento das unidades produtivas (*downsizing*), que cada vez mais prescinde de mão de obra (substituída pela mecanização) e que se reorganiza para uma produção, concentrada em poucas etapas (especializadas e qualificadas)[33] do processo produtivo (delegando a terceiros as demais etapas no chamado *outsourcing*), com baixos estoques ("customizando" o consumo em nichos de mercado), vinculando a produção à demanda (técnica do *just in time*).

A gestão da mão de obra aparece de forma mais horizontalizada, demandando um trabalhador supostamente mais qualificado, participativo, polivalente e multifuncional. Na verdade, as novas técnicas de *team work* (trabalho em equipe, células de produção e grupos semiautônomos), embora requeiram o "envolvimento participativo", a "pró-atividade" do trabalhador, não exigem mais qualificação, mas habilidades cognitivas e comportamentais que intensificam a exploração da força de trabalho.[34]

---

numa peça de extensão da maquinaria. Após a segunda guerra, erigiu-se paralelamente ao sistema fordista o aparato de "compromisso" social mediado pelo Estado reformista, regulando direitos do trabalhador e institucionalizando seus conflitos com o capital.

[31] CHESNAIS, François. A globalização e o curso do capitalismo de fim de século. Economia e Sociedade – *Revista do Instituto de Economia da Unicamp*, Campinas, n. 5, dezembro de 1995. p. 8-9.

[32] Na prática o que se tem percebido é a articulação de um conjunto de elementos de continuidade e de descontinuidade que acabam por conformar algo distinto do antigo modelo fordista.

[33] O desenvolvimento dos processos de "qualidade total" consiste no invólucro aparente e supérfluo de um mecanismo destrutivo do capital baseado na taxa decrescente do valor de uso das mercadorias, visando aumentar a velocidade do circuito produtivo (dos valores de troca) e da circulação de mercadorias (consumo). Desse modo, reduz-se drasticamente o tempo de vida útil dos produtos (real ou imaginariamente), determinando o desperdício e a destrutividade ambiental.

[34] O processo de redução ao mínimo de trabalho vivo (trabalhadores) em detrimento da intensificação do trabalho morto (maquinaria), apelidado de *liofilização* organizacional

A reengenharia toyotista, tal como vem sendo disseminada, promove o enxugamento das unidades produtivas também através da absorção pelos próprios trabalhadores das tarefas de acompanhamento, inspeção de qualidade, supervisão e até mesmo controle e fiscalização (trabalho improdutivo que não gera mais-valor) pelas tarefas tradicionais de execução (trabalho produtivo). Isso leva à procura de um empregado cuja qualificação e competência se traduza verdadeiramente num perfil de trabalhador que transpareça para o empregador a confiabilidade necessária para disponibilizar todos os níveis de sua subjetividade ao capital.[35]

Com a reestruturação produtiva se redimensionam as técnicas que afastam mais ainda a consciência do trabalhador a respeito das relações sociais nas quais está inserido, fazendo com que cada vez mais assuma os riscos do negócio de seu patrão, tal como ocorria no século XIX, quando a remuneração do trabalhador dependia não da jornada contratada, mas de sua produção.[36]

Todas essas transformações na realidade socioeconômica ensejam a correlação de forças políticas para ampliar a superexploração do trabalhador no Brasil, dando consecução a interesses globais (das instituições financeiras e das grandes cadeias produtivas monopolistas transnacionais) e nacionais (para compensar a transferência de valor para os primeiros) em boa medida veiculados pela reforma trabalhista.

---

que consiste em ampliar a alienação e a coisificação do trabalhador. Ver por todos ALVES, Giovanni. *Dimensões da reestruturação produtiva*: ensaios de sociologia do trabalho. 2. ed. Londrina: Ed. Práxis, 2007.

[35] Essa captura da subjetividade se retira do modelo de empresa-família – o zaibatsu japonês – no qual o trabalhador empresta suas ideias para melhorar a produção, mas que se desdobra numa adesão total aos fins empresariais, suplantando os interesses, individuais e de classe, do trabalhador. Além disso, a nova tecnologia enseja essa captura da subjetividade sem nenhuma fronteira espaço-temporal (evanesce o "tempo fora do trabalho"). A qualquer momento o trabalhador é retirado (muitas vezes por sua própria iniciativa) de sua vida privada para executar tarefas de trabalho.

[36] "Dado o salário por peça, é naturalmente do interesse pessoal do trabalhador aplicar sua força de trabalho o mais intensamente possível, o que facilita ao capitalista elevar o grau normal de intensidade. Do mesmo modo, é interesse pessoal do trabalhador prolongar a jornada de trabalho".
"[...] mesmo permanecendo constante o salário por peça, implica em si e para si uma baixa de preço do trabalho. [...]. Mas a maior liberdade que o salário por peça oferece à individualidade tende a desenvolver, por um lado, a individualidade e, com ela o sentimento de liberdade, a independência e o autocontrole dos trabalhadores, por outro lado, a concorrência entre eles e de uns contra os outros. "In: MARX, Karl. *O Capital*: crítica da economia política. Livro 1: O processo de produção do capital. São Paulo: Boitempo, 2013. p. 621-622.

2.2 Causas imediatas

Para além do impacto das transformações mais estruturais, ao mesmo tempo é preciso destacar as transformações superestruturais no campo da ideologia e das representações simbólicas – especialmente no âmbito peculiar da história brasileira – que contextualizam e explicam as causas da reforma trabalhista.

O Brasil se insere no contexto da expansão global do capital financeiro, ocupando uma posição periférica diferenciada.

Nós, que nunca logramos vivenciar a experiência do Estado de Bem-estar Social, logramos alcançar a década de 1980, tendo alcançado de forma consistente a segunda revolução industrial, ainda que com 100 anos de atraso em relação aos países mais desenvolvidos.

Porém, nesse momento de crise de acumulação capitalista estrutural, o Brasil, em sua inserção subordinada na divisão internacional do trabalho, recebe um papel importante para a recuperação dos níveis de acumulação dos países do capitalismo central, qual seja, o de se abrir para o circuito de financeirização, impedindo que evoluíssemos para a terceira revolução industrial – a revolução tecnológica informática-telemática.

Acresce a isso o fato de o Brasil ser uma nação em que a classe dominante, por ser formada por descendentes de senhores de escravos, leva na alma ainda hoje o pendor, o calejamento do senhor de escravo: tirar com o látego, o máximo de trabalho que o escravo pode dar nos sete anos em que em média vivia. É uma classe dominante infecunda, medíocre, predatória, que usa gente aos milhões como carvão para queimar, nos dizeres de Darcy Ribeiro, moinho de gastar gente,[37] para enricar. Leciona Darcy:

> Nossa tipologia das classes sociais vê na cúpula dois corpos conflitantes, mas mutuamente complementares. O patronato de empresários, cujo poder vem da riqueza através da exploração econômica; e o patriciado, cujo mando decorre do desempenho de cargos, tal como o general, o deputado, o bispo, o líder sindical e tantíssimos outros. Naturalmente, cada patrício enriquecido quer ser patrão e cada patrão aspira às glórias de um mandato que lhe dê, além de riqueza, o poder de determinar o destino alheio. Nas últimas décadas surgiu e se expandiu um corpo estranho nessa cúpula.

---

[37] São 6 milhões de índios, mais 12 milhões de negros, mais milhões e milhões de mulatos, cafuzos e caboclos.

É o estamento gerencial das empresas estrangeiras que passou a constituir o setor predominante das classes dominantes. Ele emprega os tecnocratas mais competentes e controla a mídia, conformando a opinião pública. Ele elege parlamentares e governantes. Ele manda, enfim, com desfaçatez cada vez mais desabrida.[38]

Essas características perpassaram pela cultura brasileira produzindo afetividade, compadrio, laços mantidos pela relação desigual e troca de favores e benefícios. A partir dessa relação de favor, surge a relação de compadrio, mas que são absorvidos pela modernização capitalista como traço patrimonialista, clientelista e de relações pessoais.

Advirta-se com Jessé Souza que não se está incorrendo no equívoco de analisar as estruturas gerais das relações sociais brasileiras com categorias que são próprias para relações interindividuais e afetivas.[39] Nem trazer como chave explicativa da dinâmica e complexa (além de injusta e desigual) sociedade brasileira capitalista atual, categorias pré-modernas ou pré-capitalistas. O caráter das relações pessoais (como o do "homem cordial" ou da "sociologia do jeitinho), nesse ponto, ganha posição secundária diante da análise das condições históricas impessoais de condições de distribuição de riqueza e conhecimento.[40]

A classe nesse imaginário nunca é percebida,[41] sendo sempre substituída pela família, raça, religião, relações afetivas interindividuais, relações personalistas, Estado patrimonial corrupto *versus* mercado virtuoso. O Estado deve estar livre de quaisquer interesses de outras classes para que as elites burguesas possam sempre usá-lo apenas em seu benefício.

Se o patrimonialismo e o patronato autoritário brasileiro mantém uma instituição fundamental para a organização social e presente em seu imaginário até hoje, esta é a escravidão. A ojeriza senhoril ao escravo se

---

[38] RIBEIRO, Darcy. *O Povo Brasileiro*: a formação e o sentido do Brasil. 2. ed., São Paulo: Ed. Companhia das Letras, 1995, p. 208.

[39] Os liberais brasileiros adotam fielmente as críticas ao Estado patrimonial, mas apenas para idealizar a crítica de toda a negatividade se concentra no Estado demonizado, em oposição às virtudes divinas do mercado, como se em todos os momentos o Estado e os recursos públicos não fossem apropriados por uma elite privada; como se o Estado não fosse o comitê gestor do mercado, e mesmo o desmonte do Estado não fosse tão somente mais uma oportunidade de negócios monopolistas ou negociatas.

[40] SOUZA, Jessé. *A ralé brasileira*: quem é e como vive. Belo Horizonte: Ed. UFMG, 2016. p. 92-93.

[41] O clientelismo só se faz possível se enxergamos as desigualdades sociais e a lógica exclusivista das classes ricas no sistema político. Hoje em dia, por exemplo, elementos comuns dessa prática são a isenção fiscal e o emprego em troca de votos.

converteu em ojeriza das elites burguesas aos trabalhadores: essa ralé atrasada que não consegue alcançar racionalmente que o mercado é a única cura para todos os males, e insiste teimosamente em esperar que o Estado resolva seus problemas.

Uma tendência fortíssima é o da repressão pelo patronato à organização da classe trabalhadora, deslocando para o âmbito do Estado tanto a contenção das lutas obreiras, quanto a absorção dos conflitos e contradições entre as classes sociais. Isso foi feito, num sentido mais amplo, pelo Direito do Trabalho, na concessão dos parcos direitos conquistados numa história de perene restrição e limitação dos movimentos coletivos dos trabalhadores.[42]

No Brasil, assume a tarefa de dissipar a mobilização operária por meio do uso do enorme aparato repressivo para controle sindical e supressão autoritária da liberdade sindical pela via do direito.[43]

É esse sindicalismo historicamente construído em sua maior parte tíbio e amarelo, ou "chapa branca",[44] que agora a reforma quer usar para reduzir direitos conquistados por uma minoria mais combativa e, afinal, cristalizado na lei.[45]

As metamorfoses trazidas pelas tentativas de recuperar a acumulação de capital no contexto atual de crise estrutural, seja pela disseminação da financeirização global para reprodução do capital e pela reestruturação produtiva, reduziram a quantidade da força de trabalho empregada, ampliando a massa de trabalhadores desempregados e fragmentando os poucos que permanecem subordinados diretamente. Esses devem ter expropriadas quantidades cada vez maiores de mais-valia.

> O objetivo geral do processo de conjunto escapa ao trabalhador, aparecendo como astronômicas cifras de lucro, mero dinheiro, distante da vida concreta, como se não mantivesse mais relação com a extração de valor.

---

[42] A juridicização da relação capital trabalho começa por torná-la no plano das representações abstratas uma relação entre "sujeitos de direito livres e iguais", uma relação contratual entre iguais. Porém, o preço de cada conquista por direito é a paradoxal integração cada vez maior ao capital, o enclausuramento das lutas dos trabalhadores e a submissão ao poder do empregador. Por todos EDELMAN, Bernard. *A legalização da classe operária*. Trad. Marcus Orione. São Paulo: Boitempo, 2016.

[43] Cf. MORAES FILHO, Evaristo de. *O problema do sindicato único no brasil*. São Paulo: Alfa-Ômega, 1978.

[44] Nos quase 30 anos de uma Constituição que assegurou a liberdade sindical, mas manteve o modelo organizacional da unicidade, nosso sindicalismo não evitou nem mesmo a fragmentação que servia de justificativa para o sistema. São mais de 16 mil entidades sindicais que dão conta da fraqueza e da ilegitimidade de suas instituições.

[45] Cf. O novo artigo 611-A, CLT, trazido pela reforma.

O trabalhador pode até saber que sua fábrica produz aviões ou medicamentos, mas a sua parcela de atividade está totalmente subordinada a uma estrutura abstrata, diluída numa massa de atividades conexas, em muitos casos, dividida em diversos continentes e em proprietários não visíveis.[46]

O patronato assume processos ideológicos e educativos que permitam preparar os trabalhadores para uma ambiência de maior controle e disciplina que naturalize a supressão de direitos – o que se realiza por meio da captura de sua subjetividade com ideias que representam mais *autonomia* e mais virtude como na noção de *empreendedorismo*.

Manipula-se, assim, o imaginário do trabalhador, através da mobilização de medos e do enaltecimento de características tidas por virtuosas como a sujeição (servidão) voluntária. Para essa visão, a posição que cada um ocupa será sempre resultado das capacidades e do mérito no desempenho de cada pessoa.

No fordismo, o papel do trabalhador no processo de produção era camuflado nas relações sociais (alienação e estranhamento)[47] pela identificação simbólica do trabalho com o "emprego", passam agora a receber a carga simbólica da autonomia individual, da liberdade pessoal e da absorção da virtude de empreender, de assumir o risco do negócio no qual está integrado, não como mero empregado ou funcionário, mas como "colaborador", mesmo que isso implique num efetivo aumento do controle patronal.[48]

---

[46] FONTES, Virgínia. Capitalismo em tempos de uberização: do emprego ao trabalho. *Revista Marx e o Marxismo*, v. 5, n. 8, jan. /jun. 2017. p. 50.

[47] Ver por todos, o capítulo "Trabalho estranhado e propriedade privada" In: MARX, Karl. *Manuscritos Econômico-Filosóficos*. Trad. Jesus Ranieri. São Paulo: Boitempo, 2006.

[48] Veja-se, por exemplo, o nível de controle necessário para excluir da jornada tempo agora considerado como não disponível ao empregador: *CLT, Artigo 4º, §2º - Por não se considerar tempo à disposição do empregador, não será computado como período extraordinário o que exceder a jornada normal, ainda que ultrapasse o limite de cinco minutos previsto no §1º do art. 58 desta Consolidação, quando o empregado, por escolha própria, buscar proteção pessoal, em caso de insegurança nas vias públicas ou más condições climáticas, bem como adentrar ou permanecer nas dependências da empresa para exercer atividades particulares, entre outras: I - práticas religiosas; II - descanso; III - lazer; IV - estudo; V - alimentação; VI - atividades de relacionamento social; VII - higiene pessoal; VIII - troca de roupa ou uniforme, quando não houver obrigatoriedade de realizar a troca na empresa.* No mesmo sentido, o fim do horário *in itinere*, *CLT, Artigo 58, §2º - O tempo despendido pelo empregado desde a sua residência até a efetiva ocupação do posto de trabalho e para o seu retorno, caminhando ou por qualquer meio de transporte, inclusive o fornecido pelo empregador, não será computado na jornada de trabalho, por não ser tempo à disposição do empregador.* Ainda nessa linha, *CLT, Artigo 456-A - Cabe ao empregador definir o padrão de vestimenta no meio ambiente laboral, sendo lícita a inclusão no uniforme de logomarcas da própria empresa ou de empresas parceiras e de outros itens de identificação relacionados à atividade desempenhada.*

O aumento da superexploração se materializa também quando a reforma autoriza a intensificação do trabalho.[49] Para Marx, a intenção do capitalista é reduzir ao máximo o tempo de descanso (tempo morto) e fazer coincidir o tempo da jornada com o tempo de trabalho efetivo (tempo vivo).[50] Isso foi feito por um conjunto de técnicas científicas, como no taylorismo,[51] e que se redimensionam com os métodos toyotistas atuais.

Agora, cada vez mais essas representações estão sendo substituídas por um sentido de naturalização ou de assunção da responsabilidade do próprio trabalhador pelo recrudescimento das condições de trabalho,[52] sendo gradativamente necessárias formas de expropriação secundárias, como o trabalho por peça, o trabalho no domicílio,[53] o período complementar de formação profissional, formas contratuais de tempo parcial,[54] provisórias,[55] intermitentes, dentre outras.

---

[49] Além dos artigos 4º e 58, já citados, tal al como ocorre também, e de forma mais explícita no *Artigo 59, CLT - A duração diária do trabalho poderá ser acrescida de horas extras, em número não excedente de duas, por acordo individual, convenção coletiva ou acordo coletivo de trabalho. [...] §5º - O banco de horas de que trata o §2º deste artigo poderá ser pactuado por acordo individual escrito, desde que a compensação ocorra no período máximo de seis meses.* O dispositivo evanesce o limite constitucional (artigo 7º, XIII, CRFB), elastecendo a possibilidade de ruptura desse limite e esvaziando de sentido o direito à duração limitada.

[50] Interessante notar que no Capítulo 8, do Livro I de *O Capital*, Marx apresenta como estuário da luta pela definição temporal da jornada o papel das leis, que, ao reduzirem o trabalhador à mercadoria força de trabalho, justifica que todo seu tempo disponível se torne, por direito do comprador, tempo de trabalho. In: MARX, Karl. *O Capital*: Crítica da Economia Política. Livro 1: O processo de produção do capital. São Paulo: Boitempo, 2013. p. 337-374.

[51] A respeito do assunto, veja-se por todos DAL ROSSO, Sadi. *Mais trabalho! A intensificação do labor na sociedade contemporânea.* São Paulo: Boitempo, 2008.

[52] Responsabilidade transferida até pela persecução do crédito trabalhista: *CLT, Artigo 11-A - Ocorre a prescrição intercorrente no processo do trabalho no prazo de dois anos. §1º A fluência do prazo prescricional intercorrente inicia-se quando o exequente deixa de cumprir determinação judicial no curso da execução. §2º A declaração da prescrição intercorrente pode ser requerida ou declarada de ofício em qualquer grau de jurisdição.*

[53] Cf. o artigo 6º, CLT inalterado pela reforma.

[54] Cf. As alterações que ampliam o período de caracterização do tempo parcial, a ponto de, contrariando sua própria lógica de jornada alternativa ou suplementar, generalizar a possibilidade de horas extras. *CLT, Artigo 58-A - Considera-se trabalho em regime de tempo parcial aquele cuja duração não exceda a trinta horas semanais, sem a possibilidade de horas suplementares semanais, ou, ainda, aquele cuja duração não exceda a vinte e seis horas semanais, com a possibilidade de acréscimo de até seis horas suplementares semanais. [...] §3º As horas suplementares à duração do trabalho semanal normal serão pagas com o acréscimo de 50% (cinquenta por cento) sobre o salário-hora normal. §4º Na hipótese de o contrato de trabalho em regime de tempo parcial ser estabelecido em número inferior a vinte e seis horas semanais, as horas suplementares a este quantitativo serão consideradas horas extras para fins do pagamento estipulado no §3º, estando também limitadas a seis horas suplementares semanais. §5º As horas suplementares à jornada de trabalho normal poderão ser compensadas diretamente até a semana imediatamente posterior à da sua execução, devendo ser feita a sua quitação na folha de pagamento do mês subsequente, caso não sejam compensadas.*

[55] Como ocorre nos contratos a termo, cada vez mais disseminados, ou simplesmente através do aumento da rotatividade da mão de obra em quaisquer formas contratuais.

A reforma chega ao ponto de cindir o liame jurídico com o beneficiário direto do mais-valor, pela generalização da subcontratação em contratações temporárias e de terceirização.[56]

O imaginário da autonomia serve também para liberar a pactuação de condições de trabalho crescentemente degradantes e precárias. Por exemplo, há uma compressão dos salários (compreendidos aqui como parcelas trabalhistas pagas em contraprestação ao trabalho), seja simplesmente comprimindo seu valor com a supressão de direitos hauridos na CLT, seja restabelecendo formas de remuneração atreladas ao risco do negócio.

O salário é o preço (valor de troca) da força de trabalho, o que não significa dizer o quanto efetivamente vale a força de trabalho, mas quanto o mercado, dependendo de suas condições circunstanciais de oferta e demanda, paga por essa "mercadoria".[57]

Resulta que o salário nem sempre corresponderá ao valor da força de trabalho, mas variará numa faixa que corresponde à elasticidade de seu valor: No mínimo equivale ao valor necessário para a reprodução física do trabalhador[58] (condições materiais mínimas para sua

---

[56] A terceirização no Brasil foi a porta de entrada do mais recente processo de precarização do trabalho. A Lei de trabalho temporário (nº 6.019/1974) rompeu a garantia do pagamento das parcelas trabalhistas pelo sinalagma contratual que estendia a responsabilidade ao patrimônio do empreendimento beneficiado pela força de trabalho do empregado-credor. Pela primeira vez a responsabilidade trabalhista foi transferida para um terceiro que não era o beneficiário direto da força de trabalho. A hipótese ampliou-se com o ingresso das técnicas da reestruturação produtiva no Brasil. Porém, sem repetir sua lógica descentralizadora: ao invés de se terceirizarem etapas da produção de bens e serviços para empresas especializadas (portanto, mais qualificadas), a terceirização aqui assumiu a mera feição de redução de custo imediatista, ou bem por meio de mera intermediação de mão de obra (agora acobertada pelas Leis nº 13.429/2017, que alterou em julho de 2017 a Lei nº 6019/1974, e que agora recebe outra reforma, com a Lei nº 13.467/2017 autorizando a terceirização em "quaisquer atividades" do tomador).

[57] O verdadeiro valor da força de trabalho se visualiza no valor médio pago a determinados trabalhadores, em período mais prolongado.

Tal valor é determinado – como qualquer mercadoria – pelo custo de sua produção, no caso o custo para manter o trabalhador apto a reproduzir sua força de trabalho. Logo, o valor da força de trabalho se infere do custo com os meios de vida necessários (necessidades naturais) para repor as energias gastas no processo de trabalho.

Ressalte-se que tais necessidades naturais não são tomadas sob o ponto de vista fisiológico, mas sob o prisma sócio histórico: corresponde à maneira como o trabalhador costuma viver numa determinada época e num determinado país (variando de acordo com o nível cultural, a correlação de forças políticas, mas, sobretudo, com a ideologia dominante que determina as aspirações vitais dos trabalhadores).

[58] Como vimos, em contextos de superexploração da força de trabalho, a própria reprodução das condições mínimas para o trabalhador trabalhar se encontram dadas. Ao supor que a mercadoria força de trabalho seja vendida por seu valor, Marx não está de modo algum sugerindo a impossibilidade de uma transgressão dessa troca. Pelo contrário, a transgressão da lei do valor está pressuposta na mesma lei. Portanto, ao mostrar que na realidade a

existência vital); já o limite máximo depende da profundidade menor da dominação ideológica, ou, por outra, da correlação de forças entre capital e trabalho mais favorável a este. Portanto, em termos práticos, o limite máximo dos salários é conformado pela taxa mínima de lucro, o ponto em que o capitalista perde o interesse em investir na produção.[59]

3 Consequências da reforma

Não se pretende fazer aqui nenhum exercício de predição. Não se está a antecipar consequências futuras, mas apenas a identificar o liame causal entre o contexto apresentado com as efetivas transformações apresentadas na reforma trabalhista.

Quanto ao futuro, pouco ou nada pode ser dito. A realidade social é dinâmica, move-se constantemente e a análise contextual mais ampla ou conjunturas.

3.1 Consequências jurídicas e metajurídicas

A propaganda governamental em defesa da reforma vem ressaltando que não há supressão de direitos, que nenhuma norma da CLT foi revogada.

De fato, não houve revogação, mas esta não é a única maneira de se suprimirem direitos por meio da regulação, como historicamente o processo de desmantelo de direitos celetistas demonstrou, especialmente com a experiência do FGTS (Lei nº 5102/1966).

No caso da Lei nº 13.467/2017, o incremento da superexploração é "legalizado" por meio de três modos de supressão de direitos:

(I) No contrato tradicional (relação de emprego por tempo indeterminado):

a) realiza-se uma profunda alteração das condições de trabalho, dentre outros, por meio de: ampliação do controle patronal;[60]

---

mercadoria força de trabalho pode ser vendida por menos que seu valor, está explicando a forma concreta pela qual opera, em circunstâncias históricas determinadas (como hoje se faz em países como o Brasil), a exploração do trabalho pelo capital.

[59] Lembramos que Marx revela que por trás dessa suposta "troca de iguais", entre a venda da força de trabalho por seu preço (valor de troca, como acontece com toda mercadoria), e a apropriação pelo capital de seu valor de uso, o trabalho vivo – há uma desigualdade básica que reflete a própria estrutura social (baseada na exploração do trabalho ou extração de mais-valia), e essa não é uma questão moral! Marx não pretende estabelecer um juízo de valor que coloque o capitalista como um "monstro" ou o trabalhador como um "pobre coitado", mas apenas descrever (objetiva, não subjetivamente) o modo como se articula a produção capitalista.

[60] *Artigos 4º; 75-A, CLT, por exemplo.*

intensificação da jornada;[61] ampliação da sobrejornada;[62] fragmentação das férias;[63] limitação parametrizada das indenizações;[64] ampliação do trabalho insalubre para gestantes;[65] conversão da

---

[61] *Artigos 4º e 58, §2º, CLT*, por exemplo.

[62] *Art. 58-A. Considera-se trabalho em regime de tempo parcial aquele cuja duração não exceda a trinta horas semanais, sem a possibilidade de horas suplementares semanais, ou ainda, aquele cuja duração não exceda a vinte e seis horas semanais, com a possibilidade de acréscimo de até seis horas suplementares semanais. §3º As horas suplementares à duração do trabalho semanal normal serão pagas com o acréscimo de 50% (cinquenta por cento) sobre o salário-hora normal. §4º Na hipótese de o contrato de trabalho em regime de tempo parcial ser estabelecido em número inferior a vinte e seis horas semanais, as horas suplementares a este quantitativo serão consideradas horas extras para fins do pagamento estipulado no §3º, estando também limitadas a seis horas suplementares semanais. §5º As horas suplementares da jornada de trabalho normal poderão ser compensadas diretamente até a semana imediatamente posterior à da sua execução, devendo ser feita a sua quitação na folha de pagamento do mês subsequente, caso não sejam compensadas.*
Art. 59. A duração diária do trabalho poderá ser acrescida de horas extras, em número não excedente de duas, por acordo individual, convenção coletiva ou acordo coletivo de trabalho.
Art. 59-A. Em exceção ao disposto no art. 59 desta Consolidação, é facultado às partes, mediante acordo individual escrito, convenção coletiva ou acordo coletivo de trabalho, estabelecer horário de trabalho de doze horas seguidas por trinta e seis horas ininterruptas de descanso, observados ou indenizados os intervalos para repouso e alimentação.
De todas as teratologias, ressalta-se a expressa alusão à possibilidade de extrapolação dos limites constitucionais da duração, estendendo o manto da legalidade às paradoxais "horas extraordinárias ordinárias":
Art. 59-B, Parágrafo único, CLT - A prestação de horas extras habituais não descaracteriza o acordo de compensação de jornada e o banco de horas.
O estímulo à sobrejornada e acréscimo de extração de mais-valia absoluta se dá também pela redução da remuneração das horas extras, seja em virtude de percentual fixado pela "autonomia de vontades" (*Arts. 444, parágrafo único e 611-A, CLT*), seja por força de dispositivos como o *Art. 59-B*, CLT. *O não atendimento das exigências legais para compensação de jornada, inclusive quando estabelecida mediante acordo tácito, não implica a repetição do pagamento das horas excedentes à jornada normal diária, se não ultrapassada a duração máxima semanal, sendo devido apenas o respectivo adicional.*

[63] Rompendo o sentido de recuperação da saúde física e mental do trabalhador justificado por um afastamento maior do trabalho no módulo anual, sempre incutindo retoricamente a decisão como supostamente baseada na "liberdade" do trabalhador: *Art. 134, §1º, CLT - Desde que haja concordância do empregado, as férias poderão ser usufruídas em até três períodos, sendo que um deles não poderá ser inferior a quatorze dias corridos e os demais não poderão ser inferiores a cinco dias corridos, cada um.*

[64] De forma inovadora, a reforma trabalhista subverte toda a centenária teoria da responsabilidade civil, para criar, de forma inédita, a consideração da situação econômica da vítima como parâmetro da indenização.
Art. 223-G, CLT. Ao apreciar o pedido, o juízo considerará [...] XI - a situação social e econômica das partes envolvidas; §1º - Se julgar procedente o pedido, o juízo fixará a indenização a ser paga, a cada um dos ofendidos, em um dos seguintes parâmetros, vedada a acumulação: I - ofensa de natureza leve, até três vezes o último salário contratual do ofendido; II - ofensa de natureza média, até cinco vezes o último salário contratual do ofendido; III - ofensa de natureza grave, até vinte vezes o último salário contratual do ofendido; IV - ofensa de natureza gravíssima, até cinquenta vezes o último salário contratual do ofendido.

[65] Afinal de contas, em última análise, pela lógica da reforma, a mulher deve arcar com as consequências de sua decisão "livre" de engravidar. *Art. 394-A, CLT. Sem prejuízo de sua remuneração, nesta incluído o valor do adicional de insalubridade, a empregada deverá ser afastada de: I - atividades consideradas insalubres em grau máximo, enquanto durar a gestação; II - atividades consideradas insalubres em grau médio ou mínimo, quando apresentar atestado de saúde, emitido por médico de confiança da mulher, que recomende o afastamento durante a gestação; III - atividades consideradas insalubres em qualquer grau, quando apresentar atestado de saúde, emitido por médico de confiança da mulher, que recomende o afastamento durante a lactação.*

natureza das parcelas salariais em não salariais;[66] dificultando a equiparação salarial ao acrescentar requisitos;[67] desobstaculização e desprocedimentalização da dispensa arbitrária (sem justa causa) e ampliação dos prazos de pagamento das verbas rescisórias.[68]

A patrimonialização do trabalho, ou seja, a conversão do trabalhador a mero fornecedor mercantil de força de trabalho – cada vez mais vil – perde o verniz com que a legislação trabalhista tradicionalmente a camuflava. Mais: reverte-se o movimento de constitucionalização do direito do trabalho representado pelos avanços dos direitos fundamentais (especialmente os extrapatrimoniais, como os direitos de personalidade).

b) esvazia-se o conteúdo estatutário como decisão democrática do interesse público jusfundamental (com normas de ordem pública, de caráter indisponível) em função da valorização

---

[66] Ao reduzirem-se as integrações ao salário, reduz-se o valor pago pela força de trabalho e, consequentemente, o tempo necessário para reproduzi-la enquanto valor gerado na jornada (aumento da taxa de mais-valia). Aqui, percebe-se, mais uma vez, o potencial de que a redução de custo com o trabalho converta-se em "superexploração", gerando dificuldade para que a própria força de trabalho tenha condições de ser reproduzida".
Art. 457, §2º, CLT - As importâncias, ainda que habituais, pagas a título de ajuda de custo, auxílio-alimentação, vedado seu pagamento em dinheiro, diárias para viagem, prêmios e abonos não integram a remuneração do empregado, não se incorporam ao contrato de trabalho e não constituem base de incidência de qualquer encargo trabalhista e previdenciário. §4º Consideram-se prêmios as liberalidades concedidas pelo empregador em forma de bens, serviços ou valor em dinheiro a empregado ou a grupo de empregados, em razão de desempenho superior ao ordinariamente esperado no exercício de suas atividades.

[67] Acrescenta-se ao critério temporal na função, a permanência na empresa; facilita-se a exclusão da equiparação por planos de carreira sem registro no Ministério do Trabalho. *Art. 461, CLT. Sendo idêntica a função, a todo trabalho de igual valor, prestado ao mesmo empregador, no mesmo estabelecimento, corresponderá igual salário, sem distinção de sexo, etnia, nacionalidade ou idade. §1º Trabalho de igual valor, para os fins deste Capítulo, será o que for feito com igual produtividade e com a mesma perfeição técnica, entre pessoas cuja diferença de tempo de serviço para o mesmo empregador não seja superior a quatro anos e a diferença de tempo na função não seja superior a dois anos. §2º Os dispositivos deste artigo não prevalecerão quando o empregador tiver pessoal organizado em quadro de carreira ou adotar, por meio de norma interna da empresa ou de negociação coletiva, plano de cargos e salários, dispensada qualquer forma de homologação ou registro em órgão público. §3º No caso do §2º deste artigo, as promoções poderão ser feitas por merecimento e por antiguidade, ou por apenas um desses critérios, dentro de cada categoria profissional.*

[68] Alteração que ataca frontalmente a constituição de duas formas: Por um lado, a ampliação da rotatividade da mão de obra desafia a garantia constitucional do direito ao trabalho (art. 7º, I, CRFB) e, por outro lado, reverte o processo de constitucionalização que vinha paulatinamente sendo reconhecido pela jurisprudência, da necessidade de informação, transparência, negociação e procedimentalização das dispensas coletivas e em massa.
Art. 477, CLT. Na extinção do contrato de trabalho, o empregador deverá proceder à anotação na Carteira de Trabalho e Previdência Social, comunicar a dispensa aos órgãos competentes e realizar o pagamento das verbas rescisórias no prazo e na forma estabelecidos neste artigo. §6º A entrega ao empregado de documentos que comprovem a comunicação da extinção contratual aos órgãos competentes bem como o pagamento dos valores constantes do instrumento de rescisão ou recibo de quitação deverão ser efetuados até dez dias contados a partir do término do contrato. Art. 477-A. As dispensas imotivadas individuais, plúrimas ou coletivas, equiparam-se para todos os fins, não havendo necessidade de autorização prévia de entidade sindical ou de celebração de convenção coletiva ou acordo coletivo de trabalho para sua efetivação.

artificial da liberdade do indivíduo e sua suposta autonomia de vontade: na prescrição intercorrente de ofício;[69] na ampliação irrestrita da autonomia individual de vontades no contrato individual de trabalho como se uma cláusula remuneratória de R$11 mil tivesse o condão de superar a realidade e garantir realmente autonomia para o empregado fazer valer sua vontade;[70] na estipulação de quitação de direitos indisponíveis na adesão a plano de demissão voluntária;[71] na ampla possibilidade de redução de direitos pela via negocial coletiva em relação à normatividade heterônoma, invertendo seu escopo de trazer melhorias às condições de vida e de trabalho dos trabalhadores;[72] limitando sobremaneira o direito de ação dos empregados quando creem terem direitos violados.

---

[69] *Art. 11-A, CLT.*

[70] *Art. 444, Parágrafo Único, CLT. A livre estipulação a que se refere o caput deste artigo aplica-se às hipóteses previstas no art. 611-A desta Consolidação, com a mesma eficácia legal e preponderância sobre os instrumentos coletivos, no caso de empregado portador de diploma de nível superior e que perceba salário mensal igual ou superior a duas vezes o limite máximo dos benefícios do Regime Geral de Previdência Social.*
Neste dispositivo desvela-se a intenção final da reforma: retrogradar as relações de trabalho para um estágio anterior à criação do Direito do Trabalho, quando era regulado sob a premissa da igualdade formal entre os sujeitos, e sob a realidade da exploração dos trabalhadores sem quaisquer limites sociais ou estatais.

[71] *Art. 477-B, CLT. Plano de Demissão Voluntária ou Incentivada, para dispensa individual, plúrima ou coletiva, previsto em convenção coletiva ou acordo coletivo de trabalho, enseja quitação plena e irrevogável dos direitos decorrentes da relação empregatícia, salvo disposição em contrário estipulada entre as partes.*

[72] *Art. 611-A, CLT. A convenção coletiva e o acordo coletivo de trabalho têm prevalência sobre a lei quando, entre outros, dispuserem sobre: I - pacto quanto à jornada de trabalho, observados os limites constitucionais; II - banco de horas anual; III - intervalo intrajornada, respeitado o limite mínimo de trinta minutos para jornadas superiores a seis horas; IV - adesão ao Programa Seguro-Emprego (PSE), de que trata a Lei nº 13.189, de 19 de novembro de 2015; V - plano de cargos, salários e funções compatíveis com a condição pessoal do empregado, bem como identificação dos cargos que se enquadram como funções de confiança; VI - regulamento empresarial; VII - representante dos trabalhadores no local de trabalho; VIII - teletrabalho, regime de sobreaviso, e trabalho intermitente; IX - remuneração por produtividade, incluídas as gorjetas percebidas pelo empregado, e remuneração por desempenho individual; X - modalidade de registro de jornada de trabalho; XI - troca do dia de feriado; XII - enquadramento do grau de insalubridade; XIII - prorrogação de jornada em ambientes insalubres, sem licença prévia das autoridades competentes do Ministério do Trabalho; XIV - prêmios de incentivo em bens ou serviços, eventualmente concedidos em programas de incentivo; XV - participação nos lucros ou resultados da empresa.*
§1º No exame da convenção coletiva ou do acordo coletivo de trabalho, a Justiça do Trabalho observará o disposto no §3º do art. 8º desta Consolidação. [Princípio da intervenção mínima na autonomia da vontade coletiva]. §2º A inexistência de expressa indicação de contrapartidas recíprocas em convenção coletiva ou acordo coletivo de trabalho não ensejará sua nulidade por não caracterizar um vício do negócio jurídico. §3º Se for pactuada cláusula que reduza o salário ou a jornada, a convenção coletiva ou o acordo coletivo de trabalho deverão prever a proteção dos empregados contra dispensa imotivada durante o prazo de vigência do instrumento coletivo. §4º Na hipótese de procedência de ação anulatória de cláusula de convenção coletiva ou de acordo coletivo de trabalho, quando houver a cláusula compensatória, esta deverá ser igualmente anulada, sem repetição do indébito. §5º Os sindicatos subscritores de convenção coletiva ou de acordo coletivo de trabalho deverão participar,

(II) Em novas formas contratuais paralelas

Nas quais se transfere o risco da atividade econômica para o trabalhador, além de oferecer situações em que as condições de trabalho se encontram mais precarizadas e inseguras, e que, ainda que se apresentem juridicamente como um subsistema excepcional, tendem, na prática, a substituir as formas contratuais tradicionais, mais protetivas.

É o caso do teletrabalhador;[73] do contrato intermitente;[74] da ampliação da terceirização, praticamente irrestrita.[75]

---

como litisconsortes necessários, em ação individual ou coletiva, que tenha como objeto a anulação de cláusulas desses instrumentos.

[73] A Lei assim define o teletrabalhador: *Art. 75-B, CLT. Considera-se teletrabalho a prestação de serviços preponderantemente fora das dependências do empregador, com a utilização de tecnologias de informação e de comunicação que, por sua natureza, não se constituam como trabalho externo.* As atividades do teletrabalhador serão especificadas no contrato, que poderá ser alterado, convertido para a espécie presencial. Ao teletrabalhador podem ser imputadas várias transferências do risco do negócio, já que a lei autoriza que o contrato defina à responsabilidade pela aquisição, manutenção ou fornecimento dos equipamentos tecnológicos e da infraestrutura necessária e adequada à prestação do trabalho remoto, bem como ao reembolso de despesas arcadas pelo empregado *(Art. 75-D)*. Inclusive a lei trata de elidir inclusive eventuais responsabilidades do empregador por danos, bastando que instrua e maneira expressa e ostensiva, quanto às precauções a tomar a fim de evitar doenças e acidentes de trabalho *(Art. 75-E)*. O empregado deverá assinar termo de responsabilidade comprometendo-se a seguir as instruções fornecidas pelo empregador *(parágrafo único do Art. 75-E)*. A condição precária do teletrabalhador é imposta de saída ao ter retirado o limite da duração do trabalho *(Art. 62, III)*. Neste caso sequer o pretexto de incompatibilidade com meios de controle do empregador pode ser apresentado, pois é cediço que no teletrabalho os meios de controle (ademais reconhecidos no *artigo 6º, e parágrafo único)* são até maiores e mais invasivos do que os meios de controle presenciais. Recorda-se que o artigo 62 que já sofria grande dificuldade de se compatibilizar com o Art. 7º, XIII, da Constituição, que não excepcionou nenhum trabalhador do limite da duração, agora novamente é desafiado pelo legislador infraconstitucional que pretende suprimir direito fundamental.

[74] Modalidade contratual na qual se percebe uma imensa transferência dos riscos da atividade econômica aos ombros do trabalhador, basicamente reduzindo ao mínimo o custo com mão de obra. Além disso, para os trabalhadores que terão seus contratos de tempo indeterminado convertidos em intermitente, ou para quaisquer outros que tenham nesse contrato a única forma de subsistência a insegurança a respeito de quando, quanto vai trabalhar e, sobretudo, quanto vai receber, eleva ao paroxismo a insegurança do trabalhador. *Art. 452-A, CLT. O contrato de trabalho intermitente deve ser celebrado por escrito e deve conter especificamente o valor da hora de trabalho, que não pode ser inferior ao valor horário do salário mínimo ou àquele devido aos demais empregados do estabelecimento que exerçam a mesma função em contrato intermitente ou não. §1º O empregador convocará, por qualquer meio de comunicação eficaz, para a prestação de serviços, informando qual será a jornada, com, pelo menos, três dias corridos de antecedência. §2º Recebida a convocação, o empregado terá o prazo de um dia útil para responder ao chamado, presumindo-se, no silêncio, a recusa. §3º A recusa da oferta não descaracteriza a subordinação para fins do contrato de trabalho intermitente. §4º Aceita a oferta para o comparecimento ao trabalho, a parte que descumprir, sem justo motivo, pagará à outra parte, no prazo de trinta dias, multa de 50% (cinquenta por cento) da remuneração que seria devida, permitida a compensação em igual prazo. §5º O período de inatividade não será considerado tempo à disposição do empregador, podendo o trabalhador prestar serviços a outros contratantes. §6º Ao final de cada período de prestação de serviço, o empregado receberá o pagamento imediato das seguintes parcelas: I - remuneração; II - férias proporcionais com acréscimo de um terço; III - décimo terceiro salário proporcional; IV - repouso semanal remunerado; e V - adicionais legais.*

[75] A terceirização no Brasil foi a porta de entrada do mais recente processo de precarização do trabalho. A Lei de trabalho temporário (nº 6.019/1974) rompeu a garantia do pagamento das parcelas trabalhistas pelo sinalagma contratual que estendia a responsabilidade ao

As transformações analisadas nos permitem verificar que caminhamos para a *uberização* da classe trabalhadora em escala global: a exploração de mais-valia com a aparência do não trabalho ou da autonomia do trabalhador. Transfere-se boa parte dos riscos e dos custos do trabalho para o próprio empregado que passa a incorporar a imagem de empreendedor.

Com a reforma acelera-se o curso do processo de subordinação direta da força de trabalho – sem a mediação do contrato de emprego ou de direitos dos trabalhadores, "legalizadas" pelo Estado e apresentadas como "necessidades de superação da crise" e de recuperação do crescimento econômico.

Isso ocorre, por exemplo, pela disseminação inglesa do *zero hour contract* em todos os tipos de profissão (fundamentalmente de serviços), seja com ou sem vínculo de emprego, mas cuja contratação é intermediada por empresas gerenciadoras de aplicativos que descontam uma parte da remuneração do trabalhador a cada vez que ele aceita a demanda pelo serviço.

Nestes casos, o uso do aplicativo dá a aparência de que a relação não é com um empregador (ou tomador da força de trabalho), mas mero fornecedor de um produto. No plano simbólico e da retórica propagandeada, essas novas formas contratuais aparecem sob a forma de suplementação de renda. Porém, se esquecem de um pequeno detalhe: No Brasil real (bem como em todo capitalismo periférico), no vasto oceano da pobreza e do desemprego, estas provavelmente serão a única fonte de renda e subsistência das maiorias trabalhadoras.

Para aqueles dispostos a fazer de tudo por não saberem fazer nada, não é a vontade "livre" que determina o contrato de trabalho, mas uma necessidade atávica por sobreviver.

Nesse caso, os contratos intermitentes, os contratos *uberizados*, *pejotizados* e outros trabalhos "formalizados" por solenidades jurídicas como "autônomos" retiram não a dignidade humana, pois essa, enquanto condição material e cultural digna, jamais foi trazida pela

---

patrimônio do empreendimento beneficiado pela força de trabalho do empregado-credor. Pela primeira vez a responsabilidade trabalhista foi transferida para um terceiro que não era o beneficiário direto da força de trabalho. A hipótese ampliou-se com o ingresso das técnicas da reestruturação produtiva no Brasil. Porém, sem repetir sua lógica descentralizadora: ao invés de se terceirizarem etapas da produção de bens e serviços para empresas especializadas (portanto, mais qualificadas), a terceirização aqui assumiu a mera feição de redução de custo imediatista, ou bem por meio de mera intermediação de mão de obra (agora acobertada pelas Leis nº 13.429/2017, que alterou em julho de 2017 a Lei nº 6019/1974, e que agora recebe outra reforma, com a Lei nº 13.467/2017 autorizando a terceirização em "quaisquer atividades" do tomador).

forma "emprego", mas vulnera simbolicamente o trabalhador naquilo que o ainda distingue moralmente da condição de completo marginal – o emprego como proteção contra humilhações maiores à sua vida pelo aparato repressivo oficial e oficioso.

(III) Em aberturas na regulação para o inadimplemento ou a fraude

A Lei permite interpretações que estimulam o inadimplemento dos direitos trabalhistas pela diminuição de seus efeitos ou potencializam a generalização de fraudes ao Direito do Trabalho, tal como ocorreu com a generalização das cooperativas fraudulentas após a inserção do parágrafo único do artigo 442, CLT. É o que sucede com a caracterização do trabalho autônomo apenas pelo preenchimento da forma jurídico-abstrata;[76] também é o que acontece com a possibilidade de quitação anual com eficácia liberatória geral.[77]

4 Conclusão

As conclusões a respeito das tendências da reforma foram apresentadas em conjunto com as consequências.

De uma forma sintética, a nova lei está inserida num amplo contexto no qual a relação social entre trabalho e capital de atividade criativa transforma-se em relação jurídica "emprego", na qual os trabalhadores ficam totalmente disponíveis, durante a maior parte do tempo de vida, aos seus empregadores. A base social dessa necessidade escapa ao ser singular, e o trabalho somente lhe aparece como uma vida ritmada pelo "contrato de trabalho" que assegura condições sociais de existência, materialmente através do salário e ideologicamente valorizando o trabalho somente quando se converte em "emprego", enquanto expressão da própria subjetividade.

No bojo da inserção subordinada no capitalismo global, calcado na financeirização e na reestruturação produtiva toyotista, as transformações legislativas terminam jogando os trabalhadores num processo de superexploração e na insegurança permanentes, na medida em que as relações sociais e de trabalho deixam de se fixar em contratos e direitos

---

[76] *Art. 442-B, CLT. A contratação do autônomo, cumpridas por este todas as formalidades legais, com ou sem exclusividade, de forma contínua ou não, afasta a qualidade de empregado prevista no art. 3º desta Consolidação.*

[77] *Art. 507-B, CLT.* É facultado a empregados e empregadores, na vigência ou não do contrato de emprego, firmar o termo de quitação anual de obrigações trabalhistas, perante o sindicato dos empregados da categoria. Parágrafo único. O termo discriminará as obrigações de dar e fazer cumpridas mensalmente e dele constará a quitação anual dada pelo empregado, com eficácia liberatória das parcelas nele especificadas.

publicamente firmados e reconhecidos, passando a se subordinar à lei do mais forte.

Sob o ponto de vista jurídico, a reforma reveste-se de desburocratizadora e ensejadora de maior liberdade para as partes contratarem como forma de superar "a crise".

No entanto, numa análise mais estrutural, a nova lei reverte o recente processo de despatrimonialização do trabalho como diretriz constitucional acerca da proteção da dignificação humana do trabalhador como centro da constitucionalização do Direito do Trabalho.

Sobretudo subverte a proteção ao trabalhador edificada ao longo de dois séculos, seja em razão da luta e da organização dos trabalhadores (ela mesma alvejada pela reforma), seja em face de necessidades circunstanciais do próprio capital, mas que tornou muitas vezes suportável a exploração do trabalho.

A superexploração veiculada pela reforma trabalhista retira as condições de o trabalhador – agora novamente como mera mercadoria – manter sua saúde ou prolongar sua vida.

Com efeito, a necessidade vital, de subsistência (que é sempre socialmente realizada, e não apenas singular), torna-se ainda maior, mas "aparece" travestida – dramaticamente – em seu contrário, i.é. como se fosse liberdade.

Referências

ALVES, Giovanni. *Dimensões da reestruturação produtiva*: ensaios de sociologia do trabalho. 2. ed. Londrina: Ed. Práxis, 2007.

ANTUNES, Ricardo. *Os sentidos do trabalho:* ensaio sobre a afirmação e a negação do trabalho. São Paulo: Boitempo, 2009.

CARCANHOLO, Marcelo Dias. *A vulnerabilidade econômica do Brasil*. Aparecida, SP: Ideias & Letras, 2005.

CARCANHOLO, Marcelo. Uma Teoria da Superexploração da Força de Trabalho em Marx? Um Marx que nem ele mesmo tinha percebido. *Revista da Sociedade Brasileira de Economia Política*, n. 44, junho 2016 – setembro 2016.

CARCANHOLO, Marcelo Dias. A superexploração do trabalho em economias periféricas dependentes. *Rev. Katál*, Florianópolis, v. 12, n. 2, p. 216-225 jul./dez. 2009.

CHESNAIS, François. Mundialização: o capital financeiro no comando. In: Les Temps Modernes, 607, 2000. Tradução de Ruy Braga. *Revista Outubro*, n. 5, fevereiro de 2001.

CHESNAIS, François (org.). *A mundialização financeira:* gênese, custos e riscos. São Paulo: Ed. Xamã, 1998.

CHESNAIS, François. A globalização e o curso do capitalismo de fim-de-século. Economia e Sociedade – *Revista do Instituto de Economia da Unicamp*, Campinas, n. 5, dezembro de 1995. p. 8-9.

DAL ROSSO, Sadi. *Mais Trabalho! A intensificação do labor na sociedade contemporânea*. São Paulo: Boitempo, 2008.

EDELMAN, Bernard. *A legalização da classe operária*. Trad. Marcus Orione. São Paulo: Boitempo, 2016.

FAORO, Raymundo. *Os donos do poder*: formação do patronato político brasileiro. Rio de Janeiro: Globo, 1975.

FONTES, Virgínia. Capitalismo em tempos de uberização: do emprego ao trabalho. *Revista Marx e o Marxismo*, v. 5, n. 8, jan. /jun. 2017. p. 50.

FRENCH, John David. *Afogados em Leis*: a CLT e a cultura política dos trabalhadores brasileiros. Trad. Paulo Fontes. São Paulo: Fundação Perseu Abramo, 2001.

FREYRE, Gilberto. *Casa Grande e Senzala*: formação da família brasileira sob o regime da economia patriarcal. 48. ed. rev. São Paulo: Global, 2003.

HARVEY, David. *A condição pós-moderna*: Uma pesquisa sobre as origens da mudança cultural. Trad. Adail Ubirajara Sobral e Maria Stela Gonçalves. São Paulo: Loyola, 1993.

MARINI, Rui Mauro. *Dialética da dependência*. Petrópolis: Vozes, 2000.

MARX, Karl. *O Capital*: Crítica da economia política. Livro 1: O processo de produção do capital. Trad. Rubens Enderle. São Paulo: Boitempo, 2013.

MARX, Karl. *Manuscritos econômico-filosóficos*. Trad. Jesus Ranieri. São Paulo: Boitempo, 2006.

MISES, Ludwig von. *Liberalismo segundo a Tradição Clássica*. Trad. Haydn Coutinho Pimenta. Rio de Janeiro: Ed. José Olympio; Instituto Liberal, 1987.

RIBEIRO, Darcy. *O povo brasileiro*: a formação e o sentido do Brasil. 2. ed. São Paulo: Companhia das Letras, 1995.

SOUZA, Jessé. *A ralé brasileira*: quem é e como vive. 2. ed. Belo Horizonte: Editora UFMG, 2016.

SCHWARTZMAN, Simon. *Bases do autoritarismo brasileiro*. 4. ed. Rio de Janeiro: Publit Soluções Editoriais, 2007.

Informação bibliográfica deste texto, conforme a NBR 6023:2002 da Associação Brasileira de Normas Técnicas (ABNT):

GARCIA, Ivan Simões. Aportes para contextualização da reforma trabalhista: análise panorâmica das causas, fundamentos e algumas consequências da Lei nº 13.467/2017. In: TUPINAMBÁ, Carolina; GOMES, Fábio Rodrigues (Coord.). *A reforma trabalhista*: o impacto nas relações de trabalho. Belo Horizonte: Fórum, 2018. p. 271-299. ISBN 978-85-450-0441-7.

CAPÍTULO 12

RECURSO DE REVISTA E TRANSCENDÊNCIA

José Alberto Couto Maciel

1 Resumo da evolução histórica do recurso de revista até a transcendência

É interessante verificar como, na evolução do recurso de revista, foi ele sendo limitado, alcançando essas restrições, agora com o instituto da transcendência, dificuldades que inibem sua admissão e conhecimento, ao ponto de chegar-se a ter, brevemente, uma legislação trabalhista estruturada na jurisprudência dos Tribunais Regionais, pois a unificação federal do direito do trabalho, poder maior do Tribunal Superior do Trabalho, está sendo restrita a poucos processos, havendo quase que um esvaziamento da Corte ao restringir, quer pelo envio de projetos de lei posteriormente aprovados, quer jurisprudencialmente, os julgamentos do recurso de revista.

No início, o recurso de revista era denominado na CLT como Recurso Extraordinário. Existia o recurso extraordinário para o STF, das decisões das Justiças dos Estados e, com a mesma nomenclatura, foi criado um recurso para a Câmara da Justiça do Trabalho do Conselho Nacional do Trabalho, isso em 1938.

Em 1943, a CLT admitia o recurso extraordinário para a Câmara de Justiça do Trabalho, das decisões de última instância, quando as decisões fossem divergentes entre Conselhos Regionais, ou fossem proferidas com violação expressa de Direito.

A competência do julgamento desses recursos passou a ser do Conselho Nacional do Trabalho, que foi transformado no Tribunal Superior do Trabalho em 1946.

Havia, assim, até 1946, a possibilidade de dois recursos extraordinários na área trabalhista, um para a Câmara de Justiça do Trabalho, órgão administrativo, e outro para o STF.

Em 1949, a Lei nº 861 deu a esse recurso a denominação de revista, admitindo-o nas seguintes hipóteses:

a) quando dessem à mesma norma jurídica interpretação diversa da que tivesse sido dada pelo mesmo Tribunal Regional ou pelo TST;

b) quando proferidos com violação da norma jurídica ou dos princípios gerais de direito.

A interposição do recurso de revista era de total abrangência, inclusive com violação de princípios gerais de direito, sendo muito mais ampla do que a do RE para o STF.

Era a revista admitida, não só das decisões de segunda instância, como também das proferidas pelo juiz, nas causas de alçada, como também de despachos irrecorríveis e na fase de execução.

O recurso de revista trabalhista tinha a mesma nomenclatura do Recurso de Revista constante no CPC de 1939, confusão que foi desfeita no CPC de 1973, o qual eliminou o então existente recurso de revista, que era de 1939, anterior à revista trabalhista.

O recurso de revista no processo trabalhista foi sofrendo restrições à sua amplitude, mas sempre objetivando a unificação do direito federal no país.

Em 1954, retirou-se a possibilidade de ser elaborado, por violação a princípios gerais de direito.

Pela Lei nº 5.442/68 tomou nova forma a revista, sendo que a Lei nº 5.584, de 1970, excluiu a possibilidade de recursos nos processos de alçada dos órgãos de primeiro grau e reduziu o prazo de sua interposição de quinze para oito dias.

De acordo com a Lei nº 7.701, de 1988, a revista passou a ter nova roupagem com uma série de novas limitações, sendo que atualmente houve novas alterações, através da Lei nº 13.015, de 2014, estando assim expresso seu texto:

> Art. 896 - Cabe Recurso de Revista para Turma do Tribunal Superior do Trabalho das decisões proferidas em grau de recurso ordinário, em dissídio individual, pelos Tribunais Regionais do Trabalho, quando: (Redação dada pela Lei nº 9.756, de 17.12.1998).
>
> a) derem ao mesmo dispositivo de lei federal interpretação diversa da que lhe houver dado outro Tribunal Regional do Trabalho, no seu Pleno

ou Turma, ou a Seção de Dissídios Individuais do Tribunal Superior do Trabalho, ou contrariarem súmula de jurisprudência uniforme dessa Corte ou súmula vinculante do Supremo Tribunal Federal; (Redação dada pela Lei nº 13.015, de 2014).

b) derem ao mesmo dispositivo de lei estadual, Convenção Coletiva de Trabalho, Acordo Coletivo, sentença normativa ou regulamento empresarial de observância obrigatória em área territorial que exceda a jurisdição do Tribunal Regional prolator da decisão recorrida, interpretação divergente, na forma da alínea a; (Redação dada pela Lei nº 9.756, de 17.12.1998).

c) proferidas com violação literal de disposição de lei federal ou afronta direta e literal à Constituição Federal. (Redação dada pela Lei nº 9.756, de 17.12.1998).

§1º O recurso de revista, dotado de efeito apenas devolutivo, será interposto perante o Presidente do Tribunal Regional do Trabalho, que, por decisão fundamentada, poderá recebê-lo ou denegá-lo. (Redação dada pela Lei nº 13.015, de 2014).

§1º-A Sob pena de não conhecimento, é ônus da parte: (Incluído pela Lei nº 13.015, de 2014).

I - indicar o trecho da decisão recorrida que consubstancia o prequestionamento da controvérsia objeto do recurso de revista; (Incluído pela Lei nº 13.015, de 2014).

II - indicar, de forma explícita e fundamentada, contrariedade a dispositivo de lei, súmula ou orientação jurisprudencial do Tribunal Superior do Trabalho que conflite com a decisão regional; (Incluído pela Lei nº 13.015, de 2014).

III - expor as razões do pedido de reforma, impugnando todos os fundamentos jurídicos da decisão recorrida, inclusive mediante demonstração analítica de cada dispositivo de lei, da Constituição Federal, de súmula ou orientação jurisprudencial cuja contrariedade aponte. (Incluído pela Lei nº 13.015, de 2014).

§2º Das decisões proferidas pelos Tribunais Regionais do Trabalho ou por suas Turmas, em execução de sentença, inclusive em processo incidente de embargos de terceiro, não caberá Recurso de Revista, salvo na hipótese de ofensa direta e literal de norma da Constituição Federal. (Redação dada pela Lei nº 9.756, de 17.12.1998).

§3º Os Tribunais Regionais do Trabalho procederão, obrigatoriamente, à uniformização de sua jurisprudência e aplicarão, nas causas da competência da Justiça do Trabalho, no que couber, o incidente de uniformização de jurisprudência previsto nos termos do Capítulo I do Título IX do Livro I da Lei nº 5.869, de 11 de janeiro de 1973 (Código de Processo Civil). (Redação dada pela Lei nº 13.015, de 2014).

§4º Ao constatar, de ofício ou mediante provocação de qualquer das partes ou do Ministério Público do Trabalho, a existência de decisões atuais e conflitantes no âmbito do mesmo Tribunal Regional do Trabalho sobre o tema objeto de recurso de revista, o Tribunal Superior do Trabalho determinará o retorno dos autos à Corte de origem, a fim de que proceda à uniformização da jurisprudência. (Redação dada pela Lei nº 13.015, de 2014).

§5º A providência a que se refere o §4º deverá ser determinada pelo Presidente do Tribunal Regional do Trabalho, ao emitir juízo de admissibilidade sobre o recurso de revista, ou pelo Ministro Relator, mediante decisões irrecorríveis. (Redação dada pela Lei nº 13.015, de 2014).

§6º Após o julgamento do incidente a que se refere o §3º, unicamente a súmula regional ou a tese jurídica prevalecente no Tribunal Regional do Trabalho e não conflitante com súmula ou orientação jurisprudencial do Tribunal Superior do Trabalho servirá como paradigma para viabilizar o conhecimento do recurso de revista, por divergência. (Redação dada pela Lei nº 13.015, de 2014).

§7º A divergência apta a ensejar o recurso de revista deve ser atual, não se considerando como tal a ultrapassada por súmula do Tribunal Superior do Trabalho ou do Supremo Tribunal Federal, ou superada por iterativa e notória jurisprudência do Tribunal Superior do Trabalho. (Incluído pela Lei nº 13.015, de 2014).

§8º Quando o recurso fundar-se em dissenso de julgados, incumbe ao recorrente o ônus de produzir prova da divergência jurisprudencial, mediante certidão, cópia ou citação do repositório de jurisprudência, oficial ou credenciado, inclusive em mídia eletrônica, em que houver sido publicada a decisão divergente, ou ainda pela reprodução de julgado disponível na internet, com indicação da respectiva fonte, mencionando, em qualquer caso, as circunstâncias que identifiquem ou assemelhem os casos confrontados. (Incluído pela Lei nº 13.015, de 2014).

§9º Nas causas sujeitas ao procedimento sumaríssimo, somente será admitido recurso de revista por contrariedade à súmula de jurisprudência uniforme do Tribunal Superior do Trabalho ou à súmula vinculante do Supremo Tribunal Federal e por violação direta da Constituição Federal. (Incluído pela Lei nº 13.015, de 2014).

§10 Cabe recurso de revista por violação à lei federal, por divergência jurisprudencial e por ofensa à Constituição Federal nas execuções fiscais e nas controvérsias da fase de execução que envolvam a Certidão Negativa de Débitos Trabalhistas (CNDT), criada pela Lei nº 12.440, de 7 de julho de 2011. (Incluído pela Lei nº 13.015, de 2014).

§11 Quando o recurso tempestivo contiver defeito formal que não se repute grave, o Tribunal Superior do Trabalho poderá desconsiderar o vício ou mandar saná-lo, julgando o mérito.

§12 Da decisão denegatória caberá agravo, no prazo de 8 (oito) dias. (Incluído pela Lei nº 13.015, de 2014).

§13 Dada a relevância da matéria, por iniciativa de um dos membros da Seção Especializada em Dissídios Individuais do Tribunal Superior do Trabalho, aprovada pela maioria dos integrantes da Seção, o julgamento a que se refere o §3º poderá ser afeto ao Tribunal Pleno. (Incluído pela Lei nº 13.015, de 2014).

Art. 896-A - O Tribunal Superior do Trabalho, no recurso de revista, examinará previamente se a causa oferece transcendência com relação aos reflexos gerais de natureza econômica, política, social ou jurídica. (Incluído pela Medida Provisória nº 2.226, de 4.9.2001).

Art. 896-B Aplicam-se ao recurso de revista, no que couber, as normas da Lei nº 5.869, de 11 de janeiro de 1973 (Código de Processo Civil), relativas ao julgamento dos recursos extraordinário e especial repetitivos. (Incluído pela Lei nº 13.015, de 2014).

Art. 896-C Quando houver multiplicidade de recursos de revista fundados em idêntica questão de direito, a questão poderá ser afetada à Seção Especializada em Dissídios Individuais ou ao Tribunal Pleno, por decisão da maioria simples de seus membros, mediante requerimento de um dos Ministros que compõem a Seção Especializada, considerando a relevância da matéria ou a existência de entendimentos divergentes entre os Ministros dessa Seção ou das Turmas do Tribunal. (Incluído pela Lei nº 13.015, de 2014).

§1º O Presidente da Turma ou da Seção Especializada, por indicação dos relatores, afetará um ou mais recursos representativos da controvérsia para julgamento pela Seção Especializada em Dissídios Individuais ou pelo Tribunal Pleno, sob o rito dos recursos repetitivos. (Incluído pela Lei nº 13.015, de 2014).

§2º O Presidente da Turma ou da Seção Especializada que afetar processo para julgamento sob o rito dos recursos repetitivos deverá expedir comunicação aos demais Presidentes de Turma ou de Seção Especializada, que poderão afetar outros processos sobre a questão para julgamento conjunto, a fim de conferir ao órgão julgador visão global da questão. (Incluído pela Lei nº 13.015, de 2014).

§3º O Presidente do Tribunal Superior do Trabalho oficiará os Presidentes dos Tribunais Regionais do Trabalho para que suspendam os recursos interpostos em casos idênticos aos afetados como recursos repetitivos, até o pronunciamento definitivo do Tribunal Superior do Trabalho. (Incluído pela Lei nº 13.015, de 2014).

§4º Caberá ao Presidente do Tribunal de origem admitir um ou mais recursos representativos da controvérsia, os quais serão encaminhados ao Tribunal Superior do Trabalho, ficando suspensos os demais recursos de revista até o pronunciamento definitivo do Tribunal Superior do Trabalho. (Incluído pela Lei nº 13.015, de 2014).

§5º O relator no Tribunal Superior do Trabalho poderá determinar a suspensão dos recursos de revista ou de embargos que tenham como objeto controvérsia idêntica à do recurso afetado como repetitivo. (Incluído pela Lei nº 13.015, de 2014).

§6º O recurso repetitivo será distribuído a um dos Ministros membros da Seção Especializada ou do Tribunal Pleno e a um Ministro revisor. (Incluído pela Lei nº 13.015, de 2014).

§7º O relator poderá solicitar, aos Tribunais Regionais do Trabalho, informações a respeito da controvérsia, a serem prestadas no prazo de 15 (quinze) dias. (Incluído pela Lei nº 13.015, de 2014).

§8º O relator poderá admitir manifestação de pessoa, órgão ou entidade com interesse na controvérsia, inclusive como assistente simples, na forma da Lei nº 5.869, de 11 de janeiro de 1973 (Código de Processo Civil). (Incluído pela Lei nº 13.015, de 2014).

§9º Recebidas as informações e, se for o caso, após cumprido o disposto no §7º deste artigo, terá vista o Ministério Público pelo prazo de 15 (quinze) dias. (Incluído pela Lei nº 13.015, de 2014).

§10 Transcorrido o prazo para o Ministério Público e remetida cópia do relatório aos demais Ministros, o processo será incluído em pauta na Seção Especializada ou no Tribunal Pleno, devendo ser julgado com preferência sobre os demais feitos. (Incluído pela Lei nº 13.015, de 2014).

§11 Publicado o acórdão do Tribunal Superior do Trabalho, os recursos de revista sobrestados na origem: (Incluído pela Lei nº 13.015, de 2014).

I - terão seguimento denegado na hipótese de o acórdão recorrido coincidir com a orientação a respeito da matéria no Tribunal Superior do Trabalho; ou (Incluído pela Lei nº 13.015, de 2014).

II - serão novamente examinados pelo Tribunal de origem na hipótese de o acórdão recorrido divergir da orientação do Tribunal Superior do Trabalho a respeito da matéria. (Incluído pela Lei nº 13.015, de 2014).

§12 Na hipótese prevista no inciso II do §11º deste artigo, mantida a decisão divergente pelo Tribunal de origem, far-se-á o exame de admissibilidade do recurso de revista. (Incluído pela Lei nº 13.015, de 2014).

§13 Caso a questão afetada e julgada sob o rito dos recursos repetitivos também contenha questão constitucional, a decisão proferida pelo Tribunal Pleno não obstará o conhecimento de eventuais recursos extraordinários sobre a questão constitucional. (Incluído pela Lei nº 13.015, de 2014).

§14 Aos recursos extraordinários interpostos perante o Tribunal Superior do Trabalho será aplicado o procedimento previsto no art. 543-B da Lei nº 5.869, de 11 de janeiro de 1973 (Código de Processo Civil), cabendo ao Presidente do Tribunal Superior do Trabalho selecionar um ou mais recursos representativos da controvérsia e encaminhá-los ao Supremo Tribunal Federal, sobrestando os demais até o pronunciamento definitivo da Corte, na forma do §1º do art. 543-B da Lei nº 5.869, de 11 de janeiro de 1973 (Código de Processo Civil). (Incluído pela Lei nº 13.015, de 2014).

§15 O Presidente do Tribunal Superior do Trabalho poderá oficiar os Tribunais Regionais do Trabalho e os Presidentes das Turmas e da Seção Especializada do Tribunal para que suspendam os processos idênticos aos selecionados como recursos representativos da controvérsia e encaminhados ao Supremo Tribunal Federal, até o seu pronunciamento definitivo. (Incluído pela Lei nº 13.015, de 2014).

§16 A decisão firmada em recurso repetitivo não será aplicada aos casos em que se demonstrar que a situação de fato ou de direito é distinta das presentes no processo julgado sob o rito dos recursos repetitivos. (Incluído pela Lei nº 13.015, de 2014).

§17 Caberá revisão da decisão firmada em julgamento de recursos repetitivos quando se alterar a situação econômica, social ou jurídica, caso em que será respeitada a segurança jurídica das relações firmadas sob a égide da decisão anterior, podendo o Tribunal Superior do Trabalho modular os efeitos da decisão que a tenha alterado. (Incluído pela Lei nº 13.015, de 2014).

2   Destinação do recurso de revista

O objetivo do recurso de revista sempre foi o de uniformizar a jurisprudência dos demais Tribunais, através das Turmas, ou mediante embargos de divergência na SDI I. É de se lembrar que a última decisão de Turma, se não couber mais embargos por inexistir divergência, é a que unifica a jurisprudência, e como no Tribunal não existem Ministros inferiores, sendo a divisão interna apenas prática, a decisão de três Ministros na Turma não deixa de ser uma decisão final do TST, unificando a jurisprudência do país.

3   Controle difuso

Tem também o TST a função de corrigir decisões dos Tribunais que violem literalmente a lei federal ou a Constituição, pelo controle difuso, através de seu órgão pleno.

4   Sujeição a dois juízos

A admissibilidade da revista passa, inicialmente, pelo crivo do Presidente do Tribunal Regional do Trabalho, que examinará sua admissão segundo os pressupostos do artigo 896 da CLT, cabendo agravo de instrumento de sua denegação.

Distribuída a revista no TST, será ela novamente apreciada pelo relator quanto aos seus pressupostos e enunciados, podendo ser também negada sua tramitação, quando então caberá agravo regimental para a mesma Turma.

5 Restrições da revista quanto à alçada, ao rito sumaríssimo e à execução

No que concerne ao valor da causa, fixou a Lei nº 5.584, de 1970, que, salvo se versar sobre matéria constitucional, nenhum recurso caberá das sentenças proferidas nos dissídios de alçada, cujo valor não exceda duas vezes o salário mínimo vigente, a não ser que se discuta matéria constitucional.

A não ser naquelas hipóteses em que a questão seja relativa à Constituição, não cabe nenhum recurso, nem o ordinário, nem a revista.

Quanto ao rito sumaríssimo, a Lei nº 9.957/2000 especificou que só cabe recurso de revista por contrariedade à Súmula e à jurisprudência uniforme do TST ou por violação direta da Constituição.

O procedimento sumaríssimo é o usado, na forma do artigo 852-A da CLT, para processos que não excedam a quarenta vezes o salário mínimo vigente na data do ajuizamento da reclamação.

No que concerne à execução, ou mesmo em embargos de terceiro, só cabe recurso de revista quando se discute matéria constitucional.

6 Efeitos do recurso de revista

Os efeitos dos recursos na Justiça do Trabalho são devolutivos como na revista, podendo a parte, demonstrando prejuízo iminente, requerer, através de tutela com pedido de liminar, efeito suspensivo ao recurso, inclusive à revista, o que deverá ser feito ao relator.

7 Da transcendência

Vejam que o artigo 896-A da Consolidação das Leis do Trabalho foi incluído pela MP nº 226, de 4.09.01, afirmando que

> o Tribunal Superior do Trabalho, no recurso de revista, examinará previamente se a causa oferece transcendência com relação aos reflexos gerais de natureza econômica, política, social, ou jurídica.

Na MP nº 226 incluiu-se o artigo 2º, *"in verbis"*:

> Art. 2º O Tribunal Superior do Trabalho regulamentará em seu regimento interno o processamento da transcendência do recurso de revista, assegurada a apreciação da transcendência em sessão pública, com direito à sustentação oral e fundamentação da decisão.

Este artigo 896-A, da CLT, de novembro de 2001, passou dezesseis anos sem ser regulamentado pelo Tribunal Superior do Trabalho, porque, além de restringir os recursos de revista ao máximo, passaria a ser subjetivo, dependendo de uma apreciação pessoal de cada Ministro.

Entretanto, a nova Lei nº 13.467, de 13 de julho de 2017, que entrará em vigor a partir de 13 de novembro de 2017, regulamenta o instituto da transcendência, mediante um novo parágrafo primeiro ao artigo 896-A, criando, a meu ver, um perigoso esvaziamento do TST, por possibilitar o não conhecimento da maioria dos recursos de revista, com medida que, somada às outras já em vigor, trará prejuízos inevitáveis para ambas as partes e para a jurisprudência do país como um todo.

Estatisticamente, verifica-se, após a reforma da Lei nº 13.015, que quase noventa por cento dos recursos de revista não são conhecidos no TST, ou inadmitidos pelos Presidentes dos Regionais, sendo que a possibilidade de embargos no próprio TST por violação legal foi extinta, somente cabendo o recurso por divergência jurisprudencial, ou seja, não conhecido o recurso de revista inexiste, em tese, divergência para alcançar-se o recurso final que unificará a jurisprudência no Brasil.

E o que se exige hoje para a interposição da revista, além das dificuldades já citadas? Exige-se que a parte tenha que demonstrar a violação de lei ou divergência, a indicação do trecho da decisão recorrida pré-questionado na controvérsia, a contrariedade à disposição de lei, súmula ou OJ, a exposição das razões do pedido de reforma e a impugnação de todos os fundamentos jurídicos da decisão recorrida.

Mas, a partir da vigência da nova Lei, teremos incluída nessas restrições a necessidade de demonstrar a transcendência do recurso.

E como foi regulamentada a transcendência na referida nova Lei?

Está ela baseada em quatro indicadores:

I – econômico: elevado valor da causa;
II – político: desrespeito da instância recorrida à jurisprudência sumulada do TST ou STF;
III – social: postulação, por reclamante-recorrente, de direito social constitucionalmente assegurado;
IV – jurídica: existência de questão nova em torno da interpretação da legislação trabalhista.

Esses indicadores, que serão apreciados pelos Relatores dos processos nos recursos de revista, que devem conter inicialmente a prova de sua existência, se não conhecidos, terá a parte direito a Agravo, mas sem qualquer outro recurso.

Mas não conhecido o recurso de revista por falta de transcendência, terá a parte direito a recorrer desta matéria, com sustentação oral de cinco minutos, não havendo mais nenhum recurso. Se ultrapassada a transcendência e conhecido o recurso neste aspecto, terá o processo que voltar ao relator para examinar os outros pressupostos? Ou a transcendência, por si só, já viabiliza a apreciação da revista em razão da relevância da matéria?

A Lei não esclarece esta questão de maior importância, porque se houver uma nova apreciação, será a revista verificada pelo Relator em seus pressupostos pela terceira vez, atrasando de forma fantástica o processo judicial, cuja celeridade é uma das metas da Justiça do Trabalho.

E o que é a transcendência sobre o valor econômico, considerando-se o elevado valor da causa?

O valor, por exemplo, de mil reais, será transcendente para uma grande empresa? E para o empregado que ganha salário mínimo?

E quanto à transcendência social? Postulação, por reclamante-recorrente, de direito social constitucionalmente assegurado. Mas se todos os direitos sociais estão assegurados, em tese, no artigo 7º da Constituição, todos os recursos de revista dos reclamantes serão admitidos? E o empregador está fora da apreciação de seus direitos sociais garantidos pela Constituição?

Finalmente, o que deve acontecer com essa lei é que o TST cada vez mais ficará com sua função principal, a de unificador da jurisprudência federal no país, reduzida, por falta de conhecimento dos recursos, prevalecendo no Brasil uma legislação trabalhista regulamentada pela jurisprudência de cada Tribunal Regional.

Creio que o legislador quis imitar na Justiça do Trabalho a repercussão geral, exigida nos recursos extraordinários no Supremo Tribunal Federal, como se a revista fosse idêntica ao recurso extraordinário, olvidando que a legislação especial rege direitos dos trabalhadores, na maioria pedidos diversos em um mesmo processo, alguns relevantes outros não, mas que não têm a menor semelhança com o direito comum, nem na forma, nem no mérito.

Quando se apresenta um recurso de revista, pede-se nele, em quase sua totalidade, a apreciação de diversos direitos lesados, Ora, como distinguir, dentre esses, qual é o que tem transcendência? Só aquela tese será examinada?

Vejam que a admissão do incidente de uniformização de jurisprudência, disposto nos parágrafos 4º e seguintes, do artigo 896 da CLT, no âmbito do Tribunal Superior do Trabalho, já traz em sua aplicação um enorme atraso nos processos trabalhistas, ao contrário do que se preconizou.

É que, como dito, quase nenhum processo na Justiça do Trabalho é apresentado relativamente a um único pedido, ou referente a um único direito, como no direito comum, mas, ao contrário, são diversas teses debatidas não sendo de se presumir que a solução pela uniformização de jurisprudência de uma uniformizará as demais.

Exemplificando. Em um processo no qual se discuta horas-extras e insalubridade, poderá haver uma possibilidade de solucionar-se a insalubridade mediante tese de direito no recurso de revista que será apreciado neste tópico.

Mas resolvida a insalubridade, o processo terá que retornar ao Regional para que se aplique a uniformização da jurisprudência, tendo, porém, que ser julgado ainda no que concerne às horas-extras, cabendo, se for o caso, novo recurso para o TST sobre a outra matéria em destaque.

É evidente que temos uma justiça especializada e que os legisladores têm que aprender que o que se aplica em um ramo do direito em matéria processual, nem sempre é aplicável ao outro, com características especiais, daí a autonomia do direito e do processo do trabalho.

Realmente estamos frente a um direito que, ao entrar em vigor, será de difícil aplicação, de prejuízos flagrantes e, ainda, que responde a uma ADI de número 2527 no Supremo Tribunal Federal, pela sua inconstitucionalidade.

Informação bibliográfica deste texto, conforme a NBR 6023:2002 da Associação Brasileira de Normas Técnicas (ABNT):

MACIEL, José Alberto Couto. Recurso de revista e transcendência. In: TUPINAMBÁ, Carolina; GOMES, Fábio Rodrigues (Coord.). *A reforma trabalhista*: o impacto nas relações de trabalho. Belo Horizonte: Fórum, 2018. p. 301-311. ISBN 978-85-450-0441-7.

CAPÍTULO 13

A TECNOLOGIA, O TELETRABALHO E A REFORMA TRABALHISTA

Jouberto de Quadros Pessoa Cavalcante

1 Introdução

Nessas últimas décadas, a tecnologia e seus frutos (automação, robôs, internet, computadores, softwares, celulares, etc.) mudaram significativamente as relações sociais e os meios de produção de bens e serviços.

Por conta disso, deixando de lado os fetiches que as inovações tecnológicas trazem, é necessário aprofundar as discussões sobre sua utilização nas relações sociais e na economia, seja como forma de ampliar o conhecimento humano, seja como instrumento de dominação pelos países que alcançaram um nível de desenvolvimento científico ou por alguns grupos sociais.[1]

Além disso, as inovações tecnológicas implementadas nas relações de trabalho alteraram significativamente o modo de produção. Com isso, entre outras diversas questões, o empregado não precisa estar mais fisicamente na empresa e pode prestar seus serviços de outro local. É o denominado "teletrabalho".

2 Conceitos de tecnologia e de telemática

Do ponto de vista etimológico, o termo "tecnologia" tem origem no grego *tekhnología,* com sentido de tratado ou dissertação sobre uma

---

[1] CAVALCANTE, Jouberto de Quadros Pessoa. *A proteção jurídica do emprego frente às inovações tecnológicas:* uma proposta sistêmica. Tese de Dcutoramento defendida perante a Faculdade de Direito da Universidade de São Paulo, 2017.

arte, exposição de regras de uma arte, formado a partir do radical grego *tekhno* (arte, artesanato indústria e ciência) e o radical *logía* (de logos = linguagem, proposição).

Na língua portuguesa, o vocábulo "tecnologia" significa:

> 1. Teoria geral e/ou estado sistemático sobre técnicas, processos, métodos, meios e instrumentos de um ou mais ofícios ou domínios da atividade humana (p. ex. indústria, ciência, etc.) (o estado da t. é fundamental na informática). 2. p. met. técnica ou conjunto de técnicas de um domínio particular (a. t. nutricional). 3. p. ext. qualquer técnica moderna e complexa.[2]

O termo "tecnologia" também pode ser visto como: "Conjunto de conhecimentos, especialmente princípios científicos, que se aplicam a um determinado ramo de atividade".[3]

Em italiano, o termo tem significado mais objetivo: "1. Estudo da técnica e aplicação. 2. Estudo dos processos e equipamentos necessários para a transformação de matéria-prima para um produto industrial".[4] No francês, o vocábulo *"technologie"* expressa: "Estudo de técnicas, ferramentas, máquinas, etc.".[5]

Para o filósofo Álvaro Vieira Pinto, em sua obra *O conceito da tecnologia*, valendo-se do método marxista materialista dialético, mesclando elementos de economia, política, cultura, sociologia e hermenêutica filosófica, a tecnologia é vista como a "ciência da técnica",[6] a qual surge do processo evolutivo da humanidade, como exigência social de produção da época.[7] Ou seja, "os homens nada criam, nada inventam nem fabricam nada que não seja expressão das suas necessidades, tendo de resolver as contradições com a realidade".[8]

Assim, deve ser denominada "tecnologia" a ciência que abrange e explora a técnica, a qual, por sua vez, "configura um dado da realidade objetiva, um produto da percepção humana que retorna ao mundo em

---

[2] HOUAISS, Antônio; VILLAR, Mauro de Salles; FRANCO, Francisco Manoel de Mello. *Dicionário Houaiss da Língua Portuguesa*. Rio de Janeiro: Objetiva, 2004. p. 2683.

[3] FERREIRA, Aurélio Buarque de Holanda. *Novo dicionário da Língua Portuguesa*. 2. ed. Rio de Janeiro: Nova Fronteira, 1986. p. 1656.

[4] ZINGARELLI, Nicola. *Vocabolario della lingua Italiana*. 12. ed. Bolonha: Zanichelli, 1999. p. 1854.

[5] CALAN, Didier de *et al. Le Robert ilustre & dixel*. Paris: Le Robert, 2013. p. 1856.

[6] PINTO, Álvaro Vieira. *O conceito de tecnologia*. Rio de Janeiro: Contraponto, 2005. vol. 1, p. 220.

[7] *Ibidem*, p. 72, 241 e 284.

[8] *Ibidem*, p. 49.

forma de ação, materializado em instrumentos e máquinas, e entregue à transmissão cultural [...]". A tecnologia resulta em "um conjunto de formulações teóricas, recheadas de complexo e rico conteúdo epistemológico".[9]

O termo "teletrabalho" também é denominado *telecommuting*, trabalho remoto, trabalho à distância, *e-workplace*. Na Itália, tem a denominação *telelavoro*, na França, adota-se o termo *teletravail*, enquanto que nos Estados Unidos e na Alemanha, respectivamente, é chamado de *teleworking* e *telearbait*.

Enquanto o vocábulo "telemática" compreende:

Direito de informática. 1. Tecnologia que abrange o fax, que transmite imagens por via telefônica; o modem, que requer modulação, ao converter a informação digital que sai de um computador em sinais que viajam pela linha telefônica, e de modulação, ao realizar processo inverso quando esses sinais chegarem ao outro computador. Pelo modem (modulation e demodulation) podem conectar computadores distantes por uma linha telefônica; o videotexto, que possibilita consultar dados (como, por exemplo, horário e preço de passagens; acesso à conta bancária; encomenda de produtos, etc.) por linha telefônica, televisor equipado com um decodificador apropriado ou por placa de microcircuitos instalada no computador. 2. Procedimento da elaboração das informações à distância e movimento de circulação automática dos dados informativos, que ocorrem no diálogo com os calculadores eletrônicos, utilizando os terminais inteligentes, capazes de receber e transmitir (Frosini).[10]

3 O fenômeno do teletrabalho

Em relatório sobre a situação do teletrabalho na União Europeia (1998), a Comissão Europeia traz a informação de que as melhores estimativas indicariam o total de 4 milhões de trabalhadores exercendo alguma espécie de teletrabalho, o que corresponderia a 2,5% da força de trabalho europeia. Esse número representaria o dobro da quantidade verificada no ano de 1996.

Segundo a Fundação Europeia para Melhoria das Condições de Vida e de Trabalho (EUROFOUND), o teletrabalho é um fenômeno que está a crescer em todos os estados-membros da União Europeia. A percentagem média de trabalhadores envolvidos no teletrabalho nos 27 estados-membros da UE aumentou de cerca de 5%, em 2000, para 7% em

---

[9] *Ibidem*, p. 221.
[10] DINIZ, Maria Helena. *Dicionário jurídico*. São Paulo: Saraiva, 1998. vol. 4, p. 506.

2005. Alguns países apresentam taxas de crescimento consideravelmente superiores, sendo mais na República Tcheca e na Dinamarca, países onde cerca de um em sete trabalhadores está regularmente envolvido em teletrabalho.

No 1º Foro sobre teletrabalho, realizado em 2008 pelo Centro Interamericano para el Desarrollo del Conocimiento en la Formación Profesional da Organização Internacional do Trabalho (CINTERFOR) em Buenos Aires, destacou-se a necessidade de se buscar novas e eficazes respostas: (a) à liberalização do comércio e dos mercados de capitais; (b) a programas de ajuste estrutural e à integração econômica; às novas tecnologias e às importantes trocas que têm tido lugar na organização do trabalho; (c) ao trabalho em domicílio e ao teletrabalho.

A partir de dados gerais sobre o acesso dos brasileiros a computadores e à Internet levantados por diferentes pesquisas de diferentes instituições (PNAD/IBGE, TIC Domicílios, TIC Empresas, Painel IBOPE/NetRatings), a Sociedade Brasileira de Teletrabalho e Teleatividades (SOBRATT) tem realizado alguns cruzamentos que permitem fazer uma estimativa também genérica de que o Brasil contava com aproximadamente dez milhões e seiscentos mil teletrabalhadores em 2008.

Em maio de 2011, realizou-se o I Seminário de Teletrabalho na Cidade de São Paulo, no qual órgãos da Prefeitura e da Federação das Indústrias de São Paulo (FIESP) discutiram o teletrabalho e a empregabilidade de pessoas com deficiência física ou mental.

Também tramitam no Congresso Nacional projetos de lei sobre o tema, sendo que além de disciplinarem a matéria, um deles prevê uma reserva de 20% dos postos de trabalho na modalidade em domicílio ou teletrabalho aos portadores de deficiência.[11]

Atualmente, a presença do trabalhador não é mais tão necessária nos locais físicos onde se tenha o estabelecimento da empresa, com a

---

[11] A deputada federal Manuela D'Ávila propôs reserva de vagas para deficientes. A Comissão de Trabalho, de Administração e Serviço Público aprovou o Projeto de Lei nº 4.505/08 (em 19 de maio de 2010), do deputado Luiz Paulo Vellozo Lucas (PSDB-ES), que regulamenta o trabalho à distância. A proposta define teletrabalho como toda forma de trabalho que envolve um empregador ou um cliente e um empregado ou trabalhador autônomo e é realizado regularmente à distância, em mais de 40% do tempo, por meio de tecnologias de informática e de telecomunicações.

O projeto foi aprovado com duas emendas apresentadas pela relatora, deputada Manuela D'Ávila (PCdoB-RS). Uma delas reserva 20% dos postos de trabalho na modalidade em domicílio ou teletrabalho aos portadores de deficiência. A outra alteração garante ao teletrabalhador direitos que visem à melhoria de sua condição social, além dos que já estão enumerados no projeto.

presença do empregador ou de seus prepostos a dirigir a prestação pessoal dos serviços.

Este fenômeno é decorrência das inovações tecnológicas e da expansão econômica mundial,

> que provocaram a descentralização do trabalho, a propagação e a modernização do trabalho à distância, que deixou de ser apenas o trabalho em domicílio tradicional, a fiscalização do serviço sem a presença física do fiscal, a flexibilização das jornadas, a preponderância da atividade intelectual sobre a manual, a ponto de considerar-se que as sociedades atuais não são mais terciárias (comércio) e sim quaternárias (informações/telecomunicações). O trabalho à distância é o gênero que compreende várias espécies, uma delas o teletrabalho. Outras modalidades de trabalho à distância podem ser mencionadas, como o trabalho em domicílio tradicional e aquele desenvolvido fora do centro de produção mediante o uso de instrumentos também tradicionais como o telefone, o bip, o rádio, etc.[12]

Na visão de Domenico de Masi,

> o teletrabalho é um trabalho realizado longe dos escritórios empresariais e dos colegas de trabalho, com comunicação independente com a sede central do trabalho e com outras sedes, através de um uso intensivo das tecnologias da comunicação e da informação, mas que não são necessariamente sempre de natureza informática.[13]

O teletrabalho para a OIT,

> é o trabajo a distancia (incluido el trabajo a domicilio) efectuado con auxilio de medios de telecomunicación y/o de una computadora. É o trabajo efectuado en un lugar donde, apartado de las oficinas centrales o de los talleres de producción, el trabajador no mantiene contacto personal alguno con sus colegas, pero está en condiciones de comunicar con ellos por medio de las nuevas tecnologías.[14]

Para o Conselho Europeu, teletrabalho é uma forma de organizar e/ou executar o trabalho, usando a tecnologia da informação como parte de uma relação contratual ou empregatícia, na qual o trabalho, que

---

[12] SILVA, Luiz de Pinho Pedreira. O teletrabalho. *Revista LTr*, n. 5, vol. 64, p. 583.

[13] MAIS, Domenico de. *Ócio criativo*. São Paulo: Sextante, 2000. p. 204.

[14] MARTINO, Vittorio Di; WIRTH, Linda. Teletrabajo: un nuevo modo de trabajo y de vida. *Revista Internacional del Trabajo*, n. 4, vol. 109, 1990.

também poderia ser realizado nas instalações do empregador, é efetuado fora de seu local regular (Accord-cadre sur le télétravail de 2002). Nas palavras de Luiz de Pinho Pedreira Silva, teletrabalho é

> a atividade do trabalhador desenvolvida total ou parcialmente em locais distantes da rede principal da empresa, de forma telemática. Total ou parcialmente, porque há teletrabalho exercido em parte na sede da empresa e em parte em locais dela distantes.[15]

Assim, os elementos característicos do teletrabalho são: (a) atividade realizada à distância, ou seja, fora dos limites de onde os seus resultados são almejados; (b) as ordens são dadas por quem não tem condições de controlá-las fisicamente. O controle é ocasionado pelos resultados das tarefas executadas; (c) as tarefas são executadas por intermédio de computadores ou de outros equipamentos de informática e telecomunicações.

4 Vantagens e desvantagens econômicas e jurídicas do teletrabalho

Do ponto de vista econômico e jurídico, o teletrabalho apresenta algumas vantagens e desvantagens.

Do lado do empregador, o fenômeno do teletrabalho tem as seguintes vantagens: economia de espaço nas fábricas e escritórios, de energia elétrica, de intervalos de jornada, aumento da produtividade, surgimento de novos produtos, internacionalização e descentralização da produção.

Em suma, é uma forma de redução dos custos e de aumento da produtividade.

Por outro lado, o teletrabalho pode representar um perigo considerável quanto à segurança de informações e dados. Não é possível ao empregador resguardar o acesso às informações que estejam em outros locais fora da empresa. Isso poderá representar um acesso não autorizado aos segredos técnicos, comerciais e industriais do empregador e de clientes.

Quanto aos teletrabalhadores, o fato de laborar em sua residência poderá representar uma maior disponibilidade de tempo para os seus familiares, racionalização das suas atividades profissionais, como também uma forma de redução de gastos com transporte, alimentação

---

[15] SILVA, Luiz de Pinho Pedreira. O teletrabalho. *Revista LTr*, n. 5, vol. 64, p. 584.

e perda de tempo nos seus deslocamentos, notadamente nos grandes centros urbanos, com a inclusão de trabalhadores com deficiência.

Em contrapartida, o teletrabalho pode implicar na redução de direitos trabalhistas, com a existência de relações autônomas ou de relações precárias de trabalho e sua informalização, com a ampliação dos obstáculos para aplicação e fiscalização da legislação trabalhista e de acordos e convenções coletivas de trabalho e, ainda, uma confusão das despesas pessoais do empregado com os custos para a realização do trabalho, além dos problemas de meio ambiente inadequado, com prejuízos à saúde do trabalhador.

Do ponto de vista profissional, poderá reduzir a troca de informações e experiências entre colegas de trabalho, com prejuízo de novas oportunidades profissionais.

Até mesmo para a prestação jurisdicional adequada poderá haver obstáculos, por problemas de competência territorial, principalmente, no teletrabalho transnacional, e quanto à produção probatória no curso da instrução judicial.

5 Modalidades

As modalidades de teletrabalho podem ser agrupadas por vários critérios (classificação).

Em relação ao critério locativo, tem-se o teletrabalho em domicílio, teletrabalho em telecentros, teletrabalho nômade e teletrabalho transnacional.

O trabalho em domicílio corresponde ao trabalho tradicional realizado em domicílio do empregado ou em qualquer outro local por ele escolhido

Já o teletrabalho realizado em telecentros (centro satélite ou centro local de telesserviço) é uma forma de organização das atividades em um espaço devidamente preparado para o desempenho do teletrabalho, que podem ou não pertencer à empresa.

No trabalho nômade (também conhecido como móvel), o teletrabalhador não tem local fixo para a prestação dos serviços, o que pode ser verificar, *e. g.*, com o trabalhador externo.

Tem-se, ainda, o teletrabalho transnacional, o qual é realizado em partes, por trabalhadores situados em países distintos, com trocas de informações e elaboração de projetos em conjunto.

Em relação ao critério temporal, pode ser permanente, quando o tempo de trabalho fora de empresa exceder a 90% do tempo trabalhado.

Por sua vez, o alternado é aquele em que se consome 90% da carga horária no mesmo local. E, ainda, o suplementar ocorre quando o teletrabalho é frequente, mas não diário, sendo pelo menos uma vez por semana (dia completo).

Pelo critério comunicativo, tem-se o teletrabalho *off-line* (desconectado) ou *on-line* (conectado).

6 Natureza jurídica

Em tese,

certas características do teletrabalho, como a desconcentração, a flexibilidade de horário, a ausência física do empregador ou de seu representante para a fiscalização e a de consistir em contabilidade, consultas, traduções etc., não integrando a atividade principal da empresa, têm levado alguns a pensar que ele configura sempre trabalho autônomo.[16]

Contudo, como destaca Pinho Pedreira, o teletrabalho

não imprime, por si mesmo, o selo da autonomia à relação jurídica entre o teletrabalhador e aquele a quem este presta serviços. Adverte, a propósito, Jean-Emmanuel Ray: 'O teletrabalho é modalidade de organização da atividade e não um estatuto particular'. E Rosario Gallardo Moya completa, referindo-se aos teletrabalhadores: '[...] a qualificação jurídica desses trabalhadores não é única, mas dependerá do modo como se leve a cabo a prestação, isto é, do seu conteúdo obrigacional. Em caráter geral pode-se afirmar que o vínculo entre o que presta um serviço de teletrabalho e o que o recebe, tanto poderá ser de natureza comercial, quanto civil ou trabalhista'.[17]

A natureza jurídica da relação depende do complexo fático que envolva as partes em uma situação de teletrabalho (princípio da primazia da realidade).

O teletrabalho é mais uma forma de organização da atividade do empresário, com algumas particularidades, do que, necessariamente, um "novo tipo de trabalho", com uma autorregulamentação.

A economia apresenta uma série de mecanismos jurídicos que são adotados para a tomada do teletrabalho, como, por exemplo:

---

[16] SILVA, Luiz de Pinho Pedreira. O teletrabalho. *Revista LTr*, n. 5, vol. 64, p. 584.

[17] SILVA, *loc cit.*

terceirização dos serviços de transmissão de dados, prestação de serviços por trabalhadores autônomos, etc.

Em qualquer das suas modalidades, o teletrabalho poderá ser prestado de forma autônoma ou subordinada (relação de emprego).

O que irá dizer se o trabalho é subordinado ou não é a visualização em concreto de como os serviços são prestados, adotando-se o princípio da primazia da realidade.

Serão averiguadas as condições concretas de execução da prestação dos serviços, constatando-se, pelas suas peculiaridades, se há ou não a presença de controle, direção e fiscalização quanto ao trabalho prestado.

No teletrabalho,

> a subordinação acaba ficando mitigada. Em alguns casos, poderá se verificar muito mais autonomia do que subordinação. São diluídas as ordens de serviço. Um executivo pode não ter a quem dar ordens de serviço, pois não há escritório, trabalho interno, subordinados, etc. O trabalhador não terá exatamente jornada de trabalho, pois não se sabe a hora que começa e a que termina de prestar serviços, salvo se houver controle específico nesse sentido. Acaba criando a nova tecnologia, uma nova forma de subordinação, pois o empregado pode até não ficar subordinado diretamente ao empregador, mas indiretamente. Passa a existir uma telessubordinação ou parassubordinação, como já se verifica na Itália em relação a trabalhadores autônomos. Na telessubordinação, há subordinação à distância, uma subordinação mais tênue do que a normal. Entretanto, o empregado pode ter o controle de sua atividade por intermédio do próprio computador, pelo número de toques, por produção, por relatórios, pelo horário da entrega dos relatórios ou do serviço, etc. Se houver uma ligação on-line do empregado com o computador central da empresa, o empregador poderá fiscalizar o empregado. O trabalhador prestaria serviços como se estivesse dentro da empresa. A autonomia do trabalhador poderá ser medida pelo fato de que o empregador é que dele depende tecnicamente e não o contrário, porque só o trabalhador é que sabe como se faz o programa do computador. Muitas vezes é uma pessoa altamente especializada.[18]

No âmbito da OIT, a Convenção 177 (1996) trata do "trabalho em domicílio", assim considerando a figura do trabalhador em domicílio aquele que trabalha: (a) em seu domicílio ou em outros locais que escolha, distintos dos locais de trabalho do empregador; (b) em troca de uma remuneração; (c) com o fim de elaborar um produto ou prestar

---

[18] MARTINS, Sérgio Pinto. Teletrabalho. *Repertório IOB – Trabalhista e Previdenciário*, n° 18/2001, p. 352.

um serviço conforme as especificações do empregador, independentemente, de quem proporcione o equipamento, os materiais e outros elementos utilizados por ele, a menos que essa pessoa tenha um grau de autonomia e de independência econômica necessário para ser considerado trabalhador autônomo em virtude da legislação nacional ou de decisões judiciais (art. 1º).

Segundo a própria OIT, uma pessoa que tenha a condição de assalariado não se considerará trabalhador em domicílio, para efeitos da Convenção 177, pelo mero fato de realizar ocasionalmente seu trabalho como assalariado em seu domicílio, em vez de realizá-lo em seu lugar de trabalho habitual.

Os estados-membros que ratificarem a Convenção 177 devem promover a igualdade de tratamento entre os trabalhadores domésticos e assalariados, tendo em conta as características do trabalho em domicílio, buscando: (a) o direito dos trabalhadores em domicílio para estabelecer ou participar de organizações de sua escolha e participar de suas atividades; (b) proteção contra a discriminação; (c) proteção da segurança e saúde no trabalho; (d) remuneração; (e) proteção da seguridade social; (e) acesso à formação; (f) idade mínima para admissão no emprego; (g) proteção à maternidade.

No Brasil, com a Lei nº 12.551/11, a CLT passou a prever que não haverá distinção entre o trabalho realizado no estabelecimento do empregador, o executado no domicílio do empregado e o realizado à distância, desde que estejam caracterizados os pressupostos da relação de emprego, sendo que os meios telemáticos e informatizados de comando, controle e supervisão se equiparam, para fins de subordinação jurídica, aos meios pessoais e diretos de comando, controle e supervisão do trabalho alheio (art. 6º, CLT).

Considera-se trabalhador em domicílio a pessoa que presta os serviços na sua habitação ou em oficina de família, por conta de empregador que o remunera, tendo direito, pelo menos, a um salário-mínimo mensal (art. 83, CLT).

A jurisprudência de nossos tribunais tem equiparado o teletrabalhador à figura do trabalhador em domicílio.[19]

---

[19] TST - 6ª T. – AIRR 62.141-19.2003.5.10.0011 – Rel. Min. Mauricio Godinho Delgado – DJ 16.4.2010.

TRT – 3ª R. – RO 435/2010-016-03-00.3 – Rel. Milton V. Thibau de Almeida – DJe 18.10.2010, p. 49.

TRT – 3ª R. – 3ª T. – RO 0423-2009-042-03-00-1 RO – Rel. Milton V. Thibau de Almeida – DJe 8.2.2010.

Considerando o princípio constitucional da eficiência administrativa, a produtividade dos Órgãos do Judiciário do Trabalho de 1º e 2º graus vincula-se à otimização do tempo de trabalho e à melhoria da qualidade de vida de seus servidores, a implantação do Processo Judicial Eletrônico no Judiciário do Trabalho permitirá o acesso, a qualquer tempo e lugar, a todos os sistemas necessários à instrução, acompanhamento, manutenção e conclusão dos procedimentos judiciários no âmbito desta Justiça Especializada, que instituiu a realização de teletrabalho no âmbito da Justiça do Trabalho, inicialmente pela Resolução nº 109/12 (atualmente, disciplinado pela Resolução nº 151/15, do Conselho Superior da Justiça do Trabalho – CSJT).

A Resolução CSJT nº 151 considera teletrabalho a modalidade de trabalho realizado fora das dependências dos Órgãos da Justiça do Trabalho de 1º e 2º graus, com a utilização de recursos tecnológicos (art. 2º).

A implementação tem por objetivo aumentar, em termos quantitativos e sem prejuízo da qualidade, a produtividade dos trabalhos realizados e, ainda: (a) promover meios para atrair, motivar e comprometer os servidores com os objetivos da instituição; (b) economizar tempo e custo de deslocamento dos servidores até o local de trabalho; (c) contribuir para a melhoria de programas socioambientais dos Tribunais Regionais do Trabalho visando à sustentabilidade solidária do planeta, com a diminuição de poluentes na atmosfera e a redução do consumo de água, esgoto, energia elétrica, papel e de outros bens e serviços disponibilizados nos Órgãos do Judiciário do Trabalho de 1º e 2º graus; (d) ampliar a possibilidade de trabalho aos servidores com dificuldade de deslocamento; (e) possibilitar a melhoria da qualidade de vida dos servidores (art. 4º).

7 Aspectos jurídicos do teletrabalho e a Reforma Trabalhista

Com a Lei nº 13.467, de 14 de julho de 2017,[20] também conhecida como a "Reforma Trabalhista", a CLT passou a disciplinar o teletrabalho de forma específica (art. 75-A e seguintes).

---

[20] A Lei nº 13.467 foi publicada no DOU em 14 de julho de 2017, com *vacatio legis* de 120 dias. Com isso, entrará em vigor no dia 11 de novembro de 2017.

7.1 Morfologia do contrato de trabalho e do teletrabalho

Do ponto de vista morfológico do contrato de trabalho, a contratação poderá ser por escrito ou verbal ou até mesmo de forma tácita, como também determinada ou indeterminada, ou ainda para prestação de trabalho intermitente (art. 443, CLT, Lei nº 13.467).

Na CLT, o teletrabalho caracteriza-se pela prestação de serviços preponderantemente fora das dependências do empregador, com a utilização de tecnologias de informação e de comunicação que, por sua natureza, não se constituam como trabalho externo. O comparecimento do empregado ao estabelecimento empresarial para a realização de atividades específicas não descaracteriza o regime de teletrabalho.

Seguramente, existem modelos híbridos, ou seja, contratos de trabalho em que a prestação de serviços ocorre exclusivamente fora da empresa, e também, em outros dias ou parte da jornada de trabalho, dentro da empresa de forma habitual.

A prestação de serviços na modalidade de teletrabalho é cláusula expressa do contrato de trabalho e, portanto, deverá ser por escrito, com as especificações de quais atividades serão realizadas pelo empregado.

O legislador autorizou, por mútuo acordo entre as partes, em aditivo contratual, a alteração entre regime presencial e de teletrabalho.

7.2 O negociado sobre o legislado

Uma das temáticas centrais da "Reforma Trabalhista" diz respeito ao "negociado sobre o legislado", de modo que os instrumentos normativos têm prevalência sobre a lei e sobre o regulamento de empresa nas questões envolvendo o teletrabalho (art. 611-A, VI e VIII, CLT). Além disso, em caso de conflito entre os instrumentos normativos existentes, o acordo coletivo se sobrepõe às convenções coletivas de trabalho (art. 620).

Com isso, tem-se uma hierarquia de normas no Direito do Trabalho e a mitigação do princípio da norma mais favorável.

7.3 Cláusulas contratuais específicas

No teletrabalho, o contrato de trabalho possui peculiaridades e, por conta disso, podem ter cláusulas específicas, as quais devem ser expressas, decorrentes do "tipo de informação" a que o empregado tem acesso, tais como:

(a) cláusula de não concorrência durante um certo tempo, mediante o pagamento de uma indenização; (b) cláusula de exclusividade, para não divulgar dados de interesse do empregador. Pessoas não autorizadas não poderiam ter acesso a dados, incluindo, por exemplo, a esposa do empregado e seus filhos etc.; (c) cláusula de utilização pessoal e exclusivamente em serviço do material do empregador, como para proteção a disquetes, à memória do computador, etc.[21]

Por conta do acesso às diversas informações do empregador e de clientes, é importante que o empregado seja orientado quanto aos limites da divulgação de tais informações a terceiros, de modo a se evitar transtornos com terceiros e a violação de segredos da empresa.

7.4 Aquisição e manutenção de equipamentos e da infraestrutura

Na relação de emprego, o risco da atividade econômica é do empregador (art. 2º, CLT). Por conta disso, a aquisição de equipamentos (*hardwares* e *softwares*), bem como as despesas de sua manutenção, é de responsabilidade exclusiva do empregador. Com as alterações da CLT, o legislador prevê que tais despesas, inclusive as despesas de infraestrutura (mobiliário, espaço físico, energia elétrica, rede de *internet* etc.), e seu reembolso serão previstas de forma escrita no contrato (art. 75-D) ou em aditivo.

A exigência de cláusula escrita não altera a responsabilidade do empregador por todas as despesas decorrentes da prestação de serviços e, muito menos, transfere os custos da produção ao empregado.

Certamente, não se tratando de bens e utilidades decorrentes do contrato de trabalho, mas sim de equipamentos necessários à execução das tarefas diárias, tais equipamentos não possuem natureza salarial (art. 75-D, parágrafo único, e art. 458, §2º, I).

Também é importante orientar o empregado quanto à sua responsabilidade pelos danos materiais que possa causar ao empregador pelo uso inadequado e falta de manutenção dos equipamentos.

Sobre tal questão, o direito português prevê expressamente a responsabilidade do empregador pela instalação, manutenção e pagamento das despesas inerentes à prestação de serviços (art. 168º, I, Código do Trabalho Português). Por sua vez, cabe ao empregado

---

[21] MARTINS, Sérgio Pinto. Teletrabalho. *Repertório IOE – Trabalhista e Previdenciário*, nº 18/2001, p. 351.

seguir as orientações do empregado quanto ao uso dos equipamentos (art. 168º, II e III).

7.5 Reversibilidade das cláusulas de prestação do trabalho em teletrabalho

Na legislação trabalhista, toda e qualquer alteração contratual, para ser válida, necessita da concordância expressa do trabalhador, além de ser benéfica ao mesmo, sob pena de ser tida como nula (art. 468, CLT, princípio da inalterabilidade "lesiva" ao empregado). Trata-se de um desdobramento do próprio princípio protetor (art. 9º).

Como assevera Pinho Pedreira, a "transferência do trabalho para sua casa ultrapassa os limites do poder de direção e, portanto, poderá ser efetuada com a modificação das cláusulas do contrato de trabalho, o que depende do consentimento de ambas as partes".[22]

Para evitar eventual nulidade quanto à transferência do local de trabalho, as partes, de antemão, no ato da contratação, podem estabelecer a cláusula da reversibilidade, ou seja, "que permite ao empregado designado para o teletrabalho, assim como ao empregador, exigir o retorno ao trabalho interno se a experiência houver sido frustrante".[23]

Com a Lei nº 13.467/17, por ato unilateral do empregador e por meio de aditivo contratual, é possível alterar do regime de teletrabalho para o presencial, desde que observado o prazo de transição mínimo de quinze dias (art. 75-C, §2º, CLT).

Trata-se de uma hipótese de *jus variandi* autorizada por lei, a qual, contudo, não é absoluta, devendo ser apreciada face ao caso concreto, como forma de evitar o abuso de direito do empregador (art. 187, CC), valorizando-se a real intenção do empregador com a alteração e as possíveis consequências desta para a vida pessoal e profissional do trabalhador.

7.6 Jornada de trabalho

Do ponto de vista prático, como ocorre na configuração do trabalho em domicílio, também será difícil a constatação da jornada suplementar no teletrabalho.

---

[22] SILVA, Luiz de Pinho Pedreira. O teletrabalho. *Revista LTr*, n. 5, vol. 64, p. 586.
[23] SILVA, *loc cit.*

A dificuldade repousa no fato de que o empregado não está vinculado fisicamente ao controle por parte do empregador ou de um preposto.

O trabalho realizado pelo teletrabalhador é externo, logo, em tese, de acordo com o art. 62, I, CLT, não terá direito à percepção das horas extras.

Dentro dessa lógica, a Lei nº 13.467 passou a prever expressamente que os empregados em regime de teletrabalho não possuem direito ao recebimento de horas extras (art. 62, III).

Em nota técnica, algumas associações ligadas à proteção dos direitos trabalhistas se manifestaram sobre esse ponto da "Reforma Trabalhista":

> Da mesma forma, o teletrabalho, que poderia representar, no mundo tecnológico de hoje, uma modalidade de trabalho atrativa e interessante para o trabalhador, tal como colocada, se apresenta como mais um instrumento de flexibilização da relação de trabalho sem contrapartida, de transferência do risco da atividade para o trabalhador, e em síntese, de retirada e sonegação de direitos. [...]
> Sabemos que, atualmente, pelos meios telemáticos disponíveis, é plenamente possível ao empregador controlar a jornada e a produtividade de um trabalhador que labore em sua casa ou fora do ambiente da empresa. Com essa malfadada exceção, a esses trabalhadores poderá ser exigido o trabalho além das 8 horas diárias, 44 semanais, além do trabalho em domingos e feriados, sem contar a perda do direito a adicional noturno, já que não possuem controle de jornada.[24]

Porém, a existência ou não de jornada suplementar para o teletrabalhador haverá de ser constatada em função do caso concreto (princípio da primazia da realidade), analisando-se: a carga diária de tarefas; o tempo para a realização de cada tarefa; o prazo estipulado para a entrega da tarefa; o número de toques, programas de controle de acesso e de jornada de trabalho, etc.

Somente em face das peculiaridades de cada situação é que se pode dizer se o teletrabalhador possui ou não um controle indireto sobre

---

[24] Associação Nacional dos Procuradores do Trabalho (ANPT), a Associação Nacional dos Magistrados da Justiça do Trabalho (ANAMATRA), a Associação Brasileira dos Advogados Trabalhistas (ABRAT), o Sindicato Nacional dos Auditores Fiscais do Trabalho (SINAIT), a Associação Latino-Americana de Advogados Laboralistas (ALAL), a Associação Latino-americana de Juízes do Trabalho (ALJT) e a Associação Luso-Brasileira de Juristas do Trabalho (JUTRA).

a sua prestação diária dos serviços e, consequentemente, se deverá ser remunerado pela jornada extraordinária realizada.

7.7 Saúde do trabalhador e intervalo especial

Dentro da lógica protetiva do Direito do Trabalho, o empregador é responsável pelo ambiente de trabalho, bem como pela orientação, fornecimento e fiscalização do uso de equipamentos de proteção (art. 2º, CLT).

No caso do teletrabalho, o empregador deve orientar os empregados, de maneira expressa e extensiva, quanto à prevenção de doenças e acidentes de trabalho, mediante termo de instruções e de responsabilidade assinado pelo empregado (art. 75-E, CLT).

A interpretação literal do art. 75-E, CLT, pode levar à afirmação de que o empregador deixou de ter a responsabilidade, quanto ao meio ambiente do trabalho e à observância das normas de medicina e segurança do trabalho, quando as atividades são realizadas à distância, no formato do teletrabalho, contudo, o referido dispositivo legal há de ser interpretado em sistemática com o art. 157, I e II, CLT.

Vale dizer, é ônus do empregador proporcionar boas condições de trabalho, seja do ponto de vista físico ou moral. Nesse sentido, tem o Código do Trabalho de Portugal (art. 169):

> Artigo 169º - Igualdade de tratamento de trabalhador em regime de teletrabalho
>
> 1 – O trabalhador em regime de teletrabalho tem os mesmos direitos e deveres dos demais trabalhadores, nomeadamente no que se refere à formação e promoção ou carreira profissionais, limites do período normal de trabalho e outras condições de trabalho, segurança e saúde no trabalho e reparação de danos emergentes de acidente de trabalho ou doença profissional.
>
> 2 – No âmbito da formação profissional, o empregador deve proporcionar ao trabalhador, em caso de necessidade, formação adequada sobre a utilização de tecnologias de informação e de comunicação inerentes ao exercício da respectiva actividade.
>
> 3 – O empregador deve evitar o isolamento do trabalhador, nomeadamente através de contactos regulares com a empresa e com os demais trabalhadores.

O referido dispositivo legal português é complementado pelo art. 170, do mesmo Diploma Legal, o qual prevê expressamente:

> Artigo 170º - Privacidade de trabalhador em regime de teletrabalho

1 - O empregador deve respeitar a privacidade do trabalhador e os tempos de descanso e de repouso da família deste, bem como proporcionar-lhe boas condições de trabalho, tanto do ponto de vista físico como psíquico. 2 - Sempre que o teletrabalho seja realizado no domicílio do trabalhador, a visita ao local de trabalho só deve ter por objeto o controlo da atividade laboral, bem como dos instrumentos de trabalho e apenas pode ser efetuada entre as 9 e as 19 horas, com a assistência do trabalhador ou de pessoa por ele designada. 3 - Constitui contraordenação grave, a violação do disposto neste artigo.

Em muitos casos, o empregador possui ferramentas que permitem o monitoramento eletrônico das funções do trabalhador, de modo que poderá fiscalizar o cumprimento das orientações preventivas, sendo que sua omissão ou negligência implicará em sua responsabilização trabalhista e civil.

Sem dúvidas, outras questões relevantes dizem respeito ao mobiliário fornecido pelo empregador e à concessão de intervalos.

Como ocorre com a atividade do digitador, o teletrabalho também possui similaridades com os serviços de mecanografia.

Nos serviços permanentes de mecanografia (datilografia, escrituração ou cálculo), a cada período de 90 minutos de trabalho consecutivo, o empregado tem direito a um repouso de 10 minutos, não deduzidos da duração normal do trabalho (art. 72).

Esse intervalo reputa-se interrupção do contrato individual de trabalho. Por outro lado, é importante mencionar que ele também não é absorvido pelo intervalo intrajornada.

A jurisprudência considera que o art. 72 é exemplificativo e não taxativo. Portanto, tem concedido o intervalo de 10 minutos a cada 90 minutos trabalhado, para profissões que desempenham funções semelhantes às profissões ali mencionadas.

Os digitadores, por aplicação analógica do art. 72, equiparam-se aos trabalhadores nos serviços de mecanografia (datilografia, escrituração ou cálculo), razão pela qual têm direito a intervalos de descanso de 10 minutos a cada 90 minutos de trabalho consecutivo (Súmula nº 346, TST).

O Ministério do Trabalho, por intermédio da Portaria nº 3.435, alterou a NR 17 da Portaria nº 3.214, que trata da ergonomia, fixando um intervalo, a não ser descontado da jornada de trabalho, para os digitadores, de 10 minutos para cada 50 trabalhados (NR 17.7.4, *d*).

Nas atividades de processamento de dados, a Portaria nº 3.741 determinou a observância de um intervalo remunerado de 10 minutos a cada 50 minutos trabalhados, excetuando hipótese de acordo ou convenção coletiva de trabalho.

Esses dois intervalos também são tidos como interrupções do contrato individual de trabalho. Se não são concedidos, devem ser pleiteados como horas extras.

Referências

CALAN, Didier de *et al. Le Robert ilustre & dixel.* Paris: Le Robert, 2013.

CAVALCANTE, Jouberto de Quadros Pessoa. *A proteção jurídica do emprego frente às inovações tecnológicas:* uma proposta sistêmica. Tese de Doutoramento defendida perante a Faculdade de Direito da Universidade de São Paulo, 2017.

DINIZ, Maria Helena. *Dicionário jurídico.* São Paulo: Saraiva, 1998. vol. 4.

FERREIRA, Aurélio Buarque de Holanda. *Novo dicionário da língua portuguesa.* 2. ed. Rio de Janeiro: Nova Fronteira, 1986.

HOUAISS, Antônio; VILLAR, Mauro de Salles; FRANCO, Francisco Manoel de Mello. *Dicionário Houaiss da língua portuguesa.* Rio de Janeiro: Objetiva, 2004.

MAIS, Domenico de. *Ócio criativo.* São Paulo: Sextante, 2000.

MARTINO, Vittorio Di; WIRTH, Linda. Teletrabajo: un nuevo modo de trabajo y de vida. *Revista Internacional del Trabajo,* n. 4, vol. 109, 1990.

MARTINS, Sérgio Pinto. Teletrabalho. *Repertório IOB – Trabalhista e Previdenciário,* n. 18/2001, p. 352.

PINTO, Álvaro Vieira. *O conceito de tecnologia.* Rio de Janeiro: Contraponto, 2005. vol. 1.

SILVA, Luiz de Pinho Pedreira. O teletrabalho. *Revista LTr,* n. 5, vol. 64, p. 583.

ZINGARELLI, Nicola. *Vocabolario della lingua Italiana.* 12. ed. Bolonha: Zanichelli, 1999.

Informação bibliográfica deste texto, conforme a NBR 6023:2002 da Associação Brasileira de Normas Técnicas (ABNT):

CAVALCANTE, Jouberto de Quadros Pessoa. A tecnológica, o teletrabalho e a reforma trabalhista. In: TUPINAMBÁ, Carolina; GOMES, Fábio Rodrigues (Coord.). *A reforma trabalhista:* o impacto nas relações de trabalho. Belo Horizonte: Fórum, 2018. p. 313-330. ISBN 978-85-450-0441-7.

CAPÍTULO 14

A TERCEIRIZAÇÃO NA REFORMA TRABALHISTA DE 2017

Luciano Martinez

1 Introdução: terceirização, a "fórmula mágica" para a concentração de esforços na operação e fiscalização do processo produtivo final

O declínio do modelo *taylorista/fordista* de organização do trabalho foi motivado por uma concepção flexibilizadora dos processos produtivos. Surgiu um novo padrão organizacional, intitulado *toyotismo*. A *produção em massa* foi abandonada, emergindo, em nome da redução de custos, a ideia da *produção vinculada à demanda*. Os trabalhadores dedicados à atividade-fim – objeto social do empreendimento – passaram a ser estimulados por mecanismos de competição: suas retribuições seriam mais elevadas na medida em que alcançassem ou superassem metas preestabelecidas. Aqueles operários que não se adaptavam ao novo *ritmo* eram dispensados e, mediante novas contratações, realocados em outras empresas para realizarem atividades-meio, ou seja, atividades secundárias ou instrumentais da atividade-fim.

Iniciou-se, assim, verdadeira reengenharia da estrutura empresarial: *empresas periféricas* passaram a contratar trabalhadores sem qualificação ou pouco qualificados para operações de curto tempo (trabalho temporário) ou para a realização de serviços instrumentais; *empresas centrais* concentraram seus esforços na contratação de trabalhadores qualificados para a operação e a fiscalização do processo produtivo final. Essas empresas periféricas associaram-se às empresas centrais e, mediante um processo que se convencionou chamar de *terceirização*, assumiram o papel de provê-las no que diz respeito aos serviços meramente instrumentais.

Assim, as relações entre empresas periféricas e centrais estabeleceram-se sem que nenhuma regulação especial lhes tivesse sido direcionada, mas chamaram a atenção, em certas particularidades, para uma possível exploração dos trabalhadores envolvidos ou ainda para uma possível fuga de responsabilidade. Pois bem. Depois de anos regulada apenas por Súmula do TST, a terceirização como um todo passou a ser tratada pela *Lei nº 13.429, de 31 de março de 2017, com vigência imediata à publicação,* cujo projeto – o PL nº 4.302, de 1998 (número 3/2001 no Senado Federal) – apresentado pelo Poder Executivo no governo do ex-presidente Fernando Henrique Cardoso, foi retirado de pauta por iniciativa do seu sucessor, Luís Inácio Lula da Silva, mediante a Mensagem nº 389, em 19 de agosto de 2003, sendo este um dos muitos fundamentos em virtude do qual será certamente questionada a sua constitucionalidade.

A despeito dessa particularidade, que importará em arguições de toda natureza, fato é que a citada Lei nº 13.429, de 31 de março de 2017, no influxo da chamada *Era Temer,*[1] *transformou o então diploma normativo (Lei nº 6.019/74) que cuidava exclusivamente da "terceirização de trabalhadores mediante o contrato de trabalho temporário" num microssistema que passou a tratar conjuntivamente tanto da citada "terceirização de trabalhadores" (ou intermediação de mão de obra, como alguns preferem) quanto da "terceirização de serviços" através de empresa prestadora de serviços a terceiros.*

O artigo 1º da Lei nº 6.019/74, que previa ser instituído ali "o regime de trabalho temporário", passou a estatuir que tanto "as relações de trabalho na empresa de trabalho temporário", quanto "na empresa de prestação de serviços e nas respectivas tomadoras de serviço e contratante" estariam regidas pela mencionada Lei.

2 Definição: terceirização, quarteirização e terceirização em cadeia. Quem é quem?

Diante do histórico contido no tópico introdutório, pode-se afirmar que a *terceirização ou outsourcing é uma técnica de organização do*

---

[1] "Era" é um período de tempo que se inicia com um fato histórico notável e em decorrência do qual se estabelece uma nova ordem de acontecimentos. A ascensão do então Vice-Presidente Michel Temer à condição de governante do Estado brasileiro e as suas ideias ultraliberais, contrárias ao credo de quem elegeu a chapa encabeçada pela ex-presidente Dilma Rousseff, sinalizam até não mais poder para uma mudança de rota e, consequentemente, para uma nova ordem de acontecimentos. Independentemente do seu tempo de duração, pode-se falar, portanto, numa Era Temer.

processo produtivo por meio da qual uma empresa, visando concentrar esforços na consecução do seu objeto social (em sua atividade-fim), contrata outra empresa, entendida como periférica, para lhe dar suporte em serviços que lhe pareçam meramente instrumentais, tais como limpeza, segurança, transporte e alimentação, normalmente identificados como atividades-meio.

2.1 Da visão clássica à concepção da legislação brasileira pós-Lei nº 13.467, de 2017

Essa, evidentemente, é uma definição fora dos contornos da atual legislação brasileira. Diz-se isso, porque se realiza atualmente uma "terceirização de conveniência" sem que o empresariado necessariamente precise concentrar esforços na consecução do seu objeto social. A legislação simplesmente admite que uma empresa contrate outra para a prestação de um determinado serviço, ainda que esse serviço coincida com a sua atividade-fim. Houve, portanto, uma desnaturação, uma desfiguração, uma adulteração, uma descaracterização daquilo que era da natureza da terceirização. Atualmente, portanto, a definição de terceirização no ordenamento jurídico brasileiro é a seguinte:

> Técnica de organização do processo produtivo por meio da qual uma empresa, entendida como tomadora ou cliente, por conveniência ou oportunidade, contrata outra empresa, compreendida como prestadora, para prestar-lhe qualquer serviço em uma das suas atividades, inclusive no âmbito de sua atividade principal.

Superou-se, então, a discussão intensa acerca da possibilidade jurídica de terceirização em atividades-fim, sendo o ápice dessa conclusão a publicação das Leis nº 13.429, de 31 de março de 2017, e nº 13.467, de 13 de julho de 2017, que admitem claramente a intermediação também no âmbito do objeto social das empresas clientes, conforme a sua própria conveniência. Essa mudança jurisprudencial imporá a possível revisão ou o cancelamento da Súmula nº 331 do TST.

O iter para essa conclusão final teve início com a Lei nº 13.429, de 2017, ao dispor, em seu art. 4º-A, que a "empresa prestadora de serviços a terceiros é a pessoa jurídica de direito privado destinada a prestar à contratante, serviços *determinados* e *específicos*".[2] O referido legislador, na oportunidade, permitiu múltiplas interpretações, inclusive, para alguns, a de que tudo continuaria como antes.

---

[2] Redação revogada, destaque não contido no original.

Ao que parecia naquele momento, porém – e até mesmo por conta da ideologia do governo que apoiou a edição da citada Lei nº 13.429/2017 – era, realmente, que a terceirização de serviços caminhava em passos largos para a admissibilidade em todas as atividades da empresa e em todas as espécies de empreendimentos, extrapolando as restritas hipóteses de admissibilidade antes previstas apenas no art. 25 da Lei nº 8.987/95[3] ou no art. 94, II da Lei nº 9.472/97.[4]

Pois bem. A caminhada, como se viu, teve largos e rápidos passos. O citado art. 4º-A da Lei nº 6.019/74 foi mais uma vez modificado, e agora deixou bem evidente a possibilidade de terceirização em qualquer atividade. Note-se:

> Art. 4º-A Considera-se prestação de serviços a terceiros a transferência feita pela contratante da execução de *quaisquer de suas atividades, inclusive sua atividade principal,* à pessoa jurídica de direito privado prestadora de serviços que possua capacidade econômica compatível com a sua execução. (Destaques não constantes do original).

Tornou-se, portanto, evidente que a "empresa prestadora de serviços a terceiros" é a pessoa jurídica de direito privado prestadora de serviços recebidos por transferência da contratante para a execução de *quaisquer de suas atividades, inclusive da sua atividade principal.*

---

[3] A Lei nº 8.987, de 13 de fevereiro de 1995, dispõe sobre o regime de concessão e permissão da prestação de serviços públicos previstos no art. 175 da Constituição Federal, e dá outras providências. [...] Art. 25. Incumbe à concessionária a execução do serviço concedido, cabendo-lhe responder por todos os prejuízos causados ao poder concedente, aos usuários ou a terceiros, sem que a fiscalização exercida pelo órgão competente exclua ou atenue essa responsabilidade. §1º *Sem prejuízo da responsabilidade a que se refere este artigo, a concessionária poderá contratar com terceiros o desenvolvimento de atividades inerentes, acessórias ou complementares ao serviço concedido, bem como a implementação de projetos associados* (destaques não constantes do original). §2º Os contratos celebrados entre a concessionária e os terceiros a que se refere o parágrafo anterior reger-se-ão pelo direito privado, não se estabelecendo qualquer relação jurídica entre os terceiros e o poder concedente. §3º A execução das atividades contratadas com terceiros pressupõe o cumprimento das normas regulamentares da modalidade do serviço concedido.

[4] A Lei nº 9.472, de 16 de julho de 1997, dispõe sobre a organização dos serviços de telecomunicações, a criação e o funcionamento de um órgão regulador e outros aspectos institucionais, nos termos da Emenda Constitucional nº 8, de 1995. [...] Art. 94. No cumprimento de seus deveres, a concessionária poderá, observadas as condições e limites estabelecidos pela Agência: I - empregar, na execução dos serviços, equipamentos e infraestrutura que não lhe pertençam; *II - contratar com terceiros o desenvolvimento de atividades inerentes, acessórias ou complementares ao serviço, bem como a implementação de projetos associados.* §1º Em qualquer caso, a concessionária continuará sempre responsável perante a Agência e os usuários. §2º Serão regidas pelo direito comum as relações da concessionária com os terceiros, que não terão direitos frente à Agência, observado o disposto no art. 117 desta Lei.

Para evitar um *boom* de *pejotizações*, mediante as quais os empregados deixassem suas relações de emprego e passassem a prestar serviços para as suas antigas empregadoras, a Lei n° 13.467, de 2017, previu, num novo artigo inserido na Lei nº 6.019/74 – o novel art. 5º-C – que:

> Não pode figurar como contratada, nos termos do art. 4º-A desta Lei, a pessoa jurídica *cujos titulares ou sócios tenham, nos últimos dezoito meses, prestado serviços à contratante na qualidade de empregado ou trabalhador sem vínculo empregatício,* exceto se os referidos titulares ou sócios forem aposentados. (Destaques não constantes do original).

Para que não se diga que a proibição se dirige unicamente contra as empresas contratadas, e para evitar a *pejotização* e demais fraudes por via transversa, o novo art. 5º-D, também introduzido na Lei nº 6.019/74 pela Lei nº 13.467, de 2017, previu que "o empregado que for demitido não poderá prestar serviços para esta mesma empresa na qualidade de empregado de empresa prestadora de serviços antes do decurso de prazo de dezoito meses, contados a partir da demissão do empregado".

2.2 Para além da terceirização: a "quarteirização" e a "terceirização em cadeia"

Para além da terceirização, anote-se ter sido também frequente a opção empresarial pela *quarteirização,* um fenômeno da organização do processo produtivo caracterizado pela contratação de uma empresa de serviços para gerenciar as parcerias. Trata-se de uma variável do tema "descentralização produtiva", qualificada pela existência de uma empresa que, por delegação da tomadora ou cliente, atua, por intermediação, na logística das relações com as prestadoras de serviços. A muitas vezes referida Lei nº 13.429, de 2017, legitimou expressamente a quarteirização ao inserir na Lei nº 6.019, de 1974, o §1º do art. 4º-A nos seguintes termos:

> Lei nº 6.019/74. Art. 4º-A. Considera-se prestação de serviços a terceiros a transferência feita pela contratante da execução de quaisquer de suas atividades, inclusive sua atividade principal, à pessoa jurídica de direito privado prestadora de serviços que possua capacidade econômica compatível (Incluído pela Lei nº 13.467, de 2017) com a sua execução.
> §1º A empresa prestadora de serviços contrata, remunera e dirige o trabalho realizado por seus trabalhadores, *ou subcontrata outras empresas para realização desses serviços* (Incluído pela Lei nº 13.429, de 2017 – grifos não constantes do original).

Note-se a menção clara à possibilidade de a empresa prestadora de *serviços subcontratar outras empresas para realizar os serviços contratados.* *Para exemplificar a situação que envolve a quarteirização,* imagine-se uma usina siderúrgica que, em vez de formar múltiplos contratos de limpeza, segurança, transporte e alimentação, prefere contratar uma única empresa para administrar os diversos vínculos negociais com as prestadoras de serviços.

Nesse caso, a empresa gestora dos diversos contratos se posicionará entre a cliente (tomadora final) e as diversas empresas terceirizadas, filtrando todo o processo de seleção, contratação, direção e controle dos empregados terceirizados de cada uma das empresas periféricas.

Diante desse quadro, a empresa intermediária (a operadora da quarteirização) será também, juntamente com a empresa cliente (tomadora final), responsável subsidiária diante de eventual inadimplemento de uma das empresas gerenciadas. Tal ocorrerá porque a quarteirização é, em última análise, *uma terceirização da gestão da terceirização.*

Baseado, então, no exemplo posto, a empresa cliente terá culpa *in eligendo* por ter optado pela intermediação de uma gestora, e esta será igualmente culpada, *in eligendo* e *in vigilando,* por ter mal selecionado e por ter mal controlado cada uma das empresas prestadoras dos serviços de limpeza, segurança, transporte e alimentação.

Não se confundam, porém, a "quarteirização" e a "terceirização em cadeia". Nesta, uma empresa prestadora de serviços a terceiros que foi contratada para oferecer, por exemplo, o serviço de limpeza (empresa A) subcontrata outra empresa do mesmo setor de limpeza (empresa B) para fazer exatamente aquilo que era sua atribuição originária. O problema da terceirização em cadeia é que ela pode não ter fim: a empresa A subcontrata a empresa B, que, por sua vez, subcontrata a empresa C e esta a D, e a assim sucessivamente, até que a responsabilidade da empresa que deu início à cadeia se esmaeça e se torne difícil a sua responsabilização patrimonial.

Apesar de a "terceirização em cadeia" ser imensamente nociva, o referido dispositivo constante do §1º do art. 4º-A abre portas inclusive para ela, pois *não dá limites para a originária empresa prestadora de serviços subcontratar outras tantas empresas para a realização dos serviços a ela confiados.* Nessas situações caberá à empresa cliente, se for o caso, vedar contratualmente a subcontratação ou, pelo menos, admiti-la somente mediante a sua expressa anuência. A empresa cliente deve ter essa atenção, porque eventual caracterização de ilícito trabalhista implicará a formação de vínculo diretamente com ela.

3 Atividade-fim e atividade-meio: os fins justificam os meios?

A distinção entre atividades-fim e meio – que a cada dia se torna mais desnecessária – surgiu no âmbito jurisprudencial com o objetivo inicial de distinguir a meta final do empreendimento das diversas atividades que apenas contribuíssem com a consecução do objeto social. Dessa forma firmou-se o entendimento de que a *atividade-fim* haveria de ser entendida como a tarefa intimamente relacionada ao objetivo social da empresa, normalmente identificado em seus estatutos constitutivos. Assim, poder-se-ia afirmar que a atividade-fim de uma escola seria a prestação de ensino e de planejamento didático da educação. Seguindo o mesmo raciocínio, a atividade-fim de um banco seria a intermediação de capitais por meio de diversas operações financeiras, a de um hospital seria o oferecimento de cuidados à saúde dos pacientes e a de uma siderúrgica seria a metalurgia do ferro e do aço.

A *atividade-meio*, por sua vez, seria compreendida como aquela que se presta meramente a instrumentalizar, a facilitar o alcance dos propósitos contratuais sem interferir neles. Nesse âmbito se encontrariam, consoante mencionado, as atividades de limpeza, conservação, vigilância, telefonia, suporte em informática, fornecimento de transporte, fornecimento de alimentação, assistência contábil, assistência jurídica, entre outras que auxiliassem a dinâmica do empreendimento, mas que não estivessem diretamente relacionadas ao objetivo central da empresa.

4 Modelos de subcontratação mediante terceirização: do padrão tradicional à concepção sistemista

A terceirização comporta basicamente *dois modelos:* o tradicional e o sistemista (ou de fornecimento global). Vejam-se.

4.1 Modelo tradicional de subcontratação

Chama-se tradicional o modelo ora em exame, porque fundado na cristalizada concepção segundo a qual a terceirização deve ter um terceiro intermediador, posicionado entre quem toma e quem presta o serviço. Em face dele, afirmam-se existentes dois submodelos – o da *terceirização para a contratação de trabalhadores* e o da *terceirização para a contratação de serviços.*

4.1.1 Terceirização para contratação de trabalhadores

Em regra, o sistema jurídico trabalhista brasileiro repele veementemente qualquer *marchandage*[5] laboral interempresarial (intermediação de mão de obra), ou seja, a possibilidade de uma empresa contratar com outra empresa para que esta lhe forneça a força laboral de qualquer trabalhador singularmente considerado. "A contratação de trabalhadores por empresa interposta é ilegal", dispara o item I da Súmula nº 331 do TST, manifestando o entendimento jurisprudencial sobre o assunto. Apesar disso, a lei criou uma única exceção.

É possível, *excepcionalmente*, a contratação de trabalhadores por empresa interposta nas estritas situações previstas na Lei nº 6.019/74. Esse diploma legal instituiu o regime de trabalho temporário, assim entendido aquele prestado por pessoa física a uma empresa para atender à necessidade de substituição transitória de pessoal permanente ou à demanda complementar de serviços.

Em outras palavras, a lei tornou flexível o postulado segundo o qual não seria possível a contratação de trabalhadores por interposta empresa, desde que a tomadora ou cliente esteja diante de uma das mencionadas situações, sob pena de nulidade do ajuste.

Perceba-se que a contratação do trabalhador temporário é excepcional na medida em que ele é selecionado pela empresa tomadora ou cliente como se seu efetivo empregado fosse. Há clara *pessoalidade* na sua contratação, aspecto não ocorrente na terceirização de serviços.

Observe-se, ainda, que *o trabalhador temporário presta serviço quase sempre coincidente com a atividade-fim da empresa cliente*, uma vez que é contratado justamente para substituir transitoriamente o *pessoal permanente* (exemplo: contratação de trabalhador temporário para substituir caldeireiros de siderúrgica que viajaram para realizar treinamento no exterior) *ou* para reforçar temporariamente o número de empregados

---

[5] *Marchandage* é uma palavra francesa que quer dizer "negociação". *Marchand* é o "negociante". Veja-se o texto do professor Nelson Mannrich sobre o assunto: "chamamos de marchandage onde não há atividade econômica, apenas exploração do homem pelo próprio homem, cujo intuito resume-se na fraudulenta intermediação de mão de obra. Na terceirização, ao contrário do marchandage, não se contratam pessoas, mas serviços, assumindo-se riscos, obrigações e responsabilidades próprios de empresário. O marchandagem ocorre quando alguém, denominado marchandeur, assume determinada obra ou empreitada e incumbe a outros sua execução. Portanto, o marchandagem corresponde à modalidade de exploração de mão de obra por interposta pessoa, que se apresenta como empregador e se apropria da diferença entre o preço cobrado e o salário pago aos trabalhadores. Este tipo de relação que provoca danos a empregados subcontratados deve ser combatido". (MANNRICH, Nelson. Regulamentar terceirização fortalece relações de trabalho. *Revista Consultor Jurídico*, 20 de outubro de 2013. Disponível em: <http://www.conjur.com.br/2013-out-20/nelson-mannrich-regulamentar-terceirizacao-fortalece-relacoes-trabalho>. 08 set. 2017).

efetivos em decorrência de demanda complementar de serviços, seja *oriunda de fatores imprevisíveis* (na qual estaria contido o antigo "acréscimo extraordinário de serviços") seja *decorrente de fatores previsíveis*, porém de natureza intermitente, periódica ou sazonal (exemplo: contratação de trabalhador temporário para funcionar como vendedor em lojas de roupas nos períodos festivos ou ainda de novos manobristas para reforçar o quadro de uma empresa de *parking valet* durante um período em que surjam muitos eventos ou convenções).

Por força dessa excepcionalidade é que a permanência do trabalhador temporário na empresa cliente, nos moldes da Lei nº 13.429, de 2017, foi limitada a *180 (cento e oitenta) dias, consecutivos ou não*. O contrato poderá, entretanto, ser prorrogado por até 90 (noventa) dias, consecutivos ou não, além do prazo de 180 (cento e oitenta) dias, quando *comprovada* a manutenção das condições que o ensejaram.

Assim, o mencionado item I da Súmula nº 331 do TST, apesar de iniciar suas assertivas chamando a atenção para a regra geral da vedação à intermediação de mão de obra, esclarece que existe uma exceção: *a terceirização mediante contratação de trabalhador* realizada nos moldes da multicitada Lei nº 6.019/74. Veja-se:

> I - A contratação de trabalhadores por empresa interposta é ilegal, formando-se o vínculo diretamente com o tomador dos serviços, *salvo no caso de trabalho temporário* (Lei nº 6.019, de 03.01.1974).

Anote-se, por oportuno, que a expressão "terceirização de trabalhador" não se afigura a técnica nem contraria a ideia de ser uma intermediação de mão de obra. Afirma-se isso, pois o ato de "terceirizar" nada mais representa do que o de intermediar uma contratação que, sem o concurso de um terceiro, se realizaria de forma direta entre o tomador e o prestador de serviços.

Voltando à temática da "terceirização de trabalhador" é certo que a infração à regra importará efeitos danosos para a empresa cliente. Se uma empresa tomadora ou cliente contratar alguém mediante empresa interposta, salvo na forma da lei, na condição de trabalhador temporário, o vínculo de emprego será formado diretamente com a tomadora. É, aliás, recomendável que o trabalhador, diante dessa situação, além de pedir a formação do contrato de emprego com a empresa tomadora, inclua no polo passivo da demanda também a empresa prestadora de serviços e requeira sejam elas *condenadas solidariamente* nos termos do art. 942 do Código Civil.[6]

---

[6] Art. 942. Os bens do responsável pela ofensa ou violação do direito de outrem ficam sujeitos à reparação do dano causado; e, se a ofensa tiver mais de um autor, todos responderão

O efeito da formação do vínculo diretamente com a empresa cliente ou tomadora não se aplica, porém, em face dos entes *da Administração Pública direta, indireta ou fundacional.* Isso acontece porque, em decorrência do comando inserido no art. 37, II, da Constituição da República, a investidura em cargo ou emprego público depende de aprovação prévia em concurso público de provas ou de provas e títulos, de acordo com a natureza e a complexidade do cargo ou emprego. Essa previsão, aliás, consta expressamente, do item II da Súmula nº 331 do TST. Perceba-se:

> II – A contratação irregular de trabalhador, mediante empresa interposta, não gera vínculo de emprego com os órgãos da administração Pública direta, indireta ou fundacional (art. 37, II, da CF/88).

Nesse sentido existe, também, a Orientação Jurisprudencial nº 321 da SDI-1 do TST. Confira-se:

> *Orientação Jurisprudencial nº 321 da SDI-1 do TST.* Vínculo empregatício com a Administração Pública. Período Anterior à CF/1988. DJU 11.08.03 (nova redação). Salvo os casos de trabalho temporário e de serviço de vigilância, previstos nas Leis nº 6.019, de 03.01.1974, e nº 7.102, de 20.06.1983, é ilegal a contratação de trabalhadores por empresa interposta, formando-se o vínculo empregatício diretamente com o tomador dos serviços, *inclusive ente público,* em relação ao período anterior à vigência da CF/88.

Se a contratação do trabalhador mediante interposta empresa, fora da hipótese permitida por lei, tiver ocorrido antes da promulgação do texto constitucional de 1988, o vínculo de emprego será formado com o tomador de serviços, ainda que ele seja um ente estatal.

Observe-se que essa Orientação Jurisprudencial inclui, sem razão, a situação que envolve a contratação dos vigilantes, em clara confusão conceitual entre a terceirização de trabalhadores e a terceirização de serviços. Note-se que *na contratação de vigilantes não há pessoalidade.* A empresa contratante quer o serviço de vigilância prestado por qualquer trabalhador, indistintamente, e não por um específico e singularmente considerado vigilante.

---

solidariamente pela reparação. Parágrafo único. São solidariamente responsáveis com os autores os coautores e as pessoas designadas no art. 932.

4.1.2 Terceirização para contratação de serviços

Ao lado da terceirização para a contratação de trabalhadores, há a *terceirização para a contratação de serviços*, que até a publicação da Lei nº 13.429, de 2017, não possuía previsão legal para a modalidade que envolvia as antes denominadas "empresas prestadoras de serviços especializados". Havia apenas texto normativo que tratava da contratação de serviços igualmente especializados por meio de subempreiteiras (art. 455 da CLT) e de cooperativas de trabalho (Lei nº 12.690, de 19 de julho de 2012).

O problema normativo estava, então, na mencionada contratação de empresas prestadoras de serviços especializados, e não em outras espécies que poderiam ser consideradas.

Conforme mencionado nos tópicos introdutórios, a vida empresarial tornou comum situação em que *uma empresa, visando concentrar esforços em sua atividade-fim, contratasse outra empresa, entendida como periférica, para lhe dar suporte em serviços meramente instrumentais, como, por exemplo, limpeza, segurança, transporte e alimentação.* Durante anos, a jurisprudência tolerou a *terceirização de serviços especializados* porque entendeu que não seria razoável exigir que uma empresa se desviasse de seus objetivos principais para contratar e administrar pessoal que realizasse atividades meramente instrumentais. Por essa razoabilidade, o TST tornou-se receptivo a esse agrupamento empresarial, não disciplinado por lei, e passou a admitir que *não formaria vínculo de emprego com o tomador a contratação* de serviços de vigilância (previstos na Lei nº 7.102, de 20.6.1983), de conservação e limpeza, bem *como a de outros serviços especializados ligados à atividade-meio do tomador.*

Inicialmente, o ato de tolerância jurisprudencial do TST foi materializado por meio da Súmula nº 256,[7] que admitia que as empresas apenas poderiam contratar serviços especializados de vigilância, previsto na Lei nº 7.102, de 20.6.1983, mediante terceirização. Os demais serviços especializados, correspondentes às demais atividades-meio, precisariam ser acordados diretamente com os trabalhadores.

O texto da Súmula nº 256, entretanto, foi revisto pela Resolução TST 23/93, publicada no *DJ* de 21.12.1993. Nova súmula foi, então, editada – a de número 331 –, passando a admitir, com maior complacência,

---

[7] *Súmula nº 256 do TST.* CONTRATO DE PRESTAÇÃO DE SERVIÇOS. LEGALIDADE – *CANCELADA.* Salvo os casos de trabalho temporário e de serviço de vigilância, previstos nas Leis nº 6.019, de 03.01.1974, e 7.102, de 20.06.1983, é ilegal a contratação de trabalhadores por empresa interposta, formando-se o vínculo empregatício diretamente com o tomador dos serviços (Res. 4/86, *DJ*, 30.09.1986).

outros serviços especializados ligados à atividade-meio do tomador, além dos serviços de vigilância e de conservação e limpeza. Veja-se:

> III – Não forma vínculo de emprego com o tomador a contratação de serviços de vigilância (Lei nº 7.102, de 20.06.1983) e de conservação e limpeza, bem como a de serviços especializados ligados à atividade-meio do tomador, desde que inexistentes a pessoalidade e a subordinação direta.

As ressalvas apresentadas apontavam no sentido de que não poderia existir, no trato com o trabalhador terceirizado (contratado em verdade pela empresa prestadora de serviços a terceiros), qualquer pessoalidade ou subordinação direta, sob pena de formação de vínculo. Como *a contratação visa à prestação do serviço, e não um singular trabalhador*, não poderia haver relação pessoal entre este e o tomador dos serviços. Ademais, não existindo pessoalidade entre o trabalhador terceirizado e o tomador dos seus serviços, este não poderia valer-se de subordinação direta, vale dizer, do poder de apenar o trabalhador diante do descumprimento das ordens de comando diretivo, mas apenas de subordinação indireta, assim entendido o poder de dar ordens de comando e de exigir que a tarefa seja feita a contento.

A multicitada Lei nº 13.429, de 2017, porém, conquanto de forma não muito clara, trouxe à discussão a possibilidade de a terceirização de serviços atender até mesmo as chamadas atividades-fim. Isso era apenas o começo, pois mais adiante viria a Lei nº 13.467, de 2017, como se notará a seguir.

Pois bem. Ao criar o art. 4º-A no bojo da Lei nº 6.019/74, substituiu-se a tradicional referência jurisprudencial à expressão *"serviços especializados"* (fornecido, como o próprio nome sugere, por empresas especializadas em atividades que a contratante não domina) por *"serviços determinados e específicos"*, *que, em seguida, veio a ser eliminada pela Lei nº 13.467, de 2017*. A exigência, portanto, era de que a empresa prestadora de serviços a terceiros fornecesse não mais serviços "especializados", mas sim, serviços meramente "específicos", ou seja, bem identificados, delineados, claramente "determinados".

Dava-se o nome de contrato de prestação de *"serviços especializados"* ao ajuste interempresarial por meio do qual uma empresa, identificada como cliente ou tomadora, visando concentrar esforços em sua atividade-fim, contratava outra empresa, intitulada prestadora de serviços, para lhe dar suporte em serviços meramente instrumentais, como limpeza, segurança, transporte, alimentação ou quaisquer outros que tivesse por característica ser "especializado", ou seja, ser algo fora do domínio do contratante, mas amplamente conhecido pela empresa terceirizada. Exemplo: uma empresa de vigilância é especializada em prestar serviços de guarda patrimonial. Ela tem expertise nisso. Por essa razão, um hospital, que não se dedica a treinar empregados para dar segurança, contratará, com razão, uma empresa especializada no serviço de vigilância.

Pois bem. Serviço específico (ou especificado) é aquele previamente delimitado quanto à sua extensão, pouco importando se é "especializado" ou não; pouco importando se a empresa cliente tem a mesma expertise ou não. O relevante agora é apenas que o trabalhador terceirizado não realize atividades distintas daquelas que foram objeto do contrato. Essa é a lógica do serviço determinado e específico ou, como aqui se denomina, do "serviço especificado". Veja-se o teor do §1º do art. 5º-A, da Lei nº 6.019/74:

> Lei nº 6.019/74. Art. 5º-A. [...]
> §1º É vedada à contratante a utilização dos trabalhadores em atividades distintas daquelas que foram objeto do contrato com a empresa prestadora de serviços.

Exemplo: um banco, que tem expertise no manejo com o mercado de capitais, pode, em face da nova lógica estabelecida pela Lei nº 13.429, de 2017, contratar uma empresa que lhe ofereça o serviço especificado de alimentação dos caixas eletrônicos e de registro de suas operações, mas não pode utilizar os trabalhadores em atividades distintas daquelas que foram objeto do contrato.

É bom lembrar que o contrato de prestação de serviços "especializados" era a espécie que mais se confundia com o gênero "terceirização de serviços", porque, em essência, a contratação por via triangular visava exatamente à atribuição de serviços especializados em favor de quem, por não ter o *know how*, deles precisava.

Agora, cabe adaptar o discurso, como antedito, para falar-se em empresas prestadoras de "serviços especificados", sejam lá quais forem esses serviços, cabendo à jurisprudência ou às novas normas legais a identificação dos eventuais confins desse objeto, que foi ampliado ao extremo.

Por enquanto, o que se tem é o disposto no §1º do art. 5º-A e no inciso II do art. 5º-B da Lei nº 6.019/74 que se posiciona exatamente conforme aqui se mencionou. Perceba-se:

> Art. 5º-A Contratante é a pessoa física ou jurídica que celebra contrato com empresa de prestação de serviços relacionados a quaisquer de suas atividades, inclusive sua atividade principal.

§1º É vedada à contratante a utilização dos trabalhadores em atividades distintas daquelas que foram objeto do contrato com a empresa prestadora de serviços.
§2º Os serviços contratados poderão ser executados nas instalações físicas da empresa contratante ou em outro local, de comum acordo entre as partes.
§3º É responsabilidade da contratante garantir as condições de segurança, higiene e salubridade dos trabalhadores, quando o trabalho for realizado em suas dependências ou local previamente convencionado em contrato.
§4º A contratante poderá estender ao trabalhador da empresa de prestação de serviços o mesmo atendimento médico, ambulatorial e de refeição destinado aos seus empregados, existente nas dependências da contratante, ou local por ela designado.
§5º A empresa contratante é subsidiariamente responsável pelas obrigações trabalhistas referentes ao período em que ocorrer a prestação de serviços, e o recolhimento das contribuições previdenciárias observará o disposto no art. 31 da Lei nº 8.212, de 24 de julho de 1991.

Art. 5º-B. O contrato de prestação de serviços conterá:
I - qualificação das partes;
II - especificação do serviço a ser prestado;
III - prazo para realização do serviço, quando for o caso;
IV - valor.

Substituiu-se, portanto, o conceito de empresa prestadora de "serviço especializado" por empresa prestadora de "serviços relacionados a quaisquer atividades, inclusive sua atividade principal".
Veja-se:

Lei nº 6.019/74. Art. 4º-A. Empresa prestadora de serviços a terceiros é a pessoa jurídica de direito privado destinada a prestar à contratante *serviços determinados e específicos* (Redação ora revogada pela Lei nº 13.467, de 2017).
§1º A empresa prestadora de serviços contrata, remunera e dirige o trabalho realizado por seus trabalhadores, ou subcontrata outras empresas para realização desses serviços.
§2º Não se configura vínculo empregatício entre os trabalhadores, ou sócios das empresas prestadoras de serviços, *qualquer que seja o seu ramo,* e a empresa contratante.

A menção ao fato de que não se configurará vínculo de emprego entre os trabalhadores e a empresa contratante, *qualquer que seja o ramo da empresa prestadora de serviços* era bem sintomático. Se não importava o ramo da empresa prestadora de serviços, ele poderia até mesmo coincidir com o ramo (palavra cujo sentido parece coincidir com o de "atividade") da contratante.

A Lei nº 13.467, de 2017, esclareceu tudo. Ela – como antecipado – modificou a redação do *caput* do art. 4º-A para tornar induvidosa a terceirização sobre qualquer atividade. Perceba-se:

> Art. 4º-A Considera-se *prestação de serviços a terceiros* a transferência feita pela *contratante da execução de quaisquer de suas atividades, inclusive sua atividade principal,* à pessoa jurídica de direito privado prestadora de serviços que possua capacidade econômica compatível com a sua execução.

Não há mais o que indagar: admite-se a execução de qualquer atividade mediante terceirização, inclusive a atividade principal da própria contratante.

Fato é que as empresas de prestação de serviços a terceiros estão agora legitimadas a atuar por força de lei, desde que cumpram os seguintes requisitos para o seu funcionamento:

> Lei nº 6.019/74. Art. 4º-B. São requisitos para o funcionamento da empresa de prestação de serviços a terceiros:
> I - prova de inscrição no Cadastro Nacional da Pessoa Jurídica (CNPJ);
> II - registro na Junta Comercial;
> III - capital social compatível com o número de empregados, observando-se os seguintes parâmetros:
> a) empresas com até dez empregados - capital mínimo de R$10.000,00 (dez mil reais);
> b) empresas com mais de dez e até vinte empregados - capital mínimo de R$25.000,00 (vinte e cinco mil reais);
> c) empresas com mais de vinte e até cinquenta empregados - capital mínimo de R$45.000,00 (quarenta e cinco mil reais);
> d) empresas com mais de cinquenta e até cem empregados - capital mínimo de R$100.000,00 (cem mil reais); e
> e) empresas com mais de cem empregados - capital mínimo de R$250.000,00 (duzentos e cinquenta mil reais).

Anote-se que a Lei nº 13.467, de 2017 preocupou-se com a salvaguarda dos direitos dos terceirizados, antes desdenhada pela Lei nº 13.429, de 2017. Criou-se para tanto, então, o art. Art. 4º-C no corpo da Lei nº 6.019, de 1974 com o objetivo de assegurar aos empregados da "empresa prestadora", *quando e enquanto os serviços,* que podem ser de qualquer uma das atividades da contratante, *forem executados nas dependências da tomadora, as mesmas condições.* Note-se:

> Art. 4º-C São asseguradas aos empregados da empresa prestadora de serviços a que se refere o art. 4º-A desta Lei, *quando e enquanto os serviços,* que podem ser de qualquer uma das atividades da contratante, *forem executados nas dependências da tomadora, as mesmas condições:*

I – relativas a:

a) alimentação garantida aos empregados da contratante, quando oferecida em refeitórios;

b) direito de utilizar os serviços de transporte;

c) atendimento médico ou ambulatorial existente nas dependências da contratante ou local por ela designado;

d) treinamento adequado, fornecido pela contratada, quando a atividade o exigir.

II – sanitárias, de medidas de proteção à saúde e de segurança no trabalho e de instalações adequadas à prestação do serviço.

O artigo ora transcrito apresenta dois parágrafos que trazem regras adicionais que merecem comentários. O §1º do precitado Art. 4º-C da Lei nº 6.019, de 1974, prevê que "contratante e contratada poderão estabelecer, *se assim entenderem*, que os empregados da contratada farão jus a *salário equivalente* ao pago aos empregados da contratante, além de outros direitos" não previstos nos itens I e II, supra. Esse dispositivo, porém, colide com o disposto no art. 12, "a", da própria Lei nº 6.019/74, segundo o qual "ficam assegurados ao trabalhador temporário [...]: a) remuneração equivalente à percebida pelos empregados de mesma categoria da empresa tomadora ou cliente, calculados à base horária, garantida, em qualquer hipótese, a percepção do salário mínimo".

Houve, portanto, evidente revogação tácita do mencionado art. 12, "a", da Lei nº 6.019/74. *A partir da vigência da Lei nº 13.467, de 2017, portanto, a equivalência salarial somente se dará se a contratante e a contratada assim entenderem e se assim se ajustarem.* É evidente que a negativa de salário equivalente dificilmente passará pelo crivo da verificação da constitucionalidade, pois, nos termos do texto fundamental, refogem aos objetivos da República quaisquer formas de discriminação.

Anote-se, também, que, na forma prevista no §2º do art. Art. 4º-C da multirreferida Lei nº 6.019, de 1974,

> nos contratos que impliquem mobilização de empregados da contratada em número igual ou superior a 20% (vinte por cento) dos empregados da contratante, esta poderá disponibilizar aos empregados da contratada os serviços de alimentação e atendimento ambulatorial em outros locais apropriados e com igual padrão de atendimento, com vistas a manter o pleno funcionamento dos serviços existentes.

Essa disposição, porém, em lugar de produzir um tratamento de igualdade, demonstra manifesta intenção segregatória. Por que, afinal, disponibilizar aos empregados da contratada os serviços referidos "em outros locais"? Ainda que esses locais sejam realmente "apropriados e com igual padrão de atendimento", qual seria a razão que justificaria separar "terceirizados" de "não terceirizados"? Seria esta uma forma de evitar que os "terceirizados" contaminassem os "não terceirizados" com suas queixas e insurreições?

4.2 Modelo sistemista ou de fornecimento global

O ramo automobilístico foi o primeiro a sinalizar a existência de um modelo de terceirização conhecido como sistemista[8] ou de fornecimento global, de cadeia de suprimentos. Por força desse modelo, os fornecedores globais (ou sistemistas) e a montadora são reunidos num mesmo espaço físico com os objetivos de reduzir custos com transporte/estocagem e diminuir o tempo de armamento do veículo.

Segundo o modelo aqui analisado, os fornecedores são estabelecidos no mesmo prédio da montadora e participam de diferentes etapas do processo de fabricação. Para pertencer a esses arranjos, as empresas sistemistas devem preencher, na perspectiva de Sandro Garcia, os requisitos da saúde financeira, da competência para parcerias, da integração eletrônica, dos padrões internacionais de qualidade, de custos e de quantidades e da flexibilidade de fornecimento e mão de obra qualificada. Para o mencionado pesquisador,

> as relações estabelecidas entre montadora e fornecedores de primeira linha (quase todas corporações globais) seriam baseadas em uma nova repartição de investimentos, custos, responsabilidades e, especialmente, riscos, distanciando-se das relações de exterioridade que marcam as terceirizações.[9]

O modelo sistemista revela, então, em rigor, a clássica formação de um grupo industrial, embora as ações aforadas contra as montadoras coloquem os sistemistas na condição de empresas terceirizadas.

Enfim, a concentração econômica existe em função de um objetivo comum, celebrado por tempo determinado, mediante a regência (a influência dominante) de uma empresa central, a montadora. Diante de casos tais, a solução é estabelecida consoante a concepção do grupo

---

[8] O nome "sistemista" provém das áreas da eletrônica e da informática e serve para identificar o analista de sistemas, profissional que se ocupa do projeto, da manutenção e da atualização de sistemas técnicos. Na indústria automobilística o sistemista é identificado como um fornecedor que presta serviço qualificado na linha de montagem do veículo.

[9] GARCIA, Sandro Ruduit. Novos polos automobilísticos e o desafio do desenvolvimento regional. *Anais do VII encontro de economia da região sul – ANPEC Sul*, 7, 2004. Maringá: UEM, UFPR, UFSC, UFRGS, PUCRS, 2004. p. 70-90.

econômico, sendo, porém, questionável a responsabilidade que se possa estabelecer entre um e outro sistemista. Não há, entretanto, dúvidas de que existe responsabilidade solidária, baseada no argumento de formação do empregador único, ao menos entre o sistemista e a empresa montadora.

5 O inadimplemento das obrigações trabalhistas por parte da empresa prestadora dos serviços e a assunção da responsabilidade

A responsabilidade, conforme se sabe, é situação jurídica decorrente de uma relação originária não cumprida. A *dívida ou débito* é elemento de natureza personalíssima, consistente no dever de prestar aquilo que se comprometeu a adimplir. O devedor, para cumprir a dívida, submete seu patrimônio pessoal, assumindo, assim, a consequente *responsabilidade ou sujeição patrimonial*. Registre-se que, em regra, o devedor assume, por meio de seu patrimônio, a responsabilidade pelo adimplemento da própria dívida. Caracteriza-se, aí, a *responsabilidade originária*.

Há casos, porém, em que pessoas assumem a responsabilidade por débitos de terceiros, hipótese em que se caracteriza a *responsabilidade derivada*, ou seja, a sujeição patrimonial para saldar dívidas produzidas por pessoas diversas do responsável. É o caso do fiador, que, mesmo sem ter produzido a dívida, assume a responsabilidade de saldá-la.

A *responsabilidade derivada* somente existe em decorrência de específicos fatos geradores: a lei, o contrato ou a decisão judicial. Somente por meio dessas fontes pode-se afirmar existir a responsabilidade por débito de terceiro. É justamente essa responsabilidade derivada, decorrente de débito de terceiro, a aplicável aos destinatários da terceirização, seja da terceirização de trabalhadores (contratação de trabalhador temporário, nos moldes da Lei nº 6.019/74), seja da terceirização de serviços. O fundamento criativo dessa responsabilidade é a culpa *in eligendo* – baseada na eleição de uma terceira empresa para execução que incumbiria ao tomador – e *in vigilando* – fundamentada no dever de vigilância da regularidade da prestação do serviço atribuído para terceiros. A fonte é a decisão judicial.

Anote-se que, uma vez reconhecida uma relação jurídica-base, vale dizer, a existência do contrato de prestação de serviços especializados entre a empresa tomadora e a empresa prestadora de serviços, restará sempre presumido que os empregados contratados por esta foram alocados nas instalações da contratante (da cliente). Afirma-se isso para objetar uma tese processual muito frequente. É que as empresas tomadoras dos serviços, para livrar-se da responsabilidade de assumir os créditos inadimplidos pelas empresas prestadoras de serviços especializados, costumam alegar que, a despeito da existência do ajuste contratual entre elas e as prestadoras, o trabalhador-demandante não foi um dos tantos que executaram os serviços em suas instalações.

Em casos tais deve prevalecer o raciocínio segundo o qual o trabalhador-demandante livrou-se do ônus correspondente ao fato constitutivo de sua pretensão quando conseguiu provar que existiu a terceirização e que as empresas tomadora e prestadora (esta, a sua contratante) firmaram ajuste para a prestação de um serviço especializado. A partir daí, será da empresa tomadora o ônus de provar a ocorrência de fato obstativo da pretensão do demandante, vale dizer, de provar que entre os diversos trabalhadores que lhe serviram não estaria um específico, ou seja, aquele que ajuizou a ação para cobrar-lhe responsabilidade.

Note-se que cabe à empresa tomadora dos serviços identificar quais teriam sido os trabalhadores encaminhados pela empresa prestadora de serviços para seu espaço físico. O prévio conhecimento dos nomes (e de outros tantos dados) dos empregados terceirizados é algo que se presume. Aliás, fere o princípio da razoabilidade imaginar que um tomador de serviços seria capaz de recepcionar em sua sede qualquer trabalhador não identificado e de permanecer com ele, como colaborador, sem saber exatamente de quem se trata. É do tomador dos serviços, portanto, o ônus de identificar quais foram, especificamente, cada um dos trabalhadores terceirizados colocados a sua disposição, e é também dele a carga probatória de revelar o período que cada um dos citados trabalhadores terceirizados lhe serviu. A ausência de produção dessa prova faz brotar, sim, a confissão ficta.

6 Sujeitos responsáveis: entidades privadas e entes públicos

O inadimplemento das obrigações trabalhistas por parte do empregador implica, como se mencionou, a responsabilidade civil-trabalhista do tomador dos serviços, independentemente de ser ele uma entidade privada ou pública, desde que este tenha participado da relação processual e constem também do título executivo judicial.

Sobre a responsabilidade dos entes políticos e das empresas estatais, é relevante mencionar que o TST modificou a redação de sua Súmula nº 331 para adequar-se à decisão contida na ADC nº 16/DF, que reconheceu a constitucionalidade do art. 71, §1º, da Lei nº 8.666, de 1993.[10] Por força da referida decisão, tomada de forma majoritária pelo STF em 24 de novembro de 2010, os magistrados do trabalho não mais deverão declarar a responsabilidade subsidiária dos entes estatais por conta do mero inadimplemento das empresas que lhes tenham prestado serviços especializados. Para tanto será indispensável a demonstração de que os mencionados órgãos atuaram com culpa *in vigilando*, vale dizer, que, por conduta culposa, falharam no controle e fiscalização da execução do contrato.

Por conta dessa mudança nos rumos interpretativos, o TST, em revisão jurisprudencial ocorrida entre os dias 16 e 20 de maio de 2011, modificou a redação do item IV da Súmula nº 331 e a ela acresceu outros dois itens, os de número V e VI, sendo o de número V exclusivamente dedicado à questão que diz respeito à responsabilização dos entes integrantes da administração pública direta e indireta.

Na nova redação do item IV, o TST sacou do texto anterior (produzido pela Resolução TST nº 96, de 11.9.2000) o trecho "inclusive quanto aos órgãos da administração direta, das autarquias, das fundações públicas, das empresas públicas e das sociedades de economia mista", tornando-o exclusivamente destinado às entidades privadas, como, aliás, era na sua redação originária (criada mediante a Resolução TST nº 23, de 21.12.1993). Veja-se:

> IV – O inadimplemento das obrigações trabalhistas, por parte do empregador, implica a responsabilidade subsidiária do tomador dos serviços quanto àquelas obrigações, desde que haja participado da relação processual e conste também do título executivo judicial.

O item V destacou em sua redação os principais elementos da decisão contida na ADC nº 16/DF, especialmente a circunstância segundo a qual a responsabilidade subsidiária dos entes estatais não decorre de mero inadimplemento da empresa prestadora dos serviços,

---

[10] No mesmo sentido, veja-se a redação do §1º do art. 77 da Lei nº 13.303, de 30 de junho de 2016: Art. 77. O contratado é responsável pelos encargos trabalhistas, fiscais e comerciais resultantes da execução do contrato. 1º A inadimplência do contratado quanto aos encargos trabalhistas, fiscais e comerciais não transfere à empresa pública ou à sociedade de economia mista a responsabilidade por seu pagamento, nem poderá onerar o objeto do contrato ou restringir a regularização e o uso das obras e edificações, inclusive perante o Registro de Imóveis.

mas da "conduta culposa" da entidade tomadora no que diz respeito ao cumprimento das obrigações da Lei nº 8.666/93, especialmente das obrigações de controle e fiscalização. Observe-se:

> V – Os entes integrantes da administração pública direta e indireta respondem subsidiariamente, nas mesmas condições do item IV, caso evidenciada a sua conduta culposa no cumprimento das obrigações da Lei nº 8.666/93, especialmente na fiscalização do cumprimento das obrigações contratuais e legais da prestadora de serviço como empregadora. A aludida responsabilidade não decorre de mero inadimplemento das obrigações trabalhistas assumidas pela empresa regularmente contratada.

Note-se que o Plenário do Supremo Tribunal Federal corroborou esse entendimento ao concluir, em 30 de março de 2017, o julgamento do Recurso Extraordinário (RE) 760931, com repercussão geral reconhecida, que discutia a responsabilidade subsidiária da administração pública por encargos trabalhistas gerados pelo inadimplemento de empresa terceirizada. Com o voto do ministro Alexandre de Moraes, o recurso da União foi parcialmente provido, confirmando-se a tese, adotada na Ação de Declaração de Constitucionalidade (ADC) 16, que veda a responsabilização automática da administração pública, cabendo sua condenação apenas se houver prova inequívoca de sua conduta omissiva ou comissiva na fiscalização dos contratos. A prova de que a fiscalização foi realizada e devidamente cumprida cabe à Administração Pública, pois não se pode exigir dos terceirizados o ônus de demonstrar o descumprimento de um dever legal da beneficiada direta pela força de trabalho.

De outro lado, a revisão da Súmula nº 331 pelo TST acrescentou à sua redação o item VI, dando por terminada uma grande discussão jurisprudencial relacionada à extensão da responsabilidade subsidiária. Não eram poucos os que defendiam que a tomadora não assumiria, por exemplo, o pagamento da multa prevista no art. 477 da CLT ou, ainda, a pena prevista no art. 467 da CLT, porque, na condição de penalidades pós-contratuais, estariam dissociadas daquilo que efetivamente seria considerado como "verbas contratuais". O TST deixou claro, então, que a responsabilidade subsidiária abrange "todas as verbas decorrentes da condenação", e não verbas decorrentes da contratação. Note-se:

> VI – A responsabilidade subsidiária do tomador de serviços abrange todas as verbas decorrentes da condenação referentes ao período da prestação laboral.

Haverá, entretanto, certa margem de discussão quanto à generalização das "verbas decorrentes da condenação", uma vez que, como se pode observar no tópico *infra* "a (in)comunicabilidade de condutas e de responsabilidades", há relevantes exceções à regra.

7 Natureza da responsabilidade: solidária ou subsidiária?

No campo da responsabilidade por débito de terceiro (ou responsabilidade derivada) podem-se afirmar existentes as espécies *solidária e subsidiária*. A primeira espécie – *responsabilidade solidária* – caracteriza-se pela concorrência de duas ou mais pessoas na situação de garantes de uma mesma dívida, sendo uma dessas pessoas necessariamente o próprio devedor originário. Nesse caso não é relevante investigar contra quem se dirigirá a pretensão de ver cumprida a prestação, uma vez que o responsável derivado é solidário ao devedor originário. Exemplo máximo é encontrado nas situações em que duas ou mais empresas formam um grupo econômico (*vide* o §2º do art. 2º da CLT). Em casos tais são, como diz a lei, solidariamente responsáveis a empresa principal e cada uma das subordinadas, independentemente de quem formou o débito originário.

O segundo tipo – *responsabilidade subsidiária* – é caracterizado não pela *concorrência*, mas pela *sucessão* de duas ou mais pessoas na situação de garantes de uma mesma dívida. Se o devedor originário não tiver patrimônio para saldar a dívida, e somente nesse caso, é que se atacará o patrimônio do responsável derivado em caráter subsidiário, ou, simplesmente, responsável subsidiário. Ressalte-se que é pressuposto essencial a demonstração da inexistência de patrimônio do devedor originário para autorizar a investidura sobre os bens do responsável subsidiário, o que não ocorre com o responsável solidário. Exemplo típico de responsabilidade subsidiária é aquele a que se refere a Súmula nº 331, IV, do TST. É de notar que a responsabilidade subsidiária é uma construção doutrinária e jurisprudencial. Esse tipo não possui previsão expressa na lei, mas apenas oblíqua, conforme o art. 1.091 do Código Civil. Registre-se de logo que responsabilidade subsidiária não é a mesma coisa que a responsabilidade solidária com benefício de ordem de excussão (situação do fiador, por exemplo), porque nesta o devedor originário e o responsável derivado podem ser demandados de modo autônomo, até mesmo em processos diferentes.

Na autêntica responsabilidade subsidiária é imprescindível que devedor originário e responsável subsidiário sejam demandados em conjunto. Registre-se que com isso não se quer dizer que o credor precisa formar um litisconsórcio necessário entre devedor originário e responsável subsidiário. Ele pode demandar unicamente o devedor originário, mas, nesse caso, desobrigará o responsável subsidiário.

A responsabilidade subsidiária pressupõe, assim, uma ordem, uma sequência. Essa ordem é empreendida em decorrência de elementos de natureza subjetiva (culpa ou dolo).

Normalmente, o responsável subsidiário assume essa qualidade, por força do disposto na legislação civil, porque, por ação ou omissão, prejudicou terceiro (no caso, o credor). Ordinariamente essa culpa, consoante mencionado, é *in eligendo* ou *in vigilando*, como ocorre com as empresas tomadoras de serviços em relação às dívidas das prestadoras. Revela-se, então, mais do que natural, permitir a quem é apontado como responsável subsidiário, o direito de, em litisconsórcio passivo com a empresa prestadora, melhorar, no que for possível, a resposta desta (*vide* o art. 320, I, do CPC /1973 e o art. 345, I, do CPC/2015) ou até, em relação obviamente aos mesmos interesses, recorrer (*vide* o *caput* do art. 509 do CPC/1973 e o art. 1.005 do CPC/2015).

Note-se que o caso em análise não pode ser comparado com a situação dos sócios, porque os sócios administradores "presentam" a sociedade, sendo, em última análise, o órgão dela própria. Quando uma dívida é contraída em nome da sociedade, quem a materializa é o sócio administrador. Os entes abstratos não são dotados de essência humana para negociar e assinar os contratos, razão por que quem age em nome deles são pessoas naturais constantes do estatuto.

Observe-se que, nesse caso, é possível desconsiderar (desestimar) a personalidade jurídica para atingir aquele que sob seu manto se protege mesmo em processo autônomo ou, depois, na fase de execução de um processo judicial. É óbvio que nessas circunstâncias o sócio goza do privilégio de exigir que seja excutida inicialmente a sociedade e somente depois ele próprio, mas isso não é propriamente situação de responsabilidade derivada subsidiária, embora por vezes com ela se confunda. É situação, consoante expendido, de responsabilidade solidária com benefício de ordem de excussão.

No caso das relações existentes entre empresas prestadoras e tomadoras a história é diferente, porque estas precisam conhecer os termos da ação que se dirige contra suas contratadas. Não se pode ajuizar ação contra a empresa prestadora, extrair dela a condenação e depois, em outro processo, requerer a responsabilidade subsidiária da empresa ou ente tomador. Caso fosse admitida essa hipótese, estariam sendo estimuladas situações, colocadas apenas a título de argumentação, em que o devedor originário, por descuido ou má-fé, deixasse enormes dívidas para o responsável subsidiário sem que este, muitas vezes detentor de cópia de recibos de pagamento, pudesse atenuar a dimensão do montante exigido. Acrescente-se que este é o entendimento constante da supracitada Súmula nº 331, IV, do TST, na qual se vê claramente que os tomadores seriam responsabilizados subsidiariamente desde que tivessem participado da relação processual e constassem também do título executivo judicial.

Há mais: se o trabalhador preferiu ajuizar ação unicamente contra sua empregadora, empresa prestadora de serviço especializado ou empresa de trabalho temporário, e com ela firmou uma transação, abdicou plenamente da possibilidade de exigir da empresa tomadora dos serviços ou empresa cliente a responsabilidade quanto ao objeto da transação. O ajuste extintivo de obrigação, nos termos do art. 844 do Código Civil, não aproveita nem prejudica senão aos que nele intervieram. Ademais, de acordo com o §1º do citado artigo, se a transação foi concluída entre o credor e o devedor originário, estará desobrigado o eventual responsável derivado.

8 A (in)comunicabilidade de condutas e de responsabilidades

A despeito de a empresa prestadora figurar como efetiva contratante do empregado terceirizado, a tomadora ou cliente é também responsável pelos fatos ou atos ilícitos contra ele praticados. É possível, portanto, afirmar existente a comunicabilidade de condutas entre a prestadora e a tomadora no que diz respeito ao cumprimento de obrigações legais e contratuais de natureza trabalhista[11] e no tocante à incolumidade do meio ambiente laboral. Se a empresa prestadora inadimplir alguma parcela de natureza trabalhista em desfavor do empregado terceirizado ou lhe impuser a realização de atividade em meio ambiente inóspito, a empresa cliente também será responsabilizada, inclusive por danos imateriais.

---

[11] MULTAS DOS ARTIGOS 467 E 477, §8º, DA CONSOLIDAÇÃO DAS LEIS DO TRABALHO. RESPONSABILIDADE SUBSIDIÁRIA. A condenação subsidiária do tomador dos serviços abrange todas as parcelas devidas pelo devedor principal, incluindo-se as verbas rescisórias. Referida condenação decorre da culpa *in eligendo* e *in vigilando* (Súmula nº 331, IV, do TST) e implica a assunção de responsabilidade pela totalidade dos créditos devidos ao reclamante, não havendo razão para se cogitar na limitação da responsabilidade quanto às verbas rescisórias. (TST, E-ED-RR-808/2006-011-05-00.7, SBDI-1, Rel. Min. Lelio Bentes Corrêa, *DJe*, 10.06.2009. p. 119-120).

Entretanto, há *condutas isoladas* praticadas ou pela empresa prestadora ou pela empresa cliente contra o empregado terceirizado que são absolutamente incomunicáveis. Essas condutas, que não permitem a extensão da responsabilização além da pessoa do lesante, têm por pressuposto indispensável a prática de ato que seja do exclusivo conhecimento do praticante do ato violador. Nessa situação inclui-se, por exemplo, a empresa prestadora de serviços que contrata empregados com a promessa de pagamento de salário "por fora" e, por conta de ajuste de prestação de serviços especializados, coloca-os à disposição de uma inocente empresa cliente. Findo o vínculo com a empresa prestadora, não seria lícito que os terceirizados buscassem da empresa cliente mais do que parcelas rescisórias baseadas no salário constante da CTPS, salvo se eles levassem ao conhecimento da tomadora a irregularidade praticada e esta, ainda assim, consentisse com a continuidade da realização dos serviços.[12]

Outra situação que envolve conduta incomunicável diz respeito ao pedido de indenização por assédio moral ou sexual ocorrido dentro da empresa prestadora de serviços, num instante de visita do empregado terceirizado, sem que a empresa tomadora ou cliente tenha qualquer conhecimento do evento ou controle da ocorrência do fato. Nessa situação, igualmente, não há como estender a responsabilização pelo pagamento de possível indenização por dano moral à empresa cliente, porque ela não influiu nem contribuiu para o episódio.

9 Conclusão: até que ponto vale a pena terceirizar?

A terceirização desconecta o empregado da empresa que toma os seus serviços e o afasta de quem desenvolve a mesma profissão. Diante

---

[12] Situação envolvendo caso real semelhante aconteceu nos autos do processo 00729.2006.133.05.00.1 RT. Na referida ação, a empresa tomadora dos serviços (segunda demandada) foi responsabilizada em caráter subsidiário pelos créditos inadimplidos pela empresa prestadora (primeira ré) com base, entretanto, na dimensão salarial certificada nas carteiras de trabalho dos litigantes. Veja-se trecho da sentença: "a segunda ré é responsável subsidiária diante das obrigações inadimplidas pela primeira acionada. *Destaque-se, entretanto, que a responsabilidade da segunda acionada restringe-se ac montante calculado com base na dimensão salarial, atualizada, registrada na CTPS dos demandantes (vide fls. 11/12, 19 e 25/26) e, ainda assim, dentro do período de vigência do contrato de fls. 91/97* (cujas datas de início e término não foram impugnadas pelos autores). Assim me manifesto porque a segunda ré, na qualidade de tomadora dos serviços, somente poderia assumir a responsabilidade por ajustes expressos, devidamente lançados na CTPS, uma vez que somente estes estavam sob o seu controle visual. *Tudo o que exceder, em termos de dimensão do salário-base, o valor constante da CTPS é da responsabilidade exclusiva do primeiro acionado*". (Destaques não constantes do original).

de tantas experiências ocupacionais diferentes, escapará ao empregado terceirizado o sentimento de pertinência em relação a uma determinada profissão. Um terceirizado pode, assim, diante das flutuantes necessidades do mercado, exercer num curto espaço de tempo tarefas que não têm a menor identidade uma com a outra. As Carteiras de Trabalho dos terceirizados são a melhor prova de que eles, sem pouso, saltitam entre construtoras, restaurantes, bancos, condomínios, magazines, supermercados e outros tantos estabelecimentos, como se estivessem a demonstrar, até não mais poder, que a sua instabilidade profissional produz insolidarismo e enfraquecimento sindical com evidente violação da progressividade social.

Não fosse apenas isso, a terceirização, na condição de técnica de organização do processo produtivo, não visa nada mais do que à irrefletida redução de custos mediante o sacrifício dos direitos sociais. Para bem compreender essa lógica não se faz necessária nenhuma operação matemática especial. Ora, se a contratação direta de um empregado custa, por exemplo, 1000 unidades monetárias, não há como fazê-lo continuar a receber as mesmas 1000 unidades quando se colocar entre ele e a empresa tomadora um intermediário que, obviamente, precisará lucrar com a intermediação. Seria razoável supor que a empresa tomadora, por uma benevolência inimaginável na coerência capitalista, continuaria a pagar as mesmas 1000 unidades monetárias ao empregado terceirizado e, além disso, o custo da empresa intermediária? Claro que não! Afinal, se há um intermediário, haverá alguém que ganha e alguém que perde com a intermediação. E normalmente quem intermedeia extrai a sua lucratividade de quem está na ponta mais vulnerável da relação, que, no caso ora em análise, é o trabalhador terceirizado. Esse trabalhador, que antes recebia 1000 unidades monetárias quando contratado pela empresa produtora de bens e serviços, passará a receber 750 ou menos para propiciar o lucro da intermediação que, em média, gira em torno de 25% sobre o total da operação intermediada. Não por outro motivo, pesquisas, como aquela realizada pelo Departamento Intersindical de Estatística e Estudos Socioeconômicos (Dieese) durante as discussões em torno da PL nº 4330/2004, indicam que os terceirizados recebem entre 25% e 30% menos dos que os empregados com vínculo direto. Esse decréscimo da vida social é algo que a Constituição da República repele com lastro no princípio do não retrocesso social constante da parte final do *caput* do seu art. 7º.

Como passaram a ser juridicamente admitidas empresas terceirizadas especializadas justamente no segmento dos empreendimentos que as contratam, emergirá algo difícil de justificar: uma empresa tomadora sem empregados ou com alguns poucos em atividades de comando que ela, por tratamento diferenciado, quisesse proteger, e, num mundo paralelo, outra empresa – a prestadora – cheia de especialistas que – por alguma razão inimaginável – estarão vinculados a uma entidade que nada produz, mas apenas oferece mão de obra para que outra empresa produza.

Não fosse apenas isso, quem opta pela terceirização normalmente perde o controle da situação. O que parece ser vantajoso num primeiro momento se revela um problema de grandes proporções, pois os valores que o empresário final tanto objetiva (a produtividade, a perfeição técnica e a competitividade) acabam comprometidos pela presença de empregados violados, que, em regra (não se pode generalizar, mas, em regra, é assim), não recebem pontualmente os seus salários, que não veem o FGTS ser recolhido e que não são destinatários de vales-transportes. A insatisfação, então, se torna contagiante e o nome da empresa tomadora dos serviços em pouco tempo estará tão enodoado quanto o da empresa terceirizada com a qual ele quis se envolver na melhor linha do "diga-me com quem andas que eu te direi quem és". Refere-se aqui, com o objetivo de acentuar as conclusões quanto aos problemas que a terceirização pode produzir à imagem das empresas tomadoras, que, segundo dados do Departamento de Erradicação do Trabalho Escravo do Ministério do Trabalho e Emprego (DETRAE), 90% dos trabalhadores resgatados nos dez maiores flagrantes de trabalho escravo contemporâneo envolviam empregados terceirizados. Isso reforça a conclusão de que opções ineficientes amplificam a ineficiência das operações.

É sempre bom lembrar que a contemporização entre os valores sociais do trabalho e da livre iniciativa deu-se na medida em que se permitiu, no plano jurisprudencial, a terceirização em atividade-meio, assim entendida aquela que se presta meramente a instrumentalizar, a facilitar o alcance dos propósitos contratuais sem neles interferir. Nesse âmbito encontram-se as já referenciadas atividades de limpeza, de conservação, de vigilância, de telefonia, de suporte em informática, de fornecimento de transporte, de fornecimento de alimentação, de assistência contábil, de assistência jurídica, entre outras que auxiliam na dinâmica do empreendimento, mas que não estão diretamente relacionadas ao objetivo central da empresa. Não seria razoável, evidentemente, que um banco se ocupasse em orientar serviços de limpeza, tampouco que uma siderúrgica se envolvesse com os trabalhadores que fazem os alimentos nos seus refeitórios. A terceirização nessas situações revelava-se como uma exceção ponderada, o que não ocorrerá, se verá no futuro, com a pretendida terceirização de atividades-fim.

Em lugar de toda essa discussão, em verdade, deveriam os legisladores se ocupar da criação de normas que protegessem os direitos e interesses dos terceirizados em atividades-meio em lugar de, sem sentido, pugnarem pela legitimação da terceirização da atividade-fim, como se fez mediante a Lei nº 13.467, de 2017. Não há dúvidas, afinal, de que, sendo a atividade-fim entendida como a tarefa intimamente relacionada ao objetivo social da empresa, normalmente identificado em seus estatutos constitutivos, outra não poderia ser a expectativa de nossas comunidades senão a de que os empregados que atuam nessa área fossem contratados diretamente, sem a malsinada intermediação. A terceirização, afinal, não é uma imposição; é uma opção.

Referências

GARCIA, Sandro Ruduit. Novos polos automobilísticos e o desafio do desenvolvimento regional. *Anais do VII Encontro de Economia da Região Sul – ANPEC Sul*, 7, 2004. Maringá: UEM, UFPR, UFSC, UFRGS, PUCRS, 2004. p. 70-90.

MANNRICH, Nelson. Regulamentar terceirização fortalece relações de trabalho. *Revista Consultor Jurídico*, 20 de outubro de 2013. Disponível em: <http://www.conjur.com.br/2013-out-20/nelson-mannrich-regulamentar-terceirizacao-fortalece-relacoes-trabalho>. 08 set. 2017.

Informação bibliográfica deste texto, conforme a NBR 6023:2002 da Associação Brasileira de Normas Técnicas (ABNT):

MARTINEZ, Luciano. A Terceirização na Reforma Trabalhista de 2017. In: TUPINAMBÁ, Carolina; GOMES, Fábio Rodrigues (Coord.). *A reforma trabalhista*: o impacto nas relações de trabalho. Belo Horizonte: Fórum, 2018. p. 331-358. ISBN 978-85-450-0441-7.

CAPÍTULO 15

A REFORMA TRABALHISTA: LINHAS GERAIS E AS NOVAS REGRAS DE DURAÇÃO DE TRABALHO

Priscila Mathias de Morais Fichtner

1 Introdução

A Lei nº 13.467, de 13 de julho de 2017, mais conhecida como reforma trabalhista, trouxe não apenas alterações significativas na legislação trabalhista, mas principalmente muita polêmica e discussão no mundo jurídico. Isso, porque o Princípio da Proteção ao Empregado, fundado inicialmente em um paternalismo, muitas vezes excessivo e necessário à época das condições precárias de uma indústria incipiente, foi considerado abalado na sua estrutura. Paralelamente, vozes outras defendem a inexistência de fissuras no Princípio, mas de verdadeira atualização. Nessa esteira, a nova lei sopesou o princípio da proteção, autorizando tratamentos diferenciados, a depender da necessidade de proteção do empregado. Foram abertas portas que passam a permitir o necessário escalonamento da proteção trabalhista, levando-se em consideração o grau de subordinação existente, desde as tratativas antecedentes ao contrato de trabalho até a sua execução.

De modo geral, verifica-se a existência de algumas linhas diretivas da reforma, são elas: (i) necessidade de *atualização* da Consolidação das Leis do Trabalho (CLT), inclusive, para adequar as suas normas, que datam de 1943, à Constituição Federal da República de 1988; (ii) *desburocratização e simplificação*; (iii) *calibragem* do *princípio da proteção* ao empregado; *(iv) fortalecimento da negociação coletiva*, estabelecendo um *núcleo duro* dos direitos inegociáveis; e (v) aproximação ao Código de Processo Civil com estabelecimento de algumas *regras processuais do trabalho*, em especial o dever de os integrantes do processo trabalhista agirem com boa-fé e lealdade.

Destaque-se, entretanto, que *todas* as linhas diretivas acima citadas estão permeadas e voltadas à melhoria da aplicação do *Princípio da Segurança Jurídica* no âmbito trabalhista, no intuito de existir um mínimo de previsibilidade e respeito entre as pactuações individuais e coletivas, seja no âmbito interno das relações laborais, coletivo ou ainda externo, o que certamente causará diminuição em um dos fatores do chamado "risco Brasil".

2 Atualização da CLT

Diversas normas da Consolidação das Leis do Trabalho (CLT) mereciam há muito ser atualizadas, individualmente, e, ainda, de forma sistêmica. Nesse ponto, a Lei nº 13.467/2017 trouxe algumas adequações necessárias, tal como a correção do adicional de horas extras (§1º do art. 59), o fim do intervalo de 15 minutos antecedente ao início das horas extras prestadas pela mulher (Art. 384 da CLT revogado) e a possibilidade de apresentação de defesa pelo sistema de processo judicial eletrônico (Parágrafo único do art. 847 da CLT), bem como outras alterações interessantes e importantes para possibilitar uma margem de manobra às diversas condições de trabalho e pactuações, a exemplo da possibilidade de fracionamento de férias (§1º do art. 134), de estabelecimento de intervalo intrajornada mínimo de 30 (trinta) minutos e de estipulação de contratos e condições de trabalho inovadoras, capazes de acompanhar mercados de trabalho com características peculiares, que estão em constante alteração, tal como o setor de tecnologia.

De fato, alguns setores da economia, mais sensíveis às mudanças tecnológicas, sofriam com as regras rígidas da CLT de 1943 e muitas vezes ficavam à margem da formalidade. Isso porque muitos dos profissionais qualificados para atuar nesse mercado, alguns frutos da geração "Y", apresentam resistências reais ao modelo tradicional, optando por sistemas próprios de trabalho, de modo a guardar certa autonomia e independência na execução dos serviços. Nessa linha, certas formas contratuais novas, a exemplo do trabalho intermitente, e flexibilização da regulamentação de métodos já existentes, tais como o trabalho a tempo parcial e o teletrabalho, já significam grande avanço nesse campo.[1]

---

[1] Interessante artigo de Renato Opice Blum no Consultor Jurídico chama a atenção para o tema: "Startups, empresas familiares, pequenos investidores, profissionais de TI: todos ganham com as novas regras trabalhistas no setor de tecnologia. Isto ocorre porque, com

No que tange à possibilidade de fracionamento das férias, trata-se de um avanço que vem ao encontro de interesses do empregado e do empregador. Considerando que no mundo atual as viagens e os meios de transporte são mais acessíveis e velozes, situação bem diversa daquela vivenciada em 1943, uma gama enorme de empregados tem interesse prático na fragmentação. Logo, a possibilidade de, mediante acordo entre as partes, serem fracionadas as férias em 3 períodos, respeitado um lapso temporal de 14 (quatorze) dias corridos e os demais não inferiores a 5 (cinco) dias corridos (cada um) é medida salutar. Até porque algumas normas coletivas já continham previsão semelhante, representando uma vontade da maioria chancelada pelo sindicato da categoria, que muitas vezes era anulada pela restrição legal até então existente.[2]

A possibilidade de redução, via norma coletiva, do intervalo intrajornada para 30 (trinta) minutos, também auxilia no ajuste de situações singulares que, muitas vezes, decorrem de peculiaridades específicas do setor e da localização do trabalho. Como exemplo, cite-se o cenário vivenciado em certos complexos industriais, que estão localizados em região afastada da cidade, onde a maioria dos trabalhadores, devidamente representada pelo seu sindicato de classe, prefere ter um intervalo intrajornada reduzido para se beneficiar com a antecipação do término da sua jornada e, assim, evitar o trânsito dos horários de "pico", chegando mais cedo nas suas residências e ampliando, com isso, o convívio familiar.

Muito embora os Tribunais do Trabalho, em sua maioria, invalidem as normas coletivas com tal previsão, aplicando a Súmula

---

a modernização proposta e regras claras para determinados temas (teletrabalho, trabalho em tempo parcial, intermitente, arbitragem, etc.) as relações ganham transparência, possibilitando que o mercado expanda com mais intrepidez, preenchendo e abrindo novas vagas. De fato, o extremo protecionismo do texto celetista historicamente esmagou a criatividade nas negociações e contratos, afastando a possibilidade de que condições inovadoras – desprendidas do texto legal, mas igualmente interessantes para empregados e empregadores, ganhassem vida. Com as regras sancionadas, tais obstáculos poderão ser superados". (BLUM, Renato Opice. *Reforma Trabalhista traz avanços e incentivos para o setor tecnológico.* Disponível em: <https://www.conjur.com.br/2017-jul-17/opice-blum-reforma-trabalhista-traz-avancos-setor-tecnologico>. Acesso em:17 jul. 2017).

[2] [...] 2 - FÉRIAS. FRACIONAMENTO SEM A DEMONSTRAÇÃO DE SITUAÇÃO EXCEPCIONAL. O fracionamento das férias, no máximo em duas parcelas, somente é possível desde que se observe, simultaneamente, a existência de circunstância excepcional e que nenhum dos períodos seja inferior a dez dias. O parcelamento irregular das férias, sem a demonstração da excepcionalidade prevista no art. *134*, §1º, da *CLT*, enseja o seu pagamento em dobro, nas hipóteses em que o respectivo período concessivo já tiver se exaurido. Recurso de revista conhecido e provido. 3 - [...] (RR - 54000-25.2006.5.04.0382, Relatora Ministra: Delaíde Miranda Arantes, Data de Julgamento: 18.12.2013, 7ª Turma, Data de Publicação: DEJT 07.02.2014).

nº 437[3] do Tribunal Superior do Trabalho, por entenderem que essa redução poderia afetar a saúde dos trabalhadores, o legislador pátrio permitiu o sopesamento dos interesses e a possibilidade de redução do intervalo intrajornada de 1 (uma) hora, sempre sob a fiscalização do Sindicato de classe, atendendo, assim também, à importância da negociação coletiva.

As horas *in itinere*, conceituadas como o tempo gasto pelo deslocamento do empregado até o local de trabalho, tratando-se de local de difícil acesso e não servido de transporte público, foram abolidas pelo legislador. Note-se que, quando fixada a norma original, de fato, existia uma insuficiência de transporte público e a falta de integração das vias, realidade esta bastante alterada mais de sete décadas após.

3 Desburocratização e simplificação

A atualização da codificação laboral buscou ainda simplificar e desburocratizar procedimentos por demais inflexíveis.

A CLT de 1943 condiciona a validade de alguns atos jurídicos a registros do Ministério do Trabalho e Emprego e homologações nos sindicatos. O intuito inicial de fiscalização e mediação de conflitos cedeu lugar na prática, pelo volume de demandas, muitas vezes a procedimentos repetitivos e mecânicos. A era da intervenção máxima do Estado que gerava um sistema rígido e, muitas vezes, engessado passa pela reforma, a ceder lugar para normas mais flexíveis e simples, capazes

---

[3] *Súmula nº 437 do TST*
INTERVALO INTRAJORNADA PARA REPOUSO E ALIMENTAÇÃO. APLICAÇÃO DO ART. 71 DA CLT
I - Após a edição da Lei nº 8.923/94, a não concessão ou a concessão parcial do intervalo intrajornada mínimo, para repouso e alimentação, a empregados urbanos e rurais, implica o pagamento total do período correspondente, e não apenas daquele suprimido, com acréscimo de, no mínimo, 50% sobre o valor da remuneração da hora normal de trabalho (art. 71 da CLT), sem prejuízo do cômputo da efetiva jornada de labor para efeito de remuneração.
II - É inválida cláusula de acordo ou convenção coletiva de trabalho contemplando a supressão ou a redução do intervalo intrajornada, porque este constitui medida de higiene, saúde e segurança do trabalho, garantido por norma de ordem pública (art. 71 da CLT e art. 7º, XXII, da CF/1988), infenso à negociação coletiva.
III - Possui natureza salarial a parcela prevista no art. 71, §4º, da CLT, com redação introduzida pela Lei nº 8.923, de 27 de julho de 1994, quando não concedido ou reduzido pelo empregador o intervalo mínimo intrajornada para repouso e alimentação, repercutindo, assim, no cálculo de outras parcelas salariais.
IV - Ultrapassada habitualmente a jornada de seis horas de trabalho, é devido o gozo do intervalo intrajornada mínimo de uma hora, obrigando o empregador a remunerar o período para descanso e alimentação não usufruído como extra, acrescido do respectivo adicional, na forma prevista no art. 71, *caput* e §4º da CLT.

de aproximar empregado e empregador. Justamente para desburocratizar e simplificar procedimentos, a reforma estabelece o fim das guias rescisórias padronizadas. Foi, nessa linha, revogado o §1º[4] do art. 477 da CLT, que condicionava a validade do termo de rescisão do contrato de trabalho do empregado com mais de 1 (um) ano de serviço, bem como do pedido de demissão à homologação via entidade sindical ou autoridade do Ministério do Trabalho e Emprego (MTE).

As dispensas individuais, plúrimas ou coletivas, não mais carecem de autorização prévia da entidade sindical para serem válidas, segundo o disposto no novo art. 477-A, cuja redação contraria frontalmente o entendimento do Tribunal Superior do Trabalho.[5]

Muito embora o termo de rescisão contratual continue sendo obrigatório para fins de discriminação das verbas rescisórias, certo é que a liberdade de forma passou a ser adotada. O procedimento foi bastante simplificado. A comunicação eletrônica aos órgãos governamentais e a baixa na CTPS do empregado passarão a ser suficientes para que este possa se habilitar no seguro desemprego e movimentar a sua conta do FGTS, se a modalidade da rescisão assim o permitir.

Com a inclusão do parágrafo único no artigo 60 da CLT dispensa-se, ainda, a necessidade de obtenção de licença prévia junto ao MTE para a adoção do regime de 12 × 36 nas atividades insalubres, o que antes – pela literalidade da lei - era exigido. Tal passo, além de reconhecer a validade do citado regime, significa mais uma redução de procedimentos junto ao MTE.

A exigência de justificação e comunicação ao Ministério do Trabalho e Emprego, no prazo de 10 (dez) dias, sobre o excesso do limite legal decorrente de necessidade imperiosa por motivo de força maior, necessidade de conclusão de serviços inadiáveis ou cuja inexecução possa acarretar prejuízo manifesto também foi abolido (parte final do art. 61, §1º da CLT).

Grande avanço nesse plano foi a dispensa de registro ou homologação, em órgão público, do Plano de Carreira ou de cargos e salários,

---

[4] §1º - O pedido de demissão ou recibo de quitação de rescisão do contrato de trabalho firmado por empregado com mais de 1 (um) ano de serviço só será válido quando feito com a assistência do respectivo Sindicato ou perante a autoridade do Ministério do Trabalho e Previdência Social.

[5] Quando se trata de despedida coletiva, que atinge um grande número de trabalhadores, devem ser observados os princípios e as regras do Direito Coletivo do Trabalho, que seguem determinados procedimentos, tais como a negociação coletiva. (TST, SEDC, Processo: RODC - 2004700-91.2009.5.02.0000, Relatora Ministra: Kátia Magalhães Arruda, Data de Julgamento: 14.11.2011, Data de Publicação: DEJT 16.12.2011).

acompanhado da liberação da adoção dos critérios de antiguidade e merecimento (Art. 461, §2º da CLT). O poder diretivo do empregador, na sua expressão organizacional, saiu fortalecido, pois se admitiu a instituição e a validade de plano de cargos e salários por norma interna da empresa e por negociação coletiva, inclusive para fins de obstar pretensa equiparação salarial.

Outras medidas de simplificação, em especial relacionadas à jornada, foram adotadas.

A possibilidade de compensação de horas de trabalho com horas de descanso pela instituição de banco de horas foi ampliada, diminuindo-se os requisitos legais para a validade do instituto, antes existentes. De fato, permitiu-se a pactuação de banco de horas por acordo individual escrito, com possibilidade de compensação em período de até 6 (seis) meses e, para os empregados com autonomia, assim considerados aqueles que possuem nível superior e auferem salário igual ou superior a duas vezes o limite do benefício da Previdência social, esse prazo é dilatado. Faculta-se para esses últimos a compensação anual, via banco de horas, por acordo individual, sem a chancela sindical.

Nessa seara, a legislação entende válida a compensação individual realizada dentro do próprio mês, independentemente da existência de acordo escrito, bastando, portanto, a instituição de um sistema tácito de compensação. Valoriza-se a primazia da realidade e o princípio da boa-fé, evitando-se o enriquecimento sem causa do empregado.

A adoção do sistema 12 × 36 foi autorizada via acordo individual, sem a necessidade da chancela sindical, anteriormente exigida pela sumula 444[6] do TST, amplamente aplicada pelos Tribunais pátrios. Referida jornada já era adotada e reconhecida como válida para determinadas categorias, a exemplo dos bombeiros (art. 5º da Lei nº 11.901/2009), em especial por proporcionar maiores períodos de descanso aos empregados. A permissão de adoção por simples negociação individual valoriza a autonomia individual frente às relações de trabalho, instaurando, na seara trabalhista, nova cultura de valorização do acordado, da boa-fé[7] e da lealdade e, ainda, da responsabilidade

---

[6] JORNADA DE TRABALHO. NORMA COLETIVA. LEI. ESCALA DE 12 POR 36. VALIDADE. É valida, em caráter excepcional, a jornada de doze horas de trabalho por trinta e seis de descanso, prevista em lei ou ajustada exclusivamente mediante acordo coletivo de trabalho ou convenção coletiva de trabalho, assegurada a remuneração em dobro dos feriados trabalhados. O empregado não tem direito ao pagamento de adicional referente ao labor prestado na décima primeira e décima segunda horas.

[7] O princípio da boa-fé atua, nesta ordem de ideias, como o instrumento por excelência do enquadramento constitucional do direito obrigacional, na medida em que a consideração

de ambas as partes contratantes, atenuando-se a figura do empregado hipossuficiente, quase incapaz, e conferindo uma maior transparência às relações firmadas.

4 Calibragem do princípio da proteção do empregado

O Princípio de proteção do empregado, considerado como hipossuficiente, está na base fundante do Direito do Trabalho e não há como abandoná-lo, nem foi esta a proposta da reforma. Se as relações de trabalho tradicionais se transformam no tempo, também a posição e o papel do trabalhador evoluem, não podendo o direito ficar à margem dessas transformações. A calibragem do princípio da proteção ao empregado, nesse contexto, vem atender ao princípio da igualdade substancial, em análise mais profunda da posição do empregado na relação de trabalho.

Clama-se, dessa forma, por um atendimento mais amplo dos interesses sociais, de modo que a proteção também seja do *trabalho*, analisando-se, num segundo plano, todos os partícipes da relação: empregado, empregador e demais trabalhadores da empresa.

Nessa linha, permite-se que a eliminação dos riscos do protecionismo exacerbado ceda espaço a soluções inovadoras no mercado de trabalho, buscando-se o aumento das relações formais de emprego.

A nova lei implementou verdadeira dosagem no princípio da proteção do empregado. Reconheceu a possibilidade de o empregado, com nível superior e salário igual ou maior que duas vezes o limite máximo de benefício da Previdência Social, negociar individualmente a sua forma de contratação, condições e regime de trabalho, podendo pactuar cláusula compromissória e submeter-se ao regime arbitral. Adotou-se a presunção de que determinados níveis de empregados têm um maior poder de barganha, um potencial para negociar condições de trabalho diretamente com o empregador, sem a necessidade de uma "supervisão" sindical. Trata-se, portanto, do prestígio à autonomia das partes, sempre levando em consideração a *causa*[8] do contrato e a boa-fé

---

pelos interesses que a parte contrária espera obter de uma dada relação contratual mais não é do que o respeito à dignidade da pessoa humana em atuação no âmbito obrigacional. (NEGREIROS, Teresa. *Fundamentos para uma interpretação Constitucional do princípio da boa-fé*. Rio de Janeiro: Renovar, 1998. p. 270).

[8] Em qualquer negócio, analisado no seu conteúdo, pode distinguir-se logicamente, um regulamento de interesses nas relações privadas e, concretizada nele – quando, como é normal, não se tenha desfeito – uma razão prática típica que lhe é imanente, uma "causa", um interesse social objetivo e socialmente verificável, a que ele deve corresponder. [...] a

entre as partes, como corolário do princípio da solidariedade social,[9] no sentido de conformar aquela relação individual de trabalho dentro do contexto empresarial aplicável. Pois também o empregador possui níveis de autonomia diversos na negociação frente ao empregado, a depender da necessidade e do alto conhecimento que aquele empregado venha a agregar, do tipo e condição econômica da empresa (microempresa, empresa de médio porte, multinacional, etc.) ou mesmo o setor de atuação, a exemplo do setor de tecnologia, que muitas vezes adota um sistema de trabalho conforme demanda do seu contingente de empregados.

Nesse contexto, a hipossuficiência não é, de antemão, presumida, devendo ser auferida no caso concreto, onde as nuances da relação estabelecida deixarão clara a necessidade ou não de proteção do trabalhador. O empregado que atender aos dois requisitos legais do art. 444, parágrafo único da CLT poderá negociar diretamente, sem perder, contudo, o direito de ser representado pelo sindicato da sua categoria. Poderá, assim, optar pela negociação direta de determinadas cláusulas contratuais, a exemplo de banco de horas, remuneração por produtividade ou prêmios em forma de bens, e de diversos outros direitos, previstos exemplificativamente no art. 611-A da CLT.

Esse mesmo nível de empregado, maior, capaz e com autonomia, por autorização do art. 507-A da CLT, poderá pactuar cláusula compromissória de arbitragem, desde que concorde expressamente com a cláusula ou a iniciativa seja sua. O grande benefício vislumbrado na adoção da arbitragem na seara trabalhista é o ganho de celeridade no processo, bem como de disponibilidade do julgador para análise de questões delicadas e complexas.

---

causa ou a razão do negócio se identifica com a função econômico-social de todo o negócio, considerado despojado da tutela jurídica, na síntese dos seus elementos essenciais, como totalidade e unidade funcional, em que se manifesta a autonomia privada. A causa *é,* em resumo, a função de interesse social da autonomia privada. Os elementos necessários para a existência do negócio são também elementos indispensáveis da função típica que *é* sua característica. A sua síntese, assim como representa o tipo do negócio, na medida em que *é* negócio causal, também lhe representa igualmente, a função típica. (BETTI, Emílio. *Teoria geral do negócio Jurídico.* Tradução de Ricardo Rodrigues Gama. Campinas: LZN, 2003. t. 1, p. 248 e 260).

[9] A solidariedade, a meu ver, é o centro axiológico do contrato contemporâneo, valor este instrumentalizado pelo principio da boa-fé e suas derivações objetivas (confiança, transparência e equidade). A liberdade contratual encontra-se conformada pela solidariedade, dela não se podendo exigir, atualmente, mais do que um mero impulso negocial. A autonomia da vontade, diga-se liberdade contratual, não mais se posiciona como sendo núcleo das relações contratuais, sejam ou não de consumo, cedendo espaço ao valor da solidariedade. (NALIN, Paulo. O Contrato em movimento no Direito pós-moderno. *Revista Trimestral de Direito Civil,* Rio de Janeiro: vol. 3, n. 10, p. 275-280, abr./jun. 2000).

A validade da arbitragem na esfera trabalhista sempre suscitou inúmeras controvérsias, existindo uma tendência a não aceitação do instituto pelos tribunais do trabalho[10] ao argumento de que os direitos trabalhistas classificar-se-iam como indisponíveis. Exceções, entretanto, são feitas quando é flagrante a inexistência da hipossuficiência atrativa do princípio da proteção.[11] Vale destacar, por oportuno, recente julgado da lavra do Desembargador Enoque Ribeiro dos Santos, do TRT da 1ª Região, que, antes mesmo da aprovação da reforma, já considerou válida a convenção de arbitragem em contrato de trabalho celebrado por alto empregado:

---

[10] O artigo 1º da Lei nº 9.307/96, que dispõe sobre a arbitragem, estabelece que as pessoas capazes de contratar poderão valer-se da arbitragem para dirimir litígios relativos a direitos patrimoniais disponíveis, não incidindo, portanto, nas relações de emprego, diante da ausência de equilíbrio na relação entre empregado e empregador (TRT1ª Região, 7ª Turma, Proc. nº 00113221520155010074, Desemb. Relator THEOCRITO BORGES DOS SANTOS FILHO, julgado em 06.04.2016, publicado em 20.04.2016).

[11] JUÍZO ARBITRAL - DISSÍDIO INDIVIDUAL TRABALHISTA - COISA JULGADA - RELATIVIZAÇÃO - A norma expressa no art. 31 da Lei nº 9.307/96 determina, *in verbis*: "[...] A sentença arbitral produz, entre as partes e seus sucessores, os mesmos efeitos da sentença proferida pelos órgãos do Poder Judiciário e, sendo condenatória, constitui título executivo". A própria lei estabelece o status de título executivo extrajudicial à sentença arbitral (art. 31 da Lei nº 9.307/96). E ainda extingue-se o processo sem resolução de mérito pela convenção de arbitragem, segundo o inciso IX do art. 267 do CPC, introduzido pelo art. 41 da Lei nº 9.307/96. Não há dúvida de que, no âmbito trabalhista, a possibilidade de as partes recorrerem ao juízo arbitral está expressamente prevista para a solução de conflitos coletivos, nos termos do §2º do art. 114 da Constituição. Além disso, está prevista na Lei de Greve e de PLR. Tudo muito bem dito e colocado no ordenamento jurídico. Assim, o instituto da arbitragem não deve ser desprezado, desde que não implique denegação da justiça. Cumpridas todas as exigências legais, e desde que respeitadas as garantias mínimas previstas no ordenamento jurídico trabalhista, é possível a solução dos conflitos individuais trabalhistas pela utilização da arbitragem quando se tratar de direito patrimonial disponível. Cabe ao Poder Judiciário, inclusive o Trabalhista, dar o valor que entender devido ao juízo arbitral, como equivalente jurisdicional de solução dos conflitos. Não há como ignorar institutos jurídicos que surgem da real necessidade de resolução de conflitos dos próprios atores sociais. Por outro lado, exige-se cautela de tal forma que a arbitragem não se transforme em um meio de burlar os princípios e as leis trabalhistas, ou ainda, em um desvio da natureza do instituto cuja essência é de solução de conflitos. Lembro que a relativização da coisa julgada é amplamente aplicada em nosso ordenamento jurídico, encontrando campo fértil em se tratando de conferir validade ao juízo arbitral, quando e se for o caso. Neste contexto, a validade do juízo arbitral passa pela análise do cumprimento dos requisitos legais, notadamente, de se tratar de direitos patrimoniais disponíveis com clareza e transparência em torno do objeto litigioso, não existindo vício de vontade por parte do contratante, dentre outros. Não há ofensa ao princípio da inafastabilidade da Jurisdição (art. 5º, inc. XXXV, da Constituição) na medida em que o Judiciário continua com o controle da legalidade do ato" (TRT da 3ª Região; 5ª Turma, Processo: 0000915-72.2013.5.03.0135 RO; Relator: Ana Maria Amorim Rebouças; julgado em 07.10.2014, publicado em 13.10.2014 (Disponibilização: 10.10.2014, DEJT/TRT3/Cad.Jud, p. 206).

RECURSO DO RECLAMADO. PRELIMINAR DE CONVENÇÃO DE ARBITRAGEM. TRANSAÇÃO ENVOLVENDO DIREITOS TRABALHISTAS. POSSIBILIDADE. O fundamento principal para justificar que os direitos trabalhistas são indisponíveis/irrenunciáveis é fulcrado na hipossuficiência/vulnerabilidade do trabalhador. E é exatamente por isso que o próprio TST, ainda que timidamente, já vem admitindo a arbitragem nos casos em que não se vislumbra esta hipossuficiência, deixando claro que tal indisponibilidade/irrenunciabilidade não é absoluta. Fato é que nem todos os direitos trabalhistas são, a todo tempo, indisponíveis, pois, se assim o fossem, jamais poderiam ser objeto de transação ou mesmo de negociação coletiva de trabalho. *Aliás, se todos os direitos gozassem de uma indisponibilidade absoluta intangível, haveria, certamente, um entrave à evolução da ordem jurídica e social. Na verdade, não há que se falar em indisponibilidade absoluta de qualquer direito em abstrato, pois é, no caso concreto, que o Judiciário vai aferir se aquele direito é ou não indisponível, analisando-o e ponderando-o com os demais direitos, princípios e normas presentes no ordenamento jurídico.* No caso em questão, a magistrada sentenciante afastou a cláusula de arbitragem prevista no contrato celebrado entre o autor e o réu, utilizando como fundamentos a "inafastabilidade da jurisdição" e a "indisponibilidade dos direitos trabalhistas". Quanto à inafastabilidade da jurisdição, esta não é violada com a aplicação da arbitragem, pois o decidido pelo árbitro evidentemente poderá ser apreciado pelo Poder Judiciário. *E no que tange à indisponibilidade dos direitos trabalhistas, se está é fulcrada na hipossuficiência/vulnerabilidade do trabalhador, então, obviamente, não tem aplicabilidade no presente caso, eis que o autor era um alto executivo do banco réu, verdadeiro alter ego e detentor de expertise e brain-power financeiro, com vultosos ganhos mensais e vasto conhecimento na* área, *razão pela qual não se vislumbra qualquer hipossuficiência/vulnerabilidade por parte dele, mas sim, sua paridade com a parte adversa. Aliás, é justamente no setor do conhecimento e da informação que a relação jurídica de dependência muitas vezes se inverte, ou seja, é o empregador que fica dependente ou refém do empregado dotado de expertise e neurônios privilegiados, que dá um diferencial ao seu negócio, proporcionando-lhe elevados ganhos financeiros, levando-o a celebrar pactos e aditivos para a manutenção de tais empregados laborando a seu favor.* Entendo também que os direitos indisponíveis do empregado se mantêm ao longo de todo o contrato de trabalho, pois, a partir da ruptura deste há uma transmutação dos direitos indisponíveis do empregado em créditos, na esteira do que expressa o art. 11 da CLT e o art. 7º, inciso XXIX da CF/88, o que permite até mesmo a transação entre as partes em juízo ou fora dele. Portanto, havendo instrumento alternativo entre os canais de acesso ao sistema de justiça, que não se confunde com acesso à jurisdição, que, na verdade, constitui-se em apenas um entre os vários outros disponíveis ao empregado na seara laboral, deve-se privilegiar os demais meios de pacificação dos conflitos individuais e coletivos de trabalho e não rechaçá-los como fez o juízo monocrático, porque de nada vale o discurso, corroborado pelo CPC/2015, se, diante dos casos concretos, na prática, o judiciário ao invés de acolhê-los, os afasta. *Preliminar acolhida.* (TRT 1ª Região, 5ª Turma, Processo nº 0011289-92.2013.5.01.0042, Desemb. Relator Enoque Ribeiro dos Santos, julgado em 11.04.2017, publicado em 03.07.2017).

A reforma trabalhista seguiu a linha das recentes legislações civil (Lei nº 10.406/2002) e processual (nº 13.105/2015) no que tange à necessária observância do princípio da boa-fé, à tutela da confiança, à causa e dinâmica das relações contratuais e ao exercício de direito de liberdade com responsabilidade.

Nessa linha, o empregado, independentemente do nível de autonomia, deve ter o princípio da proteção sopesado com o da boa-fé e, como corolário, o da vedação do comportamento contraditório. Imperiosa a verificação no caso concreto da relação firmada, até porque a nova legislação laboral não comporta mais espaços para o empregado que maliciosamente se beneficia de determinada situação e, posteriormente, em flagrante comportamento contraditório, alega vício de coação na tentativa de benefício econômico próprio.

A respeito do tema, Anderson Schreiber esclarece que a proibição do comportamento contraditório tem fundamento constitucional no princípio da solidariedade social, inspirador da boa-fé e da confiança entre as relações, não só na seara contratual, mas em todos os fenômenos fáticos humanos, inclusive – acrescente-se, na relação laboral:

> [...] não se pode ignorar seu fundamento constitucional, nomeadamente o artigo 3º, inciso I, da Constituição da República, que consagra a solidariedade social. [...] Eis a solução que parece mais razoável, à luz da própria finalidade do *nemo potest venire* contra *factum proprium,* pois (i) sendo ele destinado a evitar rupturas de confiança pela adoção de comportamentos contraditórios, e (ii) sendo a confiança um fenômeno fático, humano, não limitado pelas linhas teóricas do direito contratual ou do direito privado, não há qualquer razão para que o princípio da proibição do comportamento contraditório hesite em ultrapassá-las.[12]

A calibragem do princípio da proteção deverá, pois, nortear-se não apenas pelo grau de autonomia do empregado, como também pela dinâmica da relação estabelecida e pelo princípio da boa-fé.

---

[12] SCHREIBER, Anderson. *A proibição de comportamento contraditório*: tutela da confiança e *venire* contra *factum proprium*. Rio de janeiro: Renovar, 2007. p. 109.

5 Fortalecimento da negociação coletiva

A Carta constitucional de 1988 prestigiou a negociação coletiva e a autocomposição dos conflitos trabalhistas, via atuação sindical (Art. 7º, XXVI CRFB), como instituição representativa da categoria. Atribuiu uma importância tal às normas coletivas que autorizou até mesmo a redução salarial, maior bem do trabalhador, via instrumento coletivo (Art. 7º, VI CRFB). Isso porque reconheceu a necessidade de adequação da relação de trabalho às especificidades locais e, considerando o princípio de proteção do empregado, elegeu a via coletiva como forma de garantir o equilíbrio à relação que, em 1943, classificava indistintamente uma das partes como hipossuficiente.

A doutrina pátria, inclusive, elenca como um dos princípios do Direito Coletivo o princípio da equivalência dos Contratantes Coletivos, segundo lição de Maurício Godinho Delgado:

> [...]
> Os instrumentos colocados à disposição do sujeito coletivo dos trabalhadores (garantias de emprego, prerrogativas de atuação sindical, possibilidade de mobilização e pressão sobre a sociedade civil e o Estado, greve, etc.) reduziriam, no plano juscoletivo, a disparidade lancinante que separa o trabalhador, como indivíduo, do empresário. *Isso possibilitaria ao Direito Coletivo conferir tratamento jurídico mais equilibrado* às *partes nele envolvidas. Nessa linha, perderia sentido no Direito Coletivo do Trabalho a acentuada diretriz protecionista e intervencionista que tanto caracteriza o Direito Individual do Trabalho.*[13]

Vale destacar que a norma constitucional que estimula a autocomposição de conflitos pela via coletiva segue orientação da Organização Internacional do Trabalho (OIT), conforme se infere do art. 5º da sua Convenção nº 154/1981, à qual o Brasil aderiu *in verbis*:

> Art. 5º.
> 1. Deverão ser adotadas medidas adequadas às condições nacionais no *estímulo* à *negociação coletiva.*
> 2. As medidas a que se refere o parágrafo 1 deste artigo devem prover que:
> a) a negociação coletiva seja possibilitada a todos os empregadores e a todas as categorias de trabalhadores dos ramos de atividade a que aplique a presente Convenção;
> *b) a negociação coletiva seja progressivamente estendida a todas as matérias a que se referem as alíneas a, b e c do artigo 2º da presente Convenção;*

---

[13] DELGADO, Maurício Godinho. *Curso de Direito do Trabalho.* 13. ed. São Paulo: LTr, 2014. p. 1381.

c) seja estimulado o estabelecimento de normas de procedimentos acordadas entre as organizações de empregadores e as organizações de trabalhadores;

d) a negociação coletiva não seja impedida devido à inexistência ou ao caráter impróprio de tais normas;

e) os órgãos e procedimentos de resolução dos conflitos trabalhistas sejam concedidos de tal maneira que possam contribuir para o estímulo à negociação coletiva.

Assim, antes mesmo da Lei nº 13.467/2017, a legislação pátria já reconhecia a importância da negociação coletiva. Houve, entretanto, significativa ampliação e fortalecimento da negociação coletiva pela adoção do princípio da intervenção mínima na autonomia da vontade coletiva, consagrado no §3º do Art. 8º da CLT, segundo o qual a Justiça do Trabalho analisará exclusivamente a conformidade dos elementos essenciais do negócio jurídico na aferição da validade de convenção coletiva ou acordo coletivo.

Pela CLT de 1943, os tribunais do trabalho admitiam a possibilidade de fixação de diversos critérios e direitos via norma coletiva.[14] Todavia, estabeleciam uma série de restrições a direitos considerados indisponíveis, além de por vezes anular cláusulas normativas por afronta à legislação trabalhista. Reclamava-se pela instituição de parâmetros, os quais foram estabelecidos pela nova lei. A necessidade de regulamentação já havia sido há muito pontuada pela doutrina pátria:

> A Constituição brasileira adotou, em limitadas, mas relevantes hipóteses, a ampla flexibilização de algumas de suas normas: redutibilidade salarial, compensação de horários na semana e trabalho em turnos de revezamento (Art. 7º, VI, XIII e XIV); mas sempre sob tutela sindical. Melhor teria sido, a nosso ver, que a Carta Magna tivesse possibilitado à lei ordinária indicar, restritivamente, as hipóteses nas quais as partes, por meio de convenção ou acordo coletivo, pudessem flexibilizar a aplicação do preceito estatal, fixando limites insusceptíveis de serem desrespeitados pelos instrumentos de autocomposição. Mas nada impede, a nosso ver, que a matéria seja objeto de lei, inclusive para dispor sobre a duração e os efeitos das alterações constitucionalmente permitidas. [...][15]

---

[14] NORMA COLETIVA. APLICAÇÃO DO DIVISOR 220. A aplicação do divisor 220 foi fruto da negociação coletiva. Não há como se negar validade à norma coletiva diante do princípio da autonomia da vontade coletiva reconhecido pela Constituição, conforme seu art. 7º, XXVI. (TRT 1ª Região, 4ª Turma, Processo nº 0010524-35.2014.5.01.0027, Relator Desemb. Tânia da Silva Garcia, julgado em 28.10.2014, publicado em 30.10.2014).

[15] SÜSSEKIND, Arnaldo *et al. Instituições de Direito do Trabalho.* 2. ed. Atual. por Arnaldo Süssekind e João de Lima Teixeira Filho. São Paulo: Ltr, 2005. vol. I, p. 208.

Nessa esteira, insista-se, a reforma trabalhista fortaleceu as negociações coletivas, elencando a título exemplificativo, direitos passíveis de flexibilização, ao mesmo tempo em que estabeleceu um rol taxativo de direitos inegociáveis (Art. 611-B da CLT), também denominado de núcleo "duro" ou cláusulas "pétreas" trabalhistas.

Permitiu-se, via de regra, a negociação de escalas de trabalho, jornadas e seus respectivos meios de controle, observados os limites constitucionais. O Art. 611-A da CLT autorizou, ainda, a possibilidade de troca do dia de feriado, redução do intervalo intrajornada, respeitado o limite mínimo de 30 (trinta) minutos, como já apontado linhas atrás, bem como se deliberar sobre a modalidade de registro de jornada, de modo a pôr um ponto final no engessamento anterior que determinava uma única forma válida de registro, dispondo, inclusive sobre o aparelho a ser adotado. Finda-se, nessa linha, as discussões sobre validade do regime de ponto por exceção e adoção de outras formas de controle de jornada.

O poder diretivo e organizacional do empregador foi fortalecido, ao admitir-se a instituição, via norma coletiva, de plano de cargos e salários, facultando-se a possibilidade de indicação dos cargos de confiança, estabelecimento de regulamento empresarial, regulamentação do teletrabalho, já definido no Art. 75-B da CLT, regime de sobreaviso, trabalho intermitente. Admitiu-se, ainda, a possibilidade de enquadramento do grau de insalubridade, prorrogação de jornada em ambientes insalubres, sem licença prévia do Ministério do Trabalho e Emprego, além da regulamentação de programas de incentivo que contemplem o pagamento de prêmios em bens ou serviços.

Causou espanto para muitos a permissão legal para negociação do grau da insalubridade. Todavia, considerando a aplicação de adicionais legais diferenciados pela gradação da intensidade da insalubridade e, ainda, o risco de decisões judiciais contraditórias fixando graus diversos para um mesmo ambiente de trabalho, a autorização legal vem ao encontro de outro princípio que muito norteou a reforma em todas as diretivas ora apontadas: o da segurança jurídica.

Aliás, vale ressaltar que o princípio da segurança jurídica orientou boa parte da reforma, até mesmo como moeda de contrapeso à prática trabalhista, na qual os instrumentos jurídicos firmados eram – muitas vezes – ineficazes ou declarados parcialmente nulos gerando insegurança, a exemplo dos Planos de Demissão Voluntária, também conhecidos como "PDVs", que muitas vezes eram fruto de demoradas negociações e, após a celebração do instrumento normativo com a chancela sindical, eram judicialmente questionados em reclamação trabalhista individual e invalidada a sua quitação geral, conforme pacificado, inclusive, na Orientação Jurisprudencial nº 270[16] da Subseção 1 de Dissídios Individuais do TST.

O novo art. 477-B, na esteira de privilegiar a negociação coletiva adota tese recentemente consolidada pelo Supremo Tribunal Federal (STF) no julgamento do Recurso Extraordinário nº 590.415- SC, da lavra do Ministro Luiz Roberto Barroso, de que o Plano de Demissão Voluntária ou Incentivada, previsto em norma coletiva, enseja, via de regra, quitação plena e irrevogável dos direitos decorrentes da relação empregatícia, podendo, entretanto, as partes pactuarem em sentido contrário, valendo, assim, o que restar firmado na norma coletiva que instituiu o PDV.

Também fruto do princípio da segurança jurídica, a ultratividade das normas coletivas foi expressamente vedada pelo §3º do Art. 614 da CLT, de modo a não permitir-se o alongamento de estipulações contidas nos acordos e convenções coletivas por período superior a 2 (dois) anos, nem a sua adesão a contratos individuais de trabalho, na linha das razões expostas na liminar concedida pelo STF na Arguição de Descumprimento de Preceito Fundamental (ADPF) nº 322.

As pactuações coletivas, com a mesma razão de ser do tópico anterior, também devem ser norteadas pelo princípio da boa-fé e deverão ser ao máximo conformadas à realidade de trabalho local e da categoria, razão pela qual o Art. 620 da CLT traz uma gradação de prioridade na aplicação das normas coletivas, atribuindo a prevalência do acordo coletivo sobre as condições estipuladas na convenção coletiva.

Destaque-se que para que as negociações coletivas ganhem força na prática, considerando o princípio da obrigatoriedade da atuação negocial, fixado no Art. 8º, VI,[17] da CRFB, faz-se importante que as instituições sindicais sejam efetivamente atuantes e possuam representatividade.

Seguindo esta linha de raciocínio, torna-se imprescindível *diferenciar a representação formal (legal* - obtida com a expedição da carta sindical pelo MTE) *da representatividade,* esta sim o efetivo exercício da representação sindical, visto que, se essa representação não se der de forma efetiva, ela contrariará a própria origem do sindicato.

---

[16] PROGRAMA DE INCENTIVO À DEMISSÃO VOLUNTÁRIA. TRANSAÇÃO EXTRA-JUDICIAL. PARCELAS ORIUNDAS DO EXTINTO CONTRATO DE TRABALHO. EFEITOS. A transação extrajudicial que importa rescisão do contrato de trabalho ante a adesão do empregado a plano de demissão voluntária implica quitação exclusivamente das parcelas e valores constantes do recibo.

[17] Art. 8º É livre a associação profissional ou sindical, observado o seguinte:
[...]
VI - é obrigatória a participação dos sindicatos nas negociações coletivas de trabalho.

Nesse sentido, o doutrinador Amauri Mascaro Nascimento:

> Que é representação sindical? Representar quer dizer pôr-se à frente de alguém. Representante é aquele que atua em nome de outrem, para quem age, defendendo os seus interesses. O sindicato é o representante. Determinar a natureza do vínculo entre o sindicato e o grupo que representa é questão que comporta mais de uma posição.
>
> A doutrina sublinha a importância da diferença entre representação e representatividade. Aquela é uma questão de legalidade, esta um problema de legitimidade. Pode um sindicato ter a representação legal, mas não a real e efetiva. Nesse caso, é possível dizer que falta representatividade ao sindicato, embora portador dos poderes legais de atuar em nome dos representados. Esse problema é mais visível nos sistemas de unicidade sindical. Os sistemas de unicidade espontânea ou de pluralidade oferecem maiores possibilidades de aproximação entre representação e representatividade.[18]

Nesse contexto, para evitar e existência dos chamados "sindicatos de carimbo", ou seja, aqueles que existem apenas para fins de arrecadação da contribuição sindical e não representam de fato a categoria, o legislador aboliu a obrigatoriedade do custeio sindical, alterando os arts. 578,579, 582, 583, 587 e 602 da CLT e deixando ao arbítrio do trabalhador, profissional e empregador a opção pelo recolhimento ou não da contribuição sindical.

O recolhimento da contribuição sindical deverá ser autorizado certamente por quem entender ser beneficiário das atividades, representação e serviços sindicais, tirando as instituições sindicais da zona de conforto, exigindo-lhes maior presença e atuação.

Ocorre, entretanto, que o sistema sindical clamava por uma reforma mais ampla, haja vista que a alternativa do trabalhador ou do empregador é simplesmente a de recolher a contribuição sindical ou não, inexistindo opção de escolhas entre sindicatos e possibilidade de comparação entre concorrentes.

6 Estabelecimento de algumas regras processuais do trabalho

A legislação trabalhista carece de regras processuais. O processo, por ser instrumento de atuação do estado-Juiz deveria no seu desenrolar

---

[18] NASCIMENTO, Amauri Mascaro. *Compêndio de Direito Sindical*. 8. ed, São Paulo: LTr, 2015, p. 213.

garantir igualdade de tratamento e equidistância do julgador, situação essa – por vezes – não aplicável na Justiça do Trabalho. No intuito de corrigir algumas das distorções criadas na prática pela falta de regramento, o legislador pátrio estabeleceu algumas normas processuais importantes na reforma.

O Art. 11-A da CLT normatizou a prescrição intercorrente no processo do trabalho, fazendo-a incidir no prazo de 2 (dois) anos, a contar do momento em que o exequente deixa de cumprir determinação judicial no curso da execução. A reforma garantiu, assim, a aplicação da Súmula nº 327 do STF, segundo a qual "o Direito Trabalhista admite a prescrição intercorrente", retirando das prateleiras, e agora dos arquivos digitais das varas, os antigos "processos esquecidos". Tal norma, entretanto, colidiu diretamente com a Súmula nº 114 do TST.[19]

Os prazos, já tão exíguos na esfera trabalhista passarão a ser contados em dias úteis, segundo o Art. 775 da CLT, garantindo unicidade ao sistema processual civil e trabalhista de contagem de prazos, inexistindo razão para o tratamento diferenciado adotado até então.

Foi estabelecido um critério objetivo para a concessão da justiça gratuita: percepção de salário igual ou inferior a 40% (quarenta por cento) do limite máximo dos benefícios da previdência Social, permitindo-se a concessão na hipótese de comprovação da insuficiência de recursos para o pagamento das custas no processo (§§3º e 4º do art. 790 da CLT). O art. 790-B atribuiu, ainda, a responsabilidade pelo pagamento dos honorários periciais à parte sucumbente, ainda que beneficiária da justiça gratuita, o que atualmente é questionado na Ação Direta de Inconstitucionalidade nº 5766, em trâmite perante o STF. Boa parte dos juristas e militantes da justiça do trabalho entendem como salutar a medida, a fim de garantir a responsabilidade do demandante, inserindo um risco financeiro para as reclamações aventureiras, que tanto poluem a Justiça do Trabalho.

Os honorários de sucumbência passam a ser devidos (art. 791-A da CLT), adotando-se um percentual mínimo de 5% (cinco por cento) e máximo de 15% (quinze por cento). Muito embora já fosse aplicada a litigância de má-fé na Justiça do trabalho, o art. 793-A, 793-B e 793-C estabelecem os critérios para a litigância de má-fé e estende a aplicação da multa à testemunha que intencionalmente alterar a verdade dos fatos ou omitir fatos essenciais ao julgamento da causa, devendo a execução da multa ser processada nos mesmos autos da reclamação trabalhista.

---

[19] *Súmula nº 114 do TST*. PRESCRIÇÃO INTERCORRENTE. É inaplicável na Justiça do Trabalho a prescrição intercorrente.

A exceção de incompetência territorial passa, obrigatoriamente, a suspender o processo principal (Art. 800 da CLT), facultando o excipiente de defender-se, para fins de instrução da exceção, no local onde houver indicado como competente, reforçando o direito constitucional do contraditório.

O §3º do Art. 843 da CLT autoriza a substituição do empregador por preposto não empregado. Com razão, pois se não há restrição para que o empregado recém contratado figure como preposto, não se vislumbra obstáculo para que essa substituição seja feita por terceiros não empregados.

O §2º do Art. 844 traz a necessidade de apresentação de motivo legalmente justificado para que o reclamante ausente seja dispensado do pagamento das custas processuais, ainda que beneficiário da justiça gratuita. Estabelece no parágrafo seguinte a comprovação do pagamento das custas como condição para a propositura de nova demanda. Admite-se, pelo mesmo artigo, que seja aceita a contestação e documentos apresentados, quando ausente o reclamado, mas presente o advogado regularmente constituído na audiência (§5º).

A reforma estabelece, ainda, procedimento próprio para o trâmite do incidente de desconsideração da personalidade jurídica (Art. 855-A), que possibilitará o regular exercício de defesa por sócios, ex-sócios e administradores das empresas (ex-empregadoras), antes das múltiplas e inesperadas penhoras *on line*, que tanta tormenta e insegurança causam aos que se aventuram na exploração empresarial no Brasil. Regulamenta-se, ainda, o processo de jurisdição voluntária para homologação de acordo extrajudicial, o que poderá desafogar o Judiciário de diversas demandas, aumentando a mediação e os procedimentos de conciliação extrajudiciais.

A nova lei impõe outras regras processuais vinculadas ao processo de execução e ao recurso de revista, em especial, mas que demandaria artigo específico, considerando tamanhas alterações e revogações realizadas.

De forma geral, constata-se que a reforma aproximou o processo trabalhista da sistemática processual civil, sendo norteado pelo princípio da segurança jurídica, de modo a garantir a unicidade de procedimento nas diversas varas do trabalho do país.

7 Conclusão

Pela rapidez na tramitação (um pouco mais de três meses) e pelas mais diversas e profundas alterações trazidas, a reforma trabalhista bem poderia ser nomeada como um "furacão jurídico", especialmente considerando-se que parte das novas regras colide com a jurisprudência pacificada ao longo de anos pela corte maior trabalhista, que necessitará revisitar o seu repertório de súmulas e orientações jurisprudenciais para se adequar à normativa trazida pela Lei nº 13.467/2017.

Tudo o que é novo traz certo desconforto, em especial quando chacoalha estruturas rígidas, na tentativa de umidificar as regras, tornando-as mais maleáveis e funcionais. Sem dúvidas, uma nova cultura está sendo inaugurada com a calibragem de um princípio basilar do Direito do Trabalho: o da proteção do empregado e o reconhecimento de patamares diversos de empregados e relações de trabalho atuais que se contrapõem ao modelo tradicional.

Toda cultura nova necessita de tempo para acomodar e modular situações.

Já alertava *Fernando Pessoa* que:

> Há um tempo em que é preciso recosturar, reformar, reavivar as nossas roupas usadas que tanto nos deram alegria quando novas e que hoje, apesar de gastas, continuam quentes, macias e confortáveis, porque possuem o formato do nosso corpo. Não devemos esquecer nossos antigos caminhos só porque achamos que nos levam sempre aos mesmos lugares, devemos aproveitá-los para encurtar a distância que nos levam a novos. É tempo de travessia: temos que ousar em fazê-la para nunca ficarmos a margem de outros.

É certo que a reforma veio quase sem respeitar o limite de velocidade, mas aí está e apenas aguarda pouco tempo para invadir os tribunais, as empresa e as nossas casas. É, portanto, tempo de "travessia".

Referências

BETTI, Emílio. *Teoria geral do negócio Jurídico*. Tradução de Ricardo Rodrigues Gama. Campinas: LZN, 2003. t. 1.

BLUM, Renato Opice. *Reforma Trabalhista traz avanços e incentivos para o setor tecnológico.* Disponível em: <https://www.conjur.com.br/2017-jul-17/opice-blum-reforma-trabalhista-traz-avancos-setor-tecnologico>. Acesso em: 17 jul. 2017.

DELGADO, Maurício Godinho. *Curso de Direito do Trabalho*. 13. ed. São Paulo: LTr, 2014.

NALIN, Paulo. O Contrato em movimento no Direito pós-moderno. *Revista Trimestral de Direito Civil*, Rio de Janeiro: vol. 3, n. 10, p. 275-280, abr./jun. 2000.

NASCIMENTO, Amauri Mascaro. *Compêndio de Direito Sindical*. 8. ed, São Paulo: LTr, 2015.

NEGREIROS, Teresa. *Fundamentos para uma interpretação Constitucional do princípio da boa-fé*. Rio de Janeiro: Renovar, 1998.

SCHREIBER, Anderson. *A proibição de comportamento contraditório*: tutela da confiança e venire contra factum proprium. Rio de janeiro: Renovar, 2007.

SÜSSEKIND, Arnaldo *et al*. *Instituições de Direito do Trabalho*. 2. ed. Atual. por Arnaldo Süssekind e João de Lima Teixeira Filho. São Paulo: Ltr, 2005. vol. I.

Informação bibliográfica deste texto, conforme a NBR 6023:2002 da Associação Brasileira de Normas Técnicas (ABNT):

FICHTNER, Priscila Mathias de Morais. A Reforma Trabalhistas: linhas gerais e as novas regras de duração de trabalho. In: TUPINAMBÁ, Carolina; GOMES, Fábio Rodrigues (Coord.). *A reforma trabalhista*: o impacto nas relações de trabalho. Belo Horizonte: Fórum, 2018. p. 359-378. ISBN 978-85-450-0441-7.

CAPÍTULO 16

MENSAGEM SUBLIMINAR DO LEGISLADOR AOS TRIBUNAIS DO TRABALHO: INTERPRETEM DIREITO!

Renato Rodrigues Gomes

1 Introdução

Reforma trabalhista: tema que desperta paixões e fortes disputas ideológicas. Não irei me ater sobre ponto específico do Direito do Trabalho. O enfoque, neste artigo, recai sobre questões de interpretação e argumentação jurídicas. Aliás, a *causa maior* do atoleiro em que se encontra a credibilidade do Direito nacional.

Passando o olho na Lei nº 13.467/2017, uma novidade chamou-me a atenção: a inclusão do §2º, no art. 8º, da CLT. O texto deste segundo parágrafo limita rigidamente o conteúdo possível das súmulas que podem ser criadas pelos Tribunais Regionais e pelo Tribunal Superior do Trabalho. Em outras palavras, impõe aos tribunais trabalhistas o dever de observar estritamente as regras semânticas da linguagem. Ou, ainda, de que o teor das súmulas criadas seja resultado de interpretação literal e sistemática dos enunciados normativos. Eis a redação:

> CLT, Art. 8º, §2º: "Súmulas e outros enunciados de jurisprudência editados pelo Tribunal Superior do Trabalho e pelos Tribunais Regionais do Trabalho não poderão restringir direitos legalmente previstos nem criar obrigações que não estejam previstas em lei".

Efetivamente, qual o alcance da regra contida no dispositivo, e até que ponto limita o poder decisório dos Tribunais? Mas, antes, examinemos a constitucionalidade do texto do art. 8º, §2º, da CLT.

2 Análise da constitucionalidade do §2º, do art. 8º, da CLT

Não há dúvidas quanto à constitucionalidade da nova regra trazida pela Lei ordinária nº 13.467/2017. Por quê? Simples: basta uma mera leitura dos art. 5º, inciso II, e art. 22, *caput*, inciso I, da Constituição.

O primeiro diz expressamente: "ninguém será obrigado a fazer ou deixar de fazer alguma coisa senão em virtude de lei". *Súmula* não é *lei*; nem que interpretemos a palavra *"lei"*, em sentido amplo, para que abarque todas as espécies normativas elencadas no art. 59, da CF (emendas à Constituição, leis complementares, ordinárias, delegadas, medidas provisórias, decretos legislativos e resoluções).

O segundo atribui *expressa* e *privativamente* à União, via Congresso Nacional, a competência para *legislar sobre direito do trabalho*.

Ou seja, se não houver dever fixado expressamente em lei e, mais especificamente, em lei trabalhista editada pelo Parlamento, mostra-se plenamente válida a proibição legal de restringir direitos ou estabelecer obrigações inexistentes em lei, dirigida aos Tribunais do Trabalho.

Além disso, as limitações, em si, em nada afetam o exercício da competência constitucional da justiça do trabalho, pela interpretação e aplicação da legislação pertinente em vigor, afastando lesões a direitos, reparando-as ou compensando-as (CF, 5º, XXXV; 114). E tampouco violam o tradicional poder normativo da justiça do trabalho, para solucionar controvérsias derivadas de negociações coletivas infrutíferas (CF. 114, §2º).

A redação do art. 8º, §2º, da CLT, apenas positivou expressamente regra que já existia implicitamente no sistema jurídico, segundo a qual *o judiciário, para resolver conflitos, não tem competência constitucional para criar direitos ou deveres juridicamente inexistentes para qualquer das partes envolvidas*, salvo remotíssimas hipóteses de lacunas normativas verdadeiras; jamais, em caso de lacunas valorativas, as quais se vinculam exclusivamente a opções morais ou ideológicas do juiz, que, ao reconhecê-las, faz preponderar o seu juízo de valor ou ideológico na interpretação dos textos legais incidentes nos casos, em detrimento das regras semânticas da linguagem posta pelo legislador.[1]

---

[1] Sobre lacunas normativas, cf. BULYGIN, Eugenio; ATIENZA, Manuel; BAYÓN, Juan Carlos. *Problemas lógicos em la teoria y prática del Derecho*. Madrid: Fundação colóquio jurídico europeo, 2009. p. 84-123. Sobre lacunas e suas espécies, cf. SGARBI, Adrian. *Introdução à teoria do direito*. São Paulo: Macial Pons, 2013. p. 129-145; DIMOULIS, Dimitro. *Manual de introdução ao estudo do Direito*. 7. ed. São Paulo: RT, 2016. p. 163-166. Mais especificamente, sobre lacuna

Nas hipóteses de lacunas normativas, portanto, a regra proibitiva em comento não restringe o poder decisório legítimo do Tribunal do Trabalho, de resolver o problema pelo uso de *argumento analógico*, juridicamente fundamentado, conforme previsto no art. 8º, *caput*, da CLT, com o respaldo dos art. 5º, XXXV e 93, IX, da Constituição.[2]

3 O significado da proibição legal imposta aos Tribunais do Trabalho

A regra vedativa de redução de direitos ou criação de obrigações jurídicas via súmulas traduz-se, na prática, em *critério legal para a atividade interpretativa* desenvolvida pelos respectivos Tribunais. Não poderá algum dos TRTs ou o TST interpretar textos normativos, de maneira que algum direito da parte seja restringido, ou de forma a fixar dever jurídico inexistente em lei.

Mais especificamente, os métodos de interpretação que devem preponderar é o *literal*, pelo qual se assegura o respeito às regras semânticas da linguagem do texto, e o *sistemático*, que garante a observância da *unidade* do sistema jurídico.

Não implica, contudo, que jamais será permitida a realização de interpretação *restritiva* de enunciado, que acarrete limitação de direito. Para tanto, é suficiente que o julgador demonstre que a restrição foi juridicamente indispensável para a manutenção da *coerência* do sistema jurídico como um todo.[3]

Quanto à criação, por súmula, de obrigação jurídica decorrente de interpretação ampliativa, em princípio, não tem amparo constitucional (CF, 5º, II, *a contraio sensu*). Não digo ser juridicamente impossível, porque

---

valorativa, GUASTINI, Riccardo. *Nuevos estúdios sobre la interpretación*. Colômbia: Ebook kindle, 2010.

[2] Sobre argumento analógico, cf. SGARBI, Adrian. *Introdução à teoria do Direito*. São Paulo: Macial Pons, 2013. p. 142-145; DIMOULIS, Dimitri. *Manual de introdução ao estudo do Direito*. 7. ed. São Paulo: RT, 2016. p. 160-166; GOMES, Renato Rodrigues. *Interpretação jurídica coerente: premissas fundamentais e metodologia*. Ebook, 2017. p. 155-183, 196-210. Disponível em: www.renatorgomes.com/e-books. Acesso em: 24 out. 2017; FERRAZ JR., Tércio Sampaio. *Introdução ao estudo do direito*. 6. ed. São Paulo: Atlas, 2010. p. 275-284; SCHAUER, Frederick. *Thinking like a lawer*. Cambridge, Massachussetts: Harvard University Press, 2009. p. 85-102; SUSTEIN, Cass. *Legal reasoning and political conflict*. New York: Oxford University Press, 1998. p. 62-100.

[3] Sobre *coerência* no Direito, conferir GOMES, Renato Rodrigues. *A unidade do direito em foco*. Disponível em: <http://www.renatorgomes.com/o-que-significa-e-como-identificar-coerencia-no-direito/>. Acesso em: 24 out. 2017; e, com outro enfoque, ÁVILA, Humberto. *Teoria dos princípios*. 15. ed. São Paulo: Malheiros, 2014. p. 166-175.

se a obrigação jurídica tiver sustentação na interpretação sistemática do Direito, na realidade, não será criação de obrigação, mas sim, reconhecimento de obrigação jurídica já presente implicitamente no sistema, e *objetivamente* identificável, independentemente de subjetivismos.

No caso da restrição, a sua juridicidade dependerá exclusivamente do *adequado* uso do argumento *corretivo*, o que ficará caracterizado pela observação de seus parâmetros objetivos de controle. Na ocasião, entrará em cena o argumento *restritivo* da *dissociação*.[4]

4 Argumento da dissociação

Por este argumento, o intérprete seleciona a expressão linguística usada no texto, objeto de interpretação, e estabelece classificações para ela, diferenciando-as entre si, apesar de o legislador não tê-las feito. Agindo desta forma, o intérprete restringe o alcance das palavras do texto, atuando aparentemente de modo mais restritivo do que a sua literalidade deixa a entender.

Como exemplo de *argumento da dissociação utilizado arbitrariamente, sem respaldo jurídico objetivo e identificável*, e, consequentemente, contrariando inconstitucionalmente o significado literal das palavras do texto normativo, cito a interpretação predominante que se faz do art. 5º, LXVII, da Constituição: *"não haverá prisão civil por dívida, salvo a do responsável pelo inadimplemento voluntário e inescusável de obrigação alimentícia [...]"*. (Grifei em itálico).

Na prática, o que fazem os intérpretes, quase que instintivamente? Classificam a expressão *obrigação alimentícia* em duas espécies: *i) obrigação alimentícia* na qualidade de *pensão alimentícia*, decorrente de divórcio, a qual é assumida por um dos cônjuges, em geral para ajudar nas despesas com filhos menores; e *ii) obrigação alimentícia de outros tipos* que não sejam pensões alimentícias, tais como salários, vencimentos, proventos e benefícios previdenciários (CF, 100, §1º).

Ao separar as obrigações alimentícias em duas espécies, o intérprete cria uma *hierarquia arbitrária* entre elas, fazendo com que a prisão civil, instrumento judicial eficaz como meio de coerção indireta, apenas se aplique para forçar o pagamento de dívidas inadimplidas de pensões alimentícias.

---

[4] Sobre o argumento da dissociação, GUASTINI, Riccardo. *Distinguiendo. Estudios de teoria y metateoría del derecho*. 1. ed. Barcelona: Gedisa editorial, 1999. p. 224-227.

Quando se tratar de débitos relacionados a outras espécies de obrigações alimentícias, o juiz e os Tribunais do Trabalho, automaticamente, "lavam as mãos", negligenciando o uso da prisão civil como meio legítimo de coerção judicial indireto. Fica, portanto, o *credor da obrigação alimentícia* – por exemplo, o salário do mês, retido dolosamente pelo empregador – *desamparado*, a depender da sorte, porque o art. 5º, XXXV, o art. 7º, *caput*, X, e o art. 100, §1º e §2º, da Constituição, no seu caso, têm somente eficácia nominal, retórica. Vale a transcrição dos dispositivos.

> 5º XXXV: "a lei não excluirá da apreciação do Poder Judiciário lesão ou ameaça a direito;
> 7º, *caput*: "São direitos dos trabalhadores [...]:" [...] X:"a proteção do salário na forma da lei, constituindo crime sua retenção dolosa";
> 100, §1º: "Os débitos de natureza alimentícia compreendem aqueles decorrentes de salários, vencimentos, proventos, pensões e suas complementações, benefícios previdenciários e indenizações por morte ou por invalidez, fundadas em responsabilidade civil, em virtude de sentença judicial transitada em julgado, e serão pagos com preferência sobre todos os demais débitos, exceto sobre aqueles referidos no §2º deste artigo". §2º: Os débitos de natureza alimentícia cujos titulares tenham 60 (sessenta) anos de idade ou mais na data da expedição do precatório, ou sejam portadores de doença grave, definidos na forma da lei, serão pagos com preferência sobre todos os demais débitos [...].

Para atestar o que afirmei sobre o evidente equívoco jurídico em se dissociar contra a linguagem do texto constitucional as espécies de obrigações alimentícias, imaginemos a seguinte situação. Idoso, com 62 anos, com salário de 1500 reais, demitido do emprego sem justa causa e não tendo recebido sequer o salário do mês vencido. Aciona, então, a Justiça do Trabalho. Na audiência, o ex-empregador ou seu preposto, réu, questionado pelo juiz sobre o porquê de não lhe ter pago sequer o salário, diz o seguinte:

> Excelência, realmente, não paguei. E não vou pagar porque a empresa tem outras prioridades de despesas no momento. O senhor pode dar a sentença que eu vou recorrer.

O que o juiz poderia decidir? Com presumível obviedade:

> O senhor sabe que salário é *dívida de natureza alimentícia*. Ou deveria saber (LINDB, 3º). Também sabe que os riscos da atividade empresarial é do empregador (CLT, 2º) e, portanto, que a *recusa em pagar* as verbas salariais é *juridicamente injustificável*. O senhor reconheceu que deve as

verbas salariais e afirmou que não vai pagá-las. Por isso, a *questão* controvertida passou a ser *incontroversa* (CPC, 487, III, a). Se é incontroversa, *não há interesse recursal* (CPC, 1000). Pelo exposto, decreto neste momento a sua prisão civil (CF, 5º, LXVII; 100, §1º), a qual perdurará até a data da quitação da obrigação alimentícia salarial devida.

Mas, por que não se faz isso na prática judiciária trabalhista? Particularmente, também gostaria de saber. Aliás, já sei: *falta de vontade do juiz*. Porque *se ele conhece o Direito* (pelo menos, é o que se pressupõe), *nada justifica juridicamente a sua omissão* em fazer valer a *força normativa* da Constituição.

Neste exemplo, o Tribunal trabalhista poderia bem fixar súmula com a seguinte redação:

> No curso da audiência de instrução e julgamento, o reconhecimento confesso do ex-empregador, perante o juiz do trabalho, de que efetivamente não pagou o salário do ex-empregado demitido, com a sucessiva recusa juridicamente injustificada em quitá-lo na ocasião, legitima a decretação da prisão civil pelo juiz do trabalho, como meio de coerção indireta, nos termos do art. 5º, LXVII.

O que importa, então, é o juiz saber *como usar corretamente o argumento da dissociação*. Para o intérprete poder dissociar, de modo juridicamente válido, as possibilidades de sentido da expressão linguística utilizada pelo legislador, *satisfatório é que a separação entre significados semanticamente possíveis tenha fundamento jurídico identificável objetivamente dentro do próprio sistema jurídico.*

Isto é, que, por *interpretação sistemática* de um ou mais textos normativos pertinentes e integrantes do ordenamento, possamos *identificar objetivamente, direta ou indiretamente*, pela *coerência lógico-normativa*, a autorização jurídica para que o *sentido* da palavra ou expressão *possa ser classificado em mais de uma espécie* e, desta forma, o texto normativo em análise tenha o campo de aplicação reduzido justificadamente e conforme a unidade do Direito.[5]

Apresentada a técnica voltada à interpretação restritiva, vamos a outro exemplo pertinente, que poderá servir de paradigma à criação de súmula pelos tribunais do trabalho, restritiva de direito, mas de acordo com a legalidade estabelecida no §2º, do art. 8º, da CLT.

---

[5] Conferir GOMES, Renato Rodrigues. *Interpretação jurídica coerente:* premissas fundamentais e metodologia. Ebook, 2017. p. 147-155. Disponível em: <www.renatorgomes.com/e-books>. Acesso em: 24 out. 2017.

5 Crítica à súmula nº 331, III, do TST

Vejamos o inciso III, da súmula nº 331, do TST:

III – *Não forma vínculo de emprego* com o tomador a contratação de serviços de vigilância (Lei nº 7.102, de 20.06.1983) e de conservação e limpeza, bem como a de serviços especializados ligados à *atividade-meio* do tomador, desde que *inexistente a pessoalidade e a subordinação direta*. (Grifei em itálico)

Qual é o problema deste verbete? O problema é o fato de o Tribunal Superior do Trabalho ter restringido, por *interpretação criativa*, o direito de o empregador terceirizar serviços de sua empresa, sem que houvesse vedação legal expressa para tanto. O TST firmou entendimento de que a terceirização somente seria válida, caso se tratasse de contratação de trabalhador temporário, de segurança, conservação ou limpeza, e desde que o serviço a ser prestado fosse classificado como *atividade-meio* da contratante.

Mas, se não havia proibição jurídica expressa para a terceirização das *atividades-fim* da empresa, teoricamente, deveria prevalecer a *autonomia privada* do empregador, porque, como dito no "livrinho" (5º, II), "ninguém será obrigado a fazer ou deixar de fazer alguma coisa senão em virtude de lei". Não há qualquer regra na Constituição que obrigue os cidadãos a fazerem ou a *deixarem de fazer algo em virtude de súmula*.

Além disso, mesmo delimitando por construção jurídica de duvidosa juridicidade o campo de terceirização às atividades-meio, o Tribunal ainda condicionou a sua validade à *ausência de subordinação direta* entre o trabalhador contratado e a empresa contratante, e à *inexistência de pessoalidade* na prestação do serviço, isto é, que o trabalhador pudesse ser substituído por outro terceirizado, sem prejuízo ao serviço.

Na prática, o que o TST fez? *Dissociou* – classificou – a *terceirização de trabalho temporário, de segurança, limpeza e conservação* em duas espécies. A primeira era válida, por estar *i)* relacionada às *atividades-meio* da empresa, desde que *não houvesse* os requisitos da *subordinação direta* e da *pessoalidade*, característicos da relação de emprego tradicional (CLT, 3º). Contudo, a segunda era considerada nula, pois *ii)* referente a execuções de *atividades-fim*, sendo vedadas jurisprudencialmente, independentemente da falta de lei expressa neste sentido.[6]

---

[6] Vale a leitura da reportagem *"Temer sanciona lei que libera a terceirização de atividade-fim"*. Disponível em: <http://www.conjur.com.br/2017-mar-31/temer-sanciona-lei-libera-terceirizacao-atividade-fim>. Acesso em: 24 out. 2017.

O TST extrapolou no exercício de sua competência para editar súmulas? Evidentemente. Restringiu *arbitrariamente* o campo de exercício da *autonomia privada e empresarial* do empregador, por interpretação de natureza flagrantemente ideológica, ao ter reduzido o alcance de regra trabalhista autorizativa da contratação de terceirizados temporários, de segurança, conservação ou limpeza. O conteúdo do art. 22, *caput*, I, da Constituição, elimina quaisquer dúvidas: *compete privativamente à União legislar sobre Direito do Trabalho*.

Por mais que a súmula do TST buscasse garantir a proteção das relações de emprego, o Tribunal esqueceu-se de que não há como fomentar a conquista do *pleno emprego*, constitucionalmente desejada (CF, 170, VIII), tolhendo *aleatoriamente*, ao sabor da ideologia, o direito de o empresário estruturar o seu negócio, de modo que o possibilite aumentar os lucros e reduzir custos. Concretização do *pleno emprego* é via de mão dupla: proteção do emprego (CF, 7º, I) deve necessariamente estar harmonizada com a liberdade empresarial (CF, 170, *caput*).

O que a Lei nº 13.467/2017 fez, ao incluir a proibição destinada aos Tribunais do Trabalho, foi corrigir a súmula nº 331 do TST, por ter extrapolado em seu conteúdo, positivando, contrariamente ao teor do verbete, uma permissão forte para que o empregador possa exercer a sua liberdade de escolher e planejar a melhor forma de estruturar o seu negócio, em sintonia com a proteção do trabalhador, naturalmente. Em suma, o recado foi claro e silencioso: *não há mais espaço para o paternalismo judicial trabalhista.*

6 Conclusão

A inclusão do §2º, ao art. 8º, da CLT, foi legítima. O texto normativo apenas positivou regra que já vigorava implicitamente no sistema jurídico, mas que, ora ou outra, passava despercebida e era ignorada, muitas vezes, inconscientemente pelo juiz trabalhista e seus respectivos Tribunais.

A verdade é que ainda prevalece na justiça do trabalho um viés ideológico tendente a proteger o empregado, um "pobre coitado", hipossuficiente, do empregador ou empresário, um "vilão", explorador dos necessitados. Em pleno século XXI, com as informações circulando pelo mundo em tempo real, e acessível ao mais simples mortal, não há mais base empírica que justifique a leitura das relações de trabalho como espécie de vínculo jurídico *sempre desequilibrado* entre duas partes. Qualquer conduta abusiva pelo lado do contratante, empregador, logo estará disponível no *whatsapp* de todos nós.

O novo §2º, do art. 8º, portanto, pode ser compreendido como uma *mensagem subliminar de natureza política* do legislador para os Tribunais do Trabalho: a Justiça do Trabalho, juridicamente, deixou de ser a justiça a serviço dos interesses dos empregados, sendo, pelo menos desde a Constituição de 1988, o órgão judiciário responsável por julgar *imparcialmente* as controvérsias decorrentes das relações de trabalho (CF, 114). Não há mais espaço, em plena era da informática e da comunicação instantânea, para a posição de *empregado* denotar *vulnerabilidade incondicional*, ou de *empregador*, o sujeito que *abusa de seu poder socioeconômico*, em detrimento da dignidade daquele.

> Quando pensamos que sabemos mais do que alguma outra pessoa, estamos nos preparando para um choque de crenças. Isto é o que corrompe uma bela ideia. A ideia pode ser qualquer coisa: comida orgânica, direitos civis, tolerância, direitos dos animais, paz mundial ou qualquer outra com ares de nobreza que você possa pensar. Um apego fanático a qualquer uma delas criará mais dano do que benefício. Depois que o apego à crença supera a importância da mensagem, ela corrompe a ideia e, consequentemente, perde-se o respeito e a liberdade fica comprometida. E, sem o respeito pela liberdade de escolha, não é possível haver paz.[7]

Referências

ÁVILA, Humberto. *Teoria dos princípios*. 15. ed. São Paulo: Malheiros, 2014.

BULYGIN, Eugenio; ATIENZA, Manuel; BAYÓN, Juan Carlos. *Problemas lógicos em la teoria y prática del Derecho*. Madrid: Fundação colóquio jurídico europeo, 2009.

CONSULTOR JURÍDICO. *Temer sanciona lei que libera a terceirização de atividade-fim*. 2017. Disponível em: <http://www.conjur.com.br/2017-mar-31/temer-sanciona-lei-libera-terceirizacao-atividade-fim>. Acesso em: 24 out. 2017.

DIMOULIS, Dimitro. *Manual de introdução ao estudo do direito*. 7. ed. São Paulo: RT, 2016.

FERRAZ JR, Tércio Sampaio. *Introdução ao estudo do direito*. 6. ed. São Paulo: Atlas, 2010.

GOMES, Renato Rodrigues. *Interpretação jurídica coerente*: premissas fundamentais e metodologia. Ebook, 2017. p. 155-183, 196-210. Disponível em: www.renatorgomes.com/e-books. Acesso em: 24 out. 2017.

GOMES, Renato Rodrigues. *Interpretação jurídica coerente*: premissas fundamentais e metodologia. Ebook, 2017. p. 147-155. Disponível em: www.renatorgomes.com/e-books. Acesso em: 24 out. 2017.

GOMES, Renato Rodrigues. *A unidade do direito em foco*. Disponível em: <http://www.renatorgomes.com/o-que-significa-e-como-identificar-coerencia-no-direito/>. Acesso em: 24 out. 2017.

---

[7] RUIZ JR, Don Miguel. *Os cinco níveis de apego*. Colômbia: Ebook kindle, 2015. p. 1325-1329.

GUASTINI, Riccardo. *Distinguiendo. Estudios de teoria y metateoría del derecho*. 1. ed. Barcelona: Gedisa editorial, 1999.

GUASTINI, Riccardo. *Nuevos estúdios sobre la interpretación*. Colômbia: Ebook kindle, 2010.

RUIZ JR, Don Miguel. *Os cinco níveis de apego*. Colômbia: Ebook kindle, 2015.

SCHAUER, Frederick. *Thinking like a lawer*. Cambridge, Massachussetts: Harvard University Press, 2009.

SGARBI, Adrian. *Introdução à teoria do direito*. São Paulo: Macial Pons, 2013.

SUSTEIN, Cass. *Legal reasoning and political conflict*. New York: Oxford University Press, 1998.

Informação bibliográfica deste texto, conforme a NBR 6023:2002 da Associação Brasileira de Normas Técnicas (ABNT):

GOMES, Renato Rodrigues. Mensagem subliminar do legislador aos tribunais do trabalho: interpretem direito! In: TUPINAMBÁ, Carolina; GOMES, Fábio Rodrigues (Coord.). *A reforma trabalhista*: o impacto nas relações de trabalho. Belo Horizonte: Fórum, 2018. p. 379-388. ISBN 978-85-450-0441-7.

CAPÍTULO 17

REFORMA TRABALHISTA E TRABALHO INTERMITENTE: LIMITES CONFORME O DIREITO COMPARADO (BRASIL & ITÁLIA)

Roberta de Oliveira Souza

1 Introdução

Dizia Rui Barbosa que a palavra é o instrumento irresistível da conquista da liberdade, motivo pelo qual decidimos escrever este artigo.

A uma, para estabelecer as diretrizes e as bases do trabalho intermitente no Brasil, consoante disposto na reforma trabalhista, mas não sem antes delinear uma rota irrefreável de acontecimentos que culminaram na edição da Lei nº 13.467/2017.

A duas, para traçar um paralelo com outros sistemas previstos no direito comparado, em especial o do ordenamento italiano, que fixa limites ao trabalho intermitente, ao contrário do previsto no ordenamento pátrio.

A três, para apresentar os argumentos a favor e contra essa modalidade de prestação de serviços, analisando se houve ou não flexibilização incondicionada dos direitos trabalhistas com a edição da Lei nº 13.467/2017.

Afinal, o objetivo da argumentação não deve ser a vitória,[1] mas o progresso, e aqui estamos a defender o progresso moral e social dos direitos fundamentais dos trabalhadores ante o principio da vedação à evolução reacionária, ou simplesmente da proibição do retrocesso.

---

[1] JOUBERT, Joseph. *Citação notória*. Disponível em: <https://www.pensador.com/frase/MTM1Mzk/.> Acesso em 25.10.2017.

2 Por que reforma?

A reforma trabalhista é fruto do "backlash effect", isto é, da reação refratária ao ativismo judicial desta Especializada, seja por parte do Legislativo, seja pelo Executivo, seja pela parcela da sociedade correspondente ao empresariado.

Afinal, é notória a atuação garantista do Judiciário trabalhista na interpretação constitucional e legal no tocante à busca dos fins sociais das normas trabalhistas, sempre visando conferir maior efetividade aos direitos fundamentais dos trabalhadores em prol da dignidade que lhes é inerente.

Nesse sentido, revelam a atuação ativista desta Especializada, a edição da súmula nº 331 do C.TST, reputando ilegal a contratação de trabalhadores por empresa interposta na atividade fim, bem como a ordem de reintegração dos empregados demitidos nas dispensas em massa, nas quais não tenha havido prévia negociação coletiva, apesar de inexistir exigência legal nesse sentido e, por fim, a anulação de convenções e acordos coletivos quando não subsistem contrapartidas recíprocas.

Como reflexo do efeito "backlash" vemos que a edição da súmula nº 331 culminou na alteração da Lei nº 6.019/1974, em 31 de março de 2017, e, novamente, pela Lei nº 13.467/2017 (reforma trabalhista) que entrará em vigor no dia 11 de novembro de 2017, admitindo expressamente a terceirização em qualquer atividade, inclusive na atividade fim.

Nesse ínterim, em contrapartida à interpretação do TST a respeito da imprescindibilidade de prévia negociação coletiva nos casos pertinentes às dispensas em massa, a Lei nº 13.467/2017 equiparou expressamente as dispensas coletivas e plúrimas às individuais, no art. 477-A da CLT, sepultando de morte a necessidade de autorização prévia de entidade sindical ou a celebração de acordo ou convenção coletivos para a validade da dispensa em massa.

Por fim, no tocante à inexistência de contrapartidas recíprocas que ensejavam a anulação da negociação coletiva conforme jurisprudência pacificada do C.TST e do Pretório Excelso, a reforma restringiu a atuação judicial na análise dos acordos e convenções coletivos exclusivamente à conformidade dos elementos essenciais do negócio (art. 104, CC), devendo o magistrado balizar sua atuação pelo princípio da intervenção mínima, consoante artigos 8º, §3º e 611-A, §2º da CLT com redação dada pela Lei nº 13.467/2017.

E esses foram apenas alguns exemplos de tantos outros que poderiam ser mencionados no cenário da reformulação do direito do trabalho pelo Congresso, mas que fogem ao escopo deste artigo, que, inicialmente, procura apenas elucidar as razões que motivaram a edição da impetuosa reforma trabalhista.

Evidencia-se, portanto, que em virtude das circunstâncias econômicas que perpassam o país, cumuladas com a crise institucional e política do Governo, o Congresso foi pressionado a entregar uma resposta rápida aos anseios do empresariado que colapsara.

Não é por menos que Tocqueville anunciava que: "na política, os ódios comuns são a base das alianças",[2] motivo pelo qual "em nome da modernidade e do progresso" o Congresso e o Executivo se uniram para acalmar os ânimos do empresariado e entregaram a conta da precarização dos direitos trabalhistas ao operariado.

Contudo, apesar da vertiginosa resposta congressual, grande parte dos problemas que aguardava solução não foi resolvida e, além disso, diversos dispositivos da reforma irão sofrer da "síndrome de inefetividade", quando a reforma entrar em vigor, 120 dias após a publicação da Lei nº 13.467/2017.

E, aqui, não nos referimos apenas a inconstitucionalidades tais como a pertinente à quantificação dos danos extrapatrimoniais segundo o padrão remuneratório do empregado ou a da impossibilidade de o juiz promover a execução de ofício quando a parte estiver assistida por advogado.

Na primeira hipótese, por ser flagrante a violação à isonomia material e, na segunda, porquanto na Constituição subsiste a exigência de execução de ofício das contribuições previdenciárias instituídas no art. 195, I, a e II da CF. Logo como será dado ao juiz do trabalho executar de ofício o acessório sem ter a prerrogativa de executar o principal?

Mais além, a título ilustrativo, identificamos a ineficácia inerente ao art. 442-B da CLT, com a redação dada pela Lei nº 13.467/2017, que dispõe que a contratação do autônomo, cumpridas todas as formalidades legais, com ou sem exclusividade, de forma continua ou não, afasta a qualidade de empregado prevista no art. 3º da CLT.

Ora, é evidente que todos os requisitos da relação de emprego se mantêm, apesar da reforma, e o autônomo é, acima de tudo, um trabalhador não subordinado, motivo pelo qual a redação conferida ao art. 442-B da CLT em nada interfere no posicionamento jurisprudencial e doutrinário até então existente.

---

[2] TOCQUEVILLE, Alexis de. Citação notória. Disponível em: <https://quemdisse.com.br/frase/na-politica-os-odios-comuns-sao-a-base-das-aliancas/58390/.> Acesso em 25 out. 2017.

Nesse ínterim, torna-se clarividente que a edição e a aprovação alvoroçada da reforma trabalhista acabaram incorporando dispositivos à CLT com muitas falhas, seja no tocante à duvidosa constitucionalidade de alguns deles, seja quanto à ineficácia de tantos outros.

Porém, muitos artigos foram introduzidos e alterados na CLT, com a escusa de elevação da promoção de empregos e superação da crise econômica, tal qual o pertinente ao trabalho intermitente que será analisado oportunamente adiante.

De todo modo, é preciso levar em consideração os ensinamentos do festejado jurista J.J. Gomes Canotilho,[3] que destaca que em decorrência do "efeito cliquet" dos direitos fundamentais, ainda que se admita a adoção de novos contornos em relação a certos direitos, não é dado ao Legislador tender a aboli-los ou afetá-los sem a adoção de um mecanismo compensatório.

Assim, a grande reflexão que é deixada neste capítulo quanto à rota irrefreável que culminou na reforma trabalhista é o questionamento quanto aos motivos, às reais intenções e à efetividade dos dispositivos da Lei nº 13.467/2017.

Afinal, o nosso receio se resume à inesquecível lição de Tocqueville, quando afirmava que: "quando o passado não ilumina o futuro, o espírito vive em trevas",[4] isto é, se, em 1943, o ideal de justiça consistia em atribuir direitos aos trabalhadores, a fim de melhorar suas condições de vida, não se revela promissor o cenário atual que inspira a sua retirada, motivo pelo qual devemos buscar soluções no direito comparado a fim de interpretar, da melhor maneira possível, os novos dispositivos abordados pela reforma e, em especial, os que versam sobre o trabalho intermitente, consoante analisado a seguir.

3 O trabalho intermitente no Brasil

Inserido nos arts. 443 e 452-A da CLT, com redação dada pela Lei nº 13.467/2017, o trabalho intermitente é uma terceira modalidade de contrato de trabalho, diversa do contrato a prazo determinando e do contrato a prazo indeterminado.

Considera-se como intermitente o contrato de trabalho no qual a prestação de serviços, com subordinação, não é contínua, ocorrendo

---

[3] CANOTILHO, J. J. Gomes. *Direito Constitucional e teoria da Constituição*. 5. ed. Coimbra: Almedina, 2002. p. 336.

[4] TOCQUEVILLE, Alexis de. *De la démocratie en Amérique*. Volumes 3-4, 1848, p. 340.

com alternância de períodos de atividade e inatividade, determinados em horas, dias ou meses, independentemente do tipo de atividade do empregado e do empregador, exceto para os aeronautas, regidos por legislação própria.

São requisitos à sua celebração válida a forma escrita e o valor da hora de trabalho, que não pode ser inferior ao valor horário do salário mínimo ou daquele devido aos demais empregados do estabelecimento que exerçam a mesma função em contrato intermitente ou não.

Além disso, a convocação pelo empregador deve ocorrer com antecedência de, pelo menos, 3 (três) dias corridos, por meio de qualquer meio de comunicação eficaz, devendo informar ao empregado qual será a jornada pretendida.

Uma vez recebida a convocação, o empregado terá o prazo de um dia útil para responder ao chamado, presumindo-se, no silêncio, a recusa, que, no entanto, não descaracterizará a subordinação para fins do contrato de trabalho intermitente.

Se aceita a oferta para o comparecimento ao trabalho, a parte que descumprir, sem justo motivo, pagará à outra parte, no prazo de trinta dias, multa de 50% (cinquenta por cento) da remuneração que seria devida, sendo permitida a compensação em igual prazo.

Ademais, o período de inatividade não será considerado tempo à disposição do empregador, podendo o trabalhador prestar serviços a outros contratantes.

Outrossim, ao final de cada período de prestação de serviço, o empregado receberá o pagamento imediato das seguintes parcelas: I - remuneração; II - férias proporcionais com acréscimo de um terço; III - décimo terceiro salário proporcional; IV - repouso semanal remunerado; e V - adicionais legais.

De par com isso, o recibo de pagamento deverá conter a discriminação dos valores pagos relativos a cada uma das parcelas referidas supramencionadas.

O empregador também é responsável por efetuar o recolhimento da contribuição previdenciária e o depósito do Fundo de Garantia por Tempo de Serviço, na forma da lei, com base nos valores pagos no período mensal, e fornecerá ao empregado comprovante do cumprimento dessas obrigações.

Por fim, dispõe o §8º do art. 452-A da CLT com redação dada pela reforma que, a cada doze meses, o empregado adquire direito a usufruir, nos doze meses subsequentes, um mês de férias, período no qual não poderá ser convocado para prestar serviços para o mesmo empregador.

Diante do exposto, cabe ressaltar que, antes da Lei nº 13.467/2017, não havia regulamentação formal acerca do trabalho intermitente, de modo que muitos trabalhadores que operavam na informalidade e eram chamados apenas em determinados dias ou épocas do ano a prestar seus serviços, agora terão a chance de ter sua carteira de trabalho assinada, bem como as contribuições previdenciárias e o FGTS recolhidos, sem contar com o direito às férias, com o terço, ao décimo terceiro proporcional e ao repouso semanal remunerado.

Tal sistemática ganha relevância em ambientes como churrascarias, que nos finais de semana demandam mais mão de obra, além de em setores como o turismo, durante a alta temporada, em casas de shows, de entretenimento e em teatros.

Nada obstante, a preocupação concernente ao trabalho intermitente é a que diz respeito à migração da regra geral de prestação de serviços, qual seja, a prestação de serviços por prazo indeterminado, para o novo regime previsto nos artigos 443 e 452-A da CLT.

Ademais, em virtude do modo de prestação do trabalho intermitente, que combina períodos de atividade e de inatividade, há relativização do tempo à disposição, de modo que o empregado, apesar de aguardar a convocação para a prestação do serviço, não auferirá nenhum valor por esse período, o que acarretará tremenda insegurança remuneratória em desfavor do empregado.

Por via transversa, há quem sustente que ocorre a transferência do risco da atividade econômica para o empregado, o que violaria o princípio da alteridade ou da "ajenidad" consagrado no art. 2º da CLT.

Porém, o art. 4º da CLT, que considera como de serviço efetivo o período em que o empregado esteja à disposição do empregador, aguardando ou executando ordens, ressalva expressamente da regra geral disposições especiais em sentido contrário, sendo esta a hipótese dos arts. 443 e 452-A da CLT, com redação dada pela reforma.

A querela, por conseguinte, se resume em saber se a relativização do tempo à disposição por meio do trabalho intermitente viola ou não o princípio da alteridade e, em o afrontando, qual dispositivo deve prevalecer: a disposição especial ou a regra geral?

Mais ainda, cabe ressaltar que eventuais questionamentos quanto à correção do valor a ser pago ao final de cada período de prestação de serviços, nos termos do art. 452-A, §6º da CLT, e o exercício, por exemplo, do direito de greve pelo trabalhador intermitente, são atitudes que poderão ensejar retaliações por parte do empregador, face aos empregados que não se mantenham passivos diante da exploração desgovernada e desprotegida da mão de obra.

Como se não bastasse, o art. 611-A da CLT, com redação dada pela Lei nº 13.467/2017, prevê que a negociação coletiva terá prevalência sobre o disposto na lei quando tratarem sobre o trabalho intermitente. Assim, ainda que inexistam contrapartidas recíprocas, não haverá nulidade do negócio jurídico que verse sobre o trabalho intermitente, devendo o magistrado em caso de judicialização da demanda, pautar-se pelo princípio da intervenção mínima (arts. 8º, §3º e 611, §2º da CLT, com redação dada pela reforma) analisando exclusivamente os elementos do negócio previstos no art. 104 do CC.

4 O trabalho intermitente na Itália

O "contratto a chiamata" ou "lavoro intermitente" é uma modalidade de contrato sob demanda prevista nos artigos 13 a 18 do Decreto Legislativo nº 81, de 15 de junho de 2015, que analisaremos oportunamente adiante.

O art. 13[5] do decreto inicia a definição do que vem a ser trabalho intermitente e, após, discorre sobre as hipóteses que admitem a utilização dessa modalidade de prestação de serviços.

Nesse sentido, o DL nº 81/2015 conceitua o trabalho intermitente como o contrato que pode ser a tempo determinado ou indeterminado, mediante o qual um trabalhador disponibiliza a um tomador os seus

---

[5] Sezione II Lavoro intermittente

Art. 13 Definizione e casi di ricorso al lavoro intermittente

1. Il contratto di lavoro intermittente è il contratto, anche a tempo determinato, mediante il quale un lavoratore si pone a disposizione di un datore di lavoro che ne può utilizzare la prestazione lavorativa in modo discontinuo o intermittente secondo le esigenze individuate dai contratti collettivi, anche con riferimento alla possibilità di svolgere le prestazioni in periodi predeterminati nell'arco della settimana, del mese o dell'anno. In mancanza di contratto collettivo, i casi di utilizzo del lavoro intermittente sono individuati con decreto del Ministro del lavoro e delle politiche sociali.

2. Il contratto di lavoro intermittente può in ogni caso essere concluso con soggetti con meno di 24 anni di età, purché le prestazioni lavorative siano svolte entro il venticinquesimo anno, e con più di 55 anni.

3. In ogni caso, con l'eccezione dei settori del turismo, dei pubblici esercizi e dello spettacolo, il contratto di lavoro intermittente è ammesso, per ciascun lavoratore con il medesimo datore di lavoro, per un periodo complessivamente non superiore a quattrocento giornate di effettivo lavoro nell'arco di tre anni solari. In caso di superamento del predetto periodo il relativo rapporto si trasforma in un rapporto di lavoro a tempo pieno e indeterminato.

4. Nei periodi in cui non ne viene utilizzata la prestazione il lavoratore intermittente non matura alcun trattamento economico e normativo, salvo che abbia garantito al datore di lavoro la propria disponibilità a rispondere alle chiamate, nel qual caso gli spetta l'indennità di disponibilità di cui all'articolo 16.

5. Le disposizioni della presente sezione non trovano applicazione ai rapporti di lavoro alle dipendenze delle pubbliche amministrazioni.

serviços, podendo fruí-los de modo descontínuo ou intermitente, segundo as exigências individuais dos contratos coletivos de trabalho, e ainda podendo fazer menção à possibilidade de desenvolvimento da prestação em períodos predeterminados em intervalos semanal, mensal ou anual.

Na falta de contrato coletivo, o trabalho intermitente será regido por decreto editado pelo Ministro do Trabalho e das Políticas Sociais (DL nº 81/2015).

Em regra, o contrato de trabalho intermitente pode ser celebrado com qualquer sujeito menor de 24 anos de idade, admitindo-se a prestação de serviços até que o trabalhador complete 25 anos, e para aqueles com mais de 55 anos de idade.

Em qualquer caso, excepcionando-se apenas os setores de turismo, entretenimento e de serviços públicos, o contrato de trabalho intermitente é limitado, em face do mesmo tomador, a um período não superior a 400 jornadas de efetivo trabalho, em um intervalo de 3 anos.

Caso superado o referido período, a relação de trabalho intermitente se convola em trabalho a tempo integral e indeterminado.

No período em que não é utilizada a prestação dos serviços do trabalhador intermitente, o tomador não deve pagar pelos serviços, salvo se exigir do trabalhador que, uma vez convocado, se obrigue a comparecer.

Isso significa que, na Itália, existem duas situações possíveis no tocante ao trabalho intermitente. Afinal, é possível que as partes convencionem que o trabalhador ao ser convocado deva obrigatoriamente comparecer ao chamado. Assim, nessa hipótese o trabalhador deverá ser indenizado na forma do art. 16 do DL nº 81/2015. Não obstante, se o trabalhador não for obrigado a responder ao chamado, apresentando-se nos termos da convocação, nenhuma indenização lhe será devida.

Outrossim, faz-se imprescindível destacar que as disposições do DL nº 81/2015 não se aplicam às relações com a Administração Pública.

Por sua vez, o art. 14[6] do decreto nos reporta às vedações de utilização do trabalho intermitente.

---

[6] Art. 14 Divieti . 1. E' vietato il ricorso al lavoro intermittente:
a) per la sostituzione di lavoratori che esercitano il diritto di sciopero;
b) presso unità produttive nelle quali si è proceduto, entro i sei mesi precedenti, a licenziamenti collettivi a norma degli articoli 4 e 24 della legge 23 luglio 1991, nº 223, che hanno riguardato lavoratori adibiti alle stesse mansioni cui si riferisce il contratto di lavoro intermittente, ovvero presso unità produttive nelle quali sono operanti una sospensione del lavoro o una riduzione dell'orario in regime di cassa integrazione guadagni, che interessano lavoratori adibiti alle mansioni cui si riferisce il contratto di lavoro intermittente;

Dessa forma, não se admite a contratação do "lavoro a chiamata" para substituir empregados que estejam exercitando o seu direito de greve.

Do mesmo modo, se a unidade produtiva houver procedido, dentro dos seis meses anteriores à contratação do trabalho intermitente, à dispensa coletiva, não se admite a contratação do trabalho sob demanda para a execução das mesmas tarefas dos dispensados, bem como as que digam respeito a trabalhadores que tenham sido suspensos ou tido uma redução da carga horária e se encontrem usufruindo de algum sistema de assistência de renda.

Outrossim, não se admite a contratação via "lavoro intermittente" quando o empregador não houver efetuado a avaliação dos riscos em conformidade com as normas de tutela à saúde e segurança dos trabalhadores.

No que diz respeito à forma e à comunicação do contrato de trabalho intermitente (art. 15),[7] este deve ser estipulado na forma escrita, prevendo os seguintes elementos: duração, lugar da prestação, modalidade de disponibilidade, condições de pré-aviso da convocação - que não poderá ser inferior a um dia útil - , tratamento econômico e

---

c) ai datori di lavoro che non hanno effettuato la valutazione dei rischi in applicazione della normativa di tutela della salute e della sicurezza dei lavoratori.

[7] Art. 15 Forma e comunicazioni. 1. Il contratto di lavoro intermittente è stipulato in forma scritta ai fini della prova dei seguenti elementi:
a) durata e ipotesi, oggettive o soggettive, che consentono la stipulazione del contratto a norma dell'articolo 13;
b) luogo e modalità della disponibilità, eventualmente garantita dal lavoratore, e del relativo preavviso di chiamata del lavoratore, che non può essere inferiore a un giorno lavorativo;
c) trattamento economico e normativo spettante al lavoratore per la prestazione eseguita e relativa indennità di disponibilità, ove prevista;
d) forme e modalità, con cui il datore di lavoro è legittimato a richiedere l'esecuzione della prestazione di lavoro, nonché modalità di rilevazione della prestazione;
e) tempi e modalità di pagamento della retribuzione e della indennità di disponibilità;
f) misure di sicurezza necessarie in relazione al tipo di attività dedotta in contratto.
2. Fatte salve le previsioni più favorevoli dei contratti collettivi, il datore di lavoro è tenuto a informare con cadenza annuale le rappresentanze sindacali aziendali o la rappresentanza sindacale unitaria sull'andamento del ricorso al contratto di lavoro intermittente.
3. Prima dell'inizio della prestazione lavorativa o di un ciclo integrato di prestazioni di durata non superiore a trenta giorni, il datore di lavoro è tenuto a comunicarne la durata alla direzione territoriale del lavoro competente per territorio, mediante sms o posta elettronica. Con decreto del Ministro del lavoro e delle politiche sociali, di concerto con il Ministro per la semplificazione e la pubblica amministrazione, possono essere individuate modalità applicative della disposizione di cui al primo periodo, nonché ulteriori modalità di comunicazione in funzione dello sviluppo delle tecnologie. In caso di violazione degli obblighi di cui al presente comma si applica la sanzione amministrativa da euro 400 ad euro 2.400 in relazione a ciascun lavoratore per cui è stata omessa la comunicazione. Non si applica la procedura di diffida di cui all'articolo 13 del decreto legislativo 23 aprile 2004, n° 124.

normativo esperado e, se for o caso, o valor da indenização do trabalhador que se obriga ao comparecimento em caso de convocação ao serviço, bem como o tempo e a forma de pagamento da indenização de disponibilidade, se for o caso, além da forma e modalidades de execução da prestação dos serviços que podem ser exigidas pelo tomador e, por fim, as medidas de segurança em relação ao tipo de contrato estabelecido.

Ressalvadas as disposições mais favoráveis previstas nos contratos coletivos, o tomador dos serviços deve prestar informações anualmente ao sindicato sobre a execução do contrato de trabalho intermitente.

Consoante art. 16[8] do DL nº 81/2015, a medida do subsídio mensal de disponibilidade ou da indenização de disponibilidade será dividida em frações horárias determinadas via contrato coletivo e não pode, em qualquer caso, ser inferior ao montante fixado por decreto do Ministro do Trabalho e das Políticas Sociais, ouvidas as associações sindicais mais representativas em nível nacional.

Ademais, nota-se que a referida indenização sujeita-se à contribuição previdenciária pelo seu montante efetivo.

Em caso de doença ou de outro evento que impossibilite o trabalhador de, temporariamente, responder à convocação, o empregado deve informar tempestivamente tal fato ao empregador, especificando a duração do impedimento. Se o trabalhador for obrigado a responder o chamado, receberá a indenização de disponibilidade. Contudo, se não

---

[8] Art. 16 Indennità di disponibilità

1. La misura dell'indennità mensile di disponibilità, divisibile in quote orarie, è determinata dai contratti collettivi e non è comunque inferiore all'importo fissato con decreto del Ministro del lavoro e delle politiche sociali, sentite le associazioni sindacali comparativamente più rappresentative sul piano nazionale.

2. L'indennità di disponibilità è esclusa dal computo di ogni istituto di legge o di contratto collettivo.

3. L'indennità di disponibilità è assoggettata a contribuzione previdenziale per il suo effettivo ammontare, in deroga alla normativa in materia di minimale contributivo.

4. In caso di malattia o di altro evento che gli renda temporaneamente impossibile rispondere alla chiamata, il lavoratore è tenuto a informarne tempestivamente il datore di lavoro, specificando la durata dell'impedimento, durante il quale non matura il diritto all'indennità di disponibilità. Ove non provveda all'adempimento di cui al periodo precedente, il lavoratore perde il diritto all'indennità per un periodo di quindici giorni, salvo diversa previsione del contratto individuale.

5. Il rifiuto ingiustificato di rispondere alla chiamata può costituire motivo di licenziamento e comportare la restituzione della quota di indennità di disponibilità riferita al periodo successivo al rifiuto.

6. Con decreto del Ministro del lavoro e delle politiche sociali, di concerto con il Ministro dell'economia e delle finanze, è stabilita la misura della retribuzione convenzionale in riferimento alla quale il lavoratore intermittente può versare la differenza contributiva per i periodi in cui ha percepito una retribuzione inferiore a quella convenzionale ovvero ha usufruito dell'indennità di disponibilità fino a concorrenza del medesimo importo.

houver tal pacto expresso no contrato escrito, no sentido de o empregado poder ou não atender ao chamado, ele apenas fará jus à dita indenização caso ela ocorra durante a prestação do trabalho intermitente, mas não se ocorrer durante o período de espera.

Já o art. 17[9] do decreto discorre sobre o princípio da não discriminação, prevendo que o trabalhador intermitente tem direito a receber o mesmo tratamento normativo e econômico em face dos demais empregados do empregador.

Todavia, o tratamento econômico, normativo e previdenciário do trabalhador intermitente é proporcional ao trabalho efetivamente realizado.

Por fim, o art. 18[10] do DL nº 81/2015 trata do cômputo do tempo de serviço do trabalhador intermitente, o qual se dará de forma proporcional ao horário efetivamente trabalhado por semestre.

5 Contraponto entre a regulamentação do trabalho intermitente no Brasil e na Itália

Diferentemente do "contratto a chiamata", no trabalho intermitente regido pela reforma trabalhista inexiste limitação quanto à idade exigida para a prestação dessa modalidade de serviço.

Enquanto na Itália apenas os menores de 24 anos (até completarem 25) e os maiores de 55 anos podem prestar serviços "sob demanda", no Brasil, a nova legislação silencia, não estabelecendo nenhum limite etário.

Do mesmo modo, enquanto na República Italiana existem restrições de jornada, limitadas a 400 no interregno de 3 anos de prestação de serviços intermitentes para o mesmo empregador, na federação brasileira não subsiste regra similar.

---

[9] Art. 17 Principio di non discriminazione
1. Il lavoratore intermittente non deve ricevere, per i periodi lavorati e a parità di mansioni svolte, un trattamento economico e normativo complessivamente meno favorevole rispetto al lavoratore di pari livello.
2. Il trattamento economico, normativo e previdenziale del lavoratore intermittente, è riproporzionato in ragione della prestazione lavorativa effettivamente eseguita, in particolare per quanto riguarda l'importo della
retribuzione globale e delle singole componenti di essa, nonché delle ferie e dei trattamenti per malattia e infortunio, congedo di maternità e parentale.

[10] Art. 18 Computo del lavoratore intermittente
1. Ai fini dell'applicazione di qualsiasi disciplina di fonte legale o contrattuale per la quale sia rilevante il computo dei dipendenti del datore di lavoro, il lavoratore intermittente è computato nell'organico dell'impresa in proporzione all'orario di lavoro effettivamente svolto nell'arco di ciascun semestre.

Ademais, caso superado o limite de 400 jornadas no intervalo de 3 anos de prestação do "lavoro intermittente", o contrato se convola em prazo indeterminado.

Portanto, inexiste limite etário e de jornada na tratativa atribuída à CLT pela reforma trabalhista, na contramão prevista pelo modelo italiano.

Como se não bastasse, na Itália prevalecem dois sistemas de prestação de trabalho intermitente, sendo que em um deles o empregado pode recusar o chamado e no outro deve obrigatoriamente comparecer ao serviço. No segundo caso, o empregado é indenizado pelo tempo à disposição, diferenciação que não foi abordada pela reforma trabalhista, que sequer tangencia o assunto, deixando o trabalhador ao arbítrio do empresário, que pode convocá-lo quando e se quiser.

No tocante ao direito italiano, inadmite-se a aplicação do "lavoro a chiamata" à Administração Pública, situação não elencada pela reforma trabalhista, embora existam soluções constitucionalmente administráveis para coibir abusos nessa seara.

De par com isso, andou bem a legislação italiana no art. 14 do DL nº 81/2015 ao estabelecer vedações à contratação de trabalhadores intermitentes. Uma das situações paradigmáticas sobre o tema é a que versa sobre a impossibilidade de contratação do "lavoro a chiamata" para substituir empregados que estejam exercendo seu direito de greve. Ora, nada mais razoável do que assegurar um direito com outro, afinal, se ao empregador é dado contratar o trabalhador na modalidade de trabalho intermitente, mecanismos devem ser criados para coibir abusos.

No Brasil, por exemplo, diante da inexistência de regra dispondo sobre vedações ao abuso desse direito por parte do empregador, é possível que empregados grevistas sofram retaliações sem serem convocados a prestarem serviços por um longo e doloroso período em virtude do exercício do direito de "sciopero".[11]

E vamos além, para demonstrar que, em território nacional, um empregado que se negue a prestar serviços quando convocado, ainda que por motivo de doença ou de gestação, pode, eventualmente, ser preterido em face dos demais que gozam de plena saúde e nenhuma limitação médica.

O mesmo risco vale para aqueles que se tornarem conscientes de seus direitos e que exijam, a título ilustrativo, o pagamento, ao final de cada período de trabalho, das férias proporcionais, do décimo terceiro proporcional, do repouso semanal remunerado, e de todas as demais

---

[11] Palavra italiana usada para designar a greve como instrumento de um direito.

parcelas elencadas no art. 452-A, §6º da CLT, com redação dada pela reforma trabalhista.

Assim, considerando que a normativa nacional não possui regras claras sobre a vedação à discriminação e de condutas proibitivas em relação à contratação de trabalhadores intermitentes, a jurisprudência e os próprios instrumentos decorrentes de negociação coletiva poderão se socorrer da legislação alienígena para preencher as lacunas deixadas pela reforma trabalhista, nos termos do art. 8º da CLT.

6 Conclusão

Diante do exposto, retomamos a reflexão de Tocqueville para reafirmarmos que "quando o passado não ilumina o futuro, o espírito vive nas trevas", razão pela qual o instituto do trabalho intermitente e a reforma trabalhista de forma global devem ser interpretados com parcimônia e em consonância com os princípios que norteiam o direito do trabalho, para que o Judiciário não compactue com o retrocesso.

De par com isso, o direito comparado revela-se um forte aliado para solucionar lacunas e resolver controvérsias que vão além da legislação nacional para fins de estabelecimento de limites e restrições do uso incondicionado dessa modalidade de regime de trabalho.

Não é por menos que Martínez Paz afirma que a importância do direito comparado tem dois aspectos: o conhecimento completo de dado ordenamento jurídico positivo e a imposição da conjuntura mundial de haver uma integração entre legislações.[12]

Quanto ao primeiro aspecto, o autor afirma que o direito comparado apenas prepara o espírito do jurista para um conhecimento completo do direito positivo, na medida em que as investigações que ocorrem dentro dos limites exclusivos de uma legislação nacional vão fechando cada vez mais o horizonte e provocando uma incompreensão dos verdadeiros problemas do direito.

No que se refere ao segundo aspecto, o autor observa que a experiência das relações entre sujeitos de distintas nacionalidades tem imposto a necessidade de se integrar o conhecimento da legislação nacional com a de outros países.[13]

---

[12] MARTÍNEZ PAZ, Enrique. *Introducción al Derecho Civil Comparado*. Buenos Aries: Abelado Perrot, 1960, p. 127-128.

[13] MARTÍNEZ PAZ, Enrique. *Introducción al derecho civil comparado*. Buenos Aries: Abelado-Perrot, 1960. (extraído de COUTINHO, Ana Luísa Celino. Direito comparado e globalização. *Prim@ facie*, João Pessoa, ano 2, n. 3, p. 30-41, jul./dez. 2003.

Ora, apesar deste artigo ter se limitado à analise minudenciada da normativa italiana, a política do "zero hour contract", no qual o empregado é ativado segundo a discricionariedade do empregador, é uma realidade em proliferação, de modo que na Inglaterra, por exemplo, diversas manifestações contrárias a esse sistema vem sendo divulgadas.

Evidencia-se, portanto, que são diversas as previsões normativas em sede do direito comparado que tratam sobre o contrato de trabalho intermitente, podendo ser utilizados como parâmetros interpretativos e fontes do direito brasileiro, a fim de que esse instrumento não seja utilizado de forma abusiva como ferramenta de pressão face à classe operária.

Afinal, como já dizia Lacordaire "entre fortes e fracos é a liberdade que oprime",[14] motivo pelo qual incumbe ao Judiciário e aos operadores do direito buscarem mecanismos de promoção da máxima aristotélica referente à isonomia material com o intuito de promover a genuína justiça face a institutos que podem vir a ser desvirtuados para precarizar as relações de trabalho.

Referências

ALEXY, Robert. *Teoría de los derechos fundamentales*. Madrid: Centro de Estudios Políticos y Constitucionales. 2001.

BARROSO, Luís Roberto. *Curso de Direito constitucional contemporâneo*: os conceitos fundamentais da construção do novo modelo. 2. ed. São Paulo: Editora Saraiva, 2011.

BARROSO, Luís Roberto. *O controle de constitucionalidade no direito brasileiro*. 6. ed. São Paulo: Editora Saraiva, 2012.

CANOTILHO, J. J. Gomes. *Direito Constitucional e teoria da Constituição*. 5. ed. Coimbra: Almedina, 2002.

COUTINHO, Ana Luísa Celino. Direito comparado e globalização. *Prim@ facie*, João Pessoa, ano 2, n. 3, p. 30-41, jul./dez. 2003.

CRETELLA JÚNIOR, José. *Direito administrativo comparado*. Rio de Janeiro: Forense, 1990.

DELGADO, Maurício Godinho. *Curso de Direito do trabalho*. 16. ed. São Paulo: Editora LTr, 2017.

JOUBERT, Joseph. *Citação notória*. Disponível em: <https://www.pensador.com/frase/MTM1Mzk/.> Acesso em: 25 out. 2017.

LACORDAIRE, Henri Dominique. *Citação notória*. Disponível em: <https://citacoes.in/autores/henri-dominique-lacordaire/.> Acesso em: 25 out. 2017.

---

[14] LACORDAIRE, Henri Dominique. *Citação notória*. Disponível em: <https://citacoes.in/autores/henri-dominique-lacordaire/.> Acesso em: 25 out. 2017.

MARTÍNEZ PAZ, Enrique. *Introducción al derecho civil comparado*. Buenos Aries: Abelado-Perrot, 1960.

MENDES, Gilmar; BRANCO, Paulo. *Curso Direito constitucional*. 10. ed. São Paulo: Editora Saraiva, 2015.

PINHEIRO, Bruno. *Controle de constitucionalidade:* Doutrina, Jurisprudência e questões. São Paulo: Editora Método, 2010.

TOCQUEVILLE, Alexis de. *Citação notória*. Disponível em: <https://quemdisse.com.br/frase/na-politica-os-odios-comuns-sao-a-base-das-aliancas/58390/.> Acesso em 25 out. 2017.

TOCQUEVILLE, Alexis de. *De la démocratie en Amérique.*Volumes 3-4, 1848.

Informação bibliográfica deste texto, conforme a NBR 6023:2002 da Associação Brasileira de Normas Técnicas (ABNT):

SOUZA, Roberta de Oliveira. Reforma Trabalhista e trabalho intermitente: limites conforme o Direito comparado (Brasil & Itália). In: TUPINAMBÁ, Carolina; GOMES, Fábio Rodrigues (Coord.). *A reforma trabalhista*: o impacto nas relações de trabalho. Belo Horizonte: Fórum, 2018. p. 389-403. ISBN 978-85-450-0441-7.

CAPÍTULO 18

NOVAS FORMAS DE CONTRATAÇÃO NA LEI Nº 13.467/17 E INTERPRETAÇÃO SISTEMÁTICO-CONSTITUCIONAL: O TELETRABALHO EM FOCO

Roberta Ferme Sivolella

[...] não pode o Direito isolar-se do ambiente em que vigora, deixar de atender *às* outras manifestações da vida social e econômica. [...] As mudanças econômicas e sociais constituem o fundo e a razão de ser de toda a evolução jurídica; e o direito *é* feito para traduzir em disposições positivas e imperativas toda a evolução do igualitarismo.[1]

1 Introdução

Diante de um cenário de alterações significativas no mundo jurídico, social e político em escala mundial,[2] importantes alterações

---

[1] MAXIMILIANO, Carlos. *Hermenêutica e aplicação do direito.* 16. ed. Rio de Janeiro: Forense, 1997. p. 157-9.

[2] Iniciadas com a chamada "grande crise econômica" de 2008, as reformas trabalhistas calcadas na denominada flexibilização de direitos se espraiaram por diversos países, sobretudo na Europa, em situação que perdura até o presente. Como exemplo, podemos citar a Espanha (Ley nº 36/2011 e Real Decreto-Ley nº 3/2012); a Itália (onde uma série de leis denominadas "Job Acts" vem sendo aprovadas desde 2012 e submetidas a referendos para sua adequação - Leis nºs 92/2012, 78 e 183/2014, e Decretos- Lei nº 22, 23, 80, 81, 148, 149, 150 e 151/2015/2015; 185/2016 e 81/2017); Portugal (com a aprovação de diversas leis integrantes do denominado "pacote de austeridades", trazendo restrições de direitos trabalhistas entre 2011 e 2015, afetando inclusive o setor público); França (iniciando uma série de alterações e supressões de artigos do *Code du Travail,* em especial a Lei nº 2012-387, de 22.03.2012, Lei nº 2013-504 de 14.06.13, e, recentemente, sob os primeiros anúncios da chamada "reforma Macrón" que estava por vir, a Lei nº 2016-1088); e Alemanha (em continuidade às denominadas "Leis

são trazidas pela Lei nº 13.467/17, mormente no tocante às nuances dos contratos de trabalho.

Sob a justificativa de adequar a legislação às novas formas de trabalho e à tecnologia do mercado atual, além de corrigir supostos "excessos" de protecionismo atribuídos ao Judiciário Trabalhista e atingir a segurança jurídica necessária para atrair investimentos capazes de minorar a crise econômica vigente, a denominada reforma trabalhista, de supetão, altera grande número de dispositivos da Consolidação das Leis do Trabalho, atribuindo aos operadores do Direito o desafio de tentar adequar a interpretação e a aplicação do regramento vigente às peculiaridades do cenário de incerteza, animosidade e luta entre seus atores sociais, profundamente afetados, ainda, pelo cenário político do momento histórico presente.

As cobranças da sociedade, nesse contexto, apresentam-se com extrema dubiedade, quase como que um reflexo da grande dicotomia que permeia a relação de trabalho, díspar entre seus sujeitos em sua essência. Se, por um lado, a economia cobra urgência em se garantir a saúde econômica do país - e sem a qual não há fonte geradora de empregos -, há a consciência da necessidade inafastável de se garantir a proteção alcançada por meio de grandes conquistas sociais, referentes ao guarnecimento da relação de emprego. Esse último elemento garante, em última análise, o produto contraprestativo que vai viabilizar não só a subsistência do trabalhador e sua família, como direito fundamental,[3] mas também servirá como combustível a movimentar o aparato econômico, em intensa relação de causa e efeito.

Em meio a esta dicotomia incessante, a análise dos dispositivos da nova lei aprovada em julho de 2017, principalmente no que se refere aos contratos de trabalho em sua nova roupagem, reveste-se de importância ímpar, e ditará os contornos dos efeitos que advirão do novo regramento jurídico.

Por breves linhas, tentaremos aclarar algumas das principais mudanças em relação ao *teletrabalho* (um dos tipos de contrato de

---

Hartz" de 2002/2003, a Lei nº 92/2012 e, posteriormente, leis com importantes alterações previdenciárias em 2007 e 2014). No continente americano, medidas semelhantes foram realizadas também no México e no Chile, tomando por base as reformas europeias.

[3] Sobre o tema, vide o artigo "O direito fundamental à proteção ao emprego". In: SIVOLELLA, Roberta Ferme. *Revista Trabalhista de Direito e Processo*, n. 43, p. 36-53. Ed. Ltr, 2013; e SIVOLELLA, Roberta Ferme. *"A dispensa coletiva e o direito fundamental à proteção ao emprego:* a dignidade da pessoa humana na sociedade "econômica" moderna". Rio de janeiro: Ltr, 2014.

previsão expressa inédita, regido pela Lei nº 13.467/17), bem como qual a análise adequada das disposições correspondentes.

2 Uma questão de interpretação e garantia fundamental

Sob uma avalanche de notícias alertando acerca da edição da Lei nº 13.467/17, evidencia-se, com clareza, o fator econômico como justificativa maior e base constante de tentativa de convencimento social[4] para a aceitação da reforma trabalhista pelo grande público. Não se pode perder de vista, contudo, que a atividade do operador do direito não se pauta nos grandes anúncios ou promessas de efeitos quando se trata de aplicar a norma jurídica ao bem da vida debatido.

Em consequência ao raciocínio exposto, são duas as premissas que devem pautar a atividade interpretativa no que tange às disposições advindas da nova lei, e aqui focadas nas modernas formas de contratação laboral.

Inicialmente, a *interpretação sistemática* deve, obrigatoriamente, direcionar o convencimento acerca de qualquer alcance que se pretenda dar aos novéis dispositivos da Consolidação das Leis do Trabalho. Sabendo-se que o Direito do Trabalho, quanto aos direitos fundamentais que encerra, é um todo sistemático e que "o sistema dos direitos apenas interpreta aquilo que os participantes da prática de auto-organização de uma sociedade de parceiros do direito, livres e iguais, têm que pressupor implicitamente",[5] inevitável concluir que a interpretação das regras e princípios inseridos no ordenamento deve ser realizada de maneira ampla e global.

A análise conjunta dos dispositivos alterados com aqueles que não o foram, por outro lado, revelam o real escopo da norma jurídica, "atendendo, fundamentalmente, ao seu espírito e à sua finalidade [...]" e, por conseguinte, "o valor ou bem jurídico visado pelo ordenamento com a edição de dado preceito",[6] já que o legislador, tendo a oportunidade de modificar determinado artigo, não o fez.

---

[4] Conforme já evidenciamos em estudos anteriores, um dos requisitos para a segurança jurídica é a *"aceitação social"*, que acaba por se traduzir na denominada *legitimidade democrática*, ratificada por meio da *legitimidade social das normas e decisões,* justamente em sistema de edificação e controle, de forma mútua, da ordem constitucional instituída.

[5] HABERMAS, Jürgen. *Direito e democracia*: entre felicidade e validade. Trad. F. B. Siebeneichler. Rio de Janeiro: Tempo Brasileiro, 1997. p. 159.

[6] BARROSO, Luís Roberto. *Interpretação e aplicação da constituição*. 5. ed. São Paulo: Saraiva, 2003. p. 138.

Por outro lado, optar pelo caminho interpretativo de determinado preceito alterado pela Lei nº 13.467/17 que enseje discrepância entre este dispositivo e outro preexistente não alterado, indubitavelmente leva à situação de contradição, não coesão e mesmo exclusão recíproca entre regras de um mesmo diploma consolidado. Tal situação, além de insustentável sob a lógica de unidade e racionalidade ínsitas a um Código específico ao Direito do Trabalho, ainda levaria ao aumento de um dos fatores reputados, justamente, como mal, cuja extinção se objetiva por meio da reforma trabalhista: a insegurança jurídica.

Em segundo lugar, há que se ter em mente que esta interpretação sistemática interna não pode se dar sem o embasamento de uma visão mais ampla, calcada na interpretação da "totalidade do direito", não somente sob a ótica de que "se compreendem os enunciados prescritivos nos plexos dos demais enunciados",[7] mas também sob a visão de que determinado preceito positivado, abstratamente aplicado ao caso concreto não pode se mostrar contrário a princípio constitucional que envolve (e dá fundamento de validade) à matéria.[8]

Trata-se da *interpretação conforme a Constituição*, corolário do Estado Constitucional Social de Direito, forma única de se respeitar o escalonamento das normas jurídicas e, por outro lado, de se propiciar "condições para que o indivíduo possa participar de um discurso de fundamentação racional acerca de direitos legais, para que estes possam ser legítimos", função esta que, nos moldes do chamado constitucionalismo social, somente seria atingida através do pleno exercício dos direitos fundamentais.[9]

Por certo que os sistemas normativos se retroalimentam, de modo que a Constituição espelha a realidade histórica de seu tempo, não podendo, portanto, sua interpretação ser contraposta à realidade cultural, econômica e política de determinado contexto temporal a que se refere. Sob tal concepção, "a Constituição torna-se força ativa na realização das tarefas do Estado", de modo que,

---

[7] FREITAS, Juarez. A interpretação sistemática do Direito. 3. ed. São Paulo: Malheiros, 2002. p. 71.

[8] Segundo Rui Portanova, o juiz deve ser a expressão da democracia, não havendo razão para enclausurar o julgador em cubículos formais de procedimento com pouca liberdade criativa. Ao contrário, este deverá afastar a lei injusta aplicando os princípios gerais, a dialética, a transdogmática e a Constituição (PORTANOVA. Rui. *Motivações ideológicas da sentença*. 5. ed. Porto Alegre: Livraria do Advogado, 2003. p. 123).

[9] DIAS, Maria Clara Marques. Direitos sociais básicos: uma investigação filosófica acerca da fundamentação dos Direitos Humanos. *Manuscrito*, vol. XIX, n. 1, 1996, p. 129.

para que ocorram a realização e a efetivação constitucional há que germinar e florescer uma vontade constitucional (Wille zur verfassung), que parta da consciência geral e dos responsáveis pela ordem constitucional: os julgadores, os hermeneutas, os doutrinadores.[10]

Assim, a interpretação de determinado preceito celetista de forma contrária à Constituição significa não só inverter a ordem da força normativa e do fundamento de validade de determinado sistema jurídico, incorrendo em erro crasso de técnica hermenêutica, como também negar eficácia a uma vontade constitucional que embasa o Estado Democrático de Direito.

Partindo de tais ponderações, as principais inovações da Lei nº 13.467/17 em matéria contratual deverão, necessariamente, observar uma interpretação *sistemática* e *conforme a Constituição* como pressuposto básico para se conferir validade às alterações que se apresentam, e assim serão analisadas.

3 "Velhos" preceitos, novos contratos

Já se sabe que a evolução do trabalho *é* inerente ao próprio Direito do Trabalho, pois acompanha a evolução da própria sociedade em seus avanços. O novo formato do mercado de trabalho segue o avanço tecnológico e está muito ligado aos meios de tecnologia e novas formas de comunicação e controle. Como primeira e principal consequência, tem-se um novo conceito de *tempo* e *espaço*, realocando a ideia da subordinação jurídica em relação ao controle do tempo despendido na prestação de serviços e seu espaço geográfico de execução.

Dentre as inovações previstas na chamada "nova CLT", desponta a modalidade contratual do teletrabalho, como consequência desses novos contornos da relação de emprego em detrimento de uma velha acepção de tempo e espaço subordinados.

Com efeito, os meios de comunicação sofreram intensa alteração ao longo do tempo, culminando em ferramentas quase instantâneas e permanentes de interação entre os sujeitos da relação de trabalho, todas indicadoras de uma nova forma de fiscalização acerca da jornada e da produtividade do empregado.[11]

---

[10] HESSE, K. *A força normativa da Constituição*. Tradução de Gilmar Ferreira Mendes. Porto Alegre: Sérgio Antônio Fabris, 1991, p. 5.

[11] As mudanças dos meios telemáticos desde a integração dos computadores em sociedade atingiram grande patamar em pouquíssimo tempo, partindo do surgimento do telefone em

O teletrabalho, nada obstante a sua expressa previsão legal inserida na Consolidação das Leis do Trabalho somente em 2017, já se apresentava com intensidade na praxe do mercado, englobando cerca de 130 milhões de trabalhadores ao redor do mundo já em 2003, com crescimento aproximado de 45% por ano. No Brasil, no início de 2017, o mercado de trabalho já apresentava cerca de 15 milhões de teletrabalhadores, sendo que, nas empresas privadas, 68% dos empregados já se utilizavam de tal modalidade de prestação de serviços.[12]

A criação de um capítulo único a tal modalidade de contrato de trabalho remoto, portanto, surge como resposta a uma necessidade social ditada pelo que a praxe de mercado já evidenciava há mais de década, e se amolda à justificativa de tentativa de adequação da legislação trabalhista às novas nuances da relação de trabalho que a prática da sociedade já aplicava.

Uma importante alteração legislativa em relação à matéria, contudo, se encontra alocada fora do capítulo específico do teletrabalho, e parte da lógica de nova conceituação do tempo para fins de consubstanciação da denominada subordinação jurídica e da existência do próprio vínculo empregatício. Trata-se da inserção do inciso III ao artigo 62 da CLT.

A inclusão legal dispõe, sinteticamente, que, seguindo a lógica do *caput* do mesmo dispositivo, estarão excluídos do capítulo relativo

---

1870, origem do teletrabalho segundo a escala evolutiva apresentada pelos estudiosos da área, a saber:

1870 > Telefone/ Máquina de Escrever/ Papel carbono

1880 > Mimeógrafo/ Caixa registradora/ Máquina de somar

1890 > Máquina de estenografia

1900 > Fita de duas cores para máquina de escrever

1930 > Máquinas de escrever elétricas

1950 > Transistores/ Xerox/Telex

1960 > Computadores com microchips

1970 > Microcomputadores/ Transmissão fax-símile/ Calculadoras eletrônicas

1980 > Sistemas integrados/ Softwares para computadores

1990 > PCs/ E-mail/ Internet

1999 > Tecnologia de reconhecimento de voz/ Assistentes virtuais

Segundo MELLO, Álvaro. *Teletrabalho (telework):* o trabalho em qualquer lugar e a qualquer hora. Rio de Janeiro: Qualitymark, ABRH Nacional, 1999.

[12] Segundo dados do IBGE, apresentados pelo presidente da SOBRATT (Sociedade Brasileira de Teletrabalho e Teleatividades), Wolnei Tadeu Ferreira, em audiência pública na Comissão Especial da Reforma Trabalhista ocorrida em 15.03.17. (AGÊNCIA BRASIL. *Câmara dos deputados discute regras do trabalho remoto no país.* Disponível em: <http://agenciabrasil.ebc. com.br/politica/noticia/2017-03/camara-dos-deputados-discute-regras-do-trabalho-remoto-no-pais>. Acesso em: 31 jul. 2017.

à duração do trabalho (e, consequentemente, do direito à percepção de horas extras) "os empregados em regime de teletrabalho".

Uma interpretação literal e dissociada das duas vertentes interpretativas que consideramos como essenciais à validade das novas disposições trabalhistas poderia levar à equivocada conclusão acerca da exclusão automática dos teletrabalhadores do regime de jornada constitucional, por mera verificação de seu enquadramento formal como tal.

Contudo, uma análise sob os moldes propostos só permite concluir que tal análise ultrapassa a verificação meramente formal, ou seja, o momento de enquadramento do trabalhador como prestando serviços em *real* teletrabalho, considerando-se a característica de *efetiva ausência de controle de jornada*, é crucial para a aplicação do art. 62, III, ao caso concreto, nada obstante tal indicação não esteja expressa em seu texto como ocorre no inciso I do mesmo dispositivo, alusivo aos trabalhadores externos. Isso porque a ocorrência de controle de jornada rígido e constante por parte do empregador afastaria a hipótese de teletrabalho genuíno e tornaria a norma inconstitucional, sob o ponto de vista do art. 7º, XIII, da Constituição Federal, além de afrontar, ante ao distanciamento da verdade real dos fatos, o art. 5º, LV, e o mesmo artigo 7º, XXXI a XXXIV, da Carta maior, o último por representar clara discriminação em relação aos pares do trabalhador, também submetidos a controle de jornada.

Sob uma ótica sistemática, também se atentaria contra o *caput* do art. 8º da CLT, mantido pela reforma, e que consagra o uso dos princípios do Direito do Trabalho, dentre os quais se insere o princípio precípuo da primazia da realidade. Por outro lado, a interpretação meramente literal do inciso em foco representaria, ainda, violação ao art. 6º da CLT, *caput* e parágrafos, também mantidos de forma integral pela Lei nº 13.467/17, e que preconizam a vedação à distinção entre o trabalho realizado no estabelecimento do empregador, o executado no domicílio do empregado e o realizado a distância, deixando expresso, ainda, que os meios telemáticos e informatizados de comando, controle e supervisão se equiparam para fins de subordinação jurídica, aos meios pessoais e diretos de comando, controle e supervisão do trabalho alheio.

Em relação ao novel capítulo II-A, específico ao teletrabalho, dois aspectos merecem atenção em relação a possíveis lacunas legislativas que poderão dar margem a interpretações díspares em relação à aplicação dos preceitos correspondentes.

O primeiro deles diz respeito à possibilidade de alteração do regime de teletrabalho para o presencial, por determinação unilateral do empregador, realizada em aditivo contratual, prevista no §2º do art.

75-C da Lei nº 13.467/17.[13] Ao contrário da hipótese de possibilidade de tal alteração por mútuo acordo entre as partes, prevista no §1º do mesmo dispositivo, e que, ante a avença e o consentimento bilateral havido, não apresenta dificuldade de aplicação, a dita previsão de alteração contratual unilateral traz o questionamento sobre a necessidade de tal possibilidade estar prevista como cláusula original do contrato de trabalho e, portanto, sobre a necessidade de contar com a ciência (e a anuência) do empregado desde o nascedouro da relação empregatícia.

Mais uma vez, uma análise meramente literal levaria a uma resposta imediata negativa, ante a ausência de previsão expressa nesse sentido da lei. Entretanto, a lacuna legal aqui não parece ter representado silêncio eloquente, eis que tal interpretação simplória esbarra no contexto sistemático-constitucional a que nos referimos como basilar *à* hermenêutica da nova lei. Isso, porque, numa lógica sistemática, tal alteração unilateral a qualquer tempo poderia representar *alteração contratual lesiva,* vedada pelo art. 468 da CLT, *cujo conteúdo foi mantido incólume pela Lei nº 13.467/17.* Além do que, o *caput* do mesmo artigo 75-C da Lei nº 13.467/17 deixou clara a opção do legislador da previsão expressa das condições de trabalho em se tratando da modalidade do teleserviço, privilegiando a segurança jurídica e a boa-fé contratual.[14]

Sob uma ótica constitucional, tal caraterística representaria violação ao art. 5º, XXXVI, da Constituição Federal, informados do preceito celetista inserto no artigo 468 já mencionado no que tange *à* proteção do ato jurídico perfeito e do direito adquirido, e do art. 7º, XXVII, do mesmo diploma constitucional, que preconiza como direito social a proteção em face da automação, na forma da lei, de modo que esta mesma lei não poderia representar o desguarnecimento do trabalhador vedado pelo dispositivo correlato.

Por fim, um segundo aspecto que merece atenção dentro do capítulo em comento *é* a disposição do artigo 75-D, *caput,* da nova lei, em relação à necessidade de previsão expressa acerca da "responsabilidade pela aquisição, manutenção ou fornecimento dos equipamentos tecnológicos e da infraestrutura necessária e adequada à prestação do trabalho remoto, bem como ao reembolso de despesas arcadas pelo

---

[13] "Art. 75-C, [...]: §2º Poderá ser realizada a alteração do regime de teletrabalho para o presencial por determinação do empregador, garantido prazo de transição mínimo de quinze dias, com correspondente registro em aditivo contratual".

[14] "Art. 75-C. A prestação de serviços na modalidade de teletrabalho deverá constar expressamente do contrato individual de trabalho, que especificará as atividades que serão realizadas pelo empregado".

empregado". A redação dada ao novo artigo nada menciona acerca dos limites para tal responsabilidade e sua transferência ao empregado, surgindo dúvidas em relação ao silêncio da lei.

Aqui, novamente, a interpretação sistemática da Lei nº 13.467/17 não permite concluir, de maneira diversa ao entendimento de que, em hipótese alguma, tal responsabilidade pode ser transferida integralmente ao emprego. Desta feita, por força do artigo 2º, *caput*, da CLT, igualmente mantido em sua integralidade pela nova lei, e que consagra a máxima de que os riscos do empreendimento cabem ao empregador, como corolário e requisito da relação de emprego. O artigo 7º, IV, da Constituição, por sua vez, também poderia ser atingido em seu princípio da irredutibilidade salarial, caso a transferência integral dos riscos do empreendimento fosse permitida.

4 Conclusão

A finalidade concreta de minorar o abismo econômico entre as partes e manter a isonomia frente à velocidade da mutação e fragmentação das relações[15] impõe caráter peculiar à atividade da Justiça do Trabalho, transformando-a em agente transformador das próprias relações que se valem do seu jugo.

Balanceando-se entre medidas de maior ou menor permissividade à flexibilização das normas trabalhistas protetivas, a jurisprudência trabalhista incessantemente tenta se equilibrar entre as forças dicotômicas que clamam pela urgência de sua atuação. Vivem os operadores do Direito do Trabalho, assim, uma constante batalha para garantir o equilíbrio entre as forças que se contrapõem dentro dos conflitos sociais de sua competência, mantendo os direitos fundamentais arduamente conquistados, ao mesmo tempo em que cuidam para que a repercussão social de suas decisões não acabe por inviabilizar a empregabilidade.

Dentro desse contexto, a interpretação dos preceitos da Lei nº 13.467/17 em relação ao regramento do teletrabalho, assim como os demais, devem se pautar em atividade de reflexão e ponderação, frente ao sistema jurídico vigente como um todo sistemático, sem perder de vista a ordem constitucional vigente. Tal atitude, como regra geral e essencial à aplicação da nova lei trabalhista, não se traduz somente em uma lógica hermenêutica racional.

---

[15] Cf. FLORES, Joaquín Herrera. *A (re)invenção dos direitos humanos*. Florianópolis: Fundação Boiteux, 2009. p. 77-78.

Trata-se, em última análise, de se atingir os escopos de uma reformulação legal adequada e realmente afinada com a realidade e a necessidade da sociedade, atenta, concomitantemente, em minorar os impactos desmesurados nos direitos fundamentais do trabalhador (e, consequentemente, no valor social do trabalho e na dignidade da pessoa humana como princípios comezinhos do Estado Democrático do Direito), e acompanhar os novos paradigmas da sociedade econômica globalizada.

Referências

AGÊNCIA BRASIL. *Câmaras dos deputados discute regras do trabalho remoto no país*. Disponível em: <http://agenciabrasil.ebc.com.br/politica/noticia/2017-03/camara-dos-deputados-discute-regras-do-trabalho-remoto-no-pais>. Acesso em: 31 jul. 2017.

BARROSO, Luís Roberto. *Interpretação e aplicação da constituição*. 5. ed. São Paulo: Saraiva, 2003.

DIAS, Maria Clara Marques. Direitos sociais básicos: uma investigação filosófica acerca da fundamentação dos Direitos Humanos. *Manuscrito*, vol. XIX, n. 1, 1996.

FLORES, Joaquín Herrera. *A (re)invenção dos direitos humanos*. Florianópolis: Fundação Boiteux, 2009.

FREITAS, Juarez. A interpretação sistemática do Direito. 3. ed. São Paulo: Malheiros, 2002.

HABERMAS, Jürgen. *Direito e democracia*: entre felicidade e validade. Trad. F. B. Siebeneichler. Rio de Janeiro: Tempo Brasileiro, 1997.

HESSE, K. *A força normativa da Constituição*. Tradução de Gilmar Ferreira Mendes. Porto Alegre: Sérgio Antônio Fabris, 1991.

MAXIMILIANO, Carlos. *Hermenêutica e aplicação do direito*. 16. ed. Rio de Janeiro: Forense, 1997.

MELLO, Álvaro. *Teletrabalho (telework): o trabalho em qualquer lugar e a qualquer hora*. Rio de Janeiro: Qualitymark, ABRH Nacional, 1999.

PORTANOVA. Rui. *Motivações ideológicas da sentença*. 5. ed. Porto Alegre: Livraria do Advogado, 2003.

SIVOLELLA, Roberta Ferme. O direito fundamental à proteção ao emprego. *Revista Trabalhista de Direito e Processo*, n. 43, p. 36-53. Ed. Ltr, 2013.

SIVOLELLA, Roberta Ferme. *A dispensa coletiva e o direito fundamental á proteção ao emprego*: a dignidade da pessoa humana na sociedade "econômica" moderna. Rio de Janeiro: Ltr, 2014.

Informação bibliográfica deste texto, conforme a NBR 6023:2002 da Associação Brasileira de Normas Técnicas (ABNT):

SIVOLELLA, Roberta Ferme. Novas formas de contratação na Lei nº 13.467/17 e interpretação sistemático-constitucional: o teletrabalho em foco. In: TUPINAMBÁ, Carolina; GOMES, Fábio Rodrigues (Coord.). *A reforma trabalhista*: o impacto nas relações de trabalho. Belo Horizonte: Fórum, 2018. p. 405-414. ISBN 978-85-450-0441-7.

CAPÍTULO 19

REFORMA TRABALHISTA: UMA CARTOGRAFIA DAS DISCUSSÕES EQUIVOCADAS, ESQUECIDAS E FRUSTRANTES

Roberto Fragale Filho
José Francisco Siqueira Neto

Reivindicações de reforma da legislação trabalhista nunca saíram da agenda política brasileira. Críticas em torno da suposta inadequação da Consolidação das Leis do Trabalho (CLT) ao mercado de trabalho nacional começaram quase simultaneamente à sua própria publicação em 1943. Como alguns opositores argumentaram à época, ela era uma regulação muito avançada para um país ainda subdesenvolvido. Não se tratava, contudo, de uma rejeição espelhada pelos países com padrão trabalhista mais avançado. Na verdade, ela era provocada por dois fatores muito evidentes: o inegável balizamento de contenção do poder patronal ilimitado e a distribuição proporcionada pela adoção de um padrão estruturado de regulação trabalhista. Mesmo assim, dada a centralidade da Justiça do Trabalho para a efetividade dos direitos sociais, não é errado dizer que, estruturalmente, o sistema fechou seu círculo de concepção e funcionamento do meio para o final dos anos 1950. Com o passar do tempo, ante a impossibilidade de reversão legal e institucional, as críticas modificaram-se e, na década de 60 do século passado, concentraram-se no regime da estabilidade decenal, que assegurava a impossibilidade de dispensa sem justo motivo, após dez anos de trabalho para o mesmo empregador, e seu impacto na produtividade do trabalhador, argumentando que a primeira teria uma relação inversamente proporcional com a segunda, ou seja, quanto mais tempo de casa tivesse o empregado, menor seria sua produtividade. Esse intenso debate gerou duas características bem marcantes do mercado de trabalho nacional: a alta rotatividade no emprego como regra de encurtamento de vínculos empregatícios e a insistência nas simulações destinadas à descaracterização desses mesmos vínculos. O regime militar manteve essa padronização, inclusive sindical, e a Constituição cidadã da redemocratização reforçou seus fundamentos ao incorporar vários direitos, manter a unicidade sindical e fortalecer a Justiça do Trabalho. Duas décadas mais tarde, principalmente durante a segunda metade da década de 90 do século passado, a CLT foi intensamente criticada por supostamente retardar a competitividade internacional do país em decorrência dos altos custos trabalhistas que ela engendrava. Finalmente, na última década, a regulação do trabalho foi mais uma vez colocada sob intenso escrutínio, dessa vez supostamente por conta de sua incapacidade em fornecer respostas aos desafios colocados pela crise econômica. Nessas duas ondas, a matriz das críticas foi deslocada do campo dos direitos para as condições de competitividade do país e das alternativas para superação da crise econômica, como se fosse possível construir uma reação econômica exclusivamente a partir da redução do patamar de direitos. Entretanto, apesar de todo esse criticismo, a CLT sobreviveu a três diferentes Constituições (1946, 1967 e 1988) e a importantes alterações legislativas como a Lei nº 5.107, de 13 de setembro de 1966, que criou o Fundo de Garantia de Tempo de Serviço (FGTS) e tornou mais fácil para os empregadores o encerramento do contrato de trabalho. Ela testemunhou mudanças políticas substantivas, com a passagem de um governo civil autoritário para a democracia (1945), seguida de um período militar ditatorial (1964-1985) ao final do qual se regressou ao cenário democrático que possibilitaria a chegada ao poder do Partido dos Trabalhadores (PT), cujo líder, Luis Inácio Lula da Silva, alcançaria a presidência do país em 2002, tempos após ter criticado a parte sindical da CLT, sustentando que ela era o AI-5 do trabalhador brasileiro. Alguém poderia argumentar que essa habilidade para se adaptar diante de cada novo cenário político e/ou social, independentemente de sua moldura ideológica, revelaria uma inesperada flexibilidade normativa que contradiz a reprovação original endereçada ao texto consolidado. Ainda assim, uma hipótese diferente é possível: sua resiliência decorre de seu papel central na sociedade brasileira. Em outras palavras, como descrito por ocasião da celebração dos 70 anos da CLT pelo líder sindical João Guilherme Vargas Neto, ela seria o que proporcionaria alguma unidade à sociedade brasileira sob uma perspectiva social, política e econômica. Poder-se-ia então reescrever a frase para dizer que a CLT encarna a cidadania brasileira, além de uma ideia – ainda que difusa – de desenvolvimento econômico.

Não é, por conseguinte, surpresa alguma que este mesmo debate tenha sido revivido durante a campanha presidencial de 2014, que terminou com a reeleição da candidata petista Dilma Rousseff, cuja recusa em modificar a CLT tinha sido explicitada ao longo de toda a campanha. Nesse sentido, ficou famosa sua *boutade*, consoante a qual "não toco nos direitos trabalhistas nem que a vaca tussa". Em outras palavras, na medida em que a CLT incarnava uma longa história de direitos sociais no Brasil, ela não deveria ser emendada ou modificada. Entretanto, durante o ano que se seguiu à reeleição e ao longo da campanha efetuada pelo seu impeachment, essa agenda derrotada reapareceu no debate legislativo, ainda que especialmente focada na questão da regulamentação da terceirização. Claramente, após o impeachment de 31 de agosto de 2016, uma janela de oportunidade abriu-se para uma reforma do mundo do trabalho, cuja proposta seria apresentada pelo governo Temer no final de dezembro de 2016. Enquanto o Congresso Nacional encontrava-se ainda discutindo a proposta de reforma, foi aprovada a Lei nº 13.429, de 31 de março de 2017, cujos dispositivos retiravam a maioria das limitações ainda impostas à prática da terceirização. Muito antes que o impacto dessa profunda modificação no mundo do trabalho pudesse ser efetivamente avaliado, o Congresso Nacional, não sem antes ampliar a proposta original, aprovou a Lei nº 13.467, de 13 de julho de 2017, que, ao modificar uma centena de artigos da CLT, impunha uma radical mudança na regulamentação do mundo do trabalho no Brasil. Embora tenha sido estabelecida uma *vacatio legis* até novembro de 2017, é possível desde já afirmar que uma mudança societal parece estar se operando sob os nossos olhos. Fazer um esforço de compreensão sobre esse processo é o primeiro passo para entender os dilemas que esta nova normatividade acarreta, aqui proposto de forma ensaística e buscando explicitar o itinerário errante, o conteúdo fragmentado e o salto no escuro proporcionado pela reforma trabalhista.

Enquanto as circunstâncias econômicas estavam redefinindo as condições de trabalho no início dos anos 90 do século passado, o Tribunal Superior do Trabalho (TST) editou a Súmula nº 331, que se tornaria a principal regulamentação para a terceirização no país. Basicamente, ela reafirmava a ilegalidade da contratação de trabalhadores por empresas interpostas, estabelecendo a existência de uma relação de emprego com o tomador de serviços, salvo quanto ao trabalho temporário (Lei nº 6.019, de 03 de janeiro de 1974), aos serviços de vigilância privada (Lei nº 7.102, de 20 de junho de 1983), aos serviços de limpeza e conservação e à Administração Pública (artigo 37, II da Constituição Federal de 1988). Mas ela também introduziu duas grandes novidades: (a) uma cinzenta distinção conceitual entre atividades-fim e atividades-meio, que assume ser a primeira relacionada com a atividade nuclear do tomador de serviços e ser a última despida dessa característica; e (b) uma responsabilidade subsidiária atribuindo encargos trabalhistas aos tomadores de serviço em face da insolvabilidade dos fornecedores desde que eles tivessem participado do processo judicial e estivessem inscritos na decisão condenatória dos tribunais. O mosaico jurisprudencial estabelecido pela Súmula nº 331, por um lado, endossava o contrato de trabalho como a principal figura normativa para regular o mundo do trabalho subordinado e, a contrário senso, estabelecia suas exceções explícitas (trabalho temporário, vigilância privada, serviços de asseio e conservação e Administração Pública); por outro lado, ela claramente reconhecia a existência de uma zona cinzenta na qual a distinção deveria ser efetuada com base nas categorias atividades-fim e atividades-meio, permitindo que a terceirização pudesse ocorrer nas últimas. Mesmo assim, ela deveria ser utilizada de forma bastante cuidadosa, pois uma inovadora responsabilidade subsidiária fora criada pela jurisprudência do TST.

O Congresso Nacional não ignorou o debate judicial sobre a terceirização e sua primeira reação à Súmula nº 331 seria a aprovação da Lei nº 8.949, de 09 de dezembro de 1994, cujo conteúdo explicitava a inexistência de uma relação de emprego entre uma sociedade cooperativa e seus membros ou entre eles e o tomador de serviços de um trabalho fornecido por uma sociedade cooperativa, independentemente do campo de atividades da referida cooperativa. Essa era, contudo, uma resposta pleonástica na medida em que a nova legislação era uma mera reprodução do artigo 90, da Lei nº 5.764, de 16 de dezembro de 1971 (Política Nacional de Cooperativismo). Na verdade, sua real intenção consistia em tornar a prática da terceirização mais fácil sempre que ela fosse realizada por uma sociedade cooperativa. Que não paire nenhuma dúvida: o comando normativo claramente induzia ao comportamento simulado de descaracterização de vínculos empregatícios. Como resultado, a ocultação de relações de emprego por meio de cooperativas tornou-se uma prática comum. Incontáveis casos de empregadores dispensando empregados para, em seguida, recontratá-los por meio de uma cooperativa ou encaminhado novos empregados para uma cooperativa que já estivesse lhes fornecendo serviços assim como o uso de cooperativas para contornar a interdição de terceirização das atividades-fim inundaram as cortes trabalhistas. Como esperado, a resposta judicial mobilizou o artigo 9º da CLT, cujo conteúdo estabelece ser nulo todo e qualquer ato pretendendo desvirtuar, impedir ou fraudar sua aplicação, o que, naturalmente, se entenderia à aplicação da Súmula nº 331.

Uma tentativa para regular a terceirização foi efetuada em 26 de outubro de 2004, quando foi apresentado o Projeto de Lei (PL) nº 4.330. Em sua exposição de motivos, o projeto dava a terceirização como um fato incontornável, ou seja, uma realidade que necessitava ser reconhecida. Ela narrava que

> o mundo assistiu, nos últimos 20 anos, a uma verdadeira revolução na organização da produção. Como consequência, observamos também profundas reformulações na organização do trabalho. Novas formas de contratação foram adotadas para atender à nova empresa. Nesse contexto, a terceirização é uma das técnicas de administração do trabalho que têm maior crescimento, tendo em vista a necessidade que a empresa moderna tem de concentrar-se em seu negócio principal e na melhoria da qualidade do produto ou da prestação de serviço. No Brasil, a legislação foi verdadeiramente atropelada pela realidade. Ao tentar, de maneira míope, proteger os trabalhadores, simplesmente ignorando a terceirização, conseguiu apenas deixar mais vulneráveis os brasileiros que trabalham sob essa modalidade de contratação.

O silogismo é bastante simplório: a terceirização é uma realidade; esta, por sua vez, atropela a legislação; logo, façamos uma legislação consoante à realidade. Esse debate foi conduzido de forma muito precária, antecipando o clima de acirramento binário atualmente vivido em quase todos os espaços da vida nacional. Não houve espaço e tampouco ambiente para conversar em patamares mais racionais sobre a questão da descentralização produtiva provocada pelas transformações tecnológicas e produtivas. A visão fundamentalista predominou nas abordagens favoráveis à terceirização ampla como submissão à realidade. Não se vê aqui, contudo, nem mesmo um simples questionamento sobre o papel do direito. Retificar uma perversa realidade seria sua derradeira finalidade? Essa parece ser a perspectiva do projeto cujos dispositivos afirmavam a inexistência de uma relação de emprego entre tomadores de serviço e os trabalhadores contratados pelo fornecedor de mão de obra ou seus parceiros. Basicamente, o projeto permitia a terceirização de todas as atividades, eliminando assim a distinção conceitual produzida pelo TST entre atividades-fim e atividades-meio. Textualmente, o projeto estabelecia que "o contrato de prestação de serviços pode versar sobre o desenvolvimento de atividades inerentes, acessórias ou complementares à atividade econômica da contratante". O debate legislativo em torno da proposta prosseguiu ao longo de três legislaturas (2003-2006, 2007-2010 e 2011-2014) e, mesmo sem nunca chegar ao estágio de votação no plenário, ganhou enorme intensidade no final da terceira legislatura, ou seja, a partir de 2013. Embora a terceirização tivesse sido uma questão menor na campanha presidencial de 2014, a recém-eleita Câmara dos Deputados acelerou o debate legislativo sobre a matéria e, após três sessões deliberativas em abril de 2015, aprovou o referido projeto por uma maioria de 63% e o encaminhou para o Senado Federal, onde ele se transformou no Projeto de Lei da Câmara (PLC) nº 30, de 28 de abril de 2015.

O PLC nº 30/2015 estava ainda sendo discutido no Senado Federal, quando o novo cenário político resultante do impeachment da presidente Dilma Rousseff trouxe o debate sobre os direitos sociais e a seguridade social para o centro da agenda pública. Propostas de reformas para ambos foram avançadas como sendo absolutamente necessárias para o equilíbrio das contas públicas e para a recuperação da economia do país. Quanto à terceirização, um inesperado movimento foi efetuado pelo governo, recuperando o há muito esquecido PL nº 4.302, de 19 de março de 1998. De fato, proposto pelo presidente Fernando Henrique Cardoso, o projeto tinha sido originalmente aprovado pela Câmara dos Deputados em 13 de dezembro de 2000 e pelo Senado Federal em 16 de dezembro de 2002, onde sofrera pequenas modificações que exigiam uma nova votação pela instância legislativa original. Contudo, uma vez recebido pela Câmara, o projeto passou por diferentes comitês legislativos até 19 de agosto de 2003, quando o presidente Lula, que sucedera FHC, solicitou a retirada do projeto. Conquanto a solicitação do presidente Lula nunca tenha sido examinada, o debate em torno do projeto perdeu fôlego e, um ano mais tarde, foi incorporado na discussão sobre o então recentemente introduzido PL nº 4.330/2004. Após mais de quatro anos sem qualquer iniciativa relacionada com o projeto de 1998, seu processo legislativo foi retomado com seu relator indicando, em 17 de novembro de 2016, que "eventual diferenciação entre atividade-fim e atividade-meio mostra-se um empecilho, pois as empresas da atualidade trabalham em redes de produção e, por isso, precisam contratar de tudo. O importante é que contratem de forma correta". Menos de seis meses depois, o projeto foi aprovado na Câmara dos Deputados, não obstante as reclamações da oposição realçando a solicitação não examinada de sua retirada efetuada pelo presidente Lula em 2003, e convertido na Lei nº 13.429, de 31 de março de 2017.

Na verdade, esta legislação introduzia uma nova regulamentação do trabalho temporário, indicando que ele poderia ser utilizado tanto para atividades-meio, quanto para atividades-fim a serem executadas no tomador de serviços por um período de 180 dias, com uma extensão possível de mais 90 dias. Devido à sua limitação ao trabalho temporário, mais do que uma mudança radical na regulamentação da terceirização, a nova lei enviava uma clara mensagem de repúdio à Súmula nº 331 e antecipava o cenário proposto pelo PL nº 4.330/2004 na medida em que permitia a terceirização de todas as atividades relacionadas com o negócio do tomador de serviços, independentemente da distinção jurisprudencial entre atividades-fim e atividades-meio. Doravante, se a regulamentação proposta pelo PLC nº 30/2015 for aprovada, a única restrição residiria na especialização do fornecedor de serviços como um mecanismo a impedir a mera e simples intermediação da força de trabalho. Questões relacionadas com o cumprimento das leis trabalhistas, com a responsabilidade do tomador de serviços e com a representação dos trabalhadores são também discutidas no projeto de lei e elas proporcionam uma nova e completa regulamentação para a terceirização. Mesmo assim, a agenda da reforma trabalhista é maior que a terceirização e uma nova regulamentação promovendo a prevalência do negociado sobre o legislado viria a ser proposta pelo governo Temer.

De fato, quatro meses após o impeachment de Dilma Rousseff, o governo Temer enviou uma proposta de reforma trabalhista ao Congresso. O PL nº 6.787, de 23 de dezembro de 2016, propunha impactantes modificações na regulação do trabalho, a mais importante delas sendo a prevalência do negociado sobre o legislado. Conforme indicado na mensagem governamental ao Congresso, a reforma pretenderia empoderar os parceiros sociais de forma a valorizar a negociação coletiva e ampliar o diálogo social. Muito embora ela propusesse uma mudança profunda na cultura jurídica brasileira e em sua arraigada vinculação à lei (assumindo, naturalmente, que tudo isso possa ser modificado por decreto), o pertinente debate legislativo foi raso e célere, com sua aprovação ocorrendo em 27 de abril de 2017. Menos de dois meses mais tarde, em 11 de julho de 2017, a reforma seria aprovada no Senado Federal e, dois dias mais tarde, promulgada como Lei nº 13.467, de 13 de julho de 2017, pelo presidente Michel Temer. Nesse curto intervalo de tempo, seu debate girou em torno de quatro diferentes aspectos: (a) a pretensa necessidade de atualização da CLT, um diploma legislativo datado de 1943; (b) o impacto da regulação do trabalho nas taxas de desemprego; (c) a excessiva litigiosidade decorrente do mundo do trabalho; e (d) a insegurança jurídica oriunda de uma inflacionada regulação jurídica e de uma jurisprudência excessivamente protetiva. Muito embora não haja qualquer evidência empírica para corroborar a maioria desses argumentos, eles foram e continuam sendo mencionados como as principais razões para a reforma.

Quanto ao argumento do envelhecimento, deve-se dizer que antiguidade nunca foi uma razão em si para endossar uma eventual mudança legislativa. Trata-se de um verdadeiro despautério. É algo tão despropositado como se alguém sustentasse que a Constituição dos Estados Unidos da América (1787) deveria ser alterada, pois afinal, com mais de dois séculos de existência, ela é muito velha. De fato, a necessidade de se rever um texto normativo não surge como uma consequência natural da passagem do tempo, mas decorreria da incapacidade jurídica de uma antiga disposição legal regular novas circunstâncias da vida cotidiana. Pode também decorrer de novos arranjos societais que redefinam o modo pelo qual a regulação jurídica é percebida ou desejada em uma determinada matéria. Claramente, entretanto, este não é o caso para a reforma trabalhista, pois a CLT é ainda percebida como um elemento chave na cultura jurídica trabalhista brasileira e seus contornos permanecem como o paradigma regulatório das relações de trabalho. Na verdade, a controvérsia sobre o envelhecimento da CLT não propõe um debate sobre sua suposta inadequação ao mundo do trabalho ou sobre a desejada qualidade do emprego, mas assume a necessidade de uma nova regulação como um truísmo decorrente da economia globalizada. O envelhecimento da CLT é um falso argumento, muito similar àquele mobilizado na década de 60 do século passado, consoante o qual a ausência de cumprimento em relação às disposições da legislação trabalhista seria um resultado inevitável de um cenário jurídico que era supostamente inadequado para a realidade do país. Em outras palavras, é o velho debate de Oliveira Vianna distinguindo entre Brasil legal e Brasil real repaginado para o século XXI.[1] Ambos os argumentos – envelhecimento e inadequação – são claramente retóricos e despidos de qualquer evidência empírica robusta. Esses dois equívocos são também encontrados na segunda controvérsia, a que assume a existência de uma relação direta entre regulação do trabalho e taxas de desemprego. Trata-se de um argumento que tem sido mobilizado não apenas no Brasil, mas também em diferentes países emergentes para justificar e introduzir reformas do trabalho. Contudo, esta relação está longe de ser corroborada pelos fatos. O período venturoso recente da história do país demonstra claramente que, quando a economia está em processo de expansão, a regulação do trabalho é irrelevante. Até

---

[1] VIANA, Oliveira. *Instituições Políticas Brasileiras*. Rio de Janeiro: Record, 1949.

muito pouco tempo atrás, o problema do Brasil era a ausência de mão de obra qualificada suficiente para responder ao crescimento econômico e não foram poucos os trabalhadores estrangeiros que chegaram ao País para suprir essa demanda. O que se testemunha agora é, na verdade, um fenômeno estrutural, pois não adianta reduzir direitos quando a economia não reage.

Os dois últimos aspectos controversos estão diretamente relacionados com a forma pela qual as disputas trabalhistas são resolvidas no Brasil. É verdade que a litigância trabalhista brasileira apresenta elevados índices quantitativos e que as estatísticas continuam a aumentar ano após ano. Mas, porque isso é assim? A litigância decorre de uma supostamente rígida regulação do trabalho ou é consequência de seu enorme descumprimento por parte de empregadores? Todos os trabalhadores são *free riders* do judiciário trabalhista aproveitando-se de seus incentivos para litigar? Como isso explica que o assunto mais frequente na litigância de casos novos nas Varas do Trabalho diga respeito a verbas rescisórias? Estas questões permanecerão, infelizmente, sem respostas, já que elas foram evitadas pela reforma trabalhista ao redirecionar o debate para as temáticas do acesso às cortes trabalhistas e aos padrões de adjudicação oferecidos por estas últimas. Ao invés de propor um amplo debate sobre o papel dos tribunais trabalhistas e o fortalecimento da negociação coletiva articulada e simultaneamente centralizada e descentralizada, a reforma dificulta seu acesso, que até aqui tinha sido extremamente generoso na medida em que empregados não pagavam taxas para litigar. Mais do que isso, a reforma tenta limitar as possibilidades de interpretação judicial assumindo que juízes do trabalho são responsáveis pela produção de incertezas para a regulação do mundo do trabalho. Essas duas medidas – limitação de acesso às cortes trabalhistas e redução das possibilidades interpretativas do juiz – são, portanto, assumidas pela reforma como iniciativas que irão reduzir a litigiosidade trabalhista para patamares razoáveis. Entretanto, o resultado dessa posologia é imprevisível, já que a competição interpretativa sobre o significado e o alcance da reforma corre solta nesses quatro meses de *vacatio legis* e ainda aguarda a entrada em cena de um de seus maiores protagonistas, justamente aquele cuja atuação a reforma pretende limitar, ou seja, as cortes trabalhistas.

Embora a Lei nº 13.467/2017 esteja sendo referenciada como o quadro normativo da reforma trabalhista, o que facilitará o trabalho dogmático dos juristas preocupados em fornecer uma chave analítica para sua interpretação, é preciso reconhecer que a reforma constitui um *patchwork* incompleto. Em outras palavras, para melhor compreender seu alcance, faz-se necessário incluir o debate inconcluso sobre terceirização e incorporar os ajustes que o governo Temer promete realizar por meio de medida provisória para retificar o que não teria saído a contento na legislação aprovada. É, portanto, um trabalho em construção. Contudo, restrinjamo-nos, por ora, ao marco específico da Lei nº 13.467/2017, que alterou quase uma centena de artigos da CLT. Talvez seu ponto mais importante seja a prevalência do negociado sobre o legislado, ainda que isso não seja necessariamente uma novidade, na medida em que essa preponderância era acordada sempre que a negociação importava na ampliação dos direitos atribuídos pela lei e na melhoria das condições de trabalho. Na verdade, a novidade aqui reside na eliminação dessa condicionante. De fato, a reforma estabelece que o exame judicial de uma convenção e/ou acordo coletivo é guiado pelo mínimo de intervenção na autonomia coletiva dos parceiros sociais e é limitado às formalidades jurídicas do ato. Doravante, os parceiros estão livres para estabelecer o que melhor lhes aprouver quando a convenção e/ou acordo coletivo versar sobre: jornada de trabalho (respeitados os limites estabelecidos pela Constituição); banco de horas anual; intervalo intra-jornada (respeitado o limite mínimo de trinta minutos para jornadas superiores a seis horas); adesão ao Programa Seguro-Emprego (PSE); plano de cargos, salários e funções compatíveis com a condição pessoal do empregado, bem como identificação dos cargos que se enquadram como funções de confiança; regulamento empresarial; representante dos trabalhadores no local de trabalho; teletrabalho, regime de sobreaviso e trabalho intermitente; remuneração por produtividade, incluídas as gorjetas percebidas pelo empregado, e remuneração por desempenho individual; modalidade de registro de jornada de trabalho; troca do dia de feriado; enquadramento do grau de insalubridade; prorrogação de jornada em ambientes insalubres, sem licença prévia das autoridades competentes do Ministério do Trabalho; prêmios de incentivo em bens ou serviços, eventualmente concedidos em programas de incentivo; e participação nos lucros ou resultados da empresa. Alguns desses direitos podem ser negociados por meio de acordo individual, mas, mais importante, todos eles podem ser negociados individualmente por empregado portador de diploma de nível superior e que perceba salário mensal igual ou superior a duas vezes o limite máximo dos benefícios do Regime Geral de Previdência Social, ou seja, pouco mais de onze mil reais. Estabelece-se, assim, mediante a combinação de *background* educacional e percepção de um salário razoável para os padrões nacionais, uma espécie de autonomia individual que permite, inclusive, negociar na contramão da deliberação coletiva.

Outras importantes modificações são encontradas na reforma trabalhista. Elas dizem respeito à representação dos trabalhadores com a introdução da comissão de empregados nas empresas com mais de duzentos empregados e aos mecanismos de financiamento dos sindicatos por conta da extinção do imposto sindical. No âmbito da litigância trabalhista, destacam-se o reconhecimento da possibilidade de prescrição intercorrente, a tarifação do dano extrapatrimonial e a introdução da regra de sucumbência na Justiça do Trabalho. As mudanças são, portanto, substanciais e afetarão o arranjo institucional em torno do mundo do trabalho. Com efeito, ao longo de toda sua existência, a CLT propiciou um arranjo institucional para o mundo do trabalho assentado em um tripé: (a) a prevalência do legislado; (b) a unicidade sindical com mecanismos de financiamento compulsório; e (c) a Justiça do Trabalho como um lócus de resolução dos problemas verificados no mundo do trabalho. Esse arranjo institucional passou incólume pelas inúmeras transformações sociais e políticas do país por cerca de sete décadas, sobrevivendo tanto a retrocessos autoritários, quanto a reconfigurações democráticas. Entretanto, com a reforma trabalhista, sem que uma voz sequer se levante para explicitar o rumo dessa transformação, esse arranjo institucional parece estar sendo desfeito. Na primeira ponta do tripé, introduz-se a prevalência do negociado, mas de forma fragmentada, pulverizada. Na outra ponta, subtrai-se o mecanismo de financiamento, sem, contudo, tocar-se na unicidade. Os comandos são diretos no sentido do enfraquecimento dos sindicatos. Direcionam e fragmentam as negociações por empresas e não permitem a ruptura da unicidade por meio de um sistema de liberdade sindical. Com isso, eles mantêm rígido controle sobre a baixa representatividade da imensa maioria dos sindicatos brasileiros. Por fim, na terceira extremidade, modifica-se substancialmente a forma de atuação da Justiça do Trabalho, introduzindo mecanismos redutores de suas possibilidades de interferência. Essa redução, aliás, é consentânea com os cortes orçamentários verificados em 2016, quando se verificou uma redução de 30% em seu custeio e de 90% em seu investimento, e prossegue com a proposta orçamentária de 2018, que sugere um corte linear de 20%. Não obstante tudo isso, o arranjo institucional que está a se desenhar para o mundo do trabalho é uma grande incógnita, que deveria despertar alguma – senão muita – inquietação.

Na esteira da onda conservadora que varreu o país, produz-se um cenário inquietante, marcado por discussões equivocadas, esquecidas e frustrantes. Com efeito, o debate em torno da reforma trabalhista parece-nos pautado por duas discussões equivocadas. De uma banda, clama-se pela mudança sem que seja apresentada qualquer evidência empírica que corrobore sua necessidade. A decrepitude e a inadequação da CLT são decantadas como fato incontroverso, sujeito tão somente à inevitável constatação do bom senso. De outra banda, verifica-se a incapacidade do campo crítico em constatar e enfrentar os problemas existentes no modelo vigente. É certo que há vozes críticas, que há uma competição de sentido no interior da Justiça do Trabalho e que há bandeiras sindicais atreladas à pluralidade, à democracia e à autonomia coletiva. Entretanto, elas não têm encontrado eco nas arenas de discussão, fazendo com que os protagonistas das controvérsias do mundo do trabalho produzam um debate equivocado, pautado por posições binárias e dicotômicas que não dão conta de sua complexidade. Disso resulta uma dupla discussão esquecida sobre, de um lado, a representação dos atores sociais e, em especial, os sindicatos, e, de outro lado, a qualidade do trabalho. Ao longo de seus anos de vigência, a CLT viu a representação sindical esvaziar-se, fazendo com que a maioria dos trabalhadores desconheça a atividade sindical de sua correspondente categoria e, por via de consequência, os sindicatos tenham tido sua legitimidade solapada. Enquanto isso acontecia, o debate sobre a qualidade do trabalho foi escanteado, sem jamais conseguir ganhar a arena pública. Enquanto nos anos 1960 e 1990, o debate resumiu-se, respectivamente, à produtividade e à empregabilidade, ele agora parece cingir-se à competitividade, sem que, em nenhum dos três momentos, tenha se conseguido elevar a discussão à questão da qualidade.

Nesse momento em que, por conta da reforma trabalhista, uma nova oportunidade de debate sobre a qualidade do trabalho se oferece, o que se produz, entretanto, é uma discussão frustrante. A discussão sobre a regulação do mundo do trabalho tornou-se frustrante, pois ela foi capturada pelo viés dicotômico que transformou a sociedade em um campo de batalha. Ela foi incorporada como mais um nicho das guerras culturais que hoje perpassam a sociedade brasileira. Presente no campo dos direitos humanos, da família, da escola, da política, essa guerra reduziu o debate ao confronto "nós *vs.* eles", como, aliás, retratam as notícias mais recentes sobre a repercussão da mudança legislativa. Nos seminários acadêmicos que procuram decifrar o alcance das mudanças, são comuns as narrativas que mimetizam a lógica do pugilato: no lado direito do ringue, a "modernidade", a "flexibilização", a "diabolização" do Estado; e, no lado esquerdo, a denúncia do "vandalismo" contra os direitos dos trabalhadores e a "indigência científica" das propostas adversas, o elogio ao "esforço criativo" dos tribunais e à combatividade das posturas "esclarecidas". Em agosto passado, no

16º Congresso Brasileiro do Agronegócio em São Paulo, a desqualificação do outro beirou o descalabro, com os juízes do trabalho sendo chamados de "mal formados", a legislação trabalhista, de "tiranossáurica", e os procuradores, de "loucos". Discursos de desqualificação foram ali sustentados pelo jornalista William Waack, pelo empresário Walter Schalka e por Almir Pazzianotto, ex-ministro e presidente do TST, defendendo, por um lado, a recivilização do contrato de trabalho e a extinção da Justiça do Trabalho. Esta última pregação já fora antes realizada por Maílson da Nóbrega, ex-ministro do governo Sarney, ao afirmar, no seminário *"A legislação trabalhista na visão empresarial: custos e benefícios"*, promovido em maio desse ano pela FecomercioSP, que sua extinção impediria que "o negociado fosse interpretado pelo juiz trabalhista como contrário ao interesse do trabalhador".[2] Ao sugerir que os interesses contrariados não são jamais aqueles do patronato, mas por certo aqueles do operariado, que além disso seria infantilizado pela justiça laboral, o discurso desqualificante ganha matizes ideológicos com atribuição pueril de papeis pré-constituídos: trabalhadores infantis, juízes opressores e um patronato impedido de produzir mais riqueza. É um debate ridiculamente constituído que leva até mesmo um Ministro do Supremo Tribunal Federal (STF) a mobilizar equivocadas estatísticas e, uma vez confrontado com o equívoco, apenas replicar que não foi ele quem produziu os números e que apenas os citou. Mas não é só, pois a frustração decorre também da captura pelas agendas corporativas, que contestam a reforma a partir das ameaças que elas proporcionam aos seus protagonismos no arranjo institucional. No fundo, a frustração parece construir-se pela ausência de centralidade emprestada ao principal objeto do debate – o trabalho – e o foco nos papeis institucionais que os diferentes atores desempenharam ao longo dos anos de existência da CLT. No final das contas, perguntamo-nos: Para onde vai o mundo do trabalho no Brasil? Na ausência de uma discussão sobre a qualidade do trabalho e sobre o incremento do bem-estar que sua melhoria poderia proporcionar, parece-nos que a reforma, ao introduzir uma mudança substancial no arranjo institucional precedente, produz, de uma banda, uma regulação fragmentada, que importará em uma apropriação mais perversa do trabalho e, de outra banda, um novo arranjo institucional cujo desenho será construído a fórceps no cotidiano massacrante da crise, sempre em detrimento do trabalhador. Oferecer uma alternativa é

---

[2] NÓBREGA, Maílson da. *FecomércioSP*. Disponível em: <http://www.fecomercio.com.br/noticia/a-reforma-trabalhista-ira-valorizar-a-etica-nas-relacoes-de-trabalho-no-brasil-aponta-diretor-do-itau-unibanco.> Acesso em: 24 out. 2017

nosso dever, pois, no fundo, assumindo que o argumento de articulação entre trabalho, desenvolvimento e cidadania está correto, é o já tíbio cidadão brasileiro que é aqui o maior derrotado.

Referências

NÓBREGA, Maílson da. *FecomércioSP*. Disponível em: <http://www.fecomercio.com.br/noticia/a-reforma-trabalhista-ira-valorizar-a-etica-nas-relacoes-de-trabalho-no-brasil-aponta-diretor-do-itau-unibanco.> Acesso em: 24 out. 2017.

VIANA, Oliveira. *Instituições Políticas Brasileiras*. Rio de Janeiro: Record, 1949.

Informação bibliográfica deste texto, conforme a NBR 6023:2002 da Associação Brasileira de Normas Técnicas (ABNT):

FILHO, Roberto Fragale; NETO, José Francisco Siqueira. Reforma Trabalhista: uma cartografia das discussões equivocadas, esquecidas e frustrantes. In: TUPINAMBÁ, Carolina; GOMES, Fábio Rodrigues (Coord.). *A reforma trabalhista*: o impacto nas relações de trabalho. Belo Horizonte: Fórum, 2018. p. 415-428. ISBN 978-85-450-0441-7.

CAPÍTULO 20

A TARIFAÇÃO DOS DANOS EXTRAPATRIMONIAIS E A SEGURANÇA JURÍDICA

Victor Tainah F. Dietzold

1 Introdução

O tema "danos extrapatrimoniais" sempre proporcionou palco para grandes debates e continua gerando muita controvérsia e polêmica no âmbito da doutrina e da jurisprudência. A discussão ganhou maior relevo com a sanção da Lei nº 13.467, de 13 de julho de 2017, que trata da chamada "Reforma Trabalhista", na medida em que o novo texto legal tarifou a reparação de danos de natureza extrapatrimonial decorrentes da relação de trabalho. Nesse contexto, o presente artigo terá por objetivo analisar, mas sem a pretensão de esgotar o tema, aspectos jurídicos relevantes acerca do assunto, notadamente o princípio da segurança jurídica, fundamental para que o Direito exerça o seu papel na busca pela paz social.

2 Conceitos

Com relação ao conceito de dano moral/extrapatrimonial encontramos diversas definições em obras de respeito, sendo certo que, embora haja uma diversidade de definições, a doutrina converge no sentido de identificar o dano moral como aquele que atinge o íntimo das pessoas. Particularmente me parece mais adequada a corrente doutrinária que apresenta uma definição mais ampla para o dano moral, a exemplo da doutrina de Mauro Schiavi, que afirma que atualmente, o conceito de dano moral tem caráter mais amplo do que os chamados 'danos da alma' ou danos do mundo interior, e sim para abranger todo dano à pessoa, seja no aspecto interior (honra, intimidade, privacidade), bem como no aspecto exterior (imagem, boa-fama, estética), que não tenha natureza econômica, e que abale a dignidade da pessoa.[1]

Atualmente vem ganhando destaque na jurisprudência trabalhista o chamado dano existencial, que consiste em espécie de dano extrapatrimonial cuja principal característica é a frustração do projeto de vida pessoal do trabalhador, impedindo a sua efetiva integração à sociedade, limitando a vida do trabalhador fora do ambiente de trabalho e o seu pleno desenvolvimento como ser humano, em decorrência da conduta ilícita do empregador.[2]

O exemplo prático da configuração do dano existencial é a hipótese de labor excessivo em jornada de trabalho extenuante sem a concessão de folga, implicando no desequilíbrio entre a qualidade de vida do trabalhador e seu trabalho.

Foi dentro desse contexto que a nova lei foi categórica ao estabelecer que: "Causa dano de natureza extrapatrimonial a ação ou a omissão que ofenda a esfera moral ou existencial da pessoa física ou jurídica, as quais são as titulares exclusivas do direito à reparação".[3]

3 Cenário jurisprudencial atual e a insegurança jurídica

Por oportuno, é importante destacar, com a finalidade de prestigiar o debate, que segundo dados do próprio TST, algo em torno de 2% das reclamações trabalhistas ajuizadas no ano de 2016 tratavam, exclusivamente, de pedidos de indenização por dano moral ou existencial, sendo certo que, neste percentual, não estão sendo consideradas as ações judiciais que apresentam um pedido acessório de indenização por danos morais. Ou seja, é um dado alarmante e preocupante, principalmente se levarmos em conta que boa parte destas demandas judiciais, no que tange ao dano moral, é oriunda de mero descumprimento contratual ou de violação à legislação trabalhista.

---

[1] SCHIAVI, Mauro. *Ações de reparação por danos morais decorrentes da relação de trabalho*. 3. ed. São Paulo: LTr, 2009. p. 66.

[2] RECURSO DE REVISTA RR 10347420145150002 (TST) – publicado em 13.11.2015.

[3] Art. 223-B da Lei nº 13.467 de 13 de julho de 2017.

Nesta linha, a banalização do instituto do dano moral é evidente e percebida na prática pelas empresas. Soma-se a isso o fato de que a fixação pecuniária da indenização por danos extrapatrimoniais se dá pelo arbitramento judicial, conferindo aos magistrados alto nível de discricionariedade na fixação das indenizações, trazendo, como consequência, a insegurança jurídica, notadamente em razão da existência de decisões díspares em casos similares.

Não obstante a completa banalização do instituto em exame, importante destacar que em razão da ausência de critérios objetivos para quantificar a indenização por danos extrapatrimoniais, não raras vezes encontramos decisões no judiciário trabalhista acerca de casos semelhantes, mas com indenizações completamente díspares, o que reforça a instalação da insegurança jurídica sobre a matéria.

Para ilustrar a disparidade acima mencionada, cito dois acórdãos proferidos pelo TST que analisaram casos extremamente semelhantes envolvendo assalto a transporte coletivo urbano, sendo certo que ambos os casos a demanda trabalhista foi proposta pelo cobrador do ônibus. Registre-se, por oportuno, que nos dois casos o fato gerador da indenização por danos morais foi a ocorrência de sucessivos assaltos que os trabalhadores foram submetidos na qualidade de cobrador do transporte coletivo, sem a ocorrência de lesões físicas.

No primeiro acórdão,[4] o TST reformou a decisão do Regional que afastava a condenação por danos morais, fixando a indenização na quantia de R$10.000,00 (dez mil reais) a título de danos morais. Já no segundo acórdão,[5] O TST entendeu que "a proximidade do julgador, em sede ordinária, com a realidade cotidiana em que contextualizada a controvérsia a ser dirimida, habilita-o a equacionar o litígio com maior precisão, sobretudo no que diz respeito à aferição de elementos de fato sujeitos à avaliação subjetiva, necessária à estipulação do valor da indenização. Conclui-se, num tal contexto, que não cabe a esta instância superior, em regra, rever a valoração emanada das instâncias ordinárias em relação ao montante arbitrado a título de indenização por danos morais", mantendo a fixação da indenização atribuída pelo Tribunal Regional no montante de R$60.000,00 (sessenta mil reais).

Como já dito, ao analisar a íntegra dos acórdãos, nota-se que os casos são bastante semelhantes, razão pela qual não apresentam

---

4   RECURSO DE REVISTA RR 16482820115090010 (TST). Data de publicação: 31.03.2015.
5   RECURSO DE REVISTA RR 434004020065040221 (TST). Data de publicação: 23.10.2015.

elementos que justifiquem uma disparidade tão grande dos valores da condenação, cuja diferença é de 50 mil reais.

Com efeito, trata-se apenas de um exemplo de decisões díspares, pois a verdade é que os bancos de jurisprudência dos Tribunais estão repletos de distorções, e isso sem contar com a existência de decisões díspares no âmbito da 1ª instância, gerando sucessivos recursos judiciais, seja para majorar ou reduzir as condenações por dano extrapatrimonial.

4 O novo texto legal (Lei nº 13.467/2017)

A nova Lei regulamenta o dano extrapatrimonial como aquele que decorre de ação ou omissão que ofenda a esfera moral ou existencial da pessoa física (em relação à honra, imagem, intimidade, liberdade de ação, autoestima, sexualidade, saúde, lazer e integridade física) ou da pessoa jurídica (em relação à imagem, marca, nome, segredo empresarial e sigilo da correspondência), as quais são as titulares exclusivas do direito à reparação. Estabelece que são responsáveis todos os que tenham colaborado para a ofensa ao bem jurídico tutelado, na proporção de sua ação ou omissão.

A apreciação do dano extrapatrimonial deverá considerar: I - a natureza do bem jurídico tutelado; II - a intensidade do sofrimento ou da humilhação; III - a possibilidade de superação física ou psicológica; IV - os reflexos pessoais e sociais da ação ou da omissão; V – a extensão e a duração dos efeitos da ofensa; VI - as condições em que ocorreu a ofensa ou o prejuízo moral; VII - o grau de dolo ou culpa; VIII - a ocorrência de retratação espontânea; IX - o esforço efetivo para minimizar a ofensa; X - o perdão, tácito ou expresso; XI – a situação social e econômica das partes envolvidas; XII - o grau de publicidade da ofensa.

A condenação a danos patrimonial e extrapatrimonial deve discriminar os valores das respectivas indenizações, sendo que a indenização a ser paga a título de dano extrapatrimonial deve seguir os seguintes parâmetros (vedada a acumulação das naturezas da ofensa): I - ofensa de natureza leve, até três vezes o último salário contratual do ofendido; II - ofensa de natureza média, até cinco vezes o último salário contratual do ofendido; III - ofensa de natureza grave, até vinte vezes o último salário contratual do ofendido; IV - ofensa de natureza gravíssima, até cinquenta vezes o último salário contratual do ofendido. Se o ofendido for pessoa jurídica, a indenização será fixada com observância desses mesmos parâmetros em relação ao salário contratual do ofensor. Na reincidência entre partes idênticas, o juízo poderá elevar ao dobro o valor da indenização (art. 223-A a 223-G, CLT).

A nova lei, em que pese as ferrenhas críticas que vem sofrendo, deve ser elogiada por outros aspectos, notadamente sob a ótica da segurança jurídica, pois como já ressaltado, o excesso de subjetividade nos julgamentos acaba gerando decisões díspares, violando, inclusive, a isonomia entre os jurisdicionados.

Por outro ângulo, é de se destacar que com os novos parâmetros estipulados pela nova lei, existe uma tendência de diminuição da quantidade de recursos interpostos com a finalidade de majorar ou reduzir condenações por danos morais, principalmente se levarmos em conta os dados do TST já citados, no sentido de que 2% das ações trabalhistas distribuídas em 2016 tinham como único pedido a condenação por danos morais.

Ainda na linha da segurança jurídica, é preciso realçar que hoje o excesso de demandas trabalhistas, o alto número de recursos interpostos, implicando no abarrotamento e na atribulação dos Tribunais em razão exatamente deste excesso, ao final e ao cabo, poderá ser mais nocivo à sociedade do que ações judiciais pontuais que, portanto, apreciam mero direito subjetivo das partes e que eventualmente não cheguem a um resultado considerado justo pelas mesmas.

É importante dizer que muito dificilmente uma legislação terá a capacidade de atender a todos, sem insatisfações, mas é preciso lembrar que o Direito não tem como única finalidade fazer justiça, mas também exercer seu papel na busca pela paz social e do bem estar da coletividade, sendo certo que a segurança jurídica é fundamental para este objetivo.

Com efeito, entendo ser razoável a criação de critérios para quantificação dos danos extrapatrimoniais, conforme consta no texto da nova lei, vez que caminha na direção e ao encontro da segurança jurídica.

5 A inconstitucionalidade sustentada por grande parte da comunidade jurídica

Cabe novamente registrar que o texto da Reforma Trabalhista vem sofrendo diversas críticas, sendo certo que um dos temas mais sensíveis foi a regulamentação dos danos extrapatrimoniais, na medida em que o dano moral e o existencial no âmbito das relações de trabalho *deixam de ser apreciados à luz da legislação civil e passam a ser julgados sob a ótica da Lei nº 13.467/17,* que alterou a CLT.

Aliás, cabe aqui um rápido parêntese acerca do que está disposto no art. 223-A, *in verbis*:

Art. 223-A. Aplicam-se à reparação de danos de natureza extrapatrimonial decorrentes da relação de trabalho apenas os dispositivos deste Título.

Considerando o texto legal acima destacado, sinceramente tenho dúvidas se ainda haverá a possibilidade de o judiciário trabalhista, socorrendo-se da legislação civil, aplicar em determinados casos concretos a teoria da responsabilidade objetiva para atribuir à parte, condenação por danos morais.

Explico melhor. Além do disposto no art. 223-A, ainda temos a regra disposta no art. 223-G, que é categórica ao afirmar que "ao apreciar o pedido, o juízo *considerará*", e em seguida o referido dispositivo apresenta os parâmetros que deverão ser observados pelo juízo, merecendo destaque o inciso VII que trata do grau de dolo ou culpa na conduta do ofensor.

Com efeito, o referido dispositivo não estabelece qualquer possibilidade de atribuir uma condenação por danos extrapatrimoniais ao ofensor, independentemente de culpa, como estabelece a teoria da responsabilidade objetiva. E, nesse sentido, me parece que essa corrente perderá aplicabilidade nos casos de pedido de indenização por danos extrapatrimoniais.

É certo que o art. 2º da CLT estampa a teoria do risco ao classificar o empregador como "a empresa, individual ou coletiva, que, assumindo os riscos da atividade econômica, admite, assalaria e dirige a prestação pessoal de serviço".

Nesta linha, não há qualquer dúvida de que a teoria da responsabilidade objetiva continuará valendo para pedidos de indenização por danos materiais comprovadamente sofridos. No entanto, considerando que o novo texto legal regulamenta o dano extrapatrimonial de forma específica, não estabelecendo, como anteriormente ressaltado, a possibilidade de atribuir indenização nos casos que independerem de culpa, penso que a aludida teoria perderá força.

Mas, como já dito, ainda tenho dúvidas quanto ao tema, pois ainda merece maiores reflexões e debate.

Outro ponto sensível envolvendo o tema dos danos extrapatrimoniais diz respeito a sua inconstitucionalidade, sustentada por muitos doutrinadores renomados.

Nesse sentido, mesmo me considerando um defensor da reforma trabalhista e de entender que os critérios estipulados são razoáveis sob a ótica da segurança jurídica, não há como abrir mão de minhas convicções, sendo certo que o novo texto legal, a meu sentir, de fato se choca com a CF/88, ao vincular a indenização por danos patrimoniais ao salário do trabalhador e, ainda, estipular um valor máximo. Nas palavras do Ministro João Orestes Dalazen,

> de fato, impossível conciliar a estandardização do valor da indenização por dano moral com a exigência constitucional de proporcionalidade. Parece de lógica cartesiana irrefutável que 'proporcional' não se compadece jamais com a estipulação de um valor máximo a título de indenização, mormente levando em conta as múltiplas e heterogêneas formas de lesão moral que a dinâmica social e econômica suscita. Assim, em primeiro lugar, a inconstitucionalidade repousa na contradição intrínseca entre a norma constitucional que não limita o valor da indenização e a norma legal que impõe valor máximo a título de dano moral.[6]

Por outro lado, não concordo com a corrente que sustenta que também há uma inconstitucionalidade da nova lei em relação aos danos extrapatrimoniais pela violação da isonomia. No meu modo de ver, o novo texto legal apenas traz parâmetros para se chegar a um patamar de reparação por danos extrapatrimoniais que cumpra o seu papal reparatório e, ao mesmo tempo, não implique em enriquecimento sem causa para o ofendido.

Em outras palavras, não há que se interpretar o novo texto legal no sentido de que a honra de um empregado chão de fábrica é maior ou menor de que o Diretor Executivo da mesma empresa, por exemplo. Contudo, temos que reconhecer que, em razão da diferença da situação social e econômica de ambos, os casos não podem ser analisados da mesma maneira.

O Desembargador do Tribunal Regional do Trabalho da 1ª Região, em sua obra *"Dano moral na dispensa do empregado"*, menciona um exemplo que traduz bem essa questão, vejamos:

> Deve-se acrescentar ao elenco acima, em se tratando de Dano Moral Trabalhista, a personalidade do empregado lesado, em especial a sua notoriedade, como fator de relevo na determinação da reparação competente, diante da repercussão que produz o Dano Moral experimentado. Com efeito, a popularidade amplia a esfera da exposição da pessoa, tornando mais acentuada a repercussão e, como consequência, o vulto da reparação. Nesse sentido, a análise da reparação por Dano Moral Trabalhista também deve se pautar pelo *status* social do empregado e sua imagem perante a sociedade e o mercado (clientes e empresas concorrentes). Portanto, um direito de uma empresa multinacional que tenha um relacionamento amplo e, por conseguinte, uma grande

---

6 DALAZEN, João Orestes. *Lições de direito e processo dc trabalho*. São Paulo: LTr, 2017. p. 138.

exposição na sociedade tem que ser analisado à luz desses aspectos, diferentemente do que ocorre com um operário desconhecido que milita no interior de uma empresa.[7]

Desta forma, em que pese a provável existência de inconstitucionalidade no capítulo da nova lei que trata dos danos extrapatrimoniais, em razão da violação do art. 5º, inciso V, da CF/88, discordamos, como já dito, da violação à isonomia.

Dentro desse contexto, é oportuno lembrar que nos termos do §1º do art. 223-G da nova lei, ao julgar procedente o pedido de indenização por danos extrapatrimoniais, o juízo fixará o valor da indenização em "até X vezes" o último salário contratual do ofendido. Ou seja, ainda haverá muita margem para discricionariedade do Juízo, que poderá fixar a condenação levando em conta os vários aspectos elencados na nova legislação.

Analisando o presente tópico sob outro prisma, e considerando o posicionamento de boa parte dos magistrados trabalhistas, caso o novo texto legal não sofra alteração legislativa ou ADI para declarar sua inconstitucionalidade, creio haver grandes chances de os magistrados, nos casos concretos e aplicando o Controle de Constitucionalidade pela Via Incidental, declararem na fundamentação de suas decisões a inconstitucionalidade dos artigos 223-A ao 223-G, e continuarem julgando as ações utilizando os mesmos métodos que sempre utilizaram.

Nesta linha, merece ser lembrada a lição do eminente Ministro do STF e professor Luís Roberto Barros, em sua obra *"O Controle de Constitucionalidade no Direito Brasileiro"*, que é praticamente um livro de cabeceira, vejamos:

> O controle incidental de constitucionalidade é um controle exercido de modo difuso, cabendo a todos os órgãos judiciais indistintamente, tanto de primeiro como de segundo grau, bem como aos tribunais superiores. Por tratar-se de atribuição inerente ao desempenho normal da função jurisdicional, qualquer juiz ou tribunal, no ato de realização do Direito nas situações concretas que lhes são submetidas, tem o poder-dever de deixar de aplicar o ato legislativo conflitante com a Constituição. Já não se discute mais, nem na doutrina nem na jurisprudência, acerca da plena legitimidade do reconhecimento da inconstitucionalidade por juiz de primeiro grau, seja estadual ou federal.[8]

---

[7] SANTOS, Enoque Ribeiro dos. *Dano moral na dispensa do empregado*. 5. ed. São Paulo: LTr, 2015. p. 247.

[8] BARROSO, Luís Roberto. *O Controle de constitucionalidade no Direito Brasileiro*. São Paulo: Editora Saraiva, 2004. p. 76.

Mas, a questão levantada acima se trata apenas de uma reflexão e conjectura de minha parte, sendo certo que apenas os dias futuros dirão.

6 Avaliação e composição do dano extrapatrimonial à luz da jurisprudência do STJ e do art. 489 do novo CPC

Considerando a alta probabilidade de a nova lei, em relação ao capítulo dos danos extrapatrimoniais, sofrer alteração ou até mesmo ser declarada inconstitucional por meio de Ação Direta de Inconstitucionalidade, aumenta a necessidade de proporcionarmos um debate sobre a matéria, de modo que não retornemos ao *status quo ante*, e continuemos transitando pelo plano da insegurança jurídica.

Nesta esteira, muito oportuno mencionarmos que o STJ, embora não seja um procedimento novo, vem aplicando o chamado método bifásico para definição de indenização por danos morais. Em ligeira síntese, o método bifásico analisa inicialmente um valor básico para a indenização, considerando o interesse jurídico lesado, com base em grupo de precedentes que apreciaram casos semelhantes. Em um segundo momento, o juízo competente analisa as circunstâncias do caso para fixação definitiva do valor da indenização.

Na segunda etapa do método, portanto, o juiz pode analisar a gravidade do fato em si e suas consequências; a intensidade do dolo ou o grau de culpa do agente; a eventual participação culposa do ofendido; a condição econômica do ofensor e as condições pessoais da vítima.

Nas palavras do eminente Ministro do STJ, Luís Felipe Salomão:

> Realmente, o método bifásico parece ser o que melhor atende às exigências de um arbitramento equitativo da indenização por danos extrapatrimoniais, uma vez que minimiza eventual arbitrariedade de critérios unicamente subjetivos do julgador, além de afastar eventual tarifação do dano.[9]

Em complemento ao método bifásico, o inovador dispositivo legal previsto no novo Código de Processo Civil (art. 489) e recepcionado pela Instrução Normativa nº 39 do TST, se adequa como uma "luva"

---

[9] SALOMÃO, Luís Felipe. *Quarta turma adota método bifásico para definição de indenização por danos morais*. 2016. Disponível em: <http://www.stj.jus.br/sites/STJ/default/pt_BR/Comunica%C3%A7%C3%A3o/noticias/Not%C3%ADcias/Quarta-Turma-adota-m%C3%A9todo-bif%C3%A1sico-para-defini%C3%A7%C3%A3o-de-indeniza%C3%A7%C3%A3o-por-danos-morais>. Acesso em: 24 out. 2017.

para esse método alternativo de quantificar os danos extrapatrimoniais. Vejamos o que dispõe o citado dispositivo:

> Art. 489. São elementos essenciais da sentença:
> I - o relatório, que conterá os nomes das partes, a identificação do caso, com a suma do pedido e da contestação, e o registro das principais ocorrências havidas no andamento do processo;
> II - os fundamentos, em que o juiz analisará as questões de fato e de direito;
> III - o dispositivo, em que o juiz resolverá as questões principais que as partes lhe submeterem.
> §1º Não se considera fundamentada qualquer decisão judicial, seja ela interlocutória, sentença ou acórdão, que:
> I - se limitar à indicação, à reprodução ou à paráfrase de ato normativo, sem explicar sua relação com a causa ou a questão decidida;
> II - empregar conceitos jurídicos indeterminados, sem explicar o motivo concreto de sua incidência no caso;
> III - invocar motivos que se prestariam a justificar qualquer outra decisão;
> IV - não enfrentar todos os argumentos deduzidos no processo capazes de, em tese, infirmar a conclusão adotada pelo julgador;
> V - se limitar a invocar precedente ou enunciado de súmula, sem identificar seus fundamentos determinantes nem demonstrar que o caso sob julgamento se ajusta àqueles fundamentos;
> VI - deixar de seguir enunciado de súmula, jurisprudência ou precedente invocado pela parte, sem demonstrar a existência de distinção no caso em julgamento ou a superação do entendimento.
> §2º No caso de colisão entre normas, o juiz deve justificar o objeto e os critérios gerais da ponderação efetuada, enunciando as razões que autorizam a interferência na norma afastada e as premissas fáticas que fundamentam a conclusão.
> §3º A decisão judicial deve ser interpretada a partir da conjugação de todos os seus elementos e em conformidade com o princípio da boa-fé.

Neste diapasão, cito as palavras do Ministro do TST, João Orestes Dalazen, que com muita precisão, ressalta a necessidade de que todas as decisões, incluindo aquelas que apreciam pedidos indenizatórios por danos morais, devem ser devidamente motivadas:

> Penso que a parte interessada pode e deve insistir na motivação das razões que ditaram o valor da indenização para o caso concreto, isto é, exigir que se examinem todas as nuances de fato da acenada lesão moral, para efeito de arbitramento. Pode e deve recusar-se a aceitar as mencionadas 'generalidades', sob a forma de chavões, que convertem o arbitramento em arbítrio judicial.

Com efeito, tenho plena convicção que uma vez alterada ou derrubada a nova lei em relação ao tópico dos danos extrapatrimoniais, a adoção do método bifásico aliado à estrita observância do art. 489 do CPC em vigor, implicará em julgados menos díspares acerca de casos semelhantes.

7 Conclusões

a) Hoje estamos trafegando pela insegurança jurídica;
b) A inconstitucionalidade se limita a questão relativa à vinculação da indenização ao salário e também em razão do estabelecimento de um "teto";
c) Diante da provável alteração da nova lei por meio de Medida Provisória ou de processo legislativo; ou de sua declaração de inconstitucionalidade: precisamos discutir uma alternativa para o tema relativo à quantificação dos danos extrapatrimoniais, de modo que não continuemos convivendo com a insegurança jurídica.
d) O método bifásico adotado pelo STJ se apresenta coma uma boa alternativa se aplicado com a observância do disposto no art. 489 do NCPC, recepcionado pela IN nº 39 do TST.

Referências

BARROSO, Luís Roberto. *O Controle de constitucionalidade no Direito Brasileiro*. São Paulo: Editora Saraiva, 2004.

DALAZEN, João Orestes. *Lições de direito e processo do trabalho*. São Paulo: LTr, 2017.

SALOMÃO, Luis Felipe. *Quarta turma adota método bifásico para definição de indenização por danos morais*. 2016. Disponível em: <http://www.stj.jus.br/sites/STJ/default/pt_BR/Comunica%C3%A7%C3%A3o/noticias/Not%C3%ADcias/Quarta-Turma-adota-m%C3%A9todo-bif%C3%A1sico-para-defini%C3%A7%C3%A3o-de-indeniza%C3%A7%C3%A3o-por-danos-morais>. Acesso em: 24 out. 2017.

SANTOS, Enoque Ribeiro dos. *Dano moral na dispensa do empregado*. 5. ed. São Paulo: LTr, 2015.

SCHIAVI, Mauro. *Ações de reparação por danos morais decorrentes da relação de trabalho*. 3. ed. São Paulo: LTr, 2009.

Informação bibliográfica deste texto. conforme a NBR 6023:2002 da Associação Brasileira de Normas Técnicas (ABNT):

DIETZOLD, Victor Tainah F. A tarifação dos danos extrapatrimoniais e a segurança jurídica. In: TUPINAMBÁ, Carolina; GOMES, Fábio Rodrigues (Coord.). *A reforma trabalhista*: o impacto nas relações de trabalho. Belo Horizonte: Fórum, 2018. p. 429-439 ISBN 978-85-450-0441-7.

CAPÍTULO 21

A PREVALÊNCIA DO NEGOCIADO COLETIVAMENTE SOBRE O LEGISLADO

Vólia Bomfim Cassar

A reforma trabalhista começou timidamente com um projeto de sete artigos e se transformou numa radical mudança, não só da legislação trabalhista, mas também da estrutura do Direito do Trabalho, seus princípios e fundamentos.

A Lei nº 13.467/17 entrará em vigor no dia 11.11.17 e modificará mais de 117 artigos, tanto da CLT, quanto das Leis nº 8.213/91, nº 8.036/90 e nº 13.429/17. Na prática, as alterações impactam mais de 200 dispositivos legais relativos tanto ao direito material, quanto ao direito processual. As alterações visaram favorecer o empresário, suprimir ou reduzir direitos dos trabalhadores, autorizar a ampla flexibilização por norma coletiva e a terceirização. Apenas sete novidades são favoráveis aos trabalhadores, se tanto.

A chamada "Reforma Trabalhista" reduziu os custos com a mão de obra, permitindo a maior lucratividade do empresário, a precarização do trabalho, a flexibilização das rígidas regras trabalhistas e o enfraquecimento dos sindicatos, tudo sob o falso argumento de que estas medidas acarretariam a diminuição do desemprego e o crescimento da economia, o que não é verdade, pois a legislação trabalhista não tem relação direta com tais fatores. Tanto é verdade, que o Brasil vivenciou seu ápice de desenvolvimento e apogeu da economia entre os anos de 2011 e 2013, com a mesma legislação trabalhista que agora se ataca. A legislação trabalhista de fato precisava ser revisitada, atualizada, aprimorada, mas não foi o que de fato ocorreu.

O conteúdo da Lei nº 13.467/17, ao contrário do afirmado pela imprensa, desconstrói o Direito do Trabalho como conhecemos, contraria alguns de seus princípios básicos, suprime regras favoráveis ao trabalhador, prioriza a norma menos favorável ao empregado, autoriza a livre autonomia da vontade individual; permite que o negociado individualmente e coletivamente prevaleça sobre o legislado (para reduzir direitos trabalhistas), valoriza a imprevisibilidade do trabalho intermitente, exclui regras protetoras de direito civil e de processo civil ao direito e processo do trabalho.

O presente artigo visa explorar o tema sob a ótica do direito coletivo, abordando os pontos da reforma que tratam ou influenciam na matéria.

De acordo com os novos parágrafos do artigo 8º da CLT:

> Art. 8º
> [...]
> §3º No exame de convenção coletiva ou acordo coletivo de trabalho, a Justiça do Trabalho analisará exclusivamente a conformidade dos elementos essenciais do negócio jurídico, respeitado o disposto no art. 104 da Lei nº 10.406, de 10 de janeiro de 2002 (Código Civil), e balizará sua atuação pelo princípio da intervenção mínima na autonomia da vontade coletiva.

O artigo 8º, parágrafo 3º da CLT, acrescido pela Lei nº 13.467/17, dificultou ao máximo a intervenção do Judiciário na análise das cláusulas contidas nas convenções coletivas e acordos coletivos, limitando as hipóteses de nulidade. Adotou como princípio a *intervenção mínima (do Judiciário) na autonomia da vontade coletiva*, dando maior segurança às convenções coletivas e acordos coletivos e liberdade (poder) aos seres coletivos. Isso está refletido tanto no parágrafo 3º do artigo 8º, quanto no artigo 611-A da CLT.

A verdadeira intenção do §3º do artigo 8º da CLT foi o de impedir ou dificultar, ao máximo, o Judiciário de declarar a nulidade de cláusula redutora de direitos trabalhistas contidas nas normas coletivas, dando maior segurança à flexibilização.

Apesar da limitação acima imposta e da expressão "exclusivamente" contida no *caput* do artigo 611-B da CLT, por óbvio que há outros vícios capazes de anular a norma coletiva ou uma cláusula contida no instrumento coletivo, como veremos abaixo.

Para validade da negociação coletiva e, consequentemente, da convenção coletiva e do acordo coletivo, é necessário observar o requisito contido no artigo 612 da CLT (quórum da assembleia ou do estatuto), com ampla divulgação da convocação para a assembleia, registro em ata, bem como os requisitos dos artigos 613, 614 e 616 da CLT. Além disso, devem ser observados os princípios, os valores e as regras constitucionais no seu conteúdo, sob pena de nulidade da cláusula violadora desse direito, mesmo que ele não esteja expressamente apontado em um dos muitos incisos do artigo 611-B da CLT. Outra nulidade não apontada no artigo 8º, §3º da CLT é a da cláusula redutora do salário, se o instrumento coletivo não garantiu a contrapartida legal exigida (garantia de emprego durante a vigência da norma), como exige o §3º do artigo 611-A da CLT.

Enfim, de fato foi limitado o poder do Judiciário de anular cláusulas contidas nas normas coletivas e, com isso, o poder der interferir na autonomia coletiva. Entretanto, não é taxativo, como aparenta o artigo 611-B da CLT, mas sim, restritivo. Logo, a limitação do juiz não está apenas na análise dos requisitos do artigo 104 do CC.

É claro que a medida visou dar garantia e segurança ao empresário que se valeu das normas coletivas para reduzir direitos dos trabalhadores (flexibilização):

> Art. 611-A. A convenção coletiva e o acordo coletivo de trabalho têm prevalência sobre a lei quando, entre outros, dispuserem sobre:
> I – pacto quanto à jornada de trabalho, observados os limites constitucionais;
> II – banco de horas anual;
> III – intervalo intrajornada, respeitado o limite mínimo de trinta minutos para jornadas superiores a seis horas;
> IV – adesão ao Programa Seguro-Emprego (PSE), de que trata a Lei nº 13.189, de 19 de novembro de 2015;
> V – plano de cargos, salários e funções compatíveis com a condição pessoal do empregado, bem como identificação dos cargos que se enquadram como funções de confiança;
> VI – regulamento empresarial;
> VII – representante dos trabalhadores no local de trabalho;
> VIII – teletrabalho, regime de sobreaviso e trabalho intermitente;
> IX – remuneração por produtividade, incluídas as gorjetas percebidas pelo empregado, e remuneração por desempenho individual;
> X – modalidade de registro de jornada de trabalho;
> XI – troca do dia de feriado;
> XII – enquadramento do grau de insalubridade;
> XIII – prorrogação de jornada em ambientes insalubres, sem licença prévia das autoridades competentes do Ministério do Trabalho;
> XIV – prêmios de incentivo em bens ou serviços, eventualmente concedidos em programas de incentivo;
> XV – participação nos lucros ou nos resultados da empresa.
> §1º No exame da convenção coletiva ou do acordo coletivo de trabalho, a Justiça do Trabalho observará o disposto no §3º do art. 8º desta Consolidação.

§2º A inexistência de expressa indicação de contrapartidas recíprocas em convenção coletiva ou acordo coletivo de trabalho não ensejará sua nulidade por não caracterizar um vício do negócio jurídico.

§3º Se for pactuada cláusula que reduza o salário ou a jornada, a convenção coletiva ou o acordo coletivo de trabalho deverão prever a proteção dos empregados contra dispensa imotivada durante o prazo de vigência do instrumento coletivo.

§4º Na hipótese de procedência de ação anulatória de cláusula de convenção coletiva ou de acordo coletivo de trabalho, quando houver a cláusula compensatória, esta deverá ser igualmente anulada, sem repetição do indébito.

§5º Os sindicatos subscritores de convenção coletiva ou de acordo coletivo de trabalho deverão participar, como litisconsortes necessários, em ação individual ou coletiva, que tenha como objeto a anulação de cláusulas desses instrumentos.

Art. 611-B. Constituem objeto ilícito de convenção coletiva ou de acordo coletivo de trabalho, exclusivamente, a supressão ou a redução dos seguintes direitos:

I – normas de identificação profissional, inclusive as anotações na Carteira de Trabalho e Previdência Social;

II – seguro-desemprego, em caso de desemprego involuntário;

III – valor dos depósitos mensais e da indenização rescisória do Fundo de Garantia do Tempo de Serviço (FGTS);

IV – salário mínimo;

V – valor nominal do décimo terceiro salário;

VI – remuneração do trabalho noturno superior a do diurno;

VII – proteção do salário na forma da lei, constituindo crime sua retenção dolosa;

VIII – salário-família;

IX – repouso semanal remunerado;

X – remuneração do serviço extraordinário superior, no mínimo, em 50% (cinquenta por cento) à do normal;

XI – número de dias de férias devidas ao empregado;

XII – gozo de férias anuais remuneradas com, pelo menos, um terço a mais do que o salário normal;

XIII – licença-maternidade com a duração mínima de cento e vinte dias;

XIV – licença-paternidade nos termos fixados em lei;

XV – proteção do mercado de trabalho da mulher, mediante incentivos específicos, nos termos da lei;

XVI – aviso prévio proporcional ao tempo de serviço, sendo no mínimo de trinta dias, nos termos da lei;

XVII – normas de saúde, higiene e segurança do trabalho, previstas em lei ou em normas regulamentadoras do Ministério do Trabalho;

XVIII – adicional de remuneração para as atividades penosas, insalubres ou perigosas;

XIX – aposentadoria;

XX – seguro contra acidentes de trabalho, a cargo do empregador;
XXI – ação, quanto aos créditos resultantes das relações de trabalho, com prazo prescricional de cinco anos para os trabalhadores urbanos e rurais, até o limite de dois anos após a extinção do contrato de trabalho;
XXII – proibição de qualquer discriminação no tocante a salário e critérios de admissão do trabalhador com deficiência;
XXIII – proibição de trabalho noturno, perigoso ou insalubre, a menores de dezoito anos e de qualquer trabalho a menores de dezesseis anos, salvo na condição de aprendiz, a partir de quatorze anos;
XXIV – medidas de proteção legal de crianças e adolescentes;
XXV – igualdade de direitos entre o trabalhador com vínculo empregatício permanente e o trabalhador avulso;
XXVI – liberdade de associação profissional ou sindical do trabalhador, inclusive o direito de não sofrer, sem sua expressa e prévia anuência, qualquer cobrança ou desconto salarial estabelecidos em convenção coletiva ou acordo coletivo de trabalho;
XXVII – direito de greve, competindo aos trabalhadores decidir sobre a oportunidade de exercê-lo e sobre os interesses que devam por meio dele defender;
XXVIII – definição legal sobre os serviços ou atividades essenciais e disposições legais sobre o atendimento das necessidades inadiáveis da comunidade em caso de greve;
XXIX – tributos e outros créditos de terceiros;
XXX – as disposições previstas nos arts. 373-A, 390, 392, 392-A, 394, 394-A, 395, 396 e 400 desta Consolidação.
Parágrafo único. Regras sobre duração do trabalho e intervalos não são consideradas como normas de saúde, higiene e segurança do trabalho para os fins do disposto neste artigo.

O objetivo da negociação coletiva é o de adequar as relações trabalhistas à realidade enfrentada pelos interessados, que se modifica a cada dia, de acordo com a base territorial, a empresa e a época. Busca a harmonia temporária dos interesses antagônicos da classe econômica e da profissional. Assim, é possível a criação de benefício não previsto em lei, a supressão deste mesmo benefício ou sua modificação. A negociação irá adequar-se ao campo que encontrar para pauta de reivindicações, seja para melhoria, seja para retração de direitos. Por isso, o empregador poderá propor a flexibilização[1] de certos direitos previstos em lei e que não violem os direitos constitucionais (art. 611-B da CLT).

A negociação é feita entre os sindicatos da categoria econômica e profissional ou entre sindicato dos trabalhadores e a empresa.

---

[1] A expressão flexibilização foi utilizada neste texto no sentido de redução de vantagens legais.

As normas coletivas têm ampla liberdade para conceder benefícios superiores aos previstos na lei, mas têm limitações quando desejarem reduzir ou suprimir direitos previstos em lei.[2][3] Este poder está limitado pelos direitos constitucionalmente garantidos aos trabalhadores. O grupo deverá avaliar, em cada caso, o quanto aquela coletividade deve ceder para não perder seus empregos ou ganhos de forma coletiva.

O artigo 611-B da CLT, acrescido pela Lei nº 13.467/17, apontou os direitos que não podem ser negociados ou reduzidos coletivamente, impondo os limites da negociação. Entendemos que a relação ali apontada não é taxativa, apesar da expressão "exclusivamente" contida no *caput* do artigo, pois não incluiu alguns direitos, princípios e valores constitucionais. Daí ser exemplificativo, apesar de restritivo.

Na verdade, o artigo 611-A da CLT aponta alguns dos direitos que podem ser reduzidos ou alterados pela negociação coletiva, e o artigo 611-B da CLT aponta a limitação deste poder. Sem dúvida, o artigo 611-A da CLT permite mais inclusões de outras hipóteses ali não previstas, que o art. 611-B da CLT de limitações não contidas no regramento. A expressão "entre outras" contida no *caput* do artigo 611-A espelha esta intenção do legislador de ampliar ao máximo a flexibilização com finalidade de redução de direitos legais.

Abaixo analisaremos o artigo 611-A da CLT e cada um dos seus incisos:

> Art. 611-A. A convenção coletiva e o acordo coletivo de trabalho *têm prevalência* sobre a lei quando, *entre outros*, dispuserem sobre: [...]

O *caput* do artigo 611-A da CLT autoriza a ampla *flexibilização*, aumentando o leque de possibilidades de direitos previstos em lei que podem ser reduzidos ou suprimidos. A norma não teve o objetivo de ampliar direitos, pois isto sempre foi possível.

---

[2] Godinho divide os direitos trabalhistas previstos em lei em duas espécies, os de "indisponibilidade absoluta" e aqueles de "indisponibilidade relativa". Defende que só os direitos trabalhistas de indisponibilidade relativa poderão ser negociados e, em consequência, transacionados. Os direitos de indisponibilidade absoluta, segundo o autor, não poderão ser negociados, por constituírem um patamar mínimo civilizatório. Segundo o autor, este se divide em três grupos convergentes de normas trabalhistas heterônomas: normas constitucionais em geral; as normas de tratados e convenções internacionais vigorantes no plano interno e normas legais infraconstitucionais. Considera como de indisponibilidade absoluta a assinatura da CTPS, o salário mínimo ou bases salariais mínimas; normas antidiscriminatórias e de identificação profissional; os direitos previstos nas convenções internacionais do trabalho; as normas de medicina e segurança do trabalho e demais normas constitucionais em geral, com algumas ressalvas. DELGADO. Maurício Godinho. *Curso de Direito do Trabalho*. São Paulo: Ltr, 2016. p. 1296-1299.

[3] Assim também as Súmulas nº 437, II, e nº 449 do TST.

O texto afirma que a enumeração desses direitos nos incisos do artigo é meramente *exemplificativa*. A prevalência do negociado sobre o legislado enfraquece o princípio da indisponibilidade dos direitos legais trabalhistas, assim como derruba o princípio da prevalência da norma mais favorável. Torna os direitos trabalhistas menos públicos e mais privados, transformando a maioria dos direitos contidos na CLT, que não se encontram na Constituição, em direitos disponíveis.

> I – pacto quanto à *jornada de trabalho*, observados os limites constitucionais;
> II – *banco* de horas *anual;*

Os incisos I e II tratam de jornada de trabalho e de compensação de jornada por banco de horas.

Percebe-se que o legislador tratou o banco de horas como se fosse uma espécie diferente de compensação de jornada. Tanto é verdade que no artigo 611-A da CLT tratou a matéria em incisos diferentes (I e II), assim como o fez no parágrafo 5º, do artigo 59 da CLT, ao alocar o banco de horas e a compensação geral nos parágrafos 2º e 6º. Esta é a primeira contradição.

O inciso I do artigo em estudo trata da compensação tradicional[4] e permite que a norma coletiva possa estabelecer qualquer regime de compensação de jornada, sem as limitações contidas no *caput* do artigo 59 da CLT (até duas horas por dia) e no §2º do artigo 59 (compensação anual). Então, poderá a norma coletiva prever compensação tradicional a cada dois anos, e limitar a 14 horas extras por dia. Poderá autorizar para os médicos ou profissionais da saúde, por exemplo, a compensação de 24x40, isto é, de vinte e quatro horas trabalhadas, por 40 horas de descanso, permitindo um plantão por semana.

O inciso II do artigo 611-A da CLT trata do acordo de compensação aleatório[5] ou banco de horas, apontando apenas o limite anual.

---

[4] Tradicional é a compensação de horários em que as partes têm ciência prévia dos dias de jornada extra e o de compensação. É a que ocorre, por exemplo, na construção civil, em que o empregado trabalha 9 horas de segunda a quinta-feira, 8 horas na sexta, usufrui da folga compensatória sábado (para compensar as 4 horas extras laboradas de segunda a quinta) e descansa domingo.

[5] Aleatório é o acordo de compensação que nem empregado nem empregador sabem que dia o trabalhador vai efetuar horas extras e que dia vai compensar. O trabalho extra dependerá do serviço, da clientela, do imprevisível, da demanda, etc. A compensação pode ser feita pelos atrasos, faltas, saídas antecipadas ou dias de menor movimento. O nome banco de horas foi inspirado na dinâmica bancária, isto é, no sistema de créditos e débitos da conta corrente do cliente. Por ser um sistema que depende da álea, da sorte, do acaso, o empregado fica à mercê do imprevisível. Por isso, o legislador apontou este sistema de compensação em inciso destacado e o limitou à compensação anual.

Logo, também esta modalidade de compensação poderá superar as duas horas extras diárias, se sobrepondo ao artigo 59 da CLT.

III – intervalo intrajornada, respeitado o limite mínimo de trinta minutos para jornadas superiores a seis horas;

A regra é clara e não há necessidade de maiores explicações. O instrumento coletivo poderá reduzir o período mínimo de intervalo intrajornada de 1 hora para os que trabalham mais de 6 horas por dia, mesmo que a empresa não possua refeitório (regra contida no §3º do artigo 71 da CLT), respeitado o limite mínimo de 30 minutos. Ressalte-se que o parágrafo único do artigo 611-B da CLT excluiu a jornada e o intervalo como espécie de norma de medicina e segurança do trabalho para fins de negociação coletiva.

IV – adesão ao Programa Seguro-Emprego (PSE), de que trata a Lei nº 13.189, de 19 de novembro de 2015;

O objetivo do legislador foi o de prorrogar as benesses contidas no PSE para as empresas com dificuldades econômicas e/ou reduzir as vantagens ali contidas para os trabalhadores, sem, contudo, onerar a União, pois o inciso XXIX do artigo 611-B da CLT impede a negociação de direitos de terceiros.

V – plano de cargos, salários e funções compatíveis com a condição pessoal do empregado, bem como identificação dos cargos que se enquadram como funções de confiança;

A negociação coletiva poderá apontar quais são os cargos que considera de confiança, com a nítida intenção de excluir estes trabalhadores do capítulo *"Da Duração do Trabalho"* contido na CLT, isto é, excluir o trabalhador do direito às horas extras noturnas, intervalos, etc. Com isso, não poderá o Judiciário perquirir se aquela função é de alta confiança ou de confiança média, pois sua intervenção na autonomia coletiva se limita ao exame dos requisitos contidos no artigo 104 do CC.

VI – regulamento empresarial;

O instrumento coletivo poderá revogar, alterar e suprimir vantagens anteriormente concedidas aos empregados da empresa que estavam previstas no seu regulamento ou regimento interno, excluindo a incidência da Súmula nº 51, I, do TST, isto é, permitindo a alteração *in pejus* do contrato de trabalho durante sua vigência. Como isso, afasta-se a aplicação do artigo 468 da CLT.

VII – representante dos trabalhadores no local de trabalho;

O objetivo do inciso VII foi o de alterar as regras contidas nos artigos 510-A e seguintes da CLT a respeito da estabilidade do representante dos empregados nas empresas com mais de 200 empregados. Assim, a norma poderá disciplinar o procedimento para a eleição de forma diversa; poderá restringir o tempo da estabilidade, o prazo do mandato, reduzir o número de beneficiários pela estabilidade, etc. Entendemos que não poderá excluir a estabilidade em si, porque a norma visou regulamentar o artigo 11 da CF.

VIII – teletrabalho, regime de sobreaviso, e trabalho intermitente;

Pouco espaço restou para a norma coletiva reduzir os direitos do teletrabalhador, pois os artigos 62, III, e 75-A e seguintes da CLT já excluíram vários direitos deste trabalhador. Mesmo assim, ainda será possível que a norma coletiva discipline regras do teletrabalho para, por exemplo, apontar a responsabilidade exclusiva do empregado na aquisição, custeio e manutenção do maquinário, dispensando o ajuste individual.

A inclusão do sobreaviso no inciso VIII visou eliminar de vez o sobreaviso como tempo à disposição, excluindo seu pagamento ou reduzindo ainda mais, ou apontando situações que não serão consideradas como "sobreaviso".

Poderá a norma coletiva alterar as regras contidas nos artigos 452-A e seguintes da CLT para, por exemplo, modificar o prazo de convocação mínima do trabalhador intermitente, aumentar a multa, fixar o período de inatividade, etc. Provavelmente virá para prejudicar ainda mais este trabalhador já tão prejudicado pela reforma trabalhista.

IX – remuneração por produtividade, incluídas as gorjetas percebidas pelo empregado, e remuneração por desempenho individual;

A finalidade do inciso IX foi de retirar a natureza salarial dos sobressalários ou parcelas pagas com base na produtividade ou no desemprenho individual do empregado, além de permitir a supressão da integração das gorjetas ao salário, revogando parcialmente o artigo 457 da CLT.

Poderá a norma coletiva aumentar o percentual de desconto previsto nos novos incisos I e II do parágrafo 6º do artigo 457 da

CLT? Prevalecerá o limite da lei ou o estabelecido na norma coletiva? Entendemos que a liberdade coletiva não está limitada pela lei.

X – modalidade de registro de jornada de trabalho;

Alterar a modalidade de registro da jornada de trabalho não depende de norma coletiva. O empregador sempre pôde escolher entre a marcação manual, mecânica, eletrônica ou digital.

Como o *caput* do artigo 611-A da CLT amplia as hipóteses contidas nos incisos, poderá a norma coletiva dispensar o registro diário de ponto e adotar o sistema mensal de *timesheet,* confeccionada pelo próprio empregado, ou de declaração, pelo próprio empregado, de quantas horas laborou, ou, ainda, de determinar que os estabelecimentos com menos de 50 empregados estão dispensados de controle de ponto. Estes exemplos não estariam autorizados pelo inciso X, mas sim, pelo *caput* do mesmo artigo. Também poderá a norma coletiva afirmar que não será nulo o controle de ponto rasurado, britânico ou sem marcação em alguns dias. Poderá, ainda, a norma coletiva isentar o empregador, mesmo que possua muito mais que dez empregados por estabelecimento, de adotar qualquer sistema de controle de ponto.

XI – troca do dia de feriado;

O trabalho do empregado em dia de feriado deve ser pago em dobro ou compensado por outra folga, na forma da Lei nº 605/49, logo, não foi este o objetivo do inciso XI do artigo 611-A da CLT. Sua verdadeira intenção foi a de permitir o funcionamento da atividade empresarial em dia de feriado, sem a prévia necessidade da autorização da autoridade competente, garantindo ao trabalhador outro dia de descanso para compensar o feriado trabalhado. Poderá também a norma coletiva autorizar que a compensação pelo trabalho em dia de feriado ocorra dentro do mês, semestre ou ano, por exemplo.

Outra finalidade foi a de não ser autuado pelos fiscais, caso o estabelecimento funcione em dia de feriado ou não tenha feito a escala de revezamento determinada pela lei ou por portarias da DRT.

Como o *caput* do artigo 611-A da CLT permite "outras" reduções ou supressões, poderá, por exemplo, a norma coletiva suprimir feriados, sem direito sequer ao pagamento em dobro ou folga compensatória.

XII – enquadramento do grau de insalubridade;

Este inciso contraria o disposto no parágrafo único do artigo 611-B da CLT, que proíbe a negociação coletiva sobre direitos que visam a segurança, a higidez e a saúde do trabalhador. A contradição neste caso é evidente e clara: autoriza a redução, por norma coletiva, do grau de insalubridade. Logo, se determinado agente nocivo está enquadrado no grau máximo pelas normas expedidas pelo Ministério do Trabalho, poderá a norma coletiva reduzir o grau para, por exemplo, 10%.

> XIII - prorrogação de jornada em ambientes insalubres, sem licença prévia das autoridades competentes do Ministério do Trabalho;

Este inciso também contraria, mas de forma indireta, o disposto no parágrafo único do artigo 611-B da CLT, pois permite que o trabalhador se exponha mais tempo ao agente insalubre, sem que um *expert* analise previamente o fato. Isto é, só um especialista pode afirmar se a exposição do trabalhador ao agente insalubre em tempo superior ao previsto na NR importa em majoração da nocividade. A intenção do legislador foi a de superar o *caput* do artigo 60 da CLT para todos os tipos de trabalho extra, seja para fins de compensação (já autorizada para o sistema 12 × 36 no parágrafo único do art. 60 da CLT) seja para horas extras.

> XIV – prêmios de incentivo em bens ou serviços, eventualmente concedidos em programas de incentivo;

O inciso XIV do artigo 611-A da CLT pode não só retirar a natureza salarial do prêmio pago para incentivar o trabalhador, como também prever a ampla quitação (art. 477-B da CLT) nos casos do prêmio ter sido criado para incentivar a adesão a um Programa de Demissão Voluntária (PDV).

> XV – participação nos lucros ou resultados da empresa.

A finalidade do inciso em estudo é a de permitir que as empresas distribuam o lucro aos seus empregados com liberdade e fora dos parâmetros contidos na Lei nº 10.101/00. Logo, a periodicidade de seu pagamento poderá ser até mensal, desde que isso esteja expresso na norma coletiva.

Outros casos

O *caput* do artigo 611-A da CLT expressamente menciona que os incisos I a XV são exemplificativos, pois outras reduções ou supressões também podem ser autorizadas, com os limites do artigo 611-B da CLT.

Assim, é possível, por exemplo, a norma coletiva retirar a natureza salarial de qualquer sobressalário; autorizar a alteração contratual *in pejus;* alterar os requisitos da equiparação salarial para dificultá-la ainda mais; aumentar o limite de horas extras diárias (como já estudado anteriormente); majorar para 60 minutos a hora noturna e alterar o horário noturno; parcelar em mais vezes o pagamento do 13º salário; parcelar em mais períodos as férias; poderá determinar a inclusão no inciso I do artigo 62 da CLT de qualquer tipo de externo; será possível, ainda, alterar o prazo legal ou determinar o parcelamento do pagamento das verbas da rescisão; diminuir a multa prevista pelo atraso no pagamento da rescisão; alterar a data de pagamento dos salários além do 5º dia útil do mês subsequente (garantido o valor do salário mínimo mensal); poderá diminuir o adicional de transferência ou até a sua retirada; será possível revogar estabilidades não previstas na Constituição; aumentar o prazo do contrato de experiência ou de qualquer contrato determinado; permitir mais prorrogações dos contratos determinados; etc. Enfim, a negociação coletiva poderá praticar amplas flexibilizações (revogações).

O §3º do artigo 611-A da CLT garantiu uma contrapartida, mas apenas no caso de ser pactuada cláusula que reduza o salário ou a jornada. Neste caso, a norma coletiva deverá prever a proteção dos empregados contra dispensa imotivada durante o prazo de vigência do instrumento coletivo. Assim, também cai por terra a tese do TST que a retirada de vantagens por norma coletiva só é válida se houver uma contrapartida compensatória. Aliás, o §2º do mesmo artigo foi expresso neste sentido: "a inexistência de expressa indicação de contrapartidas recíprocas em convenção coletiva ou acordo coletivo de trabalho não ensejará sua nulidade por não caracterizar um vício do negócio jurídico".

Por outro lado, além daqueles limites descritos no artigo 611-B da CLT, não será possível a norma coletiva afastar o vínculo de emprego (art. 611-B, I); reduzir o adicional de insalubridade ou de perigo (por serem normas de medicina e segurança do trabalho – art. 611-B, VII); induzir de qualquer forma os trabalhadores a se associarem, pois fere a liberdade sindical (art. 611-B, XXVI); não será possível ajustar banco de horas com prazo de compensação superior ao ano (II); etc.

O parágrafo único do artigo 611-B dispõe que as "regras sobre duração do trabalho e intervalos não são consideradas como normas de saúde, higiene e segurança do trabalho para os fins do disposto neste artigo". Ora, o percentual adicional noturno não está na Constituição e está entre os direitos contidos no capítulo *"Da Duração do Trabalho"* da CLT. O mesmo se diga quanto aos intervalos intrajornada, interjornada, a hora noturna e a necessidade de controle de ponto. Logo, todos esses podem ser reduzidos coletivamente. Ressalte-se que a remuneração do trabalho noturno terá que ser superior ao trabalho diurno, na forma do inciso IX do artigo 7º da CF. Aliás, o inciso VI do artigo 611-B da CLT é no mesmo sentido.

Apesar do vocábulo "exclusivamente" contido no *caput* do artigo 611-B da CLT, é claro que a norma não é taxativa, mas sim restritiva, pois se esqueceu de impedir que a negociação coletiva viole, por exemplo, os direitos da personalidade e da liberdade garantidos na Constituição, além dos princípios e valores constitucionais. Não poderá, assim, a norma coletiva violar a dignidade, a intimidade, a privacidade, a honra do trabalhador, determinando, por exemplo, a utilização de uniforme indecente, que exponha as partes íntimas; ou autorizando o monitoramento nos banheiros; não poderá a norma coletiva excluir a responsabilidade extrapatrimonial decorrente da violação de algum bem imaterial contido no inciso X do artigo 5º da CF; não poderá a norma coletiva restringir a liberdade do trabalhador, impedindo, por exemplo, o seu afastamento do local de trabalho durante os intervalos; ou impedir a contratação ou a promoção de algum trabalhador por motivo de crença, etnia, gênero, opção sexual, etc.

Enfim, de fato, foi limitado o poder do Judiciário de anular cláusulas contidas nas normas coletivas, o poder der interferir na autonomia coletiva, entretanto, não é taxativo, como aparenta o artigo 611-B da CLT.

A limitação do juiz não está apenas na análise dos requisitos do artigo 104 do CC.

É claro que a medida visou dar garantia e segurança ao empresário que se valeu das normas coletivas para reduzir direitos (flexibilização).

> Art. 620 As condições estabelecidas em acordo coletivo de trabalho sempre prevalecerão sobre as estipuladas em convenção coletiva de trabalho.

A prevalência do acordo coletivo sobre a convenção coletiva pode ser uma exceção ao princípio da aplicação da norma mais favorável ao trabalhador. Isso porque a nova regra, oposta a anterior, trazida pela Lei nº 13.467/17, visou a aplicação da norma menos favorável ao trabalhador, dando segurança jurídica ao acordo coletivo que flexibiliza a legislação trabalhista, na forma do artigo 611-A da CLT. É o retoque final para a garantia da prevalência do negociado sobre o legislado

Percebe-se que o legislador se cercou de toda precaução, pois usou a expressão "sempre" indicando sua intenção de não cisão da norma quando de sua aplicação pelos critérios atomista ou intermediário. O acordo coletivo será aplicado como um todo sobre a convenção, mesmo que reduza direitos ou os suprima.

Referências

CASSAR, Vólia Bomfim. *Direito do Trabalho*. São Paulo: Gen, 2017.

DELGADO. Maurício Godinho. *Curso de Direito do Trabalho*. São Paulo: Ltr, 2016.

Informação bibliográfica deste texto, conforme a NBR 6023:2002 da Associação Brasileira de Normas Técnicas (ABNT):

CASSAR, Vólia Bomfim. A prevalência do negociado coletivamente sobre o legislado. In: TUPINAMBÁ, Carolina; GOMES, Fábio Rodrigues (Coord.). *A reforma trabalhista*: o impacto nas relações de trabalho. Belo Horizonte: Fórum, 2018. p. 441-454. ISBN 978-85-450-0441-7.

SOBRE OS AUTORES

Alexandre Agra Belmonte
Professor Titular do Instituto de Ensino Superior de Brasília. Doutorado em Justiça e Sociedade pela Universidade Gama Filho. Mestre em Direito das Relações Sociais pela Universidade Gama Filho e Especialista em Direito Privado Aprofundado pela Universidade Federal Fluminense. Membro da Academia Brasileira de Direito do Trabalho. Ministro do Tribunal Superior do Trabalho.

Aloysio Correa da Veiga
Professor *Honoris Causa* da Universidade Católica de Petrópolis. Membro da Academia Brasileira de Direito do Trabalho, da Academia Brasiliense de Direito do Trabalho. Ministro do Tribunal Superior do Trabalho.

Carlos Henrique Bezerra Leite
Professor do Programa de Pós-Graduação *Stricto Sensu* (Mestrado e Doutorado) em Direitos e Garantias Fundamentais da Faculdade de Direito de Vitória-FDV. Ex-Professor Associado I do Programa de Graduação em Direito da Universidade Federal do Espírito Santo. Professor convidado do Programa de Pós-Graduação *Lato Sensu* da Pontifícia Universidade Católica de São Paulo. Doutorado em Direito pela Pontifícia Universidade Católica de São Paulo. Mestrado em Direito pela Pontifícia Universidade Católica de São Paulo. Desembargador do Trabalho do Tribunal Regional do Trabalho da 17ª Região/ES.

Carolina Tupinambá
Professora Adjunta de Processo do Trabalho e Prática Trabalhista da Universidade do Estado do Rio de Janeiro. Professora Assistente de Direito do Trabalho da Universidade Federal do Estado do Rio de Janeiro. Pós-Doutoranda no Programa de Pós-Doutoramento em Democracia e Direitos Humanos – Direito, Política, História e Comunicação da Faculdade de Direito da Universidade de Coimbra. Doutora e Mestre em Direito Processual pela Universidade do Estado do Rio de Janeiro. Membro da Academia Brasileira de Direito do Trabalho e do Instituto Brasileiro de Direito Processual. Advogada.

Daniel Queiroz Pereira
Professor Adjunto de Legislação Social da Universidade Federal do Estado do Rio de Janeiro. Professor Adjunto de Prática Jurídica Trabalhista e Direito Processual do Trabalho da Universidade do Estado do Rio de Janeiro. Professor do Programa de Pós-graduação *Stricto Sensu* em Direito - linha de Direito Processual. Professor Adjunto de Direito Civil do Ibmec - RJ. Professor da Escola da Magistratura do Estado do Rio de Janeiro - EMERJ. Professor Titular da Faculdade de Ciências Sociais Aplicadas do Ibmec-RJ. Professor da Escola da Magistratura do Estado do Rio de Janeiro – EMERJ e da Escola Superior

de Advocacia Pública do Estado do Rio de Janeiro – ESAP/PGE-RJ. Ex-Diretor da Escola de Ciências Jurídicas da Universidade Federal do Estado do Rio de Janeiro. Doutor e Mestre em Direito da Cidade pela Universidade do Estado do Rio de Janeiro. Advogado e Consultor Jurídico no Rio de Janeiro.

Enoque Ribeiro dos Santos
Professor associado de Direito do Trabalho da Faculdade de Direito da Universidade de São Paulo. Desembargador do Trabalho do Tribunal Regional do Trabalho da 1ª Região. Doutorado e Livre Docência em Direito do Trabalho pela Faculdade de Direito da Universidade de São Paulo. Mestrado em Direito Civil pela Universidade Estadual Paulista Júlio de Mesquita Filho.

Fábio Goulart Villela
Doutorado em curso pela Universidade Autónoma de Lisboa – UAL. Pós-Graduação em Direito Material e Processual do Trabalho pela Universidade Gama Filho. Orientador Pedagógico da Escola Superior do Ministério Público da União. Coordenador Pedagógico do Curso Toga Estudos Jurídicos. Procurador-Chefe do Ministério Público do Trabalho no Estado do Rio de Janeiro (Procuradoria Regional do Trabalho da 1ª Região).

Fábio Rodrigues Gomes
Professor Adjunto de Processo do Trabalho e Prática Trabalhista na Universidade do Estado do Rio de Janeiro. Doutor e Mestre em Direito Público pela Universidade do Estado do Rio de Janeiro. Juiz Titular do Tribunal Regional da Primeira Região.

Flávia Pereira Guimarães
Graduação em Direito pela UERJ. Advogada.

Francisco Ferreira Jorge Neto
Mestrado em Direito pela Pontifícia Universidade Católica de São Paulo. Desembargador Federal do Trabalho do Tribunal Regional do Trabalho da 2ª Região.

Ivan da Costa Alemão Ferreira
Professor Associado de Direito do Trabalho da Universidade Federal Fluminense. Doutor em Sociologia e Antropologia pela Universidade Federal Fluminense. Desembargador do trabalho do Tribunal Regional do Trabalho da 1ª Região.

Ivan Simões Garcia
Professor Adjunto de Direito do Trabalho da Universidade do Estado do Rio de Janeiro, Universidade Federal do Rio de Janeiro e Pontifícia Universidade Católica do Rio de Janeiro. Doutorado em Direito do Trabalho pela Pontifícia Universidade Católica de São Paulo. Doutorado em Filosofia pela Universidade Federal do Rio de Janeiro. Mestre em Direito Constitucional pela Universidade do Estado do Rio de Janeiro. Advogado.

José Francisco Siqueira Neto
Professor Titular do Programa de Pós-Graduação em Direito Político e Econômico da Universidade Presbiteriana Mackenzie. Doutorado em Direito pela

Universidade de São Paulo. Mestrado em Direito pela Pontifícia Universidade Católica de São Paulo. Advogado.

Roberto Fragale Filho
Professor Titular de Sociologia Jurídica da Faculdade de Direito da Universidade Federal Fluminense. Professor Visitante na University of Illinois at Urbana-Champaign, na Université Paul Valéry, na Université de Nantes e na Université Paris Ouest Nanterre La Défense. Doutorado em Ciência Política pela Université de Montpellier. Juiz do Trabalho Titular da 1ª Vara do Trabalho de São João de Meriti (RJ).

José Alberto Couto Maciel
Professor licenciado de Direito Processual e Individual do Trabalho no Centro de Ensino Unificado de Brasília. Professor da Escola Superior de Advocacia da OAB/DF e do curso de pós-graduação em Direito Processual do Trabalho na Universidade Mackenzie. Membro da Academia Brasileira de Direito do Trabalho do Instituto Latinoamericano de derecho del trabajo y de la seguridad social, do Instituto Iberoamericano del derecho del trabajo y seguridad social, do Centro latino-americano de Direito Processual do Trabalho e da Asociación iberoamericana de juristas del derecho del trabajo y la seguridad social.

Jorge Cavalcanti Boucinhas Filho
Professor de Direito Trabalhista da Fundação Getúlio Vargas e da Escola Superior de Advocacia da OAB/SP. Membro da Academia Brasileira de Direito do Trabalho. Pós-doutorado pelo Laboratoire de Droit et Changement Social da Université de Nantes, França. Doutorado e Mestrado em Direito do Trabalho pela Universidade de São Paulo. Membro da Academia Brasileira de Direito do Trabalho. Advogado.

Jouberto de Quadros Pessoa Cavalcante
Professor da Faculdade de Direito Mackenzie. Professor convidado no Curso de Pós-Graduação *Lato Sensu* em Direito na PUC - Paraná. Doutor em Direito do Trabalho pela Faculdade de Direito da USP. Mestre em Direito Político e Econômico pela Universidade Presbiteriana Mackenzie. Mestre em Integração da América Latina pela Universidade de São Paulo. Membro da Academia Paulista de Letras Jurídicas.

Luciano Martinez
Professor Adjunto de Direito do Trabalho e da Seguridade Social da Universidade Federal da Bahia. Doutorado e Mestrado em Direito do Trabalho e da Seguridade Social pela Universidade de São Paulo. Membro da Academia Brasileira de Direito do Trabalho e da Academia de Letras Jurídicas da Bahia. Juiz Titular da 9ª Vara do Trabalho de Salvador – Bahia.

Priscila Mathias de Morais Fichtner
Mestrado em Direito pela Universidade de São Paulo. Doutorado em Direito Civil-Constitucional pela Universidade do Estado do Rio de Janeiro. Advogada.

Raiza Moreira Delate
Bacharel em Direito pela Universidade Federal do Estado do Rio de Janeiro. Advogada.

Renato Rodrigues Gomes
Mestre em Direito Público pela Universidade do Estado do Rio de Janeiro e Procurador da Fazenda Nacional.

Roberta de Oliveira Souza
Pós-Graduado em Direito e Processo do Trabalho pela Universidade Cândido Mendes. Graduada em Direito pela Universidade do Estado do Rio de Janeiro. Advogada.

Roberta Ferme Sivolella
Professora de Direito Processual do Trabalho e Direito Coletivo da AVM - Faculdades Integradas/Universidade Cândido Mendes. Professora de Ética Judicial e Oficina de Sentença da Escola Judicial do Tribunal Regional do Trabalho da 1ª Região. Professora convidada da Universidade Mackenzie. Professora de Oficina e Técnicas de Sentença Trabalhista e curso de Formação de Assistentes de Juízes do curso "Toga Estudos Jurídicos". Doutoranda em Direito Processual pela Universidade do Estado do Rio de Janeiro. Doutora em Direitos Sociais pela Universidad Castilla la Mancha- UCLM/Espanha. Especialista em Direito Material e Processual do Trabalho pela Universidade Gama Filho. Juíza do Trabalho Titular do Tribunal Regional do Trabalho da Primeira Região.

Victor Tainah F. Dietzold
Professor de Direito Processual Civil e de Direito do Consumidor na Universidade Cândido Mendes. Pós-Graduado em Direito e Gestão nos Serviços Sociais Autônomos. Advogado e gerente jurídico cível e trabalhista do Sistema FIRJAN.

Vólia Bomfim Cassar
Professora do curso LFG. Doutora em Direito pela Universidade Gama Filho. Mestre em Direito pela Universidade Estácio de Sá. Pós-Graduada em Direito do Trabalho pela Universidade Gama Filho. Pós-Graduada em Processo Civil e Processo do Trabalho pela Universidade Gama Filho. Desembargadora do Tribunal Regional do Trabalho da 1ª Região.